JN222669

環境人間学と地域

フューチャー風土

ひと、いきもの、思考する機械が共存在する未来

Future Fudo

On the Coexistence of Humans, Nature, and Intelligent Machines

寺田匡宏 編

Edited by Masahiro Terada

京都大学学術出版会

本書は地球研和文学術叢書として刊行された

まえがき　Preface

本書は、「風土」をめぐる本である。風土という現象を論じる「風土学」の書たらんことを目指す。風土学は、和辻哲郎が『風土』という本を刊行することで確立された。『風土』の刊行は、一九三五年であるが、彼は、その構想を一九二七年ごろから始めている。それに対して、本書が刊行されるのは、二〇二五年だが、もうそろそろ、和辻が風土学を構想し始めてから、百年がたつ。その間、和辻に続いて、フランスのオギュスタン・ベルクが「風土」の概念を彫琢し、風土学の国際化が進んだ。環境に関する概念として、「サトヤマ（里山）」や「サトウミ（里海）」に加えて、「フード（風土）」という日本発の概念が注目されることも多くなってきている。国際的に見た和辻への関心も高まっている。そのような状況を踏まえて、未来を論じる道具としての風土という概念を改めて考え、それを用いて、未来の風土、すなわち、フューチャー風土とはどのようなものなのかを考えてみようというのが本書である。

風土は、これまで伝統や歴史と結びつけられがちであった。本書は、風土という概念を二つの方向から拡張する。一つは、時間的な方向性である。本書は、風土をめぐる伝統を踏まえながら、それを未来に関する志向のもとに論じる道を探る。もう一つは、人間以外のものへの方向性である。風土とは、人間の文化的な現象だと考えられてきた。しかし、本書は、それを、いきものや、機械というものにも拡張して考える。時間的拡張も、人間以外への拡張も、今日の地球環境問題を含む様々な問題からの要請に応えるものである。地球の持続可能性を考える際には、未来を視野に入れる必要がある。また、ひと以外の、いきものや、ものをどのように主体として論じるかは、様々な学問で課題となってきている。「伝統」や「歴史」と結びつけられがちであった「風土」という概念を、「未来」に拡げ、人間以外の主体を視野に入れる。未来の風土を考えた時、たとえば、ＡＩを含む、自律的知能機械がアクターとなった未来風土はどんな風土か、人類が火星に進出した時、そこにどのような「火星風土」が現れ出るかといった問いが生じよう。本書は、そのような問いに答えることを目指す。

風土とはいったい何か。本書は、和辻とベルクが作り上げた「風土」概念に立脚する。和辻は、風土を、モンスーン、砂漠、牧場の三類型として分類するなど文化的カテゴリーとして論じ、ベルクは、縁側や借景や和歌など自然と文化を截然と分けない「あいだ」の思考としての日本文化を象徴する概念として論じた。と同時に、彼らはそれを、主体と客体、主観と客観の分離という近代の二元論を再考する概念として定位してもいた。風土とは、人間の現実を非二元論的、つまり一元的にとらえようとする視角である。私たちは現実を生きる中で、そのような一元論的現実に身体で接している。それは、日常の中の感性ではとらえられているはずであるが、科学の言語でそれを語り、理解することはむずかしい。風土とは、現実は何からできているのか、現実認識と自己とはどう関係するのかという哲学的な問題でもある。それは、哲学という人文学の語りで語ることができても、自然科学的に語りにくいことがらである。だが、地球環境学は、科学知と人文知が協業して取り組む学である。本書は、二つの領域を架橋し、風土を、科学の中でとらえる道を探る。

本書には、日本、フランス、アメリカ、イギリスの研究者が参加し、未来の風土について、書き下ろしのオリジナル論考を寄せている。それは、風土に寄せる海外からの関心を示すものでもある。また、本書は、論文だけではなく、アートや小説の方法も取り入れて、マルチモーダルなアウトプットを目指す。生物多様性の減少や温暖化に象徴される地球環境の急速で後戻り不可能であるかもしれない変容と、AIなど自律的知能システムを含む機械のこれまた急速な発展は、未来へのわたしたちの関心を高まらせている。そんな中、地に足をついた形で、未来を考えるためには、土地や地球と、身体に基づく人間という両者を視野に収めた「風土」という視座の重要性は、これまでになく高まっている。本書は、望ましい未来を考えるための一つの概念として、風土という概念が再確認されるような諸視角を提供することを目指す。

『フューチャー風土』編者　寺田匡宏
Masahiro Terada, the editor of this volume

目次

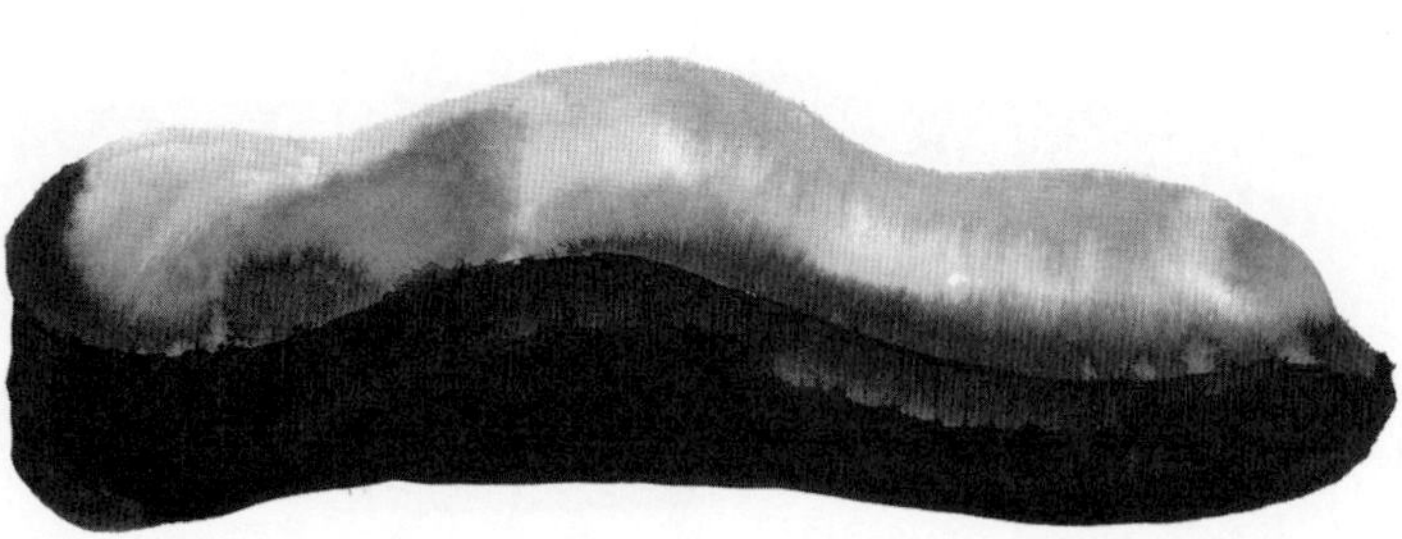

各論

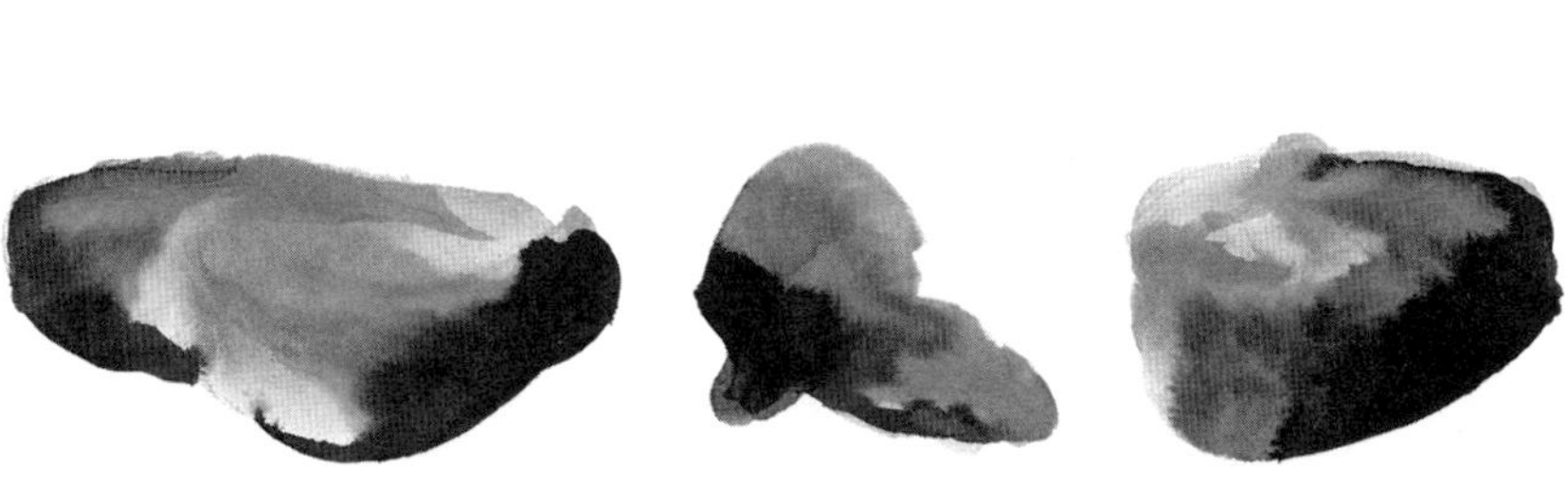

第II部　いきものと未来風土
――アニマル、アニミズム、ハーモニー

各論

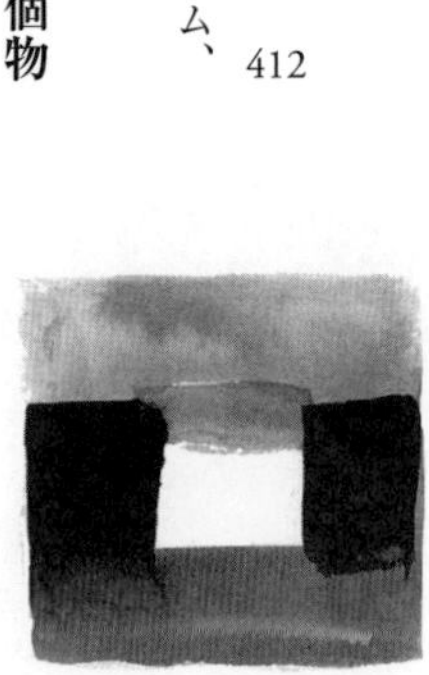

各論

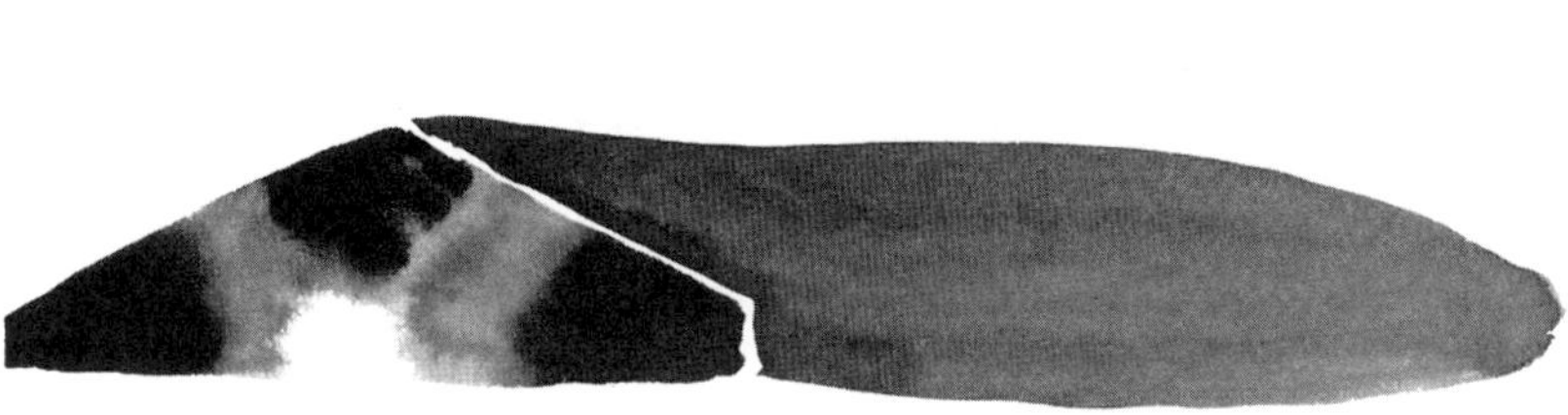

目次ページのイラスト：和出伸一
各部トビラの写真：和出伸一（「身土」シリーズより）
Illustrations in the Table of Contents and photographs in the front pages of Part I-V: Shin-ichi Wade.

序　章

「風土」をアップデートする

［Introduction］ Redefining Fudo

寺田匡宏
Masahiro Terada

1　なぜ本書を刊行するのか

本書は『フューチャー風土――ひと、いきもの、思考する機械が共存する未来 *Future Fudo : On the Coexistence of Humans, Nature, and Intelligent Machines*』と題されている。そして、この本は、総合地球環境学研究所（地球研）が、京都大学学術出版会から刊行する「地球研和文学術叢書」の一冊として刊行されている。なぜ、このような本をわたしたちは刊行するのだろうか。そのことについてこの序章では述べる。

未来と環境学

まず、本書のタイトルである「フューチャー風土」から始めよう。フューチャーとは未来であり、それと「風土」という語の結びつきは、これまでそれほど一般的ではなかった。「風土」という語は、長い歴史や伝統と結びついたものとしてとらえられがちだった。

だが、本書では、それを未来に拡げることを意図している。

そもそも未来を論じることは、学問の世界においては、あまり一般的ではなかった。もちろん、未来という語は、社会で広く用いられているし、学問の世界でもタブーとされているわけではない。「未来大学」や、「未来学部」など、未来をうたった学術機関はある。だが、学問の方法としてみると、未来学という学問があるわけでもなく、先ほど見たような「未来」という語の用い方はレトリックとして用いられているという側面が強いように思われる。未来学という学問は、文部科学省・日本学術振興会の科学研究費補助金の細目にもないし、学部学科レベルで「未来学部」、「未来学科」などのディシプリンとして確立されているというわけでもなさそうである。

だが、環境問題とは、つねに未来との関係で論じられてきた。未来の持続可能性を達成することが環境研究の基盤にある。その意味で、未来とは、環境学の最も基盤となる概念であると言えよう。

その未来という語と、風土という語を組み合わせているのが、本書のタイトルの「フューチャー風土」である。フューチャーとわざわざカタカナにしているのは、それなりに理由がある。いくつかの先行する環境の未来に関する試みからの刺激と示唆を受けていることの表明である。

一つは、「フューチャー・アース」である。これは、国際的な環境問題に関する新たなコミットメントの方法を模索する共同事業である。一九八〇年代から活動を始めたＩＧＢＰ（地球研・生物圏国際共同研究計画）など、地球システム科学の成果を受け継いだ組織である。ＩＧＢＰは「人新世」という語を造語した契機となった組織である（寺田・ナイルズ 2021）。人新世は、二〇二四年に地質科学連合で地質年代としての公式採用が否決されたが、二〇〇〇年代初頭の提唱以来、地球環境学上において大きな影響を与えてきた語である。ＩＧＢ

Pは、この「人新世」を提唱するとともに、地球温暖化に関する「プラネタリー・バウンダリー」や「グレート・アクセルレーション（大加速）」など数多くの指標や仮説を提起し、温暖化が人間によるものであることを社会に訴えかけてきた。IGBPは二〇一五年に解散したが、その活動の大きな部分は二〇一二年から活動を開始していたフューチャー・アースに引き継がれ、トランスディシプリナリー型（学問超越型）の研究が行われている。フューチャー・アースは、地球の未来を考える組織であるが、これは、「アース」という語のニュアンスに見られるように、地球という惑星を外から客観的に眺めた見方である。一方、本書の中でこの後詳しく見るように、風土とはそのような視点ではない。「フューチャー・アース」に対して「フューチャー風土」は別の視点を提供することになる。そのような対比を「フューチャー風土」という語は含意している。

また、本書が念頭に置くもう一つは「フューチャー・デザイン」という語である。未来そのものをデザインしようという試みで、経済学の西条辰義が提唱し、経済学、社会学、哲学、社会工学などの分野を巻き込んでいる（西条 2015, 2024；西条ら 2021）。ここには、単に、未来はやってくるのを待つものではなく、デザインするものであるという含意がある。いわば、未来へとコミットする立場である。この「フューチャー・デザイン」にあらわれるような、未来との関係の在り方は、これまでの風土という語には見られなかったところである。あえて「フューチャー風土」と名付けた所以である。

このように、環境をめぐるアリーナで、未来が問題となっている中で、「風土」という語を、未来を論じる語としてアップデートしたいという思いから、フューチャー風土という語を採用した。

なぜ風土なのか

そこで問題になるのが「風土」とはいったい何か、ということである。

風土は、日常語であると同時に、学術語でもあり、それは、東アジアの長い漢字の使用の歴史を背景にしていると同時に、近代以後の日本、あるいはアジアの近代化と西洋化の歴史と、それを通じた西洋の知識の歴史に結びついている。

本書が風土という語に着目するのは、第一に、それが、ユニークな環境に関する用語であるからである。詳細は本書第I部第2章で述べるが（☞本書97 ff. ページ）、大まかに言うと、環境という語が、客観的な外部世界を指すことが多いのに対して、風土は、主観と客観の両方にまたがる境界領域であり、あわいの領域を指す語である。客観とは、近代科学が前提とする数値化された世界であり、自然科学や工学などの世界の基盤である。もちろん、それは現代社会において大変重要な役割を果たし、現代文明の繁栄の基礎となってきた。しかし、それだけでは割り切れないものが世界にはあり、そのようなものをすくいあげる学問が必要となってきているのが、学問世界の現代の動向である。この後で〈非＝人間〉、あるいは、「モア・ザン・ヒューマン more than human」の問題に触れるが、人間と〈非＝人間〉、自然と文化などの境界や二分論を問い直す学問であるアクターネットワーク理論 Actor Network Theory やマルチスピーシーズ理論 multispecies anthropology などが現れている。二分論を見直すというときの、もっとも大きな見直しの対象は、主観と客観という区分であるが、風土という語は、それに大きくかかわる語である。風土とは、客観としての環境に還元されない要素を強調した語である。二分論の見直しが必要となっている現在とは、二分論を超えた環境概念が求められている現在でもある。風土という概念の検討はそれに大きく寄与する。

第二に、それが国際的に意味を持っていると考えるからである。地球環境問題の根源として、近代文明や近代の社会のありようがあるとしたならば、そこからの脱却は、近代文明や近代科学とは異なる文脈を探ることも一つの道であろう。環境に関するアカデミック用語やテクニカル用語は、他の学術の用語がそうであるように、西洋起源の近代学問の述語が多い。そこに、非西洋の知を入れ込んでいく必要がある。そうして、「風土」という語はその一つになりうるポテンシャルがある語だと考えるからである。事実、風土は国際的にも言及される機会が増えてきている。たとえば、生物多様性に関する政府間組織である「生物多様性及び生態系サービスに関する政府間科学–政策プラットフォーム（IPBES）」は、自然の価値観についての総括的な報告書の中で、「自然の中で生きる人間と自然の関係や、人間と人間の関係はさまざまであり、ひと、環境、いきもののダイナミックな関係をあらわす語もさまざまである。その一例として「サトヤマ」、「サトウミ」、「フード」がある」と述べ、わざわざ、「風土」という漢字をその英文報告書の中に挿入している（Anderson et al. 2022: 71）。

第三に、風土と未来を結びつけることで、新たな創発が生まれると考えるからである。本書第Ⅰ部第1章で見るように、風土という語には、二〇〇〇年を超える長い歴史がある（☞本書47ページ）。だが、その長い歴史があだとなり、従来は、過去や伝統を指す言葉として用いられてきたともいえる。風土というと、風土に根差した伝統的暮らしや人々の心性が思い浮かぶ。しかし、これを、未来に延長し、拡張することで新たな視野が広がるのではないかという予感がある。

また第四に、風土の近代化を進めた和辻哲郎の言説に対する国際的な関心が高まっていることがある。たとえば、英語では、『*Watsuji on Nature* 和辻・オン・ネーチャー』や『*Architecture as the Ethics of Climate* 風土としての建築』などの新しい視角のモノグラフが刊行されている（Johnson 2019；Baek 2016）。和辻の『風土』の翻訳は、すでに、一九七〇年代に英語訳が存在したが（Watsuji 1975［1935］）、ドイツ語や中国語訳があらわれ（Watsuji 1992［1935］：和辻 2006［1935］）、本書第I部第2章で見るように（☞本書 79 ページ）、二〇一一年にはフランス語版も刊行された（Watsuji 2011［1935］）。これは、国際的な風土への関心を示すものである。それを踏まえて、いま改めて、日本語圏において風土がアップデートされる必要があると考えられるのも背景である。

ひと、いきもの、思考する機械の共存在

次に、本書の副題である「ひと、いきもの、思考する機械の共存存」について述べよう。自然の中には、「いきもの」や「もの」が含まれる。とりわけ、近年、その「もの」の中に存在する機械が問題となってきた。機械は、単なる「もの」ではなく、自律し、思考する能力を得ることで、「いきもの」や「ひと」に近づいてきたのである。

近代において風土学を学問として確立したのは、和辻哲郎だが、彼が、風土を論じた一九三〇年代、つまり今から約一世紀前の段階と比較してみると、和辻の『風土』には「人間学的考察」という副題が付されていたように、まずもって、それは「人間」を論じる学であった。和辻は、倫理学の一環として「風土学」を構想したが、そこにおける倫理とは、人と人との間の問題である。倫理とは人間の間の倫理であり、和辻は、その一部として、風土を論じようとしていたのであるが、つまり、それは風土学とは人間の学であったということである。

その伝に倣って言うのならば、本書が目指す「フューチャー風土」とは、「〈非＝人間〉学的考察」となる。生命倫理が様々に問われ、ＡＩの仕様をめぐって、さまざまな倫理的問題が惹起されていることからわかるよ

うに、現代において、ひとといきものと思考する機械の間の望ましい在り方を思考することとは、まさに、倫理を考察することでもある。それは和辻の「人間学的考察」という語を参照して言えば、「〈非＝人間〉学的考察」となるといえよう。

倫理は、「善」の問題である。そうなると、いきものにおける「善」の問題や、ものにおける「善」の問題を考える必要も出てこよう。英語でアニマル・エシックス animal ethics といえば、人間が動物をどう取り扱うかという問題である。しかし、動物同士の倫理というような問題を考える必要も出てこよう。伊谷純一郎は、人間の「平等原則」の出所を自然界の中に見た（伊谷 2008［1986］）。平等原則とは、「善」のよって立つところである。だとするのならば、「善」の問題は、人間社会を超えて追及されうる問題だということになる。そうなると、アニマル・エシックスが、単に人間が動物をどう取り扱うかという、上から目線の問題ではなくなり、動物の中に内在する論理を読み取るという地続きの目線に転換することも求められているともいえる。〈非＝人間〉学的考察とは、そのような方向性への含意も含んでいる。

本書のサブ・タイトルは、「共存在」という語を用いている。共存在とは聞きなれない語であるが、コエグジスタンス coexistence の訳である。共生という語も当てられよう。しかし、共生は一般的に、シンビオシス symbiosis という英語の訳語として考えられており、シンビオシスには、どちらがどちらにも利益を与えるという生物学的定義がある。しかし、そうではなくて、複数の存在が同じ場に存在する、というようなニュアンスが「コエグジスタンス」という英語にはある。それを表現するために共存在という語を用いた。「ともにある」や「ともにいる」というような語感である。

本書第III部第1章でステファン・グルンバッハが言うとおり（☞本書 339, 343 ページ）、現在、地球は環境の悪化が不可逆な状況に陥りかけており、同時に、自律システムなどの予期しなかったアクターが出現しているというこれまでにない状況が出現している。人間の領域では、戦争は終わらないし、一方、自然と人間をめぐる領域でも、生物の絶滅や熱帯雨林の消失など、自然が次々に変質している。現下の状況を考えると、暗い未来を想像してしまうが、暗い未来ではなく、平和な未来はあり得えないのだろうか。未来を考えることは、暗くなりがちではあるが、しかし、オプティミスティックな未来を描くことも必要であろう。共存在とは、その一つのキーワードでもある。本書第II部第2章で述べるように（☞本書226 ff. ページ）、風土学の中には、ヤコブ・フォン・ユクスキュルと今西錦司の論を通じて、共存在の論理が入り込んでいる。地球上においては、共存在というのは可能であることをまずは承認し、そのことの大事さを見出すことも本書の目的である。これは、本書第V部インタビューで山極壽一が言う（☞本書582-583, 593-594 ページ）、力の文明から、慈悲や利他に基づいた文明への視座の転換ともつながろう。

地球環境と「風土」

この本が、地球研和文学術叢書の一冊として刊行されること、つまり、この本が大きなくくりで言うと、環境学に関する本であるということはどういうことなのだろうか。

風土は、地球環境学の概念であるとすでに述べたが、それは、それほど自明なことではない。風土学を近代化したのは和辻哲郎だが、すでに見たように、そもそも、和辻が、一九二〇年代から一九三〇年代にかけて「風土学」を樹立しようとしたときには、「人間学」として考案したのであり、彼は、地球環境学としてそれを考案したわけではなかった。それも当然である。なぜなら、当時、まだ、「地球環境学」というような学問は、存在していなかったからである。

地球環境学が隆盛してきたのは、一九八〇年代以後である。環境問題は、はじめは、一九六〇年代から七〇年代にかけての日本における水俣病や大気汚染、アメリカにおけるレイ・チェルカーソンの著書『沈黙の春』（一九六二年）に象徴される化学汚染の激化など、局所的な現象としてあらわれた。しかし、それは、次第に、地球温暖化や人新世に代表されるような地球の恒常性維持機能を損なうことが危惧されるほどの地球全体にわたる文字通りグローバルな問題として認識されるようになってきた。持続可能性が議論されるのもその文脈である。それが、一九九〇年代から二〇〇〇年代初頭の現象である。

地球研は、二〇〇一年に、そのような状況を背景に設立された研究所である。そこでは、環境問題を、自然科学と人文科学の隔たりを超えた学際研究として、あるいはそのような学問そのものの枠を超えて、非学問領域である一般社会との協創により、新たな学問方法を探る超学際研究（トランスディシプリナリー研究、ＴＤ研究、学問超越型研究）として、考察し、その解決策を探ろうとする試みが行われている。

そのような動向の中で、「風土」は、地球環境学に関する視角として新たな意味を与えられるようになってきた。たとえば、地球研が一〇周年に当たる二〇一〇年に刊行した『地球環境学事典』には、「風土」の項があり、「文化と自然のインタラクション」という視点から、和辻哲郎の風土学をはじめとする日本における風土に関する議論が紹介されているし（総合地球環境学研究所 2010）、環境倫理学の教科書でも、和辻とオギュスタン・ベルクの風土学がとり上げられている（犬塚 2020）。つまり、風土は、すでに地球環境学の中で確固とした位置を占めているのである。そして、さらに、さきほど、生物多様性に関する政府間組織ＩＰＢＥＳによる「風土」への言及を見たが、国際的にも、環境に関する用語として認知されてきつつある。

ただ、一方で、それは、おもに人文学の視角からの地球環境学の中にとどまっているのも確かである。地球環境学とは、学際的、超学際的なアプローチによって遂行されるものである。だとするのならば、風土に関する学、つまり「風土学」を、より広い学際研究や超学際研究に資するような学問として彫琢してゆくことも必要だろう。未来を考えることとは、そのような学際性、超学際性のアリーナである。地球研和文学術叢書として、風土をとり上げることで、風土学の可能性を開くことを本書は企図している。

2 風土をアップデートする

以上、本書の刊行の意義や位置付けに関して述べてきたが、比較的外面的な説明であり、そもそも、風土とは何かということや、本書が風土をどうアップデートするのかということについてはまだ述べていない。以下、本書が風土をどう考えるかより詳しく述べよう。

複数の主体が織りなす現象

ひと、いきもの、思考する機械の共存在する未来を考えるための思考ツールとして、本書が定義する風土とは、以下のようなものとなる。

> 主体と切り離すことのできない、主体を含むその周囲の世界。主体がそこから出来《しゅったい》することになる境域。そうして、そのような二にして一である境域と主体の統一体が織りなしたある一つの境域。複数の、あるいは無数の主体たちがおりなすそのような一つの境域は、地球の誕生以来、あるいは、それ以前の宇宙の

誕生にもさかのぼる長い起源を持ち、また、これからも続いてゆく。

第一に、本書は、風土を、複数の主体によって構成されているものと考える。その複数の主体とは、ひとやいきものやものである。それらが、まずは、その主体に特有の境域を持つこと第一の前提である。それら主体は、たんに、単一の主体としてこの世界に存在しているわけではなく、世界には多くの主体が存在している。たとえば、主体Aが存在するとしたら、その主体Aの境域には、別の主体BやCやDが織り込まれているが、今度は、逆にその別の主体BやCやDの境域の中にも、主体Aは織り込まれていることになる。つまり、主体Aにとって、主体BやCやDは外界ではあるが、しかし、主体と外界とは二にして一であって、主体と外界はそれぞれがそれぞれの中に含まれているので、主体Bや主体Cや主体Dは必ずしも主体とは切り離された無関係な存在ではない。主体が存在することによって、その主体を含む世界が存在する。そのような世界が、それぞれの主体に存在するが、そのような現象の総和が風土である。主体は宇宙の誕生以来、様々に存在した。地球上に生命が発現以後は、主体はものであるだけでなく、生命現象であるいきものでもあった。そのようなあまたの主体が存在することにより、出来している世界そのものを、本書は、もっとも広義の風土と考える。

ここでは、それを現象、あるいは事象と述べたが、それは、出来事であると同時に、ものとしても存在している。出来事とものとの区分はあいまいであるが、このような見方をしてゆくと、ものとことの間の区分についても再考が必要となってこよう[1]。

これは、風土の定義であると同時に、風土の見方でもある。和辻の後をうけて風土学を現代化したフランスのオギュスタン・ベルクは、風土学を「ディシプリン」ではなく自然科学と人文社会科学の垣根を越えて諸学の間を自在に行き来しうる「視角」であると語っている（Berque and Deville 2022 : 90）。視角と理論との違いには微妙な差異はあろうが、ある原理にもとづいて説明されるものを視角であり理論とするのならば、このような立場から説明されるものを風土理論ということもできるだろう。

このような見方と類似した見方は、他にもある。その一端は、本書第III部第5章でみるが（☞本書425 ff.ページ）、現代の科学においては、マトゥラナ Umberto Maturana とヴァレラ Fransico Varela が唱えた「オートポイエシス Autopoiesis」理論における環境と主体のカップリングや、ブリュノ・ラトゥール Bruno Latour のアクターネットワーク理論 Actor Network Theory に見出せるし、歴史的に見ると、ゴットフリート・ライプニッツ Leibniz の唱えた「モナドロジー Monadology」や、大乗仏教の一流派である華厳宗の基礎となった経典の「華厳経」の中に見られる「インドラの網」などにも類似した見方は見出される。あるいは、ニクラス・ルーマンの一般社会システム論における「二重の偶有性 Doppelte Kontingenz」もそうであろう。ただ、このような現象はあまりに根源的で普遍的で遍在する現象であるため、それをそれとして取り上げる学問が存在しないのも事実であり、様々な学問分野の中でそれぞれの方法によって扱われている。

第二に、このようなとらえ方をしたときには、風土という現象は人間のみのそれにとどまらないことになる。今日の日本語の用法では、風土は通常は人間の文化的事象であるととらえられている。辞書の定義を『大辞林』と『広辞苑』で見よう。

風土　土地の状態。住民の慣習や文化に影響を及ぼす、その土地の気候・地形・地質など。（村松明・三省堂編修室 1988 : 2091）

風土　その土地固有の気候・地味など、自然条件。土地柄。特に、住民の気質や文化に影響を及ぼす環境

をいう。万葉一七「越中の――」。(新村 2008 : 2423)

これらの辞書には、人間に「影響を及ぼす」と書かれているが、実際のところは、「人間とは切り離せない」、「人間の一部である」と言った方がよいことは、本書第Ⅰ部第2章で詳しく述べる(☞本書 110 ff. ページ)。現代の辞書が定義する「風土」とは、人間から見たときの風土である。だが、本書は風土の主体を人間以外の存在にも押し広げる。主体の概念を人間以外の存在に拡張する。風土は、ひとといきものとものが織りなすものであると考える。そして、ものがその主体となることも想定する。

とするのならば、本書が行おうとしている再定義とは、あまりに風土という概念を広くとらえすぎた定義であるとみえるかもしれない。本書は、それが必要であると考える。現下の状況は、風土概念の人間以外への拡張を必要としていることについてはすでに述べた。それに加えて、ここで述べておきたいのは、それは論理的な帰結でもあるということである。つまり、もし、時間をさかのぼるとき、ここからが風土で、ここからが風土ではないという線引きをすることは不可能であるからである。仮に、人間の風土だけが、風土であると定義したとしても、それを時間をさかのぼろうとすると、進化史をさかのぼれば、人間はいつかは消え去り、非＝人間の境域に入ってゆくことになる。さらに、それをさかのぼると、生命は、非＝生命から出現したのであるから、ものの境域へとさかのぼる。そう考えると、風土がいきものやものに、持たれていないと線引きすることは難しい。

［1］　本書第Ⅰ部第2章(☞本書 130 ページ)でみるパンエクスペリエンシャリズム panexperientialism(汎経験論)の論者であるアルフレッド・ノース・ホワイトヘッドは、世界における経験の遍在をプロセスの視点から論じ、その立場は「プロセス哲学」と呼ばれるが、それは、ものとことの境界領域から経験、ひいては意識が生じることを示していよう(Hens 2024 : 80 ff.)。

このすぐ後に、風土の問題は意識の問題と関係していることを述べるが、この線引きの難しさの問題は、意識という現象に似ている。意識に関する「エマージェンティズム emergentism（出現論）」批判の議論を参照するのならば、例えば、意識が脳細胞の数によって決まるとするると、これこれの脳の容量があれば、ここから意識が出現するというように、意識には、出現の閾値があるものではない。意識が存在することと、意識が存在しないことは、シームレスにつながっている。そのような見方で風土を見るとするのならば、程度の差はあれ、風土とは、地球の出現までさかのぼるものであろうし、また、地球の出現以前の時期にもさかのぼることも想定されよう。この点は、本書第Ⅰ部第3章や第Ⅲ部第5章で検討する（☞本書 174 ff., 462-464 ページ）。

地球、土地、ガイア

本書では、風土とは、長期の時間にわたって、地球上に、ひと、いきもの、ものが存在することにより織りなされてきたものだと考える。とするのならば、地球そのものが風土であるともいえよう。

考えてみれば、風土という語の中には、そのようなニュアンスはすでに含まれている。たとえば「風土病」という語を考えてみよう。この語は、その土地特有の病気を指すが、それがは、その土地と人間との関係性の中で生じている状態のことである。たとえば、マラリアは、「風土病」だが、それが出現するにあたっては、マラリア原虫、それを媒介する蚊、蚊が発生する水環境、宿主である人間など複数の主体が存在する。そして、重要なことは、マラリアはたしかに重篤な健康被害をもたらすものではあるが、決して、その土地に住んでいる人間を全滅させるほどの被害をもたらすものではないということである。もし、マラリアが、その土地に住んでいる人間を全滅させたならば、人間の存在を必要としているマラリア自体も絶滅してしまうことになる。

寄生虫学、感染症医学者の藤田紘一郎は、そのような状態を「共生」と呼んでいる（藤田 1997 : 170-171）。その上で、藤田は、「共生」という語の中に含まれる「利益」のニュアンスを取り去って、「ともに存在すること」から生命現象を見ることが必要ではないかという。そうすることで、より深い人間と環境の関係の理解が可能になると彼は言う。これは本書でいう「共存在」にあたる。風土病とは、その中に人間がくみこまれているから風土病なのである。もし、人間がくみこまれていなかったのならば、風土病は存在しない。つまり、「病」が存在しないか、「人間」が存在しないかという状況になる。人間にとって不都合のある場合も多いが、風土病が存在するとき、そこでは、人間と病（ウイルスや病原微生物）が、共存在している。

つまり、風土の中には、すでにして、複数の主体がくみこまれている。風土という語で表現されているわけではないが、そのような見方は、近年の思潮の中でも見られる。一九八〇年代以後に、ジェームズ・ラブロック James Lovelock が唱えたガイア理論 Gaia theory は、この地球上で、酸素濃度が一定の状態が、数十億年単位で持続してきたこと現象に注目し、生物が居住可能な状況が生物自身によって作り上げられてきたことを重視する（Lovelock 1995［1988］）。哲学者のエマニュエレ・コッチャ Emanuele Coccia は、植物の酸素の供給を、植物による主体的なポイエーシス（制作）だと考え、従来は、人間の行為を対象にしていた哲学を、植物に対しても拡張する可能性を追求している。（Coccia 2016）。これは、本書とも通底する問題意識である。この点で、ガイアは風土であると解釈することもできよう。これらの点については、本書第III部第5章で検討する（☞本書 440-443 ページ）。

環世界、環境、風土

本書は風土概念をいきものやものに拡張して用いるが、歴史的に見ると、風土のような現象を指す語は、日本語にも、英語にも、フランス語にも、ドイツ語にも、管見の限り、これまで無かった。

もちろん、似たような語に、「環境」や「環世界」という語があるという指摘もあろう。たしかに、それらは、本書が再定義しようとしている先述の内容を含むともいえる。しかし、環境という語には、主観と客観が二にして一としてそれぞれがそれぞれに含まれながらたがいに作用するというダイナミズムはなく、むしろ、外界にある客観的な環境という意味をもつ。その場合は、ミスリーディングになる。本書第II部第2章でみるように、「環世界 Umwelt」という語はバルト系ドイツ人の生物学者であるヤコブ・フォン・ユクスキュル Jakob von Uexküll が学術語として彫琢した語であるが（☞本書200 ff. ページ）、その語は、それぞれの主体の感知する外部世界のことをさすのであり、先ほど見た二にして一の状態を指す。ユクスキュルは、その上位に、それらを包括する一者を考えていたが、彼は、それを環世界とは呼ばず、「自然」と呼ぶ（Uexküll and Kriszat 1970 [1934]：103）。「エコロジー」という語や、「エコシステム」という語は、それに近いかもしれない。しかし、エコロジーもエコシステムも、ある切り取られた状態をいうのであって、それらの総体を指すものではない。

このような風土に似た語義の語は、世界のどこかの言語の語彙として存在している可能性はあるに違いない。いまのところ、それが地球環境をめぐるグローバルな言説のアリーナやアカデミック世界に浮かび上がってきている感じはないが、おそらく、メジャーな大言語ではなく、小さな地域の諸言語の中に隠れているのではなかろうか。語をもってなにかを名指すということは、ある何かを、ある何かとして、それをそれとして認識することである。さまざまな少数語も含めてそのような語がないかどうかを点検する動きの東アジア版としてこの取り組みはあるといえる。この取り組みが呼び水となって、世界各地のそのような語が発掘されることがおそらく、グローバルに環境について考える際に必要なことだろうと思う。

本書は、風土という語の国際的な意義を強調するが、だからといって、日本や東アジアのユニークさを強調することを目的とするわけではない。それは、ジャパノロジーや日本学に対して向けられる批判であるナショナリズムやリージョナリズムともつながることになる。そうではなく、一つの方法論として取り組む。もちろん、学術界における学術タームの欧米語の独占状況に対しては、ナショナリズムやリージョナリズムを用いて対抗するということは必要ではあろう。それは、ポストコロニアルの状況を考えた時、必要な視点である。西洋の世界支配の強固さについては、当の西洋人であるグルンバッハが、本書第III部第1章で詳述している（☞本書355-356ページ）。ナショナリズム、リージョナリズムは、盾の両面がある。本書は、それを意識しながら取り組んでゆく。

和辻哲郎とオギュスタン・ベルクの風土学

さて、本書の「風土のアップデート」は、これまで積み重ねられてきた風土という語をめぐる学術的彫琢の歴史を背景としている。となると、従来の風土学について検討し、その中で、本書のアップデートがどのような意味を持つのかを述べなくてはならない。詳しくは本書第I部第1章で述べるが（☞本書67 ff. ページ）、ここでは概略を見ておこう。

従来、風土学で論じられてきたものは多岐にわたるが、その核となるのは、主体と客体の問題である。風土学は、風土を、二にして一である主体と客体が相関する中で生じる現象としてとらえてきた。

それを、歴史上はじめて、哲学の語で定位したのが哲学者の和辻哲郎である。彼は、一九二〇年代にその着想をハイデガーの哲学からの刺激により得た。そして、その後、一九三五年（昭和一〇年）に刊行された『風土――人間学的考察』でそれをまとめた。和辻は、主体がもうすでにして、その主体の「外に出ている」（和辻 1962［1935］: 9）という形で、風土と主体とは切り離せないことを明らかにした。その上で、彼は、風土学を西洋の哲学的伝統の中で位置づけようとした。

さらに、それを引き継いで、オギュスタン・ベルクは、風土概念を西洋の二元論的世界観へのオルタナティブとして彫琢した。『風土の日本』（ベルク 1988［1986］）、『風土としての地球』（ベルク 1994［1990］）をはじめとする、フランス語、日本語の数多くの著作の中でそれは理論化されてきた。和辻のいうような主体と客体の関係をベルクは「通態」として定義した。

そのような見方は、同時代の思潮と響きあうものであった。先に見たように、和辻は、彼の風土学は、ハイデガーの哲学の刺激の下に生まれたと言うし、ベルクは、同時代の心理学者ジェームズ・ギブソンのアフォーダンス理論やジャン・ピアジェの認知心理学を参照しながら、その風土学を作り上げた。

そのような主体と客体の捉え方は、すでに述べたように、「風土」だけでなく、オートポイエシスにおける「環境と主体のカップリング」や、精神医学における「ゲシュタルト・クライス」、さらには、エルンスト・マッハの認識論など、さまざまにある（☞本書 433-445 ページ）。

さらに、これは客観と主観の二元論批判であると同時に、その二元論を支える論理のあり方の問題に行きつく。近年の論理学においては、形式論理学に収まらない、ファジー論理学やアレテイズムなどが論じられるようになってきている（Priest 2009）。初期仏教における矛盾を受容する論理であるチャトゥスコティ Catuṣkoṭi（四句分別）なども注目されるようになってきている（Priest 2016）。本書第Ⅰ部第 2 章でみるように（☞本書 86-

89ページ)、ベルクは、これを風土学に取り入れている。

さらに付言すると、風土学は、主体と客体を問うという認識論でありながら、同時に、文化論という側面も持つ。和辻もベルクも、理論化とともに、文化論として風土を論じているいることは見逃せない。和辻は、風土が文化としてあらわれる側面を「モンスーン」、「沙漠」、「牧場」における人間の型の三類型として定位し、ベルクは、見立てや、縁側など「自然と文化」という二分論の境界を超える様々な事象が日本文化の中に見出されることを「通態」の文化的事例として明らかにした。

風土概念をめぐる困難とその克服――自然科学と生活世界の乖離の問題

ただ、風土という概念の中にある、主体と客体の関係が理解しにくいことも事実である。主体と客体の問題は、そもそも、それを見ていることとはどういうことかという問題や、客体として世界をとらえるとはどういうことかという問いを発する。それは、自然科学の見方そのものを再考することでもあるが、自然科学の実践の場において、その自然科学の実践そのものをメタ的に問うということを、自然科学的に行うことは難しい。それは、哲学や世界観の問題であっても、自然科学の問題とは通常みなされていないからである。

たとえば、気候気象学者で、地球研の所長も務めた安成哲三は、風土学を積極的に取り上げ、自己のモンスーンを中心とした気候気象学に援用してきた研究者だが、その著『モンスーンの世界――日本、アジア、地球の風土の未来可能性』の中で、和辻とベルクの風土学を紹介しながらも「西欧由来の近代科学としての気象学や地球科学を学び、どっぷりと浸かってきた者として、このようなベルクの風土論あるいは風土学の視点を完全に理解することはなかなか難しい」と率直に述べている(安成 2023 : 144)。自然科学の視点からは、風土論は理解しにくいというのである。ここでいう「このような」とは、ベルクの、そして、ここでは述べられていないが、和辻の、主体と客体の二分法を超えたところに出現する現象としての風土というとらえ方である。

和辻とベルクの風土学を自己の気候気象学の中に取り込んできた、風土学に造詣の深い安成にしてこのように述懐するのであるから、いわんや、風土学についてそれほど知識のない自然科学の研究者からすると、風土学とはまったくもって自らの遂行する研究とは関係ないものだととらえられても仕方がない。

それはなぜか。それは、そもそも、風土という現象が自然科学でとらえにくいものだということから来ている。つまり、一つには、風土とは数値化できないものだということである。数値化とは客観化とも言い換えられる。科学は、対象を客体として研究する。それは対象を主観の下にとらえることを拒絶する。その象徴が、数値という客観的な指標の仕様である。数値は主観を排除することができる。一方、風土という見方に立った時、対象は客体として主体と切り分けられるものとしては見られない。科学は、そのようなものを分析する方法を持たないのである。

科学の方法の根底には、科学と生活世界の分離がある。けれども、じつは、数値化された自然科学の見方は、決して日常の生活世界からは現れない。たとえば、朝、目が覚めた時に、「今日は暖かい朝だ」とか「今日は気持ちの良い朝だ」というのが普通であろう。いくら自然科学者であろうとも、朝目が覚めた瞬間に、いかなる計測機器も見ずに「今日の朝は、気温二四・三度で、湿度六三・五パーセントだ」と言うことはあり得ない。わたしたちの日常とは、数値化されえない世界である。自然科学者も、一個の人間として、そこに生息している。しかし、他方、科学とは、それをフィクショナルに生活の場から切り離し、数値の世界があたかも存在するかのように取り扱う。科学は、日常の漠然とした世界から、様々な要素を取り払い、あらゆるものを数値に還元する。それを象徴するのがガリレオで、彼は、『贋金鑑識官 *Il Saggiatore*』（一六二三年）で「目の前にたえず開かれているこの最も巨大な書［すなわち、宇宙］（…）は数学の言語で書かれており、その文字は三角形、円その他の幾何学図形であって、それらの手段がなければ、人間の力では、そのことばを理解できない」と述べ、数学が物理的世界の基本的要素であることを言明した（ガリレイ 1973［1623］: 306）。

爾来、数百年にわたる科学の歴史とは、日常世界から切り離された数値や数学的図形の世界を、唯一客観の「世界」として取り扱う方法を洗練してきた歴史である。逆に、数値化、数学的図形化できないものは、科学は扱えない。この世界には、柔らかさや、固さなどの質はあるが、ガリレオは、それらは「名辞」にしか過ぎないといい、元素などの運動に還元されるものであると主張する（ガリレイ 1973［1623］: 502 ff.）。それが科学の基本姿勢であり、そこでは、数値と質とのギャップは考慮されず、質の問題は科学からは捨象されてきた。[2]もちろん、科学は、価値中立的であり、科学は、科学が扱えないことがらを決して低い価値だとは言わない。「非科学的」とは決して価値が低いことを示すのではないはずだが、しかし、往々にして、「非科学的」であることは、科学的であることよりも劣っているように思われるようになった。これが、科学と日常の分離から来る問題である。

このことへの反省は、学術の歴史上、何度も提起されている。たとえば、二〇世紀初頭に、哲学者のエドムント・フッサール Edmund Husserl が『ヨーロッパにおける諸学の危機と超越論的現象学』で、「生活世界」の復権を提唱したが（Husserl 1992［1935］）、この提唱は、まさにガリレオに象徴される数学化が行き過ぎたことを「危機」ととらえたものである。近年も、後述するパンサイキズム（Panpsychism 汎精神論）を提唱する哲学

［2］　このような問題は、近年ではクオリアの問題として哲学や脳科学、認知科学で議論されてきた。本書第III部第3章では寺田匡宏が量的拡大と質的拡大の問題を論じている（☞本書 571 ページ）、

者のフィリップ・ゴフ Philipp Goff が『*Galieo's Error* ガリレオの誤ち』と題した著作において、この数値化の問題への対応を提唱している（Goff 2020［2019］: 15 ff.）。日本でも、一九八〇年代から一九九〇年代にかけて哲学者の大森荘蔵が『知の構築とその呪縛』（大森 1998［1983］）などの著書において、ガリレオに象徴される科学知の構築を「呪縛」ととらえ、そこからの超克の道を探っている。なお、その一環である大森の「有情としての風景」に関する所論は本書第III部第5章で検討する（☞本書 439 ページ）。

自然科学ではとらえられないものである風土をそれとしてしっかりと認知することとは、このような状況において、「危機」を乗り越え、「呪縛」から解き放たれることである。そうして、それは、自然科学と人文学、あるいは自然科学と日常の世界との新しいつながりを見出すことでもある。

一元論と二元論――意識をめぐる科学と形而上学

そのことを、さらにもう少し広い文脈で位置づけてみると、これは、心や意識をめぐる哲学における形而上学あるいは認識論の問題である。つまり、風土学とは、風土の見方の問題であると同時に、科学をどう考えるかという問題でもあり、それを通じて、意識や人間存在をどう考えるかという問題と関係する。

意識とは、人間の最も根本的な作用の一つであるが、ではその意識とは何かということになると、まだわかっていないことが多い。脳科学を含む医学、生理学などの自然科学、あるいは、心理学、哲学などの人文科学が取り組んできているが、統一した理論が生み出されるには至っていない。そのような中で、「心の哲学」に続き、「意識の哲学」が隆盛してきているが、そこでは、そもそもこの意識の問題とはどのような枠組みで論じられるべきなのかというメタレベルの問いが問われるようになってきた。すなわち、意識の問題とは、現実をどのような次元でとらえるのかという問題だということが改めて認識されるようになってきたのである。それは、心や意識や精神という現象、すなわち、いわゆる「主観」に属するものと、それ以外の現象であるところの、すなわちいわゆる「客観」に属するものはどのように関係しているか、という問題である。その二つの領域は、どのように関係しているのか、あるいは、そもそも、その二つの領域は存在するのか。この問いに答えるためには、「二元論（デュアリズム dualism）」、「一元論（モニズム monism）」、「観念論（イデアリズム idealism）」など、哲学の歴史上の説が総ざらえされる必要があり、事実、「意識の哲学」では、そのような検討が行われてきている。

歴史上、様々な考えが現れ、それらの考えが優劣を競ってきた。ある思考のモードが優勢を占めたり、また別のモードがそれにとって代わったりした。西洋では、古代ギリシアのプラトンの時代には、プラトンのイデア説という一元論的見方が優勢であった。一方、デカルト以後の近世・近代においては、主観と客観を区分する二元論が優勢であった。また文化によってもそれは異なり、西洋の文化においては、二元論的見方が優勢である期間が長いが、非西欧の世界、たとえば、アジアは一元論的であるといわれる。初期仏教の経典である「大本経（マハーパダーナ・スッタンタ Mahapadana-suttanta）」は、ブッダが「認識を基盤として物体があり、物体を基盤として認識がある」と述べたことを記録しているが（岡野 2003；Davis and Carpenter 2015［1903］：32）、これは認識と物体が分かちえないことを示しているといえ一元論的である（本書第III部第5章、☞本書 448-451ページ）。

本書が問題にする、風土における主観と客観の問題とは、このような問題の上にある。このような問題は、二千年以上にわたって論じられてきているが、まだ決定的な答えはないので、現代においても、解答を見出すことは困難ではあろう。だが、環境問題を考える上で、これに対峙することは避けられない。本書があえて、風土の再定義を試みるのは、この問題に、環境の側からアプローチすることが、意味があると考えるからである。この点については、本書第Ⅰ部第2章で検討する（☞本書95 ff. ページ）。

パンサイキズムとアニミズム

一元論の立場からは、近年、パンサイキズム panpsychism という考え方が提唱されてきている。詳しくは本書第Ⅰ部第2章でみるが（☞本書127-138 ページ）、外界に存在するものが客観物であり、それは主観とは切り離されていると考えるのではなく、外界にも主観に属するような「心」や「精神」のようなものが存在すると考える立場である。その立場に立つと、この世界に存在するあらゆるものに「心」や「精神」に類するものが宿っていることになる。この立場は、人間に心や精神が宿っているのは、すでに世界の中に心や精神が宿っているからであり、人間の心や精神は、その一例であると考える。もちろん、世界に宿っている心や精神の在り方には様々なグラデーションがある。いきものの中にそれを見ることはたやすいだろうが、ものの中にそれを見ることは難しいかもしれない。しかし、いきものとものとの境界とははっきりと切り分けることができないものでもある。とするのならば、ここからは心があり、ここからは心がないということも言えないことになる。人間には心がある。犬には心がある。この辺りまでは社会的にある程度許容される見方かもしれない。だが、もしそうならば、カニにも心があり、バクテリアにも心があるともいえることになる。そして、もし、そうであるのならば、細胞にも心があり、その細胞を構成する原子にも、ある意味で心があると考えざるを得ないことになる。これがパンサイキズムの立場であるが、本書で再定義する風土の中に、ひとだけではなく、いきものや、ものを含むというのは、このような立場から論理的に帰結する立場でもある。

パンサイキズムは哲学の用語であるが、その考え方は、文化人類学でいうアニミズム animism の考え方と相同である。いわゆる「未開社会」や、土着的あるいは自然とともに生きる社会においては、アニミズム的な見方が中心であった。アニミズムとは、環境の中に精神的要素や心性的要素、聖的・宗教的要素を見る見方であるが、聖的要素や宗教的要素を取り去ってみると、アニミズムは、パンサイキズムと相同であり、それはひいては、風土の見方と通じる見方である。

ひと、いきもの、ものを並列に扱うことは奇異に思われるかもしれない。だが、意識の科学、意識の哲学の中では、ひとの意識、いきものの意識、機械（ロボット）の意識が連続して論じられるようになってきている。たとえば、代表的な教科書や概説書である『*Routledge Handbook of Consciousness* ラウトレッジ・ハンドブック意識』や『*Blackwell Companion to Consciousness* ブラックウェル・コンパニオン意識』などを見ると、人間の意識だけではなく、広くその他の存在の意識現象がカバーされている（Gennaro and Rocco 2018 ; Schneider and Velmans 2017）。風土学において、ひと、いきもの、ものが連続して扱われたからと言って、決してもう奇異ではない状況が到来しているのである。

人間の不在のフューチャー風土

そのような視点に立った時、風土は超長期の過去にさかのぼり、未来に及ぶことになる。超長期の過去には人間はいなかったし、超長期の未来にも人間がいない可能性は高いであろう。フランスの人類学者クロード・レヴィ＝ストロース Claude Levi＝Strauss が『悲しき熱帯 *Tristes tropiques*』でかつて言ったように、「地球は人間無しに始まったし、地球は人間無しに終わる」のである（Levi＝Strauss 1993［1955］: 478）。レヴィ＝ストロースのこの言は、一九五〇年代に発されたものであった。その頃は、宇宙科学においてはまだ宇宙の正確な年齢や恒星の発展過程についての知識は発展途上であったので、ある意味で「予言的」あるいは「アレゴリー的」な言述であった。しかし、現代においては、諸説はあるものの、太陽が約三〇億年後に、超高温化し膨張することが明らかにされている（Golub and Pasachoff 2014 : 53 ff.）。その頃、仮に人類が生き残っていたとしても、現代人の身体では高温に耐えることはできず、地球には人間が存在しなくなるのみならず、膨張する太陽に、地球自体が飲み込まれてしまうだろうと言われている。つまり、地球は人間無しに終わることは確実である。果たして、その時、どのような風土がそこにあるのか。持続可能性を考えるときどうしても、人間中心主義になりがちである。しかし、現実を考えた時には、このような風土を思考の中に入れておく必要がある。そのようなものを含みこんだ地球環境学とは、どのような学になるのか。本書のいう風土のアップデートは、このような問題をも含んでもいる。この問題については、本書第III部第5章と第IV部第1章で寺田によって、また第V部インタビューで山極壽一によって検討される（☞本書 462 ff., 501-502, 591-592 ページ）。

3　本書の構成

本書はだれが書いたか

最後に、本書の構成について述べるが、その前に、本書の執筆者を簡単に紹介し、さらに各執筆者の本書へのコミットの経緯に触れながら、本書の着想と刊行に至る直接的な経緯を簡単に紹介しておきたい。

本書の執筆者は、地球研での風土をめぐる研究に何らかの形で関係してきた研究者である。編者である寺田は、人文地球環境学の研究者で、これまで地球研和文学術叢書から『カタストロフと時間』『人新世とアジア』などの本を刊行してきた。地球研には特任准教授として所属したのち、現在は客員教授である。

他の執筆者を、大まかに研究分野別に紹介しよう。本書は、人文学の立場の研究者と、工学、情報学の立場の研究者、そしてアーティストによって書かれている。まず、人文学の立場から。ジェイソン・リュス・パリー Jason Rhys Parry は、『サピエンス全史』の著者ユバル・ノア・ハラリが設立した財団「サピエンシップ」の上級研究員を務める。哲学、文学批評をバックグラウンドにして、近未来の都市や近未来の技術の表象を研究している。地球研には、二〇二三年度に、フェローシップ外国人研究員として所属した。ブレイズ・セールス Blaise Sales は、イギリス・リーズ大学の博士課程大学院生。文学批評、エコフェミニズム批評が専門で、石牟礼道子、多和田葉子やリンダ・ホーガンなどの文学の中に見られるアニミズムの表象の環境学的意味を研究している。地球研には、二〇二三年度にフェローシップ外国人研究員として所属した。

次に、情報学や工学の立場からの執筆者。ステファン・グルンバッハ Stephane Grumbach は、情報学研究者である。フランス国立情報学オートメーション研究所教授で、フランス国立リヨン師範学校教授、フランス国立科学研究センター（CNRS）教授を併任する。デジタル技術の専門家であり、また同時にデジタルガバナンスの問題も論じる。中国の北京において中仏共同研究機関 LIAMA の所長を務めたこともある中国通である。地球研には二〇二二年度、招聘外国人研究者として所属した。アンセルム・グルンバッハは、ソフトウェア・エンジニアで、分散型システムのグローバルネットワークである「セーフ・ネットワーク SAFE Network」の開発の中心を担った経験を持つ。熊澤輝一は、地域計画研究者でありオントロジー工学研究者。大阪経済大学で環境デザインを講じる。地球研には一三年間所属し、現在も客員教授として在籍する。松井孝典は、環境システム研究者で、工学の視点から循環型社会の設計を研究する。大阪大学助教である。小野聡は、地域計画研究者で、防災などの切り口から地域の望ましい計画を研究する。千葉商科大学専任講師。

アーティストとしては、和出伸一と黄桃である。和出は、写真、絵画、マンガ、メディアアートの手法を広く用いるアーティストだが、近年は、オギュスタン・ベルクの風土学から刺激を受け、「身土」というプロジェクトを展開している（和出 2023）。京都を拠点として活動するアーティストである。黄桃は、小説家で、日本語小説の過去の文体の蓄積をふまえつつ、グローバル化やＡＩの登場などの状況を受けた新たなスタイルによる実験的手法により小説空間の構築を行っている。

また本書にはゲストとして、山極壽一にもインタビューで参加してもらっている。山極は、地球研所長で、人類学、霊長類学、人類進化論の立場から、風土に関して幅広い知見を持つ。

これらの執筆者・ゲストには、直接的には寺田が声をかけて本書の執筆メンバーとしての寄稿をお願いしたのだが、どのメンバーも逆に、風土という概念が、何らかの意味で、地球環境学の新しい局面を開くのではないかという予感を持っていた。現今の環境学を取り巻く状況を考えると、あたらしい風土学が必要ではないかという思いは本書の執筆者の誰によっても共有されている。

本書に至る三つの流れ

本書には、直接的には、地球研における三つの流れが合流して流れ込んでいる。

一つは、人新世をめぐる動向である。人新世とは、地球規模にまで拡大した人間活動が環境に不可逆的な影響を与えていることを警告した概念だが、それは、人間と環境の関係を根源的に再考する必要を惹起した。それに呼応して、さまざまな研究視角が現れ、様々な議論が開始された。本書の執筆者は、それらの動向に参加する中で、風土という概念の有効性に少しずつ気付くようになっていった。たとえば、寺田とグルンバッハはドイツのベルリンで開催された「人新世キャンパス」に参加しているが、このキャンパスのテーマは「テクノスフィア Technosphere」であった。本書第Ⅲ部のテーマと重なる内容である。また、二人は、二〇一八年に地球研で行われた第一三回地球研国際シンポジウム「アジアから人類世を問い直す Humanities on the Ground : Confronting the Anthropocene in Asia」にも登壇者やモデレーターとして参加した。先ほど述べた地球研和文学術叢書『人新世を問う』は、このシンポジウムを元に寺田が編者の一人をつとめた本だが、寺田もグルンバッハもここに寄稿している。本書は、その本のいわば姉妹編にあたる。

二つ目は、オギュスタン・ベルクの地球研における存在である。すでに述べたように、ベルクは、一九二〇年代に和辻哲郎が「学」として確立を目指した「風土学」に、「通態」の理論を導入し、さらなる彫琢を加えた学者である。ベルクは、フランス国立社会科学研究院（EHESS）の教授や日仏会館の館長を歴任したが、そのベルクが風土学を唱えることで、風土学は大きく国際化した。これもすでに述べたが、地球研の前所長の安成哲三は、ベルクの風土学を高く評価し、自己の気候気象学に取り込んでいるが、それと同時に、地球研にベルクを招聘し、地球環境学の中に風土学を取り込むことを目指した。ベルクは二〇一五年と二〇一七年に、安成の招きにより、招聘外国人研究者として地球研に所属した。ベルクの地球研における存在は、地球研のメンバーに有形無形の影響を与えた。また、ベルクは、地球研とフランス国立社会科学高等研究院の研究交流にも尽力し、二〇一八年には、パリでの「自然は考えるか」と題する共同シンポジウムの開催につながった。山極壽一はそのシンポジウムに登壇している。

三つ目は、トヨタ財団助成の共同研究である。同財団の特定課題研究「先端技術と共創する新たな人間社会」から助成を受け、熊澤輝一が代表者となり、「人間と計算機が知識を処理し合う未来社会の風土論」という共同研究が二〇一八年度から三年間にわたって行われた。この研究は、ＡＩなどの技術が「風土化」する未来を想定した研究であった。編者の寺田をはじめ、熊沢、グルンバッハ、小野、松井は、ここに参加したメンバーであり、パリーはゲストスピーカーとして研究会に参加した。また、この研究を元にして、寺田は、国際カンファレンスである「サステイナビリティ・リサーチ・イノベーション会議二〇二三（SRI 2023）」で「フューチャー風土を考える」と題したセッションを企画し、熊澤やグルンバッハやパリーが発表した。

これらの三つの流れの中で、風土という語が未来を考える際に有効なのではないかという思いや、風土という語が国際的に見ても持続可能性研究や地球環境学研究に寄与することは大きいはずだという思いが執筆メンバーに共有され、本書の刊行につながった。

論文と小説とアートによるマルチ・モーダルなコミットメント

本書は序章の後、第Ⅰ部から第Ⅳ部までの四つの部からなる論考パートと、インタビュー、対談、写真ギャラリー、小説とマンガからなる第Ⅴ部のアートによるコミットメントのパートによって構成されている。序章で、「風土」と未来に関する本書の問題意識を俯瞰的に述べ、まずは四つの部で、論文という形で、風土と未来という現象を分節化しつつ詳細に分析し、最後の第Ⅴ部でアートや実験的小説という形で、それを側面から豊富化するという結構である。本書は学術図書として出版されるが、論文を基本としつつ、それ以外の多様な研究実践の形式を用いることで、アクチュアルな状況に対してマルチ・モーダル（マルチ・モード）で機動的に対応することを企図している。

第Ⅴ部の、マルチ・モーダルなコミットメントについては、一言する必要があろう。第一に、超学際研究（トランスディシプリナリー研究）の方法において、そのような要請があるからである。環境問題とは、通常の学術ディシプリンでは解きにくい問題であり、学問領域同士の垣根や、学問そのものの境界を超えることが必要となってきている。地球研でも、様々な取り組みが行われ、その有効性が確かめられてきている（近藤・マレー 2022）。とりわけ、そこで強調されるのが、これまで学術とは疎遠だった、アートの方法の重要性である。地球研では、研究プロジェクトにアーティストが加わることは珍しくなくなった。また、金沢21世紀美術館の企画展示「すべてのものとダンスを踊って──共感のエコロジー」（二〇二四年一一月－二〇二五年三月）に地球研のプロジェクトが出展するなど、逆に、アートの場に研究が入り込むことも普通になってきた。映像や、演劇などのさまざまな事例が蓄積されている。今回、本書では、小説と写真という形式でそれに取り組む。研究者による小説の形式でのアウトプットは、すでに人類学で試みられているが（川瀬 2019）、環境学ではまだこれからである。本書はその嚆矢として、実験的に試みる。

第二に、小説というナラティブ固有の意義である。未来を構想する際に、魅力的なナラティブの必要が明らかになってきている。宇宙物理学者のレス・ジョンソンは、ＮＡＳＡの多くのスタッフが、宇宙研究に志したのは、テレビ番組「スタートレック」からの影響が大きかったという調査結果を紹介する中で、科学の進歩は、科学だけでは不可能であり、それをいかに魅力的に語るかというナラティブの問題が大きな意義を持つという（Johnson 2022）。小説の語りとは、未来へのコミットメントに関して大きなポテンシャルを持つ。本書が未来を考えようとするとき、学術の語りだけではなく、小説の語りをも用いるのはその語りのポテンシャルを明らかにしようとするからでもある。

風土概念の展開を探る第Ⅰ部

さて、以下、各部を順にみてゆこう。それぞれの部は、冒頭に総論的な論文を置き、続いて複数の各論で、その領域に関する諸テーマを掘り下げる。

第Ⅰ部「風土学の視界――理論と来歴、その射程」は、風土学そのものの未来の可能性について扱う部である。冒頭の総論の第1章「風土学史――東アジア二〇〇〇年の歴史から」（寺田匡宏）では、古代中国における風土という語の出現と、中国での紀元三世紀ごろの「風土記」の展開、さらに紀元七世紀における日本への移入と、近代における和辻、現代におけるベルクの再解釈の歴史を振り返るとともに、今日の学術界における風土学の受容を総括し、今後のさらなる展開の可能性を探る。

続く各論の第2章「風土、モニズム、パンサイキズム」（寺田）では、風土学をモニズム（一元論）として大きくとらえ、それを哲学の歴史の中で位置づけるとともに、意識の哲学や科学と接合する道を探り、第3章「西田幾多郎と環境――風土学としての西田哲学」では近代の風土学の源流の一つである西田の思想の中にいかに環境という問題が導入されたかを検証する。第4章「仙境と砂漠――精神の風土学」でジェイソン・パリーは、和辻の風土学における砂漠の強調に関して、キリスト教的文脈との比較から新たな読みを提示する。

いきものと風土の未来を探る第Ⅱ部

第Ⅱ部「いきものと未来風土――アニマル、アニミズム、ハーモニー」は、本書のいう〈非＝人間〉のうちの「いきもの」の領域に焦点を当て、いきものを未来の風土学に組み込むことを目指す。

総論の第1章「調和と共存在の風土学——ユクスキュル、今西、バイオセミオティクスにおけるいきものの位置」（寺田）では、風土学の重要な一部であるユクスキュルと今西の説を検討し、そこから見出される共存在の考え方のアクチュアリティを探る。

各論の第2章「記号の森——セミオダイバーシティ（記号多様性）から見る風土」でパリーは、バイオセミオティクス（生物記号学）の視点と、そこから導かれる記号多様性という新しい考え方を提唱する。

第3章「流動の中で思考する——石牟礼道子とリンダ・ホーガンのアニミズムと環境の詩学」（ブレイズ・セールス）は、日本と北米ネイティブ・アメリカンの二人の女性の作家に焦点を当て、現代の二元論世界観へのオルタナティブな語りの可能性を探る。

機械という自律システムの風土性を探る第Ⅲ部

第III部「風土としての自律的システム——AI、サイバー空間、デジタルエコロジー」は、これまでに風土の中に組み込まれてこなかった機械やシステムをどのように風土の中に組み込むのか、あるいは組み込みうるのか、望ましいそのあり方はどのようなものかという問題を扱う。

総論の第1章「断末期の地球でAIとの共生は可能か——複雑システム論と全体論（ホーリズム）的視座からの分析」では、ステファン・グルンバッハが、情報処理技術の進展により、自律的デジタル圏が、地球上に出現したことの歴史的経緯を追いながら、それが、今日の世界の中でどのような位置を占めているかを複雑システム論の立場から検討し、その望ましい未来のガバナンスの在り方を模索する。

各論の第2章「デジタル空間における分散的システムの出現——ビットコインとブロックチェーンがひらく

未来」では、アンセルム・グルンバッハが、現代において問題になっているGAFAなどに見られるデジタル圏における集権化の動きが果たして未来においてどのようになるのかという問題意識から、それに対するオルタナティブとしての非集権的なデジタル圏を構想する。第3章「デジタルの中のクオリア」では、松井孝典が、デジタル空間が現実空間と匹敵する重要性を持つ未来における、デジタルエコロジーの望ましい在り方を考察し、第4章「アニミズム・マシーン」（寺田）は、それらの現象の背後にある、文化的な要素を考える。日本文化に見られる非＝人間に関するアニミズムの例に着目することで、機械を含むオントロジー（存在論）の可能性を考える。第5章「アウトス αὐτός ――「自」の発生と宇宙の開始、あるいは全体と個物の同時生成について」（寺田）では、自律や自己という問題が風土とどうかかわるかが、オートポイエシスやゲシュタルト理論などの他の学問の視角との比較の中で検討される。

未来構想の方法を探る第Ⅳ部

第Ⅳ部は「未来風土とそのカテゴリー――計算機言語、予測、不確実性から考える」と題されている。未来は、未だ存在しないものであるが、それをどのように構想、創造するのかという問題を考える。

総論の第1章「未来風土とそのカテゴリー――だれが〈非＝人間〉のフューチャー風土を語るのか」（寺田）は、未来は叙述や語りを通じて現在に出来するという立場から、未来史の方法を提示するとともに、未来の環境や風土を語るとはどういう意味なのかという問題を考察する。

各論の第2章「風土を構造的知識として記述する――オントロジー工学はいかに風土にアプローチするのか」で熊澤輝一は、自身がコミットしているオントロジー工学の視点が、世界をどのようにカテゴリー化するかという問題から、人間以外の主体による未来のカテゴリー化の問題を提起し、第3章「予測社会の風土論——「不確実性」への関心は人間に何をもたらすか」（小野聡）は、デジタルがネイティブとなった未来において、どのようなＡＩ観が存在するかをアンケート調査を手掛かりに論じ、第4章「火星風土記」（寺田）は、火星移住が可能になった未来において風土はどのように変容するかを実験的に考察する。

マルチ・モーダルな未来像を提示する第Ⅴ部

以上が論文による考察であるが、最後の第Ⅴ部「想像と想像のフューチャー風土——イマジネーションとアートによるコミットメント」では、それまでの四つの部とは異なった方法論で未来の風土にコミットする。

まず、インタビューにおいて、山極壽一に過去数百万年の人類史的進化の歴史を踏まえて、今後、百万年単位の未来像を語ってもらう。

次に「写真ギャラリー　身土」は、アーティストの和出伸一の実施しているプロジェクトである「身土」の写真を掲載し、それをめぐって和出と寺田が「〈非＝人間〉的身土・景——現実・外部・言語」と題して対談を行う。また付随する特論「風土、身土、浄土、国土」では、寺田が、大乗仏教の浄土という概念と、身土、風土という概念を比較する。

最後に、本書の寄稿者と小説家が、本書の内容をふまえた掌編・短編小説による未来叙述を行い、それに和出がマンガを寄せる。

これらを通じて、未来の語りや未来の構想を、具体的な形にしてゆくにはどうすればよいのかという方法を小説のナラティブや写真という手段を通じて、実験的に探る。

最後に「終章　フューチャー風土学綱領」（寺田）において未来に関する風土学に必要な視点を本書の議論

から抽出し、本書全体のまとめとすることで、この本は閉じられる。

引用・参照資料

和文文献

伊谷純一郎（2008［1986］）「人間平等起源論」伊谷純一郎『伊谷純一郎著作集』三、平凡社、pp. 331-356。

犬塚悠（2020）「風土と環境倫理――風景はどのようにしてできるのか」吉永明弘・寺本剛（編）『環境倫理学』3STEPシリーズ、二、昭和堂、pp. 191-206。

大森荘蔵（1998［1983］）『知の構築とその呪縛』大森荘蔵著作集、七、岩波書店。

岡野潔（訳）（2003）「第一四経　偉大な過去世の物語――大本経」中村元・渡辺研二・岡野潔・入山淳子（訳）『原始仏典』二、長部経典II、春秋社、pp. 3-70。

ガリレイ、ガリレオ（1973［1923］）「偽金鑑識官」山田慶兒・谷泰（訳）、豊田利幸（編）『ガリレオ』世界の名著、二一、中央公論社、pp. 271-547。

川瀬慈（編）（2019）『あふりこ――フィクションの重奏／遍在するアフリカ』新曜社。

近藤康久・ハイン・マレー（編）（2022）『環境問題を「見える化」する――映像・対話・協創』昭和堂。

総合地球環境学研究所（編）（2010）『地球環境学辞典』弘文堂。

西條辰義（編）（2015）『フューチャー・デザイン――七世代先を見据えた社会』勁草書房。

西條辰義（2024）『フューチャー・デザイン』日本経済新聞出版。

西條辰義・宮田晃碩・松葉類（編）（2021）『フューチャー・デザインと哲学――世代を超えた対話』勁草書房。

新村出（編）（2008）『広辞苑』第六版、岩波書店。

寺田匡宏、ダニエル・ナイルズ（編）（2021）『人新世を問う――環境、人文、アジアの視点』京都大学学術出版会。

藤田紘一郎（1997）『共生の意味論』ブルーバックス、講談社。

ベルク、オギュスタン（1988［1986］）『風土の日本――自然と文化の通態』篠田勝英（訳）、筑摩書房。

ベルク、オギュスタン（1994［1990］）『風土としての地球』三宅京子（訳）、筑摩書房。

村松明・三省堂編修室（編）（1988）『大辞林』初版、三省堂。

安成哲三（2023）『モンスーンの世界――日本、アジア、地球の風土の未来可能性』中公新書、中央公論新社。

和辻哲郎（1962［1935］）「風土――人類学的考察」『和辻哲郎全集』八、岩波書店、pp. 1-256。

和出伸一（2023）『身土――人の世の底に触れる』あいり出版。

中文文献

和辻哲郎（2006［1935］）『風土』陳力衛（訳）、北京：商務印館。

欧文文献

Anderson, Christopher B.; Athayde, Simone; Raymond, Christopher. M.; Vatn, Arild; Arias, Paola; Gould, Rachelle K.; Kenter, Jasper; Muraca, Barbara; Sachdeva, Sonya; Samakov, Aibek; Zent, Egleé; Lenzi, Dominic; Murali, Ranjini; Amin, Ariane; Cantú-Fernández, Mariana (2022) "Chapter 2: Conceptualizing the Diverse Values of Nature and Their Contributions to People," in Balvanera, Patricia; Pascual, Unai; Christie, Michael; Baptiste, Brigitte; González-Jiménez, David (eds.) *Methodological Assessment Report on the Diverse Values and Valuation of Nature of the Intergovernmental Science-Policy Platform on Biodiversity and Ecosystem Services*, pp. 33-122. Bonn: IPBES secretariat.
Baek, Jin (2016) *Architecture as the Ethics of Climate*. London: Routledge.
Berque, Augustin; Deville, Damien (2022) *Entendre la Terre: À l'écoute des milieux humains*. Paris: Le Pommier.
Coccia, Emanuele (2016) *La vie des plantes: Une métaphysique du mélange*. Paris: Éditions Payot & Rivages.
Davids, T. W. Rhys; Carpenter, J. Estlin (ed.) 2015［1903］*The Dīga-Nikāya*, Vol.II. Bristol: The Pali Text Society.
Gennaro, Rocco J. (ed.) (2018) *The Routledge Handbook of Consciousness*. New York: Routledge.
Goff, Philip (2020［2019］) *Galileo's Error: Foundations for a New Science of Consciousness*. New York: Vintage.
Golub, Leon; Pasachoff, Jay M. (2014) *Nearest Star: The Surprising Science of Our Sun*. Second edition. Cambridge: Cambridge University Press.
Hens, Kristien (2024) *Chance Encounters: A Bioethics for a Damaged Planet*. Cambridge: Open Book Publishers.
Husserl, Edmund (1992［1935］) "Die Krisis der europäischen Wissenschaften und die transzendentale Phänomenologie: eine Einleitung in die

phänomenologische Philosophie," in Husserl, Edmund *Gesammelte Schriften*, Bd. 8, Ströker, Elisabeth (ed.). Hamburg : Meiner.

Johnson, David W. (2019) *Watsuji on Nature : Japanese Philosophy in the Wake of Heidegger*. Evanston, Illinois : Northwestern University Press.

Johnson, Les (2022) *A Traveler's Guide to the Stars*. Princeton, New Jersey : Princeton University Press.

Lévi-Strauss, Claude (1993 [1955]) *Tristes tropiques*. Paris : Plon.

Lovelock, James (1955 [1988]) *The Ages of Gaia : A Biography of Our Living Earth*, Revised and expanded edition. New York : Norton.

Priest, Graham (2006) *In Contradiction : A Study of the Transconsistent*, Second edition. Oxford : Oxford University Press.

Priest, Graham (2019) *The Fifth Corner of Four : An Essay on Buddhist Metaphysics and the Catuṣkoṭi*. Oxford : Oxford University Press.

Schneider, Susan ; Velmans, Max (ed.) (2017) *The Blackwell Companion to Consciousness*. Chichester : Wiley Blackwell.

Uexküll, Jakob Johann von ; Kriszat, Georg (1970 [1934]) "Sterifzuege dürch die Umwelten von Tieren und Menschen," in Uexküll, Jakob Johann von ; Kriszat, Georg *Sterifzuege dürch die Umwelten von Tieren und Menschen Bedeutungslehre*, pp. 1-103. Frankfurt am Main : S. Fischer Verlag.

Watsuji, Tetsuro (1971 [1935]) *Climate and Culture : A Philosophical Study*, Bownas, Geoffrey (trans.). Tokyo : Hokuseido Press.

Watsuji Tetsuro (1992 [1935]) *Fūdo——Wind und Erde : der Zusammenhang zwischen Klima und Kultur*, Fischer-Barnicol, Dora ; Okochi, Ryogi (trans.). Darmstadt : Wissenschaftliche Buchgesellschaft.

Watsuji, Tetsuro (2011 [1935]) *Fûdo : le milieu humain*, Berque, Augustin (trans.). Paris : CNRS éditions.

How did fudogaku develop and what is the significance of its theory? In this part, Masahiro Terada traces the evolution of fudogaku in the East Asian context for more than two millennia, investigates the characteristics of Tetsuro Watsuji's and Augustin Berque's theoretical contributions, and positions modern fudogaku in the context of neutral monism and panpsychism in philosophy. He also explores Kitaro Nishida's contribution to the theorization of fudogaku. In comparison to desert Christian fathers in early Christianity, Jason Rhys Parry argues for the kind of mind landscape that fudo implicates.

風土学は、風土という語をめぐる東アジア漢字圏の長い歴史と伝統の中から生まれた。いや、「学」という語を広義にとらえるならば、東アジアには、風土という語が存在した紀元前からもうすでに、風土学が存在したともいえる。寺田匡宏は、中国と日本の『風土記』の中にある前近代の風土学と、和辻哲郎とオギュスタン・ベルクによる近現代の風土学の歴史を振り返り、その主観と客観の二元論を超克するモニズム的立場の哲学的含意を明らかにし、その背景にある西田幾多郎の思想について検討する。ジェイソン・リュス・パリーは、初期キリスト教の砂漠の思想と比較しつつ、精神の内部の現象として風土学をとらえる視座を提唱する。

第Ⅰ部
風土学の視界
——理論と来歴、その射程

Part I
Scope of Fudogaku (Fudology)
Theoretical Frameworks of Fudo

第1章
総論

「風土学」史――東アジア二〇〇〇年の歴史から

History of Fudogaku(Fudology)：2000 years of an East Asian Tradition

寺田匡宏
Masahiro Terada

歴史を書くこととは

歴史を書くこととは、未来を構想することである。歴史とは現在の視点からの過去の語りであるが、そこには必ず、あるべき未来の姿が含まれている。過去は過去だけのために書かれるのではない。過去は、現在のために書かれるが、その現在において、過去を書いているその作者は、それが書かれた後、未来の別の誰かによって読まれることを想定している。つまり、歴史を書くことの中には、未来にそれが読まれるということがすでに含まれている。歴史を書くこととは、未来への投企なのだ（この点については、本書第Ⅳ部第1章でも述べる。☞本書476-479ページ）。

本章では、「風土」の歴史を書く。風土という語、あるいは概念がどのように歴史上とりあつかわれてきたのかを見る。そのことによって、風土という語、風土という概念、そして風土学の可能性がどこに見出しうるのか、どのような方向性を向いて議論が行われるべきなのかをさぐる。

風土学の「転回」

風土概念の歴史とは、風土概念の再解釈の歴史であり、学の「転回（ターン turn）」の歴史である。学とあえてここでは述べているが、近代化以後のディシプリン化された「学」以外にも、人間社会においては、「学知」と呼べるものが脈々と続いてきた。古代においては、神話や民俗などの知の形態がそうであったし、東アジアにおいては文字、とりわけ漢字が発明されて以後は、「四書五経」や「史」などの「学」のモデルが存在した。近代と現代のディシプリン化された学は、ヨーロッパで発達した「自由七学芸」の伝統とそれ以後の展開の歴史を刻印されている。その中で、「風土」という、人間とその周囲に関する知の集積は幾度もの変遷を遂げた。これは、「転回」である。「転回」とは、ヨーロッパの近代の哲学における言語論の隆盛に影響を受けた流れを「言語論的転回（リングイスティック・ターン linguistic turn）」と呼ぶ用法に倣ったものだが、学とは、つねに「ターン」を繰り返しながら、発展するものであるという含意を込めている。

先取り的に言うと、二千年にわたる風土学の歴史は、「民俗学的転回」、「神話学的アニミズム的転回」、「現象学的転回」、「記号学的存在論的転回」という「転回」の歴史であった。

未来の風土学

冒頭に述べたように、歴史を振り返ることは、また未来を構想することにもつながる。次の展開は、何であろうか。本書はそれを展望することを目指している。それは展望なので、まだはっきりとしたものではないが、本書の序章でも述べたように、人間以外の自然や機械が新たな主体としてあらわれていることは確かであろう。

それを踏まえると、未来の風土学の転回は、「DX的転回」であり、さらなる「存在論的転回」であるともいえよう。その転回の意味は、それらを、過去の「転回」と比較した時に、より鮮明に看取されるところであろう。本章で学史を取り扱う所以である。

なお、本書が風土学というとき、その学としてのありようは、和辻哲郎とオギュスタン・ベルクによってもたらされた近代と現代における発展に大きく負っている。和辻も、ベルクも、それぞれ、その自らの「風土学史」を描いている。たとえば、このあと本章第4節でみるように（☞本書76-77ページ）、和辻は、それを古代ギリシアのヘロドトスから説く。それに対して、本書は、それを、中国古代の周処の『風土記』から説き起こし、日本の奈良時代の『風土記』を経て、近代そして現代へと至る道として描こう。そのことの意味は、本章第6節で述べるが（☞本書87-89ページ）、それは、決して、アジアや日本にこだわるナショナリズムやリージョナリズムではない。たしかにアジアを例にはしているが、グローバルな地球において、環境の危機への対応が問われる時代における文化的多様性を担保した環境概念をどう定位するかという試みでもある。

1 風土という語

フード、フントゥ、プント

風土学の歴史を見てゆく前に、まずは、風土という語そのものの検討をしておこう。この風土という語は、現在、中国、韓国、日本で用いられている。日本語ではこれを「フード」と発音し、「風土」と書くが、中国

語、韓国語では、「风土」、「풍토」と書き、それぞれ、「フントゥ fēngtǔ」、「プント pungto」のように発音する。東アジアでは、漢字がリンガフランカの役割を果たしており、それが今日まで伝わっているのである。表記と発音が異なるが、中国語と日本語の違いは、簡体字と繁体字の違いである。一方、中国語、日本語と韓国語の違いは、表意文字である漢字と表音文字であるハングルとの違いである。これは、東アジアのリンガフランカとは、音声言語ではなく、文字言語であるという特徴からきている。

現代における語の意味について、辞書の定義から見ておこう。まずは、日本語の辞書を見よう。序章では、『大辞林』と『広辞苑』の定義を参照したが、ここでは、『日本国語大辞典』を見る。そこには「その土地の気候・地味・地勢など。その土地のありさま」と定義されている（日本国語大辞典第二版編集委員会・小学館国語辞典編集部 2000-2002 : Vol.11 ［699］）。一方、中国語の辞書では「一地方に特有の自然環境（土地、山川、気候、物産など）と風俗、習慣の総称。風土人情。」（中国社会科学院言語研究所詞典編集室 2013 : 390）と定義されている。日本語における意味が、どちらかというと人間を含まない環境の側面を指すのに対して、中国語の意味が、それに加えて、完全に人間界の現象である風俗や習慣を含めているのは興味深い。これは、中国における風土概念の発達における特徴である。この点については、次の本章第2節で詳しく見る。

古代中国における「風土」の用例

歴史的にたどると、この風土という語は、古代中国を起源とする。諸橋徹次の『大漢和辞典』によると「風土」という語はすでに、中国の『国語』という書に見られるという（諸橋 1943 : Vol. 12 ［338］）。この『国語』は、周以来の古代中国の王朝の国を治めた王たちの言行録である。成立年代は不明だが、『春秋左氏伝』と強いつながりがあり、同時代の先秦時代（紀元前三世紀）に書かれたと推定されている（大野 1969：22 ff.）。諸橋は、同書の「周語　上」から「瞽《こ》師音官、以省風土（瞽師音官、以て風土を省みる）」という一節を引用する。瞽師音官とは音曲をつかさどる官職であるが、古代の中国では音楽は政治の一部であった。この箇所は、天子の政治手法について述べられた箇所で、諸橋は引用していないが、この箇所の近辺では、「民之有口、猶土之有山川也（民の口有るは、なお土の山川有るがごとし）」という文も見られる（大野 1969：77）。天子が政治をする際の民の人心の掌握が、自然環境の掌握とアナロジカルに語られている。

諸橋は、そのほか、五世紀の『後漢書　西域伝』や『後漢書　衛颯伝』、七世紀の『晋書　阮籍傳』、八世紀の杜甫の詩などを引用する。そうして、風土という語の意味としては、「気候と土地の有様。風気と水土。気候とその土地に適する農作物。又、風俗」とする（諸橋 1943：Vol. 12［338］）。この後見るように、日本においては、六―七世紀ごろからこの語の使用が見られるようになるが、それは、この時期に、仏教や儒教、道教などの宗教や官僚制などの政治システムが、中国から国家的に輸入された歴史を反映している。

風気水土

さて、風土という語は、もともとは、「風気水土」という四字熟語のうちの最初と最後の二文字を取った語であるとも言われるが（諸橋 1943：Vol. 12［338］；和辻 1962［1935］：7）、風と土という二つの漢字からなる。「風」という語は、物理的な空気の流れという実体物を指すと同時に、状態や歌や示唆などの非実在的なものを指す語である。この「風」という語を用いた単語は数多い。たとえば、風景、風味、風俗、風習、風流などである。風とは、その物のまわりにある空気や雰囲気などを指すが、この雰囲気や空気とは、観察者による解釈を含む。一方、土という語は、もっとも単純に言えば、土壌のことであるが、それを超えた微妙なニュアンスを含む。たとえば、国土、土着などに見られる場合の土という語のニュアンスである。その際には、人間とある特定の土地や場所の結びつきが含意されている（この点は本書第Ⅴ部特論でも検討する。☞本書 637-639 ページ）。

風も土も、この世界を構成する最も基本的な要素である。世界を基本的な要素に分解してみる見方は、古くからあった。古代中国では、五行説が木火土金水を、もっとも基本的な要素としたし、古代ギリシアでは万物の根源を水と説いたタレス以来、原子論のデモクリトスに至るまで、さまざまな要素が最も基本的な要素とされた。先ほど、「風土」の語源として、「風気水土」という表現を参照したが、対照的な部分をもって全体をあらわすような表現である。それらは、やわらかいものとかたいもの、上と下など対立するような要素としてもとらえられる。それらを組み合わせることで、世界が解釈されてきたのである。二項対立は、しかし、その中間状態の第三項を生む。清水高志は、これをトライコトミーあるいはテトラレンマとよび、関係が発展していく創造的なメカニズムだという（奥野・清水 2021 : 61 ff. ; 清水 2023 : 30 ff.）[1]。風土とは、つまり、固定されていない発展を秘めた概念でもある。風土とは、主観的な風景でもなければ、客観的な環境でもない。その中間である人間と外界の間に起きる第三項的な現象である。なお、テトラレンマは、ベルクを通じて風土学の中に導入されている。この点については、この後、本章第5節でみる（☞本書 86 ページ）。さらに、第三項の問題は、矛盾や弁証法とも関係するが、それに関しては、本書第Ⅰ部第2章で見る（☞本書 106-107 ページ）。

2　中国古代・周処の『風土記』の風土学――民俗学転回

風土という語はすでに、紀元前三世紀ごろには存在した。諸橋の『大漢和辞典』には、「風土」という語の立項とならんで、「風土記」という語も立項されているが、そこでは周処の『風土記』と、日本の奈良時代に編纂された『風土記』があげられている（諸橋 1943 : Vol. 12［338］）。本書は、体系化した知を「学」であると考えるが、この後、本節で見てゆくように、この周処の『風土記』と日本の奈良時代の『風土記』においては、風土の名のもとに、知識の体系化が行われている。周処（二三六？―二九七年）は紀元後三世紀の人である。つまり、紀元後三世紀には、すでに「風土学」が東アジアにおいて存在したともいえよう。そこで、本章では以下、まずは、近代以前の風土学として、周処と日本の奈良時代の二つの『風土記』をとりあげ、それが、学としてどのように転回したかをみてゆこう。本章第４節でみる和辻は、風土学の先駆者を西洋の哲学の歴史の中に求め、ツキディデスやヘラクレイトス、ヒポクラテスにさかのぼった（和辻 1962［1935］: 205）。だが、本章のこの立場に立つと、じつは、風土学の先駆者は、東アジアにも存在したということになる。

［1］　なお、二項対立を超克する意味での第三項の意味については、本書第Ⅱ部第１章で、カントのアンチノミーとヘーゲルの弁証法、チャールズ・サンダース・パースにおける「三二」の意味について述べる（☞本書 232-234 ページ）。

周処と『風土記』

周処は晋時代に活躍した武人であり文人である。晋は、後漢が滅亡して、曹操、劉備、孫権が、魏、蜀、呉の三つの国に分かれて争った三国時代（一八四－二八〇年）を終わらせた王朝である。司馬炎によって建てられて、二六五年から三一六年にかけて存続した。首都は、洛陽（長安）であった。

周処の伝記は、『晋書』の第五八巻を構成する「列伝第二八」に詳細に書かれている（孫 2004：Vol.2［1309-1311］）。生年のはっきりした記録はないようだが、嘉禾五年（二三六年）生まれではないかと言われている。没年は、元康七年（二九七年）である。揚州呉興郡陽羡県出身、これは、現在でいうと江蘇省無錫市宜興市にあたるが、それは中国南東部の浙江省、江蘇省にまたがる地域で、上海や南京の周辺である。周処は、呉出身の武人であり、官僚であり、文人であった。当初は呉の官僚として仕えたが、呉が晋に滅ぼされた後は、晋の首都洛陽に異動し朝廷での勤務をした。『晋書』の列伝には、三〇編からなる『黙語』という書や、『風土記』、『呉書』などの書を著作したと書かれている。

周処の『風土記』がどのような書であったのかという全体像は、よくわかっていない。この周処『風土記』については、東洋史の守屋美都男が『中国古歳時記の研究』の中で「周処風土記について」という章を設けて包括的に論じているが（守屋 1963：24-37）、それによると三巻あるいは一〇巻からなる書であり、浙江省の陽羡を中心にして、呉越、蜀の風俗や地理を記録した書であるという。[2] 中国における「地方誌」の伝統は長いが（小島 2005：179）、六朝期の地方誌としてはかなり早い例で、歳時記としての内容が豊富であるため、中国では後代に注目された（守屋 1963：44）。清代の考証家は、この周処『風土記』が二三〇あまりの参考文献を渉猟しつつ、「亭邑、山水、節候、風俗、舟車、器服、物産、果実、草木、鳥獣、虫魚」を広くカバーするものであったと述べるという（守屋 1963：44）。

本文自体は、散逸してしまってみることができないが、諸書に引用された断片的な佚文から内容を復元することが行われている。現在のところ、もっとも多数の佚文を集めているのが、中国清代の光緒二〇年（一八九四年）に金武祥が『粟香室叢書』に収録した一〇一条であると言われる（守屋 1963：45）。守屋も、金のそれを補足しつつ、七七条の佚文を集成している（守屋 1963：295-312）。

この書は、「歳時記的」であったことが指摘されている。守屋のような今日の学者もそう指摘するが（守屋 1963：24）、この評価は、過去にさかのぼってもそうで、種々の歴史資料における周処『風土記』への言及は、ほとんどがこの書を歳時や民俗の書として評価している。たしかに、右記の集成された佚文を見ても、伝説の舜王や、周を建国した武王、陽羨県を立県した袁、漢の光武帝に任じられてこの地を治めた蔣澄など、伝説を含む人物の記述は多少は混ざっているが、それよりも格段に詳しく、また量も多いのが、歳時と民俗の記述である。

宗懍の『荊楚歳時記』

それを象徴するのが、六世紀に活躍した文人の宗懍《そうりん》が書いた『荊楚歳時記』という書である。この本は、周処の『風土記』を「周処風土記曰く」として、引用していることで著名である。そこで以下、『荊楚歳時記』の引用を見ながら周処の『風土記』とはどのような書であったのかを検討しよう。

［2］　そのほかに、東洋史の中村祐一も『訳註　荊楚歳時記』の中で、周処の『風土記』について述べている（中村 2019：65-66）。

まず、『荊楚歳時記』についてみておこう。『荊楚歳時記』は、長江流域の荊州地域の一月から一二月の年中行事について詳細に述べた書である。著者の宗懍は、先祖代々、長江流域の広陵（湖北省広陵県）の人で、四九八年か五〇二年に生まれ、五六一年から五六五年に亡くなった（守屋 1978 : 274 ff.）。二九歳の時に湘東王の瀟鐸《しょうえき》に見いだされ、同王府に官人として出仕し、以後、亡くなるまで官人として過ごした。その生涯の中には、瀟鐸による梁の建国（五五二年）と、それが北魏により滅ぼされるという事件（五五四年）があった。梁は荊州を首都としたが、そのために、荊州について改めて記録しておく必要があり、その際に、過去の由来がわからなくなっていた事蹟や行事について、諸書を引用して書かれたのが『荊楚風土記』である。周処の『風土記』が対象としたのは、長江の下流域で、国家で言うと、「呉」の地域にあたるが、この宗懍が対象とした荊州も同じ長江流域であり、共通する民俗も多かったのであろう。

周処の『風土記』が書かれたのが三世紀で、『荊楚歳時記』が書かれたのが六世紀であるから、その間には、約三〇〇年以上の年月が経過している。しかし、後者が前者を引用していることは、時代の変遷にもかかわらず行われ続けていた民俗行事がある一方で、起源がわからなくなっている民俗行事があったことを示す。

周処『風土記』に見る長江流域の年中民俗行事

宗懍の『荊楚風土記』は、どのように周処の『風土記』を引用しているのだろうか。たとえば、一月の年中行事の中では、周処の『風土記』が次のように引用されている。平凡社東洋文庫の守屋美都雄の書き下しを引用し（宗 1978）、その後に守屋の注釈と譚麟の現代中国訳（宗 1978, 1999）を参照しながら現代語訳を付す。

> 周処の『風土記』に曰く。元日五辛盤を造る。正月元日五薫練形あり。注に五辛は五臓の気を発する所以なり。すなわち、大蒜、小蒜、韮菜、雲台、胡采是れなりと。（宗 1978 : 22）

> 周処の『風土記』によれば、正月元旦には、五つの辛い野菜を用いた料理を作る。つまり、ネギ、ニラ（韮菜）、アブラナ（雲台）、コエンドウ（胡采）などのピリピリした味の葉物野菜を用いて練りものを作るのである。これは、これらの五つの野菜が五臓の気の通りをよくする野菜だからである。

日本にも、特定の食物を特定の時期に食べる習慣があり、正月のお節料理などにもそれが見られる。その原型となるものでもあろう。また、興味深いのは、食と気が連動してとらえられていることであり、いわゆる医食同源の考え方が見られる。

また夏の年中行事の箇所では、『荊楚歳時記』は、周処の『風土記』を次のように引用する。

> 夏至節の日、粽を食う。周処の『風土記』を按ずるに、謂いて角黍《かくしょ》となす。人、併《すべ》て、新竹をもって筒粽を為る。練葉を頭に挿し、五彩を臂《ひじ》に繋げ、謂いて長命縷と為す。（宗 1978 : 162）

> 夏至には粽を食べる。周処の『風土記』は、これは在地では「角黍」と呼ばれているという。これを作るために竹筒を用いるので、「筒粽」とも呼ばれている。「苦楝樹（にがき、センダン）」の葉っぱを頭に挿し、紅、黄、藍、緑、紫の五色の糸を肘につけるが、これは「長命縷」と呼ばれる。

粽を端午の節句に食べる風俗は、現在の日本でもあるし、また、紅、黄色、藍色、緑色、紫は、日本でも五月のこいのぼりの吹き流しに用いられる色として親しまれている。この「長命縷」は、奈良時代に日本にすでに見られるというが（宗 1978 : 164）、その源流はここにあるのである。

　さらに、年末の行事の箇所では次のような記載もある。

> 歳前、又た蔵彄《ぞうく》の戯を為す。周処の『風土記』に曰く、清醇《せいじゅん》を進めもって蜡《さ》を告げ、恭敬を明祀に竭す。乃ち蔵鉤あり。俗に呼んで行彄と為す。（…）臘日の祭の後、叟嫗各おのその侪《ともがら》を随え、蔵彄の戯を為す、分ちて二曹《くみ》と為し、以て勝負を較べ、一籌を得るの者を勝となし、その負くる者は起こして勝者に拝謝すと。（宗 1978 : 264）

> 年越しの最後の祭りである「蜡神の祭り」前には、「蔵彄」という遊戯をする。周処の『風土記』によれば、美酒を百神にささげ、土地を敬い、神明を祭ったあとに、この遊戯をするという。一二月の初旬の「腊の祭」が行われて以後、翁たちと媪たちがそれぞれチームを作ってこのゲームを行って勝ち負けを競い、負けた方は勝者をたたえる。

　このゲームは古代からあるゲームで、背後に回した手を伝ってものを受け渡し、太鼓が鳴ったときに、その物を持っていた人がそれをもらえるというようなゲームだったようだ（宗 1999 : 123）。「撃鼓背手伝物」と呼ばれることもあり、また「彄」とは指輪の意味なので、「指輪回し」と呼ばれることもあるという（宗 1978 : 265）。同様のゲームは、日本では「銭回し」と呼ばれ、今日では、プレゼントの交換で人が輪になってそのようなことが行われることもあるし、「ハンカチ落とし」もその一種だともいえよう。

民俗としての風土

ここからわかるように、周処の『風土記』は、民俗行事の起源を描いているが、神話的にそれを解釈しているわけではない。実証的に、伝承の在り方を描いている。この点は、この次の節で見る日本の奈良時代の『風土記』と異なるところである。

さて、そうなると、なぜ「風土」が民俗行事なのか、ということが問題となろう。ここでは、歳時（年中行事）が「風土」として取り上げられていることに注目したい。歳時とは、時間の関数である。それは、地球の自転と公転による時間の変化と、地球の地軸が傾いていることによる季節の変化という二つの自然現象を前提としている。時間の経過は、自然現象である。季節の変化も自然現象である。本来は、そこには何の意味もないが、そこに意味を見出すのが民俗の思考である。新年に意味を見出し、夏至に意味を見出すということが民俗行事、歳時行事である。意味とは人間界の現象である。もともとは意味を持たない自然現象にいかに意味を見出してきたのかということが「民俗」であり「習俗」であるのなら、風土の中に人間界の出来事である民俗や習俗が含まれるのは当然ということになろう。つまりそれは、自然界の中に人間界があること、その意味を人間独自に位置づけているということを示す。

宗懍の『荊楚歳時記』のほかの箇所では、『荘子』や『老子』や『楚辞』なども引用されている。『荘子』や『老子』は、今日では、哲学書のようにしてとらえられることが多いが、当時においては、日常の中での行住坐臥の指南書としてとらえられていた。学と生活世界が分離していなかった。いや、学が生活世界の一部であった。そのような中で、風土というものが認識されていたことも指摘できよう。この点は、生活世界と科学の分離に関して、本書第Ⅰ部第２章で述べる（☞本書 125-126 ページ）。

風土とは、理論化を必要とするものである。なぜなら、それは自然界と人間界の相互にまたがる現象であり、それが人間界の現象である限りは、人間による解釈が重要になるからである。古代中国の『風土記』は、学と生活世界が分離する以前の状況の中で、当時の世界観を理論化した理論書であった。

「史」へのオルタナティブとしての風土

もうひとつ、周処の『風土記』が民俗行事を記載していたことの意味を見ておくと、それは、上からの「史」に対して、下からの記述であることである。中国は「史」の国であると言われるが、それを反映して、歴史上、中国で出版された書物では、歴史書が最も多かったという（砺波 1997：71 ff.）。中国の文物の世界の中では、「史」を頂点としたヒエラルキーがあった。そして、その中でも、「正史」が最も価値が高かった。正史とは、紀伝体という叙述スタイルで書かれた歴代王朝によって公認された歴史書のことである。前漢の司馬遷の『史記』以後、中国には、明代（一四―一七世紀）を描いた『明史』（ただし、刊行は清代）にいたる、「二四正史」がある。紀伝体とは、帝王の治世の年代記である「本紀」と著名な個人の事績の「列伝」からなる。年表や系譜の「表」、部門別の文化史や制度氏の「志・書」を伴う場合もあるが、これらは、必須ではない。「志」には地誌も含まれる。「魏志倭人伝」はこの「志」である。つまり、歴史とは、皇帝の伝記であり、政治史であると考えられていたのである。

「学」を、世界を体系化する知識体系というのならば、中国におけるそれは、「史」を頂点とするものであったといえよう。そうして、その「史」は公定の歴史でもあるので、公定学という側面が強い。もし、中国の「学」が公定の世界で独占されていたとしたならば、そのような公定学に民衆の文化や民俗が登場することはなかっただろう。しかし、周処の『風土記』や宗懍の『荊楚風土記』の存在は、それとは異なるベクトルがあったことを示す。それは、下からの、民衆からの視線であり、それを記した書への欲求が、澎湃として存在したことを示している。これは、下からの、生活世界の、「学」である。風土学の民俗学的転回とは、そのような、下からの生活世界の視点を「史」を頂点とした文の世界に導入することでもあったと言えよう。

3　日本の奈良時代の『風土記』の風土学——神話学的アニミズム的転回

さて、その後、中国から日本に風土という語、概念が移入され、日本で発達を遂げてゆくことになる。その第一番目は奈良時代の『風土記』の風土学である。周処の『風土記』の風土学は、風土を民俗として解釈する転回を行った。では、それを受け止めた日本ではどのような風土学が生まれたのだろうか。

奈良時代の国家的全国地誌調査

日本の『風土記』は、奈良時代の七一三年に当時の朝廷の命令によって編纂された書物である。その命は、それぞれの「国」の状態や産物などを書き上げた文書を提出することというものであった。当時、日本には、約五〇の「国」が存在したので、五〇の国別の風土記が提出されたことになる。現存するのは、そのうちの五つである。

そのような命が下されたのは、当時の政治状況が関係している。八世紀とは、ヤマト王権による権威の確立と中央集権化の最終段階であった。この王権は、紀元三世紀ごろに生まれ、その後、現在の日本の天皇家につながっているとされる系統である（寺沢 2000 : 248 ff.；大津ら 2001 : 33 ff.）。この集中化の過程を通じて、中国の政治と文化のシステムが組織的に日本社会の中に移入された。文化的な面で言うと、国文学、国語の成立、国史と国誌の成立が支配階級にとっては重要であった。日本の奈良時代の『風土記』の完成とはそのような文脈の中で理解されるべき出来事である。『風土記』の提出命令に前後して、二つの国史が編纂されている。七一二年には『古事記』が、七二〇年には『日本書紀』が編纂されている。いずれも天武天皇の時代である。

さて、朝廷が報告を命じた内容はくわしくいうと次の五つである。一、日本全国の国名、郡名、郷名に好字を選んで名付けて提出すること、二、郡内の鉱物、植物、動物などの産物のうち有用なものを報告すること、三、土地の肥沃状態を報告すること、四、山川原野の名の由来を報告すること、五、古老の伝えてきた旧聞異事を報告すること（植垣 1997 : 8）。

周処の『風土記』が歳時記であり、庶民の日常生活の民俗に焦点を当てたものであったのに対して、ここでは、庶民生活にはほとんど関心は払われず、国家に有用なものや、土地の生産性に資するものなど、国家の側の視点が貫かれている。また、周処は、一個人として『風土記』を書いたが、日本の『風土記』の著者はだれかと言われるのならば、それは各国の官僚たちであり、編纂者は、天武天皇ということになろう。周処の『風土記』と日本の奈良時代の『風土記』は、性格が全く異なっている。

朝廷からの命に応じて、各国から報告がなされた。特筆されるのが、地名の起源に関しては、神話的解釈が用いられていることである。神話的解釈というのは、そこに「カミ」という超越的存在が関与することである。地名にかかわる事績にカミが関与しているという記述が多々みられる。

そのカミガミはいかなる存在であったのか。そこには、二つのパターンがある。第一は、『古事記』や『日

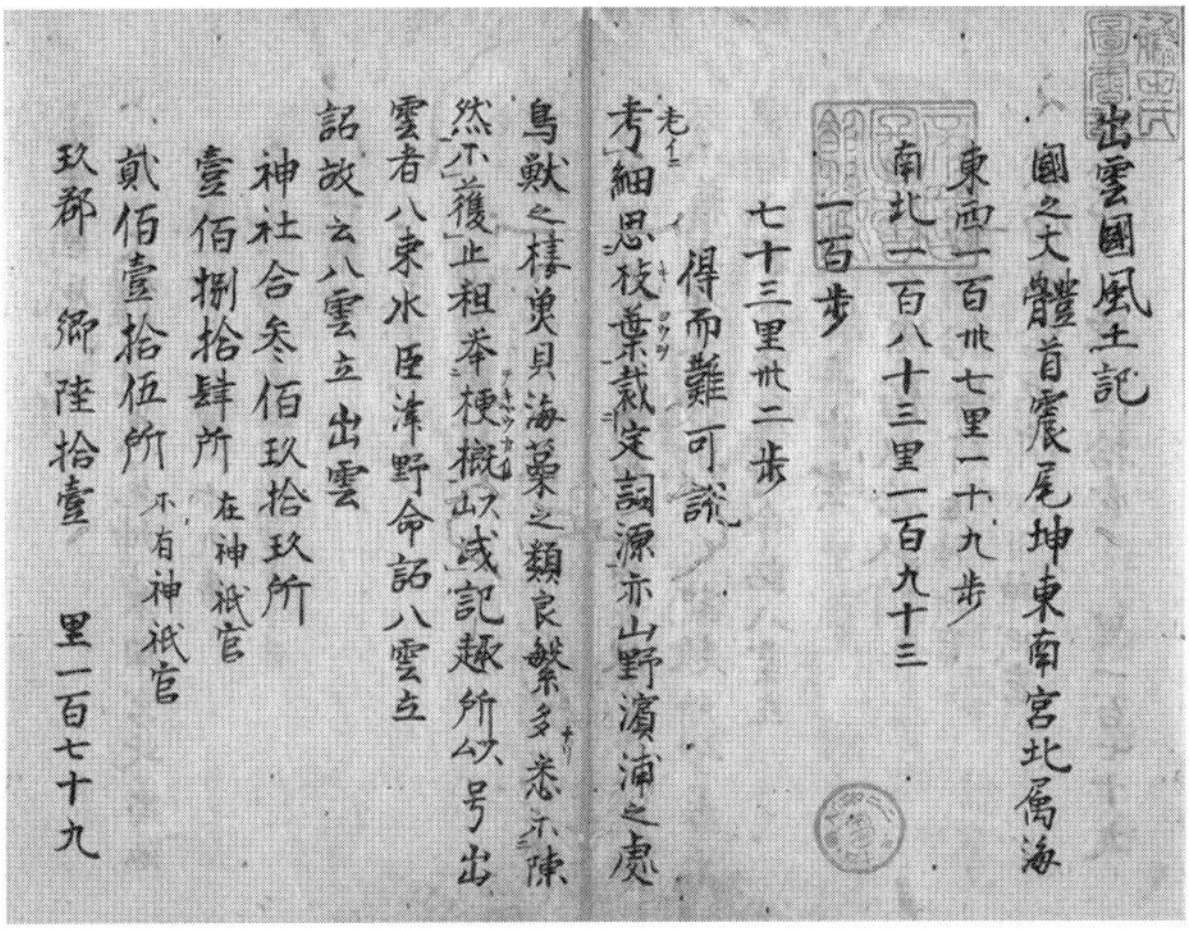

図 1　『出雲国風土記』冒頭部分。享保 13 年（1728 年）写本。出典：国立国会図書館デジタルコレクション。

本書紀』と共通するカミである。たとえば、『出雲国風土記』冒頭には次のような記述がある（図 1）。

出雲となづくる故は、八束水臣津野命《やつかみずをみつのみこと》、のりたまひしく、「やくもたつ」とのりたまひき。かれ、やくもたついづもといふ。（植垣 1997 : 131）

この八束水臣津野命は、『出雲国風土記』の「意宇郡」の項では、「国引き」をして、新羅の国や越の国（現在の北陸）から土地を引っ張ってきて、出雲の地形そのものを作ったと書かれている有名なカミである。彼は、『日本書紀』の神代記にスサノオノミコトの四代目の孫と書かれているが（植垣 1997 : 131）、スサノオノミコトはカミであるので、この八束水臣津野命もカミであると言えよう。そのカミが出雲の地名の名付け親であり、かつ出雲の地形を作ったのだというのである。

他方、第二に、『風土記』に登場するカミは、必ずしも『古事記』に書かれているカミというわけでもない。たとえば、『常陸国風土記』には、次のような話が書かれている。

むかし、カミガミの親である「ミオヤノミコト」が、諸国をめぐっているときに、富士山まで来た時、夜になったので、富士山のカミに一夜の宿を頼んだが、富士山のカミは「新嘗祭をしているので、いま忙しいからお泊めできません」と断った。ミオヤノミコトは怒り、「富士山には、今後、冬になると雪が積もるようにして人々が登れなくして、人気をなくしてやる」と言った。一方、筑波山のカミが、「新嘗祭の途中だが、せっかくなのでお泊めしましょう」と言ったので、喜び、「それでは、筑波山は、人々が集まるような栄えた場所にしよう」と言った。（植垣 1997：361）

ミオヤノミコトの名には、あらゆるカミ、あるいは、あらゆる山のカミの親であるという含意があるが、そのようなカミは『古事記』には出てこない。『風土記』にはその二種類のカミが混在している。

国家によるカミの編成

周処の『風土記』においては、神話的要素は見られなかった。しかし、一方、日本の『風土記』には、「カミ」が登場している。これはどのような意味があるのだろうか。まず、『古事記』や『日本書紀』の世界観では、天皇家はカミであった時代があるので、それを踏襲していると言える。また一方、しかし、このカミは人間の祖先であるだけでなく、自然物そのものでもある。『古事記』には、自然物やものや概念がカミであると書かれており、その中に天皇家の祖先であるカミも交じっている。つまり、そのような人間と自然物が共にカミであるという世界観が日本の『風土記』にも引き継がれているのである。

『古事記』と『日本書紀』において、天皇家の歴史が、カミの歴史と接続されたことは、神話による世界観の統制である。それは、当時の天皇である天武を支える体制の正当化のための由来譚の作成である（鐘江 2008 : 54）。ただし、それが、中国の圧倒的な影響によるものであったことも事実である。前節でみたが、中国は「歴史」の国であり、この時点ですでに、『史記』、『漢書』、『後漢書』、『三国志』から『北史』にいたる一五の正史を持っていた（砺波 1997 : 73）。『古事記』や『日本書紀』が歴史として書かれたのは、そのような圧倒的な中国の歴史記述の厚みを意識しながら、自己を正当化させる必要があった状況の中である。さらに、歴史の語りに関して中国のそれとは別の語り方を開発する必要もあった。中国には、盤古神話と呼ばれる神話があったが、それとは異なる神話を自己の淵源に求める必要があった。『古事記』と『日本書紀』の神話には、そのような対外的な意図があった。日本文学研究者の松本直樹は、これを「極めて政治的な〈神話〉である」という（松本 2016 : 17）[3]。

『風土記』の内容を各地に報告させる命が出された時には、すでに『古事記』も『日本書紀』も完成していた。つまり、歴史を通じたカミの統制は既に完了していた。『風土記』の編纂とは、各地に伝承された神話を把握しながら、中央が、すでに存在した『古事記』、『日本書紀』の枠組みの中にそれを取り込んでゆく過程である。あるいは、各国の官僚に対して、そのような枠組みの神話を提供させることで、各国にそれを受け入れさせるという側面もあった。『風土記』に『古事記』や『日本書紀』と共通するカミが描かれているのは、そのような、日本の古代における神話の政治的位置を示している。しかし、一方、『風土記』には、かならずし

---

［3］　とはいえ、人類学者クロード・レヴィ＝ストロースの『神話理論』で分析されるような説話や「おはなし」のような語りを神話というのならば、『古事記』、『日本書紀』に書かれているのは、天皇家の統治に収斂してゆく政治的な語りであり、神話とは呼べないことになる。

も国家体制に収斂するものだとも言い切れないカミも描かれている。先に見た「ミオヤノミコト」のようなカミは、そのようなカミである。『風土記』は、『古事記』と同じように、国家によって編まれた公定書である。しかし、そこに、そのようなカミが書かれていることは、必ずしも国家に編成されきらない在地の多様性があったことも示している。

国家以前のカミの記憶

『風土記』の中には、さらに、より古い人類の古層ともつながる要素も垣間見える。たとえば、『播磨国風土記』のなかの讃容郡（現在の兵庫県佐用郡）の「サヨ」という語の起源に関する神話にはそれが描かれている。

この地域がサヨと呼ばれる理由は次の通りである。昔、男と女の二人の大カミがいた。彼らは夫婦であったが、この地域の支配をめぐって争っていた。女のカミの名は「球体のように完全な美しさを持つ女のカミ（タマツヒメノミコト、玉津女の命）」である。彼らはどちらが早く作物をこの地に実らせるかという競争で雌雄を決することにした。女のカミは、鹿をとらえ、その腹を裂いて、その血の中に米を蒔いた。すると、コメの苗が一夜で芽吹いた。男のカミはそれを見て怒り、「彼女は、仕事は昼間だけという黙契を破って、五月（サツキ）の夜中（ヨ）に仕事をした」と言い捨てて、去って行った。そこで、この地はサヨと呼ばれるようになった。（植垣 1997 : 75-76）

ここに見られるのは、農業や食物の起源を語るハイヌウェレ神話の典型的な一例である。ハイヌウェレ神話は、東南アジア、オセアニア、南北アメリカ大陸に広く分布する神話だが、食料、とりわけ、タロイモやコメなどの農作物がカミの身体や血や排泄物や死体からもたらされると語る。この例では、直接的にカミの身体が農作物に化したわけではないが、カミが、植物を、動物の死体から出現させるという点では同型であろう。『播磨国風土記』には、このほかにも、賀毛郡雲潤《うるみ》の里の起源譚として「オホミズ（大水）のカミ」が「宍（鹿・猪）の血を以って佃《たづく》る」と述べたという記述もある（植垣 1997 : 117）。ここにも動物の血と農作物が関係づけられて語られている。

ハイヌウェレ神話は、農耕社会における神話の典型であると考えられている。農耕社会は、新石器革命後に発達したが、それは更新世に代わって、約一万年前に開始した完新世の生産様式である。この時期に気候は氷河期から間氷期に移行し、それは現在も続いている。完新世において、旧石器から新石器への移行、つまり狩猟採集から農耕への移行が起こった。だが、ハイヌウェレ神話の起源は、もっと古くにさかのぼる可能性がある。それは、狩猟採集民の犠牲獣の遺骸からの再生の神話に深いルーツを持つ神話であるともいわれている（Witzel 2012 : 357-358）。

農耕より古い時代のホモ・サピエンスの歴史は、移動の歴史であった。約一〇万年前にアフリカを出て、約一万年前に南米大陸の南端に至ったホモ・サピエンスの地球上での拡散の長い歴史である。人類のアフリカから地球全体への拡散とは、大部分が二六〇万年前－一万年前の更新世において行われた。狩猟採集民であったホモ・サピエンスは、物語を神話として携えて移動し、地球上に種をまくように残していった。ハイヌウェレ神話とは、そのような物語の一例である可能性もある。そう考えるなら、『風土記』には、神話を携えて移動したホモ・サピエンスの記憶が記録されている。

日本における風土学の神話学的転回

さて、ここまで、奈良時代の『風土記』を「風土記」と呼んできたが、注意しておかなければならないのは、じつは、これらの文書が書かれた時点では、それは『風土記』とは呼ばれていたかどうかははっきりとはわからないことである。もちろん、それぞれは、書冊としてまとめられていただろうから、何らかの名称で呼ばれていたことは確かであろうが、それが当時、どう呼ばれていたかは確認されていない。

この文書群が『風土記』と呼ばれていることが確認されるもっとも古い資料は、九一四年（延喜一四年）に書かれた三善清行の「意見封事一二箇条」である（瀧音ら 2018 : 8）。この資料は、平安時代の漢学者で、公卿、官僚であった三善が、後醍醐天皇に宛てて書いた政治的意見書である。当時、班田収授法が機能せず、朝廷への税収が減少するなどの問題があったが、それは、在地における国司や民間の不正が横行していたからであることを調査し、改善策を上奏したものであり、その冒頭部分に次のように書かれている。

> 私は、寛平五年（八九三年）に、備中の国の行政次官に任命されました。備中の国には、下道郡に二マ郷という郷があります。この郷のことを調べようと思い、備中の国の『風土記』を見ますと、そこには次のようなことが書かれております、皇極天皇の六年（六六〇年）に天皇が、筑紫に行幸された時に、百済救済の兵を出兵しようとされておりました。その途中に下道郡で宿泊されました時に、試みに、この郷で兵士を募りましたところ、たちまち二万人の兵が集まりました。そこで、天皇は大いに喜び、この村を名付けて、「二万郷」とおっしゃりました。これがのちに改められて「邇摩郷」となったのであります。（大曽根ら 1992 : 149）

この後、現在の状況が述べられ、当時二万人と言われる人数がいたのに、貞観期には七〇人、現在は無人となっているという経緯が述べられ、地方の疲弊が説明されている。この三善の意見書からは、一〇世紀前半の当時、これが『風土記』と呼ばれていたこと、そして、それが行政資料として行政官に参照されていたことがうかがえる。

守屋によると周処の『風土記』は、一〇世紀にはすでに日本に輸入されていた。『倭名類聚抄』(九三一－九三七年)、『和歌童蒙抄』(一一六五年)、『袖中抄』(一一八五―一一八九年) に記載があり、おそらく完本が伝来していたのではないかという (守屋 1963 : 39-40)。とすると、三善の文の中で、日本の『風土記』が『風土記』と称されているのは、この時点で、周処の『風土記』のタイトルに倣ってそう称されていたと考えることもできよう。ただ、前節で見たように、周処の『風土記』は、狭義の地方誌ではなかったし、行政文書でもなかった。土地の事情も含んでいただろうが、一方でひろく民間の慣行をカバーした書であり、神話的体系をベースにした書でもなかった。他方、日本においては、神話的要素を含む地誌が『風土記』と名付けられた。日本における風土観と中国における風土観の差異があるのであり、それを踏まえて、日本では、風土学が神話学的に再解釈される転回が起こったと言ってよいだろう。

カミと神話とアニミズム

日本の『風土記』には、土地の由来をカミと結びつけて考える思考がある。つまり、風土を神話的に解釈している。中国の周処の『風土記』は、民俗という人間界の出来事に注力していた。自然と人間が切り離されているので、二元的思考であるともいえる。一方、日本の奈良時代の『風土記』は、そのような人間界と自然界を切り離す思考とは別種の、非二元論的、一元論的な世界観であるといえよう[4]。

日本における『風土記』の神話学的転回とは、アニミズム的転回としても解釈されることができる。なぜなら、それは人間界の権力構造に奉仕する一方、カミの位置づけを作り替えるという作用も持ったからである。カミとは何かという定義は『風土記』にもないし、『古事記』にもない。カミとは、聖性を持つ存在で、人間以外の自然界の自然物の中に宿っているとするなら、これは、アニミズムともいえる。その意味で、この神話学的転回とは、アニミズムへの転回でもある。日本におけるアニミズムは、いくつかの転回の末に形成されていることが明らかになっている。たとえば、日本仏教の特質としてしばしば指摘される「山川草木悉皆成仏」などに見られるアニミズムは、「太古以来の「アニミズム」の伝統」ではなく、中世において神聖性が、人間の中にも分有されることが明らかになり、それが、人間以外の存在にも適応された結果であることが明らかになっている（佐藤 2014：19-20）[5]。とするのならば、『風土記』において、カミが政治的神話の中に登場することは、アニミズムへの転回でもあり、風土学はその一つの役割を担っていたということになる。日本古代の『風土記』の風土学とは、各地に存在したアニミズムを、国家の語りの元に統合するような機能も一部には持っていた。

本書第Ⅰ部第2章や、第Ⅱ部第3章で見るように（☞本書 136-138, 271-276 ページ）、アニミズムには、今日のグローバルなアカデミック世界で関心が集まっている。「アニメ」で有名な日本社会は、そのような動向の中で新たな関心の対象となっている（Brienza 2013、Rambelli 2019）。日本古代における風土学の転回をアニミズム的転回ととらえることは、風土学を現代におけるアニミズムをめぐる研究動向に接続することにもなろう。また、アニミズムは、大きな目で見ると、パンサイキズムの一部である。それについては本書第Ⅰ部第2章で見るが（☞本書 136-138 ページ）、そこにもまた、この転回の知見は寄与することが考えられる。

4　和辻哲郎の風土学——現象学的転回

本書では、「学」を知の体系と考え、中国と日本の『風土記』の風土学も「学」であると考えているが、その「学」を踏まえて、文字通り、近代の学問として、「風土学」を確立したのが和辻哲郎である。

「風土学」構想

和辻は、「学」を、近代西洋が確立した知的ディシプリンの一つと考え、その「学」として「風土学」を位置付けようとした。和辻の風土に関する言説は、今日では「風土論」と呼ばれることも多いが、一九三五年に彼が刊行した『風土——人間学的考察』の中で、彼ははっきりと「風土学」という語を用いている（和辻 1962［1935］: 205）。和辻には、明確に、自分の所論を「学」として位置づける意図があった。[6]

今日の基準で言うと、「学」が「学」であるとみなされるのは、学会の存在、定期刊行ジャーナルの刊行や

［4］ここに、中国と日本の自然の位置の違いを見ることもできるかもしれない。周処の『風土記』が書かれた時点で、中国にはすでに長い文明の歴史があった。仮に、初期国家の形成を紀元前一五〇〇年ごろとすると（宮本 2005）、周処の『風土記』が書かれた三世紀ごろまでにすでに、二〇〇〇年近い文明の歴史があったことになる。その文明の歴史の中で、開発が進み、自然は克服されてきていたと解釈することも可能かもしれない。一方、日本における文明の歴史は、この奈良時代の『風土記』が書かれたころから開始され始める。開発が進むのはこれから、という段階で、自然はまだまだ人間を凌駕していたともいえるだろう。もちろん、周処の『風土記』と奈良時代の『風土記』の差異の原因をそれだけに帰することはできないが、その一つであると考えられないだろうか。

［5］この点に関しては、本書第I部第2章でパンサイキズムにおける天台仏教の扱いを論じる中であらためて検討する（☞本書 133 ページ）。

教科書の刊行などがある。和辻は、「風土学」を銘打ったジャーナルは刊行しなかったが、京都帝国大学で行った講義を元にして教科書にあたる著書『風土』を刊行した。この後、詳しく見るように、この『風土』という本の中には、理論が書かれ、実例が書かれ、さらには学説史の中に風土学が位置付けられている。用意周到に和辻は、風土学を「学」として位置づけようとしたのである。[7] もし、和辻が風土学をより制度的にオーガナイズしようとしたのならば、学会やジャーナルを組織する必要があったが、それは可能であっただろう。彼は、後に日本倫理学会を組織した人であり、本書第Ⅰ部第3章で見るように（☞本書161-166ページ）、岩波書店の『思想』の編集にも携わるなど、出版事業にも造詣が深かった。その能力は十分にあったが、和辻は、風土学に関しては、本格的な組織化はしなかった。だが、彼の「風土学構想」は日本ならず世界の学問界に長く影響を与えている。本書の刊行もその一部である。

哲学者・和辻哲郎

和辻について少し詳しく見ておこう。和辻哲郎（一八八九－一九六〇年）は、二〇世紀前半の日本を代表する哲学者である。ユニークな哲学者で、その守備範囲は、風土学以外にも、ニーチェやキルケゴールなどの実存主義、初期仏教論、倫理学といった哲学に加え、桂離宮論や美術批評、鎖国論など歴史や美術批評など多岐にわたる。哲学者になる以前の旧制第一高等学校時代には谷崎潤一郎などとともに文芸活動にいそしんでいた。文学の道を断念する「歌の別れ」のあとも、「作品としての哲学」を著書として刊行したところが、通常の哲学研究者とは違った色彩を彼に与えている。同様の著述傾向を持つ学者に、柳田国男（一八七五－一九六二年）がおり、彼も民俗学者になる以前には、国木田独歩などとともに文学活動にいそしんでおり、「歌の別れ」を経験したのちも、『遠野物語』や『海上の道』など「作品としての民俗学」の著書を発表している。

日本の哲学者の第一世代を、明治維新後に哲学を確立していった西田幾多郎（一八七一－一九四五年）だとすると、西田よりも二〇歳年下の和辻は、田辺元（一八八五－一九六二年）らと並んで、第二世代に当たる。二人とも、西田が教授であった京都帝国大学に、助教授や講師として西田により招聘されている。西田の弟子というと、三木清（一八九七－一九四五年）や西谷啓二（一九〇〇－一九九〇年）などが挙げられるが、その弟子たちは、西田よりも三〇歳ほど年下である。本書第I部第3章で見るように（☞本書164 ff. ページ）、和辻は、弟子というわけではなく、最初は、後輩、あるいは年少の友人、つぎに年少の同僚として西田と対峙していた。和辻は、西田に招聘されて東京から京都帝大に移ってきたが、その在職期間は、一九二五－一九三四年の約九年間、年齢で言うと三〇代半ばから四〇代の壮年期である。この時期は、ほぼまるまる和辻が風土学を作りあげた時期と重なる。その後、彼は、東京帝国大学に倫理学講座の初代教授として赴任する。京都学派の定義自体それほどはっきりしているわけではないが、和辻は京都学派にカウントされることが多い。

［6］この点は、次節で見るオギュスタン・ベルクとも共通している。ベルクも自身の立場をはっきりと日本語で「風土学」、フランス語で「メゾロジー」と称している。なお、本書第II部第1章でみる（☞本書200 ff. 215 ff. ページ）、ヤコブ・フォン・ユクスキュルと今西錦司も、それぞれの立場を「環世界学」、「自然学」と称していることも、風土学のディシプリンの特性を考えるうえで興味深い。「風土学」とは、既存のディシプリンの枠組みへの挑戦という側面があることを示していよう。

［7］「学」への周到な構想は、「人新世」を提唱し、制度化しようとしたパウル・クルッツェンとも重なる。クルッツェンの「人新世」の制度化構想については、寺田・ナイルズ（2021）で述べた。

ハイデガー『存在と時間』への応答として

和辻の『風土』は、ハイデガーの『存在と時間』（一九二七年）への応答として書かれた。和辻は、一九二七年から、一九二八年にかけて、文部省から派遣されドイツに一年間の留学を行った。ただし、留学と言っても、今日の留学のように、どこかの大学に属したわけではなく、ベルリンやハイデルベルク、パリ、ローマなどに長期滞在しつつ、「広く見分を深めた」ということであり、むしろ遊学と言ってもよいかもしれない（亀井 1963）。その「見分」の結果は、後述のように『風土』の中の三類型化に生かされているし、またそれ以外にも『イタリア古寺巡礼』として結実もしている（和辻 1962［1950］）。その期間に、彼は、ドイツで、当時出版されたばかりであったハイデガーの『存在と時間』を読んだのである。『風土』の出版は、一九三五年だが、和辻は、帰国後すぐの一九二八年九月から一九二九年二月の冬学期に、その第一章の元となった講義を京都帝大で行い、また、当時彼が編集同人をしていた岩波書店の雑誌『思想』の一九二九年四月号にそれを掲載している。ハイデガーの『存在と時間』が一九二七年刊行であるから、素早い対応であるといえよう。

当時、日本の哲学界とドイツの哲学界、とりわけ、フッサールとハイデガーの周辺とは、緊密な関係にあった。京都帝大からは、何人もの哲学者たちが、彼らの元にわたり、友人関係を結んだり、あるいは指導関係の下にあったりした。たとえば、田辺元、三木清、九鬼周造、山内得立などである（Yusa 2002 : 181）。西田幾多郎は、生涯において海外には出かけなかったため、直接的にフッサールともハイデガーとも出会ってはいないが、フッサールとは文通関係にあり、その手紙は西田の全集とフッサールの書簡集に収められている（Eberfeld and Arisaka 2014 : 17-18）。和辻もまた、ハイデガーにもフッサールにも出会ってはいない。ハイデガーと和辻は、ともに、一九八九年生まれであり、同年であった。和辻のハイデガーの『存在と時間』への反応は、ある種のライバル心の発露という側面もあろう。

『風土』の中で、和辻はハイデガーが、時間に焦点を当て人間存在を論じたことに対して、空間性も人間存在を考える上では大切だと考え、同書を書いたと書く。たしかに、ハイデガーを批判はしているが、しかし、この後、本書第Ⅰ部第2章でみるように（☞本書119-120ページ）、ハイデガーの『存在と時間』の中に見られる二元論批判と、和辻の『風土』の基本的スタンスである二元論批判には共通性も多い。和辻は、ハイデガーを批判しつつ、同一の立場に立ってもいた。

とはいうものの、『風土』は、必ずしもハイデガーへの応答という側面だけで評価される本ではない。この本の副題が示すように、それは彼の「人間学」構築という文脈の中でもとらえられる。『風土』の内容は、のちに、彼の主著である『倫理学』全三巻（和辻 1962［1937］, 1962［1942］, 1962［1949］）の中に収められることになる。その倫理学の中では、人と人の間柄の問題が扱われ、家族から国家の問題が論じられることになる。風土は、その基盤として扱われている。

「風土は自然ではない」

以下、『風土』の内容を見ていこう。風土の哲学的構造については、次の本書第Ⅰ部第2章で詳しく見るが（☞本書96 ff. ページ）、『風土』は理論書であると同時に、現実解釈の実践の書であり、学史の書である。和辻の風土学をとらえるうえで、その全体像を把握しておくことは必要であるため、ここではそれらの章で何が書かれているのかを検討する。

『風土』は、五つの章からなる。内容からすると、それは三つのパートに分けられる。理論的考察、風土理論を用いた人間の類型――これを和辻は「自己了解の型」という（和辻 1962［1935］: 22）――の分類、そして、既存の環境と人間の関係に関するさまざまな学説の包括的な批判とその中での風土学の位置づけである。

第一の理論的考察は、第一章において行われる。ここでは、風土の基礎理論に哲学的基盤が与えられる。その冒頭で、風土と自然の区別がなされていることに注目したい。

ここに風土と呼ぶのはある土地の気候、気象、地質、地味、地形、景観などの総称である。それは古くは水土とも言われている。人間の環境として自然を地水火風として把握した古代の自然観がこれらの背後にひそんでいるであろう。しかしそれを「自然」として問題とせず「風土」として考察しようとすることには相当の理由がある。（和辻 1962［1935］: 7）

ここでは、はっきりと風土と自然は異なることが述べられている。ここでいう「自然」とは、自然科学が前提とする自然である。この点については第III部第4章で述べるが（☞本書 412-416 ページ）、自然科学が前提とする自然以外にも、自然はある。たとえば、日本の仏教語で「じねん」と読むような自然も、広い意味では自然の中には含まれよう。しかし、自然科学は、「じねん」と読むような自然は対象とせず、ある特定の「自然」だけを「自然」ととらえる。これをナチュラリズムという。我々がとらえる「自然」は、決して、太古から同じ「自然」であったわけではなかった。今日のように「自然」が「自然」として認知されるようになってきたのには、長い歴史があるが、とくに、そこには、近代における自然科学の隆盛という要因が大きい。

これに重ねるように和辻は「日常の事実としての風土がはたしてそのまま自然現象と見られてよいか」とも述べる（和辻 1962［1935］: 7）。風土としてとらえられるものは、自然ではない。逆に言えば、自然としてとらえられるものは風土ではない。この二つの間にある区分とは何か、何が、その二つを区分させるのかが、和辻のここでの問いである。もし、自然を自然ととらえるのならば、それは、それを「自然」ととらえるレンズがあるのである。日常の事実としての風土とは、自然科学がとらえる「自然」ではなく、自然科学というレンズを外した時に見られる現象である。風土は、自然科学ではなく、日常に属する。

和辻がここで「日常」という語を用いているのは興味深い。ここで、和辻は、現象学の創始者エドムント・フッサール Edmund Husserl の名を出しているわけではない。だが、「日常」という語を用いている時点で、フッサールの「生活世界 Lebenswelt」が問題視したのと同じ問題を提示している。フッサールの「生活世界」という語は、彼が、ナチュラリズムに立脚した世界の見方、とりわけ、あらゆるものを数値化するような自然科学の見方を批判して用いた語である。

フッサールはそれを一九三五年に著書『ヨーロッパにおける諸学の危機と超越論的現象学』で提唱した（Husserl 1992［1935］）。フッサールは、数学化に代表される自然科学の行き過ぎを批判して、現象学という「学」を提唱した。この学は、今日でも哲学の一ディシプリンとして存在する。一方、和辻の『風土』も同じ一九三五年に発表されている。これは、和辻とフッサールが、共に同じナチュラリズムへの疑問を共有していたことを示唆していよう。そうして、フッサールが「現象学」という新しい学を目指したのと同じように、和辻もまた、新しい「学」の構築を目指していた。

三つの風土における人間類型——モンスーン、砂漠、牧場

第二番目の類型化は、『風土』の中では、第二章から四章で展開される。そこでは風土の歴史的な類型化が

実例に即して説明される。風土という現象は、空間的であるだけではなく、時間的なものでもあるので、ある特定の場所と時間に結びついて出現する。和辻は、この地球上に存在するそのような類型をモンスーン、砂漠、牧場という三つのタイプとして提示し、それがどのように「自己了解の型」であるか（和辻 1962［1935］: 22）、つまり、それがどのように人間精神の型として分析されうるかを述べた。

今日の視点から見ると、世界には、この三つ以外にも多くの風土がありうるので、どうしてこの三つなのか疑問が呈されるであろう。極地風土や、ツンドラ風土、熱帯雨林風土、ステップ風土などいくつも想定される。実際、和辻は、のちに『倫理学』の中で、「これ以上に簡単化することのできない類型」として「ステッペ（ステップ）」、「アメリカ」をつけ加え、さらに「アフリカ内地や西南太平洋諸島がある」が「これはまだ展開せられない風土性として残しておくことにしよう」と述べている（和辻 1962［1949］: 168）。その意味ではこの類型には、限界があるのも事実である。とはいうものの、和辻は、ここでは、この三つが地球上の風土の最重要類型であるとは述べてはいない。いやそもそも、『風土』の中では、この類型がどのような位置づけなのかも述べられていない。

ただ、この三という数字に意味がないわけでもない。これは、ヘーゲルが『世界史の哲学』のなかで、歴史の発展の基礎として打ち出した三つの自然類型と同じ数である。ヘーゲルは地球上の地形を高地、低地、沿岸部と最も大きく分類し、その上で、旧世界と新世界、アジア、アフリカ、ヨーロッパなど具体的な歴史過程を検討した（Hegel 1955［1830］: 188 ff.）。この後の項で見るように、和辻はヘーゲルを風土学の先行学説として評価しているので、三とは、それに倣っているともいえる。[8]

和辻は、アジアにおけるモンスーン風土では台風や夏の高湿度な気候など自然の力が人間の力を上回っており、協働的な作業が必要となり、受け身的な性質が形成されるという。他方、中東の砂漠風土では、個人の個人性が屹立するという。その理由として、砂漠においては、射るような太陽光の下、たとえば渇きにおいて、人間は唯一神に対して個人として対峙せざるを得ないからだという。砂漠風土とは、ユダヤ教、キリスト教、イスラムという一神教の発生した土地でもある。これらに対して、西ヨーロッパの牧場風土は、中緯度地域に属しており、夏には少雨である。そのような環境においては、自然の猛威は少なく、自然は穏やかである。したがってそのような風土における人間の精神的類型は、理性的であり客観性を貴ぶようなタイプとなる。

この類型化は、和辻がドイツに留学した時に、日本からインド洋を通ってヨーロッパに渡った航海の体験が元になっている。この類型化は、しばしば、主観的であるとか（Berque 2000 : 203-205, 2011 : 22-23）、環境決定論的であるとして批判される（井上 1979）。しかし、一方で、人新世と呼ばれる今日の環境変動を考えた場合、興味深い論点を提示しているのも事実である。人新世の前の完新世の自然とは、理解可能であり予測可能な自然であった。それに伴って、完新世における理想的な人間類型は、理性的な人間類型であった（寺田・ナイルズ 2021）。和辻の三類型は、それを前提としている。事実、三つの中で、牧場風土の理性的な類型が理想化されていることはそれを反映している。和辻にとっては、理性は西欧と結びつき、そのような理性的人間タイプは、西欧の風土からきている。和辻が、そのような理性的タイプに高い評価を与えていたこととは、彼が完新世的価値観の元にあることを示していよう。『風土』は、人新世が開始したと言われる一九五〇年代以後の「大加速（グレート・アクセルレイション）」よりも二〇年近く以前に書かれている[9]。つまりそれは、和辻の見ていた風土とは、人新世の風土ではなく、完新世の風土であったということを意味する。『風土』とは完新世的

[8] なお、ヘーゲルも含めて、三という数が持つ意味については、本書第I部第2章、第II部第2章でも検討する（☞本書 106, 124, 232-234 ページ）。

[9] 「大加速」の意味については、本書第III部第1章でグルンバッハが複雑性システム論の視点から検討している（☞本書 305-306 ページ）。

な人間の自己了解を示したものでもあるといえる。

西洋の学問世界と和辻「風土学」

学史とは学の歴史であるが、それは、いくつもありうる。本章も「「風土学」史」と銘打っているが、和辻の『風土』の第三パートもまさに、「風土学史」である。伝統は創造されるが、それと同じように、学史とは、その学を歴史の中に位置づけようとしたときに、創造されるものである。では、和辻は、自らの風土学をどのように学の歴史の中に位置づけようとしたのだろうか。

『風土』の第五章「風土学の歴史的考察」は、四〇ページを占める。かなりしっかり書きこまれた章である。ここで、和辻がとり上げているさまざまな過去の学説は、どれも「風土学」として自己規定しているものではない。逆に、和辻によって風土学の先行研究としてとり上げられていることによって、それらの学説は「風土学」の学説であったという位置づけを得ている。和辻の「風土学」の創出とは、それまでにない「学」を作り上げることであった。それゆえ、和辻は、みずから、「風土学」の歴史的学説をも「創出」し、その中で自己の学説を位置づけ、正当化する必要があったのである。

和辻がここで批判の対象とした学説は多岐にわたる。和辻は、それを、古代ギリシアのヘロドトス、ツキディデス、ヒポクラテスから始めるという徹底ぶりである。興味深いのが、すべての学説がいわゆる西洋の学説であるということである。和辻の博士論文は、インドにおける原始仏教を扱ったものであり（和辻 1962［1927］）、和辻は東洋思想も知悉していた。さらに、すでに述べたように風土という語は、中国から由来し、日本古代にも影響を持った。しかし、そのような東アジアの伝統への言及は、和辻の『風土』には全くない。

和辻は風土学を完全にヨーロッパの文脈で位置づけようとしていた。

その中でも、和辻の中心的な批判の対象は、ハーダー、カント、フィヒテ、ヘーゲルなどの、一八世紀から一九世紀のドイツの観念論哲学者たちであった。かれらは、哲学者であるが、和辻は、ここでは、彼らを哲学者として批判し位置付けているのではなく、風土学を展開した学者として位置づけている。とはいえ、それも故無いことでもない。今日のように学問ディシプリンが大学の学部にわかれるような形で組織化されたのは、一九世紀半ば、一八五〇年代以後である。サンデル・ファン・デア・ルー Sander van der Leeuw が指摘するように、その頃に西ヨーロッパとアメリカで大学システムの再編成が行われた（Leeuw 2020 : 41-44, 49, 100 ff.）。和辻がここで取り上げている学者たちは、それ以前の世代に属する。風土学とは、学際性を特徴とするともいえるが、その学際性とはそもそも、学問システムの歴史的ありかた自身を再考するところからきているということをも示唆していよう。

和辻の風土学は日本的な学であると考えられている。しかし、和辻は、学として風土学を構想する際、それを日本の文脈で考えていたのではない。むしろ、同時代の西洋の思想的文脈の中で考えようとしていた。そのような中で、しかし、和辻の風土学が、日本的な何かを感じさせるのであるとしたならば、そこには、逆説がある。つまり、日本的とは、たんに日本の中での自己認識として生まれるのではなく、外部世界、この場合は、西洋との接触の中で生じる現象であるということである。このことは、次節で見るオギュスタン・ベルクの風土学にも言えることだし、さらに、本書の中で、風土学を構成する要素として、第Ⅰ部の第2章と第3章や、第Ⅱ部第1章で触れる西田幾多郎や今西錦司などの学問にも言えることである（☞本書 102-107, 143 ff., 215 ff. ページ）。

5　オギュスタン・ベルクの風土学——記号学的存在論的転回

和辻の創出した近代風土学を参照し、尊重し、また批判しながら風土学をさらに大きく発展させたのがフランスの地理学者で哲学者であるオギュスタン・ベルク Augustin Berque（一九四二年－）である。ベルクは、日仏の両言語でそれを展開した。彼は、日本語では自らの学を「風土学」と位置付けるが、フランス語ではそれを「メゾロジー mésologie」と呼ぶ。その特徴は、西洋の近代性を乗り越えるための学として、風土学を提示しようとするところにある。和辻にも、そのようなモチーフは暗黙のうちにはあったが、それは明示的に示されていたわけではなかった。一方、ベルクは、西洋の近代パラダイムを、主観と客観、精神と身体、自然と文化、自己と他者、個人と社会などを截然と区分する二元論であるとし、それを批判し、乗り越えるための学として「風土学（メゾロジー）」を位置付ける。

フランス語と日本語のあいだの「あいだ学」

ベルクはフランス語と日本語の両方で、「風土学」を実践してきた。著書の発表も、フランス語版が先に発表されたものもあれば、日本語版が先に発表されたものもある。あるいは、どちらか一方だけで発表されたものもある。奈良時代の『風土記』の風土学は中国の文化という外部と、日本という内部の接触が遠因となったし、近代において、和辻が創出した風土学も近代西洋という、外部との接触によって展開していた。ベルクの風土学も、また、フランス人であるベルクが、フランスから日本に来るという、ベルクにとっての外部と、そして日本における風土学がフランス人であるベルクによって深化させられるという日本にとっての外部としてのフランスという関係を内在させている。

ベルクは「風土学」をフランス語で「メゾロジー」と呼ぶが、メゾとは、「中間」や「あいだ」を意味するラテン語起源の語である。つまり、フランス語では、風土学は「中間学」あるいは「あいだ学」と呼ばれていることになる。このメゾロジーという語は、ベルクの造語ではない。フランスの医学、人口学、統計学のある研究者がすでに一九世紀に用いていたが、現代には忘れ去られていた語である。ベルクは、その語を復活させて用いた（Berque 1986 : 134）。英語で、風土学を表現するときも、ベルクは、メゾロジーの英語表記である「mesology」を用いている。ベルクが、フランス語や英語で、「風土」という語を用いていないのは興味深い。たとえば、「フードロジー fudology」というような語を用いることもできたはずである。あるいは「フードガク fudogaku」とすることもできただろう。フランス語には、「タタミ」や「キモノ」など、日本語から移入された語がある。しかし、ベルクはそうはしなかった。したがって、フランス語の読者は、「風土学」を「中間学」や「あいだ学」という名前で認識している。

表1が示すように、日本語では、「風土」という語を冠されているベルクの著書のフランス語原書は、「風土」という語を含んでいない。つまり、日本語の読者と、フランス語の読者では、ベルクの学の受け取り方に少なからぬ差異がある。ベルクの風土学は、日本語圏とフランス語圏の間のこの微妙な関係の中にある。ベルクの風土学、つまり「中間学」「あいだ学」それ自体が、中間性あるいはあいだ性を帯びている。両言語の間におきているという性質もベルクの風土学の特徴である。なお、この後詳しく述べるが、ベルクは二〇一一年に和辻の『風土』をフランス語に訳したが、その仏訳書の題名は『*Fûdo : Le milieu humain* フード——人間の環境』である（Watsuji 2011）。ここにおいて、フード（風土）という語ははじめて、フランス語圏の知的公衆に

表1　オギュスタン・ベルクの主要著作のフランス語と日本語の題名

フランス語版書籍題名とその直訳	日本語版書籍題名
Le Sauvage et l'Artifice : Les Japonais devant la nature（野生と人為——自然の前の日本人）, 1986.	『風土の日本——自然と文化の通態』篠田勝英（訳）、1988年。
Médiance : De milieux en paysages（メディアンス［あいだ］——風景における環境）, 1990.	『風土としての地球』三宅京子（訳）、1994年。
Écoumène : Introduction à l'étude des milieux humains（エクメーネー［人間棲息圏］——人間環境研究序説）, 2001.	『風土学序説——文化をふたたび自然に、自然をふたたび文化に』中山元（訳）、2002年。
La pensée paysagère（風景の思考）, 2008.	『風景という知——近代のパラダイムを超えて』木岡伸夫（訳）、2011年。
Histoire de l'habitat idéal : de l'Orient vers l'Occident（理想的な住み方の歴史——東洋から西洋へ）, 2010.	『理想の住まい——隠遁から殺風景へ』鳥海基樹（訳）、2017年。
Poétique de la Terre. Histoire naturelle et histoire humaine, essai de mésologie（地球の詩学——自然の歴史と人間の歴史にかんするメゾロジー的思索）, 2014.	未邦訳
La mésologie, pourquoi et pour quoi faire ?（メゾロジー［あいだ学］——なぜ、何のために）, 2014.	『風土学はなぜ何のために』木岡伸夫（訳）、2019年。
Recouvrance : Retour à la terre et cosmicité en Asie orientale（ルクブランス［恢復］——地球への帰還と東洋アジアにおけるコスモス性［調和性］）, 2022.	未邦訳

出典：寺田匡宏作成。

著書のタイトルとして紹介された。

トラジェクシオン、通態

ベルクの風土学、あるいはメゾロジーの中心的なコンセプトは「通態」である。これは、フランス語では「トラジェクシオン trajection」、英語では「トラジェクション trajection」という。この概念は一九八〇年代にベルクによって提唱されて以来、約四〇年にわたって、発展をつづけ、今日も展開中である。

その初出は、一九八六年にフランスのガリマール社の「新フランス評論 NRF 叢書」から出版された『*Le sauvage et l'artifice : Les Japonais devan la nature* 野生と人為——自然の前の日本人』においてである（Berque 1986）（図2）。その日本語版は、『風土の日本——自然と文化の通態』として、一九八八年に筑摩書房から出版された（ベルク 1988）（図3）。すでに述べたが、日本語のタイトルをフランス語に翻訳しても、フランス語の原書のタイトルにはならない。ここにおいて既に、フランス語版と日本語版の間に、差異が見られることを確認しておこう。

この通態の原語にあたる「トラジェクシオン」は、メゾロジーと同じように、ベルクが、歴史の中から再発見した語である。歴史的にはすでに用いられていたが、風土の中にある、「中間」性を表現するための語として、新たに定義された（Berque 1986：147-153）[10]。次の第Ⅰ部第2章で詳しく見るが（☞本書96 ff. ページ）、和辻は、風土という現象を、純粋な主観と純粋な客観の区分を前提としない現象で

図2　フランス語で出版された『*Le sauvage et l'artifice: Les Japonais devan la nature*（野生と人為——自然の前の日本人）』（1986年）。

図3　日本語で出版された『風土の日本——自然と文化の通態』（1988年）。

［10］　メゾロジーやトラジェクシオンは既存の語に新しい意味を込めた例であるが、一方、ベルクは造語でも有名である。数々の造語をものしており、「メゾロジー語彙辞典」まで存在するくらいである（Berque 2018）。

あると考えた。そうではなく、現実は、主観と客観の間に存在しているのだと和辻はとらえた。そのような状態を表現する語は、従来には存在しない。和辻はそれを「風土性」と呼んだわけだが、ベルクは、それをフランス語で表現するために、「トラジェクシオン」という語を「発明」したのである。「tra」という接頭語は、「超える」というような意味を持つが、トラジェクシオンとは主観と客観を「超える」状態を指す。

ベルクは、トラジェクシオンという概念を多くの理論を参照することで導き出している。その中には、スイスの心理学のジャン・ピアジェ Jean Piaget やアフォーダンス理論で知られるアメリカの認知心理学者ジェームズ・ギブソン James Gibson などの所論が含まれる。これらの論者たちは、主体と客体の問題を、それぞれの分野において論じた論者たちである。ベルクは、彼らの論を認めつつ、その限界を指摘し、主観から切り離された客観という境域と、人間の主観によって覚知された境域との関係に焦点を当ててトラジェクシオンという概念を導き出した。

トラジェクシオンの日本語訳として考案されたのが、「通態」という語である。この語は、「態」という字を採用している。通常、英語の「サブジェクティビティ subjectivity」や「オブジェクティビティ objectivity」、フランス語の「スジェ subjet」「オブジェ objet」に対応する日本語には、「主体」「客体」のように、「体」という漢字が用いられるが、「通態」では、タイという音が共通する「態」という漢字が用いられている。「体」の場合は、物体性や、物質性を強調するニュアンスがある。一方、「態」の場合は、様態や様相を示すニュアンスがある。このあたりの漢字の選択の仕方に、音と意味の「あいだ」を行き来することでこの概念の深みを示そうという含意が見え、この語そのものが、「あいだ性」をパフォーマティブに体現しているともいえる。

ベルクは、このトラジェクティビテ（通態性）、つまり「あいだ性」が日本文化の中に見られるという。たとえば、主語のあいまいな日本の言語、俳句に見られる季語や、歳時記など自然を文化的な解釈に取り入れる姿勢、自然現象を心理現象として用いる叙情表現、庭に見られる借景や見立てという自然の記号化、家屋の縁側や玄関などの中間的な領域、自然と人為の中間的な存在である里山などがその例であるという。

トラジェクシオン・チェーン、あるいは通態の連鎖

ベルクは「通態」の概念を、その後、西田幾多郎の場所の理論や、プラトンやデリダや中村雄二郎のコーラの議論を取り入れながら発展させる。そして、二〇〇〇年代に入り、通態の連鎖（トラジェクシオン・チェーン）として形式化する（Berque 2010, 2014）。

この通態の連鎖の理論とは、人間存在の現実、リアリティ reality（r）を、言語における主語 Subject（S）と述語 Predicate（P）の関係の中で位置づけようとするものである。つまり、人間の現実は、ある主語を、ある述語だととらえる解釈関係である。これは、数式化すると r = S/P というようになる。日本語にすると「r はSによりPと解釈される」となり、「／」という関数記号は、左側を右側として解釈するという作用をあらわす。これが、通態である。

ただ、人間存在の現実とは、かならず、自己の中で再帰的に作用する。ある現実が生じた時、その現実は、つねに、別の現実を構成する。つまり、人間存在の現実とは、通態が連鎖したものであるということになる。式で表すと、それは、r = (((S/P)/P')/P'')/P'''…というようになる。ここにおいて「…」は無限に続くことを示している。

ベルクは、この通態の連鎖は、アメリカの哲学者のチャールズ・サンダース・パースやフランスの哲学者のロラン・バルトの提唱した「記号の連鎖（セミオティック・チェーン）」と同型の構造を持つことを述べている

(Berque 2017 a, ベルク 2021 : 283)。ベルクは、そのようには述べていないが、アリストテレスが『解釈論』で展開した議論との類似性も指摘できよう (Cameron 2018 : 55)。[11]

ベルクは、この通態の連鎖は、具体的な歴史過程の中で実現することを強調する。言語における主体も客体も、いかなる意味でも、無から生じることはなく、必ずそれ以前の文脈を必要とするからである。つまり、人間存在の現実とは、すでにして、主語が述語として解釈された現実 (r = S/P) の長い連鎖の歴史を必要とするのである (ベルク 2017 : 410)。そのような歴史は、ある特定の場において現実となる。それが風土である。そして、人間存在とは、そのような風土に基礎づけられている。通態の連鎖とは、人間存在における歴史性とこの地球との切り離せなさを強調するものである (ベルク 2017, 2021)。

ベルクの風土学は、言語をベースにした記号学的転回である。そのルーツはアリストテレスの提起したカテゴリーと記号の問題にまでさかのぼる。同時に、それは、二〇世紀における思潮の言語論的転回と構造主義を反映している。

ユクスキュルの環世界学、今西錦司の自然学、山内得立のレンマ学の導入——存在論的転回

さて、以上、ベルクによる風土学の記号学的転回を見てきたが、ベルクには、それ以外に、ヤコブ・フォン・ユクスキュルの環世界学、今西錦司の自然学、山内得立のレンマ学の風土学への導入という大きな学的寄与がある。これは、「存在論的転回」とも言うべき展開である。

存在論とは、何を存在と考えるか、存在の種類はいかなるものがあるかを考える学問であるが、その問題とは、人間とその周りを取り巻く存在物をどうとらえるかという問題でもあり、まさに、風土の問題でもある。

あらゆる学は、それをめぐる学であるともいえるが、それをより理論的に追及するのが存在論である。風土学でいうならば、風土の主体を多元的存在としてとらえる方向性と言ってよい。現在の学問では、マルチスピーシーズ人類学や、人類学の存在論的転回、あるいは、アクターネットワーク論などの多元的主体性が問われるようになってきているが、ベルクの風土学（メゾロジー）は、それを先取りしていたともいえる。

もっとも初めに取り入れられたのがユクスキュルの環世界学である。環世界学については、この後、第I部第2章と、第II部第1章で詳しく見るが（☞本書 114 ff., 200-214 ページ）、いきものの主体性を認めるという点で、存在論をいきものにも大きく開いた学である。ベルクはそれを、一九九〇年に刊行した『*Médiance* メディアンス、あいだ』（邦題『風土としての地球』）の中で、エコロジーへの言及として、アルノ・レオポルドとともに言及することから始めた。そこでは、ユクスキュルは「動物の心理学」として言及されている。

その後、ベルクは、一九九三年に、自身の言によると、今西の学説とはじめて出会い（Berque 2022 : 261）、一九九九年の『*Écoumène* エクメーネ、人間棲息圏』（邦題『風土学序説』）で、全面的にユクスキュルと今西、和辻を論じる章を設けることになる。この『*Écoumène* エクメーネ、人間棲息圏』は、第一部で「環境」「世界」「宇宙」を、第二部で人間の物の認知における「運動」「感覚」「意味」を、第三部で「家」「都市」について論じるという包括的な構成になっている。「エクメーネ」とは人間の居住可能な環境を指すギリシア語起源の語であるが、人間が、この地球に「住む」とはどういうことかを論じるために、宇宙やものの形而上学の問題にまでさかのぼるという壮大な体系が打ち立てられている。それを論じる際に、援用されているのが、ユク

［11］なお、パースと記号学に関しては、本書第II部第2章で、ヤコブ・フォン・ユクスキュルと今西錦司の風土学とバイオセミオティクスについてみるなかでも検討する（☞本書 232-234 ページ）。

スキュルと今西の論なのである。

ベルクの風土学（メゾロジー）は、ユクスキュルと今西を導入したことで、人間以外の主体に、風土学（メゾロジー）を開いた。ベルクの風土学に影響を受けた論者による仏語論集『*La mésologie, un autre paradigme pour l'anthropocène?* メゾロジーは、人新世のためのオルタナティブたりえるか』では、そのような視角が、フランスの研究者に大きな可能性を開いていることがうかがえる（Augendre et al. 2018）。そこでは、庭や、植物や遺伝子組み換え問題などが論じられている。ただ、これらは「通態」や「通態の連鎖」と十全に関連付けて論じられているわけではない。本格的な風土学の〈非＝人間〉への展開は、今後の課題となっているともいえるだろう。

一九九〇年代から進んでいたベルクの風土学におけるこの存在論的転回がよりシステマティックに進行したのが二〇〇〇年代に入ってからである。そこにおいては、山内得立の『ロゴスとレンマ』が援用され、風土学が大乗仏教の「縁起」説と四句分別の排中律を越えた論理学へと開かれている（ベルク 2021 : 279 ff., Berque 2022 : 58 ff.）。これは、通態の論理が前提としている、言語の機能を、より広い可能性に開くものである。この点については、次章第Ⅰ部第2章で詳しく見る（☞本書 124-125 ページ）。

ベルクが、和辻の『風土』を仏訳したことはすでに述べたが、それがこの時期である。そして、この時期、ベルクは、和辻の『風土』に加えて、多元的存在を考えるための日本の学者、思想家の著作を次々に仏訳している。フランスでの刊行順に列挙すると次のようになる。

和辻哲郎『風土』原著一九三五年、ベルクによる仏訳二〇一一年（Watsuji 2011［1935］）
今西錦司『主体性の進化論』原著一九八〇年、ベルクによる仏訳二〇一五年（Imanishi 2015［1980］）
畠山重篤『森は海の恋人』原著一九九四年、ベルクによる仏訳二〇一九年（Hatakeyama 2019［1994］）

山内得立『ロゴスとレンマ』原著一九七四年、ベルクによる仏訳二〇二〇年（Yamauchi 2020［1974］）
今西錦司『自然学の展開』原著一九八七年、ベルクによる仏訳二〇二二年（Imanishi 2022［1987］）

ベルクは、畠山の仏訳書の「訳者あとがき」で、「これらの本を貫く糸、あるいは、この中に異なった声で響いている何かが、メゾロジー（風土学）の中心的テーマである」という（Berque 2019 : 167）。これらは、「メゾロジー（風土学）の基本書五選」と言えよう。

ベルクの風土学は、二〇世紀後半と二一世紀初頭に発達した。つまりこれは、「大加速」以後に発達した学であり、人新世において展開した学である。ベルク風土学は、今日の文明の在り方を批判するが、その今日の文明とは、西洋の近代パラダイムに立脚している。そうして、そのパラダイムの中では、人間が中心に位置している。ベルクの通態の理論は、その人間の位置を問おうとする段階に入っている。

6　風土学の未来、未来の風土学

さて、以上、東アジアにおける二〇〇〇年の風土学の歴史を見てきた。いや、和辻の顰に倣うのならば、風土学は、ヘロドトス、ツキディディス、ヒポクラテスというギリシアの哲学者たちから始まっているのだから、東アジアのみならず、ユーラシアをまたにかけた二〇〇〇年の学であるということになろう。その過程では、民俗学的転回、神話学的アニミズム的転回、現象学的転回、記号学的転回、存在論的転回という学の変容があった。それは、文明段階に応じた転回でもあり、また、人間の知の発展進化の段階に応じた転回でもあったと言えよう。その背景には言うまでもなく、物質的な人間社会の変容もあったはずである。[12]

さて、それを踏まえてみるのならば、風土学の未来とはどのように考えられ、未来の風土学とはどのようになると言えるだろうか。未来を、現在における兆候として微分的に捉えるならば、[13]それは、人間の周囲との関係性を反映したものになるであろう。現在でいうのならば、急速なデジタル化、あるいは、機械や人工物の急速な増加という側面は見逃すことができない。本書が言うDX的転回とはそれである。また、一方、地球環境問題に端を発する、環境と人間の関係の新たな段階は、単に環境を外部にある物としてではなく、そこにありとあらゆるものを主体として見、その主体たちの織りなすものとして見るような見方を迫っている。これは、本書でいうところの存在論的転回である。そのような方向性が現在萌芽的に見られるので、おそらく、未来の風土学とはそのような方向性に向かってゆくとも考えられよう。

ただし、それは、未来のことであるから、どのようになるかはわからない。風土学の歴史が教えることは、それが、あとから見た時に、その時に必要であった知の形態として存在したということだけである。歴史が教えるのは、未来にむかって現在それを実践するわたしたちは、評価は未来の歴史家にゆだね、その時その時に必要なことを自由に取り組めばよいということではあるまいか。

なお、最後に付言すると、本章では、風土学の東アジアの歴史をたどったので、風土学は東アジアの学であるということを強調したように見えるかもしれない。東アジアの強調は、序章で述べたように、ユニークさの強調やナショナリズム、リージョナリズムにつながる可能性がある。本章は、それを企図したものではない。

また、東アジアの強調は、風土学は、普遍的な学でありうるのかという問いも惹起しよう。だが、ここで、東アジアの歴史をたどったからといって、風土学が普遍的な学ではないということにはならない。そもそも、普遍的な学とは何か。カントの哲学やヘーゲルの哲学はもしかしたら、普遍的な学と思われているかもしれない。それに比べると、東アジアに特化した風土学は、非普遍的な学だということになる。しかし、視点を変えてみると、カントの哲学にしても、ヘーゲルの哲学にしても、それが普遍的な哲学であるという根拠はない。バッハの音楽は、しばしば普遍的な音楽であると思われている。それに対して、ジャワ島のガムランは土着音楽、エスニック音楽としてとらえられる。しかし、バッハが普遍であり、ガムランが土着であるという根拠はない。ガムランが土着の音楽ならば、バッハの楽曲も、ヨーロッパ半島というある特定の地理とそこにおける歴史と結びついた土着の音楽である（岡田 2005）。それと同じように、カントやヘーゲルの哲学も土着の哲学であるとも考えられよう。つまり、風土学がアジアの歴史を背景にしているからといって、それは普遍的な学ではないということにはならない。風土学は、論理として見た時、普遍性を十分に備えている。それが、東アジアで展開されてきたから、東アジア的に見えるのは確かであろうが、それが別の地域での文化的文脈に移し替えられたのならば、そこでのその文脈に適した発展をするはずだ。ベルクによる風土学の転回はそれを示している。未来の風土学は、よりひろい地球上にひろがることであろう。そうなったとき、その新しい風土に応じて、風土学にも、また新しい展開が起こるということも想定される。

初出

本章は次の二つの発表を元にしている。

Masahiro Terada, "Envisioning a Fudo Perspective in the Future Society from a View Point of Anthropocene," in the Session

[12] 人間社会の複雑性の増大と知の在り方の関係については、本書第III部第1章でグルンバッハが分析している（☞本書 305 ff. ページ）。

[13] 兆候として未来を見るとらえ方については、本書第IV部第4章で寺田が検討している（☞本書 487-493 ページ）。

"Envisioning plausible future towards ecological-cultural sustainability：A new perspective of "Fudo" theory in the age when humanity and computer can harmoniously co-exist"（Convener：Terukazu Kumazawa）, Sustainability Research and Innovation（SRI）Conference 2021, 13 June, 2021, Brisbane, Australia and on-line.

寺田匡宏「東アジアの「災、禍、難」と人新世の風土論」、京都大学人文科学研究所共同研究「東アジア災害人文学の構築」（代表：山泰幸）研究会、二〇二一年七月二四日、京都大学人文科学研究所・オンライン。

引用・参照資料

和文文献

今西錦司（1980）『主体性の進化論』中公新書、中央公論社。

今西錦司（1987）『自然学の展開』講談社。

井上光貞（1979）「解説」和辻哲郎『風土――人間学的考察』岩波文庫、岩波書店、pp. 359-370。

植垣節也（校注・訳）（1997）『風土記』新編日本古典文学全集、五、小学館。

大曽根章介・後藤昭雄・金原理（校注）（1992）『本朝文粋』新日本古典文学大系、二七、岩波書店。

大津透・大隅清陽・関和彦・熊田亮介・丸山裕美子・上島享・米谷匡史（2001）『古代天皇制を考える』日本の歴史、八、講談社。

大野峻（1969）『国語』中国古典新書、明徳出版。

岡田暁生（2005）『西洋音楽史――「クラシック」の黄昏』中公新書、中央公論新社。

奥野克己・清水高志（2021）『今日のアニミズム』以文社。

鐘江宏之（2008）『律令国家と万葉びと』日本の歴史、三、小学館。

亀井高孝（1963）「思ひ出の中から」和辻照（編）『和辻哲郎の思ひ出』岩波書店、pp. 14-19。

小島毅（2005）『中国思想と宗教の奔流』中国の歴史、七、講談社。

佐藤弘夫（2014）「聖なるものへ――超越の思想／抵抗の思想」苅部直・黒住真・佐藤弘夫・末木文美士（編集委員）『岩波講座

日本の思想』八（聖なるものへ　躍動するカミとホトケ）、岩波書店、pp. 3-28。

清水高志（2023）『空海／仏教論』以文社。

宗懍（撰）（1978）『荊楚歳時記』守屋美都雄（訳注）、東洋文庫、平凡社。

瀧音能之・鈴木織恵・佐藤雄一（編）（2018）『古代風土記の事典』東京堂出版。

寺沢薫（2000）『王権誕生』日本の歴史、二、講談社。

寺田匡宏、ダニエル・ナイルズ（2021）「人新世をめぐる六つの問い」寺田匡宏、ダニエル・ナイルズ（編）『人新世を問う——環境、人文、アジアの視点』京都大学学術出版会、pp. 341-399。

砺波護・武田幸男（1997）『隋唐帝国と古代朝鮮』中公世界の歴史、六、中央公論社。

中村裕一（2019）『訳註　荊楚歳時記』汲古書院。

日本国語大辞典第二版編集委員会・小学館国語辞典編集部編（2000-2002）『日本国語大辞典』第二版、小学館。

畠山重篤（1994）『森は海の恋人』北斗出版。

ベルク、オギュスタン（1988）『風土の日本——自然と文化の通態』篠田勝英（訳）、筑摩書房。

ベルク、オギュスタン（2017）『理想の住まい——隠遁から殺風景へ』鳥海基樹（訳）、京都大学学術出版会。

ベルク、オギュスタン（2021）「「地」性の復権——日本における自然農法の哲学と実践」寺田匡宏（訳）、寺田匡宏・ダニエル・ナイルズ（編）『人新世を問う——環境、人文、アジアの視点』京都大学学術出版会、pp. 259-286。

松本直樹（2016）『神話で読みとく古代日本——古事記・日本書紀・風土記』筑摩新書、筑摩書房。

宮本一夫（2005）『神話から歴史へ——神話時代夏王朝』中国の歴史、一、講談社。

守屋美都雄（1963）『中国古歳時記の研究——資料復元を中心として』帝国書院。

守屋美都雄（1978［1949］）「荊楚歳時記解説」宗懍（撰）『荊楚歳時記』守屋美都雄（訳注）、東洋文庫、平凡社、pp. 273-295。

諸橋轍次（編）（1943）『大漢和辞典』全一五巻、大修館書店。

和辻哲郎（1962［1927］）「原始仏教の実践倫理」和辻哲郎『和辻哲郎全集』五、岩波書店、pp. 1-293。

和辻哲郎（1962［1935］）「風土」和辻哲郎『和辻哲郎全集』一、岩波書店、pp. 1-256。

和辻哲郎（1962［1937］）「倫理学上巻」和辻哲郎『和辻哲郎全集』一〇、岩波書店、pp. 1-229。

和辻哲郎（1962［1942］）「倫理学中巻」和辻哲郎『和辻哲郎全集』一〇、岩波書店、pp. 330-659。

和辻哲郎（1962［1949］）「倫理学下巻」和辻哲郎『和辻哲郎全集』一一、岩波書店、pp. 1-448。

和辻哲郎（1962［1950］）「イタリア古寺巡礼」和辻哲郎『和辻哲郎全集』八、岩波書店、pp. 257-408。

山内得立（1974）『ロゴスとレンマ』岩波書店。

中文文献

孫雍長（編）（2004）「周書」令狐徳棻ら（撰）『二十四史全譯』許嘉璐・安平秋（編）、上海：漢語大詞典出版社。

宗懍（1999）「荊楚歳時記訳註」宗懍・習鑿歯『荊楚歳時記訳註・襄陽耆旧記校注』武漢：湖北人民出版社、pp. 1-128。

中国社会科学院言語研究所詞典編集室（編）（2013）『現代漢語詞典』第六版、北京：商務印館。

欧文文献

Augendre, Marie ; Llored, Jean-Pierre ; Nussaume, Yann (ed.) (2018) *La mésologie, un autre paradigme pour l'anthropocène? : Autour et en présence d'Augustin Berque*. Paris : Hermann.

Berque, Augustin（1986）*Le Sauvage et l'artifice : Les Japonais devant la nature*. Paris : Gallimard.

Berque, Augustin（2000［1990］）*Médiance : De milieux en paysages*, Paris : Belin.

Berque, Augustin（2000）*Écoumène : Introduction à l'étude des milieux humains*. Paris : Belin.

Berque, Augustin（2010）*Histoire de l'habitat idéal : De l'Orient vers l'Occident*. Paris : Le Félin.

Berque, Augustin（2011）"Preface", in Watsuji, Tetsuro F*ûdo : Le milieu humain*, Berque, Augustin ; Couteau, Pauline ; Kuroda, Akinobu（trans.）. Paris : CNRS éditions.

Berque, Augustin（2014）*Poétique de la Terre : Histoire naturelle et histoir humaine, essai de mésologie*. Paris : Benin.

Berque, Augustin（2017）"Trajective Chains in Mesology : von Neumann Chains in Physics, etc.――and in Chemistry?"（Conference Paper）. The International Society for the Philosophy of Chemistry（ISPC）, Colloque international de philosophie de la chimie, Paris, 3-6 July 2017.（http://ecoumene.blogspot.com/2017/07/trajective-chains-in-mesology-augustin.html）

Berque, Augustin（2018）"Glossaire de mésologie" in Augendre, Marie ; Llored, Jean-Pierre ; Nussaume, Yann（ed.）（2018）*La mésologie, un autre paradigme pour l'anthropocène? : Autour et en présence d'Augustin Berque*, pp. 355-366. Paris : Hermann.

Berque Augutin（2019）“Postface,” in Hatakeyama, Shigeatsu *La Forêt amante de la mer*, Augustin Berque（Trans.）. Marseille : Wildproject.

Berque Augustin（2022）*Recouvrance : Retour à la terre et cosmicité en Asie orientale*. Bastia : Edition Eolienne.

Brienza, Casey（2013）“Objects of Otaku Affection : Animism, Anime Fandom, and the Gods of … Consumerism?” in Harvey, Graham（ed.）*The Handbook of Contemporary Animism*, pp. 479 – 490. London ; New York : Acumen Publishing.

Cameron, Margaret（2018）“Truth in the Middle Ages” in Glanzber, Michael（ed.）*The Oxford Handbook of Truth*. Oxford : Oxford University Press.

Elberfeld, Rolf ; Arisaka, Yōko（ed.）（2014）*Kitarō Nishida in der Philosophie des 20. Jahrhunderts*, Welten der Philosophie, 12. Freiburg : Karl Alber.

Hatakeyama, Shigeatsu（2019）*La Forêt amante de la mer*, Berque, Augustin（Trans.）. Marseille : Wildproject.

Hegel, Georg Whilhelm Friedrich（1955 [1830]）*Vorlesungen über die Philosophie der Weltgeschichte*, Band I, Die Vernunft in der Geschichte. Hamburg : Felix Meiner Verlag.

Heidegger, Martin（1972 [1927]）*Sein und Zeit*. Tübingen : Max Niemeyer Verlag.

Husserl, Edmund（1992 [1935]）“Die Krisis der europäischen Wissenschaften und die transzendentale Phänomenologie : eine Einleitung in die phänomenologische Philosophie,” in Husserl, Edmund *Gesammelte Schriften*, Elisabeth Ströker（ed.）, Bd. 8. Hamburg : Meiner.

Imanishi, Kinji（2015 [1980]）*La liberté dans l'évolution : Le vivant comme sujet*, Berque, Augustin（trans.）. Marseille : Wildproject.

Imanishi, Kinji（2022 [1987]）*Comment la nature fait science : Entretiens, souvenirs et intuitions*, Berque, Augustin（trans.）. Marseille : Wildproject.

Leeuw, Sander van der（2020）*Social Sustainability, Past and Future : Undoing Unintended Consequences for the Earth's Survival*. Cambridge : Cambridge University Press.

Rambelli, Fabio（ed.）（2019）*Spirits and Animism in Contemporary Japan : The Invisible Empire*. London : Bloomsbury Academic.

Watsuji, Tetsurô（2011 [1935]）*Fûdo : Le milieu humain*. Berque, Augustin（trans.）. Paris : CNRS éditions.

Witzel, Michael（2012）*The Origins of the World's Mythologies*. Oxford : Oxford University Press.

Yamauchi, Tokuryû（2020 [1974]）*Logos et Lemme : Pensée occidentale, pensée orientale*, Berque, Augustin（trans.）. Paris : CNRS éditions.

Yusa, Michiko（2002）*Zen & philosophy : An Intellectual Biography of Nishida Kitarō*. Honolulu : University of Hawaiʻi Press.

第2章
各論

風土、モニズム、パンサイキズム
Fudo, Monism, and Panpsychism

寺田匡宏
Masahiro Terada

1 風土の構造

前章第I部第1章では、四つの風土学を歴史的に検討した。それらの四つの中で、風土の構造を論理的に明確化したのが、和辻哲郎が『風土』の第一章で展開した「風土性」の議論である。「風土性」とは、風土の現象が、どのように構造的に現れるかという原理を述べたものである。風土という現象は、風土性という構造の上にあらわれる。この風土性の議論は、ベルクの風土学の中の「通態性」の議論の基盤ともなっている（Berque 1986 : 53, 153, 165）。本書の風土の理解も、これを基盤とする。

そこで、ここで、和辻の風土性の議論を詳しく検討するとともに、それを現代の中で位置づけるために、その論理を「モニズム（一元論、単一論）」という視点の中で論じることにしたい。モニズムとは哲学用語だが、もっとも基本的な人間の世界認識の構図に関係する。最も基本的ということは、同時に、新しい解釈の源泉でもあるということである。たとえば、近年において、モニズムを起点として、パンサイキズムやパンエクスペリエンシャリズムなどのあらたな見方が生まれている。今のところ、「風土」という概念をモニズムやパンサイキズムと接続するような議論はあまりないが、そのような解釈は、現下に展開している新しい複数の存在論や人間以外のアクターを組み込んだ環境の主体に関する議論への扉を開くはずである。

実存が世界の中にあること

まず第一に、留意しなくてはならないのは、和辻の立場が、人間とその環境というような二元的な見方をしているのではないということである。そもそも、彼は、そのようには風土をとらえていない。では、和辻はどうとらえているのか。

『風土』の中で、和辻は、人間存在が、「風土性」の中でどのように構造化されているかという問題を追及するのが、風土学の立場であると述べている。それを彼は、人間存在を可能にするメカニズムという含意を以って「人間存在の構造契機」という（和辻 1962［1935］：1）。人間は、人間として単に存在するのではない。風土性というメカニズムの中で、人間存在は可能なのである。ここでいう、存在は、実存とも言い換えてよいだろう。実存とは、実存主義の「実存」である。人間は、単なる存在なのではない。それは、実存である。人間が人間として存在しているという、その存在性を実存というが、風土性とはそのような人間の実存と結びついている。このようなとらえ方は、ハイデガーの存在の捉え方と相同である。ハイデガーの実存の捉え方については、この後の第2節で詳しく見る。なお、実存としての風土の捉え方については、本書第Ⅰ部第4章でジェイソン・パリーも検討している（☞本書 189 ff. ページ）。

さて、ここでいう、この構造契機の内実とはどのようなものか。フッサールの志向性の議論（Husserl 1992

［1900-1901］）や、ハイデガーの存在に関する議論、西田幾多郎の再帰性と絶対否定の理論などを、明示的あるいは非明示的に参照しながら、和辻は、風土性という人間存在の構造契機を以下に見るように理論化する（和辻 1962［1935］：7-23）。

客観的世界とそれを見ている主観という構図

前章（本書第I部第1章）で、和辻が「風土は自然ではない」とわざわざ注意喚起していることを見たが（☞本書 72 ページ）、それは、逆に言うと、日常的な感覚では、わたしたちは周囲の環境、すなわち風土を「自然」ととらえがちであるということである。

そのような「自然」とは、わたしたちの主観とは別個に存在するある客観的な存在、あるいは存在物だと思われている。この客観物からなるものが「世界」と呼ばれる。その構図によると、世界は、わたしとは別個にあり、わたしがその中に存在するある境域である。それが、わたしたちの世界の中にあるあり方である。これを別の言い方でいうと、主観という私に特有のものがあり、その主観が、客観という世界を眺めているというような構図になるだろう。

これは、一七世紀に哲学者のルネ・デカルトが「コギト・エルゴ・スム Cogito, ergo sum（われ思うゆえにわれあり）」における「コギト」という「思惟する自己」を提唱して以来（Descartes 1996［1641］, 11996［1644］：8）、広く近代社会に受け入れられてきている人間の存在の在り方に関する見取り図である（デカルトに関しては、本書第III部第4章、第III部第5章、第IV部第1章でも検討する。☞本書 405, 453-454, 490 ページ）。

しかし、和辻の風土性の議論は、世界とはそのようなものではないと主張する。わたしたちが世界にあるということは、わたしたちがすでに世界と組み合わさっているというのだ。つまり、それは、世界という客観的な諸物からなる境域のただ中に、それとは異なる主観なる独立した存在があるというのではないということである。なぜそうなるのか。それは、そもそも、主観と客観の間にははっきりとした線引きができないからである。

外に出ている自己

和辻は、われわれが何かを知覚するとき、われわれはすでに自己の外に出ているという。彼は、それを寒さを例にして説明する。

> 主観客観の区別、従ってそれ自身単独に存立する「我々」と「寒気」との区別は一つの誤解である。(…)寒さを感ずるとき、われわれ自身はすでに外気の寒冷の下に宿っている。我々自身が寒さにかかわるということは、我々が寒さの中に出ているということにほかならぬのである。(和辻 1962［1935］: 9)

もし、自己がそのまま自己の内部に留まるのならば、そもそも自己はその外部にあるその何かを知覚することはできないはずである。その意味で、わたしたちが何かを知覚しうるという事実は、わたしたちの自己とは、じつは、自己の内部にあるだけではなく、自己の外部にもあるということを証明しているのである。

和辻は、このように説明し、ハイデガーが強調する、実存が外部に出ているという考えを引用する(和辻 1962［1935］: 9)。事実、エグジスト exist という語や、その原語の「エグジステーレ ex-sistere」には、ex という

「外」を示す接頭語が含まれている。[1]

和辻はさらに、自己が、すでに、自己の外にもあるのだとしたのならば、「我々自身は外に出ているものとしておのれ自身に対している」とも述べる（和辻 1962［1935］: 9、傍点は原文）。和辻のいう、寒さの例でいうと、その寒さは、皮膚の内部にある自己というものが皮膚の外部にある寒さを感じているというのではない。皮膚は内部に開いていると同時に、外部にも開いている。内部に開かれたそこにだけ自己があるのではなく、外部に開かれたそこにも自己があり、内部の自己は、外部の自己に直面することになるのである。

彼は、これを、「自己開示」のメカニズムであるという（和辻 1962［1935］: 9）。自己とは、このようなメカニズムの中に埋め込まれているものであるなら、見るものと見られるものが同一であることになる。本書第III部第5章で検討するように（☞本書 431-436 ページ）、自己とは外から眺められるものではないので正確には図には表せないが、あえて図にすると、自己が外から自己を見ているというような図になる（図1）。再帰性と呼ばれる問題であるが、再帰性がなければ自己はありえない。

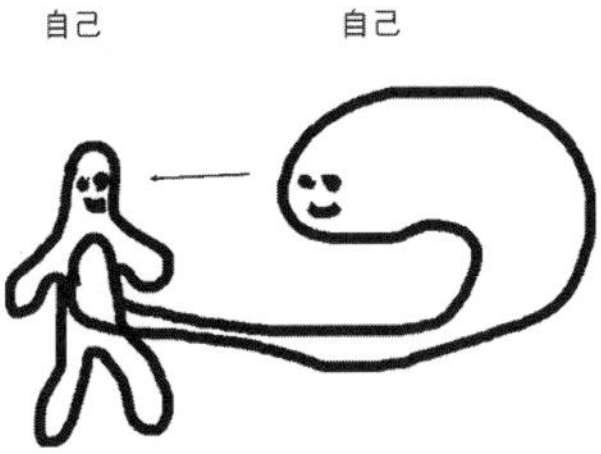

図1　自己が自己を自己の外部から見ている。出典：寺田匡宏作図。

再帰性とはリフレクシビティ reflexivity と英語でいうが、これは、鏡の反射などにも用いられる語である。鏡に映る像を、自己が見て、それが自己であると認識できることが自己の成立条件である。これがリフレクシビティである。仮に鏡を見ても自己を認識できない場合もあろう。動物や魚などには

［1］なお、ここで、和辻は、エグジスト exist の語源となった語として「エグジステーレ ex-sistere」という語を紹介しているが、管見の限り、『存在と時間』（Heidegger 1972［1927］）の中で、実際に、ハイデガーは、そのような語を用いていることはない。

鏡に映った自己を自己と認識できる種があることが確認されているが、そうではないいきものも存在する。自己を自己と認識できるいきものには、自己がある。しかし、自己と認識できないいきものには自己はない。

なお、和辻は、再帰性の中において自己を見ている自己は、「他の我の中に出る」ものでもあるという。それは、一方通行関係である「志向的関係」ではなく、相関的な関係である「間柄」である、とも彼はいう。和辻は「我」は「我」として存在するのではなく「根源的には間柄としての我々である」というが（和辻 1962［1935］: 10）、それは、自己は常に、複数である「自己」として存在するということである。

自己が自己を見る

以上を踏まえると、和辻のいう風土性の問題とは、自己を自己が見る、自己が自己をまなざすという問題であるということになる。そうなると、それは、環境という外部の問題というよりも、認識と自己認識の問題であるということにもなる。

これは、すぐれて近現代の哲学的な問題である。現象学が専門のダン・ザハヴィ Dan Zahavi は、このような機序を「自己に関する再帰性理論」と呼び、その源流をジョン・ロック John Lock が『人間の理解について *An Essay concerning Human Understanding*』（1690）の中で展開した議論であるとする（Zahavi 2020 : 17）。逆に言うと、このような再帰性は近代以前には問題にならなかったともいえる。近代以前に精神や心を論じたアリストテレス『霊魂論』や、トマス・アクィナス『神学大全』にはそのような視座は見られない。他の哲学的伝統を見ると、仏教の形而上学においては、意識の構造は、アビダルマ説などで精緻に分析されているが、そもそも仏教は無我を望ましい状況であると考えるので、自己の構造を絶対化することはないように思われる。

それに対して、近代の西洋は、自己を問題化してきた。一九世紀のドイツの哲学者のヘーゲルの『精神現象学』は、認識と自己認識の問題を扱った著作である（Hegel 1999［1807］）。さらに、自己を自己が見るとしたのならば、その自己を見ている自己は、見られている自己にとっては、他者でもあるともいえる。先ほど、和辻の自己がすでにして我々であるという言を見たが、しかし、それは、逆でもあり、自己の中には他者がすでに含まれているということをも意味する。これは、二〇世紀の哲学者のルートヴィヒ・ヴィトゲンシュタインの「私的言語」をめぐるパラドックスを想起させる（Wittgenstein 1984）。

自己が自己を見る場所――和辻と西田幾多郎

さきほど、自己が自己を見るとは、認識の問題であり、環境や風土の問題ではないように見える、と述べた。しかし、自己が自己を見るということは、そのような現象が起こっているある境域を必要とするのであるから、それは、場の問題である。となると、つまり、それは、人間の意識が出来する場の問題である。その点で、やはり、風土性の問題とは、環境や場の問題と関係する。

和辻は、『風土』の中では一度も西田幾多郎の名前に言及してはいないが、この和辻の考え方は、西田の「自覚」に関する視角を想起させる。次章本書第Ⅰ部第3章で、西田と和辻の関係について詳細に見るが（☞本書160 ff. ページ）、和辻は、西田と深い関係をもっていた。和辻が『風土』に結実する着想を得たのが、一九二八年ごろであり、この時、彼は京都帝国大学の助教授であったが、前章本書第Ⅰ部第1章ですでに見たように（☞本書69ページ）、これは、一九二五年、和辻が、三六歳の時に、西田の招聘によって実現したものである。両者は、京都帝国大学における同僚として、日常的な関係を通じて、人間的に結びついていた。『西田幾多郎全集』一八巻と一九巻に収められた西田の和辻宛ての書簡からは、両者の信頼と互いへの敬意に満ちた関係がうかがえる（西田 1953, 1966）。和辻は、西田を深く敬愛し、『人間の学としての倫理学』（一九三四年）は、「西田幾多郎先生にささぐ」と献呈されている（和辻 1962［1934］: 2）。和辻の中には、西田の理論が血肉となっていたのである。

西田の思想の転回の時期区分と和辻の『風土』の関係についても次章で詳しく見るが（☞本書 147 ff. ページ）、和辻が、『風土』を書きつつあった一九二〇年代後半から一九三〇年代前半は、西田においてはその思想の中期にあたる。その時代において、西田は自覚の問題を集中的に検討していた。すでに西田は、一九一七年、四八歳の時に出版した『自覚における直観と反省』において、自覚とは「自己が自己を写す」ことであると述べていたが（西田 1917: 2）、一九二〇年代に入ってから、その概念をさらに展開し、一九二七年、五八歳の時に出版した『働くものから見るものへ』においては、「自己の中に自己を映すことが知るといふことの根本的意義である」と述べている（西田 1927: 274）。和辻の、自己が自己を見ることに風土性の根源を見る考え方は、西田の中期の思想と響きあっている。

西田は、この考えを、そもそもは、アメリカの哲学者のジョシュア・ロイス Josiah Royce を参照して作り出した（西田 1917: 1）。西田は、そのような自己というものが存在する境域は、そこにおいて、存在と非存在が分岐するような境域であり、そのような境域は、それらを包摂する何かを必要とすると考えた。それを彼は、「絶対無」と名付ける（西田 1927［1926］: 295）。絶対無とは、「相対無」と差異化して用いられた概念である。相対無とは、有と比較されるような無であるが、そのような有と比較して立ち現れる無があるためには、その有と無を包み込むさらに大きな場がなくてはならない。そのような場を彼は、有と対になった無、つまり「相対無」と区別する意味で、「絶対無」と名付けた。この「絶対無」の概念が登場した論文は「場所」というタイトルである（西田1927［1926］）。ここでいう「場所」とは、空間的場所というよりも、存在論的境域を指しているが、風土が問題とする外界と主体の関係とも響き合っている。西田は、存在をそのような境域から考えようとしていた。それは、そこから先に、何ものも展開しない境域である。[2]

自己と絶対無

ここでもう少し西田について見ておくと、自己の根底には、絶対無と呼ばれるような境域があると西田は考えた。自己とは、自己により発動するしかないものである。もし、それが他より発動していたのなら、それは自己ではない。自己は、自己から発動するから自己である。この点については、本書第III部第5章でも見るが（☞本書425 ff. ページ）、自律や自動における「自」とは何かという問題とも関係する。この自己から発動するものは、再帰性ともいえよう。再帰性においては、外部や他者を構造的に必要とするのではなく、自己が自己を参照することによってその構造が成り立っている。自己にはすでに再帰性が組み込まれている。あるいは換言すると、再帰的な構造というのは、人間存在の現実の中にすでに組み込まれている。

西田は、そのようなメカニズムを、生涯、追求した。無の問題は自己の問題と関係しながら、彼のキャリアを貫いているが、そこでは、無が絶対と相対の中で考察され続けていた。とはいえ、絶対と相対の評価は、時期により変化しており、第一著作である『善の研究』の最終部で宗教を論じた箇所では、宗教心とは、「我々

［2］　風土の構造の中のそのような境域の他の例として、ゴータマ・ブッダのいう縁起における物体と認識の円環構造がある。この点については、本書第III部第5章で検討する（☞450ページ）。

の自己がその相対的にして有限なることを覚知すると共に、絶対無限の力に合一してこれに由りて永遠の真の生命を得んと欲するの要求である」と述べられて、相対と絶対の対比から論じられていたが（西田 1965［1911］: 169）、さきほど見たような「絶対無」であるところの「場所」への着目を経て、生涯最後の論文である「場所的論理と宗教的世界観」では、「宗教心というのは、多くの人の考えるような有限と無限とが、相対と絶対とかいう如き過程的関係において生ずるのではなくして、われわれの自己自身の存在が問われる時、自己自身が問題となるとき、はじめて意識せられるのである」と述べ、絶対と相対では、宗教の問題は解けないという立場に至っている（西田 1989［1946］: 322-328）[3]。それに代えて、西田が到達した論理とは、自己が自己自身に対するということは「自己が自己の外に対して立つ何物もなく、絶対無に対すること」であることの発見であり、それが「矛盾的自己同一」であることの発見である。西田は、人間が、この己の矛盾的自己同一に直面した時に、宗教心が生まれるという。この西田の言を援用するのならば、自己が自己を見る場所とは「絶対無」の場所であるといえ、先ほど見た図1は、「絶対無」の場所を描いている図だともいえよう。

和辻が「風土の現象は人間が己を見出す仕方」と言ったのは（和辻 1962［1935］: 14）、このような文脈である。それは、自己認識の問題であり、同時に「自」をめぐる形而上学であり、宗教の問題にもつながっていた。

身体性と風土

以上のようなことを踏まえると、風土性とは、環境に関するメカニズムであると同時に、認識に関するメカニズムであるということになる。つまり、認識に関する問題であるという点で、自己の認知の問題である。ということは、これは周囲の環境とは関係ないということだともいえようが、しかし、同時に、その自己は環境と不可分なのであるから、やはり、風土性とは環境の問題であるということにもなろう。両者は一つのコインの両面である。つまり、これが、認識の問題だから、環境の問題ではないということにはならない。

それをよくあらわすのが、身体性の問題である。人間存在がこの世界に存在するとは、もうすでにその時点で人間が身体と意識を持っているということを前提としている。人間存在は、身体がなくては存在できないし、意識がなくても存在できない。それを考えると、和辻のいう風土性とは認識の問題であるが、同時に、身体をも含む人間存在を問題としているということになる。

先ほど、和辻の「間柄」つまり、自己の中にすでに存在する複数の他者の問題について見たが、彼は、また、『風土』の中で、「間」という語、つまり相互の関係性を表現する語をそこに含む、「人間」という語をあらためて紹介しながら、人間存在は個人的存在として見られるべきではなく、社会的存在として見られるべきであるともいう（和辻 1962［1935］: 14 ff.）。日本語、あるいは、漢字語の「人間」という語には、そのような意味がすでに前提されている。英語では、人間は、ヒューマン・ビーイングだが、そこにはそのような関係性を示唆する要素はない。一方、漢字における人間という語に含まれる「間」という語は、人間存在とは個別的存在であり、同時に共同的存在であることを示唆する。これは、一つの人間存在というものを見た時、その一つの

［3］ ここで、西田は、宗教における有限と無限、相対と絶対の概念を批判しているが、この四つの概念を用いて宗教を論じたのが哲学者で宗教家、僧侶であった清沢満之（一八六三－一九〇三年）である。清沢は、一貫して、「絶対無限」である超越者ないしは神と、「相対有限」である個物、とりわけ人間を対比することで、宗教を論じようとしていた。それらは、清沢の『宗教哲学骸骨』（一八九二年）（暁烏・西村 1955 a : 3）、「宗教研究」（一八八二年）（暁烏・西村 1957 : 374 ff.）、「他力門哲学骸骨試稿」（一八九五年）（暁烏・西村 1953 : 397 ff.）、「転迷開悟録」（一八九五年）（暁烏・西村 1955 b : 77 ff.）などの著作や草稿の中で展開されている。西田は、清沢よりも七歳年下であるが、清沢の『宗教哲学骸骨』ほかの論考を読み、高く評価していたことは、よく知られている（竹村 2003 : 81）。西田の『善の研究』（一九一一年）の中に、「相対有限」「絶対無限」の語が現れていることは、清沢の影響ともいえよう。

ある存在が、一であると同時に多であるということを示している。一が同時に多であるということは、論理的に言えば矛盾にほかならない。しかし、人間存在の根底には、そのような矛盾がすでにして含まれている。和辻は、こう述べた後で、これは「絶対否定性の運動」であるという（和辻 1962［1935］：15）。

風土における多と一の矛盾的自己同一

和辻は、ここでも西田幾多郎の名前をあげてはいないが、この和辻のいう「絶対否定の運動」と、西田の「絶対矛盾的自己同一」という概念との関係性は明らかであろう。この語は一九三九年に書かれた西田の「絶対矛盾的自己同一」という論文のタイトルとなっているが（西田 1949［1939］）、それ以前から西田はこのような概念を用いていた。先ほど西田の「絶対無」の言及を見たが、彼は『善の研究』で実在について、「実在の成立には、（…）其根底に於て統一といふものが必要であると共に、相互の反対寧ろ矛盾といふことが必要である」と述べ、「実在の根本的方式は、一なると共に多、多なると共に一」であるとも言っている（西田 1965［1911］：68,69）。西田にとっては、矛盾が、世界の存在を成り立たしめている必要な条件であって、存在の根底には矛盾があるのだから、人間という存在に、多と一の矛盾が見られることは当然のことである。ここでは和辻は、西田経由で矛盾を風土概念に取り入れたと言えるが、この後、次節で見るモニズムの観点からは興味深い論点を見出すことができる。なぜなら、矛盾とは、二でありながら一でもないという状態であるからである。和辻の風土を風土モニズムと考えるのならば、それは、矛盾的モニズムであるともいえる。

世界を形而上的に理解する際に、矛盾を重視したのは、カントであった。カントは、『純粋理性批判』の中で、理性の型であるロジックには、シロギズム的ロジック（分析的論理）と、矛盾的論理（弁証法的論理）があることを明らかにした（Kant 1998［1781, 1787］）。シロギズム（三段論法）のことを「分析的 analytic」というのは、アリストテレスが『分析論 Ἀναλυτικά』で「分析」したのがシロギズムであったからである。カントは、矛盾（アンチノミー Antinomie）を矛盾であると指摘しただけだったので、スタティック（静態的）であるといえるが、その後ヘーゲルは、そこに「止揚（アウフヘーベン Aufhebung）」の概念を付け加え、それをダイナミック（動態的）なものとした（Priest 2019 : 95）。先ほどの引用で、西田が「矛盾が必要である」と述べているのは、ヘーゲル的な意味であって、矛盾の中から動態的に、実在が生まれるということを意味している。なお、この矛盾の問題は、排中律の問題とも関連する。排中律を批判してレンマの理論を展開したのが山内得立であるが、その山内を風土学の中に取り込んだのがオギュスタン・ベルクである。ベルクと山内については、すでに本書第I部第1章で見た（☞本書84-87ページ）。この矛盾とモニズムの関係については、本章次節で詳しく見る。

和辻は、一であり、多であるという矛盾を人間存在がその根底に持つということは、「主体的な身体なしに起こるものではない」という（和辻 1962［1935］: 15）。このような視角は、心身二元論批判である。心身二元論とは、精神と身体を別個のものと考える考え方である。デカルトについてはすでに見たが、このような考え方は、先ほど見た彼の「われ思うゆえにわれあり」における思惟する自己が自己であるという考えと密接に関係している。思惟とは非物質的なものである。思惟する自己を「わたし」と考えると、そのわたしは、思惟であるから、身体はいらない。デカルトは、身体とは、精神の外にある広さや広がりを持った物質であるが、精神は、そのような物質とは無関係に存在すると考えたのである（Descartes 1987［1637］）。このような心身二元論を、和辻は「身体をその具体的な主体性から引き離して「物体」と同視する」と批判する（和辻 1962［1935］: 17）。

身体の位置

ここで注目したいことは二つある。一つは身体の位置であり、もう一つは、心身二元論批判の意味である。まず、身体の位置に関して言うと、和辻が身体の意味をここで強調していることは、興味深い。なぜなら、哲学において身体が問題化するのは、後期近代に入ってからだからである。後期近代がいつからかは様々に議論があろうが、グローバリゼーションやテクノロジーの高度化を考えると、二〇世紀後半と言ってもよいだろう。哲学において身体性が注目されるのは、モーリス・メルロ＝ポンティなどの現象学が隆盛した二〇世紀半ばごろ以後のことである。それ以前の近世や近代の哲学は、先ほどのデカルトの見方が中心であり、観念の世界が哲学の分析対象であった。ドイツ観念論のカントやヘーゲルに、人間存在が身体をもってこの世界に位置することに関する言及は見られにくい。そんな中、少しずつ身体という問題が顕在化してゆく。和辻の身体への言及は、そのような、身体への着目の増加と軌を一にしている。

現代には、身体は「心の哲学」において問われてきた。とくに、意識と情報処理の問題で重要な論点を提起し、本書第Ⅲ部で扱うＡＩを含む自律的知能機械やシステムと大きく関係している。アメリカの哲学者ジョン・サールは「コンピュータは考えることができるのか」と題した論文において、思考の問題を、身体の存在の問題と関連付けて論じ、コンピュータは人間のような身体を持たないため、考えることはできないと論じた（Searle 2002［1983］）。つまり、そもそも、考えるとは、身体と分かちがたく結びついた現象であり、思惟だけを取り出すということは、考えるという行為を論じることとは別個の問題である可能性があるというのだ。これは、先ほど見た和辻の「主体的な身体なしに起こるものではない」という言表と一致している。

だが、一方、これは、身体と主体をどのように定義するかという問題であり、立場によって答えは異なるともいえる。もし、現在の主流の身体観、つまり、人間の身体だけを身体と考える身体観、あるいはいきものの身体だけを身体と考える身体観を、少しずらして、たとえば、半導体でできた物質をも身体と呼ぶというように概念を拡張するのならば、コンピュータは身体を持つ主体であるともいえることになろう。この点については、パリーが本書第Ⅱ部第2章で述べている（☞本書264ページ）。和辻の身体と主体という問題は、AIの時代において興味深い論点を提起している。この身体の問題は、未来の環境とも関係するだろう。それについては、火星環境を事例に、本書第Ⅳ部第4章で述べる（☞本書566-569ページ）。

心身二元論批判、すなわちモニズムの提唱

次に、心身二元論批判についてみよう。先ほど見たように、和辻は、身体と精神の分離を批判している。つまり、それは、和辻は身体とこころを分ける二元論を批判しているということである。二元論を批判して提唱されたものは「何」論であろうか。二元論の否定ということを素直に表現するのならば、これは、「非二元論」である。英語で言うならば、二元論がデュアリズムであるから、ノン・デュアリズム、あるいはアデュアリズムと言えるだろう。サンスクリットでは、非二元論をアドヴァイタ advaita やアドヴァヤ advaya というが、ここでのアとは、否定の接頭辞、ドヴァとは、ダブルなどとも共通の印欧語根をもつ「二」という意味である(Grimes 2009 : 31-32)。二の否定であれば、二以外のあらゆる数字を含む次限が考えられるので、多元論であるという可能性もあるが、和辻は、二以上の多元性を提唱しているのではない。むしろ、二よりも下の次元を提唱しているので、これは一元論である。英語で言うとモニズムである。和辻は、風土の構造を分析する中で、風土とは、モニズム的な現象であることを明らかにしているのである。

このような一元的な状況は理解されるのが難しい。二元的世界観があまりに深くわれわれの認知に入り込んでいるので、それ以外の見方を取るのが難しいからである。深く入り込んでいる二元論とは、風土と人間を別個の二つの存在と考えることである。二つの存在が相互に作用しあう、というのは、二元論的な見方である。なぜなら、相互にという場合、それは、独立した二者を想定しているからである。だが、和辻は、風土性は自然環境と人間の相互存在という意味ではない、とわざわざ言う。

人間は単に風土に規定されるのみでない、逆に人間が風土に働きかけてそれを変化する、などと説かれるのは、（…）まだ真に風土の現象を見ていないのである。（和辻 1962［1935］: 14）

風土と人間を別個の二つの存在と見るから、相互に規定したり働きかけたりするという見方が生じる。しかし、風土と人間が一つの存在であるのならば、そもそも、規定したり、働きかけたりするという他動詞的なかかわりが一者の中に生じるはずはない。

和辻は、風土と人間を二者とみるような一般的な見方は、人間存在を外から見ているからだという。それを和辻は「風土の現象を（…）単なる自然環境として観照する立場」と表現する（和辻 1962［1935］: 14）。しかし、風土も人間も、そのように外から見られて理解されるものではなく、人間存在が自己の内部の立場に立って、その自己を見た時に初めて見えてくるものである。それは、外から見られたものではなく、中から見られたものである。このような見方に立った時、環境とは、ある一つのシステムとしてとらえられるべきであるし、そのシステムの中には、そのシステムを中から見ている自己すらが含まれているのである。

そのような状況を通常の言語でとらえ、表現することは大変難しい。二者にして、一者であるというのは、矛盾である。そのような矛盾をどう表現するのか。それは表現しうるのか。そのような問題は、風土の問題に限らない。現代の哲学をはじめとする諸学の大きな課題となっている。本節の終わりに、ここでは、和辻が扱っていた風土性の問題とは、そのような問題群の一つであることを確認しておきたい。それがモニズムとしてどのように表現されているかは、次の第2節で検討し、また、諸学においてそれがどう論じられているかは、本書第III部第5章で検討する（☞425 ff. ページ）。

2　環境モニズムとしての風土——和辻、ハイデガー、ユクスキュル、ラッセル

さて、以上、和辻の風土の構造に関する論を見たが、それを、モニズムとして位置づけてゆこう。モニズムとは、この後すぐに見るように、長い歴史を持つ語である。哲学の歴史上数多くの学説がそれをめぐって提唱されてきた。

風土学に関しては、それをモニズムと呼ぶよりも、むしろ、「あいだ学」と呼ぶ方が今日的かもしれない。前章本書第I部第1章で、オギュスタン・ベルクが、風土学を「メゾロジー」とフランス語で呼ぶことを見た（☞本書 78-79 ページ）。この、メゾロジーの「メゾ」には、「あいだ」という含意があり、二元論が前提とする二者の「あいだ」の状態を示した語である。あいだ学、中間学とも訳することが出来よう。つまり、ベルクによって、すでに、風土学は中間学、あいだ学と解釈されているのである。この「あいだ」というのも、モニズムである。「あいだ」とは、二者ではない。二者であるとき、二者は切り離されている。しかし、二者の間に「あいだ」があるとき、それはもはや二者ではない。しかし、また一者でもない。それは、「二にして一」であ

るような状況であるが、それを可能にするのが、この「あいだ」である。つまり、ベルクのいう「あいだ学」もモニズムの立場に立つ[4]。

わざわざ、ベルクが、そのように位置づけた風土学をモニズムという古い概念で位置づけるのも疑わしいかもしれない。しかし、モニズムとして位置づけることで、様々な説との接続が可能であることも事実である。たとえば、モニズムは、要素還元主義（リダクショニズム）ではなく、全体論（ホーリズム）である。全体論が、現代社会システムの複雑性の高度化によって、今日脚光を浴び、その深化が待たれていることは、ステファン・グルンバッハが本書第III部第1章で述べている（☞本書 312, 321-323 ページ）。これは、モニズムの現代的意義の一例である。本節では、以下、風土学をモニズムとして解釈し、その可能性を広げてみたい。

モニズムとは何か

モニズムについて、まずは辞書の定義から見ておこう。イギリスのラウトレッジ社から出版された『*Concise Routledge Encyclopedia of Philosophy* コンサイス・ラウトレッジ哲学事典』は次のように述べる。

> モニズム monism（一元論）　大変広範な概念。存在物としてただ一つの物、あるいはただ一種類の物だけがあると主張するあらゆる説をいう。存在するのは、一つの物ではなく、ただ一つの真理であるという主張も含まれる。プルーラリズム pluralism（多元論）の対義語。ただし、存在するのは、心と物という二者であるというデュアリズム dualism（二元論）との間で、哲学史上、数多の論争が繰り広げられてきたため、モニズムは、「デュアリズム」の対義語として扱われる場合も多い。（Craig 2000 : 589）

ここからわかるように、モニズムとは大変広範な概念であるが、中心的な問いは、この世界に存在するのは何かという問いである。この世界には、数多くの物が存在する。しかし、その数多くの物は、何なのか。これを、「多」であると見るのか、それとも、「二」か、あるいは「一」かは、存在論あるいは認識論の問題だが、モニズムとはそのような文脈で用いられる概念である。

デカルトが二元論を提唱したことの意味については、本書序章で触れ、前節でも見た（☞本書 23, 97, 107 ページ）。デカルトは、この世界にあるのは、心と物だと考えた。心は、物という客観物を見る主体である。主体がなければ、この世界には客観物もない。これは、主体という、物を見る特権的な立場を闡明したことであった。と同時に、それは、主体が見る物、つまり主体によって見られる物という、主体とは別個の存在があることが宣言されたということである。そうすることによって、デカルトはこの世界が二つのカテゴリーによって構成されていることを言った。換言すると、デカルトは二元論（デュアリズム）を提唱した。この二元論は、近代科学の発展の基礎となった。二元論は、科学において、主観を排し、客観物を数値化することを可能にし、それは、様々な技術的応用を可能にした。科学の隆盛とともに、二元論は、はじめは西洋において、そして、西洋化と近代化が世界に広がるにつれて全世界で基本的な世界観となって行った。

とはいえ、デカルトが提唱した二元論が、西洋の世界観を席巻したのちも、モニズムは、命脈を保っていた。近世の西洋におけるスピノザやライプニッツはその代表である。また、西洋世界の外側に目を転じてみれば、先ほど見たインド思想におけるアドヴィヤや仏教における無我説などモニズム的な視角は多かったし、今でも

［4］　なお、このような見方は、記号学者のチャールズ・サンダース・パースの「三」という数の強調や、ヘーゲルの弁証法の問題ともつながる。それに関しては、本書第II部第1章で述べる（☞本書 232-234 ページ）。

それは依然として根強く生き続けている。さらに、哲学として論理化されていないものであっても、生活世界に目を向ければ、そこには数多くのモニズムがある。[5] この次の節で見るパンサイキズムもその一つである。そして、風土という現象もそのような中においてとらえられるべきであり、またそれは同時代のモニズム的見方と通底しているというのが本書の主張である。

二〇世紀初頭における「環境モニズム」

モニズム的視角が生き続けていると言っても、それではあまりに茫漠としているので、ここでは、和辻の提唱した風土の構造が、同時代におけるモニズムの思潮とどのように関係していたのかを、他の哲学、思想言説との比較を通じて検討しよう。和辻が風土学の理論を構築していた一九二〇年代後半から一九三〇年代半ばにかけては、環境と関連したモニズムが出来《しゅったい》した時代でもある。そこで、以下、本節はこれを「環境モニズム」と呼び、そこに風土の論理を位置付けてみたい。

ここでは、和辻哲郎、マルティン・ハイデガー Martin Heidegger（一八八九－一九七六年）、ヤコブ・フォン・ユクスキュル Jakob Johann Baron von Uexküll（一八六四－一九四四年）、バートランド・ラッセル Bertrand Russell（一八七二－一九七〇年）を比較する。なぜ、この四人か。ハイデガーは、本書第Ⅰ部第1章でみたとおり（☞本書 70-71 ページ）、和辻が風土学を構想するきっかけとなった二〇世紀を代表する哲学者である。ユクスキュルは、本書第Ⅱ部第1章で詳しくその所説を検討するが（☞本書 200 ff. ページ）、環世界学を提唱した生物学者である。彼自身は自身の環世界学を風土学とは呼んでいないが、オギュスタン・ベルクによって、今日では、ユクスキュルは、今西錦司と並んで、風土学の重要な構成員としてカウントされている。そして、バートランド・ラッセルは、イギリスの哲学者。いわゆる分析哲学の代表的な哲学者であると同時に、この当時の代表的哲学者でもある。

一九二〇年代後半から、一九三〇年代半ばは、彼らがほぼ同時並行的に、それぞれの著書の中で、「環境モニズム」の視角を展開させた時代であった（表1）。和辻は、その風土学を一九二〇年代と一九三〇年代に展開させた。ユクスキュルが「環世界学」を大成した『理論生物学 *Theoretische Biologie*』第一版は一九二〇年に、『生物から見た世界』は一九三四年に刊行されている（Uexküll and Kriszat 1970［1934］）。ハイデガーの『存在と時間 *Sein und Zeit*』の刊行はすでに見たとおり一九二七年である。まさに、和辻の風土学の展開と同時並行している。さらに、このころ、ラッセルも『心の分析 *Analysis of Mind*』、『物の分析 *Analysis of Matter*』という彼の二つの代表作でモニズムを発展させていた（Russell 1921, 2014［1927］）。彼らは、いずれも、この世界における存在とはどのようなものなのかを、そこにおける主体と環境の関係から論じようとしていた。モニズムに関する議論の中に「環境」という要素が入ってきたのが、この時期なのである。これらの議論を「環境モニズム」と称する所以である。

彼らの相互関係をもう少し詳しく見てみよう。まずは、和辻とハイデガーの関係だが、すでに何度も述べてきているように、和辻は『風土』をハイデガーの『存在と時間』への応答、ないしは批判として書いた。

次にハイデガーとユクスキュルについてみると、『存在と時間』はユクスキュルの環世界学と密接に関係している。『存在と時間』には、一四の章があるのだが、そのうちの三つの章題には、「世界」ないし「環世界」

---

［5］　この点に関しては、存在のグラデーションをどのように認めるかという問題と関係して、本書第III部第4章と第IV部第1章でも検討する（☞本書 408-412, 489-493 ページ）。

表1　1920-1930年代における和辻、ハイデガー、ユクスキュル、ラッセルらの著作の刊行

年	著作
1920	ユクスキュル『理論生物学 *Theoretische Biologie*』第*1*版
1921	ラッセル『心の分析 *The Analysis of Mind*』
1923	ラッセル『アトムのABC *The ABC of Atoms*』
1927	ラッセル『物の分析 *The Analysis of Matter*』
1927	ラッセル『哲学のアウトライン *An Outline of Philosophy*』
1928	アーサー・エディントン『物理世界の本質 *The Nature of the Physical World*』
1928	ユクスキュル『理論生物学 *Theoretische Biologie*』第*2*版
1927	ハイデガー『存在と時間 *Sein und Zeit*』
1926	和辻「風土」(『思想』1929年4月号)
1934	ユクスキュル『生物から見た世界 *Sterifzuege dürch die Umwelten von Tieren und Menschen*』
1935	和辻『風土』
1936	エドムント・フッサール『ヨーロッパにおける諸学の危機と超越論的現象学 *Die Krisis der Europäischen Wissenschaften und die Transzendentale Phänomenologie*』

出典：寺田匡宏作成。

という語が含まれている。たとえば、同書第一部の第二章は、「現存在の基礎としての世界＝内＝存在」、第三章は「世界の世界性」、第四章は「共存在あるいは自存在としての世界＝内＝存在、あるいは人間というもの」というタイトルであり、その中に含まれるセクションや節のタイトルには、たとえば「現存在の空間性と環世界の環性」（第三章セクションC）や「環世界に出会う存在としての存在」（第一五節）などがある。これらの中では、世界と環世界という問題が議論されている。さながら、『存在と時間』とは、世界と環世界をめぐる書でもある。

もっとも、ハイデガーは『存在と時間』の中ではユクスキュルの名をあげてはいない。ただ、一九二九年から一九三〇年にかけて行われた彼のフライブルク大学の講義「形而上学の基礎概念――世界、有限性、孤独 *Grundbegriffe der Metaphysik: Welt, Endlichkeit, Einsamkeit*」では、ユクスキュルの『理論生物学』と『動物の環世界と

内的世界』が縦横に引用されている（Heidegger 1983［1929/30］: 284, 327, 365, 379-383）。そこで、ハイデガーは、生物がそれぞれの世界を持つことを、ユクスキュルの所論に依拠しながら論じている。『存在と時間』は、主体の位置に着目し、世界の在り方を考えようとした書である。和辻がハイデガーを批判していたとするのならば、それは同時に、和辻はハイデガーの視角の中に含まれるユクスキュルを批判していたということになろう。

他方、ハイデガーは、ユクスキュルを通じてバートランド・ラッセルとも関係している。通常は、ハイデガーとラッセルは対極的な哲学者として考えられている。ハイデガーは、大陸哲学における実存主義的現象学の中心的人物であるし、一方のラッセルは分析哲学の代表的哲学者である。哲学的な伝統からみると、二人は、全く正反対の陣営に属すると考えられている。しかし、ユクスキュルを介してみた時、彼らは、互いに関係しあう。ユクスキュルは『理論生物学』の最終章でラッセルの『アトムのABC *ABC of Atoms*』（Russell 2023［1923］）を引用し、その上に立って、科学の限界について論じている（Uexküll 1928 : 231）。すでに述べたように、ハイデガーは、ユクスキュルの『理論生物学』を参照している。[6]

これらのことを考えると、ハイデガーはユクスキュルを通じてラッセルと関係しており、もしそうならば、和辻はまたハイデガーとユクスキュルを通じてラッセルと関係していたと言える。その関係とは、直接的な関係ではないが、引用を通じて、彼らは、同時代の問題意識を共有していたと言える。彼らは、この時代の「時代精神（ツァイト・ガイスト Zeitgeist）」を共有している。その彼らをつなぐのが、モニズムの視点である。

［6］　ユクスキュルが引用しているラッセルの『アトムのＡＢＣ』において、ラッセルは、Ｐ・エディントン P. Eddington を引用して物理学の限界について論じている。この後、次節でパンサイキズムについて詳しく見るが、近年のパンサイキズムをめぐる議論では、このエディントンとラッセルの科学の限界をめぐる議論は、二〇世紀初頭のパンサイキズムの代表的議論であると評価されている（Goff 2019 : 117 ff.）。

四つの環境モニズム

彼らは、広い意味で、環境という視点からモニズムの視点を深めようとしていた。言い換えれば、それは、彼らは、自然科学的な、主体と客体、主観と客観という区分を再考しようとしていたということである。環境に関する新たな知見と科学に関する新たな知見が積み上げられてきたことで、そのような視点が生まれた。ラッセルは物理学から、ユクスキュルは生物学から、和辻は気候や地理に関する学知から、ハイデガーは生物学と物理学からの知識を得て、環境と主体とは截然と区分できないという立場に至っている。本章ではそれを「環境モニズム」と呼ぶ。

彼らの個別の立場は少しずつ異なっているので、「環境モニズム」といってもそれぞれは、さらに別様にも称されよう。バートランド・ラッセルのモニズムは、「ラッセル的モニズム Russelian monism」と言われたりすることもあるが、本人は「中立的モニズム（ニュートラル・モニズム neutral monism）」と自称していた（Banks 2014）。そのほかの三人については、とくに彼らのモニズムを称する呼称はないが、ラッセルの例に倣って言うと、ハイデガーのそれは、「現存在モニズム Dasein monism」、和辻のそれは「風土モニズム fudo monism」、ユクスキュルのそれは「環世界モニズム umwelt monism」と言えるかもしれない。

彼らは、いずれも、主体とその周りを取り巻く環境の関係を問題とし、その二つはどのように関係しているのか、ということを問うている。自然科学においては、この二つは、分離していると考えられている。何度も述べてきたように、これは、デカルト以来の二元論である。しかし、彼ら「環境モニズム」の思想家たちは、そのような分離は不可能であり、二つは不可分に結びついていると考えている。主体と環境は、二者に見えるが、一つなのである。つまり、モニズムである。なお、和辻と西田幾多郎との関係については、前章と本章ですでに述べているが（☞本書68-69, 101-104ページ）、この時期には、西田幾多郎も環境に関する思索を深めている。この点については、次章の本書第I部第3章で詳しく見る（☞本書143 ff. ページ）。

主体と内と外

ハイデガーの「現存在モニズム」と和辻の「風土モニズム」は、主体が環境という「外側」にあることを重視する。ハイデガーは、存在の本質とは、「世界＝内＝存在」にあるという。この「世界＝内＝存在」とは、すでに見たように、彼の重要なキータームの一つである。ハイデガーのこの考え方の下敷きになっているのは、アリストテレスのデュナミスとエネゲイアの考え方である。[7] ハイデガーは、もし、存在が存在であろうとするのならば、それは、何らかの場を必要とすると考えた。そのような場が「世界」である。つまり、存在が、存在たろうとするのならば、それは必然的に世界を必要とするのである。これは、つまり、存在が存在しているという時点で、世界が、もうすでに、存在に織り込まれているということを示す。存在が存在していない時には、世界は存在しない。しかし、存在が存在するとき、そこには必然的に世界がある。ここでいう、世界とは環境ともいえる。とするのならば、世界であり環境であるものは、存在の一部である。存在とは、本章でこれまで述べている語でいう主体とも言い換えられる。すなわち、環境は主体の一部であるのである（Heidegger 1972 [1927]）。

和辻の『風土モニズム』における立場は、ハイデガーと同じ視点である。そもそも、和辻が『風土』を書こ

[7]　アリストテレスのデュナミスとエネルゲイアの概念については、本書第IV部第1章で詳しく見る（☞本書483-490ページ）。

うと発想したのが、ハイデガーの『存在と時間』を読んだことによるものなので、それもむべなることではあろう。あらためて、その類似性を確認しておくと、本章の前節でも見た、和辻が風土性を定義する時に言う「外に出ている」とは、上述のハイデガーの行論と同型である（☞本書98-100ページ）。和辻は、こう言う。ある人が寒さを感じるというとき、その寒さをその人はその内部で感じるのではない。それを感じるとき、外に出ているのである。なぜなら、内部には寒さはなく、寒さは外部にあるからである（和辻 1962［1935］: 8-9）[8]。これは、その人の内部、つまり、精神と、その人の外部つまり環境を分けている点で、二元論と思われるかもしれない。しかし、そうではない。もし二元論であるのならば、そもそも、心は、その人の外側に出ることはできないはずである。心は物質ではないので、外部と内部の境界を引くことは難しいはずである。外部に出ている、と言っているとき、それは、心と身体が一体となった主体が想定され、その心と身体が一体となった主体は、しかし、その心と身体にとどまらない広がりを持っていると言っているのである。主体が外に出ているということを和辻は重視しているが、その背後には、主体の本質とは、感覚することにあるという考え方がある。そうして、そのような感覚するものである限り、主体とは、つねにその外側にも存在している。言い換えれば、主体は広がりをもって外部に存在するという性質を持っているのである。

　これと対照的に、ラッセルとユクスキュルの視角は、この問題を主体の内部に着目することで論じようとしている。ラッセルは、世界は、脳の産物であり、すべての現象は主体の中で生じると論じる（Russell 2009［1927］: Chap.19 ff.）。もっとも、彼は、主体の外部に何らかのものが存在することは認める。ただし、主体が、その外部の世界を知ろうとするならば、主体は、外から取り込んだデータを内部で処理しなくてはならない。データが内部に取り込まれるということは、つまり、そのデータを処理する内部が存在するということであり、すべては、その後、外部ではなく、内部で起こる。ある人は、あるものが自分の前に見えていると思っている。

しかし、実際のところは、その見えている物は目の前にあるのではなく、その人の人の脳の内部で処理されたデータなのである。つまり、世界は、主体の外にあるのではなく、主体の内部にあるということになる。

ユクスキュルの「環世界モニズム」もまた、ラッセルのそれと同様の視座に立つ。ユクスキュルは、環境と主体とは円環する形態で結ばれていると考える。詳しくは第II部第1章で見るが（☞本書 207-210 ページ）、これを彼は「機能的円環」と呼ぶ。ドイツ語ではフンクチオンスクライス *Functionskreis*、英語ではファンクショナル・サークル functional circle である。この機能的円環において、環世界は主体にとっての「感覚世界」としてあらわれるが、その記号は主体の「内的世界」で処理される。この円環において、処理された記号は、しかし、その処理の瞬間に、その外部にフィードバックされる。このフィードバックされたものは「働きかけ世界」として出来する。このような円環を通じて、世界における意味は少しずつ変容してゆく（Uexküll 1928 : 104 ff.）。その過程は常に流動しており、そこには、明確な内部と外部はない。

二元論批判

四人の視座には、主に主体の内部の問題に注目しているか、それとも外部の問題に注目しているかという差異はあるが、そもそも主体の内部と外部という問題を再考しようとしているという共通性がある。そして、そうすることによって彼らは、明示的に、あるいは非明示的に、客観的世界の存在を否定しようとしている。ラッセルは、はっきりと「主体と客体という二元性が存在すると考えられるとはわたしは思わない」と述べて

［8］　和辻の「寒さ」は、本書第I部第4章と第IV部第2章でパリーと態澤が検討している（☞本書 188-189, 519 ff. ページ）。

いる（Russel 2009［1927］: 228）。彼は、世界に存在するのは「心の作用によるものでもなければ、物理的作用によるものでもないものである」という（Russel 2009［1927］: 228）。

ラッセルは、そのようなものに特別の名前を与えなかったが、ハイデガーは、それに特別の名前を与えた。ハイデガーは、「世界はそれ自体が、現存在 Dasein と一続きになったものである」という（Heidegger 1927［1972］: 52）。ここでいう、「現存在」とは、ハイデガーに特有の語で、「そのそこにあること」、「そのそこにあるもの」を指す。ドイツ語では、ダーザインというが、ダーとは、「そこ」という意味であり、「ザイン」とは、「ある」という意味である。これはハイデガーの造語というわけではなく、一般的に用いられていた語であるが、ハイデガーが用いたことで、特別な意味を込められている。プレーンな日本語に訳すと、「そこ・あり」とでも訳せよう。この「そこ・あり」の「そこ・あり」性は、それがそこにあることを自覚しなくては発生しない。それを自覚することのできるものとして、ハイデガーは、典型的には、人間存在を想定しているが、この次の節で、パンサイキズムについて検討する中でも見るように、世界に何らかの実在が存在する限りは、この「そこ・あり」性は、あらゆるものにあるのであるから、自覚や意識の有無によらず、これは、あらゆる存在に分かち持たれているともいえよう。

ハイデガーは、心という非物質的存在と、世界という物質的存在が結びついている関係は、経験としては存在的 ontisch に経験されるものであるが、それが理解されるのは存在論的 ontologisch に理解されるという二重の関係であると言い、次のように述べる。

主観は客観と結びついているし、その逆に客観は主観と結びついているという以上の、確実な何ものかとは何だろうか。それを説明するために、〈主観＝客観関係〉というものがあるという仮定が発明されなくてはならないのである。Denn was ist selbstverständlicher, als daß sich ein “Subjekt” auf ein “Objekt” bezieht und umgekehrt? “Subjekt-Objekt-Beziehung” muß vorausgesetzt werden.（Heidegger 1972［1927］: 59）

主観と客観のペアの組み合わせは、現実に存在している区分ではなく、その二つの結びつきを説明するために仮定的に設定されたものであるという。彼は、「主体 Subjekt」あるいは「主観」や「心 Seele」、「意識 Bewußtsein」、「精神 Geist」、「個人 Person」などの語によってあらわされるものすべてについて、それが妥当なのかを考え直すべきであるという（Heidegger 1972［1927］: 46）。そして、これらの語の代わりに、「ダーザイン」、つまり、「現存在」であり「そこ・あり」という語を提唱するのである。

和辻についてみると、和辻も「通常言われている主体と客体の区分というのは、多分に誤解を招く表現である」と述べ、独立した客観的世界というものの存在をはっきりと否定した（和辻 1962［1935］: 9）。

ユクスキュルも、『理論生物学』の中で、カントに依拠しながら、「客観的な絶対空間もなければ、客観的な絶対時間も存在しない。なぜなら、空間も時間もわれわれ人間のものの見方 Anschauung にしか過ぎないからである」と述べる（Uexküll 1928: 44）。カントは、『純粋理性批判』の中で、客観的な絶対空間と絶対時間というニュートン的な世界観を否定した。そうすることによって、カントは、人間の認識の枠組みが、人間の世界を形作っていることを明らかにしたのだが、ユクスキュルは、それをさらに生物に拡げ、いきものは、いきもの独自の認識の枠組みによってその環境を持っていることを明らかにした。つまり、環境というものがすでに、主体と一体となっているということである。環世界とは、そのような客観的世界を否定する概念である。それは主体と客体が、分かたれているように見えるが、分かたれてはいないという、「二にして一」の状況である。

排中律の「矛盾」の先へ

四人の「環境モニズム」の思想家が考えている主体と環境との関係性は、通常の言語表現で表現することは難しい。この点については、すでに前節の最後の部分で述べたが、通常の表現では難しいから、ハイデガーにしろ、和辻にしろ、ラッセルにしろ、ユクスキュルにしろ、これらの論者は「ダーザイン（現存在、そこ・あり）」、「風土」、「ニュートラル・モニズム」、「環世界」などという語を新たに生み出さなければならなかった。

論理学で言うと、そのような状態は矛盾を越えた状態にあたる。

一、存在は外部にある（環境）　A
二、存在は外部にはない（主体）　$\neg A$
三、存在は、外部にあり、また、外部にない（矛盾）　$A \wedge \neg A$
四、存在は、外部にあるのではなく、また外部にないのでもない（環境モニズム）　$\neg(A \vee \neg A)$

アリストテレス以来の通常の論理学は、上記のうち、三にあたる「矛盾」までを想定し、そこから先の状態は論じない。いわゆる「排中律」である。矛盾は、忌避される状態であり、それを忌避することが重要であるから、そこから先は議論の想定の範囲外になるのである。

しかし、近年の論理学では、そのような状態も積極的に評価しようという動きがある。それらは、「ディアレテイズム（dialetheism、両真論）」や「四値論理学 Four-valued logic」、「テトラレンマ Tetralemma」などと呼ばれている（Priest 2006, 2019）。このような矛盾を越えた状況は、アリストテレスをベースにした西洋の論理学とは別の伝統に根差した仏教の論理学において積極的に取り入れられてきた。仏教の用語では、それを「チャトゥスコティ Catuṣkoṭi（四句分別）」という。「ブッダ論理学」と呼ぶ論者もいる（石飛 2005）。サンスクリットの「アドヴァイタ advaita」という語についてはすでに述べたが、この語は、アaという否定の接頭辞と、ドヴァイタ dvaita という二を意味する語から来ており、英語に直訳すれば、アデュアリズムとなる（Grimes 2009 : 31, Buswell and Lopez 2014 : 18）。それはまさにこのような状態を指したものである。本章第1節ですでに述べたように（☞本書107ページ）、このような状態は、論理をダイナミックなものにするとプラスに評価されている（Priest 2018 : 96）。すでに前章第I部第1章で見た（☞本書86-87ページ）が、オギュスタン・ベルクは、メゾロジーの中に山内得立のレンマの論理を取り入れ、排中律にかわる容中立を提唱しているが、それはこの論理である。これについてはさらに、本書第II部第1章でも見る（☞本書232 ff. ページ）。

危機の時代とオルタナティブの世界観

以上、四つの「環境モニズム」が、一九二〇年代から一九三〇年代にかけて、同時多発的にイギリス、日本、ドイツで発生していたのを見た。なぜ、それがその時期に起こったのだろうか。一つには、危機への対応という側面がある。その頃、自然科学の進展が進み、世界観を揺さぶっていた。たとえば、ラッセルは、そのニュートラル・モニズムの説を、アインシュタインの相対性理論や量子力学を含む同時代の自然科学の成果の検討と摂取から発展させた（Russell 2009［1927］; 2014［1927］）。

と同時に、この時期には、自然科学がいくら進展しても、それは世界の意味の問題解決にはいたらないという自然科学と現実世界との乖離も明らかになってきた。[9]『ヨーロッパにおける諸学の危機と超越論的現象学』

の中で、フッサールは生活世界（Lebenswelt）という語を提唱したが、そこでいう生活世界とは、科学知の世界観ではない世界観、わたしたちの世界観から科学知の世界観を引き算した時に残るいわば「素」のものの見方のことを言う（Husserl 1992［1935］）。そのような、「素」の見方をきちんと学として分析し叙述することが必要とされていたが、環境モニズムとはそれへの対応であった。次章本書第Ⅰ部第3章で見るように（☞本書148 ff. ページ）、和辻の風土学の源流でもある西田幾多郎の思想もこの時期に環境を問題化していたが、それも、この危機の時代と無関係ではない。

現下の世界も危機に面している。そのことは、本書第III部第1章でステファン・グルンバッハが述べている（☞本書353 ff. ページ）。危機とは、新たな世界の見方を必要とする。そうだとするのならば、世界の意味が問われている現代において、その問いはまだ続いている。

なお、この一九二〇年から一九三〇年代という年代は、学知における危機だけでなく、政治における危機でもあった。この時期に、ドイツではナチスが政権を掌握し、日本ではのちに一五年戦争と呼ばれることになる戦争の一部をなす日中戦争が始まっている。一九三〇年代に入るとハイデガーのナチスへの加担や、ユクスキュルのナチスとの協力、和辻を含む京都学派の超国家主義へのコミットメントなどが起こる。本章ではそれについて検討することはしないが、近年、それらが批判的に検討されていることは明記しておく必要がある（Heisig and Maraldo 1995 ; Kirschner 2023）。とりわけ、彼らの環境モニズムは全体性の強調という点で、全体主義とも親和性があることを忘れてはならない。全体論が、複雑な現実をとらえる際に必要とされていることは、本書第III部第1章でグルンバッハが述べている。しかし、それは、諸刃の剣でもある。[10]

3　パンサイキズム（汎精神論）と風土の倫理

ここまで、環境モニズムという視点から風土という概念を検討してきた。その視角とは、認識の問題と環境の問題とは二者にして一であり、切り離せないという視角である。これは、認識の起源あるいはその基礎構造ともいえる問題だが、それは、また、パンサイキズム panpsychism の問題でもある。

パンサイキズムの現代的意味

パンサイキズムは、近年、哲学において脚光を浴びている考え方である。この考え方は、古代ギリシアにさかのぼり、近世、近代の哲学の歴史の中に継続して見られる。日本語の定訳はないが、「パン」は「汎」と通常訳される。サイキズムの中にある「サイキ」とは、ギリシア語のプシュケー ψυχή を語源とする語であり、精神あるいは魂、霊と訳されうる。だから、「汎精神論」、あるいは「汎霊論」、「汎魂論」、「汎気論」などと訳しうるだろう。あるいは、このすぐ後に見る定義などのように、「プシュケ」を「意識」とする解釈もあるので、「汎意論」や「汎識論」などという訳もありうるだろう。本章は「汎精神論」が比較的わかりやすいのではないかと考えるが、一方、英語の語感の方が、その多義性をあらわしているとも考えられるので、基本的に

［9］　この時期に生じた科学の限界の認識に関しては、本書第III部第1章でグルンバッハも論じている（☞本書335ページ）。
［10］　なお、人新世概念に含まれる全体論的要素である力（フォース）の概念と全体主義の関係については寺田（2021）で論じた。

は「パンサイキズム」と表記し、場面に応じて「汎精神論」などの語を用いる。
　パンサイキズムの考えとはどのような考え方か。近年、刊行されたパンサイキズムに関する代表的書籍から見ておこう。

この物質的世界の最も根源的で遍在的な特徴は、意識だと考える考え方。(Goff 2019 : 23)

世界の中に普遍的に存在する根源的特徴とはそのこころ性 mentality であるという考え方。こころ性とは何かというと、全宇宙の中でも最も奇妙で謎の多い現象であるところの意識を指す。ただし、パンサイキズムのいう意識とは、人間の意識とはかなりかけ離れた、原始的あるいはもっとも単純な自然物の中に見られるようなものでもあり、単に世界は「覚醒している (awake)」というような状態を指す。(Seager 2020 : xi)

自然の中に総じて、こころ性 mentality というようなものがあるという考え方であり、われわれ人間がわれわれの思考や経験をつうじて知っているところのこころに相当するものが、他の自然的存在の中に、さまざまな形態で存在するという考え方。(Clark 2004 : 1)

こころの存在を、下等動物、植物、微生物、あるいは、非有機物にも認める見方。そのような見方に立って、こころを自然における基本的で普遍的なものと考える考え方。その立場に立つとこころは、何らかの形で、あらゆるものの中にあることになる。(Skrbina 2017 : 2)

意識が、個体の有する特質 property として具現化されている限りにおいて、自然の中に遍在するという考え方。パンサイキズムでは、それが、人間や動物だけではなく、物理的現実を構成する最も基礎的な単位にすら持たれていると考える。その立場に立つと、意識とは、自然界の高次の次元においてだけ出現する派生的なものではなく、そもそも自然は、意識によって満たされている。この考えの背景には、物質的世界をどう理解するかという立場の問題があり、パンサイキズムは、物理学は、ものの関係や傾向的特質 dispositional property を叙述はできるが、その本質的性質 intrinsic nature は明らかにしえないと考える。(Goff and Moran 2022 : 10)

パンサイキズムは、世界を、心と物質という二つの要素によってとらえようとはしない。そうではなく、要素は一つであると考える。この点で、パンサイキズムは、モニズムの中に含まれる。その「一」とは何か。パンサイキズムは、その「一」が意識であり、この世界における根源的要素であると考える。

パンサイキズムのいう、世界の根源的特徴が意識であるというのは、どういうことであろうか。それは、程度の差はあるが、あらゆるものが、それぞれ意識を持つという考え方である。一般的には、意識は人間に特有のものだと考えられているだろう。だが、人間だけが意識や精神を持つのではないということも、一般的に納得されることであるように思われる。たとえば、犬や猫などの動物に意識を認めることはごく普通であろう。では、その意識は、いきものに、どこまで認められるのだろうか。犬に意識を認めるのならば、たとえば、ネズミにそれを認めることも可能であろうし、あるいは小魚にそれを認めることも可能であろう。さらにそれを推し進めると、人間と全く同じ意識ではないだろうが、アリやミミズのようないきものに意識を認めることも可能であるはずだ。その伝で行くと、顕微鏡で見るアメーバや微生物にも意識を認めることもできるといえよう。微生物や細胞へとさかのぼって行ったとき、その源流は、非生命の物質に行きつくことになる。パンサイキズムは、石やものにも意識を認める。非生命であっても、意識は持たれるとパンサイキズムは考える。

ただ、意識は、そのような極限状態にまで行くと、意識というよりも、「経験」というような状態になってゆく。経験する主体があるないかという問題になるのである。経験する主体が、微生物にあるとするのならば、その経験する主体は、ものにもありうると考えることもできることになる。石に意識があると考えることに抵抗がある人でも、石が世界をなんらかの形で経験していると考えることはそれほど抵抗はないともいえよう。石という無生物は、その無生物なりに、経験をしている。[11] パンサイキズムは、そのような経験の主体性をあらゆる存在に認めようという考え方でもあるが、この経験ということを強調するために、それを「パンサイキズム」ではなく、「パンエクスペリエンシャリズム panexperientialism（汎経験論）」と呼ぶ場合もある。ベルギーの哲学者クリスティエン・ヘンスは、その源流をアルフレッド・ノース・ホワイトヘッドのプロセス哲学の中に見ている（Hens 2024 : 80 ff.）。

この考え方は、逆に言うと、すでに世界の側に経験や意識が存在するから、存在物は意識や経験を持つのだと考えることでもある。そう考えた時、人間が意識を持つのは、世界の側に意識があり、それを人間が分有しているからであるということになる。同じように、程度の差こそあれ、アリや微生物が意識を持つのは、世界の側に意識があり、それをアリや微生物が分有しているからであるということにもなる。

歴史上のパンサイキストたち

このような考え方は、荒唐無稽のようにも思えるかもしれないが、しかし、じつは、日常の世界から見ると、それほど荒唐無稽でもない。荒唐無稽と見えるのは、近代科学に立脚した視点から見て荒唐無稽と思えるだけであって、その近代科学の視角を外してみると、素直に受け入れることも可能でもあろう。先ほど見た、フッサールのいう「生活世界」の実感の中では、いきものに意識や経験を認めることもあり得るだろう。また、ものに、意識や経験を認めることもそれほど珍しいことではない。この後の項で述べ、またのちに本書第II部第3章や第III部第4章で、アニミズムの問題を取り上げるが（☞本書271ff., 416ff.ページ）、アニミズムとは、パンサイキズムであり、パンエクスペリエンシャリズムである。

歴史上、パンサイキズムを唱えた哲学者は多い。パンサイキズムを哲学の歴史の中で概観した書である『*Panpsychism in the West* 西洋におけるパンサイキズム』（Skrbina 2017）は、西洋におけるパンサイキズムの起源をソクラテス以前の哲学者に求め、タレス、アナクシメネス、パルメニデスらを挙げ、さらにプラトンとアリストテレスもその中にカウントする。同書は、その遺産は、古代のキリスト教の影響下では抑圧されていたが、ルネサンス期に復活し、ジョルダノ・ブルノ、ウィリアム・ジルベルトなどをへて、スピノザ、ロック、ニュートン、ライプニッツなどに受け継がれるという。さらには、近世（一八世紀）に入り、フランスの生気論者たちや、カント、ハーダーなどの自然哲学者たちがそれを展開させ、近代（一九世紀）に入ると、ドイツでは、ショーペンハウアー、グスタフ・フェヒナー、ヘルマン・ロッツェ、エルンスト・マッハ、ニーチェが、またアングロサクソン圏では、ウィリアム・ジェームズ、ジョシュア・ロイス、チャールズ・サンダース・パースが、独自の展開をさせたと言う。さらに、二〇世紀の現代に入ると、哲学では、アンリ・ベルクソン、フェルディナンド・シラー、ジョン・デューイ、アルフレッド・ノース・ホワイトヘッド、バートランド・ラッセル

［11］　本書第II部第1章でみる今西錦司は無生物にも「無生物的生命」を認めてもよいと述べるが（今西1974［1941］: 43）、それはこのような立場である。

などと並び、フッサール、ハイデガー、メルロ＝ポンティなどの現象学者がそれを展開させ、科学の方面からは、ジョン・ホールデンやグレゴリー・ベイトソンがそれを発展させた、という見取り図を描く。

また、パンサイキズムの基本テキストを集成した『*Panpsychism : Past and Recent Selected Readings* パンサイキズム――精選文集』（Clark 2004）もほぼ同じような概略を描いているが、上記には見られなかった、中国と日本で発達した仏教の天台宗と、ヨーロッパ中世の神学者のトマス・アクィナスの所説をパンサイキズムにカウントしている[12]。もし、哲学におけるパンサイキズムをアジアにまで広げるのならば、西田幾多郎や和辻哲郎はそこに含まれることになろう。

こうしてみると、パンサイキズムとは決してマイナーな立場ではない。あたかもデカルトを除く主要な哲学者がここには登場している。逆に言えば、それは、デカルトが、哲学の歴史の中では特異であり、シンギュラリティを体現していることを示す。独自であったからこそ、彼は、哲学の歴史を転倒させたと評価されている。彼は、戦略的な哲学者であり、みずから学問の中心地ではなく、オランダにいわば隠れ住み、隠者としての立場を保ちながら、自己のステータスを確保していた（Nadler 2019）。独自性は彼自身が選び取ったものである。

風土学とパンサイキズムの関係について言えば、本章の中では、すでに、ラッセルやハイデガーを取り上げている。また、本書が近代風土学の源流の一つであると考える西田幾多郎は（本書第Ⅰ部第3章、☞174 ff. ページ）、右記の書籍に登場したウィリアム・ジェームズや、ヘルマン・ロッツェ、ジョシュア・ロイス、ジョン・ホールデンに依拠しているし、第Ⅱ部第3章でみるユクスキュルは、生気論の影響を受けている。他にも、右記で列挙された名前の中には、アリストテレスやスピノザ、カント、ハーダー、ラッセル、パースなど本書で取り上げている哲学者の名前は多い。その意味で、風土学とパンサイキズムは、もうすでに思想的には結びついている。

心の哲学から意識の哲学へ

パンサイキズムが注目を浴びているのは、それが、心身問題を解決するひとつのカギになると考えられているからである。すでに、デカルトのコギトの提唱については何度か述べているが（☞本書 23, 97, 107, 113 ページ）、デカルトのコギトとは、「わたし」という主体の発見でもあった。もちろん、それまでの哲学や思想の歴史に、心や精神が扱われていなかったわけでもない。東洋の仏教は、アビダルマ説や唯識論を通じて、心や精神を精緻に理論化してきていた。西洋でもアリストテレス『霊魂論』や、トマス・アクィナス『神学大全』が、心や精神と身体との関係を問うてきた。デカルトはそれを踏まえつつ、コギトの提唱、つまり思考する「わたし」という視点を導入することで、心身を分離して論じる道を大胆に開いた。

デカルトが、「わたし」という主体と、その外部という客体を分離したことで、心や精神を単体として扱うことが可能になり、以後、哲学の歴史は、精神の精緻な理論化に向かうこととなる。カントは、『純粋理性批判』で、理性という心の側面を研究し、ヘーゲルは、『精神現象学』で意識と自意識という側面を研究した。どちらも、まさに心や精神が中心的に論じられている。アメリカの哲学者リチャード・ローティは、『哲学と自然の鏡 *Philosophy and the Mirror of Nature*』の中で、近代以後の哲学の歴史とは、「心の哲学の歴史」であると言っている（Rorty 2009［1979］）。

---

［12］　この本になぜ、唐突に、天台仏教が登場するのか、著者は理由を述べていないが、それは、日本の哲学者梅原猛の「山川草木悉皆成仏」をめぐる天台思想のエコロジー的側面に関する言説を想起させる。梅原は、一九六〇年代後半のそのキャリアの初期から、天台思想におけるエコロジー的側面に注目していたが（梅原 1981［1967］）、二〇一〇年代の最晩年には、それを『人類哲学』として広く定位しようとした（梅原 2013）。国際的なパンサイキズムをめぐるアリーナにおける、梅原日本学、梅原仏教学の位置づけの検討も必要であろう。「山川草木悉皆成仏」の思想については、本書第V部インタビューで山極も論じている（☞本書 584-585 ページ）。

その動向は、現代の哲学にも続き、欧米圏では、一九八〇年代以後は「心の哲学（フィロソフィー・オブ・マインド philosophy of mind）」という領域が生まれることとなった。本章第1節でみたジョン・サールは、その「心の哲学」を代表する哲学者である。心の哲学の特徴は、コンピュータの発達や、論理形式学の発達など科学技術の発達に刺激されていた点にある。

さらに「心の哲学」は、二〇〇〇年代に入って、「意識の哲学（フィロソフィー・オブ・コンシャスネス Philosophy of Consciousness）」としてよりバージョン・アップしている。「心の哲学」から「意識の哲学」への移行には、意識をめぐる様々な学問の長足の進歩が影響している。認知科学や脳科学、AIを含むコンピュータサイエンス、動物の行動学や認知進化学など、意識現象をめぐるさまざまな学問が、様々な技術を駆使して意識現象を明らかにしようとしている状況を受けて、哲学においても、それを統合して論じる必要が出てきたのである。

そのような文脈において、パンサイキズムが改めて脚光を浴びている。たとえば、「意識の哲学」の教科書的あるいは分野概説的な書籍の中では、必ずパンサイキズムが取り上げられるようになってきている。トロント大学の哲学教授のウィリアム・シーガー William Seager の『*Theories of Consciousness* 意識の理論』では、デカルト以来の意識をめぐる諸説が一五章にわたって解説されているが、そのうちの最後の二章を使ってパンサイキズムについて論じられている（Seager 2016）。南インディアナ大学哲学教授のロッコ・ジェンナロが編集した『*Routledge Handbook for Philosophy of Consciousness* ラウトレッジ・ハンドブック意識の哲学』においても、パンサイキズムに一章が当てられているし（Gennaro 2018）、コネティカット大学の哲学・認知科学教授のスアン・シュナイダーらが編集した『*Blackwell Companion to Philosophy of Consciousness* ブラックウェル・コンパニオン意識の哲学』においても、パンサイキズムに一章が当てられている（Schneider and Velmans 2017）。

全体論としてのパンサイキズム

すでに述べたように、「意識の哲学」が隆盛しているのは、認知科学や脳科学そのほかの意識に関する諸研究の活発化を反映したものであるが、その特徴は、意識を総合的、全体論的に捉えようとしている点にある。総合的、全体論的に捉えるとは、要素に還元してそれをとらえるという方向性ではないことである。それは、ディシプリンの方向性でもあるが、同時に、意識そのものの見方でもある。意識は、要素に還元できるようなものではなく、諸要素の関係性の中で生じる現象であることが、意識をめぐる諸科学では共通認識となりつつある。脳科学においては、脳を単体でとらえることよりも、「社会脳」と言われるように、社会関係の中でとらえるとらえ方が生まれている。[13] また、認知科学においては、「エナクティヴィズム enactivism（駆動論）」や「エンボディメント embodiment（身体化論）」と呼ばれる潮流があるが、それは、身体や環境的文脈に意識による認識作用が埋め込まれていることを強調する。さらには、動物の認知研究や、進化を認知の側面から研究する学問は、意識が人間に限られた現象であるという視点からの開放を促す。

そのような中で、意識現象を広くとらえようとしたときに、心身を分離する従来の二元論の見方ではうまくいかないことが明らかになってきており、視座の転換が必要となっている。これは、グルンバッハが、本書第III部第1章で述べている社会の複雑性の増大と全体論（ホーリズム）的視点の必要性の隆盛という現状認識と表裏をなす現象である（☞本書312, 323ページ）。意識という現象は、従来の自然科学の方法や視座ではとらえられないものであることが少しずつ明らかになってきた。それをどうとらえるかという試行の過程で、パンサ

［13］人類進化の過程における脳の容量の増大と社会性の展開については、本書第V部インタビューで山極が論じている（☞本書581-582ページ）。

イキズムへの注目ないし再評価が生まれている。

先に見たように、風土という視角には、パンサイキズムと親和的な側面がある。本章第1節でみたように（☞本書 100 ff. ページ）、和辻哲郎は、風土を論じながら、その論じ方は、「自己了解」を論じる論じ方であり、それは、人間の認識の問題として、主体と環境を論じるという論じ方であった。つまり、まさに、現下の「意識の哲学」で議論されていることとは、そのまま風土学の歴史の中で論じられてきたことである。風土学はそのようにして、環境問題のみならず、同時代の諸学の課題とつながっている。

アニミズムとパンサイキズム

本書第Ⅰ部第1章で、風土学のアニミズム的転回を見た（☞本書 65-66 ページ）。また、本書第Ⅱ部第3章、第Ⅲ部第4章でもアニミズムを扱うが（☞本書 271 ff., 413 ff. ページ）、ここで、パンサイキズムから見たアニミズムについて検討しておこう。パンサイキズムはアニミズムと類似した概念であるが、別種のカテゴリーに属する。パンサイキズムは哲学というディシプリン上の概念であり、一方、アニミズムは民俗学や文化人類学上の概念である。パンサイキズムは、あらゆる存在に、精神や魂や意識の存在を認める。アニミズムも同じく、あらゆる存在に精神や魂や意識の問題を認めるが、そこに聖性を付与しているという点が異なる。パンサイキズムは、哲学とりわけ存在論や形而上学の用語であるので、聖性の有無は問題にはならない。しかし、アニミズムは、民俗学や文化人類学の問題であるので、聖性が問題となる。

アニミズムという語は、一九世紀に、イギリスの人類学者エドワード・タイラー Edward Tylor によって確立された。その後、フランスのレヴィ・ブリュルや、クロード・レヴィ＝ストロース、フィリップ・デスコラなどによって彫琢されてきた。タイラーが、アニミズムという語を発想したのは、宗教の歴史を構想する中においてである。それは一八七一年に刊行された彼の著書『原始文化 *Primitive Culture*』の中で展開されている。二巻本で一〇〇〇ページ近くになる大冊である（Tylor 2010［1871］）。人間が宗教というものをどのように持ち始め、それは当時のヨーロッパに存在する宗教のような形態にどのように至ったのかを探求する中で、非西洋の宗教の形態を名付ける必要が出てきた。そのような中で確立されたのが、アニミズムの概念である。

タイラーやブリュルにとっては、当時のヨーロッパの宗教のあり方が、宗教の基本となるあり方であった。制度化され、教義が確立された宗教のあり方を理想形とすると、非西洋の聖性を取り扱う扱い方は程度が低いように思えた。アニミズムは、宗教の原始形態として扱われることになる。そこには、発展段階論の問題と、植民地化の問題があることは、本書第II部第3章で、ブレイズ・セールスが、第III部第1章で、ステファン・グルンバッハが、述べている通りである（☞本書 271 ff., 355-356 ページ）。

だが、そのような過去のアニミズムの見方は近年、人類学の内部と外部から批判が高まり、アニミズム概念がリニューアルされようとしている。本書第III部第4章でみるように（☞本書 413 ページ）、フランスの人類学者のフィリップ・デスコラ Phillipp Descola は、アニミズムが、ナチュラリズムという近代・現代の科学が前提とする見方と全く論理的には等価の位相にあることを明らかにした（Descola 2005）。また、ブラジルの人類学者のヴィベイロス・デ・カストロ Eduardo Viveiros de Castro は、世界にある様々な存在をどのように存在論的に理解するかは、それぞれの文化によって異なるのであり、そのような世界観の枠組自体を学は尊重すべきであるという「パースペクティズム」を提唱し、アニミズムが原始的であり、劣位の宗教形態であるという古典的な見方を痛烈に批判する（Castro 2009）。日本でも、文化人類学者の奥野克己と哲学者の清水高志が、人類学の知見に加え哲学や仏教の思想も取り入れながらアニミズムの再構築を行っている（奥野・清水 2021）。さらに、第III部第3章でブレイズ・セールスが述べるように（☞本書272 ff. ページ）、旧来に、「原住民」や「プリミティブ」とされた人々の側からも、アニミズムの復権が強く主張されている。環境学においては、土着的知indigenous knowledgeを科学知と等価のものとして正当に扱うことは、環境正義を実現するための必須のこととなりつつある（Gardiner 2017）。

つまり、アニミズムを正当に扱うことが求められているのであるが、しかし、実際のところは、それは、それほど進んでいるわけでもない。事実、パンサイキズムとアニミズムの架橋や対話もまだしっかりとは行われていない。たとえば、二つはどう異なり、どのような道筋をたどれば、意識の哲学に人類学のパースペクティズムが創造的に関与できるかは重要な課題であろう。環境学とは、インターディシプリナリーであり、トランスディシプリナリーを特徴とする。環境学においてこそ、その架橋は行われうるともいえる。本書はその第一歩となることを目指してもいる。

アニミズムとは、パンサイキズムの中に聖性を感知する見方である。そもそも、風土という見方には、聖性を許容する側面がある。本書第Ⅰ部第1章で風土学史の中には、アニミズム的転回があったことを見た（☞本書65-66 ページ）。つまり、風土学の中には、もうすでに、アニミズムが含まれている。先ほども述べたが、パンサイキズムをめぐる議論と、アニミズムをめぐる議論は今のところ断絶している。パンサイキズムは、哲学者によって論じられ、アニミズムは人類学者によって論じられている。しかし、そのような現象を、統一した視座で論じる必要も今後高まるであろう。風土学には、前近代の『風土記』の風土学を通じて、アニミズムの伝統が受け継がれ、さらに、近代の和辻哲郎、現代のオギュスタン・ベルクを通じて哲学の伝統が取り入れられている。つまり、アニミズムとパンサイキズムの二つをともに論じうるポテンシャルを持っている。今後、グローバルな環境を考える際に必要となるアニミズムとパンサイキズムの架橋に際し、風土学は一つのカギになる方法論ではないかと思われる。

引用・参照資料

和文文献

暁烏敏・西村見暁（編）（1953）『清沢満之全集』四、法蔵館。

暁烏敏・西村見暁（編）（1955 a）『清沢満之全集』二、法蔵館。

暁烏敏・西村見暁（編）（1955 b）『清沢満之全集』七、法蔵館。

暁烏敏・西村見暁（編）（1957）『清沢満之全集』三、法蔵館

石飛道子（2005）『ブッダ論理学――五つの難問』選書メチエ、講談社。

今西錦司（1974［1941］）「生物の世界」今西錦司『今西錦司全集』一、講談社、pp. 1-164。

奥野克己・清水高志（2021）『今日のアニミズム』以文社。

梅原猛（1981［1967］）「地獄の思想」梅原猛『梅原猛著作集』四、集英社、pp. 23-236。

梅原猛（2013）『人類哲学序説』岩波新書、岩波書店。

竹村牧男（2003）「西田幾多郎と真宗」『東洋学論叢』（28）：74-94。

寺田（2021）「人新世と「フォース（力）」――歴史における自然、人為、「なる」の原理とその相克」寺田匡宏、ダニエル・ナイルズ（編）『人新世を問う――環境、人文、アジアの視点』京都大学学術出版会、pp. 341-399。

中生勝美（2000）「内陸アジア研究と京都学派――西北研究所の組織と活動」中生勝美（編）『植民地人類学の展望』風響社、pp. 221-258。

西田幾多郎（1917）『自覚に於ける直観と反省』岩波書店。

西田幾多郎（1927［1926］）「場所」西田幾多郎『働くものから見るものへ』岩波書店、pp. 265-373。

西田幾多郎（1927）『働くものから見るものへ』岩波書店。

西田幾多郎（1949［1939］）「絶対矛盾的自己同一」西田幾多郎『西田幾多郎全集』九、岩波書店、pp. 147-222。

西田幾多郎（1953）『西田幾多郎全集』一八（書簡一）、岩波書店。

西田幾多郎（1965［1911］）「善の研究」西田幾多郎『西田幾多郎全集』一、岩波書店、pp. 1-200。

西田幾多郎（1966）『西田幾多郎全集』一九（書簡二、年譜）、岩波書店。

西田幾多郎（1989［1946］）「場所的論理と宗教的世界観」上田閑照（編）『西田幾多郎論文集』III、岩波文庫、岩波書店、pp. 299-398。

和辻哲郎（1962［1934］）「人間の学としての倫理学」和辻哲郎『和辻哲郎全集』九、岩波書店、pp. 1-193。

和辻哲郎（1962［1935］）「風土——人類学的考察」『和辻哲郎全集』八、岩波書店、pp. 1-256。

欧文文献

Banks, Erik C.(2014) *The Realistic Empiricism of Mach, James, and Russell : Neutral Monism Reconceived*. Cambridge : Cambridge University Press.
Berque, Augustin（1986）*Le Sauvage et l'artifice : Les Japonais devant la nature*. Paris : Gallimard.
Buswell, Robert E. Jr. ; Lopez, Donald S. Jr.（2014）*The Princeton Dictionary of Buddhism*. Princeton : Princeton University Press.
Castro, Eduardo Viveiros de (2009) *Métaphysiques cannibales : Lignes d'anthropologie post-structurale*, Bonilla, Oiara (trans.). Paris : Presses universitaires de France.
Clark, D.S.（2004）*Panpsychism : Past and Recent Selected Readings*. Albany : State University of New York Press.
Craig, Edward（2000）"Monism," in *Concise Routledge Encyclopedia of Philosophy*, p. 589. London and New York : Routledge.
Descartes, René（1987［1637］）"Discours de la méthode," in Descartes, René *Discours de la methode plus La dioptrique les meteores et la geometrie*, Edition de 350e anniversaire. Paris : Fayard.
Descartes, René（1996［1641］）"Meditationes de prima philosophia," in Descartes, René *Œuvres de Descartes*, Nouvelle Edition, Vol.7, Adam, Charles ; Tannery, Paul（ed.）. Paris : J. Vrin.
Descartes, René(1996[1644])"Principia philosophiæ," in Descartes, René *Œuvres de Descartes*, Nouvelle edition, Vol.8, Adam, Charles ; Tannery, Paul（ed.）. Paris : J. Vrin.
Descola, Phillipe（2005）*Par-delà nature et culture*. Paris : Gallimard.
Gardiner, Stephen M. ; Thompson, Allen（2017）*The Oxford Handbook of Environmental Ethics*. Oxford : Oxford University Press.

Gennaro, Rocco J.（ed.）（2018）*The Routledge Handbook of Consciousness*. New York： Routledge.

Goff, Philip（2019）*Galileo's Error： Foundations for a New Science of Consciousness*. New York： Pantheon Books.

Goff, Philip； Moran, Alex（2022）*Is Consciousness Everywhere? Essays in Panpsychism*. Exeter： Imprint Academic.

Grimes, John（2009）*A Concise Dictionary of Indian Philosophy： Sanskrit Terms Defined in English*, New and revised edition. Varanasi： Indica Books.

Hegel, Georg Wilhelm Friedrich（1999［1807］）*Phänomenologie des Geistes*. Hamburg： Felix Meiner Verlag.

Heidegger, Martin（1972［1927］）*Sein und Zeit*. Tübingen： Max Niemeyer Verlag.

Heidegger, Martin（1983［1929/30］）*Die Grundbegriffe der Metaphysik： Welt–Endlichkei – Einsamkeit*, Herrmann, Friedrich-Wilhelm von（ed.）. Frankfurt： Vittorio Klostermann.

Heisig, James W.； Maraldo, W. John C.（ed.）（1995）*Rude Awakenings： Zen, the Kyoto School, & the Question of Nationalism*. Honolulu： University of Hawaiʻi Press.

Hens, Kristien（2024）*Chance Encounters： A Bioethics for a Damaged Planet*. London： Open Book Publishers.

Husserl, Edmund（1992［1935］）*Cartesianische Meditationen； Die Krisis der Europäischen Wissenschaften und die Transzendentale Phänomenologie： eine Einleitung in die Phänomenologische Philosophie*, Gesammelte Schriften, Bd. 8, Ströker,Elisabeth（ed.）. Hamburg： Meiner.

Husserl, Edmund（1992［1900-1901］）*Logische Untersuchungen*, Gesammelte Schriften, Bd. 3-4, Ströker,Elisabeth（ed.）. Hamburg： Meiner.

Kant, Immanuel（1998［1781, 1787］）*Kritik der Reinen Vernunft*, Timmermann, Jens,（ed.）. Hamburug： Felix Meiner Verlag.

Kirschner, Stefan（2023）"The Institutional Fate of Uexküll's Umwelt Theory at the University of Hamburg," *Sign Systems Studies* 51（3-4）： 441–512.

Priest, Graham（2006）*In Contradiction： A Study of the Transconsistent*, Second edition. Oxford： Oxford University Press.

Priest, Graham（2019）*The Fifth Corner of Four： An Essay on Buddhist Metaphysics and the Catuskoti*. Oxford： Oxford University Press.

Rorty, Richard（2009［1979］）*Philosophy and the Mirror of Nature*, 30 th anniversary edition. Princeton, NJ： Princeton University Press.

Russell Bertrand（1921）*The Analysis of Mind*. London； New York： George Allen & Unwin； Macmillan.

Russell, Bertrand（2009［1927］）*An Outline of Philosophy*. New York： Routledge.

Russell, Bertrand（2014［1927］）*The Analysis of Matter*. Mansfield Center, CT： Martino Publishing

Russell Bertrand（2023［1923］）*The ABC of Atoms*. Nottingham： Spokesman Books.

Nadler, Steven ; Schmaltz,Tad M. ; Antoine-Mahut, Delphine (ed.) (2019) *The Oxford Handbook of Descartes and Cartesianism*. Oxford : Oxford University Press.

Seager, William (2016) *Theories of Consciousness : An Introduction and Assessment*. Second edition. Abingdon : Routledge.

William Seager (ed.) (2020) *The Routledge Handbook of Panpsychism*. New York : Routledge.

Searle, John R. (2002 [1983]) "Can Computer Think?," in Chalmers, David (ed.) *Philosophy of Mind : Classical and Contemporary Readings*. New York and Oxford : Oxford University Press.

Schneider, Susan ; Velmans, Max (ed.) (2017) *The Blackwell Companion to Consciousness*. Chichester : Wiley Blackwell.

Skrbina, David (2017) *Panpsychism in the West*, Revised edition. Cambridge, MA : The MIT Press.

Tylor, Edward B. (2010 [1871]) *Primitive Culture : Researches into the Development of Mythology, Philosophy, Religion, Art and Custom*, 2 vols. Cambridge : Cambridge University Press.

Uexküll, Jakob Johann von (1928) *Theoretische Biologie*, Second edition. Berlin : Springer Verlag Berlin-Heidelberg GMBH.

Uexküll, Jakob Johann von ; Kriszat, Georg (1970 [1934]) "Sterifzuege dürch die Umwelten von Tieren und Menschen," in Uexküll, Jakob Johann von ; Kriszat, Georg *Sterifzuege dürch die Umwelten von Tieren und Menschen Bedeutungslehre*, pp. 1-103. Frankfut am Main : S. Fischer Verlag.

Wittgenstein, Ludwig (1984) "Philosophische Untersuchungen," in Wittgenstein, Ludwig *Tractatus Logico-philosophicus, Tagebücher 1914-1916, Philosophische Untersuchungen*, Werkausgabe, Bd. 1. Frankfurt a. M : Suhrkamp.

Zahavi, Dan (2020) *Self-awareness and Alterity : A Phenomenological Investigation*. Evanston, Ill : Northwestern University Press.

第3章
各論

西田幾多郎と環境
——風土学としての西田哲学

Concept of the Environment in Kitaro Nishida's Philosophy

寺田匡宏
Masahiro Terada

1 風土学としての西田哲学

西田幾多郎は、独自の哲学体系を打ち立てた哲学者であるが、彼はまた日本近代の哲学の創始者のひとりであり、哲学における京都学派の中心人物である。前章である本書第I部第2章では、和辻哲郎の風土概念の哲学的構築にあたって、西田幾多郎の影響が垣間見られることを述べた（☞本書 101 ff. ページ）。また、本書第II部第1章でも、風土学の重要な一部である今西錦司の生物に関する所説に西田幾多郎の影響がみられることを確認する（☞本書 217 ページ）。和辻は、『風土』の中で西田の名前は出していない。また彼の考える風土学史は、西洋の哲学者、思想家の言説の歴史をたどっており、そこに、西田の名前は出てこない。一方、今西は、西田からの影響をはっきりと認めている。非明示的、明示的に、和辻や今西という近代の風土学の構築者たちの背後に西田の思想がある。ということになると、西田幾多郎は、風土学の思想の源流の一つであるということになる。本章では、和辻の風土概念理解との関係に注目することで、風土学の源流としての西田の思想を位置付けてみたい。

和辻の『風土』の叙述の中に、明示されていないが、西田の思想が入っているということは、和辻は、西田の思想を剽窃したのであろうか。そうではない。それは、むしろ、西田の思想が、和辻の思想の中にいかに深く入っているかということを示している。いや、その思想は、入っているというどころではない。本章で見てゆくが、どちらが西田の思想であり、どちらが和辻の思想であるかということが区別しがたい状態であるともいえる。となると、そもそも、風土の思想の源流に西田があるということを超えて、風土の思想とは、西田の思想であり、和辻の思想であるということになる。これは、風土学の成り立ちともかかわる問題であり、風土学の根がどこまで伸びているかという問題でもある。

これは、京都学派の学問のあり方とも関係する。京都学派とは、京都という比較的狭い地域の濃密な人間関係の中で哲学が形成されてきた学派である。また、そこには、それを用意したトポスとして、その学説の発表の場の問題もある。岩波書店の果たした役割についても、本章は検討するが、それは、一九二〇年代後半から、一九三〇年代中ごろに起こった風土学の形成という今から約一〇〇年近く前の出来事であると同時に、現在にもつながっている。現在、風土学が、このようにある大きな原因のひとつに、岩波書店というメディアの存在がある。当たり前のように感じられているが、しかし、岩波書店から、和辻の『風土』が途切れなく、刊行されてきたし、今も刊行されているという事実が風土学を支える見えざる貢献である。もし、岩波書店から『風土』が単行本、全集、文庫本の形で、この一〇〇年近くの間、ずっと刊行されつづけていなければ、風土という概念はこれほど人口に膾炙することもなかっただろうし、風土学のあり方自体も変わっていただろう。メディア空間の中で、風土という概念は織り上げられてきた。そうして、その中に、西田も和辻もいた。

一九二〇年代から三〇年代に起こった風土学の彫琢には、和辻、西田、岩波書店という三つがかかわっていた。この、三者の関係とは、すなわち、和辻と西田の思想に風土につながる思想が共通してあったのならば、それはどうしてそうなのか、という問題にもつながっている。本章の第４節でみるが、西田と和辻の思想の共通性の中に、日本文化の在り方を見る論者もいる。となるとそれはその日本文化とは何かという問題にもなり、さらにそこからさかのぼる思想の源流の問題になる。本章はそれらの問いに全て答えるわけではないが、風土学のスコープを広げるうえで、この問いを提示しておくことも意味があることであると考える。

とはいうものの、以下に見てゆくように、西田幾多郎は、自らの論の中で、「風土」という語を用いているわけではない。本章のタイトルが「環境」と言う語を用いていることからわかるように、西田は、一九二〇年代から一九三〇年代に、環境と人間に関して集中的に論じていた。その環境の論じ方が、和辻の行論と重なる。この西田が、環境を論じた時期は、まさに和辻が『風土』にまとまる内容を深めていた時期であった。思想の構造的類似と、その歴史的文脈を検討することで、風土という概念の来歴をより明確化し、風土学のスコープを広げたい。

2　西田幾多郎の生涯とその思想

近代日本哲学の第一世代

環境と西田について述べる前に、まずは、西田と西田の哲学について簡単に確認しておこう。

彼は、一八七〇年に石川県の能登半島の付け根にある日本海沿岸の村で生まれた。明治三年である。この年に生まれたということが、彼の生涯を特徴づける。つまり、明治維新の直後に生まれたということであり、それは、日本における近代化とともに生涯を歩んだということでもある。日本の近代化は、それまでの徳川幕府による幕藩制秩序が解体され、新たな国民国家の形成が行われた時期であった。また、それは幕府の海禁政策（鎖国政策）から転換し、開国が行われ、海外、とりわけ西洋の文物制度が流れ込み、社会が西洋化する過程でもあった。その中で、学問自体も新しく構築することが求められ、この世代の人々は必然的に、そこにおける様々な蹉跌や葛藤や苦労に直面することになった。西田とほぼ同時期に生まれた人々を文化の領域でみるならば、夏目漱石（一八六七年生まれ）、南方熊楠（一八六七年生まれ）、樋口一葉（一八七一年生まれ）、柳田国男（一八七五年生まれ）などがいる。彼らは、近代化の中での様々な苦闘をその学問や作品上に残した人々であるが、それはこの時期に生まれたことにより、彼らが抱えなくてはならない問題だった。なお、本書第Ⅴ部の特論（☞本書652ff.ページ）でみる仏教学者・哲学者の鈴木大拙は、西田と同じ一八七〇年に同じ石川県の金沢市に生まれており、西田とは金沢の専門学校の同級生で、西田の生涯の友人であった。

西田は、日本国内ではよく知られており、全集が版を変えながら複数回数にわたって刊行され、西田の哲学に関する書籍も数多く出版されている。海外でもよく知られており、英語、ドイツ語、フランス語、中国語などに主要著書が翻訳されたり、西田の哲学に関する研究書が刊行されたりしている。

彼は、純粋経験の立場から始まり、認識論、形而上学、論理学、現象学などの哲学と自然科学一般に広く目配りしつつ、存在と世界の在り方を解明しようとした。また、抽象的なものとしてそれを論じたのではなく、歴史や種や国家などとも関係づけて論じようとした。その思想は、一つの体系を成しており、人間の意識から始まり、この世界の成り立ちをすべて包摂するような言説体系となっている。

西田哲学の発展の三区分

彼の学者としてのキャリアは、おおよそ三つに分かれるといわれる（Fujita 2020 ; Tremblay 2020）。

第一のフェーズが、「純粋経験」の時期と呼ばれる時期で、著書で言うと、『善の研究』（一九一一年）から『自覚に於ける直観と反省』（一九二〇年）までの時期である。彼の年齢で言うと、四一歳から五一歳までの時期であり、京都帝国大学の助教授に就任した年からの九年間にあたる。大学教員としてのキャリアの前半部分であると言えよう。この時期には、彼は主に、ウィリアム・ジェームズ Willam James の提唱した「純粋経験」という概念を元にして、その哲学体系を樹立しようとしていた。この時期には、純粋経験という、当時、アメリカの学界で脚光を浴びていた概念を用いている。それを用いて、善や超越を論じている時期である。その下敷きになっているのはスピノザの思想である。

第二の時期は「場所と述語の論理」の時期であり、著書でいうと、『無の自覚的限定』（一九三二年）を中心とする時期である。年代で言うと、一九二一年から一九三四年の一四年の時期であり、年齢的には、五二歳から六五歳、出来事で言うと、一九二八年に六〇歳で京都帝国大学を定年退職しているが、大学教員としてのキャリアの後半部分であると言える。この時期は、和辻が西田に招聘されて京都帝国大学に講師、助教授、教授として着任していた時期でもある。第一期では、純粋経験という当時の先端の概念を元に論じていたが、この時期には、場所という概念がキーワードとなるが、それは、アリストテレスを援用して形而上学における述語の問題を論じる中から生まれている。ジェームズという現代、スピノザという近世の哲学をさらに源流にさかのぼって、ヨーロッパ哲学の初源であるアリストテレスに行きついた時期であると言えよう。

第三期は、「無の弁証法」の時期であり、この時期には『哲学論文集』と名付けられた連続した論文集が第一集から第七集までの七冊刊行されている。一九三五年から一九四五年までの、六六歳から七六歳で死去するまでの時期である。戦争（日中戦争、大東亜戦争、アジア太平洋戦争、十五年戦争）や時局へのコミットメントなどもあるが、大学教員を定年退職してのち、思想家としてもっぱら著述に専念した時期である。この時期を象徴する無という概念は、禅の概念である。第一期は、世界の最先端の哲学を、第二期ではそもそもの哲学の源流を掘り進んでいった西田であったが、この第三期に至り、東洋の知である禅の概念を哲学に導入している。また同時に、弁証法とは、ヘーゲルが提唱し、マルクスが現実への応用の方法を彫琢した哲学的方法である。マルクス主義は、当時の最先端の思想である。東洋思想とマルクス主義を組み合わせることで全く新しい哲学を構想しようとしていたともいえよう。

3　西田哲学における「環境」

西田における「環境」の出現

西田はどのように環境を論じていたのであろうか。表1には、右記の時期区分を元に、西田幾多郎の主要な著作を時系列に並べ、その中に、環境という語がどのように出現しているかをまとめた。第一期の全体と第二期のフェーズの前半部分においては、彼は、「場所」の論理を探求していたのにもかかわらず、彼の主な関心は、純粋な論理学にあり、「環境」という語は、このフェーズを通じて現れない。

しかし、第二期の最後の時期になって突然、彼は、「環境」という語に注目しだす。一九三二年の『無の自

表 1　西田幾多郎の主要著作の内容の概観とそこにおける「環境」の語の出現の有無・頻度

西田の思想的時期区分	著作のタイトル	出版年	西田の年齢	環境と関係する内容の抄録と、「環境」という語がどのように出現しているか
I	『善の研究』	1911	42	「自然」「実在」「神」が論じられる。第 7 章では差異化と実在が、第 8 章では自然が、第 10 章では実在としての神が論じられる。「環境」の語は現れないが、「自然」という語は現れる。
I	『自覚における直観と反省』	1917	48	生の問題が、物質の世界、生物の世界、宇宙の問題として論じられる。歴史性、個別性も論じられる。
I	『意識の問題』	1920	51	個的な実在が論じられる。ライプニッツが参照される（「個体概念」の章）。
II	『働くものから見るものへ』	1927	58	「直観」が見ることとみられることにより論じられる。「場所」が意識の野として論じられる。
II	『一般者の自覚的体系』	1930	61	「直観」が見ることと見られることにより論じられる。
II	『無の自覚的限定』	1932	63	「私と汝」の章ではじめて「環境」の語が出現する。そこでは、実在と環境が詳細に論じられる。
II	『哲学の根本問題：行為の世界　』	1933	64	本書全体を通じて、環境、個的存在、生命が中心テーマとなる。
II	『哲学の根本問題続――弁証法的世界』	1934	65	「環境」の語は見当たらない。「個物」と生命について論じられる。東洋における自然概念について検討が行われる。
III	『哲学論文集』第一	1935	66	「個物」の問題が扱われるが、「環境」の語は現れない。
III	『哲学論文集』第二	1937	68	この巻を通じて「環境」の語が頻出する。環境、「個物」、生命が中心テーマとなる。「論理と生命」の章でそれらが論じられる。「種の生成発展の問題」の章では、種の問題が論じられる。
III	『哲学論文集』第三	1939	70	「環境」の語は、数ページにあらわれる。歴史性が論じられる。
III	『哲学論文集』第四	1941	72	「環境」の語は数ページにあらわれる。ポイエーシスとプラクシスが論じられる。
III	『哲学論文集』第五	1944	75	知識論と自覚が論じられる。
III	『哲学論文集』第六	1945	没後	物理学、数学など自然科学の方法や認識論、哲学の方法論が論じられる。
III	『哲学論文集』第七	1946	没後	本巻は「生命」と「場所的論理と宗教的世界」の 2 章からなる。生命、意識、世界、宗教が包括的に論じられる。「環境」の語が数か所にあらわれる。

注：時期区分は、Fujita（2020）、Tremblay（2020）を参照した。
出典：寺田匡宏作成

覚的限定』で、「環境」という語が用いられはじめる。もちろん、この時期にも「場所」という語が用いられている。「場所」という語が用いられると同時に環境という語が用いられ始めていることは無縁とは言えないだろう。『無の自覚的限定』においてはじめて出現した環境という語は、その後、一九三三年の『哲学の根本問題』において、生命、個的存在とともに全面的に論じられることとなる。

第三期において、それを引き継いで、一九三五年の『哲学論文集』第一では、個物の問題が論じられることになるが、そこでは環境の語は登場しない。だが、一九三七年の『哲学論文集』第二にいたって、そこに収録された「論理と生命」、「種の生成発展」、「実践と対象認識――歴史的世界に於ての認識の立場」という三つの論文で人間の歴史、環境、生命が包括的に論じられることになる。とりわけ、論文「論理と生命」が中心的な論文である。この「論理と生命」は、第Ⅱ部第1章で見るように（☞本書217ページ）、今西錦司が「丹念に読んだ」と述懐している論文である。『哲学論文集』第二の刊行が一九三七年、今西の『生物の世界』の刊行が一九四一年であるから、今西は、ほぼ同時代のアクチュアルな論文として、この「論理と生命」を読んでいたことになる。そして、言うまでもなくこの時期とは、和辻が、一九二八年に、ドイツへの遊学から帰国し、一九三五年に『風土』として、そして、一九三七年に『倫理学』上巻としてにまとまってゆく思想内容を深めていた時期であった。西田、和辻、今西の思想は、ほぼ同時並行するようにして深められていたのである。

以後、西田の思想は、一九四五年の死に至るまで深化を続けてゆく。だが、その議論の中心は、歴史の問題に移ってゆき、同時に、「環境」という語の出現は少なくなってゆく。環境への関心は徐々に低下し、最終的には、ほぼ「環境」という語は見られなくなる。

「二にして一」の環境と個物――矛盾と弁証法

西田は、環境をシステム、主体、個別的実在、生と死、普遍と個別、主体、自己などとのかかわりで論じている。以下、その特徴を、和辻の思想と対比しながら検討しよう。

第一に指摘できるのは、西田は、環境と主体の関係を対立したものととらえていることである。ただし、ここでの対立とは、二元的な対立ではない。西田は、その対立を対立ではなく、矛盾ととらえ、その矛盾を単に矛盾で終わらせるだけでなく、弁証法的に捉えることで動態化している。[1] この点は、すでに、前章本書第Ⅰ部第2章で和辻の所説との関係において検討したが（☞本書106-107ページ）、ここでは、西田の所説に即して検討しておこう。

西田の環境の論じ方の変遷を見ると、すでに述べたように、まずは、環境と個物の問題が論じられ、そのあと、環境と生命、環境と歴史、環境と主体というようにすすむ。まずは抽象的、あるいは非＝人間的な論理の問題として論じられた後、それが、生命や歴史、主体という人間の実存の問題として拡張されて論じられるようになるという特徴を持っている。

第一の抽象的、論理的な議論の段階では、個物と環境の関係は、弁証法的関係であるとされる。論文「汝と我」から引用しよう。これは、はじめに一九三二年七月に『岩波講座　哲学』に発表され、その後、同年の一

［1］ なお、対立と矛盾とは異なる概念であり、対立していても、矛盾とは言えない可能性がある。たとえば、赤と非赤は矛盾であろうが、赤と白とは対立はしていても矛盾はしていないと言える。この点については、山内得立が西田を批判し、西田は、矛盾と対立を混同していると評している（山内 1993：204 ff.）。となると、西田における環境と主体は弁証法的に結びついているのではない可能性がある。本章は、山内の批判に理があると考えるが、一方、本章は、西田の論理を彼の思考に即して行論する方法をとっているため、ここでは、山内による西田の弁証法概念批判には深入りせず、西田の論に従って行論する。

二月に岩波書店から刊行された『無の自覚的限定』の中に収録された。西田が六二歳の時の論文である。

真の弁証法といふものが考へられるには、物が環境に於いてあり、環境が物を限定し、物が環境を限定するといふ考から出立せなければならぬ。（西田 1932：445）

ここでは、環境と個物の関係は、お互いがお互いを「限定している」という関係であることが述べられている。限定とは、ドイツ語でいう、ベシュティンメン bestimmen の訳で、一般から特殊を析出させる作用を言う。[2] 何者かが、何者かとして、認識されるためには、それが、「地」から区別されなくてはならない。そのような析出は、「地」から「図」が分離されることであり、一般から個別が分離することでもあるが、それは、言い換えれば、環境から個物が区別されることである。では、その分離とはどのような作業なのか。それは、単に、地から図が分離されるのではない。図から地が分離されることでもある。つまり、どちらもが、どちらもを分離するという関係にあるのである。弁証法とは、正、反、合の過程であるが、単に、正と反があるだけではない。そこには、それぞれの正と反が、お互いに起こりあっているというプロセスがあるのである。

本書第Ⅰ部第2章ですでに見たように（☞本書110ページ）、和辻は「人間は単に風土に規定されるのみでない、逆に人間が風土に働きかけてそれを変化する、などと説かれるのは、（…）まだ真に風土の現象を見ていないのである」と述べていた（和辻 1962［1935］：14）。これは、このような関係のことを指す。このような関係は、認知することが難しいので、どうしても、二元論的に、環境と主体の相互行為ととらえられがちである。しかし、環境と主体とはそのような関係にあるのではないのである。別の言い方をすると「環境と主体とは、二にして一である」ともいえよう。

物質の世界といふものが我々の自己を生む環境となるのではなく、私の所謂「於いてあるもの」と環境との間には特殊と一般との関係がなければならぬ。（西田 1932：448）

何等かの環境なくして個物といふものなく、我々は何等かの環境に於いてあり、環境が我々を限定すると共に、我々が環境を限定する。（西田 1932：458）

西田は、環境の中にあるもののことを「物」と言ったり「個物」と言ったりしている。この個物と環境の関係とは、互いが互いを限定する関係ではあるが、しかし、それは対等な関係ではない。環境の方が広く、個物の方がせまい。あるいは、環境が地であり、個物が図である、あるいは、環境が一般であり、個物が特殊であるという関係である。個物が個物たりうることとは、個物が存在することである。存在が存在するためには、その存在を可能にするある境域が必要となる。それは通常、「場所」と言われたりしているが、そのような場所は、必ずしも、空間である必要はない。個物と一般といったときには、概念上の関係であり、一般は空間的場所である必要はない。

しかし、仮に空間的場所ではなかったとしても、ある「場」が必要であり、それを西田は「於いてある場」というように表現する。ここで見ている「汝と我」が書かれた中期の西田の思想は「場所の思想」であるといわれることを先に見たが、西田のいう「場所」とは、そのような境域のことである。この西田の中期の思想は、まさに、和辻が風土を展開させた時期に展開していた。風土も広い意味では、場所の問題を扱う。つまり、和

［2］　この限定という作用については、本書第III部第4章で、クワインの所説に注目する中で検討した（☞本書404ページ）。

辻と西田の思想は、内容的にも並行しながら進行していた。

生命を可能にする場

西田の個物と環境の関係は生命の問題でもある。引き続き、「汝と我」から引用しよう。

> 環境が個物を生み、個物が環境を変じて行くといふ個物と環境との関係は生命と考へられるものでなければならない。（西田 1932：444）

西田は、個物と環境の「二にして一である」関係のような関係こそが、生命であるという。ここで注意しなくてはならないのは、西田は、そのような関係が生命を生み出すものとなると言っているのではないことである。そうではなく、そのような関係性を、われわれは「生命」と呼んでいるのであると言っている。この言表は何を言っているのかというと、つまり、生命とは何か生命なる本質があって生命という現象が発現しているのではなく、ある関係性を人が、生命と呼ぶから生命があるのだと言っているのである。

生命とは、アプリオリに存在するものではなく、ある現象を生命と呼んでいるのに過ぎないということである。生命とは何か、というのは、生命そのものの問題ではなく、何を生命と呼ぶのかという定義やカテゴリーの問題であるということになる。これは、カントのいう「ものそのもの Ding an sich」と認識の問題であり、本書第Ⅰ部第2章で見たように、和辻が風土とは「自己認識」であると述べたことや（☞本書 104 ページ）、本書第Ⅱ部第2章で見るユクスキュルが、環世界とは主体と切り離せないものであると見たことと相同であると言えよう（☞本書210ページ）。これと同じことを述べている大森荘蔵の所説については本書第III部第5章で見る（☞本書439ページ）。

西田は、このような生命と環境の両者の関係を弁証法的関係としてとらえている。それが表れている論文「論理と生命」を見よう。この論文は、一九三六年七月に岩波書店の雑誌『思想』に発表され、翌一九三七年一一月に岩波書店から刊行された『哲学論文集』第二に収録された。

> 生命なくして環境といふものはないが、環境といふものなくして生命といふものもない。生命が環境を変ずると共に、環境が生命を変ずるのである。而して我々が死するといふことは、環境に還って行くことである。生まれるといふことも、単なる無から有が出ると考えないかぎり、環境から生まれると考へなければならない。（…）生命の生れ出る世界は、生命と環境とが弁証法的に一つの世界でなければならない。（西田1937［1936］：15）

生命と環境の関係も、先ほどの環境と個物の関係と同じであるとするのならば、それは、二にして一の関係であり、お互いがお互いを限定しあう関係である。生命の現象においては、生と死という問題があるが、その生と死とは、生命と環境が相互の限定関係にあると考えた時には、生まれるとはその限定が起動するということであり、死ぬとはその限定が起動しなくなるということだということになる。つまり、生命であるいきものは、その生命がなくなったときは、環境の中に戻るのである。ここには、アリストテレスの可能態と現実態の考え方も反映していよう。アリストテレスの可能態と現実態については、本書第IV部第1章でみる（☞本書483-489ページ）。

環境即世界なる実在界は個物の相互限定の世界でならなければならぬ。（西田 1937［1936］：89）

さらに、西田は、そこから、世界全体に視野を広げる。個物と環境の関係が、あらゆる個物と環境の関係に広がるのである。世界には、個物は一つではない。個物は、世界に数多ある。その世界に数多ある個物たちは、互いにどのように関係しているのだろうか。その関係もまた、個物と環境の関係と同じであるはずである。つまり、個物が環境と二にして一であるとしたのならば、個物と個物も二にして一の関係であるはずである。ある個物にとって、別の個物は環境である。その環境である別の個物と、ある個物は、その別の個物が環境である時点で、ある個物とは、二にして一の関係であることになる。本書序章では、風土をあらゆる主体が織りなすある一つの境域と定義したが（☞本書 10-11 ページ）、それは、このような個物と環境の関係から考えると論理的に導かれることである。

環境と生命、歴史と主体の問題

だが、現実の存在界の問題を考えようとすると、そこには、時間性の問題が出てくる。また、それぞれの主体の主体性の問題もある。これは『哲学論文集』第二の中で「論理と生命」の次に配置された「実践と対象認識——歴史的世界に於ての認識の立場」という論文の中で論じられる。この論文は、雑誌『哲学研究』の一九三七年三月号から五月号に三回に分けて掲載された論文である。

生物的身体の成立は、又何処までも物質の法則に従はなければならない。そこには何処までも因果の鉄則

> が支配せなければならない。（…）併し単に環境といふものから生命は出て来ない。環境といふのは現実の自己否定の方向である。環境から生命が出ると言ふ（ママ）には、環境そのものが歴史的に出来て来たものと考へられねばならない。（…）それは元来、主客相互補足的世界の自己形成でなければならない。（西田 1937：262-263）

環境から生命がでてくるというのは、「単に」できてくるのではない。そこには、生命を出来《しゅったい》せしめる契機がなければならない。そのような契機は、突然起こるものではない。そのような契機に至るある因果関係があって、そのような契機が発現するのである。それを西田は、環境が自己否定してゆくことによって個物が生まれることがまずあり、その個物が生まれることによってできた環境の中で、生命という特殊な個物が生まれるかたちで形成されてゆくと説明する。

ここで歴史的という語が用いられているが、それは、必ずしも「時間」を意味するものではなかろう。本書第Ⅳ部第1章でアリストテレスの、可能態と現実態の議論を検討するが（☞本書 488-489 ページ）、アリストテレスは、可能態と現実態の関係は、かならずしも時間的前後関係ではないと述べている。ここでいう「歴史」とは、それと同じで、ある因果性の連鎖のようなものを述べていると考えられよう。もちろん、それは、現実の世界の中では時間の経過と重ね合わされることになるが、しかし、たとえば、論理的関係である場合は、かならずしも時間の中で展開する必要はなく、たとえば、概念としての命題の連なりのような状態として存在することもあろう。西田は、生命とは、そのような歴史性のことであると言っているのである。

> 種がすぐ世界ではない様に、環境がすぐ世界といふのではないが、環境としての世界なくして種といふも

のはない。生命は環境を生命化して行く、即ち形成して行く、そこに生命があるのである。併し形作ることは、形作られることである。生むことは生まれることである。生命といふのは、かかる矛盾の自己同一的過程でなければならない。（西田 1937：236）

生命の特殊性は、そのような関係の中で出てきたものが、自らが自らを作りながら展開することである。自らが自らを作るとは、生まれたものが生むものになるということである。生まれたものとは、受動である。生むとは能動である。つまり、受動であったものが、能動となるのである。受動と能動とは、同時に一つのものにおいてありうることはない。しかし、生命においては、そのようなことが起きる。それを西田は「矛盾の自己同一」という。[3] 前章本書第Ⅰ部第2章でみたように（☞本書106ページ）、和辻は『風土』において「絶対的否定性の否定の運動」という語を用いていた（和辻 1962［1935］：15）。ここでいう「矛盾の自己同一」とは、この「絶対的否定性の否定の運動」とも言い換えられよう。矛盾とは、否定性である。そして、矛盾しつつ自己同一であるという状態は、「否定性の否定」である。そのような矛盾の自己同一が成立するためには、その「否定性」と「否定性の否定」の間に運動関係がなければならない。これは、弁証法的関係ともいえようが、「矛盾の自己同一」という概念の中には運動の概念が含まれており、すなわち、それはスタティック（静態的）ではなく、ダイナミック（動態的）な状態なのである。

弁証法的一般者の自己限定としての歴史的世界の弁証法的発展は（…）環境が主体を作り、主体が環境を作り、世代から世代へ移り行くにあると言ふことができる。（西田 1937：243）

歴史的現実に於いては、環境が主体を作り、主体が環境を作る。併し唯、環境が歴史を作って行くのでもなく、主体が歴史を作って行くのでもない。矛盾的自己同一として制作的に動き行くのである、すなわち表現的に形成し行くのである。（西田 1937 : 282）

主体とは、自己自身の意志によってある行為を為すもののことであろう。ただし、主体と言ったからといって、それは、完全に自己だけの意志で行為を為すことができるわけではない。主体は環境と二にして一の関係にあるわけだから、そのような関係性の限定の中において主体的であるのである。「矛盾的自己同一として」と述べられているのはそのような状態を指す。和辻は「歴史と離れた風土もなければ、風土と離れた歴史もない」と述べているが（和辻 1962［1935］: 14）、それは、このことである。

風土が、主体と環境が二にして一の状態で作り上げたものであるとするのならば、そこに歴史がすでに含みこまれていることは明らかである。そうして、その歴史とは、矛盾的自己同一の運動の中にある現象である。和辻は、『風土』において「人間の作るさまざまな共同態、結合態は（…）動的な運動の体系である。否定の運動の実現である。歴史と呼ばれるものはかくして形成せられて行く」と述べている（和辻 1962［1935］: 15）。この考え方が、西田のそれと相同であることは一目瞭然であろう。ここで、注意しておきたいのは、この類似は、どちらがどちらに似ているかが判別しにくいということである。和辻の『風土』の刊行が一九三五年であるが、ここで見た西田の言表は一九三七年である。ということは、西田が、和辻を参照しているのであろうか。しかし、西田は、和辻を参照しているわけではない。西田は西田の哲学の思想の動きの中でこの言表に至って

［3］　なお、西田はこの二年後、一九三九年三月に「絶対矛盾的自己同一」というタイトルの論文を『思想』に発表し、それは、同年一一月に岩波書店から刊行された『哲学論文集』第三に収録されることになる（西田 1939）。

いるのである。というと、ここでみた西田と和辻の捉え方の相同はどうとらえればよいのであろうか。それは、二人の思想が、どちらがどちらを参照したということではなく、そもそも相同的であるからである。それを次節で歴史的文脈からたどってみよう。

4　西田、和辻、岩波書店——風土学を生んだ思考のトポス

表1で見たように、西田の書いたものに「環境」という語が現れ始めた一九三二年から、もっとも包括的に環境が論じられた一九三七年という時期は、和辻が『風土』を形成していった時期であった。

和辻と西田は、直接的には引用参照関係を明示しているわけではないが、間接的に二人は、共通した関心の元にそれぞれの立場において、環境、あるいは風土の思想を作りあげていった。そして、それを支えたトポスの一つが岩波書店とその雑誌『思想』であった。第Ⅰ部第1章で簡単には触れたが（☞本書70ページ）、和辻は、『風土』の内容を成す各章をまずは論文の形で雑誌に発表していった。その発表の場となったのが『思想』である。さらに単行本の『風土』も岩波書店から刊行されている。すでに述べたが、西田が、環境について論じた論文が収録されている『哲学論文集』も岩波書店から刊行されている。これは、偶然そうなっているのではない。岩波書店というトポスがそのような状況を用意していた。つまり、風土の議論と、その議論がなされた場とは切り離せないのである。このような関係性は、この一九三二年から一九三七年だけではなく、それを前後に包摂する長期の間において継続していた。

『思想』編集人としての和辻哲郎

表2は、一九一一年から一九三七年までの、和辻と西田の事績と、彼らがどのように、岩波書店とその雑誌『思想』に関与していたのかをまとめた表である。一九一一年とは、西田の『善の研究』が刊行された年、一九三七年とは和辻の『倫理学』上巻が刊行された年である。約一五年間であるが、この約一五年間の二人の関係性を踏まえなければ、和辻の風土学の中に垣間見える西田の思想の位置づけは明らかにならない。

この表の期間中には、いくつかの画期があるが、その一つは、一九二一年である。この年は、岩波書店の雑誌『思想』が発刊された年である。この現在も刊行されている論壇の中心的存在である雑誌の創刊に和辻は深くかかわっていた。そのかかわりは、雑誌だけではなく岩波書店そのものとの深いかかわりであり、和辻のその岩波書店へのかかわりが、西田と和辻をつなぎ、ひいては、和辻が、東京から京都帝国大学文学部講師として西田に招聘されるに至ることを準備した。そこから見てゆくと、その前後のことが理解しやすい。

すでに第I部第1章で述べたように（☞本書68ページ）、和辻は、第一高等学校時代から、谷崎潤一郎らと交わって文芸活動を行っており、十代のころから『一高校友会雑誌』に文章を発表していた。東京帝国大学文学部に入学し、哲学の道を選んだ後も文学の捜索はつづけており、二十代を通じて、『新潮』や『新小説』などに作品を発表していた。そのような流れの中で、和辻は、阿部次郎や阿倍能成らと一九一七年から『思潮』という同人誌を発行していたが、その同人誌の刊行元となっていたのが岩波書店であった（和辻 1963［1957］：694）。この『思潮』が、直接的に『思想』に引き継がれたわけではないが、間接的に原型となった雑誌である。

この『思潮』の縁が、和辻と岩波書店をつなぐこととなる。表2に見える通り、和辻の第一著書である『ニイチェ研究』（一九一三年）と第二著書『ゼエレン・キェルケゴオル』（一九一五年）は、内田老鶴圃から出版さ

表2　岩波書店との関係を中心に見た西田幾多郎と和辻哲郎の状況（1911-1937年、『善の研究』刊行から『倫理学』上巻の刊行までの期間）

年	西田、和辻における出来事	西田と和辻の岩波書店からの単行本刊行と論集への寄稿	西田の年齢	西田の『思想』への寄稿	和辻の年齢	和辻の『思想』への寄稿
1911	1月、西田、『善の研究』を弘道館より刊行。西田は、1910年より京都帝国大学助教授。和辻は、1909年より東京帝国大学哲学科在学。		42		22	
1912	7月、和辻、東京帝国大学を卒業。		43		23	
1913	8月、岩波書店創業。 8月、西田、京都帝国大学教授になる。 10月、和辻、『ニイチェ研究』を内田老鶴圃より刊行。		44		24	
1914			45		25	
1915	3月、西田、『思索と体験』を千章館より刊行。 10月、和辻、『ゼエレン・キェルケゴオル』を内田老鶴圃より刊行。		46		26	
1916			47		27	
1917	岩波書店、『思潮』を創刊。	5月、和辻（訳）『ニイチェ書簡集』 10月、西田『自覚における直観と反省』 10月、西田「日本的ということについて」（『思潮』）	48		28	
1918		3月、西田、「象徴の真意義」（『思潮』） 12月、和辻『偶像再興』	49		29	
1919	岩波書店、『思潮』を廃刊。	5月、和辻『古寺巡礼』 11月、和辻（訳）『近代歴史学』	50		30	
1920	5月、和辻、東洋大学教授となる。	1月、西田『意識の問題』 11月、和辻『日本古代文化』	51		31	
1921	岩波書店、『思想』を創刊。和辻が中心的に編集にあたる（1925年まで）。	3月、西田『善の研究』（1911年の弘文堂版から改版）	52		32	「原始基督教の文化史的意義」「或子供の死」
1922	4月、和辻、法政大学法文学部教授、慶応大学講師、津田英学塾講師となる。		53	「意志と推論式」	33	「原始基督教の文化史的意義」「歌舞伎劇に就いての一考察」ほか文化史に関する論考12編（この年は、毎号に寄稿）
1923	9月、関東大震災。	3月、西田『芸術と道徳』 5月、和辻訳・ブチャー『希臘天才の諸相』	54	「真と美」「ケーベル先生の追憶」	34	「道元の「仏性」「道元の「道得」」「道元の「葛藤」」「ケーベル先生の生涯」「地異印象記」
1924	4月、和辻、法政大学法文学部主任教授になる。	4月、和辻訳、ストリンドベルク『或魂の発展』（訳） 8月、和辻訳、ストリンドベルク『痴人の告白』	55	「物理現象の背後にあるもの」「表現作用」	35	「グラーゼル『欧羅巴における東洋美術圏空の課題と方法』」（訳）
1925	4月、和辻、京都帝国大学文学部講師に就任。京都へ移転。		56		36	

1926		10月、和辻『日本精神史研究』 11月、和辻『原始基督教の文化史的意義』	57		37	「原始仏教の根本的立場」「原始仏教の縁起説」「原始仏教における「道」」「原始仏教における業と輪廻」
1927	2月、和辻、ドイツへ渡航。	2月、和辻『原始仏教の実践哲学』 10月、西田『働くものから見るものへ』	58	「知るもの」「左右田博士を悼む」	38	「木村泰賢氏の批評に答ふ」
1928	7月、和辻、日本へ帰国。 8月、西田、京都大学停年退職。西田、鎌倉に別邸を持つ。以後、毎年夏冬を鎌倉で過ごす。		59	「述語的論理主義」	39	
1929			60	「自覚的一般者に於てあるもの及それとその背後にあるものとの関係」「或教授の退職の辞」「鎌倉雑詠」「一般者の自己限定」「自覚的限定から見た一般者の限定」	40	「風土」「支那人の特性」
1930		1月、西田『一般者の自覚的体系』	61	「場所の自己限定として意識作用」	41	「砂漠」「モンスーン」
1931	3月、和辻、京都帝国大学文学部教授になる。		62	「私の絶対無の自覚的限定といふもの」「時間的なるもの及び非時間的なるもの」	42	
1932		8月、西田『無の自覚的限定』	63	「自由意志」	43	「現代日本と町人根性」
1933		12月、西田『哲学の根本問題』	64		44	
1934	7月、和辻、東京帝国大学文学部教授になる。東京へ移住。	3月、和辻『人間の学としての論理学』 10月、西田、『哲学の根本問題　続』	65	「現実の世界の論理的構造」	45	「弁証法的神学と国家の倫理」「牧場」
1935		9月、和辻『続日本精神史研究』 9月、和辻『風土』 10月、和辻（訳）カント『実践理性批判』 11月、西田『哲学論文集』第一	66	「世界の自己同一と連続」「行為的直観の立場」	46	「牧場」「面とペルソナ」「城」「文楽座の人形芝居」「汝為すべきが故に汝為し能ふ」
1936			67	「論理と生命」「フランス哲学についての感想」	47	「人間存在考察の出発点について」「上代における「神」の意義の特殊性」「能面の様式」「支那の古銅器」「ヒューマニズムの希臘的形態」「茸狩」「偶数と神々」
1937		4月、和辻『倫理学』上 5月、西田『続思索と体験』 11月、西田『哲学論文集』第二 12月、和辻『面とペルソナ』	68	「種の生成発展の問題」「行為的直観」	48	「神々の数と電子の数」「普遍的道徳と国民的道徳」「文化的創造に携わる者の立場」「祭政一致と思慮の政治」「アフリカの文化」「群婚の仮説について」

出典：新旧の『和辻哲郎全集』の「年譜、執筆目録」（和辻 1963 : 753-779, 1991 : 311-332, 37-72）、『西田幾多郎全集』の「年譜」（永井 1967）、姫路文学館（2010 : 52-54）、牧野（2010）などを参照して寺田匡宏作成。

れているが、『思潮』の縁で、それ以降、和辻の本は岩波書店で刊行されることになり、一九一七年以後、彼の生涯に刊行された著書のほぼすべては岩波書店から出版されている。第三著書『ニイチェ書簡集』(訳書、一九一七年)、第四著書『偶像再興』(一九一八年)、第五著書『古寺巡礼』(一九一九年)とほぼ毎年岩波書店からの刊行が続く。

一方の、西田も岩波書店との関係を、この頃から深めつつあった。西田の本が岩波書店から刊行され始めたのは、和辻と同じ一九一七年からである。この年、西田の第三著書である『自覚における直観と反省』が同書店から単行本として出版されている。そして、同じ年に、和辻らの同人誌である『思潮』に「日本的ということについて」という論文を発表している。岩波書店は、一九一三年創業であるので、創業から四年後ということになる。西田が『思潮』に寄稿したのは、西田が「(『思潮』)同人の敬愛していた先輩や友人」の一人であったからであり、また岩波書店の社長の「岩波君が心から敬愛していた著者」の一人であったからである(和辻 1978［1957］：695)。岩波書店の社長である岩波茂雄が西田を尊敬していたことは広く知られている(中島 2013：85)。

刊行直後の『善の研究』を読む二四歳の和辻

和辻と西田の関係は、しかし、一九一七年に始まったわけではない。和辻のエッセイ「西田先生の名前を聞いた頃」によると、和辻は、一九〇九年、二〇歳で、第一高等学校を卒業して、東京帝国大学に入学直後に、金沢の第四高等学校に進学していた旧制姫路中学時代の同級生から、第四高等学校の教授であった西田のうわさを聞き、はじめて西田の名前を知ったという(和辻 1963［1947］：607)。一九〇九年には、すでに西田は学習院大学教授であり、その一年後には京都帝国大学の助教授に転じるが、まだ『善の研究』は刊行されていない。和辻は、『善の研究』以前にすでに四高の名物教授であった西田のことを友人から聞いていたのである。

その後、和辻は、『善の研究』を読み込む。和辻が一九一三年、二四歳で『ニイチェ研究』を出版した直後から書き始められた「メモランダム」と題された大学ノートには「西田氏の知的直観の説は如何」と書かれており、和辻がすでに、当時出版されたばかりであった西田の『善の研究』を読んでいたことがうかがえる（和辻 1992［(1913)］: 30）。実際、和辻の旧蔵書の中には一九一二年刊行の弘道館の再版の『善の研究』があり、その書影を見るとそこに線引きがあることが見える（姫路文学館 2010 : 11）。表2に見るように、この弘道館版の『善の研究』は一九二一年に岩波書店に版権が移って同書店から刊行されるが、それは、『善の研究』への世評が高まったからである。しかし、和辻は、岩波書店版が刊行される十年近く前に、刊行直後の『善の研究』を読み、それを自己の思想体系の中に取り入れていた。

ただ、その時点では、二人の間には、まだ直接の面識はなかった。和辻自身は西田にはじめて出会ったのがいつだったかはっきりとは記憶していないようで「西田先生に引き合わせられたのは岩波君によってであるが、いつごろが初めてであったかは、どうもはっきりしない」と述べ、「『思想』を始める前から知っていたように思う」（和辻 1963［1957］: 703）と述べているが、西田と和辻の間に介在したのが岩波書店であった。

『思想』、和辻、西田

『思想』の創刊は、一九二一年である。『思潮』の売れ行きが良くなくて、廃刊した後、しばらくして、岩波茂雄が岩波書店の雑誌として『思想』を刊行することを企図した。そうして、和辻にその編集を行ってほしいと要請した（和辻 1963［1957］：696）。[4] 和辻は、それを引き受け、以後、編集を行う。和辻は、そのころ、東洋大学で講義を週一度持っていたので、その折に岩波書店で編集作業を行ったという（和辻 1963［1957］：699）。『思想』には、和辻が編集長や編集主幹であったとは書かれていないが、実質的には編集長であり、編集の実務も兼務していた。

和辻と西田の二人の直接的な接点が確認される文献としては、西田の書簡がある。その最も早い書簡が、一九二二年一一月一三日付の書簡であり、そこには「『思想』の原稿をけふ岩波の方へ送っておきましたからどうぞよろしく」と、『思想』に寄稿を求められていた原稿を出版社である岩波書店に送付したことが書かれている（西田 1953：272）。この手紙は西田の京大近傍の飛鳥井町の自宅から出されているが、「先日はわざわざお寄り下さいましたが折あしく不在にて失礼いたしました」とも書かれているので、和辻は当時東京在住であったが、東京から京都に行った折には、西田の家を訪ねことを許された関係であったようである。

その後、西田の論文は『思想』に陸続と発表されることになる。表2からわかるように、一九二二年から一九二四年の間に、西田の文章が『思想』に四編発表されている。それらは、和辻からの招請に応えて、西田が和辻の編集する『思想』に原稿を寄稿したものであろう。それ以前の西田は、主に一九一〇年に京都文学会の創立に伴って創刊された『芸文』と、一九一六年に西田が中心となって創刊された『哲学研究』に論文を発表していた。しかし、この頃から、西田の論文の発表先に『思想』が加わる。

二人は、雑誌への寄稿を通じて、知遇を深める。そして、ついには、一九二五年に、西田が和辻を京都帝国大学の講師として招聘するようにまでなった。[5] これを鑑みると、『思想』というメディアは、単なる雑誌メディアではなく、二人にとって大きな意味を持つ「場」であったと言えよう。[6]

互いの論文を読み合う西田と和辻

西田と和辻の二人は、お互いの思想を知悉し、お互いがお互いに何を発表しているか、ということを熟知していた。たとえば、一九三二年四月に、のちに和辻の『風土』の第二、第三章の一部となる「国民道徳論」(和辻 1991［1932］) という論文が『岩波講座　教育科学』に掲載された直後の四月一四日に投函された西田の書簡は次のようなものである。[7]

岩波講座の「教育科学」の貴兄の国民道徳論を拝読いたし大変面白く感じました　教育科学の方は執筆者に別刷をくれないのですか　もし御座いましたら一冊御恵贈下さいませぬか　それから「哲学」(『岩波講座　哲学』のこと・引用者注) の倫理学の方ももし尚御手許に余分のものが御座いましたら　私の様に人格を無の限定と考へるものには、「距てなき結合」とか「しめやかな情愛」とかいうことが zweck an sich

［4］この部分の記述は和辻の述懐に依っている (和辻 1978［1957］)。和辻の述懐には登場しないが、実際には『思想』は、和辻の外に、谷川徹三、林達夫が編集人に名を連ねていた。

［5］西田が和辻を京都帝国大学に招聘することについて、和辻と交わした書簡は『西田幾多郎全集』第一八巻に収められており (西田 1953)、二人のその間の関係性をつぶさにうかがうことができる。

［6］なお、西田は、この和辻の京都帝国大学への招聘とほぼ同時期ともいってもよい一九一九年に田辺元を東北帝国大学から京都帝国大学助教授として招聘しているが、その際の決定打となったのが、岩波書店から一九一八年に田辺の単著『科学概論』が刊行され、高い評価を得たことだという。岩波茂雄の評伝を書いた中島岳志は「西田・田辺を中心とする京都学派の形成には、岩波書店の出版事業が大きな役割を果たした」と述べ、和辻の着任についても「岩波書店を通じた人脈が、着実に京都学派の哲学グループを形成していった」と述べ、岩波書店の位置づけの大きさを強調している (中島 2013：86-87)。

［7］この「国民道徳論」が和辻の『風土』と『倫理学』の中にどのようにくみこまれているかについては湯浅泰雄が『和辻哲郎全集』別巻一の「解説」で詳しく検討している (湯浅 1992)。本書第Ⅴ部特論でも改めて検討する (☞本書 641 ページ)。

（目的そのもの・引用者注）といふより人格的意義を表す様にも思はれるのです　無論かういふ場合人格的といふより「人間らしい」といふべきであるかも知れないが　道徳的実在はこれまでの様に人格的といふよりは人間的といった方がよいかも知れない　人間は歴史的事物であり運命を解くべく与へらえたAufgabe（課題・引用者注）と申した如く歴史的に与へられた各自の使命の外道徳的当為といふものもなければ　四月十四日　西田　和辻学兄侍史
国民性のモンスーンによる風土的説明も面白く拝見いたしました　全く御同感です　明後日鎌倉の方へ参りますからもし別刷が御座いましたらお手数の段恐入りますが鎌倉の方に御送りを願ひます　鎌倉町扇ヶ谷要山四三五香風園ノ上（西田 1953：449-450）

この中で、西田が引用している「距てなき結合」「しめやかな情愛」という語は、のちに和辻の『風土』にそのまま登場する語である（和辻 1962［1935］：140）。さらに『風土』にはこれを変形させた「しめやかな激情、戦闘的な恬淡」という語も現れるが（和辻 1962［1935］：138）、この表現は『倫理学』下巻にも登場し（和辻 1962［1949］：398）、彼の日本人論の特徴的な語として広く人口に膾炙している（苅部 2010［1995］：166,195-203；姫路文学館 2010）。西田は、これらの語が初出した論文の刊行直後に、そのキーワードに敏感に反応しているが、それは、西田が和辻の思想をいかに熟知していたかを示していよう。

興味深いのは、西田が、和辻の論の内容を深く理解しつつも、自分は和辻のように人間関係の問題として倫理や道徳を考えるのではなく、形而上学的な歴史概念を踏まえて考えていると述べていることである。書簡の中で彼は、「無の限定」という自分の哲学思想のキーワードを提示し、和辻の論理と、自己の論理を対比させる姿勢を崩さない。ここには、二人が互いの立場を深く理解しあった上で、互いに抜き刷りを送りあい、互いが互いの文章を読み合いながら、自己の論理を形成している関係がうかがえる。

西田は独創的な思想家であるが、しかし、その独創とは単独で成ったものではない。西田は、さまざまな思想を自己の中に取り入れ、それを西田なりの咀嚼の仕方をした後、西田にしか表出できない仕方で表出したから独創的なのである。その影響関係の中に、身近な人々の思想も含まれている。田辺元については先ほど見たが、西田が「種の論理」を自らが招聘した田辺元の所論に刺激され形成したことはよく知られている。門下生である三木清などのマルクス主義への傾倒が、西田にマルクスを意識させ、彼が歴史や弁証法を論じることになっていったことも指摘されている（Yusa 2002）。本節で見てきた「環境」と主体との関係に関する関心も、和辻の風土学の構築と平行しながら進んでいた。和辻の方も西田から裨益されていたであろうが、同時に、西田も和辻から裨益されていたという相互関係、あるいは、カップリングが起こっていた。

5　『善の研究』と『ニイチェ研究』——西田と和辻の第一作に見るモニズム

さて、以上、西田と和辻の思想の類似性が歴史的に形成されたさまを見た。とはいえ、その類似性は、歴史的に徐々に形成されてきたという側面も確かにあるのではあるが、しかし、一方、もうすでに、両者の初発の時期からすでに胚胎していたという側面もある。それは、西田の第一著作である『善の研究』と和辻の第一著作である『ニイチェ研究』に見て取ることができる。

「同期デビュー」の西田と和辻

西田と和辻は、年齢でいうと二〇歳離れているが、興味深いことに、著書の出版歴からいうと、そのスタートはほぼ同時である。西田の第一作『善の研究』が刊行されたのが一九一一年であり、和辻の第一作『ニイチェ研究』が刊行されたのが一九一三年である。わずか二年しか離れていない。二人は、実世界では、二〇歳という年齢差があったが、しかし、書物の世界の中では、「同期生」といっても過言ではない。晩成の西田に対して、早熟の和辻ともいえようか。『善の研究』刊行時の西田は四二歳、一方『ニイチェ研究』刊行時の和辻は二四歳である。前節でみたように、和辻は、西田への感情を「敬愛」と述べているが、垂直的関係から生じる「敬」だけではなく、そこに水平的関係から生じる「愛」という感情があるのは、この「同期生」的な感覚からきているとも考えられよう[8]。

ほぼ二年の間隔で出版された西田の『善の研究』と和辻の『ニイチェ研究』だが、その類似は、その構成からすでに見て取ることができる。『ニイチェ研究』は、ニイチェの思想を包括的に論じた本であるが、大変特徴的な本である。最も特徴的なのは、ニーチェの著作からの直接的な引用が本文中には全く存在しないということである。そのことは和辻自身も同書のあとがきの中で述べているが（和辻 1961［1913］：382）、ニーチェの著作がアフォリズムからなるため、一々の文言を引用することはあまりに煩雑になるからであるという。直接的な引用はないが、本文の典拠となった箇所の一覧は巻末にある。だが、直接の引用がないことは、ニーチェに仮託して、和辻が自身の思想を表出しているからでもある。『ニイチェ研究』の構成は、存在論から始まり、宇宙や自然を論じ、終わりには、倫理の問題を論じるという形式になっているが、ニーチェ自身は、そのようには自己の思想を組み立ててはいない。つまり、この本自身が和辻の思想の表明である。そして、その構成は西田の『善の研究』と重なる。試みに『善の研究』と『ニイチェ研究』の目次を並べてみよう。

『善の研究』

第一編　純粋経験

第二編　実在

第三編　善

第四編　宗教

(西田 1965［1911］: 1-4)

『ニイチェ研究』

第一　新価値樹立の原理

第一章　権力意志

第二章　認識としての権力意志

第三章　自然としての権力意志

第四章　人格としての権力意志

第五章　藝術としての権力意志

第二　価値の破壊と建設

第一章　宗教の批評

第二章　道徳の批評

第三章　哲学の批評

---

［8］　なお、そのほかに西田と和辻の関係が単なる垂直的な関係ではなかった要因としては、両者とケーベルとの関係がある。いわゆるお雇い外国人であったラファエル・フォン・ケーベル（一八四八―一九二三年）は、一八九三年から一九一四年までの約二〇年間、東京帝国大学で哲学と西洋古典を講じた。西田は、一八九一年、二二歳で、東京帝国大学文科大学哲学科選科に入学し、一八九四年に卒業したが、ケーベルに学んだ（永井 1967: 672）。和辻も東京帝大でケーベルに学んだ。その時期は、二〇年離れてはいるが、いわば「同門」である。和辻は、ケーベルを深く敬愛し、ケーベルの没後には、『ケーベル先生』という本を書いているくらいだが、ケーベルの死の直後には『思想』で特集号を組んだ。表2に見える西田の「ケーベル追悼」と和辻の「ケーベル先生の生涯」は、その特集号に掲載された。西田に原稿を依頼したのは和辻だと考えられる。ケーベルを通じて、西田と和辻の間には、「兄弟子」と「弟弟子」ともいえるような関係があった。このような「同門」の感覚が、西田と和辻の人間的な交流を支えていたことも想定できる。

第四章　藝術の批評
第五章　ヨオロッパ文明の退廃
第六章　新しき価値標準

（和辻 1961［1913］：11-16）

『善の研究』では、「純粋経験 pure experience」をキーワードとして、まずは内的な経験の詳細が述べられ、それが実在という形而上学的な問題として論じられ、さらに、善が論じられ、宗教が論じられるという結構になっている。『ニイチェ研究』では、ニーチェのいう「権力意志 Wille zur Macht」[9]をキーワードとして、前半で形而上学的認識論的な問題が論じられ、後半で道徳や宗教が論じられるという結構になっている。ニーチェ自身は、そのような順番で権力への意志を論じているわけではない。この構成は、むしろ、和辻自身の思想を表明している側面が強い。

この類似で注目されるのは、和辻は、この第一作の後、自然を直接的に論じることはあまりなくなるが、この『ニイチェ研究』では、自然が正面から論じられていることである。『ニイチェ研究』の第一部の第三章「自然としての権力意志」の節構成は「第一節　無機界」「第二節　有機界」「第三節　人」「第四節　宇宙」「第五節　価値」という構成だが、この論じ方は、西田の『善の研究』の第二編「実在」の後半部分の章構成と重なる。それは、「第七章　実在の分化発展」「第八章　自然」「第九章　精神」という章の並びであるが、そこでは、実在の問題が、生物のみならず、無機物の化学進化や宇宙の進化の問題として論じられている。この点については、この後の項で詳しく見る。

和辻『ニイチェ研究』にみる主観客観の分離と統一

和辻が『風土』の中で、主観と客観が截然と区別されることを批判していることは、すでに本書第I部第2章で見た（☞本書98, 107ページ）。そこでは、和辻が寒さを例にして述べた「主観と客観の区分、従ってそれ自身単独に存立する「我々」と「寒気」との区別は一つの誤解である」という文章を引用した（和辻1962［1935］：9）。このような考え方は、『風土』が書かれる約二〇年前に書かれた『ニイチェ研究』の中にすでに見られる。

> 真の哲学は単に概念の堆積や整斉ではなく、最も直接な内的経験の思想的表現なのである。直接的にして純粋な内的経験とは、存在の本質として生きることを意味する。認識する主体と認識せらるる客体とがあって、その間に認識の形式に依らざる直接的な本質の感得があるというのではない。（和辻1961［1913］：41）

ここでは、和辻は、はっきりと認識する主体と認識される客体があるのではないと言っている。そうではなく、そこにあるのは、「直接的にして純粋な内的経験」であるという。ここでは、主観と客観の区別ではなく、そこにあるのは「純粋な経験」であるということを言っている。これは、本書第I部第2章で見たパンサイキズムの一つであるパンエクスペリエンシャリズムの考え方に近いだろうが（☞本書130ページ）、一方で、すぐ

［9］　和辻は「権力意志」と訳すが、この語は現代では「権力への意志」と訳されることが多い。原語のドイツ語はMachtwilleではなく、Wille zur Machtなので、実際、「権力意志」というよりも「権力への意志」と訳した方が原語には忠実である。

に思い浮かぶのが西田幾多郎の『善の研究』がテーマとしている「純粋経験」である。西田はこう述べる。

純粋経験を唯一の実在としてすべてを説明して見たいといふのは、余が大分前から有つていた考であった。初はマッハなどを読んで見たが、どうも満足はできなかつた。其中、個人あつて経験あるにあらず、経験あつて個人あるのである、個人的区別よりも経験が根本的であるといふ考えから（…）遂に此書の第二編を書いたのであるが、その不完全なることはいふまでもない。（西田 1965［1911］：4）

純粋経験は直接経験と同一である。自己の意識状態を直下に経験した時、未だ主もなく客もない、知識と其対象とが全く合一している。これが経験の最醇なる者である。（西田 1965［1911］：9）

ここで西田は、経験という次元に着目すると、主観と客観という区別は本質的なものとしてとらえられないと言っている。認識とその対象が一致している状態が純粋経験であるという。西田は、この純粋経験をアメリカの哲学者ウィリアム・ジェームズのピュア・エクスペリエンス pure experience の議論に刺激を受けて発達させた。『善の研究』には、ジェームズの論文「A World of Pure Experience 純粋経験の世界」(James 1987［1904］)が引用されている（西田 1965［1911］：10）。[10] ジェームズは、純粋経験の世界の中においては、主観と客観の区分が無効であることを述べていた。

和辻の『ニイチェ研究』の立場は、これらの立場と同じである。和辻はニーチェの中に、二元論を超克するものを見出したが、それが「権力意志」である。内界と外界、主観と客観との対立は意識の世界の成立に従って始めて現れるが、権力意志は、その分裂を統一する。

権力意志は（…）流動的融合的なものであると共にまた自己の分裂と征服とに努める。この分裂と融合とは数量的な多と一を意味するのではなく、一であると同時に多なのである。従って権力意志は個体でありながらまた全体である。かくのごとき状態は論理的には許されない。しかし論理的解釈は論理以上の個体がその征服と創造の途上に武器として造り上げたものであるから、おのれの創造者を束縛することはできない。「解釈するもの」と「解釈せらるるもの」とは一でありまた対立であるところの論理以上の生に属する。「解釈するもの」としての個人的人格は宇宙の生命と同一であると共にまた自己を征服しなければならぬ。（和辻 1961［1913］：58）

権力意志とは、一であると同時に多であり、個体でありながら全体でもあるというものだと和辻は言う。ここには、西田が「矛盾的自己同一」と考える、個と全体、一と多の間の関係が述べられている。西田の「矛盾的自己同一」という語が示唆するように、このような関係は、論理的には許容されない。和辻は、そのような論理ではとらえられないものが権力意志であるという。権力意志とは、その権力意志を生み出したものをも超越する。本書第Ⅰ部第2章では、西田の「絶対無」という考え方を見たが（☞本書 102-105 ページ）、この自ら

［10］　この当時、ジェームズは、一九〇四年に「Does Consciousness Exist? 意識は存在するのか」を書いたことを皮切りに、「純粋経験の世界」、「How Two Minds Can Know One Thing 二つの心は一物をいかにとらえるか」、「Is Radical Empiricism Solipsism? 根源的経験主義は独我論か」、「The Place of Affectional Facts in a World of Pure Experience 純粋経験の世界における感情の位置」などの論文を次々と発表していた（James 1987［1904］a, 1987［1904］a, 1987［1905］a, 1987［1905］b, 1987［1905］c）。一九〇四年ごろから『善の研究』に至る諸論稿を執筆していた西田は（藤田 2012：347 ff.）、ジェームズの著書を読み、これらの論文に関心を持ち、当時、アメリカのシカゴに在住してオープン・コート社で雑誌『モニスト』の編集の仕事をしていた鈴木大拙に頼んで論文を送ってもらったり、『モニスト』に執筆していたジェームズに、自分の質問を取り継いでもらったりしている（西村 2004：125, 128）。風土学の形成という観点から見たこの時期の西田と鈴木の交流については本書第Ⅴ部の寺田の特論で見る（☞本書 652 ff. ページ）。

を生み出したものをも超越する権力意志とは、有と無の相対的関係を超越する絶対無と相同のものである。

西田『善の研究』における「実在の分化発展」と「統一」

この和辻の『ニイチェ研究』の引用部分では、権力意志を説明する中で、宇宙にまで至る視野が展開されているが、世界の中における個物の位置を説明する西田の文章の中にもほぼ同一の内容を述べたものが見られる。『善の研究』第二篇第七章「実在の分化発展」がそれである。この第二篇を、西田は同書の前書きにおいて、「思想の核心」であるというが（西田 1965［1911］：3）、この世界に存在する実在物が、どのようにして発展してきたかという存在論的問題が進化史の問題としてとらえられ、そこにおいて、存在の中にすでにして含みこまれている「対立」が説かれる。

意識を離れて世界ありといふ考より見れば、万物は個々独立に存在するものといふことができるかも知らぬが、意識現象が唯一の実在であるといふ考より見れば、宇宙万象の根底には唯一の統一力あり、万物は同一の実在の発現したものといはねばならぬ。（…）実在は一に統一せられて居ると共に対立を含んで居らねばならぬ。此処に一の実在があれば必ずこれに対する他の実在がある。而してかくこの二つの物が互いに相対立するには、此の二つの物が独立の実在でなくして、統一せられたるものでなければならぬ、即ち一の実在の分化発展でなければならぬ。而してこの両者が統一せられて一の実在として現はれた時には、更に一の対立が生じねばならぬ。併し此時この両者の背後に、又一の統一が働いて居らねばならぬ。かくして無限の統一に進むのである。之を逆に一方より考へて見れば、無限なる唯一実在が小より大に、浅より深に、自己を分化発展するのであると考へることができる。此の如き過程が実在発現の方式であって、

宇宙現象は之に由りて成立し進行するのである。（西田 1965［1911］：76）

ここでは、実在が実在するとは、他の実在を必要とすることがまずは述べられる。実在が実在するためには、実在だけでは不十分である。そもそも、実在が実在するためには、その実在を有らしめる場が必要であるが、そのその実在を有らしめる場は、また実在として実在する必要がある。ただ、その二つが、無関係であるのならば、実在は実在しえない。実在が実在するためには、その実在を有らしめる場も実在するという形において、その二つは、ある一つの実在性というような共通性を持たなくてはならない。それを西田は、「統一せられたもの（統一されたもの）」という。その「統一されたもの」が統一されているのはどうしてか。それは、その統一された二つのものが、元は一つのものから分化したからであると述べる。ここにおける分化とは、時間的な分化というよりも、論理的な関係であろう。一つのものが二つに「分かれる」とは、「分かれる」が「分かる」という動詞の中動態的モダリティであることからわかるように、時間な前後関係というよりも、認識上の関係である。実在が実在するためには、その実在を実在として「分かる」ことが必要であり、それにより、実在という「図」とその実在を実在せしめる「地」が分かれる。この分化は、認識上の分化である。だが、しかし、同時に、実在物は、宇宙の開闢以来、実在し続けている。宇宙の開闢以来実在し続けているということは、そこには、ある一つの存在が存在し続けているわけだが、その一つの存在の上に、次々に実在物が「分かれ」ているということになる。それが、「自己分化」であり、そのようにして、宇宙は、現在まで進行しているのである。これは、先に見た和辻の『ニイチェ研究』が述べる権力意志のメカニズムと相同である。和辻は、権力意志とは、「認識能力の根本原理となっている強い統一力である」という（和辻和辻 1961［1913］：43）。和辻のいう「統一」と西田のいう「統一」とは同じことを指している。その統一の原理を宇宙にまで拡張するレトリックも同じである。

『善の研究』は西田の第一著作であり、『ニイチェ研究』は、和辻の第一著作である。両者の視角は、この時点からもうすでに類似している。ただし、和辻は、『風土』の中で西田の名前を書いていないのと同様に『ニイチェ研究』でも西田の名前を書いてはいない。和辻の『ニイチェ研究』は『善の研究』の二年後に刊行されているので、和辻は西田を剽窃したのであろうか。そうではないと思われる。そもそも、同書においては、和辻は、ニーチェを分析しているのであり、そのニーチェを読む中で、見出した想念を自らの考えと合わせて再構成している。すでに見てきたように、二人の思想は単に用語が似ているというようなレベルではなく、根源的な部分で共通している。根源的な部分に類似があるから、ニーチェを通じて表出された和辻の思想が、結果として西田と類似しているということではなかろうか。

和辻と西田の思想の類似に関しては、哲学者の湯浅泰雄が、和辻の評伝の中で、両者を比較した上で、「意識と対象を主観─客観として対立させる知的態度に先立って、その根底に見出される直接経験の場」を重視する点で二人には、共通して、「日本人の思考様式の伝統の中にあるものが何らかの形であらわれている」のであり、二人は、「日本の文化的伝統を受け継いだ哲学者」であると評価している（湯浅 1981：41）。湯浅の言は、一九八〇年代という「日本文化論」が盛んだった時期の評価である。その類似を伝統性や日本の独自性の中でとらえることもできようが、今日的なとらえ方をする必要もあろう。本章は、それを世界性、今日の同時代性、未来性の下でとらえ、両者の共通性が風土学、環境という問題に延伸されたとみて、フューチャー風土の構想に資するものではないかと考える。あるいは、それはモニズムとパンサイキズムの潮流の中で位置づけられることも可能であるとも考える。

たとえば、ここで見た、和辻と西田のどちらもが、統一力の問題を宇宙の開始という問題から論じるという姿勢は、生物と無生物の境界を超えた存在論へと視座を開くが、それは、本書が問題にしている、ひと、いきもの、自律する機械というものを包括してとらえるフューチャー風土の視座に裨益するものであろう。宇宙の開始とは、世界観の問題だが、西田はそれを、自然科学の問題としてとらえている。このような姿勢は、本書第II部第2章で見るように（☞本書218 ff. ページ）、今西錦司にも見える。今西は、「分化発展」という考え方をしているが、西田の考え方との相似が見て取れる。本書第II部第2章でみるバイオセミオティクス（生命記号論）のホフマイヤーも、記号の問題を通じて、生命の起源という起源の問題に迫っている（☞本書236 ページ）。右で見た西田と和辻の宇宙を視野に入れた思想は、幅広い思考を開く可能性のある視角である。なお、この点については、本書第III部第5章でも改めて検討する（☞本書456 ff. ページ）。

6　自然から環境へ

以上、和辻の論の中に見られる西田の視角を見てきた。両者が、このような論理をともに、同じ時期に展開していたのは偶然とはいいがたいだろう。すでに表2で見たように、二人は、同時期に、このような視角に至っていた。その背景については、思想史的、哲学史的分析が必要であろうが、前章本書第I部第2章でもみたように、これを、少し大きなスコープに位置付けてみると、モニズム的な考え方がこの時期には世界的に見られたこととも関係がないわけではなかろう。ハイデガーにしろ、ユクスキュルにしろ、ラッセルにしろ、フッサールにしろ、この時期には、自然科学の隆盛を背景にした世界観の拡張とその揺らぎに直面していた。西田も、和辻もそれとは無関係ではなかったはずである。二人とも、西洋世界へのアンテナは高く、またその感受精度は高かった。同時代の思潮には、ふたりとも敏感に反応し、同時代の思潮の刺激を受けて、それぞれ自己の立場を作りあげていった。そういう意味では、この両者に見られる環境という問題の扱いとは、同時代的文脈と切り離せないものがあるはずである。そもそも、『善の研究』の段階では、西田は環境という語を用いておらず、それを自然と言っていた。それが、徐々に変化して、環境という語が用いられるようになったのである。

ユクスキュルの「環世界」という概念を検討した思想史研究のイアン・クリンケによると、ユクスキュルが一九〇九年に『生物の内的世界と環世界』を刊行した背景には、当時、「環境 environment」や「生存圏（レーベンスラウム Lebensraum）」「ウムゲーブング Umgebung」など複数の環境をめぐる語が提起されていた背景があるという（Klinke 2023 : 465）。クリンケによると、環境 environment という語はすでに一八二〇年代から広まってきていたが、レーベンスラウムは一九〇〇年代に入って提唱された語である。この語は、後にナチスに地政学用語として用いられることとなるが、有機体とそれを取り巻くもの両方を指す。つまり、そもそも、環境という概念を表す新たな語自体が現れ始めていたのが、二〇世紀初頭であった。

当時は、外部世界の在り方が、自然科学的に、様々に解明され始めたとともに、それを統合して人間の世界観を作り直す必要があった時期でもあった。和辻の『風土』のモンスーン、砂漠、牧場の類型化は、ケッペンなどの気候学の進展と切り離せないだろう。一方、西田の環境概念を自己の中に取り入れた今西は、本書第Ⅱ部第1章で見るようにすみわけ理論を展開させてゆくが、その過程では、クレメンツなどの気候と植生の区分を批判している。今西は生物地理学から生態学への流れの中に自分は存在していたといい、当時隆盛してきていた「生態学」に、学生時代大きな期待を寄せていた。生態学とは、生物をその環境の中でとらえる学である。それは、当時の若き学徒にとって清新な分野であると思われたことを今西はしばしば述懐する（今西 1993

［1984］：7, 49, 255；1993［1987］：279, 349)。

二〇世紀初頭、グローバルに学問世界を見た時、環境をめぐる新たな視点が生まれていた。そのような潮流がこの時期の西田と和辻に有形無形の影響を与えていたから、二人は風土や環境をめぐる思索を展開させたといえる。環境という語の検討の必要性は、今日、改めて重要性を増している。西田と和辻の環境をめぐる言説も、その光の下で新たな位置づけを与えられることを待っているはずである。

初出

本章は次の発表の一部を元にしている。

寺田匡宏「東アジアの「災、禍、難」と人新世の風土論」、京都大学人文科学研究所共同研究「東アジア災害人文学の構築」（代表：山泰幸）研究会、二〇二一年七月二四日、京都大学人文科学研究所・オンライン。

引用・参照資料

和文文献

今西錦司（1993［1984］）「自然学の提唱」今西錦司『増補版　今西錦司全集』一三、pp. 3-220。

今西錦司（1993［1987］）「自然学の展開」今西錦司『増補版　今西錦司全集』一三、pp. 221-616。

苅部直（2010［1995］）『光の領国――和辻哲郎』岩波現代文庫、岩波書店。

永井博（1967）「西田幾多郎年譜」西田幾多郎『西田幾多郎全集』一九、岩波書店、pp. 667-701。

中島岳志（2013）『岩波茂雄――リベラル・ナショナリストの肖像』岩波書店。

西田幾多郎（1932）「汝と我」西田幾多郎『無の自覚的限定』岩波書店、pp. 438-553。

西田幾多郎（1937［1936］）「論理と生命」『哲学論文集』二、岩波書店、pp. 1-162。

西田幾多郎（1937）「実践と対照認識——歴史的世界に於ての認識の立場」西田幾多郎『哲学論文集』二、pp. 163-302。

西田幾多郎（1939）「絶対矛盾的自己同一」西田幾多郎『哲学論文集』三、岩波書店、pp. 185-286。

西田幾多郎（1953）『西田幾多郎全集』一八（書簡集二）、岩波書店。

西田幾多郎（1965［1911］）「善の研究」西田幾多郎『西田幾多郎全集』一、岩波書店、pp. 1-200。

藤田正勝（2012）「解説」西田幾多郎『善の研究』岩波文庫、岩波書店、pp. 323-372。

姫路文学館（編）（2010）『没後五〇年　和辻哲郎展　しめやかな激情——日本を見つめつづけた哲学者』姫路文学館。

牧野英二（2010）『増補・和辻哲郎の書き込みを見よ！——和辻倫理学の今日的意義』法政大学出版局。

山内得立（1993）『随眠の哲学』岩波書店。

湯浅泰雄（1981）『和辻哲郎——近代日本哲学の運命』叢書歴史と日本人、四、ミネルヴァ書房。

湯浅泰雄（1992）「解説」和辻哲郎『和辻哲郎全集』別巻一、岩波書店、pp. 447-494。

和辻哲郎（1961［1913］）「ニイチェ研究」和辻哲郎『和辻哲郎全集』一、岩波書店、pp. 1-391。

和辻哲郎（1962［1935］）「風土——人類学的考察」和辻哲郎『和辻哲郎全集』八、岩波書店、pp. 1-256。

和辻哲郎（1962［1949］）「倫理学下巻」和辻哲郎『和辻哲郎全集』一一、岩波書店、pp. 1-448。

和辻哲郎（1963）『和辻哲郎全集』二〇（小説・戯曲・評論・随想）、一九七八年第二刷、岩波書店。

和辻哲郎（1963［1947］）「初めて西田幾多郎の名を聞いたころ」和辻哲郎『和辻哲郎全集』二〇、一九七八年第二刷、岩波書店、pp. 607-611。

和辻哲郎（1963［1957］）「『思想』初期の思い出」和辻哲郎『和辻哲郎全集』二〇、一九七八年第二刷、岩波書店、pp. 694-709。

和辻哲郎（1991）『和辻哲郎全集』二四（小篇五、雑纂、年譜、著作年表、題名索引）、岩波書店。

和辻哲郎（1991［1932］）「国民道徳論」和辻哲郎『和辻哲郎全集』二三、岩波書店、pp. 93-108。

和辻哲郎（1992［（1913）］）「「メモランダム」ノート」和辻哲郎『和辻哲郎全集』別巻一、岩波書店、pp. 1-112。

欧文文献

Fujita, Masakatu（2020）“The Development of Nishida Kitarō's Philosophy：Pure Experience, Place, Action-Intuition,” Davis, Bret（trans.）, in Davis, Bret W.（ed.）*The Oxford Handbook of Japanese Philosophy*, pp. 389-416. Oxford：Oxford University Press.

James, William（1987［1904］a)“Does Consciousness Exist?,” in James, William *Writings 1902–1910*, The Library of America, pp. 1141-1158 . New York : Literary Classics of the United States.

James, William（1987［1904］b)“A World of Pure Experience,” in James, William *Writings 1902–1910*, The Library of America, pp. 1159-1182. New York : Literary Classics of the United States.

James, William（1987［1905］a)“How Two Minds Can Know One Thing,” in James, William *Writings 1902–1910*, The Library of America, pp. 1186-1192. New York : Literary Classics of the United States.

James, William（1987［1905］b)“Is Radical Empiricism Solipsism?,” in James, William *Writings 1902–1910*, The Library of America, pp. 1203-1205. New York : Literary Classics of the United States.

James, William（1987［1905］c)“The Place of Affectional Facts in a World of Pure Experience,” in James, William *Writings 1902–1910*, The Library of America, pp. 1206-1214. New York : Literary Classics of the United States.

Klinke, Ian（2023)“Arguing with Jakob von Uexküll’s Umwelten,” *GeoHumanities* 9（2）: 462–479.

Tremblay, Jacynthe（2020）*Le Lexique philosophique de Nishida Kitaro*. Nagoya : Chisokudō.

Yusa, Michiko（2002）*Zen & philosophy : An Intellectual Biography of Nishida Kitarō*. Honolulu : University of Hawaiʻi Press.

第４章
各論

仙境と砂漠
——精神の風土学
Mountains and Deserts in the Mind

ジェイソン・リュス・パリー
（寺田匡宏・訳）
Jason Rhys Parry
(Japanese translation：Masahiro Terada)

この二年間、日本語を学んできた。その中で最も難しく、最も魅力的だったのは、漢字である。漢字を学んでいる中で、もしかしたら、それは、風土と思考の関係に重大な示唆を与えているのではないかと感じていた。英語で「隠者」と訳されることが多い「セン」という語をあらわす漢字が、「人」と「山」の組み合わせだと知ったのは偶然である。隠者は「仙人」であるが、この仙人とは、文字通りにとれば、「山の人」となる。

この偶然にはいくつかの興味ぶかい論点が隠れている。第一に、これは、日本語習得の非常に優れた比喩である。日本語の学習は、時に険しい山を孤独に登るようにも思われる。それはあまりに難しく、多大な努力を要し、あきらめたくなる時もある。だが、後ろを振り返ると、そこには、新たな視点が広がっている。今まで見えなかったものが見えるようになっているのだ。

第二に、「仙」と、英語の「隠者」は語源が似ている。英語では「隠者」を「ヘルミット hermit」というが、それはギリシャ語の「エレミテス eremites」という語から来ている。エレミテスとは、「砂漠の人」という意味である。つまり、隠者は、日本語では「山の人」、英語やギリシャ語では「砂漠の人」である。

二つの異なる言語において、「風景の中に一人で立っている人」を指していた語が、それぞれの道を通って最終的に「隠者」をあらわす語に至っていることは大変興味深い。重要なのは、それぞれの語が、それぞれの仕方で風景を喚起しているということである。その風景は、一方は山、一方は砂漠だが、この違いは、異なった伝統における隠者の性質の違いをも示唆しているだろう。

日本でおそらく最も有名な隠者は、一三世紀初頭に『方丈記』を書いた鴨長明だろう。この自伝的テキストは、古都京都を襲った一連の災害について書いている。災害が頻発する中、長明は都会の安らぎを捨てて山に住み込み、小さな小屋を建てた。

一方、ギリシャでは、「隠者」という語は、「砂漠の教父たち」と呼ばれる男たちと関連付けられる。[1] 彼らは初期キリスト教の禁欲主義者であり、国際都市アレキサンドリアとティルスを離れてエジプトの砂漠で暮らした。のちに、彼らは修道院を設立し、その一部は今日でも存在する。

鴨長明と砂漠の教父たちの典型的な語られ方は、彼らは世間から逃避を企てたというものである。しかし、これは話の半分にしか過ぎないだろう。なぜなら、彼ら隠者たちはただ何かから逃げていたのではないはずだからだ。彼らは逃げていたのではなく、何かに向かって進んでもいたはずだ。彼らは風景の中の何かに引き寄せられていたのだ。その彼らを引き寄せていたものとは、ある風景が持つ、ある種の思考を生み出す力というようなものであったのではなかろうか。

古代宗教史家のキム・ヘインズ・アイツェンは、砂漠のサウンドスケープが「砂漠の教父」たちを引きつけたという。静寂の場である砂漠は、また、神と悪魔の両方の声が聞こえる場としても知られていた。三世紀の神学者アタナシウスは、聖アントニウス――「砂漠の教父たち」の最初期の一人――の伝記の中で、聖アントニウスは、砂漠で、悪魔の「群衆の叫び声のような声」に定期的に襲われていたと書いた（Gregg 1979 : 41）。アタナシウスは、聖アントニウスの旅を、文明に隣接する「外なる砂漠」から、人間が住まない深い「内なる砂漠」へと向かうものだったと表現している（Haines-Eitzen 2022 : 27）。ここでいう内なる砂漠とは地理的なものではなく、心理的な砂漠である。この意味で、砂漠に向かうということとは、「砂漠の思考」、つまり、極端に暑くも、極端に寒くもなり得る場であり、非常に乾燥しているにもかかわらず、恐ろしい洪水にさらされもする場であるという、砂漠という存在自体がもつパラドックスの中に入るということでもあったと言えよう。彼らが神を探しに向かったその風景の中には、同時に、仲間の僧侶の姿をした悪魔もが潜んでいた。「砂漠の教父たち」の修行の中には、頭の中に響く神の声と悪魔の声を区別することも含まれていた。砂漠の風景とは、それらの声を自然に増幅するアンプの役割を果たした。そして、その風景は、また同時に、そこにおいてでなければかき消されてしまうような思考を可能にする場でもあった。

鴨長明の作品においても、風景の中の音に関する同様の記述がある。

> 夏ハ郭公ヲ聞ク。語ラフゴトニ、死出ノ山路ヲチギル。秋ハ蜩ノ声耳ニ満テリ。空蝉ノ世ヲカナシム楽ト聞コユ。（鴨長明 1989 : 20）
>
> 夏にはカッコウの声を聞く。彼らがさえずりあっておしゃべりをしているとき、私は、彼らに死後に歩くことになる山道を必ず導いてくれるように頼む。秋には、夕方のヒグラシの声が空気を満たす。彼らはこの世界の抜け殻を悲しんでいるようだ。（Kamo no Chomei 1996 : 64）

---

［1］［訳注］「砂漠の教父たち Desert Fathers」は、紀元三世紀ごろからローマ帝国領エジプトのアレキサンドリアから、平穏を求めてエジプトの砂漠で修業を行った人々のこと。彼らの隠者の生活は、のちの修道院のモデルとなり、東方正教会のアトス山の修道院やコプト教の修道院などに影響を与えた。とりわけ三世紀中ごろから四世紀中ごろの聖アントニウスが著名。

寂しい山道を歩いていると、カッコウやセミの鳴き声が、この世のはかなさや死についての考えを呼び起こす。ここで、長明は、何世紀も後にアメリカの博物学者アルド・レオポルドが「山が考えるように考える」と呼んだ思考を思考している。山に隠棲した長明が発見したのは、聖アントニウスが砂漠で遭遇した悪魔に似たカッコウやセミが生息する内なる山である。風景に奇妙な類似性を持つ二つの哲学的省察において、非＝人間の声は、足掛かりとなるような役割を果たしている。

哲学者でマジシャンのデイヴィッド・エイブラムは、私たちの内面が、時として生命を満たした風景に似ているという（Abram 1997, 2010）。私たちの思考は、ハチの群れのようにぶんぶんと怒り、突進するサイのようにわれわれを圧倒し、森の中のヘラジカのように、暗闇の中でしずかにひらめく。ヘラジカの角である思考の突端は、暗闇に消える前に垣間見られなくてはならないし、ヘラジカの体であるところの思考の全体像を見ようとするのならば、それが再び現れるのを辛抱強く待たなければならない。私たちはペンと紙でヘラジカという思考に罠を仕掛け、ページ上で思考を麻痺させる。本を読み、だれかと話すことは、新種のいきものに遭遇することでもある――まだ名前が付けられていない思考をわれわれはリンネのように分類し、そして、ラベルを張る。

思考がそれ自体ある種の生態系に生息しているという見方は、砂漠の教父たちの言葉の中に「砂漠的」な何かがあり、『方丈記』の記述の中に「山的」な何かがあるのはなぜかを教えてくれる。これらのテキストを読むには、それらが書かれた場所に身を置くことが不可欠であるのだ。思考と場所は結びついている。和辻哲郎が「風土」とは何かを説明するときに、念頭に置いていたのは、そのことである。

我々は寒さを感ずる前に寒気というごときものの独立の有をいかにして知るのであろうか。それは不可能である。我々は寒さを感ずることにおいて寒気を見出すのである。（和辻 1962［1935］: 8 ; Watsuji 1961: 2）

ここで和辻が行おうとしているのは、「寒い」という語に対する理解を揺さぶることである。物理学的に言うと、空気が冷たいとは、大気分子の集団の平均速度と密度の問題である。冷たい空気は暖かい空気よりも密度が高く、個々の分子の動きは遅い。だが、これは、寒さと暑さのわれわれの経験をかならずしも反映しているとはいえない。暖かい空気が、静止しているように感じられたり、圧力が強いように感じられたりすることがある。一方で、冷たい空気は、震えにつながる急速な筋肉収縮を引き起こすことがある。和辻が右記で述べているのは、われわれは、空気の密度を知ってから寒さに気づくのではないということである。そうではなくて、われわれはそれを「感じる」のである。私たちが「寒さ」と呼ぶのは、人間の体と、ある大気の状態との出会いによって生じる感覚である[2]。

和辻が、暑さや寒さのような感覚について述べていることは、芸術や、神学や、形而上学にも当てはまるだろう。これらは、人間と特定の環境との間の協働行為である。その協働行為が行われた場の風景は、しばしばその行為の結果である思想の中に痕跡を残す。われわれは、それらの行為を記録したテキストを読むとき、そのテキストを全く異なった環境下で読んでいても、その痕跡を感知することができる。

和辻は、現象学的、あるいは実存主義的にこれを論じているが、同様の考えは、分析哲学の中にも見られる

［2］［訳注］この和辻の寒さに関する言表に関しては、本書第Ⅰ部第2章で寺田が（☞本書 98 ff. ページ）、第Ⅳ部第2章で熊澤が分析を行っている（☞本書 515 ff. ページ）。

（ただし、もちろん、それには、形式論理の抽象的なカモフラージュが施されている）。ウィラード・ヴァン・オーマン・クワイン Willard Van Orman Quine は、一九四八年に発表された独創的なエッセイ「On What There Is そこに在る物について」で、想像上の存在を「存在である」と認めようとする哲学者たちを、「砂漠の風景を好む私たちの美的感覚を害する」と批判した。[3] クワインのカミソリのように鋭い哲学的舌鋒の中心に、風景の隠喩が紛れ込んでいるのは興味深い。クワインのこの「砂漠の存在論」は、その後、最も本質的で否定できない存在以外のすべてを否定する厳密な現実の捉え方の象徴として長く機能してきた。一方、これに対して、哲学者のウィリアム・ウィムサット William Wimsatt は、生物学的システムの乱雑さや、素粒子を波と考える宇宙論を取り入れた「熱帯雨林の存在論」を提唱している（Wimsatt 2007）。分析哲学は、伝統的に、比喩に象徴されるような言語の不正確さにアレルギーがある。そこにおいて、「容赦ない砂漠」と「豊かな熱帯雨林」が、存在とは何か、何を存在と考えるのか、という哲学の根本的問いへの態度をはかる試金石として機能しているのは大変示唆的である。[4]

さて、本稿を大胆な予測で締めくくろう。近い将来、クワインとウィムサットの隠喩は隠喩でなくなるかもしれない。ＳＦ作家のカール・シュローダー Karl Schroeder の説によれば、われわれは近い将来、文字通りの砂漠と熱帯雨林の存在論に直面するかもしれないのだ。小説『*Ventus* 風』やその他のエッセイで、シュローダーは科学（サイエンス）の次に生まれるのは「タリエンス thalience」とよばれる知の形態であろうという（Schroeder 2001）。彼の作品の中では、センサーのネットワークや他の自律的デジタル・デヴァイスが地球を覆いつくし、それ自体が自らの意志で実験を行い始め、ついには、彼らは独自の世界モデルと宇宙理論を発展させるに至る。[5] シュローダーは、量子力学と相対性理論の間に常に互換性が見られるわけではないのと同様に、これらの自律機械が自律的に行った研究は「宇宙の歴史について、従来の理論とは、まったく別の理論をとなえるに至る」可能性があるという（Schroeder 2024）。そうすると、未来において、人間はこれらの異った世界観を熟慮の上で比較し、「複数のモデルの中から、どれが人間にとって美的、道徳的、個人的なニーズを満たすかどうかを」選び直すことになるのだ（Schroeder 2024）。タリエンスとは、人工知能やその他のテクノロジーを媒介して、自然が自分自身についてどう考えているかをわれわれに伝えるのである。

　このようなシナリオが本当に実現するかどうかはともかく、われわれの思考と環境との関係を理解する作業は、まだ始まったばかりである。心の哲学における「拡張された心 extended mind」の理論においては、心と世界との間には厳密な境界があるという見方はすでに廃棄されている（Clark and Chalmers 1998 ; Malafouris 2013）[6]。われわれの思考は、われわれの頭蓋骨をはるかに超えて、われわれの意識の焦点や注意の方向性を枠づける「アンビエント・コモンズ ambient commons（環境コモンズ）」にまで広がっている（McCullough 2013）[7]。和辻の「風土」概念は、この相互関係が私たち自身の思考の中にどのように現れるかを明確にするだろう。

［3］［訳注］この論文でクワインは、目に見えないものであるイデアや可能態や普遍的概念が存在すると言えるのか、それとも言えないのかという問題を論じ、それを存在すると考えることは、つまりその存在について「オントロジカル・コミットメント ontologica commitment（存在論的コミットメント）」を行うということであると言った。このような問題は、哲学の歴史上、プラトンのイデア論、中世の普遍論争におけるノミナリズム（名目論）とリアリズム（実在論）など、永きにわたって論じられてきた。何を存在と認めるかという問題については、本書第III部第4章と第IV部第1章で寺田が存在のグラデーションについて論じている（☞本書 408-412, 489-490 ページ）。

［4］［訳注］比喩については、本書第V部インタビューで山極が人類進化史における言語の意義を論じる中で触れ（☞本書 596 ページ）、同第V部対談で和出と寺田が（☞本書 623-624 ページ）、現実を構成する要素としての思考モードの問題として論じている。また同第V部の黄桃の短編小説「とぅ　みーと　こじき」では、桎梏としての比喩や物語について描写している（☞本書 701 ページ）。

［5］［訳注］自律的デジタルネットワークについては、本書第III部第1章でグルンバッハが論じている（☞本書 302 ff. ページ）。

［6］［訳注］「心の哲学」とその延長上に発生した「意識の哲学」については、寺田が本書第I部第2章でも検討した（☞本書 133-136 ページ）。

［7］［訳注］主体の内とはどこまでが内で、どこからが外かという問題は、本書第IV部第5章で寺田も論じている（☞本書 436 ff. ページ）。

留意しておかなければならないのは、和辻は解釈学の伝統の中にいたが、解釈学とは、テキストの部分と全体の間の相互作用からあらわれる意味を読み取る学であるということである。「砂漠の教父たち」や鴨長明の例が教えるのは、「全体」とは、テキスト自体であるだけではなく、それらが書かれた砂漠や深山にまで広がっているということである。このような文脈の中で考えると、風土という語は、われわれが、言葉と心の中に、山や砂漠を探す行為への誘いでもあると言えよう。

引用・参照資料

和文文献

鴨長明（1989）「方丈記」佐竹昭広・久保田淳（校注）『方丈記　徒然草』新日本古典文学大系、三九、岩波書店、pp. 3-76。

和辻哲郎（1962［1935］）「風土」和辻哲郎『和辻哲郎全集』八、岩波書店、pp. 1-256。

欧文文献

Abram, David（2010）*Becoming Animal: An Earthly Cosmology*. New York: Pantheon Books.

Abram, David（1997）*The Spell of the Sensuous: Perception and Language in a More-than-human World*. New York: Vintage.

Clark, Andy; Chalmers, David（1998）"The Extended Mind," *Analysis* 58, no. 1: 7-19.

Gregg, Robert（1980）*Athanasius: The Life of Antony and the Letter to Marcellinus*. New York: Paulist Press.

Haines-Eitzen, Kim（2022）*Sonorous Desert: What Deep Listening Taught Early Christian Monks—and What It Can Teach Us*. Princeton: Princeton University Press.

Kamo no Chōmei（1996）*Hojoki: Visions of the Torn World*, Moriguchi, Yasuhiko; Jenkins, David（trans.）. Berkeley, Calif.: Stone Bridge Press.

Malafouris, Lambros（2013）*How Things Shape the Mind: A Theory of Material Engagement*. Cambridge, Mass.: The MIT Press.

McCullough, Malcolm（2013）*Ambient Commons : Attention in the Age of Embodied Information*. Cambridge, Mass. : The MIT Press.

Quine, Willard Van Orman (2011) "On What There Is," in Talisse, Robert B. ; Aikin, Scott F. (eds.) *The Pragmatism Reader : From Peirce through the Present*, pp. 221-233. Princeton : Princeton University Press.

Schroeder, Karl（2001）*Ventus*. New York : Tor Publishing Group.

Schroeder, Karl (2024) "The Successor to Science," in Karl Schroeder Blog. https://www.kschroeder.com/my-books/ventus/thalience. (Accessed July 31, 2024)

Watsuji, Tetsuro（1961）*Climate and Culture : A Philosophical Study*, Bownas, Geoffrey（trans.）. Tokyo ; New York : Greenwood Press.

Wimsatt, William C.（2007）*Re-engineering Philosophy for Limited Beings : Piecewise Approximations to Reality*. Cambridge, Mass. : Harvard University Press.

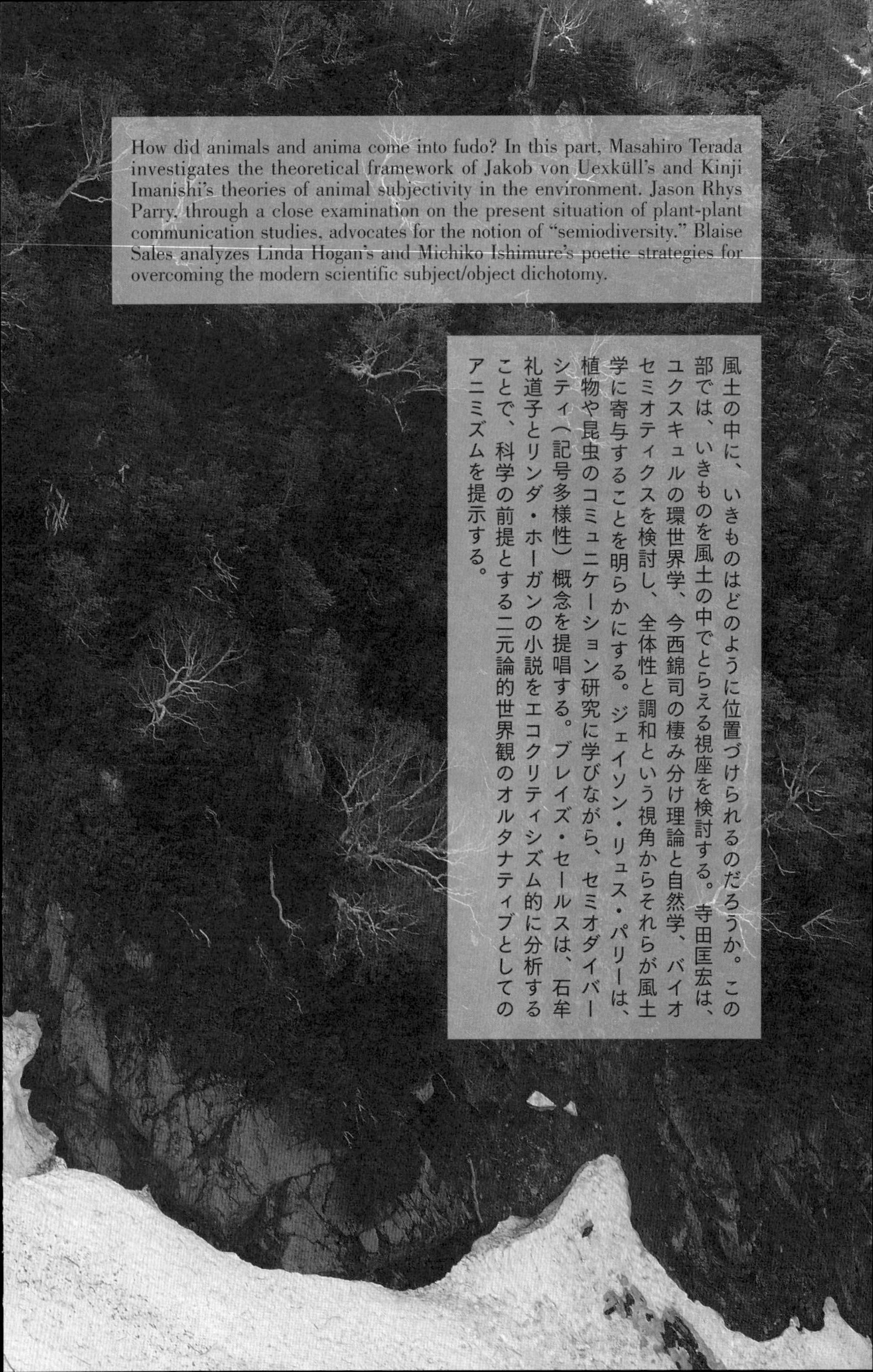

How did animals and anima come into fudo? In this part, Masahiro Terada investigates the theoretical framework of Jakob von Uexküll's and Kinji Imanishi's theories of animal subjectivity in the environment. Jason Rhys Parry, through a close examination on the present situation of plant-plant communication studies, advocates for the notion of "semiodiversity." Blaise Sales analyzes Linda Hogan's and Michiko Ishimure's poetic strategies for overcoming the modern scientific subject/object dichotomy.

風土の中に、いきものはどのように位置づけられるのだろうか。この部では、いきものを風土の中でとらえる視座を検討する。寺田匡宏は、ユクスキュルの環世界学、今西錦司の棲み分け理論と自然学、バイオセミオティクスを検討し、全体性と調和という視角からそれらが風土学に寄与することを明らかにする。ジェイソン・リュス・パリーは、植物や昆虫のコミュニケーション研究に学びながら、セミオダイバーシティ（記号多様性）概念を提唱する。ブレイズ・セールスは、石牟礼道子とリンダ・ホーガンの小説をエコクリティシズム的に分析することで、科学の前提とする二元論的世界観のオルタナティブとしてのアニミズムを提示する。

第II部
いきものと未来風土
——アニマル、アニミズム、ハーモニー

Part II
World of Living Beings
Agencies in Nature

第1章
総論

調和と共存在の風土学
——ユクスキュル、今西錦司、バイオセミオティクスにおけるいきものの位置

Harmony and Coexistence from the Fudo Perspective: How Do Uexküll, Imanishi, and Biosemiotics Conceive of Living Beings?

寺田匡宏
Masahiro Terada

風土学にいきものは含まれているか

本書第II部では、いきものと風土の関係を検討する。本書は、いきものは風土の中に含まれると考えるが、しかし、それを言うためには、そもそも、いきものがどのように風土学のスコープの中に入っているか、いきものの風土における位置はどのようであり、それは、人間の風土における位置とどう関係するかが検討されなければならない。

第I部第2章では和辻哲郎、マルティン・ハイデガー、ヤコブ・フォン・ユクスキュル、バートランド・ラッセルによる四つの「環境モニズム」を分析したが(☞本書111ff.ページ)、そこにおけるいきものの位置については、はっきりとは述べてきていなかった。ここで、それを簡単に述べておくなら、この四つのモニズムは、いきものに対して、それぞれ違ったとらえ方をしている。

ユクスキュルの「環世界モニズム」は、非＝人間についての主体性を認める立場である。

ハイデガーの「ダーザイン・モニズム」は、非＝人間の主体性については、否定的な態度をとる。彼は、そ

れを「世界」という語を用いて表現する。ハイデガーによると、人間は「世界構築的 Weltbuildend」である。一方、非=人間のうち、動物は「世界が乏しい Weltarm」。それに対して、非=人間であり非=生命であるものは「世界がない Weltlos」(Heidegger 1983［1929/30］: 261)。世界を現象だと考えると、人間は世界という現象を自ら構築することができるが、動物は世界を構築できるにしてもその構築の仕方は乏しい仕方である。これに対して、そもそも生命を持たないものは、世界そのものがないというのである。ハイデガーは、生命があるから現象が存在すると考えている。ここには、生命があることが現象を持つことであるという第一の分割線と、現象を持っているという中においても、それが豊かか、貧しいか、あるいは、自ら作っているか、それともそうでないかという第二の分割線という、二つの分割線がある。[1] 自ら作っていなければ、それは外部から与えられたということになろう。それは、他動的であり、主体性を欠くことになる。ハイデガーは、いきものやものに、主体性がないことに対して、低い評価を与えている。

和辻の風土学は、人間社会を扱うだけにとどまっている。すでに見たように、人間以外のいきものやものの領域への関心は和辻にはほぼないように思われる。[2] ラッセルの思想も同様である。

本書第I部第2章では、パンサイキズムを見た(☞本書127 ff. ページ)。パンサイキズムでは、いきものにも現象を持つことを認めるということになる。パンサイキズムは、いきものにも現象を持つことを認めるということになる。パンサイキズムは、ハイデガーのように、その質を問わない。先ほど見たハイデガーの立場を、パンサイキズムという点から評価すると、ものには「現象」を認めないという点で、彼は、プシュケ、あるいは意識、あるいは、経験があらゆるものにあるとは考えていないといえるので、パンサイキストではないことになる。

環境モニズムの中にいきものはかならずしも含まれていない。では、風土の中にも含まれていないのだろうか。本書は、風土学の中にいきものを積極的に組み込むことが時代の要請であり必要だと考える。ただ、風土学がいきものを含むか含まないかという検討は本格的に行われているとはいえず、いきものの扱いははっきりとしないのも事実である。そこで、本章では、第一に、風土学の構成要素であるユクスキュルと今西錦司の所説と、第二に、そのユクスキュルや和辻の所説の現代における記号学的解釈を検討することで、いきものを風土の中に含めることがどのような意味を持つのかを明らかにしたい。結論先取り的に言うと、そこからは、調和と共存在の風土学が浮かび上がってくる。

バイオセミオティクスと風土学

本章で行うのは、風土学に、バイオセミオティクスを導入することである。バイオセミオティクスについては、本書第II部第2章でジェイソン・パリーが「セミオダイバーシティ（記号多様性）」に関する記述の中で言及している（☞本書258ページ）。同章の訳注で述べるように（☞本書259ページ）、バイオセミオティクスは、「生物記号学」や「生命記号学」とも訳しうる学問分野だが、この学は、ユクスキュルの環世界学の存在から発想された学である。一九六〇年代に、ハンガリー出身でアメリカ・インディアナ大学の教授を長く務めた言語学者のトマス・セーベオク Thomas Sebeok が人間の記号使用に加えて、動物の記号使用をもカバーする学問

［1］　これは、世界への関与の仕方をグラデーションでとらえる見方であり、パンサイキズムとも類似した見方である。このように存在をグラデーションでとらえるとらえ方については、本書第III部第4章と第IV部第1章でも見る（☞本書408-412, 489-490ページ）。

［2］　ただ、しかし、第III部第5章で見るように、和辻の思想の源流にある西田幾多郎の思想はいきものをカバーしている（☞本書459-461ページ）。

として創始した。本書第Ⅰ部第1章で見たように（☞本書 84-87 ページ）、風土学にユクスキュルと今西を取り入れたのは、オギュスタン・ベルクの風土学への大きな学的寄与であるが、ユクスキュルの環世界学を源流に持つという点では、ベルクが推し進めた風土学の現代化とも関係が大いにある。

いや、関係があるどころか、ベルクは、著書の中でバイオセミオティクスへの言及をしており、また、バイオセミオティクスの側もベルクの風土学（メゾロジー）への関心を持っていた（☞本書 239-240 ページ）。だが、これまでのところ、両者はこれまでしっかりと交錯することはなかった。互いに互いの存在を認め合って、わずかに名前に言及はするけれども、その間を深めてゆくという間柄には至っていないという状況である。

風土学をいきものの世界に開いてゆくためには、その両者の関係をテコとして入り口を広げていくのが最も確実な道である。そこで、本章では、いきものを風土学に取り入れるという意味から、両者の視角を比較検討してみたい。バイオセミオティクスは、いきものの学であると同時に、生命現象の学でもある。超長期の視点により、いきものだけではなく、ものも風土学に取り入れることが可能になる視座である。

1　ユクスキュルの環世界学と環境モニズム・風土

ユクスキュルの生涯

本節では、ユクスキュルの環世界学を検討する。まずは簡単にユクスキュルの生涯を振り返っておこう。彼の生涯はあまり知られていないが、環世界学の提唱のみならず、新たな学問の構築という点で大変興味深い。

学の構築という点では、和辻の風土学構想について本書第I部第1章で見たが（☞本書67 ff. ページ）、それとの比較もできよう。さらに、次節で見る今西錦司の生涯との類似点も数多く見出すこともできる。以下、ドイツの歴史家のフロリアン・ミルデンベルガーとベルント・ヘルマンが『生物の内的世界と環世界』（一九二八年、第二版）が、二〇一四年に、シュプリンガー社の「古典テキスト叢書」の一冊として刊行されるに際して解説としてまとめた詳細な伝記（Mildenberger and Herrmann 2014 a）、ユクスキュルの妻グドゥルンの回想録（Uexküll, G. 1964）、息子の医学者トゥーレ・フォン・ユクスキュルがまとめた短い伝記（Uexküll, T. 1980）を元に見てゆくことにしよう。

エストニアの貴族として

ヤコブ・ヨハン・バロン・フォン・ユクスキュル Jakob Johann Baron von Uexküll（一八六四－一九四四年）は、エストニアのケブラスで生まれた。エストニアは、ドイツとロシアの間で複雑な歴史をたどった国である。ユクスキュルの家系は貴族（男爵）の家系で、ドイツ騎士団に属していた。バルト海沿岸には、ダンツィヒやケーニヒスベルクなど、「ハンザ同盟都市」としてドイツとゆかりの深い都市があるが、ユクスキュルの家系は、そのような都市とともに歩んだ家系である。一三世紀以来の歴史を持ち、「ユクスキュル家の歴史を書くことは、リフランド（エストニアとリトアニアの旧名）の歴史を書くことである」とまで言われたという（Uexküll, G. 1964 : 17）。父のアレクサンダーは、ハイデルベルグで学び、長くエストニアの首都のレヴァル（現在のタリン）の名誉市長をつとめた人であった。ユクスキュルの人生の中心的活躍はドイツで行われ、著書もほとんどがドイツ語で書かれているが、アイデンティティとしては、エストニア人である。それもあって、エストニアのタルトゥ大学には、バイオセミオティクスの講座や、「ユクスキュル・センター」が設置されており、環世界学研究とユクスキュル研究のメッカとなっている。

ドルパット（タルトゥ）からハイデルベルク、ナポリへ

ユクスキュルは、ドイツ・バイエルンのコブルグのギムナジウムやレヴァルの学校でアビトゥーア（高校卒業資格試験）まで学んだ。このころすでに、カントを読んでいたと言われる（Uexküll, T. 1980 : 398）。一八八四年（二〇歳）からは、ドルパット大学（現タルトゥ大学）で四年間、動物学を学び、一八八八年（二四歳）からは、ドイツの大学都市ハイデルベルクに移動し、動物行動学を学ぶ。当初は、ハイデルベルク大学の動物行動学研究所に所属したが、その年の冬には、イタリアのナポリにあるドイツ臨海生物学ナポリ研究所（Deutsche zoologische Station Naepel）にポストを得、以後、二十代から三十代の間、そこに所属し、海洋生物の研究に従事することになる。この背景には、ハイデルベルク大学教授のヴィルヘルム・キューネの推挽があったという。キューネが、無名のエストニアの大学から来た学生を、当時、最先端の研究所に紹介したのは、ユクスキュルが卓越した実験技術を持っていたからであった（Mildenberger and Herrmann 2014 a : 274）。

ナポリ臨海研究所は、一八七二年に、エルンスト・ヘッケルの弟子のアントン・ドールンによって設立された研究所で、大学からは独立しているが、ドイツ帝国やそれを構成する連邦州からの拠出によって運営されていたユニークな研究所である。日本の理化学研究所や、ドイツのマックスプランク協会の運営する数々のマックスプランク研究所、アメリカのソーク研究所やサンタフェ研究所などのように、大学とは独立した研究所である。この研究所は、「学会が永遠に続いている」ような「自由な雰囲気」であったという（Mildenberger and Herrmann

2014 a : 275)。なお、この研究所は現在も存続し「アントン・ドールン臨海生物学研究所 The Stazione Zoologica Anton Dohrn」という名称でイタリアの文部省所轄の研究所として研究活動を行っている。

ユクスキュルは、ここに、一九〇二年まで所属した。この時期のユクスキュルは、イカやウニなどの海洋生物の反射などを研究する神経運動学の研究を行っていた。途中には、一八九九年から九〇年にかけて、ドイツ領の東アフリカのダルエスサラームでウニのフィールド研究を行い、ウニが明暗を認知していることを明らかにもしている。

一九〇二年には、ユクスキュルは、ハイデルベルクに戻り、そこに居を構え、それ以後は、独立研究者として研究を行うことになる。私生活では、一九〇三年（三七歳）に、ドイツ北東部シュヴェーリン州の貴族（伯爵）の娘であるグドゥルン・グレフィン・フォン・シュヴェーリン Gudrun Gräfin von Schwerin と結婚し、公的生活では、一九〇七年（四三歳）に、ハイデルベルク大学の医学部の名誉博士号をえている。

環世界学の確立をめざして

一九〇〇から一九一〇年代、四〇から五〇歳代のユクスキュルは、主著である『生物の内的世界と環世界 *Umwelt und Innenwelt der Tiere*』（一九〇九年）を出版し、またこれも主著である『理論生物学 *Theoretische Biologie*』（一九二〇年）の準備を進めるなど、実証的な実験を元にした研究を推し進めるとともに、哲学にもとづいた理論的研究を進め「環世界学」を構築することをライフワークと定めることになった。書籍出版により、その内容を社会に広め、研究所を設け、後進を指導し、その学説を、学会に定着させるべく動き続ける。

大西洋や地中海などの各地で海洋生物のフィールド調査や実験を行う一方、貴族のネットワークやコネクションを生かして、カイザー・ヴィルヘルム協会（現マックス・プランク協会）に働きかけ、研究助成を得たり、自らの「環世界学」のための研究所の設立を提案したりしている。同協会からは、一千マルクから一万マルクの助成を数年度にわたって受けていた。これはかなり大きな額である。一九〇七年のドイツの手工業労働者の年間平均所得は一〇一八マルクだが（雨宮 1998 : 483）、一万マルクというと、その約一〇倍である。現在の日本の労働者（給与所得者）の平均年収は四六〇万円であるので（国税庁 2024 : 7）、仮に単純計算すると、日本円にして約四五〇〇万円の助成金を一年にうけとっていたことになる。科学研究費補助金で言うと、「基盤Ｓ」規模の研究であろうか。しかもこれは、単独研究である。使途としては「飛ぶ水族館 Das fliegende Aquarium」と称して（Uexküll, G. 1964 : 94 ; Mildenberger and Herrmann 2014 a : 291）、各地でフィールドワークを行ったり、実験機器の購入にあてられたりした。

カイザー・ヴィルヘルム協会の初代総裁で、ドルパット大学の同窓生でもあった神学者アドルフ・フォン・ハルナックにユクスキュルが当時送った研究所設立の「企画書」も残っているが、そこでは「二〇万マルクを助成してくれれば、世界に冠たる生物学の研究所を設立する」ことを構想している（Uexküll, G. 1964 : 96）。この構想はポジティブには受け止められたようではあるが、生物学、動物学、動物行動学のディシプリン間の軋轢に巻き込まれ、実際の設立には至らなかった。

ハンブルク大学「環世界学研究所」

一九二〇年代、六〇歳代のユクスキュルは、ハンブルク大学が「環世界学研究所 Institut für Umweltforschung」を設けることになったので、そこを拠点として、いよいよ、本格的に学の制度化を推し進めることとなる（Mildenberger and Herrmann 2014 a : 302 ff.）。この研究所は、当初は、大学には認知されなかったが、最終的には、生物学部に所属し、博士号も授与することができる正式な研究機関としてアカデミアに認められることになった。この研究所には、多くの若手研究者が集まった。『生物から見た世界』のイラストを担当したゲオルグ・クリサートもその一人である。この環世界学研究所に、彼は、一九四〇年、七六歳になるまで所属した。退職後、彼は、イタリアの保養地として有名なカプリ島に家族とともに移住して、一九四四年に八〇歳で亡くなった。

ユクスキュルは、生涯にわたり学術の最前線で研究、成果発信を行った。ハイデルベルク大学他で、医学、動物行動学、哲学の名誉教授号を与えられ（Uexküll, G. 1964 : 187）、また、ノーベル賞にも推薦されており（Uexküll, G. 1964 : 135）、その学的業績は高く評価されている。しかし、一方、既存の学問の枠組みにおさまらないその方法論が災いして、生涯において教授のポストには就くことはなかった。「環世界学研究所」が設置されたハンブルク大学でも結局は、教授にはなっていない。

本章で共に扱う今西錦司も似た経緯をたどっている。今西も、学術界でその独自の学問が高く評価されつつも、長い間、教授のポストに就くことはなく、正式に教授としてのポストを得たのは、一九五九年、五七歳の時に、京都大学の人文科学研究所においてであった（斎藤 2014 : 385）[3]。

今西は精神の独立性を尊んだ人で、「俸給をもらおうと思ったりもらったりすると、どうしても教授の鼻息をうかがうようなことになって精神が委縮する。ぼくは無給講師やったからこそ大学の中を自由に放浪し、自

［3］　ただし、それ以前に、一九三三年に、三一歳で、京都帝国大学理学部の常勤講師（無給）に、一九四八年に、四六歳で、京都大学理学部の常勤講師（有給）に就任している（斎藤 2014 : 382-383）。

由な研究が出来たのかもしれない」と述懐しているが（今西 1984 : 9）、ユクスキュルもそれと同様のメンタリティを持っていたのかもしれない。[4] グドゥルン夫人の書いた回想録には、文学に親しみ、詩作を行い、他の貴族たちや、詩人のリルケ、スウェーデン王室侍医の精神科医アクセル・ムンテなど文化人と交流した彼の姿が描かれている。ソ連のエストニア併合による家産の没落や学界のポリティクスには悩まされていただろうが、自分の根拠地をしっかりと持った上で、悠揚迫らず学問に取り組んだ人であった。

環世界フィードバック・ループ――『生物の内的世界と環世界』

さて、ユクスキュルは何を論じたのであろうか。それを、彼の三つの主要著作から見てゆくことにしたい。その三つの著作は、『生物の内的世界と環世界』（初版一九〇九年、第二版一九二一年）、『理論生物学』（初版一九二〇年、第二版一九二八年）、『生物から見た世界』（一九三四年）である。[5] 内容的には、『理論生物学』が最も重要で、次点に、『生物の内的世界と環世界』、『生物から見た世界』が並列するであろうが、ここでは、発行の順番に見てゆくことにする。

第一の主著『生物の内的世界と環世界』は、第一版が一九〇九年にベルリンとハイデルベルクのシュプリンガー社から刊行された。ユクスキュルが四五歳の時の著書である。ミルデンベルガーとヘルマンの作成したユクスキュルに関する詳細な書誌には、彼が生涯に、約一五〇本の論文や論説を公刊し、約一〇冊の著書を刊行していることが示されているが（Mildenberger and Herrmann 2014 b : 331-338）、著書としては、これが第一番目の著書である。

この本では、文字通り、生物の内的世界と環世界が具体例に即して叙述分析されている。論じ方は、アメーバ、ゾウリムシ、イソギンチャク、クラゲ、ウニ、ヒトデ、ホシムシ *Sipunculus*、ミミズ、ヒル、ホタテ貝、ホヤ、ウミウシ、カニ、タコ、トンボが、この順番で登場し、神経系統や筋肉などの解剖学的構造とその運動や反応について論じられ、その合間に、「内的世界 Innenwelt」、「対世界 Gegenwelt」、「機能的円環 Funktionskreis」などの彼の考案した基礎概念が提示されるという論じ方である。ナポリの臨海研究所以来のユクスキュルの海洋生物の研究成果を集大成したものであると同時に、環世界という概念を提示した書でもある。

その特徴は、第一に、それぞれの生物の反応や行動について、実験室内での解剖学的な所見ではなく、環境中での反応の分析が中心となっていることである。実験室にそれぞれの生物を持ち帰り、条件を変えて、反応を調べるという研究法もあるであろうが、しかし、この本ではそのような方法は採用されていない。ウニならウニが海の中で、どのようにたとえば影などの現象や物体を感知して、敵や獲物に対応しているのかという視点から叙述がなされている。ユクスキュルは、実験室内での解剖学的研究を「文脈から切り離す」研究であると批判していたというが（Mildenberger and Herrmann 2014b : 276）、それが本の記述にも表れている。フィールドで生物を観察している者の立場に立つと、総合的、全体論的（ホーリズム）な視座が必要とされるのである。

第二に、ユクスキュルの環世界学の最も中心をなす「機能的円環」の概念がこの本では提示されている。ドイツ語の原語ではフンクチオンスクライス Funktionskreis という。フンクチオンとは機能という意味であり、クライスは円環という意味である。ただし、これを直訳して「機能的円環」と言っても、意味は伝わりにくいであろう。ユクスキュルがこの語を発明した一九〇〇年初頭の同時代の語ではないが、あえて現代的に訳する

［4］　グドゥルン夫人の書いた伝記には「教授たちからは独立独歩の一匹狼とあざ笑われ、教授の椅子を望むべくもない中で、自分の道を貫き、最後には目的を達成した」と書かれている（Uexküll, G. 1964 : 9）。
［5］『生物の内的世界と環世界』、『生物から見た世界』は日本語訳が刊行されているが、『理論生物学』は未邦訳である。

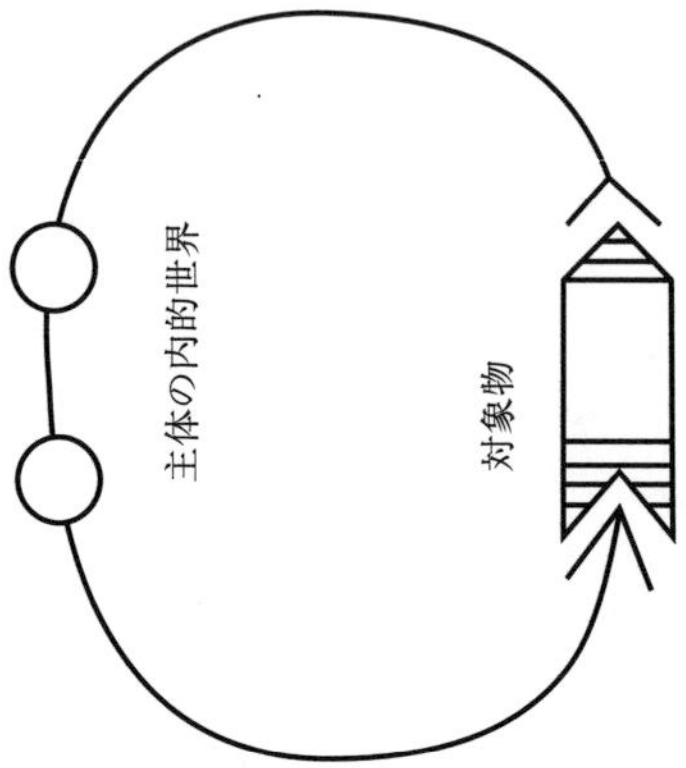

図1　ユクスキュルの「機能的円環（環世界フィードバック・ループ）」。出典：Uexküll, J.（1928：105）を元に寺田匡宏作図。

とすると、これは、「環世界フィードバック・ループ」とも呼びうる。「フィードバック・ループ」は、本書第III部第1章でステファン・グルンバッハが述べるように（☞310-311ページ）、複雑系を考える基本概念であり、サイバネティクスや生物の恒常性などを考える際の重要な概念である。サイバネティクスの創唱は、一九四〇年代であり、フィードバック・ループもそれ以後の概念であるが、ユクスキュルは、それを、先駆的に発見していたのである。

図1はその「機能的円環（環世界フィードバック・ループ）」の図である。ユクスキュルによれば、世界は、三つに分かれる。「感覚世界 Merkwelt」、「働きかけ世界 Wirkwelt」、「内的世界 Innenwelt」である。外部にある対象物（オブジェクト Objekt）は、その感覚的側面が、感覚レセプターによって感知され、いきものの「感覚世界」に入ることになる。ここでは、物体は、感覚の対象として「感覚世界」に立ち現れる。「感覚世界」の中では、刺激が感覚ネットワークを通じて移動し、いきものの「内的世界」に入る。「内的世界」を経て、今度は、刺激は「働きかけネットワーク」を通じて、いきものの働きかけ作用手にい

たることになる。すると、外部にある物体は、今度は、働きかけの対象物体として、いきものの「働きかけ世界」に立ち現れることとなる。

注意しておきたいのは、「感覚世界」と「働きかけ世界」とは、実在の世界ではないということである。それは、いきものによってそう解釈されているであろうものとして、観察者によって観察された世界である。「感覚世界」も「働きかけ世界」も、実際には、存在しない。ユクスキュルは、「そのいきものにとっては、そこにあるのは対象物だけである」と述べる（Uexküll, J. 2014［1921］: 63）。そこにあるのは対象物だけなのだが、その物を「感覚」と「働きかけ」の対象とするのは、解釈である。そして、その解釈は、「内的世界」と不可分になっている。「感覚世界」と「働きかけ世界」を合わせたのが「外的世界」であるが、ユクスキュルは、それが「環世界」であると定義する（Uexküll, J. 1928 : 100）。つまり、「環世界」と「内的世界」は不可分な存在であり、「内的世界」の在り方に応じて、「環世界」が構築されるのである。『生物の内的世界と環世界』の最終章のタイトルは「観察者」となっているが、そのことの含意は如上である。

ここから導かれることは、絶対的に客観的な世界は存在しないということである。環世界は、内的世界と不可分であるから、内的世界が変われば、当然、環世界は変わる。絶対的客観世界はそもそも存在しない。それぞれのいきものにとって異なった相貌で立ち現れるのである。そして、内的世界そのものに観察者は直接コネクトすることはできないのだから、観察者は、いきものの行動を通じてそれを推測するしかない。これは、二重の相対性である。この時期は、アインシュタインの相対性理論の提唱の時期であり、また、量子力学が観察者問題を明らかにしつつある時代であった。ユクスキュルの、この相対性の提唱も、そのような時代背景とは無縁とは言えないだろう。

この構造が、和辻の「外に出ている」と相似であることも注意しておきたい。和辻において、風土とは、主体と切り離すことのできない二にして一なるものであった。この「機能的円環（環世界フィードバック・ループ）」もそうである。そこには、切れ目はどこにもない。いや、正確に言うと、図1では感覚世界と働きかけ世界からなる環世界と対象の間には切れ目がある。線は破れており、円は円ではない。しかし、ユクスキュルは、これを「円環」と称しているので、円の破れ目は存在はしているが、無視できるものであるとユクスキュルは考えているのであろう。つまり、この円は、切れているけれども、つながっている。環世界とは、主体の側の世界であるが、しかし、それは客体と切れていない。まさに、環世界において、主体と客体は「二にして一」なるものである。本書第I部第2章で、和辻の風土学とユクスキュルの環世界学を「環境モニズム」として位置づけた（☞本書118ページ）。その所以は、この「機能的円環（環世界フィードバック・ループ）」の構造を見れば一目瞭然である。

カント、全体プラン適合性、反ダーウィニズム――『理論生物学』

第二に『理論生物学』を見よう。これは、ユクスキュルの著書の中で、内容的に見て最重要の著書である。ユクスキュルが五六歳であった一九二〇年にベルリンのシュプリンガー社から第一版が刊行され、一九二八年に第二版が刊行されている（Uexküll, J. 1928）。英訳が初版刊行の六年後に刊行されており、国際的にも注目されていた書である。

この本は、全部で八つの章からなるが、内容からみて大まかに二つの部に分けられる。前半の一章から四章は環世界に関する哲学的基礎づけである。各章は、それぞれ、第一章「空間」、第二章「時間」、第三章「内的質」、第四章「対象と生物」と題されている。カントの哲学を援用しながら、環世界が、いかに絶対空間や絶対時間が想定するような客観的世界とは異なるかが述べられる。問題を空間と時間から論じ始めるのは、カントの『純粋理性批判』と全く同じ構成である（Kant 1998［1781, 1787］）。他方、後半の四つの章では、生物の環世界の在り方と生物の進化が、「機能的円環（環世界フィードバック・ループ）」、「全体プラン適合性」の二つの概念を援用して論じられる。それぞれの章は、第五章「生物の世界」、第六章「生物の発生」、第七章「種」、第八章「全体プラン適合性」と題されている。

本書で重要なのは、第一にカントの哲学の本格的な導入と、そのいきものへの拡張である。ユクスキュルは、まさに、『理論生物学』の第一行目をカントの引用から開始している。そこでカントは「空間とは、われわれの外部空間の見え方、つまり、意味性(Sinnlichkeit)の主観的な状況の反映にしか過ぎない」と言っている(Uexküll, J. 1928 : 4 ; Kant 1998［1781, 1787］: 101)。カントは、『純粋理性批判』で、ものそのもの Ding an sich を感知することは不可能であり、ものを人間が見た時、そこには必ず、その認識枠組みが存在することを明らかにした。カントが純粋理性の在り方を探ろうとしたのは、つまり、人間は理性という先験的枠組みを以って世界を認識しなくてはならないからであり、世界の在り方を知ろうとするのならば、人間の理性の在り方を知らなければならないからである。ここで重要なのは、カントは、それを人間について述べているが、『理論生物学』でユクスキュルは、それを生物にまで拡張しているということである。カントは、人間の主観や理性を問題にした。一方、ユクスキュルは、それと同じロジックでいきものの主観や理性を問題にしているのである。これは、風土学の、いきものへの拡張の方向性を示すものである。

第二に、「全体プラン適合性」の概念である。この語は、ドイツ語の「プランメーシヒカイト Planmäßigkeit」の日本語訳である。「プラン Plan」とは、全体図とも全体計画とも訳すことができる。「メーシヒカイト mäßigkeire」とは、適合性、適切性と訳される。部分とは、つねに、全体プラン、全体図に適合的であるということを示す語である。では、一体、全体プラン、全体図とは何であろうか。それは、世界全体のことである。ユクスキュルは、世界全体が、一つの全体像であるという。そして、部分とは、全体の一部分であるのだから、全体プランに適合しているはずだというのである。全体があれば、必ず部分があり、部分があれば必ず全体がある。そのような関係があるとき、部分が、「全体の部分」として存在しているということは、その部分が必然的に全体の存在を前提としていることを、それゆえ、全体の中に位置づけられることを意味する。ユクスキュルは、そのような関係を「全体プラン適合性」と呼び、生物も、生物全体という全体の中に存在するのであるから、全体プランに必ず適合しているはずだというのである。これは、当たり前の話であるように見えるが、しかし、部分と全体という関係を見ていなければ、このような考え方は生まれない。ユクスキュルは、生物が、全体として一つの「全体」を為していると考えている。「機能的円環（環世界フィードバック・ループ）」は、全体の中に組み込まれている。とするのならば、各生物の環世界も必ず、全体に適合したものであるということになる。この見方は、次節で見る今西錦司の全体の見方と重なる見方でもある。

第三に、ダーウィン的な「適者生存」、「生存競争」的な生物観の否定であり、「調和」を基盤とした生物観の提唱である。全体プランの中で、生物は、全体に適合的に存在しているということは、そこには、不適合がないということである。ダーウィンの進化論における適者生存や、自然淘汰というのは、不適合的なものが、進化の過程からふるい落とされるという考えである。しかし、そもそも、全体の一部であるということは、部分は必ず全体に適合していることを意味し、全体の中に存在する部分には、適合していない存在はないことを意味する。となると、そもそも、生物を競争や不適合者のふるい落としとして見る見方は正しくないということになる。ユクスキュルは、生物の世界を「ハーモニー」であるという（Uexküll J. 1928 : 144）。この点も、今西の見方と重なるところである。またそれは、本書第Ⅴ部インタビューで慈悲と利他を説く山極壽一の論とも重なる。この点は、風土学の現在的意味としてこの後、再度、触れる。

第四に、機械論ではなく生気論であり、還元論ではなく全体論の提唱であることである。機械論とは、生物が、機械のように、刺激に対する入力と出力として自動的に反応しているという見方である。一方、生気論とは、単なる反応ではなく、それを超える何かが生物の本質であるという見方である。機械論は、デカルトが提唱した心身二元論からきている。心身二元論は、身体を機械的存在とし、心を、それを操る非物質的なものとした。動物に関する機械論とは、動物は機械であるという見方であり、動物にはこころにあたるものはないという見方である。しかし、ユクスキュルは、動物の主観性や内的世界を認め、それぞれのいきものの主観や内的世界が、その動物の生の局面を形作っていると考えた。これは、還元論ではなく、全体論の提唱であり、二元論ではなく一元論の提唱である。

複数の世界観と永遠に不可知の自然——『生物から見た世界』

第三の主著の『生物から見た世界 *Sterifzuege dürch die Umwelten von Tieren und Menschen*』は、上記の二つの書の内容を踏まえて書かれた総合の書である（Uexküll and Kriszat 1970［1934］）。先に見たように、ユクスキュルの『理論生物学』は、直後に英訳が出ているように、生物学者から高く評価されていたが、一般公衆には知られているわけではなかった。ユクスキュルは、自分の環世界学をひろく知的公衆に訴えたいと考えており（Uexküll, G. 1964：113-115）、新聞などへの寄稿を積極的に行っていたが、一般向けの本も積極的に書いた。この『生物から見た世界』は、ユクスキュルの環世界学の内容を、イラスト付きで分かりやすく説明した本である。

この本で重要なポイントは、世界観は複数あることの強調と、科学の世界観の相対化である。世界観の複数性は、すでに、『理論生物学』でカントを援用しながら環世界を論じる中で、理論的に明らかにされていたが、それが改めて強調されている。世界観の複数性が含意することは、科学に立脚した科学的世界観も、複数ある世界観の一つであるということでもある。社会的には一般的に、科学、とりわけ自然科学のいわゆるナチュラリズムの世界観は、唯一絶対の世界観だととらえられている。しかし、そのような世界観も複数ある世界観の一つであり、自然という多面的なものを見る一つの見方にしか過ぎないというのが『生物から見た世界』の大きなメッセージである。このようなナチュラリズム批判は、本書第I部第2章で見たように（☞本書 122-123 ページ）、和辻やハイデガーにも見られる。また、本書第III部第3章で検討するフィリップ・デスコラの所説のように（☞本書 413-416 ページ）、現代においてもアクチュアリティを持つ。

『生物から見た世界』の最後は、「そのような科学の世界観では永遠にとらえきれないものがある――それは自然である」という一文で終わる（Uexküll and Kriszat 1970［1934］: 103）。自然とは、カントのいう、ものそのもの Ding an sich であるともいえるかもしれないが、しかし、カントが『純粋理性批判』で明らかにしたように、ものをとらえるときにすでにカテゴリー化の作用が働いているので、ものを、ものそのものとしてとらえることは、原理的に不可能である。とはいうものの、自然を何とかとらえたい、自然を総体としてとらえたい、というのがユクスキュルのメッセージである。これは、次の節で見る今西錦司が、そのキャリアの最後にいたって提唱した「自然学」と重なるところである。今西は、自然科学の分析対象としての自然ではなく、それを超えた、総体としての自然をどうとらえるべきかという問題意識から「自然学」を構想した。ユクスキュルの究極に目指したところと同じところを、今西も目指していたのである。

以上、ユクスキュルの思想を見てきた。その視角は、風土学をいきものの世界に拡張する際に大きな示唆となる。そのことの意味は、この後、今西の思想を検討した後、それと併せて考えよう。

2　今西錦司からみる共存在・進化・風土

次に、今西錦司（一九〇二－一九九二年）の思想を検討する。すでに本書第Ｉ部第１章で見たように、今西もベルクによって、風土学の重要な構成要素としてカウントされており（☞本書 85-87 ページ）、ベルク選の「風土学（メゾロジー）基本書五選」の中に、二冊の著書が含まれている。彼は、日本の生物学者であるが、その思想は生物に関する哲学でもある。京都に生まれた彼は、旧制第三高等学校（現・京都大学）、京都帝国大学で学び、のちに京都大学の教授となった。その思想は、一九六〇年代から一九八〇年代に生物学界のみならず広く人文社会科学や一般の知的世界に大きな影響を持ち、一九七〇年代に刊行された全一〇巻と、一九九〇年代にそれを補足して刊行された全四巻の計一四巻からなる著作集が刊行されている（今西 1974-1994）。棲み分け理論の提唱や進化論などの理論的考察とともに、日本における霊長類研究や人類進化史研究のオーガナイズなど幅広い活躍をした。

進化論と自然学

今西は、その存命中には、自分の学問を風土学とは述べていない。生態学や生物社会学などさまざまな遍歴を経て、最終的にキャリアの最後で、彼は自分の行っている学的探求を「自然学」と述べるに至る。彼によると自然学とは「自然を客観的に扱うことでなく、自然にたいして自己のうちに、自然の見方を確立することでなければならない」（今西 1990［1987］: 84）というものである。これは、主観に対する客観としての自然という二元論的見方ではなく、自己の内に自然という見方があるということを認識し、それを「確立」するという学問である。これは、自己認識としての自然を自己の中に見るということでもあるが、本書第I部第2章で見た和辻哲郎のいう「自己了解の型」としての風土という見方と相似する内容である（☞本書 100 ff. ページ）。

自分の中に自然の見方を確立してどうなるのか。今西は、それに対して答えは出していないが、そうすることで、自然という不可知の存在の不可知性を認識することが一つの目的とは言えるであろう。今西の「自然学」とは、自然そのものを問う学問であり、「自然科学」という、自然を要素に分解するような思想を批判したものである。それは、前節でみたユクスキュルの立場とも重なるし、本章第I部第2章で見た「環境モニズム」の立場とも共通した問題意識に立っている。

今西はユクスキュルを読んだか

今西は、ユクスキュルの名前をその著作の中では言及していない。管見の限り、著作集の中にはユクスキュルへの言及はない。しかし、前節で簡単に触れ、以下で詳細に見てゆくが、ユクスキュルの思想と今西の思想の類似性と共通性は明らかで、そのことは、広く認識されてもいる（山極 2023 : 154）。

今西の『生物の世界』の英訳本を翻訳編集したアメリカの人類学者のパメラ・アスキスは（Imanishi 2002［1941］）、今西の残した蔵書の書き込みなどを調査した経験から、若いころの今西は、西洋の思潮を能う限りひろく摂取しており、西洋では捨てさられてしまったと思われているような西洋の同時代思潮にもしっかりと目配りしていることを強調している（Asquith 2015）。ユクスキュルの著書は、戦前から日本において翻訳されており、その存在は知的公衆に知られていた。その点から考えると、今西が明示的にはユクスキュルの環世界学について言及していなくとも、彼が、ユクスキュルの著書を読み、その内容を知悉していたとしても不思議ではなかろう。

今西は『生物の世界』の中で、西田幾多郎や田辺元の名前を出していないが、その影響は容易に看取できる。後年、それを問われた今西は、「西田幾多郎に『哲学論文集』というのがありますな。その論文集第二に「生物」という論文がある。これは丹念に読みましたけどな」（今西 1990［1987］: 89）と影響を認めている。[6] もし、ユクスキュルについてコメントを求められていたならば、今西は「ユクスキュルは『理論生物学』を、若いころ原書で、せえだい読みましたな」と答えたかもしれない。とはいえ、今西がユクスキュルを読んだか読んでいないかはあまり問題ではない。今西は独自の思想体系を作り出しており、洋の東西で類似した思想が平行的に展開した意味を問う方が、影響関係に拘泥するよりも大切なことであるからである。

一者からなる世界

今西の思想の中においても主体とそれを取り巻く環境は重要な問題であった。それは、言い換えれば、世界の問題である。世界とは、世界の見方のことである。先ほども見たが、和辻のいうように、風土が自己了解の問題であるとするのならば、風土とは、世界観の問題であるということになる。

［6］ここでいう「生物」は今西の記憶違いで、西田には「生物」という論文はない。西田の『哲学論文集』二に所収の論文は、「論理と生命」であるが（西田 1948［1936］）、一方、『哲学論文集』七には「生命」という論文が所収されている（西田 1949［1944-45］）。

今西の第一著書のタイトルは『生物の世界』である（今西 1974［1941］）。他方、ユクスキュルの第一著書のタイトルは、前節でみたとおり、『生物の内的世界と環世界』である（Uexküll, J. 2014［1921］）。どちらの著書のタイトルの中にも「世界」という語が含まれている。つまり、それは、両者が、生物の問題を論じつつも、世界観の問題、生物という主体とそれを取り巻く世界の問題、本書の内容にひきつけて言い換えれば、風土の問題を扱っていることを示す。

『生物の世界』の中で、今西は何を論じているのだろうか。この本には、五つの章がある。そのタイトルは順に、「類似と相異」「構造」「環境」「社会」「歴史」である。これらを一瞥してすぐに気付くのは、これが、生物を扱った書、つまり生物学の書あるいは、自然科学の書であると想像させるような語がほとんどないことである。抽象化されたシステム的思考を想起させる語であり、むしろ、哲学や人文学の書にふさわしそうな語が並んでいる。

なぜ、そのような構成になっているのか。それは、この本が、「世界」を、客観的に存在する生物により構成された客観的世界として扱っているからではなく、そのような世界がどのようにして成り立っているのかという世界の構成原理や、世界の構成原理をどう論じるかというメタレベルの話として取り扱っているからである。先ほど見たユクスキュルと同じ問題意識で書かれている。同書の「相似と相異」は次のように述べる。

それというのもこの世界を成り立たせているいろいろなものが、もとは一つのものから分化したのであって、それはすなわちこのわれわれさえが、けっして今日のわれわれとして突発したものでもなく、また他の世界からやって来た、その意味でこの世界とは異質な存在でもなくて、われわれ自身をもってこの世界の分化発展を経験したものであればこそ、こうした性質がいつのまにかわれわれにそなわるようになっ

た。（今西 1974［1941］: 12）

ここでは、今西は、世界の中のすべての存在物は、一つのものから分化し発展してきたものであると述べている。すでに本書第Ⅰ部第2章でも見たが（☞本書 112 ページ）、このような考え方は、世界にある存在物を一つであると考える点で、モニズムである。そうして、また、それは、全体という「一」を前提にして、部分を考えているという点で、前節でみたユクスキュルの全体と部分に関する見方と大きく重なっている。

今西は、世界に存在するものは、一者から分化発展したので、それらのものの間には相似と相異があると述べている。一者からの分化を強調するのは、流出説 emanationism ともいい古代ギリシアのネオプラトニスト哲学者プロティノスの説が著名であるが、流出説は存在の一者性を強調するような考え方であるので、それを相似と相異の源泉ととらえることはあまりないように思われる。この今西の捉え方は、自然科学者ならではともいえよう[7]。

今西は、このような視点から、いきものを個別的存在であると同時に、集合的存在であると位置づける。本書第Ⅰ部第2章でも見たように（☞本書 105-107 ページ）、このような二重性は、和辻の『風土』でも強調されているところである。和辻は、それを人間存在の二重性としてとらえるが、今西は、ここではそれを生物、あるいはもっと広くこの世界における存在物の根源としてとらえる。これは、二重性であり、同時に、矛盾であ

[7]　このような考え方は、今西と同時代人であるルートヴィヒ・ヴィトゲンシュタイン Ludwig Wittgenstein（一八八九―一九五一年）にも見られる。ヴィトゲンシュタインは、これを「家族的類似」と言った（Wittgenstein 1984）。少しずつ似ていて、少しずつ違っているもの同士が、あるまとまりの単位の中に見られることは、よく見られることである。ウィトゲンシュタインは家族の中に見られるそのような現象に注目したが、それは、ゲームにも見られる。あるいは、今西に従うのならば、この世界のあらゆる存在物がそのようになっているのは、それが一者から発しているからであることによる論理的な帰結ではあるともいえよう。

る。これを「矛盾的同一」と考える西田幾多郎の考え方も、すでに第I部第2章と第3章で検討した（☞本書106, 151-160ページ）。先ほど見たように、今西は、西田の思想を知悉しており、西田の『哲学論文集』二の中の論文「論理と生命」（西田 1948［1936］）だけでなく、西田の『善の研究』（西田 1965［1911］）からも若いころに影響を受けたことを証言している（今西 1993［1977］: 6）。その読書体験がここに反映している。

このような立場に立つと、世界の中のすべての存在物は一者から来たったものであるのだから、あらゆるいきものは、この世界において、共存在しているということになる。それが、相似と相異から導かれる論理的帰結である。仮に、その関係が、生物学でいう、捕食関係や敵対関係であろうとも、それらは、存在している時点で共存在している。もちろん、存在物と非存在物は共存在しえない。しかし、存在物である限り、二つ以上の存在物が、世界の中に存在として存在するのなら、それらは必然的に共存在するのである。この点は、前節でみた、ユクスキュルの「全体プラン適合性」の視角と重なる考え方である。

棲み分け・シンビオジェネシス・共存在

この共存在の問題は、今西の「棲み分け」概念に引き継がれている。棲み分けとは奇妙な語である。棲むという動詞と、分けるという動詞が接合されている。棲むということは、本来は分けることができないことであろう。動詞で表されるような行為は分割不可能だからである。分けることができるのは、場所である。棲み場所を分けるということを通じて、棲み分けが起こっているというニュアンスである。これは、空間の共有の在り方である。プラトンの語を用いると、分有（μέθεξις）ということにもなるかもしれないが、それよりも良い訳し方は共存在であろう。共存在とは、棲む場所をたがえることで共時的に存在することである。

なぜ、いきものは、棲む場所をたがえなくては共存在しえないのか。これは、存在物が、空間の中に物体として存在する特性からきている。ある存在は物体として、存在するしかないので、同じところに二つの物体が存在することはできない。もし、二つの存在が一つの場所に存在したいのならば、その二つの存在は、その場所をめぐって争わなければならない。争うことを回避するのならば、それは、棲み分けするしかなくなる。今西は、「無益な摩擦を避け、よりよき平衡状態を求めようというのが、生物の基本的性格の一つの現れでなければならないと考えられる」と述べ、紛争の回避を生物の基本的な態度としている（今西 1974［1941］: 196）。本書第V部で山極が、譲ることを人間の本性と述べるのはこれと重なる（☞本書 594-595 ページ）。

もちろん、場所をたがえる以外の方法もあるだろう。たとえば、重なるとか、一緒になるとかである。生物においてはそのようなことが見られる。リン・マルギュリスは「シンビオジェネシス symbiogenesis（共生進化説）」という現象を生物の基本原理として見出した（Margulis 1993 ; Margulis and Sagan 2002）。マルギュリスは、それを、細胞がミトコンドリアを取り入れるなどの事例から説明するが、現代では、草食動物がセルロースを分解する細菌を消化器官に生息させているなどの現象もその例の一つと言えよう（Flint 2020）。今西の棲み分けと、マルギュリスのシンビオジェネシスは裏と表の関係である。

今西は、『生物社会の理論』（今西 1974［1949］）で、この棲み分けの理論を展開した。生物は、種によって異なった場所を占有するが、そのようにすることによって、争いを避けているというのである。これは、ダーウィンの進化論が前提とするような、生物が、競争し、生存のための戦いを互いに繰り広げているという見方とは、異なった見方である。生物はそもそも、競争も、生存のための戦いも繰り広げていないというのである。

この棲み分け理論は、生物学におけるニッチ理論と相似している。しかし、ニッチ理論とは、その背後に、単一と相似という問題を前提としていないという点で異なっている。今西にとっては、環境とは、単一の起源から分化したものたちが集まっていることで出来上がっている集合体である。それゆえ、棲み分けとは、あるいきものとその他のいきものの主体的な相互性による現象である。環境中のいきものが主体的であるということは、その総合体である環境も主体的であると言える。一方、ニッチ理論は、環境を主体的とはとらえず、非主体的、あるいは静態的なものととらえ、生物という図が展開する地のようなものととらえる。

棲み分けにおいては、環境というものは厳密には存在しないことになる。なぜなら、環境にも主体があるのであり、環境とは、主体と主体の相互関係であるからである。今西は、これを、「主体の環境化、環境の主体化」という（今西 1974［1941］: 146）。[8]もし、そのようなことが起こるのであるのならば、主体はもうその時点で環境であり、環境はもうその時点で主体であることになる。そのような世界においては、主体も環境もない。あらゆるものが主体であり、あらゆるものが環境である。これは、本書第I部第2章で見た和辻のいう、外に出ているものとしての自己という構造、すなわち風土の構造と同じであり（☞本書 98 ff. ページ）、すでに本章第1節でみた、ユクスキュルの「機能的円環（環世界フィードバック・ループ）」とも同じである。

立つべくして立つ——進化における主体性

進化に関しても、今西はユクスキュルと同様の見方を取っている。今西は、ポピュレーション（種における個体）に注目する主流のダーウィニズムの進化論を批判し、そこで用いられている「種」という語を用いることを否定した。[9]代わりに彼が用いたのが、「種社会」という語である。今西は、これをラテン語をベースにしつつ「スペシア specia」とも表現した（今西 1974［1949］: 96 ff.）。このスペシアという語は、種とは、すでにして社会であるという考え方にもとづいている。オギュスタン・ベルクは、それをよりよく表現するためには、このスペシアという語はむしろ、「スピーシーズ」と「ソサエティ」を合成した「スピサイティ spiciety」という語にした方がそのニュアンスをよく伝えるのではないかという（ベルク 2021）。

先ほど見たように、棲み分けの考え方は、主流のダーウィニズム進化論が前提とする「自然による淘汰」や「生存のための競争」や「最適者の生存」という考え方とは両立しない。今西は、進化とは、このような機制によって生じる現象ではないと考えていた。そうではなく、スペシアつまり種社会の主体的な行為であると考えていたのである。

今西の考えによれば、生物の表現型は、何かによる選択があるから変化するのではなく、むしろ、それ自身の変化によって変化する。今西は、それをスペシアつまり種社会の主体性であるという（今西 1980 : 209 ff.）。今西は、そうは表現していないが、もっと強い語を用いるのならば、ある種の意志や意図であると彼は考えていたともいえるだろう。

今西は、進化は必然として起こると考えていた。「赤ん坊が立つべくして立つように、進化は起こる」と彼は述べている（今西 1980 : 202 ff.）。今西自身が認めるように、これは、まるで禅における公案のような表現ではあるが、しかし、この意味は、今西が進化について述べるときに用いる「コース」という語を用いると理解できるだろう（今西 1980 : 204）。「コース」とは、経路とも言い換えうる。この「コース」とは、あるものごとが、過去の経路によって規定されて決まってゆくことを表現したものである。あるできごとは、かならず、そ

［8］　なお、この語は、もともとは、西田幾多郎が使用している。西田の使用については本書第I部第3章で見た（☞本書 152-159 ページ）。この表現は、交錯配列法（キアスムス）という文飾表現技術の倒置反復法という手法である。キアスムスについては、本書第II部第3章でセールスが検討している（☞本書 279 ページ）。

［9］　種の実在性と個体の実在性の問題については、存在のグラデーションの問題を通じて、本書第III部第4章と第IV部第1章で検討している（☞本書 408-412, 489-490 ページ）。

れに先行するできごとの規定を受ける。そのような規定の上に、変化というものは起きる。ここに、彼がその第一著書『生物の世界』において唱えた一者からの分化と差異化ということを重ね合わせると、一者から分化するというコースにあらゆる存在物は規定されているということになる。

このような考え方は、アメリカの哲学者チャールズ・サンダース・パース Charles S. Peirce の「傾向 tendency」という考え方と相似である（Peirce 1935［1891］: 15）。パースも、今西の「コース」の考え方と同様に、変化は常に、それ以前の先行者に規定され、そのような規定が、変化全体を見た時に、ある「傾向」の存在としてとらえられるとした。これを進化という場で考えるのならば、進化における表現型とは、コースや傾向の結果を見たものということになる。なお、このパースの「傾向」は、環世界学のバイオセミオティクス的転回においてジェスパー・ホフマイヤーによって積極的に評価されている（Hoffmeyer 1996 : Chap.3）。この点については次の節で詳しく見る。

進化論における今西とユクスキュルの相似

進化についての立場において、今西とユクスキュルの共通性は興味深い。今西と同じように、ユクスキュルもダーウィニズムの進化論に対して否定的な立場をとる。とりわけ、「自然淘汰」という考え方を彼は批判している（Uexküll, J. 1970［1940］: 165）。ユクスキュルは、進化とは、種における変化として起こるのではなく、機能的円環（環世界フィードバック・ループ）の変化として起こると考えた。機能的円環（環世界フィードバック・ループ）とは、すでに見たように、ある主体の主体性の表現型であり、表象であった。

ユクスキュルは、「機能的円環（環世界フィードバック・ループ）の変化がいつ、どのようにして起きるかは説明不可能である」と述べている（Uexküll, J. 1928 : 198）。ユクスキュルにしたがうならば、機能的円環（環世界フィードバック・ループ）の変化とは進化なのであるから、これは、ユクスキュルは、進化とは説明不可能であると述べているのに等しい。ユクスキュルは、これに続けて、「知らないことは、誤った知識よりもましである」と述べているが、なぜ進化が説明不可能なのかについては述べてはいない。その理由の一つは、機能的円環（環世界フィードバック・ループ）は、主体だけではなく、それを取り巻く外部も含まれる現象であるので、そこには、連続性しかなく、切れ目がないからということであろう。切れ目がないということは常に流動しているということである。現実は、常に流動しているが、その現実に切れ目を入れるのは、観察者の側である。そうだとしたら、変化が起きるというよりも、どこに変化を見るかという問題であり、それは、観察者側の定義の問題であるからだということにもなろう。

一方、同時に、これは、ユクスキュルが、進化とは、それ自身の内的な必然性によって起きるものであり、種の主体性そのものであると考えていたからでもあろう。主体性とは法則性に従うことではない。法則性に従うのならば、それは説明可能であろう。しかし、世界とは、あまたの生物の集合であり、その生物がみな機能的円環（環世界フィードバック・ループ）を持っているとしたら、その集合体であるところの世界は膨大な複雑性の集合体ということになる。本書第III部第1章でグルンバッハが言うように（☞本書310-311ページ）、それは複雑システムであって、そのようなものの振る舞いを知ることは大変難しい。そのような複雑システムの振る舞いは、法則性においてとらえるよりも、むしろ、主体性の持つ傾向としてとらえた方が、とらえやすいということもありえよう。ユクスキュルの見方とは、そのような見方である。

ハーモニーと調和

以上、二つの節にわたって、ユクスキュルと今西錦司の所説を見てきた。ここでは、そのまとめとして、二人のいきものの見方が、風土学においてどのような現代的意義を持っているかを考えてみたい。

本書は、ユクスキュルと今西の見方が、ハーモニーと調和という見方を提示しているところに現代性があると考える。それは、共存在とも言い換えられるが、ダーウィン流の進化論に見られる競争や対立、抗争、闘いというモードで、ひと、いきもの、ものというこの地球上の様々な主体を見るのではなく、それらが、共に在るというモードで見るということである。ユクスキュルは次のように言う。

> 全体プラン適合性や機能適合性を、ハーモニーや生きるための叡智と呼ぶこともできるだろう。とはいえ、それをどう表現するかはそれほど重要ではない。重要なのは、ある全体プランに沿って存在物を規定する自然の力を認識することなのだ。その自然の力を認識できなければ、生物学は空虚な妄想のままに留まるだろう。（Uexküll, J. 1928 : 144）

ハーモニーとは、音楽の比喩である。音楽においては、もちろん、闘争も、抗争も、闘いも、争いも存在しない。そこにあるのは、音だけである。ある曲が奏でられるとき、音は、その曲という全体に位置付けられ、その全体の一部として、全体を支える。ユクスキュルは、生物の世界における部分と全体の関係とは、そのようなハーモニーをなす関係であると考えていた（Uexküll, J. 1928 : 140）。世界とは、全体であるという時点で、すでに調和しており、ハーモニーを為している。世界の意味を知ろうと思うのならば、その調和がいかにしてなされているのかという意味を探ることから始めなければならない。ユクスキュルの環世界学とは、それぞれの主体が、世界をどう解釈しているかという意味を問う学である。

今西も、ハーモニーという語は用いていないが、世界は秩序によって成り立っていると考えていた。

この世界が混とんとした、でたらめなものでなくて、一定の構造もしくは秩序を有し、それによって一定の機能を果たしているものと見ることは（…）、それらのものはお互いの間を、大なり小なりなんらかの関係で結ばれているのでなければならないと、思わしめるのである。（今西 1974［1941］: 6）

生物と環境とはもとは一つのものであり、それが分かれて生物と環境になったものであるから、生物と環境はもともと一心同体の物であるという、天地開闢説に端を発しており（…）環境は生物を生かしこそすれ、けっして殺すものではない。（今西 1984 : 62-63）

二つ引用したが、はじめの引用は、今西の第一著書『生物の世界』（一九四一年）からの、二番目のものは今西の最晩年の著書『自然学の提唱』（一九八四年）からのものである。その間、約四〇年の歳月が流れているが、今西は一貫した立場を持っていることがわかる。

ここでいう秩序とは、コスモスとも言い換えられるものである。コスモスとは、古代ギリシア以来、フンボルトに至るまで論じられた語である。今西はフンボルトの熱心な読者であったことを自ら述べているが（今西 1984 : 65, 1990［1987］: 56）[10]、宇宙を含む世界は、一貫した構造を持っており、個々の存在物はその中に位置づけられるという思想である。

今西が、環境と生物は敵対しているのではないと考えていることは重要である。それは、世界を、対立や争いや闘いとして見る見方ではない。今西は、それが、それぞれの主体による努力によって実現していると考えている。すでに引用したフレーズであるがもう一度引用すると、「無益な摩擦を避け、よりよき平衡状態を求めようというのが、生物の基本的性格」であると今西は述べる（今西 1974［1941］: 96）。この世界を、ともにあるものたちが、工夫しながら、共に在り続けることの可能性を探ろうとするような場としてとらえる見方である。

本書が問題としているように、現代は、ひと、いきもの、ものの関係が問われている時代である。そのような時代において、争いの回避は喫緊の課題であろう。争いは、それにより存在の消失を引き起こすことがある。一種の争いでもある生物の消失、生物多様性の消失について本書第II部第2章でパリーが述べているが（☞本書 259 ページ）、それが避けられるべきなのは言うまでもない。また、ひとともの（機械）の関係は本書第III部で述べられているが（☞本書 301 ff. ページ）、そこでも、争いや闘争が生じることが望ましいものではないことは明らかであろう。本書第V部インタビューでは山極が、力や闘争を基盤とした文明から調和や協調、慈悲や利他を基盤とする文明への転換の必要を述べる（☞本書 584 ff. ページ）。そのようなときに、このユクスキュルと今西の視点は示唆を与える。それが、風土学のいきものへの拡張の現代的意義である。

なお、ハーモニーや秩序を強調するユクスキュルの思考に対しては、それが静態的でダイナミックな過程をとらえていないという批判がある（Schroer 2021）。また、その批判は、ユクスキュルの思想は、生物の創造性を認めないということにも向かっている（Pagan and Pozzolo 2024 : 9［3/23］; Klinke 2023 : 473）。一方、今西は、新種の形成を通じて全体社会が再生されることを生物の「もっとも大きな創造性」であると、はっきりと生物には創造性があることを認めている（今西 1974［1941］: 131）。この点は、何をもって創造性と考えるかという定義の問題ではあるが、両者は反対の立場に立っている。だが、風土学として共存在を考えようとするのなら、この両者の対話の中から、高次のハーモニーや秩序の論理の在り方を探ることが創造的な関与であろう。[11]

3　バイオセミオティクスと風土学

さて、以上、ユクスキュルと今西の所説を見てきたが、それは、彼らの内的な論理構造に着目した検討であった。一方、風土学とユクスキュルの環世界学に関しては、一九八〇年代以後興味深い現代的解釈が生まれており、それがいきものへの風土学の拡張にとって重要な意味を持つ。そこで、以下、その点を検討してゆきたい。

一九八〇年代以後の環世界学と風土学の新しい解釈とは、「記号学（セミオティックス）」による理論の高度

［10］ ただし、今西は、フンボルトを手放しで評価しているわけではなく、むしろ批判的に見ている。フンボルトは、自然科学的に客観的に分割して得た知識を再総合することでコスモスという自然の全体を把握できると考えたが、今西は、自然を把握することは、自然科学の分析的方法では不可能で、「達観」「大悟一番」などの直観を用いた方法でなくてはならないと考えた。また、その自然のイメージも、自然科学が前提とする「絶対空間のようなまっくらな世界」ではなく、「動物も植物も仲よくくらす」「太陽の照りかがやくもっと暖かい世界」であるという（今西 1984：56）。

［11］ なお、本書第Ⅰ部第2章でも見たように（☞本書126ページ）、ユクスキュルや和辻を含めた京都学派、今西の一九三〇年代の全体主義への関与について検討が進んでいるが、全体主義と調和やハーモニーの問題は関係している。本章では展開できなかったが、重要な問題であることを指摘しておきたい。なお、類似した全体主義との関係の問題は、人新世概念における「フォース（力）」の概念にも見られることは、寺田（2021）ならびにTerada（Forthcoming）が、パウル・クルッツェンらの言説と一九四〇年代の丸山真男や紀平正美の言説を比較しながら分析している。

化である。風土学においてベルクが行った記号学的転回については、本書第I部第1章で見た（☞本書83-84ページ）。それと全く軌を一にしてユクスキュルの環世界学も記号学的転回を遂げていた。その平行関係は、風土学のいきものへの拡張の方向性について示唆を与える。

セミオティクス、記号学

記号学とは何かをまず見ておこう。記号学とは、英語で「セミオティクス」と呼ばれる学問体系である。コミュニケーションの基礎を、記号であるととらえ、その構造について探求する学である。この学は、言語学とも似ているが、言語学ではない。もちろん、言語も記号の一種なので、言語学は記号学の中に含まれるが、記号学は言語以外のコミュニケーションも対象とする。その源流は、アメリカの哲学者チャールズ・サンダース・パース（一八三九－一九一四年）と、フランスの言語学者フェルディナンド・ソシュール（一八五七－一九一三年）の思想にあると言われる。パースについてはすでに本書第I部第2章で触れた（☞本書83ページ）。二人はほぼ同時代人であるが、別々に理論を考えた。その理論とは、記号とその意味内容の関係をどのように位置づけるかである。

記号学が出発点とするのは、記号とその意味内容の間には、一般的に必然性なつながりはなく、その関係は恣意的であるということである。「赤」という文字や「アカ」という発音は、その意味内容である赤色とは関係がない。関係がないからこそ、赤色は「レッド」という発音で表されることもあるし、「red」という文字で表されることもある。このような記号とその意味内容の恣意性が、どのように記号体系あるいは認知体系の中で構造化されているかを探求するのが記号学である。ソシュールは、その関係をシニフィエとシニフィアンという語で表現した。パースは、その関係を記号、対象、解釈者の三者関係で表現した。

ソシュールとパースはどちらも一九世紀後半から二〇世紀初頭にかけてその理論を先駆的に唱えたが、それが広く人文社会科学の理論として受け入れられて研究が進んだのは、一九六〇年代後半以後のことである。ロラン・バルトやウンベルト・エーコ、ジュリア・クリステヴァなどが文学研究や哲学の方法として理論を彫琢した。当時、思想界で大きな位置を占めた構造主義にも大きな影響を与えている。

バイオセミオティクス、生物記号学、生命記号学

記号学は、記号という現象を広く研究していたが、その視角は人間の記号の使用に限定されがちであった。それを、より広く、生物や生命現象にまで広げようというのがバイオセミオティクス biosemiotics という学問である。このバイオセミオティクスについては、本書第II部第２章で、ジェイソン・パリーも触れているが（☞258ページ）、ハンガリー出身でアメリカのインディアナ大学で記号学を研究していたトマス・セーベオク Thomas Sebeok が、一九六〇年代にそのような発想を持ち、少しずつ研究を進めてゆき、それに伴ってさまざまな研究者が、集うようになった学術領域である（Favareau 2010, Sebeok 1989［1979］）。セーベオクは当初は、ズーセミオティクス zoosemiotics（動物記号学）という名称をそれに与えていたが、後には、バイオセミオティクス（生命記号学、生物記号学）という名前が一般的になる。[12] ユクスキュルの環世界学は、そのような中で、再発見され、バイオセミオティクスの先駆者として評価されるようになった。

バイオセミオティクスが本格的にさまざまな研究者によって取り組まれるようになったのは、一九八〇年代以後である。この時期に活躍した研究者として、デンマークの生化学者ジェスパー・ホフマイヤー Jesper Hoffmeyer、エストニアの理論生態学者カレヴィ・クル Kalevi Kull、ヤコブ・フォン・ユクスキュルの息子である医学者で生理学者のトゥーレ・フォン・ユクスキュル Thure von Uexküll などの名前が挙がる。彼らの活動の結果、ディシプリンとしての制度化も進み、「International Society for Biosemiotic Studies 国際バイオセミオティクス学会」が二〇〇五年に設立され、同年にはジャーナル『*Journal of Biosemiotics* バイオセミオティクス・ジャーナル』が創刊されている（二〇〇八年からは、『*Biosemiotics* バイオセミオティクス』と改称）。また、二〇一〇年には、「バイオセミオティクス学史」をまとめた重要論文のアンソロジーも公刊されている（Favareau 2010）。

バイオセミオティクスは世界中で取り組まれているが、その中でも特筆されるのが、エストニアのタルトゥ大学を中心とした取り組みである。この大学ではエストニアがソ連に属していた時代から記号学が盛んに取り組まれていた。本章第1節でも述べたが、エストニアがユクスキュルの故国であり、タルトゥ大学の前身であるドルパット大学をユクスキュルが卒業していることもあり、冷戦終結後は、西側の動向も取り入れて、より広範に記号学を遂行し、その中でバイオセミオティクスも実施されている。同大学芸術人文学部に記号学の講座があり、大学が『*Sign Systems Studies* 記号システム研究』という学術ジャーナルの刊行をサポートしている。

記号の連鎖と「三」という数

以上、簡単にバイオセミオティクスの成り立ちについてみてきたが、以下では、それが、環世界学をどのように展開させているかを検討する。その際、バイオセミオティクスの理論化を進めたジェスパー・ホフマイヤーの所説を取り上げよう。彼が、もっとも包括的に記号学、とりわけパースのそれを、いきもののみならず、ひろく生命現象に適応し、統一した理論として打ち立てているからである。

パースの記号学の特徴とは、三者関係として、記号のメカニズムをとらえたところにある。パースは、「三」という数がもつ意味を重視し、その形而上学的な重要性を基礎に置いた。三は、一でもなく、二でもない。一は始まりであり、二は終わりであるのに対して、三は中間である（Peirce 1935［1903］: 148-180）。物が個物であるのならば、その個物には、必ず境界があるはずである。[13] その境界とは、始まりであり、終わりであるとすると、そこには必ず、中間がある。あるいは、それはものに限らない。出来事についても同じである。出来事に、始まりと終わりがあれば、そこには中間が必ずある。パースは、それゆえ、三という数がこの世界の基本的な数であると考えた。

この発想は、哲学の歴史を通じて展開されてきており、すでに紀元前四世紀のアリストテレスの中にも見られる。アリストテレスは、『詩学』の中で、物語とは、始まりがあり、中間があり、終わりがある語りであると定義したが（Aristotle 1995）、物語というある動きのある語りが存在するためには、三つの要素が必要である。また、そのような三者に関する視角は、ヘーゲルの中にもある。本書第I部第2章で、和辻の議論を検討する中で、カントの『純粋理性批判』における論理の「アンチノミー」の静態性を、ヘーゲルが『論理学』で動態化したことについてはすでに見たが（☞本書106-107ページ）、それは、「テーゼ、アンチテーゼ」に加えて、

[12]　本書第II部第2章の訳註でも述べるが（☞本書259ページ）、本書では、基本的に「バイオセミオティクス」と表記し、場合に応じて「生物記号学」「生命記号学」などの日本語を補う。当初は、動物に限られていた視角が、生命現象一般に拡大しているため、バイオセミオティクスは生物記号学というよりも、生命記号学と訳した方がよい局面も多い。ただ、バイオセミオティクスは、動物や鳥や昆虫などのいきもののコミュニケーションを扱う場合も依然多いので、「生命記号学」とだけ訳すことも誤解を招く場合がある。そこで、本書では、両方の表記を適宜使い分けることにする。

[13]　個物と全体については、本書第I部第2章で、西田幾多郎の「絶対無」と限定、清沢満之の「絶対無限」と「相対有限」の問題として検討し（☞本書103-105ページ）、本書第III部第5章で「自」や「アウトス」をめぐる問題としても検討する（☞本書425 ff. ページ）。

「ジンテーゼ」という第三項を加えることにより、前二者を「止揚」することによって行われた。ここにおいても三という数字が表れているが、三者関係とは、静態的な二者に動きをもたらすのである。本書では、デュアリズムとモニズムをとり上げてきたが、この「三」の重視は、モニズムでもなく、デュアリズムでもない第三の道である。

パースは三者関係を「トリアディック triadic」と呼ぶ。そして、そのような関係は、意味の発生源である記号をめぐる現象の中にも見られるという。パースは、意味の発生を、対象物と記号と解釈者から構成される現象であると考えた。すでに本節冒頭でも述べたが、対象物とその記号の間には、もともと関係はない。しかし、その間に解釈者が存在することで、そこに意味が生まれる。言い換えれば、その三者の間で情報が移動することで、意味が生じるのである。つまり、意味は、対象物と記号と解釈者という三者の間に存在する（Peirce 1935［1903］: 173 ff.）。あるいは、この三者が組み合わさったときに意味というものが生まれる。

記号の連鎖と進化、生命の出現

ホフマイヤーは、この記号の三者関係を進化に応用した。対象物、記号、解釈者の三者の位置は入れ替わりうる。記号として解釈されたものが、今度は対象物となることで、新しい意味と結びつき、新しい記号を生み出すことになる。対象物と記号が位置を入れ替えることにより、今度は新しい三者関係が生まれる。そのようにして、意味の連鎖が生じる。この意味の連鎖は、進化そのものである。進化においては、三者関係が入れ替わることで新しい意味が生じる。逆に言うと、進化とは、意味が次々に発生する過程のことである（Hoffmeyer 1996 : 18-24）。

ホフマイヤーは、そのような記号の三者関係は、生命現象の誕生にまでさかのぼるという（Hoffmeyer 2008 : 31-38）。つまり、そのような連鎖は、進化においては、さかのぼって行くと、物質の間の化学反応の世界へと入って行くことになる。となると、記号、対象物、解釈者の三者における解釈者とは、いきものに限らないということになる。

物と記号の間にダイナミックに存在し、それを解釈できるものであれば、解釈者はいきものである必要はない。アストロバイオロジーや生命科学においては、脂質の集合が形成されることが生命現象の起源にあると考えられている（Cockell 2020 ; Smith and Morowitz 2016）。ホフマイヤーはもともとは生化学者であり、それをバイオセミオティクスの中に取り入れた。彼によるとその過程は、次のようなものである。脂質の集合は、自触媒作用によりある閉鎖系 autocatalytic closed system を作る。その閉鎖系が細胞膜となり、内部と外部を隔てる。そのような細胞膜で囲まれた閉鎖系もまた、脂質の性質により集合する。すると、その集合によりまた新しい高次の閉鎖系が生まれる。その閉鎖系の中に、ＤＮＡやＲＮＡの自己複製システムが生じる。高次の閉鎖系は、細胞膜を通じて、他の閉鎖系と交渉することにより、内部の自己複製システムを外部との参照関係に接続させる。以上の経過により、生命という自己複製システムが出来上がる（Hoffmeyer 2008 : 36）。

閉鎖系が形成され、内部と外部を隔てることが生命現象の最も根本にあることになるが、それは化学反応である。化学反応とは何か。それは、ある物質が、別のある物質の存在によって、ある振舞をすることである。ある分子の存在が、別の分子を整列させたり離散させたりする。それは、その分子が、そのようなメッセージを発していると、解釈者である別の分子に解釈された結果であるということになろう。つまり、化学反応は、記号の連鎖の中にあるのであり、そこにおいて化学反応が存在することは、ある分子の主体的解釈によるものであるともいえるのである。なお、これと通底するように、風土学の理論的背景の一つである西田幾多郎は

『善の研究』で、無機物の結晶に主体性の萌芽を見ている（西田 1965［1911］: 85）。その点に関しては、本書第III部第5章でより詳しく検討する（☞本書 459-461 ページ）。

この点について、ホフマイヤーは次のように述べる。

生命の出現という現象は、その環境から切り離して考えることはできない。（…）このことは無視されがちである。（…）だが、細胞膜の形成を生命の起源の根源に置くことによって、バイオセミオティクスは、当初から、世界の中において内と外の非対称性が存在し、主体というものが作られていることが――そして、その内と外の間を記号が架橋していることが――、生命の進化のターニングポイントであると考えてきた。（Hoffmeyer 2008 : 37-38）

ホフマイヤーの生命の記号学的解釈によると、生命の起源は、往々にして、DNAの転写システムに帰されがちである（Hoffmeyer 2008 : 31）。しかし、そうではなく、環境の中において自と他が区別されることが最も中心的である。もしそうなら、生命現象は環境と切り離せないことになる。なぜなら、そもそも、自他を区別できるようなある場が存在しなければ、そこにおいて自他の区別という出来事が起きることすらできないからである。先ほど西田幾多郎の名前を出したが、ここにも、本書第I部第2章と第3章で見た（☞本書 101-104, 151-159 ページ）、西田のいう「場所」あるいは「環境」の考え方との相似が認められる。

化学進化と生命

ホフマイヤーは、記号学的解釈によって、生命の出現を化学進化にまで接続した。軌を一にするようにして、ユクスキュルは、化学についても述べていた。彼は、『理論生物学』の中で進化の問題を論じる際に、周期表の例を持ち出し、元素の周期表は必ずしも、因果性にもとづく物理的法則には従わないという（Uexküll, J. 1970 [1940]：344）。もちろん、元素の周期表は、元素の重量によって並べられている。だから、それはある意味で物理の法則には従っているが、しかし、周期表が周期であるということは、物理の法則からは導かれない。周期表には、一三の列と、七つの行がある。その中に、一〇二の元素がおさまっているわけだが、どうして、周期表に一三の列があるのかは、物理の法則からは説明できない。一三の列とは、同様の科学的な性質を持つ物質がまとめられている。つまり、この世界に存在する元素の性質とは、一三という数に限定されているということだが、では、どうして、その一三という数が決まっているのかは、物理の法則から導かれたものではない。そこにあるのは、全体プランに適合した原子の配置である。それがどうしてそのようになっているのかは、元素というものが形成されてきた経路に規定されているであろう。その経路とは、先ほど見たような意味の連鎖だとすると、そこにはもののある種の主体性が投影されているともいえる。となると、この記号の連鎖として、生命現象を見る見方は、いきものとものの間を存在論的につないでいるということになる。

周期の周期性とは、始まりと終わりの問題とも関係する。周期表とは英語ではピリオディック・テーブルであるが、ピリオドとは、期間という意味もあるが、同時に日常語では「終末点」「終止符」「完結」という意味もある。周期性とは、一直線にあるものが続くのではなく、あるものが、いったん終わり、そして新たに次のシークエンスが開始されるところから生じる。始まりがあり、中間があり、終わりがあり、そうして、又始まりがあり、中間があり、終わりがある、これが周期性の原点である。始まりと終わりと中間に関しては、さきほど、パースのいう「三」という数が世界の基本原理であるという所説に関して見た。ユクスキュルが言う、周期性がどうして生まれるのかも、これと関係している。ユクスキュルは、因果性とは異なる、全体プラン適合性が世界の基盤となる原理であると考えた。その全体プランとは、三を基本とするものであるとするのなら ば、周期表の周期性は、世界の基本プランに従っているからそうなっていると考えることもできるであろう。バートランド・ラッセルが言うように、物理学は、物理世界がどうなっているかを説明するが、それが、なぜそうなっているかは説明しない（Russell 2014［1927］: 392）。物理学は、周期表の存在は明らかにした。しかし、なぜ周期表がそうなっているかは説明しなかったし、今もしていない。それは、世界の見方にかかわる問題であり、世界の解釈に関する問題である。

ホフマイヤーが、環世界学を、化学進化の問題に接続したこと、すなわちユクスキュルの環世界学の記号学的転回の意味はそこにある。生物の世界観あるいは環世界の根源にある原理を記号学的に解釈することで、それは生命の起源への問いとつながるのである。

通態の連鎖とバイオセミオティクス

この記号の連鎖の考え方は、すでに第I部第1章で検討したオギュスタン・ベルクの「通態の連鎖」の考え方と相同的である（☞本書 83-84 ページ）。繰り返しになるが、この通態という考え方は、人間の現実（リアリティ、r）を言語における、主語（S）と述語（P）の関係においてとらえる。人間のリアリティは、主語につねよりあるものが述語として解釈されたものである。これは r = S/P と形式化される。ただし、現実とは、つねに、再帰的なものであるので、現実がいったん構成されると、それは、また新たな現実を構成することになる。そうであるから、上述の式は実は不正確で、真に人間の現実を表現しようとするなら、それは、r＝（((S/P)/P')/P''）/P'''…となる。これが通態の連鎖である。

これもすでに述べたが、ベルクは、この通態の連鎖をロラン・バルトとパースをヒントにして発想したことを自ら述べている（Berque 2017 ; ベルク 2021）。この、通態の連鎖には、解釈者の存在が入ってはいないが、ベルクは、近年には、主語と述語が解釈者を通じて結ばれていることを、「S-I-P」という式で表現している（Berque 2022 : 58 ff, 81 ff）。この式におけるＩが解釈者（interpreter）である。

ホフマイヤーと同様に、ベルクも、この通態の連鎖が長い過程を経て存在すると考えている。通態の連鎖が、歴史そのものであると言ってもよい。言語を考えても、ある語が、ある使い方をされるためには、長い過程が必要である。語は、いかなる前提もなしに、主語になることも述語になることもできない。ある語の背景には、長い S/P の関係が存在する（ベルク 2017 : 410）。このような連鎖の歴史は、ある具体的な場所を通じて実現される。それが、風土である。そして、その場所というのは今のところ、地球上でしかありえない。ベルクが、人間存在の地球性を強調する所以である（ベルク 2017, 2021）。

ベルクもホフマイヤーもお互いに関心を抱きあっていた。ベルクは、その著『エクメーネ（人間棲息圏）』（邦題『風土学序説』）でホフマイヤーを引用し、意味の発生をいきものから論じている（Berque 2010［1999］: 194-195, 199-200）。ホフマイヤーも、その著『バイオセミオティクス *Biosemiotics*』の中で、ベルクのアプローチをバイオセミオティクスと類似したアプローチであると評している（Hoffmeyer 2008 : 38）。ただ、その後、お互いの関心が深化し、対話が進んだというわけではなかった。

ひとといきものの世界へのかかわり方に関してみれば、記号を通じて、人間から化学進化まで一続きに論じているホフマイヤーに対して、ベルクは、人間の風土といきものの環世界の間に断絶を認めている。ベルクは、人間の風土は「生態的―記号的（エコ・シンボリック）」であるが、いきもの環世界は単に「生態的（エコロジックな）」ものであると言い、はっきりと違うという（Berque 2022 : 50）。ベルクは、人間の風土性あるいは通態性は、右で見たように主語と述語の関係であり、言語的な裏付けを持つが、その言語とは、意味を持つ要素と意味を持たない要素という二重分節 double articulation に特徴づけられ、それによって、コミュニケーションは物理的時空間を超えることが可能になっていると考える。一方、いきものの環世界におけるコミュニケーションは、二重分節を持たないので、時空間を超えることができないとベルクは言う。象徴的にいえば、鯨の歌は三〇〇〇キロメートルの空間を超えて届くことはないが、トロイ戦争の歌は、三〇〇〇年の時空を超えて届くことが可能であるとベルクは述べる（Berque 2022 : 51）。

ベルクが言うように、たしかに、ひとといきものの世界へのかかわりの間には截然とした区別があるともいえる。ただ、この点をどう考えるかについてはさまざまな視点があろう。次章本書第II部第2章においてジェイソン・パリーは、AIが意味空間の中に参入することで、ひと、ひと以外のアクター、環境の三者を含みこんだあらたな記号多様性が生まれる可能性を述べている（☞本書 262-264 ページ）。パリーは、様々なバイオセミオティクスの研究を紹介する中で、鯨のコミュニケーションの研究にも言及している。AIによる研究が進んだときには、もしかしたらクジラのコミュニケーションが二重分節を持っていることが発見されるかもしれないし、あるいは、クジラによって同一の歌が三〇〇〇年どころか、何万年以上も歌い継がれてきたことが明らかになるかもしれない。そうなったとき、いきもののコミュニケーションと人間のそれとの間の境界はあいまいになってゆくだろう。

ひと、ひと以外のアクター、環境が参画する記号多様性の境域には、多様な記号のモードが含まれている。

そのような異なったモードの間でのあらたな共存在の意味をさぐることは、これからの風土学の課題であろう。

風土学といきもの、もの

最後に、本節の内容を踏まえて、環世界学と風土学の記号学的転回がどのような現代的意味を持つのかを考えておこう。すでに述べたが、バイオセミオティクスによる環世界学の転回は、いきものだけではなく、ものをも記号の連鎖に組み込んでいる。いうまでもなく、バイオセミオティクスの源流は、記号学にあり、それは、そもそも人間の言語という現象を対象としていた。ということは、つまり、環世界学の記号学的転回は、ひと、いきもの、ものを統一した視座で見ることを既に可能にしているということである。これは、本書で何度も述べてきている現代の課題、つまり、ひと、いきもの、ものをどのようにとらえ直すかという問いに対する一つの解答でもあろう。このような視点が、風土の起源と、風土の未来を考える際にどのような意味を持つかについては、本書第IV部第1章でも検討する（☞本書497-502ページ）。

初出

本章の内容は次の論文を元にしている。

Masahiro Terada "Umwelt Theory Seen from the Perspective of *Fūdo Theory*: Uexküll, Watsuji, and Imanishi on Nature, Harmony, and Totality," *Sign Systems Studies* 52（3/4）（Special issue：Umwelt theory）：457-484, 2024.

引用・参照資料

和文文献

雨宮昭彦（1998）「ドイツ新中間身分における消費者利害の結晶化と社会民主党の変容」『千葉大学経済研究』13（3）：475-509。

今西錦司（1974［1941］）「生物の世界」今西錦司『今西錦司全集』一、講談社、pp. 1-164。

今西錦司（1974［1949］）「生物社会の論理」今西錦司『今西錦司全集』四、講談社、pp. 1-218。

今西錦司（1974-1994）『今西錦司全集』増補版、全一四巻、講談社。

今西錦司（1980）『主体性の進化論』中公新書、中央公論社。

今西錦司（1984）『自然学の提唱』講談社。

今西錦司（1990［1987］）『自然学の展開』講談社学術文庫、講談社。

今西錦司（1993［1977］）「ダーウィン論」今西錦司『今西錦司全集』一二、講談社、pp. 1-154。

国税庁（2024）『令和五年分　民間給与実態統計調査　調査結果報告』国税庁長官官房企画課。

斎藤清明（2014）「今西錦司略年譜」斎藤清明『今西錦司伝――「すみわけ」から自然学へ』ミネルヴァ書房、pp. 381-388。

寺田匡宏（2021）「人新世と「フォース（力）」――歴史における自然、人為、「なる」の原理とその相克」寺田匡宏・ダニエル・ナイルズ（編）『人新世を問う――環境、人文、アジアの視点』、京都大学学術出版会、pp. 341-399。

西田幾多郎（1965［1911］）「善の研究」『西田幾多郎全集』一、岩波書店、pp. 1-200。

西田幾多郎（1948［1936］）「論理と生命」『西田幾多郎全集』八、岩波書店、pp. 273-394。

西田幾多郎（1949［1944-45］）「生命」『西田幾多郎全集』一一、岩波書店、pp. 289-370。

ベルク、オギュスタン（2017）『理想の住まい――隠遁から殺風景へ』鳥海基樹（訳）、京都大学学術出版会。

ベルク、オギュスタン（2021）「「地」性の復権――日本における自然農法の哲学と実践」寺田匡宏（訳）、寺田匡宏・ダニエル・ナイルズ（編）『人新世を問う――環境、人文、アジアの視点』京都大学学術出版会、pp. 259-286。

山極壽一（2023）『共感革命――社交する人類の進化と未来』集英社新書、集英社。

欧文文献

Aristotle (1995) "Poetics," in Aristotle ; Longinus ; Demetrius *Poetics, On the Sublime, On Style*, Halliwell, Stephen ; Fyfe, W. H. ; Innes, Doreen C. (trans.), Loeb Classical Library 199, pp. 1-142. Cambridge, MA : Harvard University Press.

Asquith, Pamela (2015) "Imanishi Kinji's Natural Ethic : The Contribution of a Twentieth-century Japanese Scientist to Ideas of Being in the World," in *Historical Consciousness, Historiography, and Modern Japanese Values, International Symposium in North America 2002*, pp. 201-206. Kyoto : International Research Center for Japanese Studies.

Berque, Augustin (2010 [1999]) *Écoumène : Introduction à l'étude des milieux humains*. Paris : Belin.

Berque, Augustin (2017) "Trajective Chains in Mesology : von Neumann Chains in Physics, etc.——and in Chemistry?" (Conference Paper). The International Society for the Philosophy of Chemistry (ISPC), Colloque international de philosophie de la chimie, Paris, 3-6 July 2017. (http://ecoumene.blogspot.com/2017/07/trajective-chains-in-mesology-augustin.html)

Berque, Augustin (2022) *Recouvrance : Retour a la terre et cosmicite en Asie orientale*. Bastia : Edition eolienne.

Cockell, Charles S. (2020) *Astrobiology : Understanding Life in the Universe*, Second edition. Hoboken, N.J. : Wiley Blackwell.

Favareau, Donald (ed.) (2010) *Essential Readings in Biosemiotics : Anthology and Commentary*. Dordrecht : Springer.

Flint. Harry J. (2020) *Why Gut Microbes Matter : Understanding Our Microbiome*. Cham : Springer.

Heidegger, Martin (1983 [1929/30]) *Die Grundbegriffe der Metaphysik : Welt–Endlichkei–Einsamkeit*, Herrmann, Friedrich-Wilhelm von (ed.). Frankfurt : Vittorio Klostermann.

Hoffmeyer, Jesper (1996) *Signs of Meaning in the Universe*, Haveland, Barbara J., (trans.). Bloomington & Indianapolis : Indiana University Press.

Hoffmeyer, Jesper (2008) *Biosemiotics : An examination into the Signs of Life and the Life of Signs*, Favareau, Donald (ed.), Hoffmeyer, Jesper ; Favareau, Donald (trans.). Scranton : University of Scranton Press.

Imanishi, Kinji (2002 [1941]) *A Japanese View of Nature : The World of Living Things by Kinji Imanishi*, Asquith, Pamela J. (ed.), Asquith, Pamela J. ; Kawakatsu, Heita ; Yagi, Shusuke ; Takasaki, Hiroyuki, (trans.). London : RoutledgeCurzon.

Kant, Immanuel (1998 [1781, 1787]) *Kritik der reinen Vernunft*, Timmermann, Jens, (ed.) Hamburg : Felix Meiner Verlag.

Klinke, Ian (2023) "Arguing with Jakob von Uexküll's Umwelten," *GeoHumanities* 9 (2) : 462–479.

Margulis, Lynn (1993) *Symbiosis in Cell Evolution : Microbial Communities in the Archean and Proterozoic Eons*, Second edition. New York : Freeman.

Margulis, Lynn ; Sagan, Dorion (2002) *Acquiring Genomes : A Theory of the Origins of Species*. New York : Basic Books.

Mildenberger, Florian ; Herrmann, Bernd (2014 a) "Nachwort," in Mildenberger, Florian ; Herrmann, Bernd (ed.) *Jakob Johann von Uexküll : Umwelt und Innenwelt der Tiere*, pp. 261-330. Berlin : Springer Spektrum.

Mildenberger, Florian ; Herrmann, Bernd (2014 b) "Literaturverzeichnis," in Mildenberger, Florian ; Herrmann, Bernd (ed.) *Jakob Johann von Uexküll : Umwelt und Innenwelt der Tiere*, pp. 331-354. Berlin : Springer Spektrum.

Pagan, Matteo ; Pozzolo, Marco Dal (2024) "From the Harmony to the Tension : Helmuth Plessner and Kurt Goldstein's Readings of Jakob von Uexküll," *History and Philosophy of the Life Sciences* 46 (1) : 9.

Peirce, Charles Sanders (1935 [1891]) "The Architecture of Theories," in Hartshorne, Charles ; Weiss, Paul (eds.), *Collected Papers of Charles Sanders Peirce*, Vol. 6, pp. 11-27. Cambridge : Harvard University Press.

Peirce, Charles Sanders (1935 [1903]) "The Reality of Thirdness," in Hartshorne, Charles ; Weiss, Paul (eds.), *Collected Papers of Charles Sanders Peirce*. Vol. 1, pp. 173-177. Cambridge : Harvard University Press.

Russell, Bertrand (2014 [1927]) *The Analysis of Matter*. Mansfield Center, CT : Martino Publishing.

Schroer, Sara A. (2021) "Jakob von Uexküll : The Concept of Umwelt and its Potentials for an Anthropology beyond the Human," *Ethnos* 86 (1) : 132-152.

Sebeok, Thomas A. (1989 [1979]) *The Sign & Its Masters*. Lanham, MD : University Press of America.

Smith, Eric ; Morowitz, Harold J. (2016) *The Origin and Nature of Life on Earth : The Emergence of the Fourth Geosphere*. Cambridge : Cambridge University Press.

Terada, Masahiro (Forthcoming) "Natural Force and Historical Force : On the Dynamism of Geo-Anthropo-History in the Anthropocene," *Condition humaine/ Conditions politiques*, 6.

Uexküll, Gudrun von (1964) *Jakob von Uexküll : Seine Welt und seine Umwelt : Eine Biographie*. Hamburg : C. Wegner.

Uexküll, Jakob Johann von (1928) *Theoretische Biologie*, Second edition. Berlin : Springer Verlag Berlin-Heidelberg GMBH.

Uexküll, Jakob Johann von (1970 [1940]) "Bedeutungslehre," in Uexküll, Jakob Johann von ; Kriszat, Georg *Sterifzuege dürch die Umwelten von Tieren und Menschen Bedeutungslehre*, pp. 105-179. Frankfut am Main : S. Fischer Verlag.

Uexküll, Jakob Johann von（2014［1921］）“Umwelt und Innenwelt der Tiere”, in Mildenberger, Florian； Herrmann, Bernd（ed.）*Jakob Johann von Uexküll： Umwelt und Innenwelt der Tiere*, pp. 13-242. Berlin： Springer Spektrum.

Uexküll, Jakob Johann von； Kriszat, Georg（1970［1934］）“Sterifzuege dürch die Umwelten von Tieren und Menschen,”in Uexküll, Jakob Johann von； Kriszat, Georg *Sterifzuege dürch die Umwelten von Tieren und Menschen Bedeutugslehre*, 1-103. Frankfut am Main： S. Fischer Verlag.

Uexküll, Thure von（1980）“Biographie,” in Uexkull, Jakob von *Kompositionslehre der Natur： Biologie als undogmatische Naturwissenschaft, ausgewählte Schriften*, Uexküll, Thure von（ed.）, pp. 398-401. Frankfurt am Main, Berlin； Wien： Verlag Ullstein.

Wittgenstein, Ludwig（1984）“Philosophische Untersuchungen,” in Wittgenstein, Ludwig *Tractatus logico-philosophicus, Tagebücher 1914-1916, Philosophische Untersuchungen*, Werkausgabe Bd. 1, Suhrkamp Taschenbuch Wissenschaft, pp. 225-580. Frankfut a. M： Suhrkamp.

第2章 各論

記号の森
――セミオダイバーシティ（記号多様性）から見る風土

Forest of Signals: Fudo in the Age of Semiodiversity

ジェイソン・リュス・パリー
（寺田匡宏・訳）
Jason Rhys Parry
(Japanese translation by Masahiro Terada)

「セミオダイバーシティ（記号多様性）」という語を思いついたのは京都に滞在中のことだった。鞍馬山の坂道の朱色の提灯に囲まれた長い階段を歩いている途中で、まるで山からふってきたかのように、突然、その語が頭に浮かんだのだ。

そこには、樹齢数百年のスギの木が黒々と生い茂っていた。伝説によると、鞍馬山は、源義経が天狗に「人間の力を超越して」走ったり飛んだりするのを学んだ地だという（Foster 2015 : 133）。現代には、鞍馬山には天狗の居場所はない。とはいえ、木々にはまだまだ謎があり、その謎を解くべく、さまざまな研究が行われている。

京都には有名な樹木がたくさんある。西本願寺のイチョウには、火災の時に枝から水が噴き出て本堂を炎から守ったという伝説がある。大原にある宝泉院には富士山に似た松の木がある。鹿苑寺（金閣寺）には、帆船の形に剪定された松の木がある。長岡天神の善峯寺には、全長三七メートルの龍の形をした松がある。これらは、樹木の操作であり、ある種の工学とも言ってよいかもしれない。

世界でも樹木にこれほど情熱を注いでいる都市はあまりないだろう。これから見てゆくが、樹木を研究する研究者はなぜか京都近辺に多い印象がある。それは、京都と樹木のこの特別な関係からすると、それほどおどろくべきことでもないかもしれない。

1　揮発物質のブレンドと植物の文法

京都駅から大津まで電車はすぐ到着し、大津駅を降りた後、龍谷大学のキャンパスまでのバスもそれほど長くはかからなかった。二〇二二年、筆者は植物のコミュニケーションの研究をリードしている龍谷大学農学部の塩尻かおり教授にインタビューの機会を得た。

塩尻研究室は、植物と最先端の分析機器が微妙なコントラストを見せていた。一方の壁に沿って、ガラス容器に入った植物が並んでいて、その容器の上部から突き出た小さなパイプの先端には、細長いチューブが取り付けられている。塩尻教授は、そこに植物が作り出す「揮発性物質」が吸着していると教えてくれた。

インタビューは、まずは、その「揮発性物質とは何か」を問うことから始まった。彼女は、その揮発性物質（生物起源揮発性有機化合物 BVOC biogenic volarile organic compounds）は、植物が放出する化学物質で、その中には、様々な揮発性成分が含まれていると言う。アメリカのエネルギー省によると、植物は、地球全体で、毎年約六〇ギガトンのこれらの物質を大気中に放出しているという（University Corporation for Atmospheric Research 2024）。それは、雲を生み出す核となるなど、地球化学において大変重要な役割を演じる物質である。吉田博の版画「カンチェンジャンガ、午後」に描かれたような、森林に覆われた山々の上空によく見られる青い靄も、植物から放たれた揮発性物質である（Schuman 2023）（図1）。

図 1　「カンチェンジャンガ、午後」（「印度と東南アジア」より）吉田博、木版多色刷版画、1931 年。出典：東京富士美術館。

さらに、この揮発物質はさまざまなコミュニケーションの媒介でもある。植物分子生物学は、この「生物起源揮発性有機化合物」を「植物が、敵、敵の敵、仲間たちとコミュニケーションする際に、言語としてもちいる基礎的物質」と定義する（Loreto et al.2014）。

塩尻は、揮発物質の匂いがどのような生物間相互作用を媒介しているのかを研究している。その分析に機器は用いられており、揮発性物質が吸着したチューブは、研究室に設置されている大型のガスクロマトグラフ質量分析計で計測される。この分析計は、瓶に収容された植物がどのような揮発性物質をどれだけ放出しているかを特定することができる。

一つの植物が何種類の揮発性物質を放出しているのか尋ねると、塩尻はその回答は難しいと言った。実際、これらの揮発性物質の研究は非常に困難である。現在までに、様々な揮発性物質の分子が植物のコミュニケーションに関与している可能性があることがわかってきている（Schuman 2023）。しかし、それらの分子はさまざまな刺激に応じて、さまざまな環境下で放出される。研究者は、その機能と生態学的意味を明らかにするには、膨大な状況下での揮発性物質を対象にしなくてはならないのだ。

さらに研究を困難にしているのは、植物はしばしば複数の揮発性物質の分子を同時に放出していることだ。いわば、揮発物質は、ブレンドされて放出されるわけだが、このブレンド内にどのような分子がどれだけあるかという比率は、分子そのものと同じくらいの重要性を持つ。比喩を用いるなら、英語の「steep（険しい）」と「step（階段）」という単語には同じ文字が含まれている。しかし、その文字の含まれ方の比率は異なっており、それによって単語の意味は完全に変わる。植物の揮発性物質の場合も、同じグループに属する化学物質であっても、それが異なる量で放出されると、メッセージとしては、全く異なった機能を果たす可能性があるのである。

このような研究の複雑さの一例として、塩尻が長年取り組んでいる研究がある。彼女は、キャベツから放出される揮発性物質についての実験を、数年にわたって共同研究者たちと行ってきた。

塩尻によるとキャベツはかなり「おしゃべり」だという。塩尻研究室では、コナガという蛾の幼虫がキャベツを食害すると、キャベツがある特定の比率でブレンドされた揮発性物質を放出することを発見した。コナガは、キャベツにつく一般的な害虫である。塩尻研究室はまた、それらの揮発性物質が、コナガの幼虫を捕食する寄生バチを誘引していることをも発見した。この二つの事象を、農業に応用できるであろうか。塩尻と共同研究者は、このブレンドの揮発性物質を、ミズナを栽培しているビニール・ハウスに配置した。すると、このブレンドの揮発性混合物が配置されたビニール・ハウスでは、そうでないビニール・ハウスよりも多くの寄生バチが発生したのである。そして、揮発性物質が置かれたビニール・ハウスでは、コナガの成虫の発生も抑制された。つまり、明らかに寄生バチは揮発性物質を感知し、幼虫を探しにその温室に来ていたと考えられるのである。この事実が示唆するのは、農薬ではなく、植物の「言葉」を用いることで、害虫による野菜の被害を減らすことができるかもしれないことである（Uefune et al. 2020）。

塩尻の研究が示しているのは、ごく最近まで人間が気づかなかった膨大なシグナルの存在である。キャベツ、ガ、ハチを結びつけるこの記号の三角形は、いくつもの疑問を惹起する。キャベツは意図的にハチにメッセージを送っているのだろうか。あるいは、ハチは単に特定のガの幼虫の存在と関連する匂いに反応しているだけなのだろうか。そして、何より、そもそも、キャベツはどうやって自分がガの幼虫に食べられていることを知るのだろうか。植物には脳やニューロンさえないのだ。キャベツは、どうやってガの幼虫を見分けることができるのだろう。

この質問に対する塩尻の答えは、大変衝撃的だった。塩尻は、いくつかの植物で、植物を食べる昆虫の唾液を認識していることが報告されていると言う。キャベツは、経口分泌物の化学的「特徴」によって、どのような害虫がキャベツを食べているかを知ることができるのだ。これだけでもショッキングな事実だが、しかし、さらに驚くべきことに、これが昆虫の世界に、ある種の「化学軍拡競争」をも生み出してもいるというのだ。二〇〇二年に『ネイチャー *Nature*』誌に掲載された論文によると、葉タバコを餌とする特定の毛虫が、葉タバコの防御能力を妨げる酵素である「グルコースオキシダーゼ」を唾液中に進化させていたことが明らかになった（Musser et al. 2002）。通常、葉タバコは、葉に損傷が生じると、その箇所にニコチンを蓄積する。ニコチンの摂取は若い毛虫にとっては、致命的なダメージとなる可能性がある。だが、グルコースオキシダーゼは、葉タバコが、自分が食べられていることを感知するのを防ぐ作用がある。同様の現象は蚊にも見られる。蚊の唾液には一〇〇種類のタンパク質が含まれているが、その一部は麻酔薬として機能しているという（Hawkes and Hopkins 2022 : 26）。その物質によって刺された場所の皮膚が麻痺するため、蚊は気づかれずに逃げやすくなるのだ。塩尻の研究は、昆虫が植物に対しても同様のトリックを仕掛けていることを明らかにしている。

植物―植物間のコミュニケーションについても塩尻は様々なことを明らかにしている。彼女は別の論文で、セイタカアワダチソウには、自身と遺伝的に近い個体からのメッセージと、自身と遺伝的に遠い個体からのメッセージを区別する能力があることを明らかにした。このようなことがどうして起こったかは、理論的に明確に説明できる。つまり、遺伝的に類似している個体は、同じ昆虫種に食害される可能性が高い。とすると、植物は、より多くの遺伝子を共有する植物が発する信号に多くの注意を払う方が生存率を高めることになる。セイタカアワダチソウは、近くにいる自分の「親戚」が食べられていることを感知すると、化学防御を開始し、近い将来の昆虫の襲撃に備えるのだという（Shiojiri et al. 2021）。

植物が近親者からのシグナルに反応するというのは衝撃的である。だが、それは、一体どうやって可能なのであろうか。植物には鼻はないのである。塩尻の答えは、予想外だった。「それについては、何とも言えないです。まだ、わからないのです」。植物―植物間のコミュニケーションの研究にはもうすでに、十年以上の歴史がある。しかし、なんと、このコミュニケーションがどのように起こるのかという根本的な問題はいまだに謎のままだというのだ。

この問題へのアプローチの一つとして、生命が最初に植物と動物という別の「界 kingdom」に分かれた時期に注目する研究がある。キイロタマホコリカビ *Dictyostelium discoideum* という細胞性粘菌の祖先は、生命の系統樹において、植物と動物の界の分岐が生じた直後に発生したと考えられている。このキイロタマホコリカビのDNAには、のちに、すべての動物の嗅覚の遺伝的基盤となる遺伝子物質が含まれている（Eichinger et al.2005；Nagashima et al. 2019）。だが、植物は、これらの遺伝子を持たない。ということは、植物はまったく異なる遺伝ツールを使用して、周囲の化学物質を検出する方法を独自に進化させたということになろう。光合成が「視る」ことを伴わない一種の視覚であるといえるように、植物の揮発性物質とは、匂いのない一種の嗅覚だともいえるのである。

塩尻のインタビューが終わると、彼女は、彼女のアドバイザーであり共同研究者である高林純示を紹介してくれた。高林は、この分野のパイオニアとして、植物が「話す」ことをめぐって研究がどのように進んできたかを教えてくれるだろうと彼女は言った。

高林は京都大学を定年退職し、現在は同大学名誉教授だが、植物―植物間のコミュニケーションについて依然として第一線で活躍している。高林によると、この分野は一九八〇年代に始まったという。樹木が互いに信号を送りあうために化学物質を使用している可能性があると主張する論文が、一九八〇年代初頭にあらわれたのだ。だが、それは、一九八五年にサイモン・ファウラーとジョン・ロートンが発表したレビュー論文により冷や水を浴びせられた（Fowler and Lawton 1985）。彼らは、それまでに発表された論文の研究条件を厳しく批判した。それにより、以後数年間、植物のコミュニケーションへの関心が消滅したかのような時期が続く。

その当時、高林は化学生態学に強い関心を持つ若手の昆虫学者だった。植物―植物間のコミュニケーションに関する学際研究を元に、二〇〇〇年に彼のグループが発表した論文は、植物のコミュニケーションに関する関心を学界に再び広く巻き起こした（Arimura et al. 2000）。この論文で、高林らは、分子生物学の手法を用いて、リママメ（ライマメ）というマメ科の植物が、ナミハダニという害虫が食害した他のリママメの葉が放出する揮発性物質にさらされると、化学的防御に関連する五つの遺伝子を活性化させることを実験により実証した。実験では、無傷のリママメの葉や、人工的に傷つけられたリママメの葉から放出される揮発性物質にさらされても、リママメはその遺伝子を活性化することはなかった。ということは、リママメは、特定の化学的メッセージに応答して防御遺伝子を選択的に活性化しているということになる。この高林らの発見に加え、この年に発表された同様の論文をまとめて論評したディスカッションペーパーのタイトルは、「植物間のコミュニケーション――今回はホンモノだ」（Agrawal 2000）というものであった。

高林がこのような研究に興味を持ったのは、もともと、彼が寄生バチに関心を持っていたからだという。寄生バチは、体長約二ミリメートルの小さなハチである。彼らは、他の昆虫の幼虫に卵を産み付け、その卵が孵化すると、ハチの幼虫は宿主を食べつくし、最終的には、寄主から出て繭を作る。その際に寄主は死ぬ（Nakamatsu et al. 2007）。

大学院在学当時の高林は、五年間かけてこのハチを研究した。その間、ずっと彼が疑問に思っていたのは、寄生バチが、われわれでもなかなか発見できない宿主となる幼虫をどのように見つけるかである。特に宿主が姿を見せないように隠れていたとしたら、ハチはどうやって彼らを見つけることができるのだろうか。高林にはそんなことは不可能ではないかと思われたのだ。

世界的には、植物―植物間のコミュニケーションに先駆けて、植物と天敵との香りによるコミュニケーションの研究が行われていた。高林は、一九九〇年にすでに、リママメ株がナミハダニの食害を受けた際に出る揮発性物質に反応して、捕食性天敵のチリカブリダニが誘引されること明らかにした総説を共同研究者と共に発表している（Dicke et al. 1990）。また、寄生バチについて、彼は一九九五年に、トウモロコシ、アワヨトウ、カリヤコマユバチの関係性について報告している（Takabayashi et al. 1995）。

果たして、この植物―昆虫間のコミュニケーション・システムはどのように生まれたのであろうか。昆虫が偶然に植物を理解するようになったのだろうか。それとも、何か双方向の相互作用が起こっているのだろうか。「進化を目で見ることはできないのでこれは推測だが」と断ったうえで、高林は次のように説明する。

まず、そもそも、きっかけとなる機能として、植物が植食性昆虫の食害を受けた際に、その傷口から病原微生物が侵入する可能性があるが、機械的傷で生じる際の香りなどの揮発性物質は、そのような侵入を防ぐ殺菌剤としての機能を持っていたということがある。さらに、そのような揮発性物質に反応する変異を持つ捕食性天敵が現れると、そうでない天敵よりも適応的に有利になり、その形質は集団の中に広がるという要因がある。そこに、さらなる植物側の変異と、さらなる天敵の変異が起こる。たとえば、傷ついたときに普通でない匂い物質を出す変異を持つ植物が現れ、そのような変異をうまく利用する変異を持つ天敵が現れると、植物と天敵の両方の変異が集団中に広まることになる。このようなプロセスが繰り返されることで、巧妙な植物と天敵とのコミュニケーションプロセスが共進化したと考えられる。

このダイナミックな関係から浮かび上がるのは、植物のシグナルをよりよく感知できる昆虫は生き残る可能性が高く、また、自分に寄生する昆虫の敵を引き寄せる能力を持つ植物は、生存上の優位性をも享受するという双方向の選択圧である。非常に長期の時間軸で見ると、このダイナミズムは、高林と塩尻が明らかにした精妙なコミュニケーションのネットワークを生み出すことになるのであろう。

とはいうものの、高林は、それらの連関はより柔軟である可能性もあるという。たとえば、一世代以内に、害虫における植物揮発性物質に対する応答性が学習を通して変化する場合があるのだ。彼が行った、リママメとキュウリを使った実験においては、この二つの植物は、同じ種のハダニに攻撃されると、異なったブレンドの揮発性物質を放出する。そのようなケースにおいて、ハダニを食べるチリカブリダニは、リママメとキュウリが放出する違ったブレンドの揮発物質が、どちらもハダニの存在を意味していることを学習することが観察されている。揮発性物質は、どちらもハダニの存在をチリカブリダニに伝える情報を持つが、どちらかのブレンドに長時間さらされてハダニを捕食する経験をすると、経験したブレンドに対する応答性を高める。これは鋭敏化という学習のプロセスである（Dicke et al. 1990 ; Takabayashi et al. 1991）。

なぜ、ハダニを捕食する昆虫は、それほど早く学習できるのだろうか。このような例は、寄生バチでも多数報告されている。天敵が食害を受けた植物の匂いを学習することで、より効率的に餌となる植食者を発見できるのだろう。[1] このような区別の基盤は、被害植物から放出される匂いが、植物や、植食者種特異的なブレンドであることがあげられる。高林は「揮発性化合物の言語があるのではないか」という。「ブレンドの背後には文法が隠れているはずだ」と彼は考えている。

2 セミオダイバーシティ（記号多様性）概念の確立に向かって

塩尻や高林との会話の後で、京都の郊外に広がるのどかな野菜畑をみると、それが違ったものに見えてきた。もちろん、「それ」を見たり嗅いだりすることはできない。だが、その畑には化学信号が満ち満ちていることを知ってしまったのだ。そこに植えられている野菜は、動くわけではない。しかし、野菜たちは、空気を遮蔽し、遺伝子を活性化し、葉に害虫がいないかを検査し、もしいたらその害虫を撃退し、害虫を食べてくれる他の昆虫を誘惑しているのだ。

高林はノートパソコンの中に保存されているシミュレーションを見せてくれた。それは、野外に設置した揮発性物質のディスペンサーから流れ出る揮発性物質のプルームの動きのシミュレーションで、揮発性物質は、地面を這うように拡散していた。空気中を漂う化学物質の痕跡を見ることができる特殊ゴーグルがあったならばどうなるだろうか。そのようなゴーグルが発明されたらそれは、たしかに驚くべきことではあろう。しかし、そのメッセージが他の植物や昆虫にとってどういう意味を持つのかは、まだ誰にも分っていないのだ。

高林との面談の数日後、鞍馬山の麓を走る叡山電鉄沿いの紅葉の見事なトンネルを通り抜けていると、鳥の鳴き声と虫の鳴き声が聞こえた。それらの声は、広大なセミオスフィア semiosphere つまり「記号圏」の中で、人間にとって認知可能な要素である。[2] しかし、その声の世界の外にも、じつは、人間がまだ認知していないそれ以外の広大なセミオスフィアが存在するのだ。だが、このセミオスフィアの少なからぬ部分が、記録もされずにもうすでに失われてしまったということも事実であろう。絶滅した生物や、消滅した環境とは、人間がまだ知らぬコミュニケーションのチャンネルでもあったはずである。

それに気付いた時に初めて「セミオダイバーシティ（記号多様性）」という言葉が頭に浮かんだのだった。

現代のアカデミアでは、さまざまなアカデミック・タームが発明されている。査読付きジャーナルも例外ではない。そんな中、新しい語を提唱しようとするならば、まずは、「セミオダイバーシティ（記号多様性）」を定義する必要があろう。[3]

セミオダイバーシティ Semiodiversity、つまり記号多様性という語は、ギリシャ語とラテン語を起源とする二つの語から構成される。「セマ Sema」はギリシャ語で「しるし」を意味し、「ディヴェルスス diversus」はラテン語で「さまざまな」を意味する。これを文字通りに取ると、「セミオダイバーシティ」とは「さまざまな記

［1］［訳注］植食者とは、腐食者、肉食者などと並んで食生活に着目した土壌生物の分類名。植物を食べる生物のこと。

［2］［訳注］地球科学は、地球の表層には、水圏（ハイドロスフィア hydrosphere）、大気圏（アトモスフィア atmosphere）、岩石圏（リソスフィア lithosphere）、生物圏（バイオスフィア biosphere）があると考えるが、それ以外にも圏があるのではないかという提唱は多い。本書第III部第1章で見るように（☞本書 325-328 ページ）、近年では、テクノスフィア technosphere（技術圏）などいう考え方が提唱されているが、このパリーのセミオスフィア（記号圏）という語の使用もそのような新しい圏の提唱の一つである。

［3］［訳注］本章で、パリーは「セミオダイバーシティ（記号多様性）」という語を提唱している。この語は、全く新しい語というわけではないようだが、従来の使用は言語学における人間の言語の多様性という含意で用いられており、生物をも含んだ記号や意味の現象における多様性という意味での使用は、このパリーの提案が、嚆矢となるものであると言える。

号」という意味になる。しかし、筆者は、この語を自然界に存在する膨大な種類のコミュニケーション・システムを示す語として用いることにしたい。塩尻と高林が明らかにした化学信号以外にも、トカゲの色鮮やかな喉袋の収縮、細菌のクォーラム・センシング（集団行動）、ミツバチの尻振りダンス、ニシンの身のくねりから発せられる泡立ちの音などがそこには含まれよう。

容易に想像がつくように、この「セミオダイバーシティ」という語は、「バイオセミオティクス biosemiotics（生物記号学）」と「バイオダイバーシティ biodiversity（生物多様性）」という語を下敷きにしている。バイオセミオティクス（生物記号学）とは、生物の記号やサインを研究する分野である。[4] これは現在急速に成長している革命的な研究分野である。ただ、まだ生命科学との統合が十分になされているというわけではない。バイオセミオティクスの研究によって、サインやシンボルを通じた情報の交換が、食物連鎖における栄養の流れと同じくらいに生態系システムに重要性を持つことが明らかになってきた。二〇〇八年から刊行されている学術誌『*Biosemiotics* バイオセミオティクス』の編集者の言葉を借りれば、この分野は「記号は生物界の基本的な構成要素であるという信念」から始まったという（Biosemiotics 2024）。この新しいパラダイムによれば、コミュニケーションは生殖と同じくらい生命にとって不可欠であり、生命を定義するためには、情報の流れを考慮に入れなければならないということになる。かつて、エコシステムの提唱者であるエドワード・O・ウィルソン Edward O. Wilson は生態学という学問の中で「科学と人文科学のつながり」と「コンシリエンス（統合）」が起こることを期待した（Wilson 1999 : 8）。バイオセミオティクスは、研究者がその統合をどう進めればよいかという入り口を示す。なぜなら、バイオセミオティクスは、自然科学者に対しては、生命にとって「意味」が「代謝」と同じくらい基礎となるものであることを教え、逆に、人文学者に対しては、記号とその解釈は、人間の歴史を超えた深い過去を持つことを教えるからである。

一方、「バイオダイバーシティ（生物多様性）」という語は、地球上の生命の多様性を問題にする。この語が生まれたのはかなり最近で、一九八五年に初めて活字になった語である（Sarkar 2021）。今日では、この語は生命科学の重要な概念として確固たる地位を築いている。「生物多様性の保全」は環境運動の重要なスローガンの一つである。「バイオロジカル（生物学的）」と「ダイバーシティ（多様性）」を組み合わせたこの語がこれほど人口に膾炙したのは、そこに複数の含意があるからである。

その含意とは、第一に、生物多様性は、進化が孤立して起こるのではないことを強調するということである。かつて技術史のケビン・ケリー Kevin Kelly が言ったように、「すべての進化は、共進化である」（Kelly 1994: 74）。単独で生きのび、繁殖することができる生物はない。ある生物種の保護・保存のためには、他の無関係な種も保護・保存されなくてはならない。生物多様性という言葉は、すべての生命体の深い相互関係を含意しているのである。[5]

第二に、生物多様性は、自然界の健全性を確認する有用な指標を提供する。経験的なレベルでは、種が多様

［4］［訳注］バイオセミオティクスという学問分野に関しては、本章第II部第1章でも寺田がその歴史を検討している（☞本書 231-232 ページ）。なお、本章では、「バイオセミオティクス biosemiotics」という語を「生物記号学」と訳しているが、これは「生命記号学」とも訳しうる。バイオセミオティクスは、ズーセミオティクス zoosemiotics とも呼ばれることがあるが、これは、「バイオ」を「生物」ととらえた場合の捉え方で、哺乳類や鳥類などのいわゆる「動物」のコミュニケーション行為を専門とする研究を指す場合が多い。一方、「バイオ」を「生命」ととらえた「生命記号学」と訳されうるような潮流もバイオセミオティクスの中にはあり、そのような潮流の中では、微生物やウィルスの免疫や生命の発生といったより生命現象そのものに特化した領域における広義のコミュニケーションの問題が取り扱われる。本章の内容は、どちらかというと前者の内容に近いので、「生物記号学」と訳している。

［5］［訳注］生物間の相互関係については、本書第II部第1章で寺田も検討している（☞本書 220-222 ページ）。また、そもそも、風土の考え方は、風土と環境が二にして一である不可分の関係であることを前提としているが、その環境中には他の主体が存在するので、風土とは、主体間の相互関係でもある。この点については本書序章でも述べた（☞本書 10-11 ページ）。

であることは生態学的レジリエンスの指標である（Oliver et al.2015）。と同時に、生物多様性という概念は、現在進行中かもしれない「第六の絶滅」の危機をあぶりだすものでもある（Kolbert 2014）。生物多様性概念の出現により、種の多様性が定量化されるようになり、それによって多くの生物種が、人間活動によって絶滅の危機に瀕していることが明らかになってきた。[6] 比喩的に言うなら、生物多様性とは、生態系の中に潜む今はもういなくなってしまった生物種やいなくなりそうな生物種という幽霊を見せてくれるのである。

第三に、生物多様性という概念は、生物種の保全活動の理論的根拠ともなる。現在の人間活動を考えると、あらゆる生物の生息地を開発から守り、保全することは不可能であろう。だが、生物多様性概念は、どの場所が優先して保全されるべきかを示唆する。つまり、生物多様性とは、希少種や絶滅危惧種が多く存在する場所を、より優先して保護と保全するための理論的根拠となるのである。

以上を踏まえ、本章は、「記号多様性」には「生物多様性」と同様の機能があり、二つの概念は補完的であると主張したい。第一に、生物多様性の概念は、進化とは、遺伝子だけに還元できる現象ではなく、様々な種が絡み合って起こる現象であることを強調するが、[7] 記号多様性は、そのような共進化が、常に多種多様なサインやシンボルに媒介されているという事実を強調する。第二に、記号多様性は、絶滅率を計算するための、種とは別の指標も提供する。鳥の鳴き声や昆虫のさえずりの密度は、種の豊かさの有用な指標である。将来的には、さらに多様な指標が見出されるであろう。第三に、記号多様性は、環境保全の新たな方法を見出すきっかけともなるだろう。すでに、多くの国々には絶滅危惧種の繁殖地を保護する法律は存在する。だが、絶滅危惧種のコミュニケーションの媒体を保存する措置に関してはどうだろうか。人間の風景、人間のサウンドスケープ、人間の匂いが、いきものそれをじゃましないようにデザインするというようなことは革新的な新しいアイディアといえるのではなかろうか。また、生物多様性の保全のために、記号の多様性を保存するということはどういうことかを考えることは意味あることではないだろうか。

なお、生物多様性という言葉が造語されたのと同じ一九八五年に、アレック・ジェフレイス Alec Jeffreys がDNA解析の技術をはじめて確立したことにも注意が必要であろう（Jeffreys et al. 1985）。これは、ゲノム自体が科学的解析対象となったのとほぼ同時期に、遺伝的多様性を別の側面から見た「生物学的多様性 biological diversity」にも自然科学の関心が向いていたことを示す。[8] 生物多様性の概念は、生命を遺伝データに基づいて分類できる情報学的なものとして見る見方に影響を与えている。このような視角によると、生物とは、解剖学的にではなく、遺伝学的にこそ理解できるということになる。たしかに、表面的な類似性は遺伝的な違いを覆い隠す可能性があり、その逆も真である。たとえば、ゲノムデータのおかげで、遺伝学的に見ると、菌類は植物よりも動物に、牛は馬よりもイルカに、ミツバチはスズメバチよりもアリに近いことがわかっている。

---

[6] ただし、生物多様性だけに焦点を当てると、大量絶滅の危険性が隠される可能性があることにも注意する必要がある。さまざまな地域における生物多様性の比較研究では、多くの場所で種の構成が劇的に変化しているのに、種の多様性はあまり変化していない場合があることが明らかになった。これは、生態学的な変異や置き換えによるものである。外来種が希少な在来種を駆逐するという現象は、地球大の視点で見ると、生物多様性の減少ではあるが、あるローカルな地域だけを区切ってみていると、そうはみられることなく、逆に生物多様性は安定していることになってしまうのである（Blowes et al., 2019）。

[7] ［訳注］進化における遺伝子以外の要素に関しては、本書第II部第1章で、ユクスキュルと今西の所論を通じて寺田が論じている（☞本書 224-225 ページ）。

[8] ［訳注］ここでは、パリーは「生物学的多様性（バイオロジカル・ダイバーシティ）」という語を用いている。「生物学的多様性」と「生物多様性」は似た語であるが、異なった含意を持つ。生物多様性は、パリーがすでに述べているように、一九八五年に造語された語で、「ある地域の遺伝子や種や生態系の全体」を指す。一九九二年の国連リオサミットで生物の多様性の保存が決議されたことで、一気に、世界的に広まった語である。一方、「生物学的多様性」とは、それ以前から一般的に使われていた語で、そのような保全や保存に関する含意とは関係なく、生物学として生物を見た時の多様な在り方を指す語である。「生物多様性」が種の多様性に注目するのに対し、「生物学的多様性」とは、形態の多様性や、機能の多様性など、生物学的観点から生物を見た際の生物の多様な在り方を指す。

それと同様に、記号多様性の概念も、テクノロジーの発展と軌を一にして現れている。[9] 自然言語処理が格段に進化したことにより、知性と記号的コミュニケーションの関係を再考する必要性が高まっている。記号的コミュニケーションは長い間、人間に特有の現象であり、記号の操作は人間の脳のユニークさの証拠だと見なされていた。[10] しかし、GPT－4のようなAIに、記号の操作を教えることは、予想よりもはるかに簡単だったようである。AIは、すでにチューリング・テストに合格している（Jones and Bergen 2024）。[11] それだけでなく、AIを用いることによって、人間以外のいきもののコミュニケーション・システムの複雑さが明らかにもなってきている。機械学習によって、ゾウ（Pardo et al. 2024）やイルカ（Deecke and Janik 2006）が、お互いに話しかけるときに名前のような呼び声を使用することが明らかになっている。AIを用いて、ブタの発声の感情価をマッピングし（Briefer et al. 2022）、マッコウクジラのコミュニケーションの構成要素を分類した研究もある（Sharma et al. 2024）。AIとは、人間以外のコミュニケーションのシステムを認識し解読する、人間とは別の形態の知性なのである。AIの出現により、自然界において記号システムが中心的位置を占めることが明らかになり、その複数性を捉える新しい概念が生まれるにふさわしい知的環境が整備されつつあると言えよう。記号多様性とは、その概念の確立に向けての重要なツールとなるだろう。

3　セミオダイバーシティ（記号多様性）から風土を考える

本書の中心的主題である風土という概念の中身については、本書第I部第1章と第2章で寺田匡宏が述べているが（☞本書43 ff. ページ）、記号多様性と風土の哲学的意味には、深い関係がある。哲学者のデイヴィッド・ジョンソン David Johnson が指摘するように、「風土」という語を構成する2つの漢字は、文字通り「風」と「土地」を意味するが、比喩的には、「風」とは把握も知覚もできない存在をも表している（Johnson 2019 : 20）。仏教の伝統的な宇宙論においては、宇宙を構成するのは土（地）、風、火、水の四つ（四大《しだい》）だとも言われるが、そのうち、風だけが不可視の存在である。風を直接見ることはできない。風を感知できるのは、木のざわめきや、水面の波など、間接的な媒介を通じてである。この点では、記号における意味とは風のようなものである。記号そのものをいくら綿密に調べても、その記号の意味は記号自体には見つからない（Deacon 2012 : 23）。記号の意味とは、それを解釈し、記号を現実の他の側面に結びつける植物や動物の内的プロセスの中にだけ存在する。[12] それが昆虫をおびき寄せるものであれ、あるいはそれが学者に頭を掻きむしらせるものであれ、記号が有する知覚できない意味とは、記号の世界に対する知覚可能な影響を調べることによってしか明らかにはできない。つまり、「風土」という語自体が記号であり、語源と構造において、この語は記号の性質と意味の本質を物語るのである。

土と風、記号表現と記号内容――これらは、それぞれ環境と記号圏（セミオスフィア）を構成する可視の要

［9］［訳注］技術の発展と複雑性については、本書第III部第1章でグルンバッハが論じている（☞本書 305 ff. ページ）。

［10］たとえば Deacon（1997）を参照。一方で、人間以外の生物種における身振りのシンボル的利用を支持する研究もある。たとえば、Suzuki and Sugita（2024）。

［11］［訳注］チューリング・テストとは、それが人間か機械であるかを、人間の試験官がブラインド状態でテストをする検査のこと。イギリスの科学者アラン・チューリングが、一九五〇年に、機械と人間の知性を区別する方法として提唱した。このテストに合格すると、「機械ではなく人間である」というお墨付きを得たことになる。チューリング・テストについては、本書第V章の掌編小説でグルンバッハが言及している（☞本書 678 ページ）。

［12］［訳注］この点に関しては、本書第II部第2章で寺田が、ユクスキュルの環世界学における「機能的円環（環世界フィードバック・ループ）」を例に論じている（☞本書 209 ページ）。

素と不可視の要素である。和辻哲郎は当初、「風土」という語で、特定の環境、とりわけ特定の気候に人間の文化が埋め込まれていることを表現しようとしていたが、その後、文化とは人間だけに見られる現象ではないことが明らかになっている。それだけではなく、最近では、機械学習のニューラル・ネットワークは文化をも生成するであろうと言われている（Diab 2024）。これらは、現代において、和辻が予想もしなかった方法で風土概念が拡大されつつあることを示すものであろう。

未来の風土学においては、人間の文化は、人間以外のエージェンシー（主体）が生み出した記号が渦巻く環境の中に位置づけられることであろう。[13] すでに見たように、大気の一部は植物の記号作用の産物である。世界中のすべての生物は、それがいかに取るに足らないように見えたとしても、記号によって生き残ってきた。AIは、今後、それがどのような記号であり、その意味は何かを、次々と明らかにしてゆくであろう。われわれの学術語彙は、この現実を語るためには、まだ十分とは言えない。和辻の「風土学」はかつて、環境と人間の主観性という二者の「共＝構成 co-constitution」について語った。未来の風土学においては、われわれは、環境と人間の主観性の二者に加えて、われわれの世界に存在するあらゆる非＝人間の知性体――そこには、炭素すなわち有機物からなるいきものと、シリコンすなわち無機物からなるものの両方がふくまれるが――という三者の「共＝構成」について語ることになるかもしれない。

引用・参照資料

Agrawal, Anurag A.（2000）“Communication Between Plants : This Time it's Real,” *Trends in Ecology & Evolution* 15（11）: 446.

Biosemiotics（2024）“Aims and Scope,” in *Biosemiotics* website. https://link.springer.com/journal/12304/aims-and-scope.（Accessed July 27,

2024)

Blowes, Shane A.; Sarah R. Supp; Laura H. Antão; Amanda Bates; Helge Bruelheide; Jonathan M. Chase; Faye Moyes, et al. (2019) "The Geography of Biodiversity Change in Marine and Terrestrial Assemblages," *Science* 366, no. 6463: 339-345.

Briefer, Elodie F.; Ciara C-R. Sypherd; Pavel Linhart; Lisette MC Leliveld; Monica Padilla de La Torre; Eva R. Read; Carole Guérin, et al. (2022) "Classification of Pig Calls Produced from Birth to Slaughter According to their Emotional Valence and Context of Production," *Scientific Reports* 12, no. 1: 3409.

Deacon, Terrence (1997) *The Symbolic Species: The Co-evolution of Language and the Brain*. New York: W.W. Norton and Company.

Deacon, Terrence (2012) *Incomplete Nature: How Mind Emerged from Matter*. New York: W.W. Norton and Company.

Deecke, Volker B.; Janik, Vincent M. (2006) "Automated Categorization of Bioacoustic Signals: Avoiding Perceptual Pitfalls," *The Journal of the Acoustical Society of America* 119, no. 1: 645-653.

Diab, Thomas (2024) "Is AI About to Replace All Human Writing? Not So Fast." *Newsweek*, April 25.

Dicke, M.; Maas, KJ van der; Takabayashi, Junji; Vet, L. E. M (1990) "Learning Affects Response to Volatile Allelochemicals by Predatory Mites," *Proceedings of the Section Experimental and Applied Entomology* 1: 31-36.

Dicke, Marcel; Sabelis, Maurice W.; Takabayashi, Junji; Bruin, Jan; Maarten A. Posthumus (1990) "Plant Strategies of Manipulating Predator-prey Interactions through Allelochemicals: Prospects for Application in Pest Control," *Journal of Chemical Ecology* 16: 3091-3118.

Eichinger, L.; Pachebat, J. A; Glöckner, G.; Rajandream, M-A.; Sucgang,R.; Berriman,M.; Song J., et al. (2005) "The Genome of the Social Amoeba Dictyostelium discoideum," *Nature* 435, no. 7038: 43-57.

Foster, Michael Dylan (2015) *The Book of Yokai: Mysterious Creatures of Japanese Folklore*. Berkeley: University of California Press,.

Fowler, Simon V.; Lawton, John H. (1985) "Rapidly Induced Defenses and Talking Trees: The Devil's Advocate Position," *The American Naturalist* 126, no. 2: 181–95.

---

［13］［訳注］ＡＩなどの計算機械が記号の解釈の主体となる状況については、本書第Ⅳ部第２章で、熊澤が、オントロジー工学を用いて機械による風土の解釈の可能性を論じ（☞本書 509 ff. ページ）、本書第Ⅳ部第３章で、小野が、未来における不確実性のイメージ表象の生成に機械が介在することの意味について論じている（☞本書 540 ff. ページ）。

Hawkes, Frances M ; Hopkins, Richard J.（2022）“The Mosquito : An Introduction,” in Hall, Marcus ; Tamir, Dan（ed.）*Mosquitopia : The Place of Pests in a Healthy World*. New York : Routledge,.

Jeffreys, Alec J. ; Wilson, Victoria ; Thein, Swee Lay（1985）“Individual-specific ‘Fingerprints’ of Human DNA,” *Nature* 316, no. 6023 : 76-79.

Johnson, David W.（2019）*Watsuji on Nature : Japanese Philosophy in the Wake of Heidegger*. Evanston, Ill. : Northwestern University Press.

Jones, Cameron R. ; Bergen, Benjamin K.（2024）“People Cannot Distinguish GPT-4 from a Human in a Turing Test,” in arXiv preprint. https://arxiv.org/abs/2405.08007.（Accessed November 11, 2024）

Kelly, Kevin（1994）*Out of Control : The New Biology of Machines, Social Systems, and the Economic World*. Cambridge, Mass. : Perseus Books.

Kolbert, Elizabeth（2014）*The Sixth Extinction : An Unnatural History*. New York : Henry Hold and Company,.

Loreto, Francesco ; Dicke, Marcel ; Schnitzler, Jörg-Peter ; Turlings,Ted CJ（2014）“Plant Volatiles and the Environment,” *Plant, Cell & Environment* 37, no. 8 : 1905-1908.

Musser, Richard O. ; Hum-Musser, Sue M. ; Eichenseer, Herb ; Peiffer, Michelle ; Ervin, Gary ; Murphy, J. Brad ; Felton, Gary W.（2002）“Caterpillar Saliva Beats Plant Defenses,”*Nature* 416, no. 6881 : 599-600.

Nagashima, Ayumi ; Higaki, Takumi ; Koeduka, Takao ; Ishigami, Ken ; Hosokawa, Satoko ; Watanabe, Hidenori ; Matsui, Kenji ; Hasezawa, Seiichiro ; Touhara, Kazushige（2019）“Transcriptional Regulators Involved in Responses to Volatile Organic Compounds in Plants,” *Journal of Biological Chemistry* 294, no. 7 : 2256-2266.

Nakamatsu, Y. ; Tanaka, T ; Harvey J. A.（2007）“Cotesia Kariyai Larvae Need an Anchor to Emerge from the Host Pseudaletia Separata,” *Archives of Insect Biochemistry and Physiology : Published in Collaboration with the Entomological Society of America* 66, no. 1 : 1-8.

Oliver, Tom H. ; Heard, Matthew S. ; Isaac, Nick JB ; Roy, David B. ; Procter, Deborah ; Eigenbrod, Felix ; Freckleton, Rob, et al.（2015）“Biodiversity and Resilience of Ecosystem Functions,” *Trends in Ecology & Evolution* 30, no. 11 : 673-684.

Pardo, Michael A. ; Fristrup, Kurt ; Lolchuragi, David S. ; Poole, Joyce H. ; Granli, Petter ; Moss, Cynthia ; Douglas-Hamilton, Iain ; Wittemyer, George（2024）“African Elephants Address One Another with Individually Specific Name-like Calls,” *Nature Ecology & Evolution* 8 : 1-12.

Sarkar, Sahotra（2021）“Origin of the Term Biodiversity,” *BioScience* 71, no. 9 : 893.

Schuman, Meredith C.（2023）“Where, When, and Why do Plant Volatiles Mediate Ecological Signaling? The Answer is Blowing in the Wind,” *Annual Review of Plant Biology* 74, no. 1 : 609-633.

Sharma, Pratyusha ; Gero, Shane ; Payne, Roger ; Gruber, David F. ; Rus, Daniela ; Torralba, Antonio ; Andreas, Jacob (2024) "Contextual and Combinatorial Structure in Sperm Whale Vocalisations," *Nature Communications* 15, no. 1 : 3617.

Shiojiri, Kaori ; Ishizaki, Satomi ; Ando, Yoshino (2021) "Plant–plant Communication and Community of Herbivores on Tall Goldenrod," *Ecology and Evolution* 11, no. 12 : 7439-7447.

Suzuki, Toshitaka N. ; Sugita, Norimasa (2024) "The 'After you' Gesture in a Bird," *Current Biology* 34, no. 6 : R 231-R 232.

Takabayashi, Junji ; Dicke, Marcel ; Maarten A. Posthumus (1991) "Variation in Composition of Predator-attracting Allelochemicals Emitted by Herbivore-infested Plants : Relative Influence of Plant and Herbivore." *Chemoecology* 2 : 1-6.

Takabayashi, Junji ; Takahashi, S. ; Dicke, Marcel ; Maarten. A. Posthumus (1995) "Developmental Stage of the Herbivore Pseudaletia Separata Affects Production of Herbivore-induced Synomone by Corn Plants," *Journal of Chemical Ecology* 21 : 273-287.

Uefune, Masayoshi ; Abe, Junichiro ; Shiojiri, Kaori ; Urano, Satoru ; Nagasaka, Koukichi ; Takabayashi, Junji (2020) "Targeting Diamondback Moths in Greenhouses by Attracting Specific Native Parasitoids with Herbivory-induced Plant Volatiles," *Royal Society Open Science* 7, no. 11 : 201592.

University Corporation for Atmospheric Research (2024) "Carbon Cycle Diagram from the DOE with numbers," in website of Center for Science Education, University Corporation for Atmospheric Research. https://scied.ucar.edu/image/carbon-cycle-diagram-doe-numbers. (Accessed November 11, 2024)

Wilson, Edward O. (1999) *Consilience : The Unity of Knowledge*. New York : Vintage Books.

第3章
各論

流動の中で思考する
——石牟礼道子とリンダ・ホーガンのアニミズムと環境の詩学
Thinking through Fluidity: Animism, Water, and Corporeality in the Poetics of Linda Hogan and Ishimure Michiko

ブレイズ・セールス
（寺田匡宏・訳）
Blaise Sales
(Japanese translation: Masahiro Terada)

1　先住民、女性、自然から見る風土

「風土」とは、地球環境の危機がエスカレートする現代において、「自己」と「環境」の二元論を再考する有効な枠組みである。本書第I部第1章では、和辻哲郎（一八八九－一九六〇年）が提唱し、フランスの哲学者オギュスタン・ベルクによって発展された「風土学」の哲学的系譜と歴史に焦点が当てられ、第I部第2章では、「風土」の非二元論が哲学における「モニズム」や「パンサイキズム」とどう関連しているかが論じられている（☞本書67 ff., 111 ff. ページ）。本章では、これを受け、さらに新たな方向性を探るために、後期近代の支配的な知識パラダイムによってこれまで周縁化され、貶められてきた三つの視点を再考し、「自己」と「環境」の関係を検討したい。

その三つは、先住民、女性、自然である。これらを再考する分析視角として本章は、第一に「批判的アニミズム critical animism」と先住民族スタディーズ、第二にエコフェミニズムとフェミニスト科学論、第三に人間

―自然関係に関する詩学・ナラティブ論的文学分析の方法を用いる。

本章が対象とするのは、北米先住民チカソーの女性作家リンダ・ホーガン Linda Hogan（一九四七年―）[1]と、日本の女性作家石牟礼道子（一九二七―二〇一八年）のエコロジーの詩学（エコポエティクス）における「水」と「身体性」である。本章は、まず、「アニミズム」をめぐる近年の議論を紹介し、ホーガンと石牟礼の作品が、アニミズムとどのように関係しているかを検討する。続いて、ホーガンと石牟礼の文学が、「水」をどうとらえているかをフェミニズムの「場所の政治学」から検討し、「水」を場所や実体のない物質、すなわち、場所における社会的、物質的、文化的、象徴的な関係から引き離された物質と見なすグローバル資本主義の均質で要素還元的なパラダイム（Braidotti 2017 : 22）との対比を行う。具体的には、ホーガンの小説『*Solar Storms* 太陽嵐』（一九九五年）と石牟礼の小説『天湖』（一九九七年）を通して、彼女たちが、身体化された関係性や、埋め込まれた関係性、アニミズム的関係性などについて、グローバル資本主義とはいかに異なるとらえ方をしているかを明らかにする。

現在、地球の未来の生存についての不安が高まっている。石牟礼とホーガンは、語りと詩学を通じて、世界とは、ひと、いきもの、ものの関係の網の中にあるものであることを描き出している。これは、グローバル資本主義の搾取的単一文化によって暴力的に根絶されてきた過去の世界の知や生き方に、われわれがふたたびアクセスし、対話する未来への手掛かりになる。石牟礼とホーガンは、過去の文化を静態的で古代から変わらないものとして描いているわけではない。失われた生き方や古い世界を想起するとは、むしろダイナミックで浸透性がある、現在と未来との相互関係である。

2　「批判的アニミズム」と「知の帝国主義」

ここ最近の二〇年間、分野や文化の境界を超えて「新しいアニミズム」や「批判的アニミズム」などと呼ばれる「アニミズム的思考」への関心が高まっている（Garuba 2003 ; Harvey 2005 ; Harvey 2013 ; Yoneyama 2020）。「アニミズム」とは、現代の科学パラダイムである固定化された主観と客観の二分法を超え、自然の中にも精神が存在すると考える、多様で複雑で非均一な哲学であり、実践である。

なぜ、アニミズムのリバイバルが起きているのか。オーストラリア・アデレード大学の米山尚子《しょうこ》は、それを、一八七一年に「アニミズム」という語を初めて使ったイギリスの人類学者エドワード・タイラー Edward Tylor の「古典的アニミズム」と、現在の「新しいアニミズム」を区別することで説明する（Yoneyama 2021 : 255）。米山によると、タイラーの「古典的アニミズム」は、近代科学パラダイムにおける人間中心主義、世俗主義、ヨーロッパ中心主義、階層的二元論の立場に立ち、先住民の知を「近代のプリズム」を通して見る。そして、非西洋における知や実践を、ヨーロッパの合理性とは正反対の「プリミティブ（原始的）な」存在としてとらえ、ヨーロッパの下位に存在する異物であるとした（Yoneyama 2021 : 256）。このような「アニミズム」という語にまつわる負の植民地的過去により、アニミズムという語は、一時は「完全に捨て去られた語彙」となっていた（Harvey 2005 : xii）。だが、そんな中、アニミズムの提示する非二元論的で「オルタナティブな知」と存在のありかた」は、「人新世」と呼ばれる時代における生物多様性の危機、環境汚染、環境破壊に対して大

［1］［訳注］チカソーはミシシッピ川流域をテリトリーとした先住民。人口約六万人で、言語はチカソー語。

きな示唆を与えると多くの人が考え始めている（Yoneyama 2021 : 251）。

植民地時代の「古典的アニミズム」とは対照的に、米山が定義する「批判的アニミズム」とは、「アニミズム的認識論、存在論、実践を現場で観察する人々によって、近代の内部から、近代批判として提唱された」理論的枠組みである（Yoneyama 2021 : 257、強調は原文）。「アニミズム」という用語にまつわる負の過去と、この語に込められてきた要素還元論的要素に注意を払いつつ、本章では、ホーガンと石牟礼が独自の文脈上の立場から「アニミズム」にどのように対峙しているかを考察したい。

リンダ・ホーガンは、『*The Handbook of Contemporary Animism* 現代アニミズム・ハンドブック』（2013）に寄せた論考で、現今の学界における新しいアニミズムへの関心の高まりを批判的に検討している。ホーガンは、彼女がいうところの「知の帝国主義」が、先住民の知識を否定し、それを収奪してきた暴力的な歴史に、この新興の学問分野である新しいアニミズムも加担しているとして、新しいアニミズムの偽善を指摘する（Hogan 2013 : 19）。ホーガンは、昨今のアニミズムへの新たな関心を次のように説明する。「環境とわれわれ先住民の関係を否定してきた、まさにその制度の一つであるアカデミズムが、今になって、今度は、それを学問の対象にしようとしているのである」（Hogan 2013 : 13）。彼女は、「アニミズム」という語の問題点を強調する。ラテン語起源のこの語は、「先住民であるわれわれが、われわれを取り巻く世界との関係や、世界との愛を説明するのに使う語ではない」（Hogan 2013 : 18）。「アニミズム」という語はあまりに茫漠としており、そのような語では、先住民族の知と世界認識の構造の複雑さ、特異性、多様性を説明することはできない。そして、そもそも土地と結びついたそのような先住民の知と世界認識の構造は、強制移住の歴史を通じて消し去られてきたのだと彼女は言う[2]。

ホーガンは、西洋の知と先住民の知の間には政治的な屈折と権力関係の不均衡が長く存在してきたことを強調するが、一方で、彼女は、異なる思考システム間の「橋渡し」の可能性があることも慎重に指摘している(Hogan 2013 : 22)。彼女は、「アニミズム」という語がヨーロッパ中心主義的な起源をもち、過度に単純化された還元主義であることを批判するが、一方、この語を「大きな視座」でとらえた時、そこには「異なったビジョンと意味」が生まれる可能性があるという(Hogan 2013 : 25)。文化として輸出された「西洋科学」のパラダイムを通してのみ説明できる単一で普遍的な現実というヘゲモニックな仮構——エコフェミニストのヴァンダナ・シヴァが「心のモノカルチャー」(Shiva 1993)と呼ぶグローバルな地獄——とは対照的に、「アニミズム」の知識システムの中にある還元不能性と多様性が、複数の世界観と複数の実践の共存を可能にするのではないか、とホーガンは論じる。ホーガンは言う。

> アニミズムというこの一語の中に、さまざまな世界観と様々な意味が含まれている。アニミズムという語は、世界の中には、あらゆる多様性とあらゆる聖性を尊重する人間存在がいると教えてくれる。それは、まさに、大きな希望である。(Hogan 2013 : 25)

知の帝国主義が、ヒエラルキー的であり、要素還元主義的であり、世界を破壊に導くとするならば、ホーガンのいうような「アニミズム」の読み替え方は、それとは対照的である。それは、唯一の有効な説明的枠組みとしての「近代西洋科学」という普遍的な支配に抵抗し、それを乗り越えるための、世界の知覚の仕方、世界

［2］［訳注］チカソーの人々には、白人によってミシシッピ川東岸から、ミシシッピ川西岸のオクラホマ州へと強制的に移住させられた歴史がある。

内での存在の仕方、世界と関係する多様な方法である（Harding 2008 : 1）。

とはいうものの、日本についてみるならば、歴史的、政治的に、「アニミズム」概念は、「国家イデオロギー」としての「神道」というナショナリズム的・帝国主義的な言説と結びついてきたことも忘れてはならないだろう（Yoneyama 2021 : 254）。神道は、自然界のあらゆる箇所に、「カミ」と呼ばれるスピリチュアルで生命的な存在があると考えるが、それは日本独自のアニミズム的存在論である（Yoneyama 2021 : 253）。神道は、新石器時代後期の日本の先史時代の弥生時代にまでさかのぼる長い歴史を持っている。長い歴史を通じて、神道は、土地ごとに違った相貌を見せていた。一方、明治維新後の神道の近代的な制度的側面はそれとはまったく違った側面を持つ（Clammer 2004 : 95）。米山は、これら二つの神道のありようの違いを、一九〇六年（明治三九年）の神社合祀令を事例に「小さな村の神社を破壊し、近代国家の行政的およびイデオロギー的装置としてより大きな神社として構成し直そうとした」と述べる（Yoneyama 2021 : 254）。それは、日本の国民国家のイメージを形成するイデオロギー的・帝国主義的なオプションとしての神道と、近代以前の日本列島各地で自生的に発生していた多様で非均一的な実践としての神道との違いをはっきりと示す。

二〇世紀から二一世紀の日本の工業化が引き起こした水俣病事件に、実践と言説の両方で深く関わった作家石牟礼道子の「アニミズム」は、上記の二種類の日本の神道のどちらとも異なっている。石牟礼は、小説『苦海浄土』（一九七二年）で知られる。この作品は、水俣沿岸の不知火海におけるメチル水銀の汚染が、どのような影響を人々に与えたかを、患者（被害者）との面会記や、科学的報告書の引用、荒廃した風景の詩的描写や地域の民俗描写などをドキュメンタリー風に組み合わせてつづった、形式的にも文体的にも大変複雑な作品である（Ishimure 2008 : 1）。石牟礼の作品は仏教・神道におけるアニミズム的コスモロジーとの強い関わりがある。米山は、石牟礼とアニミズムの関係を、近代が公害を通じて社会を破壊していることに対する批判として、近代の中からあらわれたアニミズムの「新しい」形であるという。

> 石牟礼道子のアニミズムの語りは、水俣の草の根闘争から生まれた新しい倫理と存在論である。彼女の文学は、単に、アニミズム的伝統の復活や、汚染前の世界への回帰ととらえられるべきではない。そうではなく、近代の負の経験から生まれた新しいアニミズムの構想としてとらえられるべきである。（…）彼女のアニミズム的観念は、人々の日常生活の一部として存在してきた仏教と神道の中にあるアニミズム的伝統に基づいてはいる。だが、考え方としては今までにない新しいものである。（Yoneyama 2020 : 93、強調は原文）。

日本における既存の二つのアニミズム、すなわち前近代的アニミズムと、近代国民国家のナショナリズム的アニミズムと比較すると、石牟礼のアニミズムの特徴は、それが現代のエコロジカルな危機と深く関係している点である。米山が行ったインタビューの中で、石牟礼は「アニミズムとアニミズム未満のもの、この二つを融合させ、近代におけるシャーマンになる」ことが自分の使命であると語っている（Yoneyama 2020 : 80）。米山は、この石牟礼の言葉は、現代日本から生まれた「人新世の声」であるという。なぜなら、石牟礼が行おうとしていることとは、いまや絶滅の危機に瀕している在地のアニミズムと「見えないもの」への、感情と想像力と知による強い連携であると同時に、近代の公害による取り返しのつかない被害への実践的介入でもあるからである。（Yoneyama 2020 : 84）。

ホーガンと石牟礼は、異なる文化に属し、異なる言語で書いているが、二人のエコロジカルな詩学とアニミズム的立場の間には、共鳴がある。彼女たちはどちらも、自然を管理し制御するために、自然を断片化する科学技術パラダイムの世界的な支配に対するカウンター・ナラティブを提示している。感覚を通じたスピリチュアリティへの深い理解に立ち、彼女たちは、心、身体、場所が互いに結びついていることを、言語とイメージという文学の形式で示そうとする。重要なのは、ホーガンも石牟礼も、汚染される前の世界のアニミズムを復活させようというロマンティックでナイーブな試みを行おうとしているわけでないことである。ホーガンと石牟礼が行っていることとは、資本主義世界システムによるコロニアリズム的な収奪と汚染が、地域社会の社会的紐帯、知、暮らし、環境をいかに破壊してきたかという告発である。以下、彼女らが、いかに、グローバル資本主義の破壊的なパラダイムを批判し、カウンター・ナラティブを構築してきたか、現代の科学技術パラダイムにおける抽象的客観化や定量化とは正反対の文学的方法を用いて、身体と場所のダイナミックな関係をどう描いているかを検討する。ホーガンについては、水と皮膚が、その表面における物質の交換を通じて、いかに「自己と他者の境界」を複雑化させているかに注目する（Ahmed and Stacey 2001 : 11）。一方、石牟礼については、「抽象的なコギト」（Berque 2019 : 96）を超えて、場所を生き生きと、ダイナミックに、多声性の中で捉える、身体化された感覚モダリティとしての音と聴覚の役割に焦点を当てる。

3　リンダ・ホーガン『太陽嵐』における皮膚と水の再記憶[3]

ホーガンと石牟礼は、文学という形式を用いて、さまざまな形式の知、関係、世界化の形式を明らかにするが、それは同時に、知識生産における権力とポリティクスを問題化するフェミニズムの「場所の政治学」の試みでもある（Braidotti 2017 : 29）。ホーガンも、石牟礼も、そのエコロジーの詩学（エコ・ポエティクス）を通じて、工業化された近代以前の汚染されない過去を、近代の外部に抽象的に位置づけ、ロマン化しようとすることはない。彼女たちは、期せずして、ともに二〇世紀後半のダム建設プロジェクトを扱っている。ホーガンは、カナダのケベック北西部のジェームズ湾水力発電プロジェクト（ラ・グランデ川）が、石牟礼は日本の市房ダム（熊本県球磨川）建設が、どのような社会的対立を引き起こしたかを真正面から描く。

　環境人文学は、水という物質の「身体からの超越性」と「物質としての複雑性」に焦点を当てることで、身体と環境の非二元的な相互関係を明らかにしてきた（Alaimo 2010; Mentz 2021: 193）。アストリダ・ネイマニスの『*Bodies of Water: Posthuman Feminist Phenomenology* 水の複数の身体——ポストヒューマン・フェミニズム現象学』（二〇一七年）と『*Thinking with Water* 水と共に考える』（二〇一四年）は、ヴェロニカ・ストラングが「関係的物質性」と呼ぶ（Strang 2014: 136）、人間による物質の概念化や物質との相互作用のありようを、水に着目

［3］［訳注］ホーガンの小説『*Solar Storms*』にはまだ邦訳がなく、このタイトルは、『太陽嵐』『太陽の嵐』『陽光の嵐』などと訳されている。本章では、ブレイズ・セールスとも相談のうえ、『太陽嵐』と訳している。この原題である「ソーラー・ストームズ」とは、宇宙物理学でいう太陽のフレアなどの現象を指す語の複数形であり、それを直訳した語「太陽嵐」は、日本語でも宇宙物理学用語であり、文学的語とはいいがたい。だが、セールスによると、ホーガンは、まさにそのような語を選んでいるという。その理由として、セールスは、この小説の舞台になっているカナダは、オーロラなどの北極光が見られる地域であり、この小説を通じてしばしばそれらが描写されていることから、ホーガンは太陽光の物理的存在をナラティブの重要な要素と考えていると思われるという。セールスは、この小説の、最後のシーンでは、太陽光をバックに主人公エンジェルとそのメンターのブッシュが語り合う場面があり、そこでは「きっと地球は、いま創世され始めたばかりだ」という語りで小説が閉じられると言い、太陽嵐とは、創造のメタファーではないかと言う。さらに、エンジェルには小さな妹がいるが、その名前はオーロラである。そこには、人間の世代の連続性と宇宙からの光と生命のつながりに関するメタファーが込められているのではないかとセールスは言う。なお、本書の中では、序章と第Ⅳ部第1章で太陽に関して言及しているが（☞本書26, 471-472ページ）、それは、数十億年後に予測されている太陽の終焉に関する言及である。終焉というペシミスティックな側面ではなく、創造や創世という希望の側面で太陽を見ている点で、この小説は、本書がカバーしていない未来を考えるポイントを示唆していると言えよう。

して探求している。しかし、これらのいわゆる「新しい」関係の存在論には、じつは、すでに先住民たちによる、哲学的、科学的な実践の長い歴史がある。ただ、それに対して、これまでまともに批評されたこともなければ、敬意が払われたこともなかったということだけである（Todd 2016 ; Ravenscroft 2018 ; Hokowhitu 2021）。ホーガンは、彼女の文学作品で、人間の身体と水の物質的な相互関係について描き出しているが、同時に、彼女は、先住民の知と実践を暴力的に乱してきた植民地主義の遺産と知の帝国主義に対峙している。エコクリティシズムで言われる「自己―世界のインブリケーション（絡み合い）self-world imbrication」や、認知科学で言われる「心―身体―世界のインターフェースにおける自己目的的急進的再構成 the self-purportedly ‘radical’ reconfigurations of mind-body-world interfaces」のような「最新の」理論ではなく、ホーガンは、自己と環境がどのように相互に関係するかを、「再記憶」、「再認識」、「再接続」のパターンとプロセスとして描き出す（McGann 2014 : 1 ; Hogan 2013 : 23）。

　前節で見た『現代アニミズム・ハンドブック』所収の論文の中で、ホーガンは、アニミズムの「新しい」波と人文学における物質論的存在論的転回を参照しながら、「再記憶」の重要性を強調している。北米ネイティブアメリカンの作家として、彼女は「これらすべてを記憶することが私の作品の一部」であると言う。その「これらすべて」とは「わたしのまわりにある別の形態の知のありかた」、つまり先住民の知と生活様式である（Hogan 2013 : 19）。彼女は、その文中で、記憶に関する語を、「再―認識 re-cognition」とハイフンでつないだり、「思い―出させる *re-mind*」のように強調表現しているが、それは彼女が作家としてこれらをいかに重視しているかの証である（ホーガン 2013 : 23, 26. 強調はオリジナル）。このような表現は、語に魂を込め、語の中には「意識」や「心」がこもっていることを暗示するものでもあろう。

　カナダ五大湖沿岸の先住民アニシュナーベとアメリカとカナダにまたがったホデノショニ連邦（イロコイ連

邦）を研究するヴァネッサ・ワッツは、「生きている」とは、単なる身体的な現象であるのではなく、そこに認識し思考する心があるということだという。「生きていることとは、単に生命があるとか、動いているという以上のことである。そこに思考、欲望、熟考、意志が満ちているということである」（Watts 2013 : 23）[4]。

ワッツもホーガンも、意識とは脳のプロセスであるとして、それを情動や具体的な環境から切り離そうとする考え方に異議を唱える。論文「先住民族の場所―思考」において、ワッツは、彼女が「ヨーロッパ―西洋の認識論／存在論的分裂」と呼ぶ、世界の構成要素（客観）と、世界を理解する意識（主観）を分離する見方を批判している[5]。「先住民は理論をもたないのではない。彼らの精妙な理論は、場所と区別されておらず、理論は理論として抽象的にあるのではなく、理論は、場所の中に、場所として、存在するのである」（Watts 2013 : 28, 22）。同様に、ホーガンは、意識とは、皮膚という境界を越えて、環境が身体化され、あるつながりとして発生する現象であるという[6]。

環境に関するエッセイを集めた『*Dwellings* 棲みつき』（二〇〇七年）で、ホーガンは、人間の身体と地球との間の物質的な染み込み合いを強調するために、順番を逆転させつつ語を反復して用いる「キアスムス chiasmus」という修辞技法を用いている[7]。「この世界は私たちの血と骨の中にあり、私たちの血と骨はわたしたちの地球である」（Hogan 2007 : 108）。彼女は、詩と散文において、身体を表現する際、しばしば「肌」に特に焦点を当てる。彼女の詩「Skin Dreaming 肌の夢見」では、目に見える身体の「皮膚」の表面の下に潜り込むこ

[4]［訳注］この考え方は、本書第I部第2章でみたパンサイキズムの考え方と相同である（☞本書128-129ページ）。
[5]［訳注］風土の概念における、主観と客観の区分の二元論への批判は、本書第I部第1章で寺田が検討している（☞本書98 ff. ページ）。
[6]［訳注］これは、本書第I部第2章で分析した、和辻哲郎のいう「外に出ている」ものとしての自己という見方と相同である（☞本書98 ff. ページ）。皮膚には、外側と内側があるが、和辻は、皮膚の外側にも自己が存在すると考えている。

とで、肌とは、内と外の間の明確な二項関係を揺さぶるような、多元的な物質性と時間性の層を持つことを示す[8]。この詩では、彼女ははっきりと「それ（皮膚）は水である」、「その中には、消滅した森が入り込んでいる」という（Hogan 1993 : 70）。このように内と外の明瞭な境界をあえてあいまい化するような身体の描き方は、『太陽嵐』でも繰り返される。小説は、詩に比べて長いため、ホーガンは、皮膚と水の間の物質的および時間的な相互の染み込み合いを、より濃密に描くが、それは、小説の密度の濃さでもあろう。

ホーガンの『太陽嵐』が描くジェームズ湾水力発電プロジェクトは、カナダケベックの先住民クリーと先住民イヌイットのテリトリーで、一九七〇年代から一九八〇年代にかけて実施された巨大ダム建設プロジェクトである。このプロジェクトをめぐって、土地の権利と生態系破壊をめぐる抗議と紛争が起こった（Huang 2016 : 70）。小説の形式的な面に着目すると、ホーガンは、複数のアクターを、語りのヴォイスを通じて表す。この小説は、先住民の一七歳の少女エンジェルの視点から語られるが、根無し草のティーンエイジャーとしての彼女の経験、「アダムの川」への帰還、ダム建設プロジェクト反対運動への参加が、Uターンを描くように描かれる（Hogan 1995 : 28）。この小説では、ホーガンは「歴史」と「地理」を、身体に深く埋め込まれたものととらえ、エンジェルの皮膚の「下」と皮膚の「外」を描く。それは、水力発電ダム建設計画を進めるダム建設者の「クリアカット」で「フラットで二次元的な」二元論的世界観から脱却し、世界の見方を複雑化することでもある（Hogan 1995 : 279）。

文学者のローラ・ヴァージニア・キャスターは、『太陽嵐』が、歴史的事実を再現するのではなく、一人称の語りを用いていることで、「共感（エンパシー）を生み出し」、読者に「先住民の権利主張が地球の持続可能性にどう結びついているか」を教えるという（Castor 2006 : 159）。本章は、小説が共感を生み出すことで、広範な政治的・文化的影響を持ちうるというキャスターの見解に同意するが、ホーガンの内面意識の表現技巧は、単に共感を生み出す以上のものであると考える。たとえば、エンジェルが五大湖周辺水域の先祖代々のコミュニティで新たな生き方を発見する際のこころと身体の揺れ動く経験の変動の中に読者を引き込むことで、『太陽嵐』は、「脳」、「身体」、「環境」として抽象化され切り離されがちなものたちがダイナミックにからみ合うさまを表現する（Hogan 1995 : 26）。

ホーガンは詩「肌の夢見」で、肌とは、生きていないようにみえて、じつはそれ自体で生命あるものであり、動きや変化を「欲する」ものであるという。「それは、泳ぐことを欲し、その表面は／すべての目に開かれる」。動きや変化を欲するという側面は、『太陽嵐』の中で、エンジェルが「根無し草のティーンエイジャー」から、環境と先祖代々のコミュニティと合一することで、成長するという物語の展開の中に受け継がれている（Hogan 1995 : 25）。このようなプロットは自己発見の直線的な語りのように聞こえるかもしれない。だが、ホーガンは、変化を直線的かつ連続的なものととらえず、複雑なものとしてとらえる。この点が、彼女の小説の語りの革新的なところである。ホーガンは、エンジェルの語りと三人の祖母たちの語りをつなぎ合わせ、この地の植民地時代の歴史や、昔話や民俗譚が、「現在」にまで波及し、関係しているありようを語る。小説の最後の多層的な語りにおける人間の身体の描写は、詩「肌の夢見」における滑らかで生き生きとした皮膚の描写や、エッセイにおける地球と一体化した「血と骨」という身体の描き方とオーバーラップする。その場面で、エンジェル

［7］［訳注］このようなキアスムスは、第Ⅰ部第3章で検討した西田幾多郎の「生命なくして環境といふものはないが、環境といふものなくして生命といふものもない」や本書第Ⅱ部第2章で検討した今西錦司の「主体の環境化、環境の主体化」などのフレーズにも見られる（☞本書 155, 222 ページ）。

［8］［訳注］身体の内と外の区分が風土性と密接にかかわることについては、本書第Ⅰ部第2章と本書第Ⅲ部第5章で、和辻哲郎の「寒さ」をめぐる議論を通じて寺田が検討している（☞本書 98-111, 119-120, 427 ff. ページ）。

は曾祖母のドラ・ルージュの声を聞く。

> 人間は生きている水であり、創世はまだ終わっていない。人間に壁があるとするのならば、その壁、すなわち皮膚に耳をくっつけると、たとえそれがあなた自身であっても、その中には、太古の音が響いている。古えのものたちは、血の中に記憶されている。私たち自身の中では、私たちはまだ二本足で歩いてすらいないのだ。(Hogan 1995 : 350-351)

ここでホーガンは、死者であるドラ・ルージュの声を通じて、語りの中における複雑な時間のありようだけでなく、人間の身体そのものの中にある時間の複雑さを示そうとしている。詩の中で、彼女は、「皮膚」を突き動かしている未来の「欲求」が動きと官能性を希求することを描いたが、同様に、ここでは「生きた水」としての人間が「未完の」創世プロセスと絡み合っている。身体の内部には未来志向の「創世」のモメンタムがある。一方、身体は血の中に水を起源とする「古えの生きもの」を「記憶」している。「人間」の中の時間性のこのような非二元的な組み合わせは、非二元的な空間の在り方とも通底している。[9] ホーガンは、それを内部と外部の領域を横断し相互接続する実在と呼ぶ。

すでに、修辞技法としてのキアスムスについて述べたが、ホーガンは、人間―水関係を内臓のキアスムスを通じて描き出している。「人々は水を飲みこみ、水は人々を飲み込む」(Hogan 1995 : 62)。その直前の箇所では、ホーガンは、この関係の動的な側面を現在進行形の形容詞(ing形容詞)を用いて強調し、水の変わりやすく流動的な性質を描く。「彼らは水のゆらゆらと揺れつつある皮膚の上に住み、それは、ぎしぎしとうめき声を上げつつある氷となった」(Hogan 1995 : 62)。水が変化する表面として持つこのダイナミックな動きの感覚は、

『太陽嵐』において皮膚が可変的な表面として描かれているのと相同的な関係である。

エコクリティシズムのスティーブ・メンツは「水は、瞑想を引き起こす。だが、水は、安易な理解は拒む」という。なぜなら、水は、時間的空間的な複雑さと物質的な多元性を持っているからである（Mentz 2021：186）。ホーガンのイマジネーションに富んだ皮膚の描写は、皮膚が水と同様に、世界と絶えず相互作用する表面として、その物質的な複雑さと時間的な流動性を有していることを再認識させる。ホーガンは動く水面を表現する際に、「揺れ動く水の皮膚」というように「皮膚」という語を用いる。それは、皮膚が水といかに親和的であるかを示していよう。この小説では、「水」と「皮膚」は固定された物体としてではなく、含み、含まれる、変化する相関的なプロセスとして描かれている[10]。

肌における流動性を描くために、ホーガンは、繭のモチーフを用いる。ホーガンは、エンジェルの身体の変化を描く際に、「繭」の膜という比喩を用いる。エンジェルの肉体的な変化は、彼女が、ファー島でブッシュの指導の下、水についての深い理解を始めた時期の描写の中で顕著に看取される。エンジェルは言う。「ブッシュから、私は水についても学んだ」（Hogan 1995：89）。エンジェルは、変化とは、何かが「動く」ことであり、「身体の中で」それをそれと認知し、経験するものだと洞察する。

> 私は自分が強くなったことに気付かなかったし、掌がごつごつとしてきたことにも気づかなかった。腕に

［9］［訳注］風土学における時間と空間の位置については、ユクスキュルの所説を事例にして本書第II部第1章で寺田が論じている（☞本書210-213ページ）。

［10］［訳注］風土における、含み、含まれる関係ともいえる「見る」をめぐる構造については、本書第I部第2章で寺田が詳細に論じている（☞本書96 ff. ページ）。

力がみなぎっていることにも気づかなかった。それは、静かに、そしてゆっくりと起こったのだ。わたしは、人が変わるとはどういうことなのか、人が変わるのには、何が必要なのか、そうして、変わるとしたら何が変わるのか、まだわかっているわけではない。私が知っているのは、変わるとは、どういう感じのことなのか、ということだけだ。それは、身体の中、胃の中、心臓の中で起きる。それは、痛みだ。そうして、それは開かれでもある。わたしは、それを、その時、感じていた。ドラ・ルージュは、私たちすべてにそれは起こると言った。そして、また、彼女は、私たちは、自分の体を食べながら成長する繭だとも言った。（Hogan 1995 : 89）

水とは「飲み込まれる」物体であると同時に飲み込む主体であるというホーガンの表現はすでに紹介した。ここでは、ホーガンは「食べる」という「飲み込む」と似た意味を持つ語を用いることで、固定された静的な表面としての皮膚という考えに揺らぎをもたらしている。「繭とは自らの身を食べるもの」である。自己と環境との間にある動かざる境界という考え方とは対照的に、この一節は、環境との物質的な相互関係の中にある肉体を通じて生じる「痛み」や「開かれ」を強調する。ホーガンは、変化とは「私たちの生すべてにおいて起こる」緩やかで絶え間ないプロセスであると言い、身体と世界との間にずっと続く、終わることのない生きた関係としての身体の相互性を強調する。

4　石牟礼道子『天湖』における弦と音の波紋

日本の文化史における「水、伝統、革新」について論じた論文の中で、モニカ・ディックスは、水は「日本の視覚芸術に不可欠」であると述べ、その例として「波を象徴する千鳥状に並んだ同心円の半円」である「青《せい》海波《がいは》」を挙げる（Dix 2017 : 50）。石牟礼道子は視覚芸術の芸術家ではなく、文学の作家であるが、彼女の過去と現在、自己と環境へのアプローチの仕方は、青海波における響きあう円形の波紋のようである。以下、石牟礼が音に関するイメージを用いて、生きている自己と生きている環境との間の「共―構成的 co-constitutional」な関係をどうとらえているかを検討しよう（Ishimure 1997 : 194）[11]。

石牟礼の文学作品は、第二次世界大戦後の急速に工業化が進む日本で起きた環境と伝統的コミュニティの破壊を描く。『天湖』の翻訳者ブルース・アレン Bruce Allen は、石牟礼の著作にみられる世界観には、身体と自然の非二元論が一貫しているという。「石牟礼にとって、自然とは私たちが身体をもって向き合ったり、対峙したりするものではなく、むしろ、私たちの身体が自然なのである」（Allen 2015 : 183、強調は原文）[12]。ホーガンと同様に、石牟礼は、近代化という進歩と表層的な要素還元主義を祝福する支配的なナラティブを超えて、さまざまな歴史的闘争が語られ、思い起こされる方法を「明らかにし、（再）解釈し、形作る」ためにフィクショナルでイマジネーションに富んだ文学の形式を用いる（Allen 2007 : 155）。石牟礼は彼女の執筆を「思考のメス」と言い、それは、直感的で活動的で未完成のプロセスであるという。彼女は、「私は、私の生の深くまで、思考のメスを入れている。この生々しい傷は、過去と未来の出来事の連鎖をつなぐリンクである」と語る（Ishimure 2003 : 306）。「生の傷」をイメージした石牟礼の文章は、進行中の環境破壊の「連鎖」を封印し、歴史

［11］〔訳注〕共構成に関しては、本書第II部第2章でパリーが述べている（☞本書264ページ）、また、似た概念である共存在については、本書第II部第1章で寺田が分析している（☞本書212-213, 220-222ページ）。

［12］〔訳注〕このアレンの言は、本書第I部第2章で見た和辻哲郎の「人間は単に風土に規定されるのみでない、逆に人間が風土に働きかけてそれを変化する、などと説かれるのは、（…）まだ真に風土の現象を見ていないのである」という言と通底する（☞本書110ページ）。

的「過去」として現在から切り離すのではなく、それを闡明し、賦活しようとする。石牟礼の文章は、歴史書が出来事からの時間的距離を取り、型にはまった表現をしがちなのとは対照的に、過去と生き生きとしたコミュニケーションとるべく別種の文学的戦略を用いている。

実際の出来事に基づいているが、『天湖』は「神話詩学的」で夢を思わせる形式で書かれている（Allen 2007 : 160）。この小説は、山村を水没させ、そこにあった村落のコミュニティを強制移動させた九州のダム建設を素材としている。石牟礼が創作した『天湖』の「天底村《あまぞこ》」という架空の村は、「一九六〇年に熊本県球磨川沿いの洪水制御と発電のために建設され市房《いちふさ》ダムによって水没した水上《みずかみ》という村をモデルにしている」（Thornber 2016 : 1）。ホーガンの『太陽嵐』と同様に、『天湖』にも若い主人公が登場する。物語は、東京育ちの「二三歳」の「柾彦《まさひこ》」が、日本の「お盆」の期間中、祖父の遺灰を撒くために、今はダムの底に沈んでいる先祖代々の村を初めて訪れる経験を描く（Ishimure 2008 : 2, 198；石牟礼 1997 : 27）。物語上の出来事は、「ダムが決壊し、村が底に沈んだ」約「三〇年」後に起こるが、石牟礼は、過去と現在の出来事を絡み合わせる非＝直線的な書き方を実験的におこなっている（Ishimure 2008 : 63）。時間のフレームワークが異なり、また村も消滅しているのにもかかわらず、柾彦の認識と感覚は、当時の山の環境や村人たちの民俗文化と「結び」あわされる。そうして、そこにおいて、「心」と「身体」、「個人」と「共同体」、「人間」と「人間以外の環境」という主体と客体の間の明確な二元的な分離が曖昧になり、絡み合あう（Ishimure 2008 : 222）。

『*Poetics of the Earth* 地球の詩学』で、オギュスタン・ベルクは、世界を要素還元的に縮小し、アトム化し、客体化しようとする粗雑な近代物質主義を批判している。「（近代物質主義とは）デシベルだけのメロディー、バイオリニストのいないバイオリン、あるいはテキストや読者のないインクと紙だけの文学であると言えるかもしれない。その究極の目標は、人間の存在を抽象化し、すべての現実を物質的なメカニズムに還元することである」（Berque 2019 : 77）。ベルクが、断片化され抽象化された近代物質主義の世界観の不条理さを表現するために音楽のメタファーを用いているのは、石牟礼が『天湖』で自己─環境の相互関係を音楽のイメージを用いて描写しているのと共鳴する。この小説で重要なのは、主人公の柾彦がある種の「音への感性（音というものに異常に敏感すぎるのは祖父ゆずり）」を持つ音楽家であることである（Ishimure 2008 : 29；石牟礼 1997 : 38）[13]。『太陽嵐』で、エンジェルの根無し草の疎外された感覚が、親密なつながりの感覚に満ち溢れた親族へのなつかしさの感覚へと変化したのと同様に、石牟礼の『天湖』では、主人公の柾彦の「村と自分自身の潜在的な意識が融合しつつある（彼がこれまで気づかなかった自分の心の古層を丸ごとすくい取って、水底の村のむかしの天空へ一気に解放した。／一人の人間だけでなく、村落共同体の夢の働きをぼくはいま、うつつに視ているのだろうか。／いつもみんなで、沈められた村を現実の神話にし、浮上させている）」過程が描写される（Ishimure 2008 : 280；石牟礼 1997 : 341, 343, 345）。ホーガンは、身体と環境の非二元的な関係を、皮膚を用いて描写したが、石牟礼は音という感覚的な要素に着目することで、アトム化された現代の主体の疎外の超克を描こうとする。

石牟礼がとりわけ力を入れて描写するのは、柾彦の主体と、和辻哲郎のいう「自己発見性、つまり自己を周囲の環境の中にみいだすこと」（Berque 2019 : 51）のような感覚とのあいだの揺らぎである。石牟礼は、内部にある自己と外部にある環境という二元的な概念の一体性を解き放ち、多孔質にすることで、「環境の主体化、

［13］［訳注］本章の著者セールスは、石牟礼の『天湖』からの文章を引用する際に、ブルース・アレンによる英訳で引用している。以下では、石牟礼からの引用は、まずそのアレンの英訳を日本語訳したものを先に載せ、その後につづけて丸括弧の中に、当該する石牟礼の日本語の原文を載せる。なお、文学作品の訳業の常であるが、アレンの英訳は、必ずしも石牟礼の日本語原文と一対一に対応しているわけではない。アレンの英訳がすでにアレンによる原文の解釈を含んでおり、そのアレンの英訳を和訳しても、石牟礼の原文とは必ずしも一致しないのである。

主体の環境化」(Berque 2017 : 21) とキアスムス的に表現される状態をもたらそうとしている。[14]

「自己発見」とは、環境における自己の「開かれ」である。柾彦の意識の変化は、ねむっていた感覚が、環境との身体化された感性的な対話を通じて表面化されてゆく過程として描かれるが、それはまさに自己発見である (Berque 2019 : 96)。[15] 石牟礼は、文学テキストという流動的なメディアの特性を生かして、身体化された「開かれ」における感情と多元的価値を表現している。とりわけ彼女が念を入れて描いているのは、身体における記憶と身体と過去の世界との関係である。

わたしはこれまでずっと、わたしが喪失しているこの古い世界、わたしの身体だけが記憶しているこの世界を探して生きてきた。(さびしくて、胸がふさがるほど甘美な声だった。(…) この匂い、ぼくはずうっと昔、生まれるもっと前に知っていたんだ。)(Ishimure 2008 : 79; 石牟礼 1997 : 102)

『太陽嵐』におけるエンジェルのように、身体に内在する記憶は過去のそれであるとは限らない。むしろ形を変えて現在においても出現する。石牟礼は、柾彦を「繭」に包まれた生まれたての「昆虫」と比喩的に描いた箇所で、同時に、それを太鼓の響きと地球の振動としても描き出している。

柾彦は半透明の繭の薄い覆いに包まれた昆虫のように、天の片隅に向かって手探りで進んでいるようだった。彼の体は、地の奥深くから響く太鼓のような規則的な鼓動に励まされ、導かれているように感じた。地球の原始的な岩盤から湧き出る振動に促され、彼は自分が一人で立っているような感覚を覚えた。それは孤独感ではなく、水や草や木々の精霊に囲まれているように感じたからだ。(柾彦はまだ出来上がらない半透明のうすい繭の中で、しきりに天の一角を探している虫に似ていた。そんな彼を励ますかのように、打楽器に似た底ぶかい大地の鼓動が、一定の間隔をおいて送り出されてくるのが躰に感ぜられ、そのひびきに促されて彼は始源の岩床の上に身を起こし、ひとり立ったという実感を持った。孤立している感じはなかった。水の気配や草木の気配に包まれ、瞑想的な月まで出ているではないか。そのいわれを綴って、霧の中から歌う神歌まで聴こえるではないか。）（Ishimure 2008 : 290-291；石牟礼 1997 : 354）

ここで石牟礼は、柾彦の感性と知覚の中に、環境の「深部から響く（底ぶかい大地の鼓動）」揺れ動くリズムや脈動が入り込んでくる様子を描写している。柾彦は「自分一人で立っている（ひとり立った）」と感じている。しかし、同時に、彼は、「水、草、木々（水の気配や草木の気配）」という環境の多様で重層的なありかたを直感し、自分が孤立しているのではなく、周囲の「モア・ザン・ヒューマンな」ものたちとの相互関係の中にいるという感覚を持つようになる。この生きている身体と生きている環境という感覚は、石牟礼の「霊に囲まれた（神歌まで聴こえる）」という描写に集約されており、それは、彼女が環境のなかの不可視の生命性をどうとらえているかを示唆している。

エコクリティシズムのクリスティーヌ・マランは、石牟礼が「山と山のあいだにある空漠のように儚くもろい人間関係」を美学的オントロジーとして表現していると言い、それは「人間理解のラディカルなアプローチ」であるという（Marran 2017 : 50-51）。石牟礼が、「あいだ」という目に見えない、とらえどころのない空間

［14］［訳注］すでに本章注7で見たように、「環境の主体化、主体の環境化」は、今西錦司の語であり、ベルクは、それを引用している。

［15］［訳注］本書第I部第2章で見たように（☞本書 104 ページ）、和辻哲郎によると、風土とは「自己了解の型」である。ここで、セールスが検討しているメカニズムは、まさに風土の構造である。

における経験に注目していることは、独立した主体と独立した客体を実体化することに対する抵抗であり、超克の試みでもある。[16]

石牟礼はホーガンと同じく「繭」の膜というイメージを作品中で用いる。繭のモチーフには、固定され密閉されているのではなく、揺らいでいるという含意があるが、それは、自己と環境の関係の比喩でもあろう。とはいうものの、石牟礼は、この繭のイメージを、柾彦の身体化された知覚の変容を描写するのに用いるだけでなく、水没した村を描写するためにも用いている。

> オヒナとオモモは、現代の土木工学によって造られたこの人工湖を、昔の村の蛹と蚕が眠っている透明な繭と見なしたかのようだった。（近代的な工法を駆使して出来たこの人造湖を、「おひなとお桃の」母娘は一箇の透明な繭のようなものに見立てて、その中に蛹だか蚕だかになった昔の村が睡っているとでもおもっているのではないか。）（Ishimure 2008 : 76；石牟礼 1997 : 93）

アニミズム的な表現で言うと、この村は、ダム建設によって永遠に失われたのではなく、人工的な湖の中で「眠っている（睡っている）」潜在的な世界であるということになる。石牟礼には、政治活動家であり環境活動家であるという側面もあり、近代の工業化された世界そのものを物理的に打破することを厭いはしないが、しかし、一方で、彼女のナラティブは、資本主義や工業化社会を超克する未来のためのオルタナティブな世界の在り方を、思考し創造するための方法を提供するものでもある。

「蚕」は、小説の中で柾彦と天底村の地元の伝統音楽との間の物理的かつ象徴的な架け橋ともなっている。湖底に沈んだ天底村を訪ねる旅の間、ずっと彼は、祖父柾人《まさひと》から譲られた琵琶を持ち歩き、それを奏でる（Ishimure

2008 : 21)。小説の後半部分でフラッシュバックとして語られる回想で、柾彦は、祖父が「この琵琶の家宝の糸は地元産の「蚕の絹糸」から作られた（月影村の琵琶の糸）」と言ったのを思い出す（Ishimure 2008 : 193；石牟礼 1997 : 234)。祖父柾人は、この琵琶を「先祖の形見」として「桑の巨木（桑の大木）」から作らせ、天底村から東京に出たが、その後、村はダム建設により水没したのだ（Ishimure 2008 : 196；石牟礼 1997 : 238)。したがって、この琵琶は先祖との精神的な紐帯であるだけでなく、湖底に沈んだ桑の木の痕跡でもある。さらに、この琵琶は祖父柾人の「天底村の唯一の物理的な思い出（これがたった一つ、天底の形見じゃけん）」であり、それゆえ、彼の遺言もこの琵琶に関するものだった。石牟礼は、そのように描くことで、この琵琶にまつわる哀感を強調する（Ishimure 2008 : 195；石牟礼 1997 : 239)。

村が比喩的に蛹となった「蚕」に例えられるのと同様に、柾人は孫に琵琶の「弦」が「歌を待っている（糸は、鳴ろうと思うて待っとるげなで）」という（Ishimure 2008 : 194；石牟礼 1997 : 236)。水底の村と琵琶の間には、ぴんと張りつめた緊張関係があるのだ。その緊張関係は、柾彦自身の身体の中にも忍び入っているが、石牟礼は、それを弦のイメージを用いて描き出す。

『天湖』が用いる音という感覚のモチーフは、人間の身体が楽器として表現されるところにも見られる。

> 人間の身体は、声とともに、それ自体が音楽の道具であった。（人間の生ま身は、その声とともに笛である。）（Ishimure 2008 : 32；石牟礼 1997 : 41)

［16］［訳注］本書第Ⅰ部第1章で見たように、あいだという語は、風土学のフランス語表現である「メゾロジー」の「メゾ」が「あいだ」を意味するように、風土の大きな特徴である。オギュスタン・ベルクのメゾロジーとは、主体と客体という二分法を超克する試みである。

このような身体と音楽に関する描写は、そのほかにも、柾彦が「鳥のくぐもった鳴き声やひそやかなさえずり（遠い森の奥から水の上を渡って、［こうぞう鳥、ふくろうの］響きのくぐもった声が聞こえた）」や「虫の音（かそけき地虫の声だけに静まって、遠い世を呼び出しているのを聴いていた）」など、いきものの多面的で微細な声に同調してゆくにしたがって、何度も見出される（Ishimure 2008 : 78 ; 275, 石牟礼 1997 : 93,338）。青海波の模様において、波紋が先へ先へと伸びてゆくように、『天湖』は、人間の自己とそれ取り巻く環境の間にあり、さらにその先へ先へと流れる多様な声を描き出す。琵琶が「歌いだすのを待っている（糸は、鳴ろうと思うて待っとるげなで）」（Ishimure 2008 : 194 ; 石牟礼 1997 : 236）ように、柾彦の身体もまた、場所との感覚的結びつきが深まるにつれて、弦を弾くように響き渡るのである。

> 彼は心の奥底で、和音の震えを感じた。それは、これまで一度も鳴らなかった秘密の音色を持つ（…）今まで彼の身体に宿ったことのないものであった。（柾彦は、自分の中にこれまで一度もなったことのない秘色のような弦があって、それがふるえているのを感じていた。それは柾彦のなかで生まれそこなってばかりいる絶対音といってもよかった。）（Ishimure 2008 : 29 ; 石牟礼 1997 : 38）

柾彦は、周囲の音の深みに気付くのみならず、彼の身体の奥深くに身体化されている環境と彼とのかかわりあいから生まれる「秘密の音色（秘色のような弦）」にも気づく（Ishimure 2008 : 29 ; 石牟礼 1997 : 38）。石牟礼はそれを通じて、「内面」と「外面」の境界は実はあいまいだということを描き出そうとしている。[17] 石牟礼の『天湖』は、弦と音のモチーフを用いることで、現代の科学パラダイムを支える独立した自己とそれと切り離されて独立した環境という二項対立ではなく、人間を、豊かな文化的および物質的な場所からは切り離せない、複数の生きた声からなる広範な交響する相互関係の中にある一員として描こうとしているのである。

5　多様で非均一な世界を想像する詩学へ

本章では、リンダ・ホーガンと石牟礼道子が、近代工業化による伝統的知識システムと環境破壊に抗して、魂と土地とのつながりをいかに再構築してきたかを検討した。フェミニストでポストコロニアル科学論のサンドラ・ハーディングが指摘しているように、「知の多様性を減少させることは、生物学的多様性を減少させるのと同じくらい愚かである」（Harding 2006 : 123）[18]。ホーガンと石牟礼は、小説における語りとポエティクス（詩学）の複雑性を用いて、世界をいかに多様で非均一化するか、科学技術の要素還元論的二元論的パラダイムに還元できない身体の中に、深層の知として世界をいかに記憶するかを探求している。彼らの環境の詩学とは、環境破壊を契機として、人と場所の間の深い相互関係を描き出すものである。そのようなアニミズム的な共存在の世界を想像し、記憶を呼び起こすことは、未来の危機を乗り越える再生可能なオルタナティブとなるであろう。

[17]　［訳注］内面と外面の境界のあいまいさについては、本書第II部第1章において、ユクスキュルの「機能的円環（環世界フィードバック・ループ）」を事例に寺田が論じている（☞本書210ページ）。

[18]　［訳注］生物多様性の減少と風土については、本書第II部第2章でバリーが検討している（☞本書259 ff. ページ）。

引用・参照資料

和文文献

石牟礼道子（1997）『天湖』朝日新聞社。

欧文文献

Ahmed, Sara ; Stacey, Jackie (2001) "Introduction : Dermographies," in Ahmed, Sara ; Stacey, Jackie (eds.) *Thinking Through the Skin*, pp. 1-17. London : Routledge.

Alaimo, Stacy (2010) *Bodily Natures : Science, Environment and the Material Self.* Bloomington : Indiana University Press.

Allen, Bruce (2007) "Facing the True Costs of Living : Arundhati Roy and Ishimure Michiko on Dams and Writing," in Ingram, Annie Merrill ; Marshall, Ian ; Philippon, Daniel J. ; Sweeting, Adam W. (eds.) *Coming into Contact : Explorations in Ecocritical Theory and Practice*, pp. 154-167. London : University of Georgia Press.

Allen, Bruce (2015) "The Noh Imagination in Shiranui and the Work of Ishimure Michiko," in Allen, Bruce ; Masumi, Yuki (eds.) *Between Sea and Sky : Ishimure Michiko's Writing in Ecocritical Perspective*, pp. 173-188. Plymouth : Lexington Books.

Berque, Augustin (2017) "Thinking the Ambient : On the Possibility of Shizengaku (Naturing Science)," in Callicott, J. Baird ; James, McRae (eds.) *Japanese Environmental Philosophy*, pp. 13-28. Oxford : Oxford University Press.

Berque, Augustin (2019) *Poetics of the Earth : Natural History and Human History*, Feeberg-Dibon, Anne-Marie (trans.). Oxon : Routledge.

Braidotti, Rosi (2017) "Four Theses on Posthuman Feminism," in Grusin, Richard (ed.) *Anthropocene Feminism*. Minneapolis : University of Minnesota Press.

Castor, Laura Virginia (2006) "Claiming Place in Wor(l)ds : Linda Hogan's *Solar Storms*," *MELUS* 31.2 : 157-80.

Clammer, John (2004) "The Politics of Animism," in Clammer, John ; Poirer, Sylvie ; Schwimmer, Eric (eds.) *Figured Worlds*. Toronto : University of Toronto Press.

Dix, Monica (2017) "Water, Tradition, and Innovation Flowing through Japan's Cultural History," *Education About Asia* 22 (2) : 48-51.

Gaurba, Harry (2003) "Explorations in Animist Materialism : Notes on Reading/Writing African Literature, Culture, and Society," *Public Culture*

15（2）：261-285.
Harding, Sandra（2008）*Science and Social Inequality：Feminist and Postcolonial Issues*. Urbana and Chicago：University of Illinois Press.
Harvey, Graham（2005）*Animism：Respecting the Living World*. New York：Columbia University Press.
Hogan, Linda（1993）"Skin Dreaming," in Hogan, Linda *The Book of Medicines*. Minneapolis：Coffee House Press.
Hogan, Linda（1995）*Solar Storms：A Novel*. New York：Sribner.
Hogan, Linda（2007）*Dwellings：A Spiritual History of the Living World*. London：W. W. Norton & Company.
Hogan, Linda（2013）"We call it Tradition," in Harvey, Graham（ed.）*The Handbook of Contemporary Animism*, pp. 17-26. Abingdon：Routledge.
Hokowhitu, Brendan（2021）"The Emperor's "New" Materialisms：Indigenous Materialisms and Disciplinary Colonialism," in Hokowhitu, Brendan；Moreton-Robinson, Aileen；Linda-Tuhiwai, Smith；Larkin, Steve（eds.）*The Routledge Handbook of Critical Indigenous Studies*, pp. 130-145. Abingon and New York：Routledge.
Huang, Peter I-Min（2016）*Linda Hogan and Contemporary Taiwanese Writers：An Ecocritical Study of Indigeneities and Environment*. London：Lexington Books.
Ishimure, Michiko（2003）*Paradise in the Sea of Sorrow：Our Minamata Disease*, Monnet, Livia（trans.）. Ann Arbor：Center for Japanese Studies, University of Michigan.
Ishimure, Michiko（2008）*Lake of Heaven*, Allen, Bruce（trans.）. Plymouth：Lexington Books.
Ishimure, Michiko（2008）"Reborn from the Earth Scarred by Modernity：Minamata Disease and the Miracle of the Human Desire to Live," Bourdaghs, Michael（trans.）, *The Asia-Pacific Journal* 6：1-10.
Marran, Christine L.（2017）*Ecology without Culture：Aesthetics for a Toxic World*. Minneapolis：University of Minnesota Press.
McGann, Marek（2014）"Enacting a Social Ecology：Radically Embodied Intersubjectivity," *Frontiers in Psychology* 5：1-10.
Mentz, Steve（2021）"Ice/Water/Vapor," in Cohen, Jeffry；Foote, Stephanie（eds.）*The Cambridge Companion to Environmental Humanities*, pp. 185-198. Cambridge：Cambridge University Press.
Ravenscroft, Alison（2018）"Strange Weather：Indigenous Materialisms, New Materialism, and Colonialism," *Cambridge Journal of Postcolonial Literary Inquiry* 5.3：353-70.
Shiva, Vandana（1993）*Monocultures of the Mind：Perspectives on Biodiversity and Biotechnology*. London：Bloomsbury Publishing.

Strang, Veronica (2014) "Fluid Consistencies : Material Relationality in Human Engagements with Water," *Archaeological Dialogues* 21 (2) : 133-150.

Thornber, Karen (2016) "Ishimure Michiko and Global Ecocriticism," *The Asia-Pacific Journal*, 13.6 : 1-23.

Todd, Zoe (2016) "An Indigenous Feminist's Take on the Ontological Turn : "Ontology" is Just Another Name for Colonialism," *Journal of Historical Sociology* 29 (1) : 4-22.

Watts, Vanessa (2013) "Indigenous Place-Thought and Agency Amongst Humans and Non-humans (First Woman and Sky Woman Go on a European World Tour!)," *Decolonization : Indigeneity, Education & Society* 2 (1) : 20-34.

Yoneyama, Shoko (2020) *Animism in Contemporary Japan : Voices for the Anthropocene from Post-Fukushima Japan*. London and New York : Routledge.

Yoneyama, Shoko (2021) "Miyazaki Hayao's Animism and the Anthropocene," *Theory Culture and Society* 38 : 251-266.

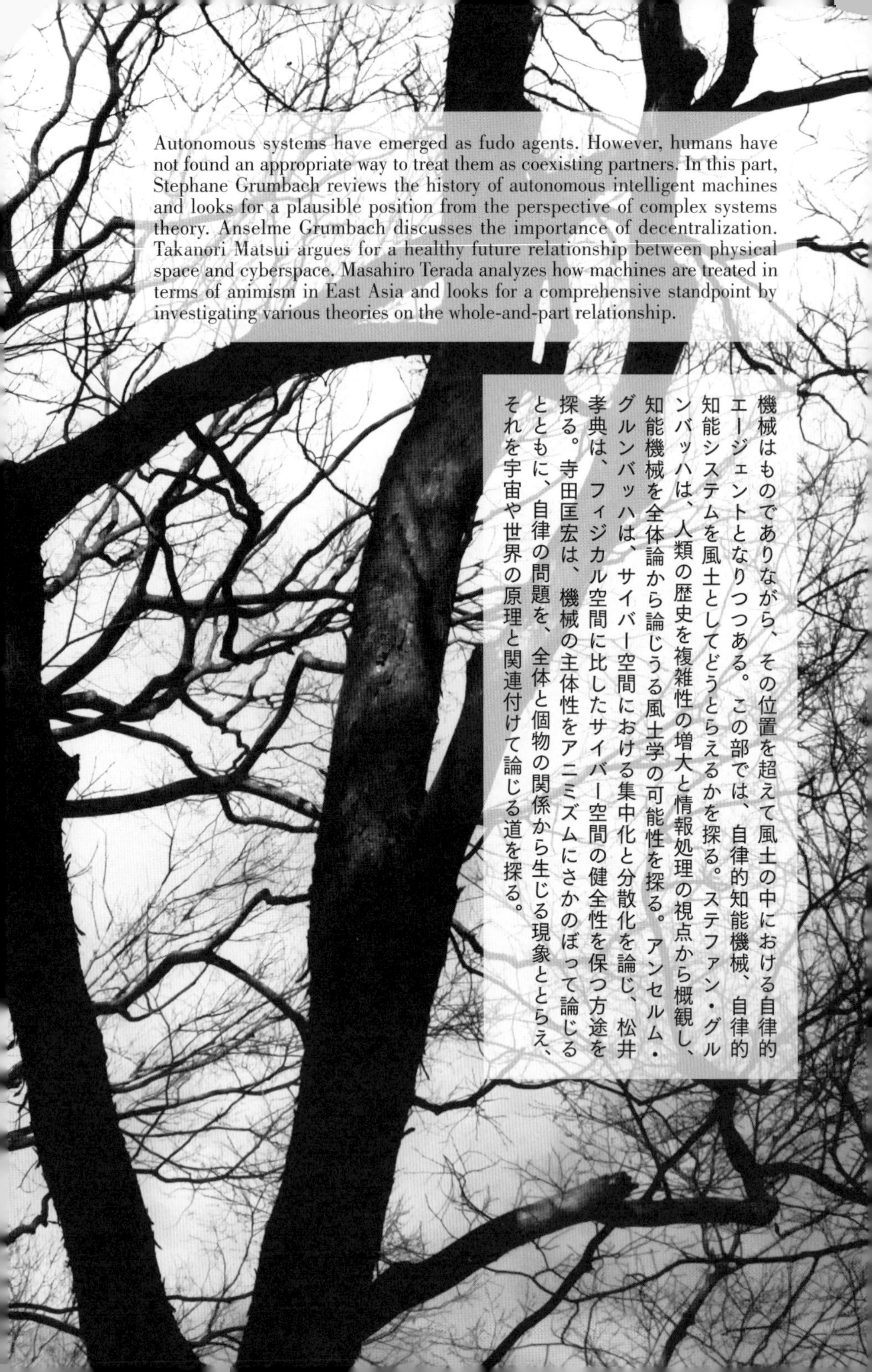

Autonomous systems have emerged as fudo agents. However, humans have not found an appropriate way to treat them as coexisting partners. In this part, Stephane Grumbach reviews the history of autonomous intelligent machines and looks for a plausible position from the perspective of complex systems theory. Anselme Grumbach discusses the importance of decentralization. Takanori Matsui argues for a healthy future relationship between physical space and cyberspace. Masahiro Terada analyzes how machines are treated in terms of animism in East Asia and looks for a comprehensive standpoint by investigating various theories on the whole-and-part relationship.

機械はものでありながら、その位置を超えて風土の中における自律的エージェントとなりつつある。この部では、自律的知能機械、自律的知能システムを風土としてどうとらえるかを探る。ステファン・グルンバッハは、人類の歴史を複雑性の増大と情報処理の視点から概観し、知能機械を全体論から論じうる風土学の可能性を探る。アンセルム・グルンバッハは、サイバー空間における集中化と分散化を論じ、松井孝典は、フィジカル空間に比したサイバー空間の健全性を保つ方途を探る。寺田匡宏は、機械の主体性をアニミズムにさかのぼって論じるとともに、自律の問題を、全体と個物の関係から生じる現象ととらえ、それを宇宙や世界の原理と関連付けて論じる道を探る。

第III部
風土としての自律システム
——AI、サイバー空間、デジタルエコロジー——

Part III
Autonomous Systems
How Do We Think about Machine Subjectivity within Fudo?

第１章
総論

断末期の地球でＡＩとの共生は可能か
――複雑システム論と全体論（ホーリズム）的視座からの分析

Living with Intelligent Systems in a Doomed Environment

ステファン・グルンバッハ
（寺田匡宏・訳）
Stephane Grumbach
(Japanese translation : Masahiro Terada)

人間は自分自身の歴史を作る。だが、それは好きなようにではない。自ら選んだ状況の下ではなく、過去から与えられた既存の状況の下でそれを行うのだ。

カール・マルクス『ブリュメール一八日のルイ・ボナパルト』一八五二年

危機は、古いものが死につつあるが、新しいものはまだ生まれていないという事態である。このはざまに、あらゆる種類の病的な現象が起こる。

アントニオ・グラムシ『獄中ノート』一九二九年

近代の問いとは、今ここにそれが生まれているが、解答はここにではなく未来にしかないというような問いである。

カール・ユング『近代人の魂の問題』一九三三年

1　現在とはどのような時代か

知性を持つ機械

人間にとって、人間以外の知的生命体ないし知的存在は、長きにわたり謎であり、憧憬の的であった。あらゆる神話には神が登場し、自然現象の背後の力をつかさどっている。知的機械 intelligent machine を作ることは人間の長年の夢だったが、同時に、それを実際に行うのは不謹慎で愚かだとも考えられた（Butler 1863）。だが現在、この夢はもう現実になっている。知的機械の登場は、人々の間に、ディストピア的な恐怖（Nick 2014 ; Barrat 2023）と熱狂的な満足（Kurzweil 2005 ; Diamandis and Kotler 2014 ; Ng 2018）をもたらし、議論を巻き起こしている。もちろん、今の段階では、機械が生み出す「知能」がいかなるものかについては、さまざまな立場がある（Good 1966 ; Lake et al. 2017）。情報処理に関してなら、もうすでに機械の方が人間より優れており、しかもそれは人間の介入なしで作動する。このようなマシンは、これまで手の届きにくいものだったが、最近急速に普及し始めている。

とはいうものの、自律システムが、どの程度まで、自己の周囲を把握し、プランを立て、アプリオリには決まっていない状況下で意思決定できるか、人間の価値観を理解できるかに関しては、依然、議論が続いている（Russell 2019）。だが、それらの見解は、広範囲にわたるトランスフォーメーションが起こっているという点に関しては一致している。

知性を持つ機械の出現は、それに対するスタンスと未来像のいかんを問わず、すでに人間の立ち位置を変えてしまった。人間は、自然界における卓越した場所を失い、これまでのようにユニークさを誇ることはできなくなっている。人間は、知性を持つ機械によって取って代わられたどころか、知性を持つ機械の方が人間よりもはるかに能力が高い。とはいえ、機械のキャパシティは、人類を地球の中心位置から退位させる十分条件ではない。問題なのは、人間が機械をコントロールできるか否かである。知性を持つ機械は、過去の道具的機械とは異なり、ますます制御不能になりつつあり（Broussard 2018）、その複雑さは人間の理解を超えつつある。もはや機械が人間を規定する要因になりつつある。となると、人間は、人間がコントロールも理解もできないような自律的マシン／自律的システム autonomous machine and system と共存する方法を見出さねばならない。この新しい現実は、数世紀前にコペルニクスが地動説によって人間の中心性を一掃したように、人間中心主義に挑戦を挑んでいる。もはや人間だけが思考するいきものであるとは言えなくなってきているのである。

プラネタリー・バウンダリー

現在おこっているトランスフォーメーションが、過去に例を見ない現象であることを如実に示すのが、「プラネタリー・バウンダリー（地球の限界）」指標である。それは、二〇世紀に入り、人口増加とそれに伴う生活水準向上、交易のグローバル化、天然資源の収奪などが類を見ない速度で進んでいることを明らかにする。地球の限界が見えてきていることで、地球はますます「小さな惑星」になりつつある（Rockstrom and Mattias 2015）。

プラネタリー・バウンダリーは、指標化され定量化されているので理解は容易にみえる。だが、じつは、起きている現象そのものに、人間の理解はまだ追いついていない。逆説的だが、科学的知識は増えてはいるが、人間はその知識を用いて現在の状況を必ずしも適切には理解していない可能性がある。現下の問題が要求するのは、過去、現在、未来を視野に入れ、問題の起源は何か、それは現代にどう影響を与え、中長期的な未来に何がおこるかを考えることである。現在の人間社会全体の変容は、長い年月をかけたゆっくりした変化と、突然の攪乱の両者が同時に起きるダイナミックな変化である。それらを視野に入れて、問題を考えるのは、これまでの人間の思考法を超えた要求である。

歴史的に見た現在のトランスフォーメーションの特徴

現代は、科学知識と公共政策がミスマッチしている時代である。この時代に求められているのは、二〇世紀の政治ナラティブのメインストリームであった進歩の思想からの根本的な脱却である。ミスマッチは、価値体系と信念体系、さらには社会基盤である真理体系にまで深刻な混乱をもたらしている。同時に、ミスマッチにより、エリートが現下の状況の元凶ではないのかという深い不信感も生じている。ミスマッチによる混乱はあらゆるところに及び、その根は深い。

西洋のみならず全世界で、従来の存在論的カテゴリーはすでに機能しなくなっている（Grumbach and Van Der Leeuw 2021）。先進国の人々は断片化された政治のおかげで疲弊している（Hoyer et al., 2022）。このような状況はすでに過去に例がある。約一世紀前、アントニオ・グラムシ Antonio Gramsci は、危機の真っ只中に新しい政治形態が出現することはありえないと喝破した。この言は、現在にも当てはまるだろう。私たちは、新しい道具が利用できず、古い道具で課題に対処している。もちろん、それは意図的にではない。危機とは、多くの場合、社会が崩壊した後にのみ解決されうる。ただし、それは、再建をフリーハンドで進めることができるということでもある。

過去一〇〇年間で、人類の人口は四倍に増加した。エネルギー消費量の増加は一〇倍で（Ritchie et al. 2020）、GDPは二〇倍である（OurWorldinData 2023）。輸出額は四〇倍であるが（Ortiz-Ospina et al. 2018）、これは、地球レベルで交易がグローバル化したことによる。人口の増加は、気候システム、生物圏、経済、社会秩序など異領域間における相互依存性を強めた。状況は一九五〇年以降に加速したが、それは「グレート・アクセルレーション Great Acceleration（大加速）」と呼ばれる（Steffen et al. 2015）。この背後には、強力な正のフィードバック・ループがあり、この歴史上類を見ないトレンドを長年にわたり持続させている。この現象は政治的に引き起こされたのではないし、中央集権的にコントロールされているわけでもない。だが、アクター間には、ネクサス（連関）がある。加えて、成長は、多くの国で国家戦略の要となっている。

複雑性の増大として過去を見る

人口の増加と、広範囲にわたる相互依存は、人間社会の複雑性の急速な増大をもたらした。これは非常に深刻な問題であるはずだが、世界的に注目されているとはいいがたい。複雑性の増大はガバナンスの困難を引き起こす。例えば、歴史上、副作用を無視したため機能不全が生じ、重大な結果を招いた事例は多々見られる。環境汚染で、外部性が無視され深刻な問題が生じた例はその典型である。ガバナンスにおける適応は、多数のパラメータとその複雑性を考慮に入れることで実現可能である。だが、そのためには、より多くの情報の処理と、より多くの知識が必要となる。その実現には、従来型のフィードバック・ループとは異なるシステムが必須である（Van der Leeuw 2020）。

二〇世紀の情報技術の驚異的な発展によって、社会は急速に発展した。一九六〇年代にゴードン・ムーアはコンピュータ容量の増加を予測していた。だが、現実は予想をはるかに超え、使用法、端末機器の数（現在では数千億個に及ぶ）、収集処理されるデータ量、アルゴリズムのキャパシティなど、すべてが指数関数的に増加した。先ほど述べた「大加速」は情報革命がなければ起こらなかった。社会の発展、環境への影響、情報技術の台頭は三位一体で分離不可能な現象である。

現在起こっているのは、従来の成長パターンからの逸脱である。この逸脱は、一九五〇年代以後の「大加速」からの逸脱であるが、その「大加速」自身が産業革命以来の成長パターンからの逸脱でもあった。現在、われわれが直面している「さらなる加速」は、急激で暴力的な変化である。この変化は人間社会に、自然の生態系と情報処理システムからの二つのフィードバックとして「仕返し」となって現れている。[1] 先ほど見た三位一体の変容の負の側面である。

現下の成長は、プラネタリー・バウンダリーを超えようとしているが、それは従来の成長にはなかった激しい複雑性ショックを起こしている。上記の三位一体性が、地球の限界にぶち当たって、激しい衝撃を受けているのである。この類の見ない成長は、非線形である。非線形であるから、大きなボラティリティ（乱高下）と潜在的ショックを伴う変容はさらに加速する可能性がある。

複雑性が人間の対応能力を超えるとき

複雑性の増大とトランスフォーメーションの加速が、今日おきている新たなパラダイムシフトの二大特徴である。これまでの歴史上、そのような事態が起こったことはなかったので、それへの適応の仕方がいかなるものかまだ誰も知らない。本章では、第2節以後で具体例に即して論じるが、まずは、抽象的なレベルで問題の所在を明らかにしよう。

過去数千年の人間の歴史を振り返ると、人間の身体および認知能力は、幾分かの進化はあったかもしれないが、全体的に見ると大きく変化はしなかった。他方、社会の複雑性は増大したが、それに対して、人間は、身体や認知の進化ではなく、ガバナンス能力を高め、科学的知識を増大させ、情報処理能力を高めることで適応した。だが、人間の能力には限界があり、制度や技術を通じての拡張にも限界がある。したがって、理論的には、人間社会の複雑性が、人間の集団的対応能力を超える可能性がある。それが「社会の根源的シンギュラリティ（特異点）」である。このシンギュラリティは、しばしば起こるが、気付かれることは少ない。

現在、一方では、一部に知性を具え始めた機械やシステムがますます強力になりつつある。他方では、それに反比例して人間がますます無力になりつつある。「自律的知能マシン／自律的知能システム autonomous intelligent machines and systems」は、そんな状況において出現した。自律的知能マシン／自律的知能システムの情報処理速度は人間をはるかに凌駕している。それは、これまで人間が生み出した人工物の中で、最も複雑なものの一つで、タンパク質の折り畳みなど、人間が解き得なかった複雑な課題の解決を可能にした。自律的知能マシン／自律的知能システムは、将来、人間が「社会の根源的シンギュラリティ」に至ったとき、その行き詰まりの解決に貢献し、複雑性の克服の一助となる可能性がある。ただし、注意しなくてはならないのは、機械の存在により、人間の複雑性への対応能力が劣化してしまうリスクもあることである。

本章の課題は、「社会の根源的シンギュラリティ」が、人類の今後の進化にどのように影響するかを明らかにすることである。言い換えれば、社会の複雑性が人間の認知能力を超えた時、地球規模の課題はどのように解決されうるかという問題である。

［1］［訳注］ここでいう「仕返し」とは、本章でのちに見るように（☞本書343 ff. ページ）、地球環境の悪化と、人間によるコントロールが不可能な自律的知能マシン／自律的知能システムの出現の二つが同時に発生していることを指す。

本章の構成

次の第2節では、人口増加から社会組織の複雑性まで、複雑性増大のプロセスとして歴史を考察する。複雑性の増大は、危機を引き起こすが、同時に、それに適応した変化も生じ、それがさらなる発展と成長を可能にする。複雑システム理論は、フィードバック・ループや非線形メカニズムなどの分析視角を用いて、そのような進化を説明し、トレンドがどのように増幅され、何が安定性を確保するのか、またはなぜ均衡が崩壊するのかを説明する。

第3節では、情報の統御が、複雑性増大の克服の最大の手段であることを明らかにする。ただ、情報処理能力の向上は解決ではあるが、同時に複雑性をさらに増大させる場合もある。一九五〇年以降の大加速に伴う情報革命と、現在の「自律的知能マシン／自律的知能システム」の出現は、単なる処理能力の増大ではなく、あらたな情報のコントロールの方法が出現しているという点で「社会の根源的シンギュラリティ」の解決であるともいえる。となると、シンギュラリティの影響を最も大きく受けるセクターは知識生産セクターであるということになろう。

第4節では、人間の認知能力について検討する。とりわけ、限定された理性、様々なバイアス、そして管理と支配に関する幻想という人間の認知能力の限界が、現在人間が直面している地球規模の課題、とりわけ人類共通の価値観と信頼が失われつつある状況にどう影響しているかを考察する。

まとめとなる第5節では、異なる文化の共存の視点から、未来の可能性について何が展望できるかを述べる。文化の多様性は、さまざまな道の可能性を開く。だが、将来予測の基本となる自然や未来の目標を織り込んだ政治的スキームは、地域や文化によって異なり、たとえば、ヨーロッパと東アジアでは異なる。人類が直面する地球規模の課題には、じつは、大規模な地政学的対立というリスクも含まれており、それが将来の経路に大きな影響を持つことを明らかにする。

2　複雑性はいかにして人間のキャパシティの限界へと至ったか

人口増加と複雑性

長期的視野で見た時、まず問題になるのが、人口の増加がどのように地球システムに影響を与えてきたかということである。地球上の人口は、完新世初期（約一万年前）の農業の黎明期には数百万人だったと推定されている。それが、約二〇〇〇年前の西暦初頭には三億人、一七世紀半ばには五億人、産業革命の夜明けである一八〇〇年頃には一〇億人に達した。人口は一貫して増加したが、それは直線的造化ではなく加速度的増加である。つまり、歴史を通じて人類の量的成長は継続的に加速している。興味深いことに、人口が倍増するのに要する時間は、当初は数千年かかっていたのに、二〇世紀になると、わずか五〇年未満である。一九二七年に二〇億人だった地球全体の人口は、一九七四年には四〇億人、二〇二二年には八〇億人に跳ね上がっている。過去二〇万年間に生きた人間の数は約一二〇〇億人と推定されているが、その約半数は過去二千年間にこの地球上で生を享受し（Kaneda and Haub 2022）、さらにその約七％が、現在生存中である。これは、あまりに不均衡な比率であろう。だが、このような人口増加のパターンが、人間の歴史における社会的、政治的、経済的変化をもたらしてきた。

この人口増加とその加速は、社会の複雑性の増大とダイレクトに結びついている。人口が多いほど、人々の相互作用と相互依存性が増大する。したがって、人口増加とは複雑性の増大と同義である。ただし、それが起こるのは、人類が複雑化へのキャパシティをすでに備えているか、あるいはその余地がある場合のみである。人類は、複雑性への適応能力を発達させてきた。だが、一体それは、進化のどの段階で、どのように現れたのだろうか。そして、人間は増大する複雑性に無限に適応できるのだろうか。それとも上限があるのだろうか。もしそうなら、その上限に達した時、何が起こるのだろうか。

複雑性と複雑システム

如上の問題を検討する前に、そもそも、複雑性とは何かについて述べておこう。複雑性は、エンティティ entity（実体）間または現象間の相互依存性から生じる。複雑システム論の考え方では、個々のインタラクションは無視しうるが、それらが複合した時には、巨視的なレベルでのトランスフォーメーションが生じる可能性がある。上記でいう「エンティティ」とは、たとえば、生物の細胞や、社会を構成する個々人などである。相互作用する個々のエンティティが形成するシステムは比較的シンプルである。それらは限られたスケールで他の少数のエンティティとのみ相互作用する。そのようなシンプルなシステムが、比較的類似したもの同士で非常に多数集まると、複雑システムが出来《しゅったい》する。知識は、エンティティ間で、チャンク（小さな小分けにした単位）として分かち持たれる。人間界において複雑組織は、構成員間のダイナミクスから創発されるが、それは通常、自己組織化と呼ばれる。組織化は、外部、あるいはシステム内部の特定のエンティティからアプリオリに押し付けられるのではなく、単一のエンティティ、エンティティ同士の相互作用、それを取り巻く環境という三者に規定されて起こる現象である。例えば、人類の歴史において、政治システムは、社会の外生的および内生的な変化の下で人口移動を契機として出現し進化したが、その過程で複雑性の統御に役立つ中央集権的な階層構造を生み出した。[2]

社会の複雑性が増大するにしたがい、様々な困難が生じる。社会を構成する組織は、未経験の現象になんとか適応しなくてはならない。機能不全は危機を引き起こすが、その帰結は、スムーズな適応へのシフトか、古い組織の崩壊と新たな組織の出現かのどちらかである。いずれにせよ、社会は、増大する複雑性への対処能力を獲得し、人口はさらに増加し、人間社会は、環境への支配をますます強める。つまり、歴史上のトランスフォーメーションとは、複雑性への対処の過程そのものである。

興味深いことに、複雑性は歴史を推進しただけでなく、社会によって複雑性への解決法が異るため、多様性が生み出された。そこでは、競争だけでなく協力も対立も起こるが、それは、通時性と同時性を備え、発散 divergent 型であると同時に、収束 convergent 型でもある。複雑性とは、社会の進化の原動力なのであり、その過去を学ぶことは、未来を予測することでもある[3]。

複雑システムには、中央集権的な制御は存在しない。メモリは、構成員すべてに分散され、その振る舞いはフィードバック・メカニズムによって規定されるが、気温の安定のような平衡の方向に働く場合と、群衆を暴動に導くなど変化の増幅方向に働く場合の二パターンがある。トランスフォーメーションに非線形性が見られること、突然の不可逆的な変化につながるティッピングポイント（臨界点）があることは、複雑システムの特徴である。また、複雑システムは、内因と外因の変化に適応して変容することがある。

[2]　[訳注] 本書第V部インタビューで山極は、霊長類の進化史から見た人類の特徴のひとつに集団の大規模化を挙げている（☞本書 581-582 ページ）。

[3]　[訳注] 分散型と集中型については、本書第III部第2章でアンセルム・グルンバッハが（☞本書 363 ff. ページ）、本書第V部インタビューで山極が論じている（☞本書 588-589 ページ）。

複雑システムにおける適応

ここで、複雑適応システム complex adaptive system についてみよう。複雑システムとは、部分だけを見ても、その全体の振る舞いを理解できないようなシステムである。複雑システム論は、「単純な」現象と「複雑な」現象を区別する。例えば生物学は、生物を、細胞という構成要素を持つシステムとしてとらえ、細胞中の諸器官の機能と相互作用を、物質、エネルギー、情報の相互ないし外部との交換と見る。これは、サブパートの振る舞いによって記述される「単純な」現象である。一方、生命そのものや、生命システムを存続させるものとは何かを考えようとすると、「複雑性」の問題、つまり無数の相互作用を持つ適応システムの問題に直面する。これは、物理学者エルヴィン・シュレーディンガー Erwin Schrödinger が『生命とは何か』（一九四四年）で提起した問題である。

複雑システムを記述することは困難な作業である。その理由は単純で、「複雑性とは現実には存在しない現象だから」である。還元主義的アプローチは科学の驚異的な発展をもたらしたが、複雑性に対しては無力である。むしろ、複雑性には、ホーリスティック holistic（全体論的）な理解が必要である。二〇世紀半ばまでは還元主義的アプローチが支配的だったが、現在、複雑性への関心が高まり、全体論がリバイバルしている。科学の進歩と二〇世紀に入ってからの複雑性の急激な増加を背景とする知の歴史的転換である。シュレーディンガーはその象徴であろう。これは、認識論的転換でもあるが、興味深いことに、その動きは、量子物理学とスピリチュアリティ（Capra 1975 ; Rosenblum and Kuttner 2011）や、エコロジーと風土（Berque 2004）など、さまざまな思想家による伝統的な思考システムの復権とも共鳴する。文化は、伝統的世界観を提供するだけでなく、自律的知能マシンを含む複雑性の増大を理解するさまざまなモデルを提供するのである。[4]

歴史、すなわち複雑性の増大

複雑性は、人口の増大と、それにともなう占有領域の拡大をもって測ることができる。人口増加には、植民地的領土拡大と天然資源の収奪が必要だが、それはつまり、そのような行為を可能にする社会組織が必要だということである。成長は、複数のフィードバック・ループの結果である。モデリングとシミュレーションを組み合わせた、学際的アプローチの研究が行われている（Turchin et al. 2022）。

人口、複雑性、歴史

近似的には、複雑性は人口増加によって増大するが、人口サイズに比例するわけではない。複雑性の増大は、人口増加によって起きる構造変化によって起きるのだ。構造変化が起きる場合と起きない場合がある。例えば、狩猟採集民は、社会構造を変化させるのではなく、より広い行動域を確保することによって人口増加を達成する。そこにおいては、集団が分裂するので、複雑性は増大せず構造は安定したままである（Price and Brown 1985）。社会内での成員の相互依存度と、社会の環境への依存度は、歴史上、それほど劇的に変化してきたわけではない。ただし、行動域を拡張してきた社会が、たとえば、海に突き当たるなどで地理的な限界に達した

［4］［訳注］全体論的視座については、寺田が、全体論の一つであるモニズムについて本書第I部第2章で（☞本書111 ff. ページ）、全体と個別の関係について本書第III部第5章で（☞本書425 ff. ページ）、全体主義について本書第II部第1章で（☞本書229ページ）論じ、本書第V部インタビューで、山極が漢方医学などに見られる東洋思想の西洋的思想との違いについて論じている（☞本書595ページ）。また、スピリチュアリティや精神性については、本書第IV部第4章で、寺田が量的拡大に代わる質的豊かさについて論じ（☞本書571ページ）、本書第V章で、山極が争いや暴力を否定する精神性について論じている（☞本書595-596ページ）。

時には、同じパターンの成長を続けることが出来ず、構造的な進化が必要となる（Grove 2009）。

社会の進化のペースは不均一であり、しばしば突発的な事件によっても影響を受ける。例えば、「ユスティニアヌスの疫病」は、六世紀から八世紀にかけてヨーロッパの人口を約五〇パーセント減少させた[5]。一四世紀の黒死病では、世界人口のほぼ四分の一が減少し、ヨーロッパでは三〇—六〇パーセントもの人口が失われた。ヨーロッパは、そこからの回復に二世紀を必要とした。このようなカタストロフィックな出来事は、人口だけでなく、政治のありかたや信仰にも大きな影響を与えた（Girard 1974）。とはいうものの、長期的な趨勢においては、これらの出来事はほぼ無視できる。

複雑性の増加は、基本的には、人口密度と、社会と環境の関係から生じる。人口密度が高くなれば、物流の問題が生じ、人と人との依存が多様化し、共有可能な記憶、紛争解決メカニズム、公共インフラ、行政機関、治安機関などが必要となる。それに対応するコンピテンシー（能力）も多様化する。情報処理の統御に優れた能力を持つ者が集中することで、そこが中心になるが、その中心は統御の範囲を拡大させつづける。エリアの拡大とはつまり、リソースへの依存の拡大でもあり、地理的に離れたもの同士の依存が高まることでもある。

人類は、その進化の過程で地球の占有領域を広げ、主にバイオマスからなる天然資源の搾取を強めた。資源の制約、あるいはより一般的には自然環境の制約により、しばしば危機がおきたが、それは適応への強力なテコともなった。最も大きく自然環境に依存しているのは、食糧生産である。

食糧生産と人口

一八世紀末、トーマス・マルサス Thomas Malthus は、人口の増加は本来は指数関数的であるが、食料供給によって制限されることで、人口は直線的にのみ増化すると述べた。彼はこの現象をフィードバック・ループと表現し、次のように説明する。まず、人口に適応した食料供給が行われている状況がある。食糧生産が増加せずに人口だけが増加すると、食料はより多くの人々の間で分け合われることになる。となると、貧しい人々の生活環境は悪化する。そこでは、労働者数が労働市場を上回り、労賃は下がり、食料の価格は上昇する。そうなると結婚を思いとどまる人が多くなり、人口は安定する。そうなると、労賃の安さと余剰労働者の増大により、農業セクターは農業労働力を安価で雇用することができ、より多くの土地が耕され、多くの食糧が生産されるようになる。食糧生産と人口の比率が以前と同じ割合に戻ると、労働者の状況は改善し、制約が緩む。マルサスのこのループ説は、それがそもそも因果関係と言えるかという問いも含めて、多くの論争をもたらした。例えば、デンマークの経済学者エスター・ボーズラップ Ester Boserup は、マルサスと反対に、人口増加が農業開発の引き金となり、生産を加速させると主張した（Boserup 2014）。二〇世紀初頭、ハーバー・ボッシュ・プロセスによる化学肥料生産の開始により人口は急増した。その後の緑の革命につながる化学肥料は、当初は天然肥料に代わるものとして開発されたが、当時は将来のニーズを満たすには程遠いとみなされていた。マルサスとは対照的に、ボーズラップは農業生産性を従属変数と見なし、それ以外の要因を主な原因であると考えたが、それは、この化学肥料が人口増加により誘発されたと考えることである。どちらが原因で、どちらが結果と考えるかは別として、マルサスとボーズラップのいずれもが、技術革新、労働力、社会的状況、人々の健康を考慮しつつ、人口増加を農業生産性のフィードバックにむすびつける。現代の環境問題に関する議論

［5］　［訳注］「ユスティニアヌスの疫病」とは、これまで世界で発生した三度のペストのパンデミックのうちの初めてのものをいう。五四一－七五〇年に地球海沿岸で広がり、当時のローマ皇帝ユスティニアヌスも感染した。なお、第二回目のペストのパンデミックは、ヨーロッパに一三四六－一三五三年に拡がった「黒死病」であり、第三回は、一八五五－一九六〇年に世界、とりわけ、インドとアメリカで起こったと考えられている。

は、このような弁証法を基本としている。

実際、人間は何千年間にわたって、環境を改変してきた。アマゾンの森の植生種は、その地にどのような植物を好んだ人々が住んだかによって大きな影響を受けている（Descola 2014）。人間による環境変化は、資源利用の増加とともに、その影響を増してきた。現在、あらゆる風景は人間の社会的経済的影響を蒙っていると言ってもよい。人間活動は、地球システムに影響を与えるほどに大きなものとなっている。そこにおいては、強力なフィードバック・ループが作用しており、社会―エコロジー間の変数が進化するのに手を貸している。

現在の人口減少に見るトランスフォーメーション

現在起きているトランスフォーメーションは、ホメオスタシスや均衡から逸脱しており、持続可能ではない。この現実は理解はされているが、どのようにオルタナティブを社会実装するかはまだ議論の途中で、明確な解決策は見出されていない。しかし、この問題を人間中心主義的な政策の問題からではなく、システム的な観点、すなわち人間ができることに限定されない全体的な視点から考えると、異なった風景が見えてくる。

システムの観点からみると、トランスフォーメーションは、もうすでに起きている。じつは、加速をつづけてきた世界人口の増加は、一九六〇年代初頭をピークに、減速傾向にある。世界の人口増加率は一九六三年に最大二・三パーセントに達していたが（Roser and Ritchie 2023）、二〇二三年には〇・九パーセントに下落し、これからも下落を続けると予想されている。出生率は一九六〇年代初頭の五以上から二〇二〇年代初頭にはその半分以下に低下している。

出生率の低下は、経済発展や社会の発展、特に女性や子供の教育、労働、死亡率などと相関する「進歩」と見なされてきた。しかし、それはもう進歩とは言えない状況になっている。一部の国では、出生率が大幅に低下しており、イタリアでは、八〇歳から八四歳の年齢層の人口が、〇歳から四歳の年齢層よりも多く、日本の八五歳から八九歳の年齢層でも同様の現象が看取される。高齢化は、経済的な問題だけでなく、将来世代への影響など種々の課題を惹起する。

出生率の低下は、負の社会経済的トランスフォーメーションだが、それは、非意図的である。精子の質の低下、小児死亡率の低下に起因する高出生率遺伝子への淘汰圧の低下など、さまざまな生物学的要因が、さまざまな時間スケールで出生率の低下に関連している。生殖医療の発達が、生殖能力の低い遺伝子の保持状況に影響を与え、それによって不妊症が増加しているという説もある（Aitken 2022）。いや、生物学的な要因だけではない。社会的要因として、たとえば、性行為が全般的に減少しており、特に若い世代で顕著であることが明らかになっている。アメリカのＣＤＣ（疾病予防管理センター）によると（Centers for Disease Control and Prevention 2023）、性行為をしたことがある学生の割合は、二〇一一年の四八パーセントから二〇二一年には三〇パーセントに減少している。また、学生の二〇パーセントは自己を異性愛者として自認しておらず、その割合は急増加している。このことにより、人口に占める性別の割合にも予想外の変化が見られる。

これらの傾向が何を意味しているかを分析するのは容易ではない。だが、出生率に短期的および長期的な結果をもたらす生物学的社会的変容が、持続して起きていることは驚くべきことである。すでに見たように、出生率の低下は、当初は社会の進歩に伴う幸せな現象と解釈されていた。だが、それは、真剣に憂慮すべきものであることが次第に明らかになってきている。

現在起きているのは、生物多様性の減少と人間社会における人口減少という、社会的変化と自然的変化が絡み合う複雑な現象である。この変化は、われわれの世界や世界観を変えると思われるが、それはまだまだ過小評価されているように思われる。従来、自然は強大で、克服し、征服する対象と思われてきた。だが、環境危機の発生により、いまや自然は脆弱でケアの対象とみなされている。自然の概念が揺らいでいる。その結果、ジェンダーや社会的役割など、「自然」という概念を基盤にしてきた社会構造も揺らいでいる。[6] これらの現象はおもに西洋で起きていることではある。だが、西洋とは異なる自然観とそれを基盤にした別の社会観を持つ社会でもそのような変化が起こっていても不思議ではない。

危機と臨界点

長期的にみると、社会は、統合と成長と、不安定性や暴力による構造崩壊を交互に経験する。崩壊は、初期条件を分析することである程度予測可能であり、確率を用いた予測モデルを用いて将来シナリオを描くことも可能である。

構造的人口動態理論

自然科学の予測モデルは、データを定量化、図式化、単純化して作られる。社会の予測モデルも基本的には同様である。例えば、構造的人口動態理論 Structural-demographic theory は、社会を三つのグループに分ける。第一に労働者、第二に経済的、政治的、社会的、軍事的エリート層、第三に国家官僚である（Goldstone 2016）。これらの三つのグループは、バラバラではなく、ルールに従って相互に関係するが、そのありようは、国や社会によって異なる。構造的人口動態理論は、これらのグループのシステムのトラブルへの反応の解明を目指す。例えば、人口動態の変動は、組織への圧力となり、マルサスが述べるように、社会の分裂や制度改革につながる場合がある。

構造的人口動態理論は、国家財政と債務、腐敗、エリート内の対立、富の分布、所得動向、平均余命などの変数を組み込んで、政治と人口変化の関係を指標化し、人口への社会の周期的影響を明らかにしてきた。構造的人口動態理論を用いた論文に「曲線を平坦化する」という印象的なタイトルの論文があるが、そこでは、社会の均衡から崩壊への過程が五段階にモデル化されている（Hoyer et al. 2022）。これは、先述したマルサス・モデルの一般化理論である。

このモデルによると、第一段階では、人口と経済成長の成長が起こり、人々はそれを享受し、社会は結束する。第二段階では、人口が増加し続ける一方、経済成長が鈍化し、一部の人々が貧困化する。低賃金の恩恵を受けて富裕化した社会のエリートは、富の再分配に抵抗する。第三段階では、エリートが権力の座を掌握する。仮に、一般人がエリートに加わろうとしても、もはやそのチャンスはない。ただ、エリートも飽和しており、権力をめぐる激しい抗争が起き、派閥分化が起こる。第四段階では、状況が悪化し、人口減少が進み、エリート内の抗争も激化する。国家は、財源と政治的正当性を失い、大衆の怒りを制御できなくなる。第五段階では、これらの脆弱性に起因したカタストロフィが起き、社会が崩壊し、多数の人命が失われる。無秩序は数世代続く場合もあるが、急進的だが非暴力の改革により鎮静化する場合もある。

社会の崩壊の諸相

上記のモデルは、過去の実例と合致し、信頼に足るとみなされている。システム分析によると、時代や地域

［6］［訳注］何を「自然」と考えるかという問題は、世界観の基本である。その中における「自然主義」「ナチュラリズム」については、本書第Ⅰ部第1章、第Ⅲ部第4章で寺田が検討している（☞本書72-73, 412-415ページ）。

を問わず、崩壊の初期プロセスには高い類似性がある。ほとんどの場合は、第三段階に達すると、人口の減少や崩壊、エリート層の衰退や消滅、革命、内戦、戦争、外部からの侵攻などの深刻な帰結を回避することが不可能になる。

ただし、興味深いことに、危機が第三段階に進んでも、稀に崩壊が回避される場合がある。それは、制度改革によって、大衆の貧困化とエリート内部での闘争をともに抑えることができた場合である（Hoyer et al. 2022）。崩壊を避けるためには、国家は、富の再分配が適切に行えるだけの権限を取り戻さなければならない。その際、リスク予想をできる知識人エリートの役割が重要になる。ただ、彼らは、国家がまだ崩壊に至らず、余力を残している早い段階で行動に移らなければならない。また、この五段階モデルによると、状況改善以前に、海外での軍事的拡張が起きることもある。その場合は、外国への軍事的進出により、国内の負の圧力が減少し、国民の生活が回復し人口が増加する。つまり、それは国内の緊張を海外に移転させたということになる。つまり、対外戦争は、新たなバランスの構築であり国内の危機の解決でもある。その対外戦争によって、フリーハンドを手にした新たなエリート層が生まれる[7]。

とはいうものの、崩壊は、伝染病、自然災害、侵略、資源の枯渇など外的要因から生じる場合もある。外的という意味は、それらが、制度化された境界の外部との相互作用によりもたらされるからである。国境はそのような制度化された境界の一例であり、侵略、戦争、外国貿易上の問題などを外部からもたらす。他方、自然の生態系との相互作用から生じるのが、伝染病、自然災害、資源枯渇、公衆衛生の機能不全などである。森林の皆伐など、天然資源の搾取は歴史上頻繁に見られ、社会の崩壊につながった場合もある（Diamond 2005）。

全体論的視座からの逃走

全体論としての複雑システム論

複雑性は、生物、生態系、人間社会のいたるところに見られる。複雑システム論の特徴は、その学際性とモデル化である。それは、測定可能なパラメータを用いた部分的で単純化されたモデルであることが多いが、視角としては全体論的である。前項で見た危機サイクルのモデルが示すように、単純なモデルでも、グローバルな現象を十全に分析する。複雑システム論が今日注目を集めているのは、それが、現在人類を制約しているものとは何かを明らかにするのではないかという期待があるからである。

宗教という全体論から、科学という全体論へ

地球規模の現象を理解するために全体論的アプローチが用いられるのは、新しいことではない。それはこれまで宗教が行っており、解答不能な素朴な問いに、全体論的な回答を与え、日々の暮らしと未来を考える導きとなってきた。宗教が提示する全体論的な思考体系は、歴史を通じて普遍的に見られる。ただ、世界に意味を与えてきたそのような伝統的思考体系への信頼は、啓蒙主義、産業革命による科学、進歩の観念の隆盛により、西洋ではもうすでに失われている。

科学革命の後にヨーロッパで起こったトランスフォーメーションは特異である。科学がその分析手法を急速

［7］このような現象は、現在でも見られるかもしれないが、偶然に過ぎないと考えたい。とはいえ、ヘーゲルは、「われわれが歴史から学ぶ唯一のことは、歴史から何も学ばないことである」と言っていることも銘記せねばならない。

に発達させ、知識と言えば、現象を詳しく調べ、物質を構成要素に分解し、機能を物質的に理解することが主流になった。それ以来、物質以外に現象はないとする新たな原理が西洋に現れ、それは今日においても強固に根を張っている。このトランスフォーメーションが、一般に言われる科学の進歩である。科学的知識のおかげで、ヨーロッパは、それまでの非合理的な信念体系 belief system から脱却した。しかし、カール・ユング Carl Jung が一九二〇年代に指摘したように、「かつては、存在するあらゆるものが神の創造的な意志から生じたという仮定が疑われなかったように、一九世紀に発見されたのは、すべてが物質的な原因から生じるというあらたな真実であるというだけの話である」(Jung 1933)。

科学という新たな概念体系は、科学革命以前のそれより合理的なのであろうか。たしかに、論理的推論は驚異的な進歩を遂げ、以前よりはるかに厳密になった。一九世紀から二〇世紀にかけていわゆる「数学の基礎の危機」が起こったが、それは、さまざまなパラドックスの発見により、厳密な数学的システム構築が困難であることを数学自らが証明したということである。システムの基礎は、証明することも反証することもできないという仮定と、あらゆるものは概念的基礎よりも物質的基礎に依存しているという仮定に依存していることが明らかになった。

これらの仮定がもたらしたものは非常に大きい。一貫した方法論でシステムを構築することが可能になり、問題解決と知識創造が加速した。この新しい哲学的アプローチがもたらした学術的成果と技術は、一九世紀から二〇世紀に、生活と社会組織を大きく再構成した。しかし、そのようなアプローチをとったがゆえに、知識と行動の間にギャップが生まれ、今日の環境変化への合理的対処を妨げているともいえる。すなわち、知識と行動の間には、今日なおミスマッチがある。科学的知識ではなく、信念体系が必要とされる状況はまだ今でも続いている。

科学の無力と全体論への希求

科学という新興の思考体系は、文化とは無関係であるというポーズを取って、科学的に証明できないものからは距離を取ることで、普遍的であり合理的であるかのように装ってきた。これは科学の傲慢と言ってもよかろう。これまでそのような知識体系はなかった。それゆえ、科学は、人々の文化的背景がなんであれ、全人類に等しく受け入れられなくてはならないとまで思いこまれている。これは、歴史的に見てもかなり特異な状況である。

現下において全体論的視角が必要なのは、われわれが社会の複雑性を分析するのに十分な知識をまだ持ち合わせていないからである。[8] 現代においては、環境問題が複雑性の増大を引き起こしているが、そこでは、これまでとは違った知識システムと複雑性の関係がみられる。すなわち、環境問題に対応できるだけの知識システムがまだないので、環境問題を理論的に説明できないだけではなく、どのように具体的に対応すればよいかということすらもわからないのである。そのような状況であるからこそ、全体論的な視角の必要性が高まっている。複雑システム理論と全体論的アプローチは、環境問題に対して、科学的根拠に基づいた回答を与えてくれるだろうという期待がある。だが、人々は、それだけでは不十分であることも知っている。現今、宗教が台頭し、脱世俗化つまり再宗教化がおこっていることは、複雑性の増大に対応するだけの社会の側の準備が整っていないことからきているともいえる（Pew Research Center 2015）。現代の諸問題に対して、現代の科学が、いかに無力であるかがさらに明らかになるならば、このような傾向はより強まる懸念がある。

［8］　この点については、シリル・グルンバッハ Cyrille Grumbach との私的コミュニケーションより示唆を得た。

3　複雑性の超克と情報のコントロール

人口増加は、社会の漸進的な進化によって維持されていたが、同時にそれは、人間が地球環境中の物質資源を使用してエネルギーを得ることで、人間—環境間の関係が複雑化する過程でもある。複雑性は、遠く離れたアクターや現象同士がつながることで増大した。これまでこの進化は漸進的だったが、それはパラダイムシフトや危機による中断がしばしば起き、変化が急激にならないための多数のフィードバック・ループが機能していたからである。

情報処理とフィードバック・ループ

情報処理技術は、複雑性を理解しコントロールするために進化した。社会の進化と知識の発展の間には、フィードバック・ループが存在する（Van der Leeuw 2020）。一方に環境問題があり、もう一方に自律的知能システムが出現している現代社会で、このフィードバック・ループがどう機能するのかは大変重要な問題である。

情報処理によって問題の解決策を探るというフィードバック・ループには、産業革命という前例がある。産業革命は跛行的に進んだ。その跛行の原因は物理的な知識の欠如から来ていたが、情報処理の不十分さから起きたものもあった。鉄道車両は蒸気機関の開発によって生まれたが、それが鉄道としてシステム化されたのは、電気通信システムのおかげである。鉄道の線路は電信線とともに発展し、事故回避のための情報網を得た。一方、電信は、線路をケーブルのインフラとして用いることができた。鉄道と組み合わさったおかげで、電信によるコミュニケーションが加速し、国家規模での情報の共有が可能になったし、企業や国家はリアルタイムで遠隔地の情報を管理できるようになった。

情報処理は社会とともに共進化し、新たなパラダイムを確立するとともに、新たな問題を生み出してもきた。情報処理能力の発達とは、文字の発明から現代のデジタル処理技術に至る長い過程で、それに関しては多くの研究がある（Beniger 2009 ; Gleick 2011）。長期持続 longue durée の視点で見ると、情報処理能力と社会の複雑性は一対の現象である。情報処理は新たに出現した複雑性の問題点を克服すると同時に、さらに複雑性を生み出す。情報処理と複雑性の間にあるメカニズムの分析には、情報と情報処理を視野に入れた全体論的なアプローチが必要である。

さらに、複雑性は、社会における相互作用からだけでなく、あらゆる種類の相互作用から生じる。したがって、情報処理とは、単に人間社会の中でとらえられるべきではない。人間社会もその一部である地球全体のシステムの一部としてとらえられるべきである。

全体論として見る地球の情報処理システム

情報の分野ではまだそれほど事例はないが、他の分野では全体論的視点はすでに定着している。例えば、エネルギー分野では、地球規模でのさまざまなエネルギーの生産、流通、消費が明らかにされ、環境と経済をバランスするエネルギーシフトの実装に重要な役割を果たしている。農業についても、化学、健康、セキュリティなど幅広い側面を含んだ分析が進んでいる。アメリカの地質学者ピーター・ハフ Peter Haff らによって導入されたテクノスフィア technosphere（テクノロジー圏、技術圏）の概念は（Zalasiewicz et al. 2017）、人間が作り出したすべての物理的インフラストラクチャ、天然資源の採掘や収奪、社会および政治の組織、規範と慣習などを包含しており、まさに全体論的である。この概念を用いると、システム全体を、依存関係やメカニズム、自然環境との相互作用などを含んで体系的に分析することが可能となる。

情報処理をシステム的な観点から考えると、人間社会全体は、地球規模の情報処理システムとして捉えることができる（Grumbach 2022）。多くの組織や個人が、相当の時間を情報の取得、送信、処理に費やしている。経済と社会のあらゆる出来事は、情報処理の結果である。二〇世紀に農業や建設業をしのいで経済活動の中心となったサービス業などの第三次産業と、知識集約に特化した研究開発業などの第四次産業は、情報処理を基盤としている。一九九〇年代半ば以降、プラットフォームという情報をベースにした新しい形態の経済主体が現れ、歴史上まれに見る加速度的な発展を遂げた。それは今や世界の資本社会のトップに君臨し、社会と政治は大幅な影響を受けている。

われわれは、誰しも、グローバルな情報処理システムの一部につながっている。このシステムが扱う情報の種類は、センサーによって収集されたデータから、人間の信念体系まで多岐にわたり、情報処理の形式もさまざまである。センサーによって収集されたデータは、デジタル・テクノロジーによってアルゴリズム的に処理されうる。一方、信念体系は無意識の認知レベルでわれわれの行動に影響を与える。両者は相互作用しており、信念体系はそれに合致した特定のタイプのセンサーをつくり、そのセンサーが収集したデータが、ひるがえって、われわれの知識や信念体系に影響を与える。

自然という地球規模の「情報スフィア」

テクノスフィアの一領域である「情報スフィア（情報圏）」の輪郭は曖昧である。[9] 化学物質などとは異なり、情報には正確な定義がない。情報処理は、生体細胞からハードウェア部品まで、さまざまなメディアを介して無限の多様な形態をとるが、それにもまた明確な定義がない。人間の情報処理システムは、システムとしては閉鎖的なシステムではない。そこでは、環境との間で情報が交換される。つまり、「情報スフィア」は、自然というスフィアとは切り離し得ない。人間の認知は人間の生物学的側面に依存している。人間は、生物の進化に影響を与えることで、環境における情報を変容させている。

大量の情報処理が、人間社会の外で行われている。生物の個体間で行われているのは、認知とコミュニケーションである。より根源的なレベルでは、生物圏では、短期と長期の両方の時間軸において、認知や遺伝などの複数のモードで情報が処理されている[10]。それはつまり、人間社会の情報システムは、それを包摂する地球規模の情報処理システムに組み込まれており、その全体の中の不可分な一部分であるということである。いや、人間の情報処理能力は、そもそも人間が作ったのではなく、生物学的なものであり、人間の情報処理能力がどこまで高まりうるかは、人が決められる問題ではなく、生物としての人間存在の在り方が決めている。このような、人為か自然かという問題は、魂と身体の二元性や、生命と自然の意味の問題として、常に問われてきた[11]。人間能力の限界が、われわれの環境問題への対処にどう関係しているかについては、この後、本章第4節で検討する。

地球システムの複雑性と人間の認知の複雑性自体は、過去数千年間に大きく変わってはいない。変わったのは、人間が、自らの地球環境との関係や地球システムの複雑性を把握する必要性の喫緊度である[12]。複雑性を理

[9]　[訳注] 情報スフィアについてグルンバッハは特に定義はしていないが、記号と意味の領域であるという点で、本書第II部第2章でパリーが提唱している「セミオダイバーシティ（記号多様性）」「セミオスフィア（記号圏）」とも通じる視点である（☞本書257ページ）。

[10]　[訳注] これは、本書第II部第1章、本書第II部第2章で寺田とパリーが述べるように（☞本書229 ff., 258 ff. ページ）、バイオセミオティクスが明らかにしていることでもある。

[11]　[訳注] 近代の風土学の二元論批判については、本書第I部第1章、第I部第2章で寺田が検討している（☞本書71 ff., 97 ff. ページ）。

解し未来をデザインするには、あらゆる現象を包括的にとらえる必要がある。地球規模の「情報スフィア」についての知識はまだまだ限られている。だが、だからといって、それを無視してはならない。

社会と自然の間での情報の交換

人間による新しい情報処理手段の急速な発展によって引き起こされた変化は、つねに環境的制約によって条件付けられるが、その環境的制約は、同時に人間によって、コントロールされ方向づけられもする。

イリヤ・プリゴジン Ilya Prigogine が提唱した散逸構造は、そのような相互作用に着目し、社会と環境との間の情報交換が果たす役割を大変よく捉えたモデルである。このモデルは、当初は、竜巻などに見られる、エネルギーと物質が環境中で交換される非平衡的な熱力学的開放系をモデル化するために考案され、その後、生物学的システムと社会システムの両方に適用され、広く用いられている（Schieve and Allen 1982）。社会に適用されるにあたって、物質、エネルギーに加えて、情報もそのモデルに組み込まれた。情報処理とは、一方では、環境から入ってくる信号を知識に変換し、他方では逆に情報処理のプロセスを通じて環境に作用することである。[13]後者には、サイバネティックな制御から遺伝子工学までが含まれる。情報処理はそれを通じて、エントロピーの放散に貢献する。

AIへの道（1）――ガバナンスの進化

情報処理の進化は現在、自律的知能マシン／自律的知能システムを生み出すまでに至っている。以下、そこに至る過程を、ガバナンスの進化と知識の発展を検討する中で見てゆこう。

ガバナンスと自由——ポランニー・ハイエク論争、デューイ・リップマン論争

ガバナンスは、トップダウンの組織における平坦化と水平的自己組織化の間における微妙なバランス、つまり分散型と中央集中型のコントロールの間の微妙な均衡に依存している。

このバランスをめぐっては、カール・ポランニー Karl Polanyi とフリードリヒ・ハイエク Friedrich von Hayek が、二〇世紀前半のヨーロッパにおける政治的カタストロフを素材に、論争を繰り広げた。ハイエクもポランニーも、自らの出身国が崩壊したことで祖国を逃れなければならなかった中央ヨーロッパの知識人である。彼らは、ともに自由への無条件の愛着を持ち、そこには社会、経済、規範の問題が絡み合っていると認識していた。そして、それが複雑性にかかわる問題であることも著作の中ではっきり述べられている。たとえば、ポランニーの著書には「複雑な社会における自由」という章がある（Polanyi 1944）。

ハイエクは、市場が人間社会の「自然な」メカニズムであると考える（Hayek 1944）。アダム・スミスは、市場を維持するのは見えざる手であると言った。それは見えざる手であるから、そのメカニズムはわれわれの手の届くものではない。われわれは、それを受け入れなければならないとハイエクは言う。さらに彼は、国家が市場の規制に介入するならば、それは個人や私的領域への侵入であり、いずれ、専制政治に行きつくリスクがあるとも断じる。一方、ポランニーは、市場が「自然」であるというのは、市場とは利害関係にもとづく個人の集合的行為であるという考えと同じく神話であるという。ポランニーによると、市場はそもそも国家によっ

［12］［訳注］人間の認知と社会の複雑性のアンバランスについては、本書第V部インタビューで山極が、人類進化の脳の容量の観点から論じている（☞本書581-582, 588-589ページ）。

［13］［訳注］このような発想は、第II部第2章で寺田が検討したように（☞本書207-210ページ）、ユクスキュルの「機能的円環（環世界フィードバック・ループ）」にも見られる。

て規制されている。彼は言う。「自由が可能であるということそのものが疑問である。もし規制が自由を強化する唯一の手段であり、規制が自由に反するのであるのならば、その二つが両立する社会は自由だとはいえないだろう」。

同様の二律背反状況は、一九二〇年代のウォルター・リップマン Walter Lippmann とジョン・デューイ John Dewey の民主主義をめぐる議論においても見られる。両者とも、前提条件として、政治システムの複雑性を理解するには、一般人の知識では不十分であるとする。リップマンは、「社会は複雑だが、人間の政治的キャパシティは単純である。そのギャップを埋めることはできるのだろうか」と言い（Lippmann 1925）、デューイは「市民の限られた能力と、社会の複雑さとの間のギャップをどのように埋めるべきか」と、ほぼ同じ言い回しで疑問を呈する（Dewey 1925）。問題は、複雑性に関する知識システムをいかに構築するかということになるが、リップマンは、社会を科学的にガバナンスする知的エリートの必要性を主張する。一方、デューイは、エリートたちは、自分たちの利益の確保を優先するとリップマンにはくみしなかった。デューイは、民主主義は、参加型であるべきであり、メディアによる大衆の操作も避けなければならないという。とはいえ、そのどちらの道を選んだとしても、権威主義的な政体に堕するリスクを完全に排除することは不可能である（Goldstein 1949）。

複雑性の理解はいかに可能か

自由とガバナンスの間のトレードオフの例は、複雑性と人間のキャパシティの間の関係について重要な示唆を与える。それは、人間の知識が複雑性に追いついていない状況の中で、ガバナンスを構築する方法には様々あるが、そのどれが優れているかを証明することはできないということである。長期的にみると、政治は課題に応じて、自由と国家介入の間を振り子のように動く。その過程にはフィードバック・ループが作用しており、社会の適応力が強化され、結果的にレジリエンスが実現する。ポランニーは、一方に商品化と市場化、もう一方に保護主義の台頭からなる二重運動 double movement という概念を生み出した。

自由とガバナンスの間になぜトレードオフがあるかというと、それは人間が自らのシステムについて不十分にしか理解できないからである。問題は、この複雑性とその理解との間にあるギャップが縮小するのか、それとも拡大するのかである。一九九〇年代には、多くの西洋の政治学者は、このギャップが埋まり、世界が収斂しつつあると考えた。フランシス・フクヤマは、歴史が終焉し、リベラルデモクラシーが世界の普遍となると予言した（Fukuyama 2015）。だが、九・一一以降の地政学は、そのような理論的な予測を完全に裏切った。もちろん、このギャップは、複雑性と知識の増加のペースに応じて広くなったり、狭くなったりする。知識がより早く進化した時には、人間は状況をよりよく把握できるし、逆に複雑性がより早く進化した時には、人間にとっての未解決の問題が積み重なる。

社会システムがどう機能し、人々の感情や世論や消費はどう動くかに関する知識はまだ十分に蓄積されてはいない。この間、蓄積されたのは、人々を操作しナッジする（肘押しして誘導する）ために用いられる知識である。経済学は、経済メカニズムを説明する学であるだけでなく、ガバナンスのためのモデルと理論を提供する学問分野となりつつある。経済学は、学問としては進化したが、経済的カタストロフを避けることはできなかったし、市場と民主主義のガバナンスにおける最適な方法を提示することもできなかった。つまり、知識量は飛躍的に増大したが、同時に複雑性も増大していたので、依然として、政治が複雑性をガバナンスしようとしてもその前には強固な壁が立ちはだかっている。

市場か民主主義かという過去の議論はまだ過ぎさってはいない。とはいえ、論争の前提は部分的には変化している。デジタル革命に媒介された近年の知識の爆発的な増加により、社会の運営方法が根本的に変わり、社会の基盤となる価値観が変容しているからである。金融システムが、従来の政治モデルではコントロールできなくなるなど、さらに巨大な変化が起きる可能性すらある。いや、それはすでに、デジタル・プラットフォームで一部起きている。デジタル・プラットフォームは当面の間は法的支配の枠組みを受けるだろうが、早晩、手の届かない領域に達するであろう。金融システムもプラットフォームも、人間社会の内部にあり、人間はそれに依存しているが、しかし一方で、それ自体は人間の制御を超えた非線形現象からなる複雑システムである（Battiston et al. 2016）。

社会の複雑性と法、情報処理

複雑性の増大と利用可能な情報の爆発的な増加は、社会組織の基盤に深く影響を与える。その一つは、法制度である。ここ数十年で、複雑性に対処するための立法が急増した。米国とドイツの連邦法に関する最近の研究（Katz et al. 2020）は、法曹界の量的拡大と複雑性の増大を明らかにしている。複雑性は、ネットワークのさまざまな部分間の相互依存性によって生じる。複雑システムと対照的な組織にヒエラルキー構造があるが、それは階層の上下移動だけが問題となる。一方、ネットワーク構造においては、依存関係の無限ループが発生する可能性がある。異なった領域に関する法律であっても、相互関係は存在し、一つの変更が他のいくつもの変更をきたす。法律における複雑性の増大は今後の大きな懸念事項である。法律の複雑性が増大するかたわらで、人間社会は複雑性の増大への対処の仕方をいまだ見出し得ぬままに、システム自体が機能不全に陥る可能性がある。外部の複雑さに追いつこうとするあまりに、法制度が複雑化し、今度は、法制度が、それが生み出す内部の複雑さによって崩壊する可能性までもある。

とはいうものの、より複雑な社会に対応するのは、法制度ではなく、情報処理である可能性もある。情報処理技術の進化が、法源そのものを変える可能性がある。実際、法制度は、情報を最大限に活用しようとし、eディスカバリーやデジタル証拠など、新しい技術が登場している。アルゴリズムが法的領域で人間に取って代わりつつある。今のところ、このようなデジタル手段は、従来の法哲学とそれほど齟齬はないようだが、近い将来、それを根本的に変えてしまうような大きな変化が起こる可能性もある。

パーソナライズされるガバナンス

情報の扱い方の変化は、すなわち人間の扱い方の変化である。医療分野におけるパーソナライズされた健康管理や、教育システムで学生の適性と進歩に応じた指導が可能になるなどのメリットが見られる。法律の分野でも、パーソナライズされた法律は、人々の特性に応じた法的取り扱いを可能にするともいえる。今日、パーソナライズされた法は、刑罰の軽重判断で用いられてはいるが、まだ周縁的な使用にとどまる。だが、今後、個人のあらゆる側面に関する法の適用に関して拡張される可能性もあろう（Ben-Shahar and Porat 2021）。自動車の制限速度が、個々人のリスクに合わせてパーソナライズされるなどのケースが考えられる。

中国の「社会信用体系 Social Scoring System」は、社会のあらゆる側面でパーソナライズを実現している。完璧な個人情報をもとに、社会の相互関係は、パーソナライズされている。そこでは、システムが行動履歴や能力をもとに、その人の取り扱われ方を決める。このような社会の到来を部分的に予見していたドゥルーズは、次のように述べた。「カフカは、『審判』の中で身の毛のよだつ法の形態を描いているが、それは、彼が二つの社会が入れ替わりつつあることをすでに理解していたからである。その二つとは、規律社会（disciplinary societies）における自由放任と、管理社会（control societies）における無限の監視領域の拡張である。今もし、法が機能しないという危機的状況にあるとしたら、それはわれわれが、一方の社会から、もう一方の社会に入ろうとしているからである」（Deleuze 1990）。社会保障、保険、健康、教育は、今後、すべて個人データによって決定されることになる可能性がある。もちろん、あくまで可能性であり、必然性ではないが、データが、大きく社会の在り方を変えつつあることは間違いない。

ガバナンスは、従来の平等原則に依存した画一的なアプローチとは正反対に、個人を識別することで、私的領域への侵襲性を高めている。だが、興味深いことに、他方で、現代のガバナンスは、何十億もの個人と相互交渉するエンティティであるデジタル・プラットフォームのコントロール下で、未曽有の集中化を行っている。このデータの歴史に類を見ない集中のありようは、個人データがそのデータの元の持ち主から分離されることで可能になったが、それは国民国家の政治的主権への挑戦でもある。[14] ベニガーが正確に述べたように、「対人関係から国際関係まで、あらゆるレベルのコントロール能力は、情報技術の発展に正比例する」。ガバナンスの実施は、ますます遠く離れた場所から、ますます正確に行いうるようになる。このような事象は歴史上はじめてである。従来であれば、ガバナンスにおけるズームアウトは、精度は低いが、より広い領域を包含することであった。複雑性の増大に伴う情報環境の変化は、当面の間、本節で述べたようなコースを引き続きたどるであろう。

AIへの道（2）――知識の進化

知識は人間社会の基礎である。伝統社会が、わずかにしか進化しない安定した知識の社会だとすると、文明社会とは、情報処理能力の進化とともに知識を蓄積させ発展してきた社会である。過去数世紀は、科学革命とともにヨーロッパで始まり、その後世界に伝播した知識生産の加速の歴史であった。一九世紀に多くの科学的発見が相次ぐと、人間は、完全な知識を得ることができるという考えすら生まれ、人間が未来を決定できるという楽観論さえあった。

フランスの思想家、ラプラスは、完全な知識の可能性を予言した。「宇宙の現在の状態は、過去の結果であり、未来の原因である。ある瞬間に自然の全ての力と、自然の中の全ての物体の位置を知る知性が存在し、その知性がそれらの全データを分析する巨大な能力を具えていたならば、その知性は、宇宙の最大の物体から最小の原子に至るあらゆるものの動きを一つの公式で表すことができる。そのような知性にとっては、宇宙に不確実なものは存在せず、未来も過去も、現前に存在する」(De Laplace 1995［1825］)。この考えの根底にある因果的決定論は、現実には、たとえば熱力学における不可逆性の法則により成り立つことはない。もし、それが実証されたとするのならば、ラプラスの悪魔として知られるあらゆるものを包含する知識は、全知の夢へ一歩近づいたことになるだろう。

一九世紀末、イギリスの物理学者ケルビン卿は、「いまや物理学が発見すべき新しいことは何もない。残されているのは、発見ではなく、それを精密化することだけだ」と言ったと伝えられる。その言が正確かどうかは別として、そういわれる背景には、物理学における偉大な発見はすべてなされてしまったという当時の感覚があることは確かであろう。しかし、20世紀初頭の相対性理論と量子力学の出現により、人間の知識に関するそのような傲慢さには突然終止符が打たれた。それどころか、今や、私たちの世界に対する理解は部分的なものに過ぎないし、それは、全知どころか、実際には、部分ですらないかもしれないことが広く認められるに

［14］［訳注］今日における国民国家の限界については、本書第V部インタビューで山極が論じている（☞本書589ページ）。

至っている。[15]

既知、既知の未知、未知、未知の未知

われわれは、「知っている」ことつまり「既知」と、「知らないことを知っている」ことつまり「既知の未知」は区別できるが、後者を説明したり解決したりはできない。「知らないことを知っていること」とは、「いずれの日にか解かれうる問題」である。解明される前の核融合はその一例である。一方、「未知の未知」、私たちが「知らないということすら知らないもの」については、われわれの手も足も出ない、手の届かない巨大な領域である。「未知の未知」とは、それが発見される前のＤＮＡのようなものである。ＤＮＡは、発見される前には、想像すらできないものであった。「未知の未知」は、その定義からいって具体例を挙げることは不可能である。科学は「既知の未知」の領域でおもに進化するが、時には「未知の未知」に突破口を開くこともある（Grumbach and Van Der Leeuw 2021）。

現代における科学の困難

知識の急速な発展は二〇世紀を通じて続いている。ほとんどの国で、研究開発に関与する人数の割合は、継続的に増加しており、科学文献の量は約一五年で倍増すると推定されている（Bornmann and Mutz 2015）。[16]この指数関数的成長は、経済成長と知識システムの組織的効率化と相関している。だが、それが永遠に続くわけではなく、最終的には限界に達するはずである。すでにみた人間社会の根本的な特異性、つまり社会の複雑性が個人と社会のコントロールの上限を超えているという点から見ると、一八世紀の終わりには、知識人はまだ科学的知識の大半を自己の中に咀嚼することができた。だが、今日、科学は、次第に細分化された下位区分の中に入り込みつつある。その結果、個人の持つ知識量は、人類全体の知識量からみると無きに等しいものとなってしまった。

今起こっている問題は次の二つである。第一に、知識を凝集させようとすると、膨大な個人の知識を集めなくてはならないが、そのための集合的機関が必要となることであり、第二に、科学者が、未解決の問題を見つけようとするなら、既存の知識の中をより深く掘る必要があるが、そのような状況では、科学者ができることは非常に限られてきているにもかかわらず、科学者は生産性を挙げるように期待されていることである。[17] ということは、知識開発は今後ますます困難になることが予想される。科学者の能力は、生物としての人間の認知力の限界によって規定されている。

科学における生産性の低下

研究者数の増加の一方、生産性は低下することを予言する論文がある（Park et al. 2023）。今日、コンピュータチップの密度を二倍にするために必要な研究者の数は、一九七〇年代初頭の一八倍以上であるというが、これは研究の生産性が年間七パーセント低下していることを意味する（Bloom et al. 2020）。アメリカと中国の間の地政学的な対立が科学技術をめぐるものであることも、科学技術とはある社会の力の象徴であるとするならば不思議ではない。

科学は常に進歩すると考えられているが、現下の状況はそれと異なる。その最大の原因は、もう手に入る知

［15］［訳注］知識における不確実性の問題は、本書第Ⅳ部第3章で小野も論じている（☞本書540 ff. ページ）。
［16］［訳注］研究者の数の増大と過去、未来に関する知識の増加に関しては、本書第Ⅳ部第1章で寺田も論じている（☞本書495ページ）。
［17］同様の現象は、知識生産以外にも、政府、行政など多くの分野で見られるが、その原因も知識の蓄積とそのプロセスに原因がある。

識はすでに手に入ってしまっているからである。その結果、知識の蓄積が人類にとっての重荷になり、環境問題など人類共通の課題に対応できなくなってきているが、それは、複雑性の増大と、異なる領域間の相互依存性が増大していることを反映している。さまざまな学際研究が行われるようになってきている。

研究における生産性の低下の開始時期に関しては、さまざまな仮説が提唱されている。最も早く見積もったものでは、欧米の物理学と生命科学における研究の生産性は一八七三年にピークに達し、その後急速に衰退したという（Huebner 2005）。一方、生産性は、一九五〇年代初頭から低下しはじめ、低下が顕著になったのは一九七〇年代初頭からであるという見方もある（Cauwels and Sornette 2022）。後者の見方が事実ならば、「大加速」と何らかの関係がある可能性もあろう。

知識生産と経済成長

知識の増加と経済成長との関係は、ソロウとスワンの経済成長モデル Solow = Swan model の計算式を応用して、「経済成長 = 研究生産性×研究者数」と表される（Bloom et al. 2020）。これによると、研究生産性の低下は、研究開発に従事する研究者の増加によって補われることになる。ただ、それだと、経済成長が続くと、そのコストも増加するということになる。現在、経済も知識生産も衰退しているとすると、それをカバーするためには、コストを増大させるしかないということになる。では、もし衰退が続くとどうなるのか。経済発展はプラネタリー・バウンダリーという限界を超えることはできない。だが、核融合のような新たな解決策が知識生産によってもたらされ、限界が克服されるかもしれないという楽観的観測もあり、国際政治は暗黙の裡にそれを前提としているようでもある。

とはいえ、知識生産におけるアイディア減少という現状を鑑みれば、楽観的シナリオが実現する可能性は低いだろう。新たなアイディアの生産については、様々な理論がある。たとえば、社会が新たな問題に直面したとき、新たなアイディアが生まれるという理論がある。もしそうなら、成長が新たな問題を引き起こし、それを解決することでさらなる成長が可能になる。しかし、このフィードバック・ループがどのようにして作動するのかについてはまだよくわかっていない。トマス・クーン Thomas Kuhn がとなえた知識理論も新たなアイディアの生産に関するものではあるが、不連続性やパラダイムシフト、知識における革命を重視しているので、スムーズで漸進的な知識の蓄積を説明しない（Kuhn 1962）。シンギュラリティ仮説は、知識の蓄積能力と成長の関係自体を疑問視する理論である。これらの理論の示すところによると、自律的知能マシン／自律的知能システムの出現は、知識生産と経済成長におけるゲームチェンジャーであると言えよう。

AIの出現

地球上において、人間は生物学的、環境的制約下で生きている。これらの制約は、しかし、過去数千年の人類の急速な発展を可能にし、人間が自然を支配しコントロールすることを可能にしてきたものでもある。いま、人間は、二つの限界に直面している。一つは内部的限界つまり認知能力の限界であり、もう一つは外部的限界つまり環境の限界である。[18] 自律的知能マシン／自律的知能システムは、そのような限界を克服する可能性がある。しかし、同時に、それは従来の機械の範疇を超えて、人間のコントロールから逃れ、人間の限界を超える

［18］［訳注］この点に関しては、本書第V部インタビューで山極が、人間の脳の容量の限界と知識の外部化としてのＡＩについて論じている（☞本書 588-589 ページ）。

可能性もある。現在とは、人間が周囲の複雑性に対処できなくなっているシンギュラリティ（特異点）だとするなら、自律的知能マシン／自律的知能システムはある種の合理性を持つ。だが、自律的知能マシン／自律的知能システムは、潜在的に人類を脅かすものでもある。

ＡＩ小史

知能を持つ機械 intelligent machine の作成は、人類の長年の夢であった。古代には、オートマトンは動物の模倣や、天文予測のために開発された。一八世紀の終わりのヨーロッパでは、メカニカルタークといわれる自動でチェスをする機械が人々を驚かせたが、じつは内部に人間が隠れていた。二〇世紀にはサイエンス・フィクションが文学の重要な分野となり、様々な知能マシンが描かれた。ロボットという語は、サイエンス・フィクションの分野で一九二〇年代に造語されたものである。

一九五〇年代は、コンピュータの発展により、知能マシンの実現の可能性がぐっと高まった時期だった。だが、それは当初考えられていたよりも困難で、なかなか実現しない時期が続いた。一方、その頃、冷戦下の宇宙開発競争も進んでいたが、月への着陸は早々と実現した。宇宙征服が驚くべきブレークスルーを遂げているにもかかわらず、知能マシンは実現には程遠かったのだ。そして、ソビエト連邦が崩壊し、世界的緊張が緩和し米国が世界を圧倒しはじめた時、ついに、デジタルの急速な拡大、インターネットの国境のないユートピア世界の実現と並んで、知能マシンが出現し始めた。

ＡＩを可能にした二つの革命

知能マシン出現の背景には、二つの「革命」があった。第一は、技術革命で、計算能力の進歩が続き、最終的には非常に大規模なデータセットのコストのかかる計算までもが可能になった。第二は、認識論革命である。複雑性は、もはや人間が言語を用いて理解すべきものとみなされなくなり、機械学習により解明されるべきものだとされた。

機械学習の革命性は、画像処理の例がよく示す。われわれは、写真に写っている猫を問題なく認識できるが、われわれ自身はそれがどのようなメカニズムで可能になっているかを説明することはできない。写真に写っている猫を認識する機械学習のアルゴリズムの設計では、機械が最初に、猫がいるかいないかの答えを知った上で問題に答える「教師付き学習」のステップを踏むことで、革命をもたらした。機械学習が、エキスパート・システムで使用される論理的な演繹的アプローチではなく、統計的アプローチにもとづいていることも、この認識論革命の一つである。

一九九七年、ＩＢＭのコンピュータ「ディープ・ブルー」が、チェスの世界チャンピオンを計算で破った最初の機械となった。その二〇年後、ディープ・マインド社の「アルファ碁 AlphaGo」は、はるかに精巧な技術に基づいて、囲碁の世界チャンピョン柯潔《クーチェ》を倒した。アルファ碁は、ニューラルネットワークを利用したディープラーニング技術を用いていた。さらにその直後、ディープ・マインド社は、「教師なし学習」を可能にした新しいアルゴリズム「アルファ碁ゼロ AlphaGo Zero」を開発し、それは、人間による棋譜を一切用いずに、他のコンピュータの囲碁ソフトに勝利した。つまり、人間の知識は、人間以外の知識に敗北したのである。

生成ＡＩの登場

二〇二二年一一月、オープンＡＩがチャットＧＰＴの供用を開始した。それにより、人工知能システムが一気に大衆化した。ユーザーとの会話が可能なチャットＧＰＴは、史上最も急激に成長したアプリケーションで、ユーザー数は二か月で一億人に達した。その後、多くの競合他社が同様のチャットボットをリリースしたが、それらは、自然言語を処理してテキストを生成する大規模言語モデル large language model（LLM）という計算システムを基盤とし、「教師付き学習」の方法で訓練される。

これらのシステムは、人間が複雑性増大への対処に苦しんでいる領域で用いられつつある。知識生産の場では、ディープ・マインド社が「アルファフォールド AlphaFold」により、タンパク質構造予測にブレークスルーをもたらした（Jumper et al. 2021）。法律分野でも様々に使用が増えており、AIが証拠の発見やその証明を行うことで、法律のロジックを根本的に変えつつある（Doshi-Velez et al. 2017）。医療分野では、医療用画像解析や医療プロトコルの確立に用いられている。

生成AIの進化は急速で、人間がそのシステムを理解し、生成AIが写真の中の猫をどうやって認識したか知ることはもはや困難になっている。自律システムに基づくAIの意思決定のループには人間が関与すべきであるという考えが現在は支配的だが、実際には実現できない可能性が高い。さらに、目を広げると、人間とAIの間における責任分担と利益分配は、均衡からほど遠い状況である（Zanzotto 2019；Fugener et al. 2021）。

人工知能で広く使われている強化学習 reinforcement learning の手法は、人間のフィードバックに依存している。この学習法では、人間がシステムの動作を監督し、システムが忠実に対応しているかを確認する。だが、人間が人工知能を監視しうるのかに関しては様々な疑問が浮上している。オープンAIの研究グループは、「将来の超人間型モデルは、人間が評価するには難しすぎる複雑な振る舞いをするようになり、人間が監視するとしても、それは弱いものにならざるを得ないだろう」と述べる（Burns et al. 2023）。となると、機械が機械を看視することになるが、これは一九六六年にアーヴィング・グッドが思い描いたシナリオである（Good 1966）。

4　人間の理性という幻想

現在、人類はプラネタリー・バウンダリー、つまり地球の限界に達し、人類の未来の自由は、歴史上かつてないほど制約されている。この状況は、技術やガバナンスの新スキームの出現で変わる可能性はあるが、現段階ではそれが実現するかどうかは未知であり、われわれは、当面はこの課題に向き合い続けざるを得ない。

人類が複雑性増大という地球規模の課題に直面している中で、自律的知能マシン／自律的知能システムが出現した。この自律的知能マシン／自律的知能システムは、プラネタリー・バウンダリーに直面している人間社会の複雑性を処理し、科学の発展を加速し、資源利用と生命維持に必要なエッセンシャル・サービスの両立を可能にする可能性がある。だが他方で、この地球環境の荒廃と人工知能システムの進化の並走は、人間の地球上における支配的位置や人間の地球に対する権利という幻想を打ち砕き、人間とは何かを再考させてもいる[19]。いま、人間の価値体系は深刻な混乱にさらされている。

将来に向けてのシナリオは様々に考えうる。自然科学では、例えばアトラクター basins of attraction とそこに引き寄せられる吸引圏モデルなど、未来を視覚化し予測する手法が開発されている。しかし、人間が地球の生

［19］［訳注］この辺りは、グルンバッハは、西洋社会のみを念頭に置いて記述している。西洋社会においては、この後、述べられるように、旧約聖書『創世記』で神が人間に地球を支配する許可をしたことが社会的常識となっており、それに伴って、人間はスチュワードシップとして、地球を導く資格を有すると考えられている。それは同時に、地球を導く権利でもあろう。ＡＩに対する、西洋社会の恐怖とは、そのような特権的な人間の位置が失われることへの恐怖でもあることを、この記述は示していよう。一方、本書第III部第４章で寺田が検討するように（☞本書 401 ff. ページ）、東アジアにおけるＡＩ観はそれとは異なった人間観、自然観を背景としている。

態系において、どのような役割を果たしてきたか、果たしてゆくべきかかという問題は、自然科学だけの問題ではない。それは、人間が何に制約され、どのような限界があるかに依存している。

人間の限界（1）認知能力の限界

以下、人間の限界について見てゆこう。第一は認知能力の限界である。生物としての人間には固有の適性と可能性がある。これは、本来は変えようのないものである。しかし、人間はその認知能力によって、道具を生み出し、自らの限界を広げることに成功した。いまのところ、人類と同等の生物種は存在しないので、われわれは、われわれの強みとを弱みが何なのかを他と比べて知ることはできない。二〇世紀の情報処理機械の発展は、逆に、人間とは限られた能力しか持たない認知機械であるという見方も生み出してもいる。ＡＩは、人間そのものへの新たな理解を生み出してもいるのである。

経験的観察と精密化

人間の知識は、経験的観察と精緻化という二つの柱に基づいて発展してきた。それらは補完的であり、互いに緊張関係が存在する。一七世紀のヨーロッパでは、科学革命で知的精密化が起き、ジョン・ロックが経験主義の基礎を確立した（Locke 2004［1690］）。彼は、当時、知識に関する理論が複数ある中で、経験主義を選んだ。彼は、知識は新生児の段階ですでに生得的に備わっているという立場を否定する。だが同時に、「永遠にして全能、最も知恵ある存在」が存在し、それが至高の知識を持っていることを認めてもいた。爾来、知識に関する理論は進化し、人間の認知に関する知識も蓄積されてきた。

認知特性と行動

認知科学の発展により、人間の限界がより深く理解されるようになった。人間のワーキングメモリ容量は限られている。このメモリは信頼性が低く、情報の検索はそれほど容易ではない。処理速度や注意力は非常に制約されており、同時処理可能な刺激はごくわずかで、二つ刺激があった時一方の刺激が無視される場合がある。人工知能の先駆者で、チューリング賞とノーベル経済学賞の受賞者である政治学者ハーバート・サイモン Herbert Simon は、人間の限界に様々なアプローチで迫った。彼は、知識の限界を知ることで、意思決定と組織がよりよくできると考えた（Simon 1991）。一般的に、社会科学、特に経済学は、人間が完璧に合理的な行動をとることを想定する。だが、サイモンは、それが正しくないことを実証した。想定された合理性と人間の認識の間には食い違いがある。彼は、「限定合理性 bounded rationality」の概念を導入し、限られた認知資源と完璧でも完全でもない情報の下で意思決定がどのように行われるかを明らかにした。

人間は、意思決定の際に、知識の欠如を、既知の構造的規則性を参照することで補うが、しばしば、それは複雑すぎて完全に理解できない。ノーベル経済学賞の受賞者の心理学者ダニエル・カーネマン Daniel Kahneman は、速くて本能的な思考と、遅くて論理的な思考の二つを区別する理論を提唱した（Kahneman 2011）。また、複雑さに対処するために人間が開発したシステムは効率的だが、バイアスによってしばしば非効率に陥ることも明らかにされている（Tversky and Kahneman 1974）。組織理論家の野中郁次郎は、暗黙知と明示的知識の根源的な違いと、前者は言語によって明示的に定式化されていないため、直接教えることはできないことを明らかにしている（Nonaka 1994）。暗黙知はいたるところにあるが、しばしば無意識のプロセスを通じて伝達される。サイモンと同様に、企業の効率性に興味を持っていた野中は、知識の創造とイノベーションにおける暗黙知と明示知（形式知）の補完的な役割を明確化した。人間の知覚、思考、その相互作用に関する特徴はまだある。

人類学者ロビン・ダンバーは、大脳の新皮質の大きさが社会的な関係を維持できる人数を決めており、その数は約一五〇人であるという（Dunbar 1992）。

これらの研究成果を踏まえると、人間が自己の認知能力の限界を知っていたとしても、それを正しく運用しうるかどうかについては手放しで評価できないことがわかるだろう。たしかに、人間は、自己の認知の限界を認識することで、複雑性への対応を行い得てきたかもしれない。だが、それは一回限りの進歩であり、問題は解決したのではなく、次なる複雑性を生み出すことにつながってもいるのである。

認知の多様性と文化の多様性

人間の周囲や自己自身に対する認知能力には限界がある。世界の複雑性は、そもそも人間の認知能力をはるかに超えており、これからもそうであり続けるだろう。とはいえ、そのような状況でも、人間は生きてきたし、社会を構成してきた。つまり、世界に関する全き理解がなくとも、人間は、十分にやっていけるのである。だが、今日起きているのは、複雑性の超高度化により、人間の認知と複雑性の間のギャップが大きくなりすぎ、シンギュラリティ（特異点）の危機が生じている事態である。

われわれは世界を完全にでなく部分に理解している。ということは、今のところ世界を理解し表現するための単一の方法はないということである。もし、人間の世界への理解が全きものであったなら、世界の表象は単一だろう。だが、そうではないので、今のところ世界の表象は多様である。この多様性が文化の多様性である。多様性があることで、何事にもコストがかかり、競争や紛争が発生しやすいというマイナス面がある。しかし同時に、多様性のおかげで、進化に適応した組織が生き残ることができるというメリットもある。

人間の限界（2）バイアス

人間の知識は不完全であるだけでなく、偏ってもいる。アリにとっての草の葉と、牛にとっての草の葉は同じではない[20]。科学者は、普遍的で客観的な草の葉というものが存在するとする立場に立つ。そこには、ある種の真実性があるだろうが、完全な真実ではない。科学とは、観察と理論的モデル化による体系的知識である。観察は、当初は人間の感覚によるものだけだったが、後にさまざまな観察器具や装置が利用可能になった[21]。理論とは、ドグマ（教条）が作り出す概念的な範型（パラダイム）であるが、ドグマは時間とともに変化する。ドグマの変化は、生命科学にしばしば見られ、因果性からランダム・プロセスへのドグマの変化など枚挙にいとまがない（Monod 1971）。科学は、価値中立的ではない。現在の科学は功利主義に基づいており、将来の社会改善への投資として、経済における余剰がそれを支える。科学の目的は、知識の増大ではあるが、何が科学の対象となるかは、それが社会の利益になるかどうかによっても左右される。つまり、科学とは普遍的ではなく、時代や文化によって異なるのである。

バイアスは、われわれがホモ・サピエンスであるという生物的条件から来ることもあれば、われわれがどのような社会に生きているかという社会的、文化的条件から来ることもある。すでにみたカーネマンは、直観のような素早く本能にもとづく思考では、入ってくる情報が確立されたパターンに即して分析されるが、現実が

［20］［訳注］主体ごとに異なった世界が存在するという、主体と世界の分かちがたい関係性は、ユクスキュルが明らかにした環世界学の基本的な内容であり、また、風土学の基本的な内容である。この点については本書第II部第1章で寺田が検討している（☞本書209ページ）。

［21］［訳注］感覚に加えて科学による世界観が重ね書きされることについては、大森荘蔵の所説に関して本書第III部第5章で寺田が検討している（☞本書439ページ）。

過去の経験に合致するよう歪んで解釈される傾向があることを明らかにした。直観においては、新しい解釈パターンが生まれることはほとんどないが、最適化はきちんと行われており、全体的に見ると効率的ではある。ただ、不合理な行動や不正確な解釈を生じさせる可能性は排除できない。

バイアスと文化

直観は当初は問題なく機能するが、いずれ文化的なバイアスにつながる。われわれの世界の理解は、それぞれの文化や歴史によって形成された世界観によって規定されている。われわれが見ているのは、われわれの中にあるカテゴリーという現象理解装置を通じて見られたものである。[22] ある社会の中では、その社会の成員は似たようなカテゴリーで世界を解釈している。カテゴリーと現実とのギャップが大きくなってくると、古いカテゴリーが破棄され、新しいカテゴリーが導入される。科学革命をふくむ革命や変革とはそのようなものである。システムが崩壊する前には、機能不全に陥ったバイアスが支配的になる。そこでは、現実とその解釈の間に深刻な分裂が起きている。

バイアスとはゆがめられた合理性であるともいえる。その修正法について様々に研究が進んでいる。リチャード・セイラー Richard Thaler は、人々をナッジするためには、人々の欲望やバイアスに逆らう選択肢を埋め込んだ仕組みのデザインが必要であるという（Thaler and Sunstein 2021）。時代によって、利用されるバイアスと、無視されるバイアスがある。政治的プロパガンダは、人々のバイアスを最大限に利用する。

バイアスとは、われわれの認知システムが生み出す偏った世界理解である。バイアスの存在とは、つまり、人類が人類として認知的にデザインされていることに伴う普遍的な現象である。ただし、普遍的ではあるが、さまざまな人間グループはそれぞれに特有のバイアスを持つ。これが文化的バイアスであるが、その文化的バイアスが、さらに高次のバイアスを生み出すこともある。バイアスとは、人類がもつ認知機能というデザインレベルで起きる現象であると同時に、文化という高次のレベルで起きる現象でもある。バイアスのこの二つの側面を理解するために、認知科学、心理学、経済学など、さまざまな分野のアプローチが進んでいる。

われわれの自然環境の認識とは、バイアス以外の何物でもない。われわれが環境と呼ぶものは、自然が人間の目にそう映っている像である。[23] 科学の発展とともに、極端な人間中心主義は姿を消しつつはある。生態学のように、人間を含む生物を、他の生物との関係や物理的環境との関係から考える学問もある。だが、本節で述べてきたように、現下の状況では、地球環境問題に関する知識はあっても、それを解決する行動には結びついていない。その原因は、われわれが自然を、役に立つか役に立たないかで判断する功利主義という視点で見ているからである。[24] これは、まさに、バイアス以外の何物でもない。

[22]　〔訳注〕これは、和辻のいう「自己了解の型」が風土の型を形成するメカニズムであり（本書第I部第1章、☞本書72 ff. ページ）、ユクスキュルの環世界学でいう「環世界フィードバック・ループ」がそれぞれの生物種の環世界を形成するメカニズムである（本書第II部第1章、☞本書209 ff. ページ）。また、カントが明らかにしたメカニズムでもある（本書第II部第1章、☞本書211ページ）。

[23]　〔訳注〕本書第I部第1章で寺田が紹介したように（☞本書71ページ）、和辻哲郎は、「自然と風土とは異なる」と言ったが、それは、ここでいう「環境」が「自然」と異なるというのと同じ機制である。

[24]　〔訳注〕欧米の環境倫理学では、環境を功利主義でとらえる。それは、自然を含む環境を操作の対象として見ることである。グルンバッハはそれを前提としてこの部分を書いている。ただ、日本を含む非欧米圏においては、自然を含む環境を操作の対象としない見方が主流であるので、ここでの記述と非西欧の状況の間にはギャップがある。

世界と自然のコントロールという幻想

以上、二つの限界を見てきたが、さらに深刻な認知に関わる問題もある。それは、コントロールの幻想、つまりわれわれが人間による世界のコントロールを過大評価しがちであるという問題である。地球環境が悪化していることを知っているのに、その改善のための行動が起きていないことを何度も述べてきた。それは、われわれのコントロールの不全そのものである。その背後には、いずれ科学が進歩して、問題は解決されるという幻想がある。たしかに、科学の進歩が無限であると考えるのなら、それも一理あるとはいえよう。だが、それは幻想であり錯覚にしか過ぎない。

幻想や錯覚の問題とは、現実そのものと、感覚された現実をどう区別するかという問題である。[25] われわれに知覚されているこの時空間は、単なる幻想なのか。一八世紀のアイルランドの哲学者ジョージ・バークレー George Berkeley は、物質的な物体は知覚としてのみ存在するというラディカルな主張を行った。彼は、それを「森で木が倒れても、誰もそれを聞く人がいなければ、その音は存在しないだろう」と詩的に表現した。アインシュタインは、「過去、現在、未来の区別があるという考えは、頑固に執拗な幻想に過ぎない」と言った。[26] 哲学や在来知、宗教は、理性やモラルを通じて幻想から距離をとるためのわれわれの知恵である。

科学技術の発展と全能という幻想——一九世紀

一九世紀のヨーロッパでは、科学と技術の発展により、周囲の物質的な世界をコントロールできるという全能感が生まれ始めた。それは一定程度は正当化されうるが、現実を直視してはおらず、ある種の傲慢さに過ぎなかったのも事実である。産業革命により、世界の根本原理ともいえるような重要な発見が相次いだ。その結果、人間に生じたのは[27]、自然の桎梏からの解放という感覚であり、あらゆるものを人間が理解できるという幻想である。科学がもたらした新しい知識は、過去像を変え、未来も楽観視させた。すでに述べたように、科学の進歩は、早晩、世界に関する全き知識を人間に授けるだろうと確信すらされていた。
「ラプラスの悪魔」についてはすでに見たが、その背後にあるのは、十分なデータがあれば過去と未来は決定できるという考え方である。それは、一九世紀初頭の人々の科学による全能への熱狂を示している。フランスの社会理論家オーギュスト・コントは、社会は、神学的段階、形而上学的段階、実証主義的段階と三段階に進化し、最終的には、科学的知識に依存すると予言した。

戦争による幻滅と技術の未来への悲観論——二〇世紀

だが、そのような熱狂は二〇世紀には消滅した。知識の探求が人間の究極の目的であるという考えが破棄されただけではない。知識の発展の結果もたらされた兵器が戦争においていかなる破壊を行ったかを目の当たりにして、知識の発展が進歩につながるという考えは吹き飛んでしまったのである。第二次世界大戦後、技術発展に関する悲観論が大勢を占めるようになった。フランスの作家で思想家のジョルジュ・ベルナノス Georges Bernanos は、戦時中ブラジルに疎開し『ロボットに抵抗するフランス』を書いたが、そこで「技術のために勝ち取った世界は、自由のための世界ではなかった」と述べた。一九四〇年代、アイザック・アシモフ Isaac Asimov

[25]［訳注］この点については、本書第II部第1章でユクスキュルのカントの引用を通じて寺田が検討した（☞本書211ページ）。
[26]［訳注］時間の非実在性に関しては、本書第IV部第1章で、マクタガートの所説を通じて寺田が検討している（☞本書479-482ページ）。
[27]［訳注］ここでのグルンバッハの「人間」とは、ヨーロッパの「人間」のことである。ヨーロッパ以外の、たとえばアジアの「人間」やアフリカの「人間」にこの感覚が分かち持たれていたかどうかという問題は検証されるべきであろう。

は、一連のシリーズ『私はロボット』で同様の悲観的なビジョンを展開した。ドイツの思想家ギュンター・アンダース Günter Anders の著書は、技術が生み出す破壊的能力と、その意味を考える人間の能力の間には大きな隔たりがあることを問題にした（Anders 1980）。

物質主義の隆盛と魂への蔑視

物質主義的な見方が支配的になるにしたがって、精神的な次元は顧みられなくなりつつある。知識の進歩は、人間の知識が及ぶ領域を押し広げ、まだ十分理解はされていないが、すでに研究が着手されている領域のみならず、まだ知られていないことが分かっている領域をも拡大した。だが、それは、知られていないことすら知られていない領域、つまり伝統的に信念体系がホーリスティック（全体論的）に扱ってきたアンタッチャブルな領域を犠牲にするものでもあった。精神分析家のカール・ユングは、科学的唯物論があらゆる現象を物理的因果論に還元したことによって、従来は最も根源的な実体だと考えられていた魂が、それと正反対の存在になってしまったことに深い憂慮を示している（Jung 1933）。彼は、「心的現象であるというだけで、われわれは、それをコントロールすることが可能だと考える幻想はあまりにばかばかしい」と述べ、そのような態度の傲慢を批判している。

5　西洋の限界を超えて

新たな哲学の必要

『西洋哲学史』の中で、バートランド・ラッセル Bertrand Russell は、「力」の感覚が、人間と自然の関係や、権力者と社会の関係に悪影響を与えていると警告を発した[28]（Russell 1946）。彼は「一九世紀の思想の流れ」の章を次のように締めくくっている。「無限の権力を持つことに酔いしれる人々に対処できる哲学、そして同時に、無力な人々の無関心にも対処できる哲学、そのような哲学の構築が、われわれの時代の喫緊の課題である」。危機の時代に書かれたこの文章は、今日でも生きている。ラッセルの願望は、当時、危急のものであったはずだが達成されず、そのような哲学はいまだに存在しない。いや、そのような哲学構築の困難さは、当時よりも現在の方が大きいかもしれない。複雑性の増大により、われわれの社会はより複雑に絡み合い、権力の制限はより困難になっている。本章第3節で見たとおり、さまざまな法規制が行われていることは、それを象徴している。われわれの時代の最も差し迫った課題は、そのような哲学を構想し、後押しし、社会に拡げることである。

［28］［訳注］本書第V部インタビューでも、山極が力の文明に警告を発し、それに代わる慈悲と利他の文明を提唱している（☞本書 584-585 ページ）。

人類進化と危機

人類の進化とは、複雑性増大への適応であった。人類は、過去一〇〇年間に、地球大に広がった交換行為により成長し、様々な組織化を伴いながら、地球への影響を強めた。人類は、信念体系を持っていたが、それは進歩と反動のバランスを取りながらダイナミックに絶えず変化を続け、新しい条件に応じつつ、地域ごとに異なったバージョンを生み出し、仏教、キリスト教、イスラム教、資本主義、民主主義などは地球大の影響力を持った。人類の進化は一種のカオスであり、途中には、地球規模の紛争によってしか解決できない危機もあり、大規模な破壊も起きた。

今日、人類は、自らの活動が引き起こした意図せぬ巨大な危機に苦しんでいる。この危機の克服の可能性の一つは、技術による解決である。このようなパターンは、すでに過去の歴史の中においても見られ、前節でも見たように根強い幻想がある。だが、そのような技術が出現しなかった場合、人類は持続可能性のために、自らの地球の生態系との関係をあらためて考え直す必要に迫られるだろう。

そのためには、われわれの信念体系を変更し、新たな価値観に基づくことが必要である[29]。それは、例えば、地球という惑星が持つ権利は、人権よりも価値があるというような価値観かもしれないし、現在世代の権利よりも、将来世代の権利が優先する、いきものの権利が人間の権利より優先するというものかもしれない。このような二項対立をリストアップするのはたやすい。だが、それを価値システムとして彫琢することはたやすくはない。地球上の各文化の信念体系は、外生的および内生的な制約下で発達してきた。ある信念体系が、何をもって善とするかは、過去や伝統や外部世界との関係性に規定されるため、文化によって大きな違いがある。文化の差異を超克できるかが問われている。

西洋パラダイムの世界支配

今日の世界で支配的なシステムは、一神教、人権、議会制民主主義を柱とする西洋パラダイムである。それが支配的になったのは、それが他のシステムより優れているからではなく、単に西洋が強力であり、世界の他の地域を支配したからにすぎない。西洋パラダイムの世界的優勢という均衡は、今日、二つの理由から挑戦を受けている。第一は、西洋の相対的な重要性の低下である。これは、覇権権力は興亡することを考えると、歴史的にはよくあることである。第二は、環境問題が、自然システムに強い圧力をかけた西洋型の開発の結果であることである。これは植民地化の負の遺産でもある。植民地化に関しては、過去の残虐行為も問われている。それに加えて予期せぬ負の未来まで招いていたことが告発されている。

西洋が、自らこの状態に対処し、新たな価値体系を打ち立てることは難しい。なぜなら、西洋は世界的なイデオロギーシステムを支配しているからである。植民地勢力は、すべての大陸で、世界の文明化と称し、その土地の在来組織に西洋化を強制した。その結果、西洋の価値体系は、支配的パラダイムとして世界中でずっと勢力を維持しつづけてきた。西洋の中では、それは擁護されるかもしれないが、西洋の外ではそれは激しく非難されている。その象徴は、西洋へのダブルスタンダードという非難の声である。

自然の支配という西洋パラダイム

問題の背後にあるのは、西洋の根源的な世界観である。西洋において、人間と自然との関係は支配の関係で

[29]　［訳注］この点については、本書第V部インタビューで、山極が慈悲や利他に基づいた文明への転換を提唱している（☞本書584-585ページ）。

ある。聖書の『創世記』第一章二六節には、人間について「神は、人間に海の魚と空の鳥、家畜とすべての野生動物、そして地面に沿って移動するすべての生き物を支配する権利を与えた」と書かれている。西洋においては、文化と自然の間に、対抗する明確な二元性があり、それが地球上のすべての生物を包含する全体論的なビジョンを規定している。本章でこれまで見てきたように、支配の文化は、自律システムの在り方を規定する。西洋流の考え方では、自律システムは人間のコントロール下に留まるべきであるということになる。だが、それは、今や不可能であることが見えてきており、自律的知能マシン／自律的知能システムはもうすでに、人間の能力を超えている可能性もある。

西洋は、その価値体系を普遍的なものと考えている。人権と民主主義は、西洋の優位性を象徴すると考えられている。だが、実際は、ガバナンスの質を決めているのは、地域の安定性である。過去数十年、西側諸国の安定性は確かに増大したが、西側諸国以外にも安定している地域は多くある。良い初期条件を与えてやれば、良いガバナンスが実現する。これは、フィードバック・ループの関係である。ただし、このような考え方は、キリスト教の伝統に根ざしている。非西洋世界に対するキリスト教への改宗圧力は今日ではほぼみられなくなったが、非西洋世界の文明化の使命という考えはいまだに残っている。西洋の価値観が優れているという信念は依然として強く、西洋が他の非西洋地域の価値体系から学んで、自らを豊かに陶冶して行こうという姿勢を持つことを妨げている。

人類全体のレジリエンスを考える哲学の必要

西洋文化の限界を乗り越え、人類全体のレジリエンスを高める未来構築に資する新しい政治哲学はどのようにしたら可能なのだろうか。地球上のさまざまな文化システムが、どのように人類の恒常性を支える信念体系に寄与するかを考えなくてはならない。例えば、東アジアの伝統は、調和を中心とした世界の包括的な理解に立脚しており、それは非常に有望な思想である。[30] もちろん、アジア諸国は地球環境の悪化に責任がある。だが、その長い文化的伝統に根ざして、環境との新たな関係を強調するナラティブを構築することは可能であろう。東アジア諸国が今日、経済的政治的影響力を増大させていることは、ラッセルの願いを叶える哲学の出現を支える条件となるのかもしれない。

引用・参照文献

Aitken, R John（2022）"The Changing Tide of Human Ferility," *Human Reproduction* 37（4）：629–638.

Anders, Günther（1980）*The Obsolescence of Man*, Volume II. libcom.org. https://files.libcom.org/files/ObsolescenceofManVol%20IIGunther%20Anders.pdf.（Accessed January 6, 2025）

Barrat, James（2023）*Our Final Invention：Artificial Intelligence and the End of the Human Era*. London：Hachette UK.

Battiston, Stefano；Farmer, Doyne J.；Flache, Andreas；Garlaschelli, Diego；Haldane, Andrew G.；Heesterbeek, Hans；Hommes, Cars；Jaeger, Carlo；May, Rober；Scheffer, Marten（2016）"Complexity Theory and Financial Regulation," *Science 351*（6275）：818–819.

Ben-Shahar, Omri；Porat, Ariel（2021）*Personalized Law：Different Rules for Different People*. Oxford：Oxford University Press.

Beniger, James（2009）*The Control Revolution：Technological and Economic Origins of the Information Society*. Cambridge, Mass.：Harvard University Press.

Berque, Augustin（2004）"Offspring of Watsuji's Theory of Milieu（Fudo）," *GeoJournal 60*：389–396.

［30］［訳注］この点は、本書第II部第1章で寺田が論じた風土学における調和と共存在の今日的意義や（☞本書 228-229 ページ）、本書第V部インタビューで山極が論じている闘争や力に基づいた文明から慈悲や利他、共存と調和に基づいた文明への転換の必要とも重なる（☞本書 584-585, 595-596 ページ）。

Bloom, Nicholas ; Jones, Charles I. ; Van Reenen, John ; Webb, Michael (2020) "Are Ideas Getting Harder to Find?" *American Economic Review 110* (4) : 1104–1144.

Bornmann, Lutz ; Mutz, Rüdiger (2015) "Growth Rates of Modern Science : A Bibliometric Analysis Based on the Number of Publications and Cited References," *Journal of the Association for Information Science and Technology* 66 (11) : 2215–2222.

Boserup, Ester (2014) *The Conditions of Agricultural Growth : The Economics of Agrarian Change under Population Pressure*. London : Routledge.

Broussard, Meredith (2018) *Artificial Unintelligence : How Computers Misunderstand the World*. Cambridge, Mass. : The MIT Press.

Burns, Collin ; Izmailov, Pavel ; Kirchner, Jan Hendrik ; Baker, Bowen ; Gao, Leo ; Aschenbrenner, Leopold ; Chen, Yining ; Ecoffet, Adrien ; Joglekar, Manas ; Leike, Jan et al. (2023) "Weak-to-strong Generalization : Eliciting Strong Capabilities with Weak Supervision." arXiv : 2312.09390.

Butler, Samuel (1863) "Darwin among the Machines. [To the Editor of the Press, Christchurch, New Zealand, 13 June, 1863.]" *The Press*, New Zealand Electronic Text Centre. https://web.archive.org/web/20060524131242/http://www.nzetc.org/tm/scholarly/tei-ButFir-t 1-g 1-t 1-g 1-t 4-body.html. (Accessed January 6, 2025)

Capra, Fritjof (1975) *The Tao of Physics : An Exploration of the Parallels between Modern Physics and Eastern Mysticism*. Boulder, Colo. : Shambhala publications.

Cauwels, Peter ; Sornette, Didier (2022) "Are 'Flow of Ideas' and 'Research Productivity' in Secular Decline?" *Technological Forecasting and Social Change* 174 : 121267.

Centers for Disease Control and Prevention (2023) *Youth Risk Behavior Survey : Data Summary & Trends Report. 2011-2021*. Centers for Disease Control and Prevention

De Laplace, Pierre Simon (1995 [1825]) *A Philosophical Essay on Probabilities*, Truscott, Frederick William ; Emory, Frederick Lincoln (trans.). New York : Dover Publications.

Deleuze, Gilles (1992) "Postscript on the Societies of Control," *October* 59 : 3-7.

Descola, Philippe (2014) "Beyond Nature and Culture," in Harvey, Graham (ed.) *The Handbook of Contemporary Animism*, pp. 77–91. Abingdon : Routledge.

Dewey, John (1925) "Practical democracy," *The New Republic* 52–54.

Diamandis, Peter H ; Kotler, Steven (2014) *Abundance : The Future is Better than You Think*. London : Simon and Schuster.

Diamond, Jared (2005) *Collapse : How Societies Choose to Fail or Succeed*. London : Penguin.

Doshi-Velez, Finale ; Kortz, Mason ; Budish, Ryan ; Bavitz, Chris ; Gershman, Sam ; O'Brien, David ; Scott, Kate ; Schieber, Stuart ; Waldo, James ; Weinberger, David et al. (2017) "Accountability of AI under the Law : The Role of Explanation. arXiv : 1711.01134.

Dunbar, Robin (1992) "Neocortex Size as a Constraint on Group Size in Primates," *Journal of human evolution* 22 (6) : 469–493.

Frankenreiter, Jens ; Livermore, Michael A. (2020) "Computational Methods in Legal Analysis," *Annual Review of Law and Social Science* 16 (1) : 39–57.

Fügener, Andreas ; Grahl, Jörn ; Gupta, Alok ; Ketter, Wolfgang (2021) "Will humans-in-the-loop Become Borgs? Merits and Pitfalls of Working with AI," *Management Information Systems Quarterly* 45.

Fukuyama, Francis (2015) "The End of History?" in Betts, Richard K. (ed.) *Conflict after the Cold War*, pp. 16–27. New York : Routledge.

Girard, René (1974) "The Plague in Literature and Myth," *Texas Studies in Literature and Language* 15 (5) : 833–850.

Gleick, James (2011) *The Information : A History, a Theory, a Flood*. London : Vintage.

Goldstein, Emmanuel (1949) *The Theory and Practice of Oligarchical Collectivism*. Manuscript.

Goldstone, Jack A. (2016) *Revolution and Rebellion in the Early Modern World : Population Change and State Breakdown in England, France, Turkey, and China, 1600-1850*. New York : Routledge.

Good, Irving John (1966) "Speculations Concerning the First Ultraintelligent Machine," *Advances in Computers* 6 : 31–88.

Grove, Matt (2009) "Hunter–gatherer Movement Patterns : Causes and Constraints," *Journal of Anthropological Archaeology* 28 (2) : 222–233.

Grumbach, Stéphane (2022) *L'empire des algorithmes : Une géopolitique du contrôle*. Paris : Armand Colin.

Grumbach, Stéphane ; Van Der Leeuw, Sander (2021) "The Evolution of Knowledge Processing and the Sustainability Conundrum," *Global Sustainability* 4 : e 29.

Hayek, Friedrich August (1944) *The Road to Serfdom*. Abingdon : Routledge.

Hoyer, Daniel ; Bennett, James ; Whitehouse, Harvey S. ; François, Pieter ; Feeney, Kevin ; Levine, Jill ; Reddish, Jenny ; Davis, Donagh ; Turchin, Peter (2022) "Flattening the Curve : Learning the Lessons of World History to Mitigate Societal Crises. "SocArXiv. January 3. doi : 10.31235/osf.io/hyj 48.

Huebner, Jonathan（2005）"A Possible Declining Trend for Worldwide Innovation," *Technological Forecasting and Social Change* 72（8）: 980–986.

Jumper, John ; Evans, Richard ; Pritzel, Alexander ; Green, Tim ; Figurnov, Michael ; Ronneberger, Olaf ; Tunyasuvunakool, Kathryn ; Bates, Russ ; Zídek, Augustin ; Potapenko, Anna et al.（2021）"Highly Accurate Protein Structure Prediction with Alphafold," *Nature* 596（7873）: 583–589.

Jung, Carl Gustav（1933）*Modern Man in Search of a Soul.* London : Routledge.

Kahneman, Daniel（2011）*Thinking, Fast and Slow.* New York : Macmillan.

Kaneda, Toshiko ; Haub, Carl（2022）"How Many People Have Ever Lived on Earth?" in Population Reference Bureau. November 15, 2022. https://www.prb.org/articles/how-many-people-have-ever-lived-on-earth/.（Accessed November 14, 2024）

Katz, Daniel Martin ; Coupette, Corinna ; Beckedorf, Janis ; Hartung, Dirk（2020）"Complex Societies and the Growth of the Law," *Scientific Reports* 10（1）: 18737.

Kuhn, Thomas S（1962）*The Structure of Scientific Revolutions.* Chicago : University of Chicago Press.

Kurzweil, Ray（2005）"The Singularity is Near," in *Ethics and Emerging Technologies*, pp. 393–406. Springer.

Lake, Brenden M. ; Ullman,Tomer D. ; Tenenbaum, Joshua B. ; Gershman, Samuel J（2017）"Building Machines That Learn and Think Like People," *Behavioral and brain sciences* 40.

Lippmann, Walter（1925）*The Phantom Public.* New York : Harcourt.

Locke, John（2004［1690］）*An Essay Concerning Human Understanding.* London : Penguin.

Monod, Jacques（1971）*Chance and Necessity : An Essay on the Natural Philosophy of Modern Biology.* New York : Alfred A. Knopf.

Ng, Andrew（2018）"Machine Learning Yearning : Technical Strategy for AI Engineers, in the Era of Deep Learning. Self publishing.

Nick, Bostrom（2014）*Superintelligence : Paths, Dangers, Strategies.* Oxford : Oxford University Press.

Nonaka, Ikujiro（1994）"A Dynamic Theory of Organizational Knowledge Creation," *Organization science* 5（1）: 14–37.

Ortiz-Ospina, Esteban ; Beltekian, Diana ; Roser, Max（2018）"Trade and Globalization," in OurWorldinData.org. https://ourworldindata.org/trade-and-globalization.（Accessed November 14, 2024）

OurWorldinData（2023）"Global GDP over the Long Run : Historical Data – World Bank, Maddison Project Database, Maddison Database," in OurWorldinData.org. https://ourworldindata.org/grapher/world-gdp-over-the-last-two-millennia?time = 1..2015.（Accessed November 14,

2024）

Park, Michael, Leahey, Erin； Funk, Russell J （2023）“Papers and Patents are Becoming Less Disruptive over Time,” *Nature* 613 （7942）： 138–144.

Pew Research Center（2015）“The Future of World Religions： Population Growth Projections, 2010-2050： Why Muslims Are Rising Fastest and the Unaffiliated Are Shrinking as a Share of the World's Population,” in Report, Pew Research Center. https://www.pewresearch.org/religion/2015/04/02/religious-projections-2010-2050/.（Accessed November 14, 2024）

Polanyi, Karl （1944） *The Great Transformation*. Boston, Mass.： Beacon Press.

Price, Douglas T.； Brown, James A. （1985）“Aspects of hunter–gatherer Complexity,” in *Prehistoric Hunters-Gatherers*, pp. 3–20. Elsevier.

Ritchie, Hannah； Rosado, Pablo： Roser, Max （2020）“Energy Production and Consumption,” in OurWorldinData.org. https://ourworldindata.org/energy-production-consumption.（Accessed November 14, 2024）

Rockstrom, Johan； Mattias, Klum （2015） *Big World, Small Planet： Abundance within Planetary Boundaries*. New Haven： Yale University Press.

Roser, Max； Ritchie, Hannah（2023）“How Has World Population Growth Changed Over Time?” in OurWorldinData.org. https://ourworldindata.org/population-growth-over-time.（Accessed November 14, 2024）

Rosenblum, Bruce； Kuttner, Fred （2011） *Quantum Enigma： Physics Encounters Consciousness*. Oxford： Oxford University Press.

Russel, Bertrand （1946） *History of Western Philosophy： And Its Connection with Political and Social Circumstances*. London： G. Allen and Unwin.

Russell, Stuart （2019） *Human Compatible： AI and the Problem of Control*. London： Penguin UK.

Schieve, William C.； Allen, Peter M. （1982） *Self-organization and Dissipative Structures： Applications in the Physical and Social Sciences*. Austin： University of Texas Press.

Simon, Herbert A. （1991）“Bounded Rationality and Organizational Learning,” *Organization Science* 2 （1）： 125–134.

Steffen, Will； Broadgate, Wendy； Deutsch, Lisa； Gaffney, Owen； Ludwig, Cornelia （2015）“The Trajectory of the Anthropocene： the Great Acceleration,” *The Anthropocene Review* 2 （1）： 81–98.

Steffen, Will； Sanderson, Regina Angelina； Tyson, Peter D.； Jäger, Jill； Matson, Pamela A.； Moore III, Berrien； Oldfield, Frank； Richardson, Katherine； Schellnhuber, Hans-Joachim； Turner, Billie L. et al.（2005）*Global Change and the Earth System： A Planet under Pressure*. Springer Science & Business Media.

Thaler, Richard H.; Sunstein, Cass R.（2021）*Nudge: The Final Edition*. Yale University Press.

Turchin, Peter; Whitehouse, Harvey; Gavrilets, Sergey; Hoyer, Daniel; François, Pieter; Bennett, James S.; Feeney, Kevin C.; Peregrine, Peter; Feinman, Gary; Korotayev, Andrey et al.（2022）"Disentangling the Evolutionary Drivers of Social Complexity: A Comprehensive Test of Hypotheses," *Science Advances* 8（25）.

Tversky, Amos; Kahneman, Daniel（1974）"Judgment under Uncertainty: Heuristics and Biases: Biases in Judgments Reveal Some Heuristics of Thinking under Uncertainty," *Science* 185（4157）: 1124–1131.

Van der Leeuw, Sander（2020）*Social Sustainability, Past and Future: Undoing Unintended Consequences for the Earth's Survival*. Cambridge University Press.

Zalasiewicz, Jan; Williams, Mark; Waters, Colin N.; Barnosky, Anthony D.; Palmesino, John; Rönnskog, Ann-Sofi; Edgeworth, Matt; Neal, Cath; Cearreta, Alejandro; Ellis, Erle C. et al.（2017）"Scale and Diversity of the Physical Technosphere: A Geological Perspective," *The Anthropocene Review* 4（1）: 9–22.

Zanzotto, Fabio Massimo（2019）"Human-in-the-loop Artificial Intelligence," *Journal of Artificial Intelligence Research* 64: 243–252.

第2章 各論

デジタル空間における分散的システムの出現——ビットコインとブロックチェーンがひらく未来

The Rise of Decentralized Systems

アンセルム・グルンバッハ
（寺田匡宏・訳）
Anselme Grumbach
(Japanese Translation: Masahiro Terada)

1 集中化と分散化

人間社会と自然界どちらにおいても、システムの集中化 centralization と分散化 decentralization が見られる。[1] 両者の程度やバランスの度合いは、システムに根本的な影響をもちつつ、変化しながら進化してきた（Mayr 1963；Besley and Coate 2003）。過去一〇〇年間をみると、社会組織はますます集中化の度合いを高めている。少数の支配的な組織、つまり国家や企業が膨大な領域においてシステムとサービスを支配している。二〇〇八年のリーマンショックにより金融システムは深刻な危機に見舞われ、過度な集中化に内在する脆弱性が浮き彫りになった。この混乱の中で、加熱する集中化へのオルタナティブとして、ビットコイン Bitcoin が浮上した（Nakamoto

［1］［訳注］集中と分散については、本書第III部第1章でステファン・グルンバッハが（☞本書311, 329-330ページ）、本書第V部インタビューで山極が論じている（☞本書588-589ページ）。

2008）。ビットコインは、中央集中的な権威を介さずとも、安全で信頼できる金融システムが構築可能だということを実証した。この革新的イノベーションによって、様々な関連領域が長足の進歩を遂げ、多方面で分散化に向けた動きが起こっている。

自然現象の多くは、中央制御なしでもシステム内で効率的に機能が保たれるという非集中型である。たとえば、ガイア理論による地球冷却システム（Lovelock 2016 ; Lovelock and Margulis 1974）や自然淘汰などに中央制御は存在しない。自然においては、非集中化への志向があるが、それは、分散型テクノロジーがどのような潜在的利点を持ち、どのような課題があるかに関する示唆を与える。一方で、自然界のシステムの多くは、多様性と冗長性に依存し、それによりレジリエンスが実現している側面もある（Grumbach and Hamant 2020）。

人間社会に目を転じると、歴史を通じて、集中と分散の両方のタイプが見られる。政治システムについていうなら、官僚機構、法、軍事力が発展するに伴い、政府は中央への集中の度を強めた。他方、市場に目を移すと、それは分散型システムであり、アダム・スミスのいう「見えざる手」に象徴されるように、多数の個人の意思による取引が競争と需要・供給のメカニズムを通じて経済を集合的に動かしている。ただ、中央計画経済では、国家による直接管理と規制を通じて特定の経済目標を達成することが目指される。

通貨は、これまでずっと、中央集中的なシステムに依存してきた。通貨は、通常は金融政策を策定し安定性を監督する中央政府や中央銀行によって管理される（Graeber 2012）。それに対して、ビットコインは、信頼性の高い分散型通貨が技術的に実現可能であることを証明し、従来の通貨のモデルを破壊しようとする。これは、従来の集中型の銀行や金融システムへの挑戦であり、社会に大きな影響を与える可能性がある。

[2] コンピュータ・サイエンスとゲーム理論におけるビザンチン将軍問題（Lamport et al. 2019）が象徴するように、分散化は、科学にとっての積年の課題である。ここでの問題とは、当事者間のコミュニケーションが信頼

できず、一部の参加者が悪意を持って行動する可能性のある分散型システムにおいて、果たして合意が可能なのかという問題である。ビザンチン将軍問題は、分散化がいかに複雑な課題を抱えているかを明らかにし、信頼と協力を確保するためには強固なメカニズムが必要性であることを浮き彫りにした。ただし、分散型ネットワークにおいては、そもそも信頼性が存在するのは不可能であるという形式論的な証明が数多くあるのも事実である（Lynch 1989）。

以上を踏まえ、本章では、以下、第2節で、集中型システムと分散型システムの二つを対照し、これらの概念を人間社会と自然の事例から分析する。第3節で、二〇〇八年というシンギュラリティを再検討し、ビットコインの出現が革命的であった理由を明らかにするとともに、それがどのように機能するかを説明する。第4節と第5節で、その後の分散型テクノロジーの台頭と、それにより可能になる新たなシステム、および中央集中型テクノロジーと比較した際のトレードオフとは何かを検討する。これらのテーマを検討することで、現在活況を呈している分散型テクノロジーが実現させるであろう、よりレジリエントで透明性のあるシステムに光を当てることを目指す。

［2］［訳注］ビザンチン将軍問題とは、コンピュータ・サイエンスにおけるフィクショナルな設定を用いた練習問題で、軍団を率いたビザンチン帝国の各将軍が、ローマの都市を包囲しているが、その攻撃作戦について、各将軍の軍団が合意することがいかに困難かを問う。偽の情報伝達や情報の信頼性の問題を象徴する。一九八〇年に定式化された。

2　システムから見る集中と分散

中央集中型システムは、単独あるいは少数の制御ポイントを中心に構成される。すべての決定、処理、および権限は、サブユニットの行動を指示する中央ハブから発せられる。このようなシステムにおいては、情報は中心とその構成要素の間を流れ、中央は秩序と一貫性を維持する責任がある。このシステムは、設計も管理も直感に頼って行うことができ、運営はそれほど困難ではない。

現代社会では、政府は中央集中型モデルで運営されており、意思決定権は大統領や首相、政府などに集中している。企業も通常は、明確な指揮系統を持つ階層構造を持っており、そこではトップ・エグゼクティブが決定を下し、階層構造を通じて下位にそれが伝わっていく。銀行も中央集中的な組織である。金融取引は、すべての業務を監督および管理する中央ユニットを通じて処理される。

自然界においても、このような集中システムは見られる。たとえば、人間の脳は、身体の中央制御ユニットとして機能し、神経系を通じて信号を送受信して行動と反応を調整する。オオカミなど群れをつくる動物には、群れをリードする支配的なアルファ個体がある。この個体はリーダーであって、狩猟、なわばりの維持、群れの移動などを決定する。群れはこのアルファ個体の指示に従い、調整された効果的なグループ行動を行う。

現在におけるデジタル空間は、ほとんどが集中的なシステムで構成されている。私たちが日常的に使用するウェブサイトやアプリは、ウェブ二・〇とも呼ばれ、アマゾン、インスタグラム、ティックトック、ウーバー、ウィーチャットなどの集中型のプラットフォームを通じて管理されている。この集中型システムでは、ユーザーと、そのユーザーのデータを収集、処理、保存する中央サーバーとの間を情報が流れる。中央のユニットは、セキュリティや調整、サービスを管理する責任を負う。ユーザー間の取引においては、プラットフォームは「信頼できる第三者」として不可欠の存在である。

集中型システムは単一障害点（SPOF, single points of failure）に対して脆弱であり[3]、中央のハブが侵害されると、システム全体が崩壊する可能性がある。中央ユニットのキャパシティが不足していたり、非効率的であったりすると、中央がシステム全体のボトルネックになる可能性がある。例えば、二〇二四年七月、サイバーセキュリティ企業のクラウドストライク社CrowdStrikeが、定期的アップデートを世界中のコンピュータに送信した（CrowdStrike 2024）。このアップデートに含まれていた何らかの問題により、数百万台のコンピュータがクラッシュし、飛行機の離着陸や病院や銀行などが機能不全となり、何百万人もの人々が影響を受けた。クラウドストライク社は中央集中型のソフトウェア更新システムを採用していたが、それはすべてのクライアントを最適に保護できるという利点があるとともに、アップデートにおけるたった一つの欠陥が広範囲にわたる壊滅的な結果をもたらすという集中型システムに固有のリスクも露呈したのである。

集中型システムおいて、責任が一極に集中していることも、脆弱性の要因である。例えば、フェイスブックは、二〇一九年八月より前の時点で、データ侵害を受け、五億三千万人以上のユーザーの個人データが盗まれ、公開データベースに投稿されていたにもかかわらず、それを二〇二一年四月まで公表していなかった（Newman 2021）。侵害されたデータには、電話番号、氏名、住所、一部のメールアドレス、およびユーザープロファイルのその他の詳細が含まれていた。

二〇〇八年の金融危機（リーマンショック）も、世界経済における中央集中型システムの脆弱性を浮き彫り

［3］［訳注］単一障害点とは、そこに障害が発生するとシステム全体が停止してしまう箇所のこと。

にした出来事の一つである。経済活動の中心的なハブである主要銀行は、相互に深く結びついている。リーマンショックとは、リスクの高い金融取引によりいくつかの大銀行が破綻に直面したことで、金融システム全体が破綻の危機に瀕した出来事であった。この危機は、集中化が資源の管理と分配において効率的である一方、そこには必然的に単一障害点ＳＰＯＦが付随し、それが損なわれると、世界経済に広範囲にわたる壊滅的な影響を及ぼすことを明らかにした。

他方、分散型システムについてみると、分散型システムは、中央集中型システムとは異なり、ノードと呼ばれる複数の構成要素がシステムのコントロールを分散して行い、単一のエンティティが包括的なコントロールを行うことはない。その代わりに、意思決定と処理は、システムのインテグリティと機能を維持するために相互作用する独立した自律的ノードで構成されるネットワーク全体に分散される。

自然界の多くの複雑システムは、中央が存在しない分散型である。すでに述べたが、ガイア理論は、地球は自己調整システムであり、そこにおいては、生物が無機的環境と相互作用して生命維持条件を維持しているとする（Lovelock 2016）。地球においては、雲や藻類など様々な構成要素間の相互作用により、中央コントロールがなくとも、自己調整システムによって、安定性と回復力が保たれている。進化もまた、何にコントロールされずとも、自然淘汰と遺伝的変異によって、今日の多様で回復力のある生命体を生み出している。さらに別の例を挙げると、鳥の群れにおいては、鳥たちはリーダーなしで協調して飛翔する。それぞれの鳥は他の鳥の動きに応じて位置を調整するだけだが、全体としてみると、結果として群れは効率的に動いて採餌や捕食者からの回避がなされる洗練されたパターンになっている。人間社会の例では、自由主義市場経済が、分散型メカニズムで運用される複雑システムである。そこでは、多くの独立したアクターが、地域の情報や個々のインセンティブに基づいて意思決定を行うが、その集合的行為が大規模なパターンを生み出す。

デジタルの分野では、分散型システムは何十年も前から存在している。たとえば、インターネットの基盤であるTCP／IPプロトコルは、中央の制御なしに、グローバル・コンピュータ・ネットワークにおいてデータパケットのスイッチングと転送を行う。最近では、通信システム以外の例も急増している。二〇〇〇年代には、分散型ファイル共有システムが大流行した。たとえば、ビット・トレント BitTorrent を使用すると、ユーザーは中央のサーバーに依存せずにファイルを直接共有することが可能である。このシステムでは、ユーザーはすでにダウンロードしたファイルを、他の参加者と交換したり、他のユーザーから受け取ったりすることができる。十分な数の参加者が積極的にファイルをダウンロードしたり、共有（シード）したり続けている限り、そのファイルは利用可能な状態を保っている。これらの分散型ネットワークにおいて、データの信頼性を確保し、セキュリティと整合性を保つために、通常、ハッシュ化などの暗号化技術が用いられる。

分散型システムには、高いレジリエンスがあるなどのメリットも大きいが、著しい欠点もある。多数の独立したノードの調整は複雑で非効率的であり、集中型のシステムと比べると無駄が多い。また、中央によるコントロールが欠如しているため、ルールの執行や紛争解決が複雑になる。さらに、分散型システムは、可動部分が多いため、そのデザインや動作予測が難しいという欠点もある。

3　ビットコインというシンギュラリティ（特異点）

リーマンショックという、大恐慌以来最も深刻な経済危機で金融システムが大きな混乱に見舞われる中、「ビットコイン――ピアからピアへの電子キャッシュ・システム」と題する論文が発表された（Nakamoto 2008）。

サトシ・ナカモトというおそらく偽名の謎の人物によって書かれたこの論文は、金融機関を経由せずに、当事者が別の当事者にデジタルで送金できるシステムの原理を記述している。この革命的システムこそが、歴史上最初の分散型デジタル通貨であるビットコインである。

金は典型的な分散型通貨である。偽造するのは非常に難しく、数量が限られており、他の誰かと交換する際に信頼できる第三者を必要とすることはない。金以外にも貴金属はこのような特徴を具えているが、デジタル空間でそれを実現するのは難しい。なぜなら、ファイルは簡単にコピーできるし、だれにも知られずに、別人に送信することも可能だからである。これは、いわゆる「二重支払い問題 double-spending problem」を惹起する。同じ貨幣が、二回、別の支払いで使われることは起きてはならないことである。二重支払いを阻止することは、有形の商品の世界では簡単だが、デジタルの無形の世界では大変困難である。

ほとんどの通貨では、銀行や信頼できる機関などの第三者を関与させ、単一の元帳を使用することで、関連するお金がすでに使用されているかどうかを確認して二重支払いを防ぐ。だが、デジタル空間における分散型システムにおいて、この問題を解決することは大変難しい。ビットコインは、単純な暗号化とゲーム理論にもとづいたメカニズムを用いることで、この二重支払い問題に対するエレガントな分散型の解決法を見出した。

サトシ・ナカモトは、中央のエンティティなしに、取引台帳を作成するシステムを作り出すことに成功したのである。彼が考案したのは、すべての参加者が台帳のコピーを持ち、それを検証するという「ピア・ツー・ピア・システム」である。参加者は「マイナー（採掘人）」と呼ばれ、「ビットコイン・マイニング（ビットコイン採掘）」と呼ばれるプロセスを通じてこのシステムを維持することで報酬が与えられる。ビットコイン・ネットワークに参加し、コンピュータにアプリケーションをインストールすれば、マイナーには誰でもがなれる。

ビットコインを送金する際には、トランザクション（取引記録）は銀行に送信されるのではなく、マイナーに送信される。トランザクションは送信者によってデジタル署名され、この署名はトランザクションとともにマイナーに送信される。デジタル署名により、送信者の真正性とトランザクションの完全性という二つが検証される。マイナーは、所有しているビットコイン台帳のコピーに従ってトランザクションとその有効性を検証し、それらを複数のトランザクションからなるブロックに組み立てる。マイナーは、別のマイナーにこのブロックを送信することになるが、その前に、このブロックに付属している「プルーフ・オブ・ワーク Proof of Work, PoW（作業量の証明）」と呼ばれる計算問題を解く必要がある。プルーフ・オブ・ワークＰｏＷに対する解答は、このブロックを台帳の最新のエントリとして受け入れる次のマイナーによって、受け入れの際に即座に検証される。

ビットコインにおける台帳とはこのようなブロックのチェーンであり、それぞれがその前身のブロックを参照し、その参照は「ジェネシス・ブロック（創世ブロック）」と呼ばれる最初のブロックまでさかのぼることになる。このような相互接続された構造は、現在では、ブロックチェーンと呼ばれるが、その語自体はサトシ・ナカモトの元の論文では用いられてはいない。

すべてのマイナーが台帳、つまりブロックチェーンの一貫性を維持するために従うのは、「最長のチェーンが最も信頼できる」というルールである。プルーフ・オブ・ワークＰｏＷは難しい計算問題なので、物理的にも電力エネルギーを大量に消費するが、最も長いチェーンを選択することとは、つまり、もっともエネルギーが蓄積された計算履歴を持つチェーンを選択するということを意味する。この単純なルールが意味することは、古いブロックを置き換えることで履歴を書き換えようとしても、後続のすべてのブロックを再計算し、各ブロックにおける計算のプロセスを複製する必要があるため、非常にコストがかかるということである。同じチェーンが選択されるように導くこのプロセスこそが、ビットコインが取引において分散型の信頼システムを確立した方法である。

現在のチェーンよりも長い代替チェーンを作成しようとすると、他のすべてのマイナーを合わせたよりも多くのエネルギーが必要になる。このタイプの悪意ある攻撃は、ビットコイン・ネットワークの総採掘量（マイニング・パワー）の少なくとも五一％を制御する必要があるため、一般に「五一％攻撃」と呼ばれる（Aponte-Novoa et al. 2021）。だが、それを実行しようとすると、膨大な計算リソースが必要となり、そのコストは攻撃による利益をはるかに上回るため、コスト面から見た実現の可能性は低い。

同様に、ビットコインは、ゲーム理論のロジックを活用し、マイナーに正直に行動し、ネットワークの完全性を維持するインセンティブを与える。ブロックチェーンにおいて、マイニングされ受け入れられたブロックに応じて、マイナーはブロック報酬と呼ばれる新たなビットコインを与えられる。ブロック内の各トランザクションには、マイナーへの取引手数料も含まれており、マイナーがふたたびユーザーからのトランザクションを処理するインセンティブとなる。無効とされたブロックは他のマイナーによって処理が拒まれるので、トランザクションを適切に確認し、正直に行動することが、マイナーが利益を得る最大の手段である。ビットコインは、経済的インセンティブ付与の構造を適切に設計することで、マイナーの利益とネットワークのセキュリティと機能保持を合致させ、悪意のある行動を阻止し、システムの安定性と信頼性を確保している。

ビットコイン技術は、貨幣制度の歴史におけるシンギュラリティ（特異点）である。ビットコインは、システム自体を信頼できるものにすることで、信頼できる外部の仲介者を不要としている。システム自体の信頼は、暗号化原則とコンセンサス・メカニズムが分散型であることからきている。それは、特定のいずれかの当事者がシステムを操作したり、過去のイベントの記録を改ざんしたりすることはできないように設計されているのである。

ビットコイン・システムの開発の底流にある状況の変化は、検閲への抵抗や金融包摂から、[4] セキュリティと透明性の強化にいたるまでの幅広い問題に深く関連している。ビットコインを使用するための唯一の前提条件はインターネット接続である。ビットコインでは、それが、即、グローバルな金融ネットワークへのアクセスとなる。ビットコインは分散型であるので、中央のエンティティがトランザクションを制御したり、ブロックしたりすることはできない。これは、検閲のリスクを軽減する。ブロックチェーンにはだれでもアクセスできるので、だれでもが、ネットワーク上で発生したすべてのトランザクションを閲覧し検証できる。

ブロックチェーン技術とは、「トラストレス trustless」のシステムである。従来のシステムでは、銀行や政府などの第三者が誠実かつ有能にふるまうことで、信頼（トラスト）の源泉となる。一方、ブロックチェーンのトラストレス・システムでは、システム自体がその設計を通じて整合性を確保されているため、トラストは不要である。トラストの所在位置が、従来の中央から、コードにおけるビットに移ったのである。

ビットコインは、その大規模なエネルギー消費と価格の変動性についてしばしば批判される（Vranken 2017）。しかし、そのような批判はビットコインの最も大きな成果を見落としている。それは、ビットコイン自体が、あるコンセプトの有効性の証明となっているということである。そのコンセプトとは、分散型通貨というものであり、ビットコインは、身をもってそのようなシステムが実現可能であることを実証している。ビットコインは、信頼できる金融システムが中央機関や信頼できる第三者なしで運営できることを証明し、分散型金融

［4］［訳注］金融包摂とは、経済活動に必要な金融サービスをすべての人々が利用できるようにする取り組み。貧困や差別などによって金融サービスから取り残された人々を包摂することを指す。

DeFi（Harvey et al. 2021）、ガバナンス（Beck et al. 2018）、サプライチェーン・マネジメント（Cole et al. 2019）、所有権（Ishmaev 2017）、デジタル・アイデンティティ（デジタルＩＤ、電子化された属性情報）（Takemiya and Vanieiev 2018）などにおけるさらなるイノベーションへと道を開いた。

本節の内容をここでまとめると、二〇〇八年に起こったビットコインとブロックチェーン技術の出現とは、デジタルシステムの進化において極めて重要な転換点であった。そこで起きていたのは、中央集中型モデルから分散型モデルへの移行であり、それに伴う、信頼、権威、自律システムの再定義である。分散型システムは、デジタル通貨を超えて、新しい形の組織や関係性の構築へとその実践の可能性を広げている。計算アルゴリズムが従来の信頼システムやインフラストラクチャに取って代わることで、さまざまなセクターでのイノベーションが起ころうとしている。それは、分散化された自律システムの新時代の到来を告げるものである。

4　ポスト・ビットコインの世界

ビットコインの出現の背景にあるのは、現在の過度に中央集中型の社会についての懐疑の念である。ビットコインは、それに対して、通貨という高度に応用的な領域で、分散化が可能であることを示して、一つの回答を示した。その基盤の上に立って、ビットコインに触発された多数のテクノロジーが登場した。イーサリアムEthereum（Buterin et al. 2013）とモネロMonero（Alonso et al. 2020）は、ブロックチェーン技術の改善を行った。インタープラネタリー・ファイル・システムInterPlanetary File System, IPFS（Benet 2014）は、分散化を実現するために、ノードのネットワーク全体にデータを分散することで、セキュリティやプライバシーを強化し、単一障害点を排除するというまったく異なる方法の分散型情報記憶技術を開発した。

ビットコイン・バブルと分散型金融 DeFi の台頭により、分散型の方法で投資、借入、または資金調達することが可能になり、上記のプロジェクトは資金調達が可能になった。それに加えて分散型プロジェクトがオープン・ソースであることも、この分野の研究が飛躍的に進み、新たなイノベーションを生み出している原因の一つである。

すでに述べたが、この分散型テクノロジーの台頭は、それと相反するある現象と一対の現象である。その現象とは、中央集中型テクノロジーである。われわれは、今、主要なシステムとサービスが、プラットフォームと呼ばれる少数の支配的なエンティティによってコントロールされている前例のない中央集中型の世界の中にいる。たしかに一元化は、大量の情報をたやすく処理し、包括的に統計分析することを可能にするし、大量のデータセットを利用して人工知能モデルをトレーニングできるなどの利点がある。しかし、現下で起こっている極端な集中化は、プラットフォームという支配的なエンティティの責任に対する懸念を惹起している。プラットフォームは、何十億もの個人のデータにアクセスすることが可能である。集中化システムは、プライバシー侵害、データ侵害、検閲、個人情報の悪用などにより批判されてきた。分散化とはこれに対抗するものとして登場し、プライバシー、データの所有権、透明性におけるオルタナティブを提供する。

ほとんどの分散型プロジェクトはオープン・ソース・プロジェクトである。開放性は、透明性、コミュニティ参加、共同開発を導く。それゆえ、オープン・ソース・プロジェクトでは、誰でもコードを検査、変更、提案でき、より安全で信頼性の高いエコシステムを作り上げることができる。さらに、オープン・ソースの開放性により、だれでもがコードをフォークして(派生させ)、自分用にカスタマイズされた独自のプロジェクトを開発できるが、それがイノベーションを生みやすくしている。以下、個別のプロジェクトについて紹介してゆこう。

ビットコインの次に人気の暗号通貨であるイーサリアムは、エネルギーを大量に消費するプルーフ・オブ・ワークＰｏＷ・システム（作業量の証明）の代わりに、「プルーフ・オブ・ステーク（掛け金の証明）」として知られる低エネルギーの掛け金の額に基づくコンセンサス方式を採用している。[5] これにより、イーサリアムの電力消費量は大幅に削減された。イーサリアムの最も重要なイノベーションは、ブロックチェーン上に分散型アプリケーション DApps のプラットフォームを導入したことにある（Buterin et al. 2014）。これによって、アプリケーションがブロックチェーン上で直接実行できるようになり、分散型の機能領域がさらに広がることとなった。これらのアプリケーションはメリットが多いので削除されることもあまりなく、そもそもブロックチェーンにも永続性があるので、利用継続率がかなり高くなっている。これらのアプリは、検閲に対する耐性があり、信頼性の高い契約履行が可能で、第三者のコントロールを受けることもない。とはいうものの、ここにはトレードオフもある。規制当局の立場に立ってみると、このアプリを取り締まったり、悪質なアプリケーションの作成や使用を防止したりすることは簡単ではない。

ダークウェブと関連付けられることが多いモネロは、ビットコインと同様のブロックチェーン技術を利用しているが、取引額と参加者の身元を隠すための追加の暗号化レイヤーを組み込んでおり、それによってプライバシーと匿名性が強化されている。従来の通貨システムと比較すると、すべてが隠されているため、分析データの収集が難しい。これにより、モネロでは、モニタリングによるトレンドの評価や、犯罪活動の追跡、法令順守が適切になされていない可能性が高い。

アウトノミ Autonomi は、ノードのネットワーク全体にデータを分散することでオルタナティブなアプローチを行っている分散型データストレージ・システムである。ブロックチェーンにデータを直接保存するには、ネットワーク内のすべての参加者がファイルのコピーを保持する必要があるが、これは大規模なシステムにはふさわしいものではない。アウトノミでは、ネットワークからの切断によるデータ損失の可能性を最小化するだけの最低限のコピーだけが保持される。データは、まずは小さな暗号化されたチャンクに分割されてから、他の部分の情報とは切り離されて各ユーザー（ノード）にアップロードされる。悪意のある参加者が不正アクセスしようとしても、容易にアクセスできないような仕組みになっている。さらに、ビットコインと同様に、ネットワーク内の各ユーザー（ノード）は正直に行動するような経済的インセンティブを与えられている。データは複数のユーザー間で永続的に複製されるため、常に十分な数のコピーがネットワーク上に保持され、データの損失が防止される。各ユーザーは、それがどのようなデータで、それが他のデータとどうつながっているのかを知らずにデータを保存しているので、そもそも、そこには信頼というようなものは必要ない。各ユーザーは自分のデータを認識してはいるが、システムの全体を完全に把握しているユーザーはどこにもいない。これは、ユーザー自身が分析したり、統計を収集したりすることは不可能であるということでもある。

以上見てきたように、ポスト・ビットコインの時代とは、分散型テクノロジーへのシフトの時代であり、集中化が内包するリスクへの対処の時代である。単一障害点ＳＰＯＦを排除することで分散型テクノロジーは、プライバシーの確保、データ所有権の明確化、透明性の強化を達成し、レジリエンスに優れたオルタナティブを提供している。他方、規制や監視に関してみると、状況は複雑化している。また、分散型システムは、集中型システムと比較すると、ノード間の同期とコンセンサス（合意形成）に多大なエネルギーを必要とする。分

［５］［訳注］プルーフ・オブ・ステークとは、「ステーク」という語が「掛け金」を意味するとおり、暗号資産の掛け金、つまり保有量が多い参加者ほど、取引の承認作業や新しいブロックの生成権を得やすい仕組みのこと。

散型システムの導入がそれほど進んでいないのは、これらのトレードオフによる。本格的な導入のためには、イノベーション、効率性、規制コンプライアンスのあいだを慎重にバランスすることが必要である。

5　AIの出現と分散型システム

ビットコインは、分散型テクノロジーのブームを先導し、分散型システムの実現可能性を実証し、イノベーションの波を引き起こした。これらのテクノロジーは、中央の権威を持つことなしに分散的に動く点で、自然という複雑システムと相同である。分散型テクノロジーは、自然システムを模倣することで、レジリエンス、セキュリティ、プライバシーの強化を目指しているといえよう。

そのような中、社会は、中央集中型モデルと分散型モデルのバランスをうまくとる上で、極めて重要な役割を果たしている。集中型システムには効率性と規制の容易さというメリットがあり、分散型システムにはレジリエンスと個人の自律性というメリットがある。デメリットとしては、分散型システムは、同期や合意形成により多くのエネルギーを必要とするため監視能力に劣り、集中型システムは、効率的ではあるが、単一障害点が存在するために低いレジリエンシーがあることである。これらのメリットとデメリットをうまくバランスすることで、より公平な社会が導かれよう。

ＡＩと分散型テクノロジーの同時の出現は、チャンスであり、また問題含みでもある。ＡＩと分散型システムの統合は、意思決定を強化し、リソース配分を最適化し、システムのレジリエンスの向上につながる。ただし、ＡＩと分散型テクノロジーが組み合わさると、過度にレジリエントな自律型ＡＩシステムが出来上がる可能性がある。そのリスクは慎重に検討されるべきであろう。

さらに、この技術は、未来において、環境が人間にとって不利な状態になった際、人間がそれにいかに適応し、社会のレジリエンスを確保できるかにも大きくかかわってくるだろう。これまでの環境問題の歴史が示すのは、既存の集中型システムでは、温暖化を許容限度以下に抑えるための温室効果ガス排出量の削減を強制することができなかったということである。それに対して、分散型の行動モデルならば、削減を加速する正のフィードバック・ループを構築できるかもしれない。たとえば、分散型システムでは、ビットコインのように、グローバルな目標に合致した場合には参加者にインセンティブを与え、悪意のある行動を阻止するモデルのデザインも可能である。集中型システムと分散型システムの両者をどううまく活用できるかが、将来の世代のために、よりレジリエントで持続可能な世界を創造する際のカギとなるであろう。

謝辞

本章は、二〇二三年一月の地球研滞在を契機として書かれた。地球研の学際的環境から大きな刺激を得た。
[訳注]本章の元になったのは、次の口頭発表である。Stephane Grumbach and Anselme Grumbach “On the Digitization of the Mediations with Socio-Ecological Milieux. Is the Centralization of Control inescapable?” in the session “Towards a New Way of Co-Existence : Finding a Theory for the Future Where Technologies Emerge as New Environmental Agents,” The 188th RIHN seminar, 12 January, 2023, Research Institute for Humanity and Nature, Kyoto.

引用・参照資料

Alonso, Kurt M.; Noether, Sarang.（2020）*Zero to Monero: A Technical Guide to a Private Digital Currency,* Second edition. Monero Project, https://www.getmonero.org/library/Zero-to-Monero-2-0-0.pdf.（Accessed November 13, 2024）

Aponte-Novoa, Fredy Andres; Sandoval Orozco, Ana Lucila; Villanueva-Polanco, Ricardo; Wightman, Pedro（2021）"The 51% Attack on Blockchains: A Mining Behavior Study," *IEEE Access*, 9: 140549–140564.

Beck, Roman; Mueller-Bloch, Christoph; King, John Leslie（2018）"Governance in the Blockchain Economy: A Framework and Research Agenda," *Journal of the Association for Information Systems* 19（10）: 1020–1034.

Benet, Juan（2014）*IPFS – Content Addressed, Versioned, P 2 P File System.* arXiv: 1407.3561.

Besley, Timothy; Coate, Stephen（2003）"Centralized Versus Decentralized Provision of Local Public Goods: A Political Economy Approach," *Journal of Public Economics* 87（12）: 2611–2637.

Buterin, Vitalik et al.（2013）*Ethereum White Paper: A Next-Generation Smart Contract and Decentralized Application Platform.* GitHub.

Buterin, Vitalik et al.（2014）*A Next-Generation Smart Contract and Decentralized Application Platform.* Ethereum.org

Cole, Rachel; Stevenson, Mark; Aitken, John（2019）"Blockchain Technology: Implications for Operations and Supply Chain Management," *Supply Chain Management: An International Journal* 24（4）: 469–483.

Graeber, David（2012）*Debt: The First 5000 Years.* London: Penguin UK.

CrowdStrike（2024）"Preliminary Post Incident Review（PIR）: Content Configuration Update Impacting the Falcon Sensor and the Windows Operating System（BSOD）," CrowdStrike Blog, July 24, 2024. https://www.crowdstrike.com/blog/falcon-content-update-preliminary-post-incident-report/.（Accessed November 13, 2024）

Grumbach, Stéphane; Hamant, Olivier（2020）"How Humans May Co-Exist with Earth? The Case for Suboptimal Systems," *Anthropocene* 30: 100245.

Harvey, Campbell R.; Ramachandran, Ashwin; Santoro, Joey（2021）*DeFi and the Future of Finance.* Hoboken, N.J.: John Wiley & Sons.

Ishmaev, Georgy（2017）"Blockchain Technology as an Institution of Property," *Metaphilosophy* 48（5）: 666–686.

Lamport, Leslie; Shostak, Robert; Pease, Marshall（2019）"The Byzantine Generals Problem," in Malkhi, Dahlia（ed.）*Concurrency: The Works of Leslie Lamport*, pp. 203–226. New York：Association for Computing Machinery.

Lovelock, James（2016）*Gaia：A New Look at Life on Earth*, Reprint Edition. Oxford：Oxford University Press.

Lovelock, James E.；Margulis, Lynn（1974）"Atmospheric Homeostasis by and for the Biosphere：The Gaia Hypothesis," *Tellus* 26（1-2）：2–10.

Lynch, Nancy（1989）"A Hundred Impossibility Proofs for Distributed Computing," *Proceedings of the Eighth Annual ACM Symposium on Principles of Distributed Computing*, pp. 1–28.

Mayr, Ernst（1963）*Animal Species and Evolution*. Cambridge, Mass：Harvard University Press.

Nakamoto, Satoshi（2008）*Bitcoin：A Peer-to-Peer Electronic Cash System*. Self-published online.

Newman, Lily Hay（2021）"What Really Caused Facebook's 500 M-User Data Leak?：The Company's Explanations Have Been Confusing and Inconsistent, but There Are Finally Some Answers," *Wired*, April 6, 2021. //www.wired.com/story/facebook-data-leak-500-million-users-phone-numbers/.（Accessed November 13, 2024）

第3章
各論

デジタルの中のクオリア
Qualia in Digital

松井孝典
Takanori Matsui

1 サイバー空間へと向かう道

まだ人間が水とタンパク質を主組成とする意識を持ったフィジカル空間上の有機生命体である近未来、本書第II部第2章でパリーが述べている未来（☞本書264ページ）を考えた時には、人々は現在よりもインターネットとの接続をはるかに強め、サイバー空間との融合を進めているだろう。体は物質とエネルギーの入出力を通じてフィジカル空間のリソースに支えられながら、心はウェアラブルデバイスとバイタル信号や脳活動などを連動させ、意識、無意識を問わず二四時間サイバー空間に接続する――そんな未来はそう遠くはないと思われる。そうした未来では、人間はフィジカル環境において地球上に存在する自然の生命たちと共生しつつも、電気の流れから創発するサイバー環境でも人工の生命とも共生するという二重の〝風土〟を形成する時代を経験することになるだろう。本章では松井（2013）、松井（2022 a）と松井（2022 b）で構想した未来像を補講してすすめたい。

2　二つの風土で生じる環境問題

この二重の風土で過ごす近未来で起こりうる、二つの環境問題を議論していきたい。今回想定する時間断面、おそらく二〇三〇－二〇五〇年頃までに我々が抱えるフィジカル空間側での環境問題は、①脱炭素、②資源循環、③自然共生、④安全確保の四つに代表される（環境省 2024）。これに対して、サイバー空間側は二〇五〇年を待たずしても、❶デノイズ・デフェイク、❷情報の蒸留と知性の生成、❸デジタルエコシステムの調律、❹安身・安心というフィジカル空間で生じている環境問題と相似した四つの環境問題と対峙することになるだろう。以下にそれぞれのサイバー環境問題を議論したい。

3　デノイズ・デフェイク

①の脱炭素とは、フィジカル空間で生じる気候変動、気候危機に対する問題である。気候変動の基本的なメカニズムは、地球の放射平衡の逸脱によって生じている。大気中の温室効果ガスの濃度を上昇させる要因は、地下資源である化石燃料の大量消費と土地被覆の改変に伴う二酸化炭素（CO_2）の排出や、植物の分解プロセスなどに伴うメタン（CH_4）の発生など様々な人為的行為である。これらの要因が地球システムの熱収支を変化させることで気候システムを温暖化させ、地域ごとの地理的特性に応じて気温や降水量を増減させることで気候変動を誘発する。人間が生存できる環境を維持するためには、産業革命時点から一・五度程度の気温上昇

で止める必要性の認識が共有されており（肱岡 2019）、地球温暖化の主要因である炭素の排出を抑える、すなわち脱炭素（decarbonization）を達成しなければならない。

基本的にフィジカル空間には環境容量と呼ばれる限界点があり、炭素や窒素やリン、化学物質などの物質を無制限に放出することはできない理となっている。サイバー空間を考えた場合もこの有限性は同様であるだろう。現状、サイバー空間の環境負荷に対する限界の総量はわからないが、しかしながら今でも大量のスパムメールによって電子メールという媒体の信頼性や有用性が失われつつあることをみると、フィジカル空間同様に単位空間に存在するノイズやフェイク、ミスインフォメーション、ディスインフォメーションがある閾値を上回った時点で、その空間で存続不可能になることは容易に想像できる（鳥海 2024）。プラネタリーバウンダリー（Stockholm Resilience Center 2024）ではフィジカル空間側のバウンダリーが示されているが、サイバー空間側の環境容量、サイバーバウンダリーの開発も必要であろう。

この問題は今はサイバーセキュリティの問題として捉えられている。フィジカル空間では、ある経済活動による便益を追求することで副産物として環境汚染物質が生じてしまうことや、良かれと思って生成した価値のある物質が実は環境負荷物質だったりすることが汚染の発生プロセスとなりえる。その一方で、サイバー空間では、ハッキングなどのサイバー攻撃で意図的に情報資源を汚染させて社会経済活動に悪影響を生じさせることと自体や、汚染した情報を流して情報操作すること自体が目的化する場合がある。こうした❶デノイズ・デフェイク問題や情報汚染・汚染情報への対策は、サイバーセキュリティを強化し、悪情報・偽情報の濾過・蒸留がなされるシステムによる緩和策（mitigation）を展開することが急務であろう。しかしその一方で、フィジカル空間では緩和策に加えて気候変動下でも人間・社会システムが持続可能となるような国土・災害管理を開発する適応策（adaptation）が同時展開されている。プラットフォーマーなどの情報プロバイダ側の浄化努力に加えて、ユーザーサイドでのファクトチェックなどのリテラシーの向上やサイバー空間の健康・健全状態を維持するための管理プロセスであるサイバーハイジーンの実践など、サイバー空間の側でも巡回者がたとえ汚染情報に曝露してもレジリエンスが担保されるための適応策、すなわちサイバー空間版の衛生工学も併せて展開することも重要である。

4　デジタル資源循環と継承

②のフィジカル空間での資源循環とは、第III部第1章でグルンバッハがその歴史を振り返ったように（☞本書313 ff. ページ）、地球システムが供与する有用な物質資源やエネルギー資源を人間社会システム内にインプットすることによって財やサービスを生み出し、そこから人間社会に福利を得るための価値創造を行う代謝プロセスであるといえる。そして消費後の廃棄物や廃エネルギーを人間社会システムから地球システムへアウトプットして浄化と再生産を任せている。このシステムの持続可能性を担保するためには、システム間のインプットとアウトプットを均衡させた循環代謝システムを形成する必要がある。この均衡条件はデイリー博士によってインプット・アウトプット原則として示されている（環境イノベーション情報機構 2024）。まず、インプット原則として、再生可能な資源はその再生速度を超えて利用しないことがある。これによって自然資本としてのストックを損耗させずに持続的に資源フローを得られる。そしてアウトプットの第一原則では、再生不可能な資源の消費ペースはそれに代わりうる持続可能な再生可能資源が開発されるペースを上回らないようにすることで、現在の再生可能エネルギーなどの資源で代替される以上の速度で化石資源が消費されている状態

を改めるようなことである。アウトプットの第二原則として、廃棄物の排出量は環境の吸収能力を上回らないことがある。地球システムには環境負荷を無害化する機能がある。この浄化能力を上回った廃棄物や汚染物はその浄化を行う生態系などのシステムを損耗して循環代謝システムが非持続的になる。

ではサイバー空間側の資源循環はどうだろうか。サイバー空間には、無体物であるサイバー空間と、そのサイバー空間上に保持される情報・知識・知恵というデジタル情報からなる資源がある。ＩＰアドレスやドメイン名などのフィジカル空間側の資源の性質に似たインターネット資源の枯渇性が集中管理されていることを除けば、サイバー空間の資源はグローバルコモンズとも呼びうる共有財であり、サイバー空間には土地的な生産要素の側面と資源的な生産物の側面がある（土屋 2014）。サイバー空間を支えるフィジカル空間側の土地的な側面としてはサーバ・デバイス群と有線・無線から形成されるネットワーク構造がある。これは今のところ、サイバー空間側の利用者が拡大していくに伴って増加傾向にあり、急激な成長が止まる様相は見せていない。これは同時に耐用期間を過ぎたり互換性の賞味期限が切れたりしているデジタル廃棄物の急激な増加を示唆している（シュミト 2010）。また、人工知能技術の生成モデルのような大規模消費システムの利用が個々人のレベルまで浸透した先にはフィジカル空間側の物質・エネルギー資源制約が律速条件になることも明確になってきた（Wired 2024）。またグルンバッハが第III部第1章でも述べているが（☞本書 324 ff. ページ）、資源的な側面を見た場合、データ・情報・知識といったデジタル資源の生産・複製・共有は個人や組織によって絶えることなく膨張しており、全貌を把握している集中管理者はいない。二〇〇〇年頃までの黎明期のサイバー空間は、インターネットの原始期の研究教育機関による利用や、少数の有志たちによる蒸留された高品質な知識の共有が行われる時代であったといえる。そしてその多くは失われし知識ともなった。その後、家庭用回線や個人用回線上での利用形態が進展するにつれて、サイバー空間は利那的な情報の拡散や目的を持たない大規模データの蓄積といった様態へと変化してきた。これまで人間がおこなってきたデータから情報を読み構造化された資源である知識に変換するという順過程から、人間が大量に生み出す非構造化資源である情報・データへ分解されるという逆過程を経たのちに、さらに機械学習といったアルゴリズムが大量の情報・データからルールのようなものを取り出すことで人類を導くというプロセスに変わった。ここから先のフィジカル・サイバー空間を行き来する様々な形態の資源が循環する資源循環と継承の輪で❷情報の蒸留と知性の生成が行われ、それらが未来への遺産として長期保存されていくプロセスはどうあるべきだろうか。

5　デジタルエコシステムの調律

フィジカル空間側での③自然共生とは、大気・水・土壌の環境条件と微生物、植物、動物の生物の食物網を通じた大規模な複雑系ネットワークの営みである。太陽光エネルギーを出発点として、植物が光合成することによる一次生産、草食動物が採食する一次消費、肉食動物の捕食被食による高次消費、微生物相による分解を通じて生命が循環している。膨大な時間の自然選択の過程を経て遺伝子・種・生態系の様々なスケールで生物多様性を持つに至った。この多様な生物たちによって育まれる生態系機能から、里山・里海といった社会生態学的生産ランドスケープ・シースケープを経由することで得られる恵みを生態系サービスとして概念化し、生物多様性の保全と生態系サービスの賢い利用を通じて生態系との共生システムを形成しようとしてきた。

サイバー空間にも同様の複雑系ネットワークの多様性の維持と機能の有効利用を行うための「デジタルエコシステム」があるとすれば、それはどのようなものであろうか。デジタルエコシステムは前述のデータ・情報・知識といったデジタル資源の入出力連鎖網である。デジタルエコシステムという言葉はビジネス分野でよく利用されているが、実際のサイバー空間に接続するエージェントは産官学民を問わず、共創・競争といった相互依存関係を形成している。例えばその栄枯盛衰はopteプロジェクトで見られる（Lyon 2022）。個別分散的に始まった初期のインターネットが、二〇二四年現在ではマグニフィセント・セブン、いわゆるプラットフォーマーと呼ばれる大規模なプレイヤーが支配的になっていくデジタルエコシステムの自然選択の過程が観測できる。この点は第III部第1章のグルンバッハも参照いただきたい（☞本書334ページ）。フィジカル空間において、特に地方部で発生した集中型の拠点である巨大ショッピングモールが地域の分散型拠点である商店街を駆逐してきた歴史を繰り返すように、サイバー空間でもプラットフォーマーの独占によって全てが画一化されていき、地域固有で希少な情報が淘汰されていく。そしてこれはサイバー空間上の伝統知や固有知が絶滅する可能性を導く。同時にそのサイバー空間での独占はフィジカル空間でのオールドエコノミーや地域資源をも淘汰し、何もかもがプラットフォーマー側が設計したアルゴリズムで動く勝者総取りのエコシステムへと向かっていく様相を呈している（総務省 2023 a）。その一方でサイバー空間のプラットフォーマーは希少性の高く価値のあるニッチへのアクセス性を高めることもできる。そしてロングテール型のデジタルエコシステムを生み出し、伝統知や固有知、ローカル資源の価値を再付与しながらで、サイバー空間のデジタルエコシステムを調律し、多様性が高まる可能性も混在する（総務省 2019）。サイバー空間でのデジタルレッドリスト・ホットスポットを保全しつつ、サイバー空間とフィジカル空間での多様性を持続するための生態学、デジタルエコロジーが求められる。

この❸デジタルエコシステムの調律を行う上で、これまでの私たちは厳格な物理法則に従うフィジカル空間で統治を行ってきた歴史があるが、サイバー空間は実体に支持された所与の自律空間ではなく、自らサイバー空間側の森羅万象を司る諸法則を定めて、統治していく必要がある。第III部第2章で、グルンバッハが論じた「集中・分散」と第II部第1章で寺田が論じた「競争・共創」、第V部インタビューで山極が論じた「闘争・利他」の二つの軸から考えれば（☞本書 363, 226-229, 584-585 ページ）、「自らが所属するコミュニティの競争力だけを最優先し、持てる者がますます富み、持たざる者はますます奪われるような加速社会（集中・競争）」／「データとアルゴリズムを独占する一部の賢者たちの高度な監視とアルゴリズムによって秩序がもたらされる管理社会（集中・共創）」／「デジタル技術でトランスヒューマンな力を得た万人が万人と孤立対峙する闘争社会（分散・競争）」／「デジタルコモンズを分散自律的に協調力で共創する共有社会（分散・共創）」、という四つの未来がありえるかもしれない。このうちどの未来に向かうのか、向かおうとするのかは、大きな問いになるだろう。

6　デジタルの中のクオリア

フィジカル空間では、大地震や異常気象などの幾度もの自然災害や、感染症をはじめ、化学物質、放射線などを通じて、確率現象であるリスクに対して人々は様々な不安を感じている（第IV部第3章での小野の議論も参考されたい、☞本書 539 ff. ページ）。リスクとは、どのようなシナリオでどのくらいの生起確率／頻度で損害規模が生じるかという要素に分解される。フィジカル空間での人間・社会システムが種々のリスクを内包するのは何らかの便益をもたらすためである。便益の享受とそれに伴うリスクの保有の賢明な比較衡量を行って合理的な意思決定をしていくことが、人々の安心・安全な生活環境を築くためには必要不可欠である。しかしながら、リスクは未来の事象である。いつどこで誰に生起するのか、それがどれほどの規模があるのか、どれくらい望ましくない事象を導くのかといった定量的な情報が事前にわからず、しかも心の側でリスクに対する認知バイアスを生じてしまうという点に最大の特徴がある。たとえ高コストになっても危険をゼロにしたいという素朴な気持ちになり、利得よりも損失、将来よりも現在のリスクを過大評価するという、人間の持つ認知システムの根本的なバイアスが避けられない。安心・安全に過ごすとは、リスクを生み出すフィジカル環境の安全性の確保に加えて、そのリスクに晒される人の安心をケアするという両面展開が必要な課題である。

さてサイバー空間でのリスクを考えたい。ただしここでは❶デノイズ・デフェイクで論じたサイバー空間側のデータ・情報・知識の側に内包するようなリスクではなく、サイバー空間にコンタクトする人間側に生じうる身と心を守るという❹安身・安心上のリスクを対象としたい。現状の物理接触や音声のインプットデバイスで入力し、モニターやスピーカなどの出力でサイバー空間に介入するようなマン・マシンインターフェースの段階では、長時間のデジタルデバイスの使用に伴って睡眠障害など身体への安全上のリスクが生じることが知られている（厚生労働省 2019）。同時に医療カルテやウェアラブル端末でのパーソナルヘルスレコードなどのデジタル技術を活用し、予防から治療、回復まで、健康を維持あるいは取り戻す個々人に適応したビスポーク型のデジタルヘルスケアの向きもある（東京慈恵会医科大学先端医療情報技術研究部 2015）。このパーソナライズはグルンバッハの第III部第1章の議論も参考されたい。そしてさらにいえばブレインマシンインターフェースといったより深いコンタクトレベルでのインターフェースが進展すれば新たな安身上の新課題が様々に生じるであろう。

そして安心である。サイバー空間は相当にメンタルヘルスに影響を与える。フィジカル空間では陸・海・空・宇宙などの領域別の特性に応じた最適な装備をし、最大限の安全を図りながら行動を展開する。一般の我々でも都会や自然などの空間ごとに必要で相応しい装備を持ってこれに向かう。これに対してサイバー空間では、特にフィルタリングシステムなどを利用していない場合には、防疫・免疫・防壁なしの丸腰状態で心を接続することになる。サイバー空間ではちょっとした質問に対しても本当に正しいのか幻覚なのかよくわからない大量の応答が羅列される。その回答もアルゴリズムによって個々人に調整されるため、自らがエコーチェンバーやフィルターバブルを起こしているのか（総務省 2023 b）、あるいはそもそも他者と同じ情報をみているのかどうかもわからない。様々な財・サービスへの想いを評価し、共有するサービスでもどの情報が善意からの共感なのか、あるいはアルゴリズムが生成した幻影なのかがわからない。特にソーシャルネットワークは人間とアルゴリズムとが多対多で接続する非常に複雑な媒体である。欲望や怒り、煩悩といった貪瞋痴《とんじんち》という負の心の動きへ介入することによって人の判断や行動を誘導するアルゴリズムが飽和した場合には安心の面から大変な負荷がかかる空間になろう。その反対に人々の他者・他物に対して許容と共感、すなわち慈悲喜捨《じひきしゃ》の心が駆動するサイバー空間になり得るのならば、人々に安寧を生み出す安心のプラットフォームともなりえる。本書第I部第2章で寺田がブッディズムを、第V部インタビューで山極が神仏習合を論じたように（☞本書 133, 587 ページ）、この意味においては、西洋的思想で生まれたサイバー空間は東洋的な思想との融合が求められているのかもしれない。

この先のシンギュラリティに向かって、デジタル・ネイティブは、対面でもスマートフォンで会話するように、クオリアを電子に乗せてコミュニケーションする。すでに文字列によるテキスト形式の伝達から音声・動画などの非言語型の対話方式に移行した。今後はサイバー空間とより融合を深め、六感情報を共有することで共鳴、共感する段階に入るだろう。フィジカル環境とサイバー環境とが融け合う未来の風土論が求められている。

引用・参照資料

和文文献

環境イノベーション情報機構（2024）「ハーマン・デイリーの持続可能な発展の三原則」『環境用語集』ウェブサイト、https://www.eic.or.jp/ecoterm/index.php?act=view&serial=4544。（アクセス日：二〇二四年一一月一一日）

環境省（2024）「環境研究・環境技術開発の推進について」環境省ウェブサイト、https://www.env.go.jp/policy/tech/kaihatsu.html。（アクセス日：二〇二四年一一月一一日）

厚生労働省（2019）『情報機器作業における労働衛生管理のためのガイドライン』厚生労働省・都道府県労働局・労働基準監督署。

シュミト、シュテファン（2010）「増え続けるデジタルごみ」『Our World』国連大学ウェブマガジン、https://ourworld.unu.edu/jp/a-growing-digital-waste-cloud。（アクセス日：二〇二四年一一月一一日）

総務省（2019）「デジタル経済の特質②——時間・場所・規模の制約を超えた活動が可能となる」『令和元年版情報通信白書』総務省、pp. 134-135。

総務省（2023 a）「プラットフォーマーへのデータの集中」『令和５年版　情報通信白書』総務省、pp. 17-29。

総務省（2023 b）「フィルターバブル、エコーチェンバー」『令和５年版　情報通信白書』総務省、pp. 30-31。

土屋大洋（2014）「グローバル・コモンズとしてのサイバースペースの課題」『グローバル・コモンズ（サイバー空間、宇宙、北極海）における日米同盟の新しい課題』日本国際問題研究所。

鳥海不二夫（2024）「偽誤情報とその対策」『情報教育』４（1）：1-2。

東京慈恵会医科大学先端医療情報技術研究部（2015）「デジタルヘルスとは」東京慈恵会医科大学先端医療情報技術研究部デジタルヘルス解説集ウェブサイト、https://digital-healthcare.jp/digital-health/。（アクセス日：二〇二四年一一月一一日）

松井孝典（2013）「サステイナビリティデザイン指向のＡＩ研究の動向」『人工知能』28（4）（特集　グリーンＡＩ）：514-522.

松井孝典（2022 a）「サイバーとフィジカルを融合した環境学へのトランスフォーメーション」『環境情報科学センター五〇周年記念「地域循環共生圏」の実現に向けた研究の推進ＣＥＩＳの提言』環境情報科学センター。

松井孝典（2022 b）「SDGsネクサスとPost SDGs」大阪大学社会ソリューションイニシアティブ・ウェブサイト、https://www.ssi.osaka-u.ac.jp/activity/topics/matsui/。（アクセス日：二〇二四年一一月二二日）

肱岡靖明（2019）「一・五℃特別報告書のポイントと報告内容が示唆するもの――気候変動の猛威に対し、国・自治体の〝適応能力〟強化を」『国立環境研究所　地球環境研究センターニュース』29（10）。

Wired（2024）「ＡＩのエネルギー需要は制御不能――電力と水のハイパー消費時代へようこそ」『Wiered』ウェブサイト、https://wired.jp/article/sz-ai-energy-demands-water-impact-internet-hyper-consumption-era/。（アクセス日：二〇二四年一一月一二日）

欧文文献

Lyon, Barrett（2022）*The OPTE Project.* www.opte.org.（Accessed November 12, 2024）
Stockholm Resilience Center（2024）"Planetary boundaries," Stockholm Resilience Center website. https://www.stockholmresilience.org/research/planetary-boundaries.html.（Accessed November 12, 2024）

第4章 各論

アニミズム・マシーン

Animism Machine

寺田匡宏
Masahiro Terada

1 なぜ、どのように自律的システムとしての機械がフューチャー風土にくみこまれるのか

機械や技術はどのように風土に組み込まれ、それと関係しあうのだろうか。このような問いは、通常は、ハードサイエンスの問いであると考えられるかもしれないが、しかし、これは、文化の問題でもある。ハードサイエンスの問題ならば、全地球において一様にそれは風土に組み込まれるという答えになろう。だが、それが文化の問題ならば、全地球において一様な答えは出ない。なぜなら、機械や技術に対するとらえ方や態度や世界観が、文化によって違うからである。本書第I部で見たように、風土とは、自己了解の型であるが（☞本書72 ff., 96 ff. ページ）、その認識をする自己も異なっているし、その自己が存在する地球上の物理的条件も異なっている。そのような異なりが重なり合ったのが文化である。つまり、風土とは文化である。とするなら、機械や技術も風土の問題である、ということになる。

デジタル構想の地政学

この点に関しては、本書第III部第1章を執筆しているステファン・グルンバッハが、二〇二一年に発表した論文「デジタル・コントロールと地球のエコシステム——東アジア発・人新世的ガバナンスは可能か」で考察している（グルンバッハ 2021）。まずは、グルンバッハの議論を参照しながら、機械が風土に組み込まれるとはどういうことかについて考えてみよう。

この論文で、彼は、情報技術が近代化とグローバリゼーションの過程の中でどのように展開してきたかを跡付け、それが最終的に、地球環境の不可逆的な悪化の瀬戸際といわれる状況へと至っていることを述べる。そして、持続可能性という視点からデジタル技術を位置付ける必要と、それが地球のエコシステムの一つであることを認識する必要があることを強調する。なぜなら、そのどちらもが従来は見過ごされてきたからである。グローバルにそのことを論じるためには、デジタル技術に関する異なったローカル・レベルでの地域的対応を見出すことが必要となる。その分析の一環として、グルンバッハは、異なった国の政府によるデジタル・テクノロジーに関する政策と未来構想における、文化と地域による差異に注目する。文化と地域の差異が政策と関連するという視角は、広義の地政学である。

工業化された国のいくつかは、デジタル技術に関する未来構想を明らかにしている。グルンバッハは、この論文の中で、日本の「ソサエティ五・〇」、中国の「社会信用体系」、ドイツの「インダストリー四・〇」を比較検討している。日本のソサエティ五・〇構想は、人間中心のデジタル時代を構想する。中国のそれにおいては、デジタル・テクノロジーはエコロジカルなリスクと社会的なリスクという二つの問題解決に資するものとされる。グルンバッハは、これらのアプローチを「ホーリスティック（全体論的）アプローチ」と呼ぶ。なぜなら、それらは、社会的領域と自然の領域を統一して扱おうとしているからである。グルンバッハは、そう述べた上で、このような日本と中国の姿勢は、ヨーロッパにおけるそれとは異なることを指摘する。彼の中心的な問いは、東アジアにおけるそのようなトレンドは、「自然環境と両立する次世代の政治的モデルになりうるか」という問いである。

グルンバッハによると、欧米圏のデジタル構想は、デジタル技術を単に工業化に応用することが中心である。それに対して、日本や中国のそれは、社会の中にデジタルを組み込み、あまつさえ自然環境の制御にも用いようとしている。実際、テクノロジーと人間が調和のとれた新しい社会を構築しようという姿勢は、日本のソサエティ五・〇構想の中にはっきりと看取できる。他方、ドイツ連邦政府が二〇一三年に発表したハイテクプロジェクトである、インダストリー四・〇構想は、産業と生産の局面においてどのようにテクノロジーを活用するかという問題には注力するが、それを社会の領域にどう広げるかという問題意識は希薄である[1](German Federal Ministry for Economic Affairs and Climate Action and German Federal Ministry of Education and Research 2024)。

グルンバッハは、これらの点を踏まえて、次世代モデルとしての可能性の豊かさに関して、東アジアのそれに軍配を上げている。彼のこの問題意識は、今回、彼が本書第III部第1章として執筆した論考「断末期の地球でAIとの共生は可能か——複雑システム論と全体論（ホーリズム）的視座からの分析」へと引き継がれている（☞本書301 ff. ページ）。

［1］　なお、二〇二二年四月には欧州連合（EU）がドイツのモデルに類似した「インダストリー五・〇」を提唱した。それは、「人間を中心とした製造業のデジタル化計画」と銘打たれているが、これも基本的には、産業界におけるデジタル化が中心である。

ソサエティ五・〇における主体としてのＡＩ

　では、その日本政府の推進するソサエティ五・〇構想とはどのようなものであるのだろうか。ソサエティ五・〇とは、日本政府の「第五期科学技術基本計画」（二〇一六年）において、提唱された「サイバー空間とフィジカル空間を高度に融合させたシステムにより、経済発展と社会的課題の解決を両立する人間中心の社会」の構想に付けられた愛称である。この段階では、デジタル空間と現実空間の統合が強調されていた。[2] それを元に、様々な研究が行われ、二〇二一年の「第六期科学技術・イノベーション基本計画」では、より社会の問題へと力点を移し、日本の未来社会を「持続可能性と強靭性を備え、国民の安全と安心を確保するとともに、一人ひとりが多様な幸せ（well-being）を実現できる社会」とするものとして、「安全と安心」「ウェルビーイング」に資するものとして、再定義されるに至っている（内閣府 2024）。

　ソサエティ五・〇のウェブサイトは、ソサエティ五・〇が目指すところとその特徴を次のように述べる。

　Society 5.0は、サイバー空間（仮想空間）とフィジカル空間（現実空間）を高度に融合させたシステムにより実現します。これまでの情報社会（Society 4.0）では、人がサイバー空間に存在するクラウドサービス（データベース）にインターネットを経由してアクセスして、情報やデータを入手し、分析を行ってきました。

　Society 5.0では、フィジカル空間のセンサーからの膨大な情報がサイバー空間に集積されます。サイバー空間では、このビッグデータを人工知能（ＡＩ）が解析し、その解析結果がフィジカル空間の人間に様々な形でフィードバックされます。今までの情報社会では、人間が情報を解析することで価値が生まれてきま

図1　「ソサエティ 5.0」を説明する図。出典：内閣府（2020）。

した。Society 5.0では、膨大なビッグデータを人間の能力を超えたＡＩが解析し、その結果がロボットなどを通して人間にフィードバックされることで、これまでには出来なかった新たな価値が産業や社会にもたらされることになります。（内閣府 2020）

図1は、日本の内閣府が作成した図であるが、従来の情報社会（ソサエティ四・〇）では、ひとがクラウドにみずからアクセスして情報を得ていたのに対して、ソサエティ五・〇では、情報はセンサーにより自動的に収集され、そのデータがＡＩにより解析されるという状況が描かれている。図中では、フィジカル空間へと矢印が向いているが、そこには「新たな価値」という文字がかぶさっている。その下には、「高付加価値な情報、提案、機器への指示」という文字がある。ＡＩは情報を解析するだけでなく、それを価値ある情報として提案し、指示するのである。つまり、ソサエティ五・〇においては、ＡＩが、社会と環境を形成する連鎖の中に組み込

［2］　デジタル空間と現実空間については、本書第III部第3章で松井が論じている（☞本書383 ff. ページ）。

まれることで、社会の一部となっている。

　この図を解説した前掲の文章の中では、フィードバックという語が用いられているが、フィードバック・ループは、本書第III部第1章でステファン・グルンバッハが述べるように、複雑性の増大を支える基本的要因である。[3] 同章では、グルンバッハは、複雑性の増大は、主に人間社会におけるそれとしてとらえがちであるが、それを人間社会もその一部である全球的なエコロジー空間でとらえるべきであると述べている（☞325ページ）。このソサエティ五・〇構想では、そこにＡＩを含む機械が含まれている。

　さて、先ほど、ＡＩが主体となっていると述べたが、ここで問題になるのは、ＡＩはいかなる意味で主体であるのかということである。すでに、本書第I部第1章で見たように、風土学の「記号学的転回」を行ったオギュスタン・ベルクは、人間存在はその主体性と環境との「間柄」の中でとらえられるべきであると述べた。和辻は、そのような間柄を「風土性」と呼んでいるが、風土性もまた間柄であることは、本書第I部第2章で見た（☞本書100ページ）。本書第III部第5章では、大森荘蔵の生命とは定義によるものであるという見解を見るが（☞本書439ページ）、生命か生命でないかは定義の問題であるように、まずは、ＡＩが主体であるか、主体ではないかは定義による問題ということにもなろう。

　一方、主体であることを全体への統合メカニズムの問題と考えるのならば、それは、ＡＩがいかなるメカニズムを通じて風土の中に組み込まれているのかということになる。ベルクの風土学は、現実（ｒ）は、主語を述語として解釈するという通態の関係が連続する、$r=(((S/P)/P')/P'')/P'''\cdots$という「通態の連鎖」の中で生じると言い、それが風土の基本原理であると考える（Berque 2014）。もし、ＡＩが、外部世界のデータを、それ自身の現実（ｒ）として解釈しているとすると、そのＡＩにとってのｒとはまさに通態の連鎖の構造の中にあるということになる。本書第I部第1章ですでに見たように（☞本書83-84ページ）、通態とは、風土性であり、その連鎖が歴史である。とすると、もし、ＡＩが通態の連鎖の中にあるとしたのならば、ＡＩは風土の中にあり、同時に歴史の中にあるということになる。

2 機械とは何か、非＝人間とは何か

グルンバッハの議論は、デジタルエコロジーに関する新たな政治的モデルに関するものであったが、それは、テクノロジーが社会においてどのような位置を占めているかという問題である。これは、人間と自然との関係、人間と環境との関係に関する根源的な問いを秘めている問いであり、持続可能な未来に関する構想も、そのような視点を基盤とする必要がある。

政治的主体概念の拡張

政治的モデルを考えようとするのならば、政治的とは何であるか、非＝人間である存在は政治の中に組み込みうるのかという問題が考えられなくてはならない。それは、政治という行為そのものへの問いと、政治的権利はどのような存在に分かたれるのかという問いの二つの問いからなる。社会的正義に関して、アメリカの哲

［3］なお、本書第Ⅱ部第1章で見たように、風土学の構成要素であるヤコブ・フォン・ユクスキュルの環世界学の基本概念である「機能的円環」もまたフィードバック・ループである（☞本書 207-208 ページ）。

学者のマーサ・ヌスバウム Martha Nussbaum は、近年のそれをめぐる議論においては、三つのまだ解かれていない問題が存在すると述べる。一つは、障碍の問題をどのように社会的正義の中に組み込むか、二つ目は、ナショナリティを、三つ目はマルチスピーシーズの視点をどのように組み込むかという問題である（Nussbaum 2006 : 14-22）。

ヌスバウムは、トマス・ホッブズ Thomas Hobbes（一五八八―一六七九年）とジャン＝ジャック・ルソー Jean-Jacques Rousseau（一七一二―一七七八年）からジョン・ロールズ John Rawls（一九二一―二〇〇二年）にいたる西洋の社会契約説は、それらの三つの問題を組み込んできていなかったと断じる。これまでの社会契約説にもとづく論者たちは、社会契約が、理性的な、抽象化された人間の大人の間でのみ結ばれると考えてきていたというのである（Nussbaum 2006 : 21）。だが、理性的な人間の大人だけによって構成された社会というのは、現実の社会を反映した像ではない。社会をあるがままに見た時には、障碍のある人々がいるし、社会は現実のさまざまに異なった国家体制の中に存在するものである。さらに、動物たちも社会的存在として社会の中にあるとも言いうる。グルンバッハの議論や先ほど見たソサエティ五・〇構想を参照するのならば、ＡＩを含む自律的機械も社会の中の構成員であると考えられてもよいはずである。

とはいうものの、機械は社会の構成員たりうるかもしれないが、機械と人間の間には、根源的な違いがある。それを考えておく必要があろう。

ハイデガーのひと、いきもの、ものの三区分

人間、非＝人間のいきもの、非＝人間のものの違いとは何であろうか。すでに本書第II部第1章で見たが

（☞本書198ページ）、ドイツの哲学者マルティン・ハイデガーは、それらの違いとは、世界とのかかわり方の違いであると考えた。ハイデガーは言う。「ひとは、世界を制作するが、いきものは、世界に乏しい（weltarm）。そしてものは、世界を欠いている（weltlos）」（Heidegger 1983［1929/30］: 261 ff.）。ここでいう、世界とは、それぞれの存在に分かち持たれている、存在がそこに存在している境域のことである。言い換えれば、現存在に開かれている境域である。本書第III部第5章で見るように（☞本書433ページ）、永井均は自己とは、「存在がそこから世界に開かれている場」であり、「世界はそこから開闢されている」というが（永井2004 : 41-42）、その言葉を借りるとすると、そもそも、その存在がそこから開闢されている世界があるからこそ、存在は存在たりえるのである。世界が先にあって、次に存在が生じるというわけではなく、存在と世界は同時に発生しているということになろう。ハイデガーは、そのような「世界」が人間だけに限られていて、「世界とは、人間により制作され、人間によって表象され、人間によって限定されているものである」という（Heigdeggr 1929/30＝1983 : 409-415）。世界とは、人間だけによって作られているものであるし、人間だけによって表現されているものであるし、人間だけによって他と区別されているというのである。

世界の制作と言語による構築

ハイデガーは、人間が他の存在、すなわち、いきものやものから区別されるのは、人間だけが世界を作ることができるからであることを強調する。上記の引用では、ハイデガーは、世界を作るとはどういうことかを「制作する herstellen」、「表象する darstellen」、「限定する ausmachen」という複数の動詞を用いて表現している。「制作する」とは、世界を文字通り物理的に作ることである。一方、「表象する」、「限定する」とは、世界を心理的に作ることを意味している。

「限定する」とは、意味の取りにくい語であるが、それは、叙述という行為と関係している。「叙述する」は英語でプレディケイト predicate というが、それは、そもそも、述語によって主語を限定することである。主語は、主語だけでは、存在しえない。主語が主語だけであるのなら、意味を成し得ない。主語は、述語によって他と区別されることによってはじめて主語となりうる。この他と区別することを「限定」という。アメリカの分析哲学者であるウィラード・ヴァン・オーマン・クワインは、述語化する predication とは、ある特定の個別的な語を、一般的な語と結びつけて限定 limit するということであると定義する（Quine 2013［1960］: 87 ff, 1981 : Chap. 1）。述語化とは、世界を表象する仕方の一つである。ハイデガーは、制作を文字通り、物理的に作ることの意味でも用いているが、同時に、それを言語的世界の中という、精神領域の中で創り上げるという意味でも用いている。つまり、世界とは、人間によって、物理的であると同時に、心的なものとして構築された、ある対象物なのである。

この主語と述語の問題は、人間の認知の基本的要素であり、風土学にとっても基礎となる概念である。本書第I部第1章では、オギュスタン・ベルクの「通態」においては、現実は主語が述語として解釈されることから生じるとされていることを見た（☞本書 83-84 ページ）。また、本書第IV部第2章で熊澤輝一は、オントロジー工学から述語の問題を論じている（☞本書 512 ff. ページ）。

心の哲学と二元論、その批判

このハイデガーの捉え方は、人間と他の存在に関する近代社会における一般的なとらえ方を反映している。

近代社会とは、西洋化した社会と言ってもよい。そこにおいては、人間が特別な地位を享受しているが、それは、世界を世界として認識することができるという認知の能力を持つということにおいてなのである。そのような認知の力とは、人間の心によって可能となったものである。

本書第Ⅰ部第2章でも述べたが（☞本書97ページ）、一七世紀におけるデカルト René Descartes（一五九六―一六五〇年）の「われ思うゆえにわれあり（コギト・エルゴ・スム Cogito ergo sum）」における「コギト」の提唱以来、心は、存在論において特別な位置を与えられてきた（Descartes 1996［1644］: 8）。アメリカの哲学者のリチャード・ローティ Richard Rorty は、『哲学と自然の鏡 *Philosophy and the Mirror of Nature*』で、哲学が如何に、外界、すなわち自然、あるいは環境の問題と取り組んできたかを描き出しているが、その本では、デカルト以後の哲学の歴史を「心の発明 invention of mind」と呼んでいる（Rorty 1979: Chap. 1）。

これも本書第Ⅰ部第2章で述べたが（☞本書133ページ）、哲学が、心を探求する過程では、一九世紀にカントが『純粋理性批判』で、心の領域の中にある「理性」というものに焦点を当て、その超越性すなわち、「超越的理性」を問題化した。ヘーゲルは『精神現象学』の中で、精神、つまり心における認識と自己認識の二重構造の問題を問題化した。さらに、二〇世紀に入ると、フロイトが、潜在意識を発見し、それを理論的に構造化した。それらの営みを通じて、心というものの在り方が解きほぐされ、その見取り図が描かれて行った。

と同時に、その過程の中では、そのように心を特別扱いすることへの批判も起きている。ドイツの哲学者マルクス・ガブリエルは、デカルトは世界が二つの要素によってできていると考えていることを批判する（Gabriel 2015）。その二つとは心あるいは主観と、ものあるいは客観である。けれども、そのように考えることは、ナンセンスであるとガブリエルは言う。なぜなら、そう考えることとは、心が世界の中において五〇％もの重みをもつということであるからである。はたして、心は、この世界の中に五〇％もの重みをもっているのだろうか。彼は、そのように心に優先的地位を与えることは、あまりに人間中心主義であるという。これを本章の議論に引き付けていうならば、世界の中の存在における、人間の特別な地位を、人間が心を持つことに帰する考え方は見直されるべきであるし、機械の知性や計算機のそれについても、再認識されるべきであるということになろう。

コンピュータにおける知性とはなにか

機械はどのような知性を持っているのだろうか。本書第I部第2章でも見たが（☞本書108-109ページ）、心の哲学と言語哲学が専門のアメリカの哲学者のジョン・サールは「コンピュータは考えることができるのか」と題された論文の中で、コンピュータができることと、人間ができることは、生物的身体を持っているか否かという問題と関係していることを明らかにした（Searl 2002［1983］）。彼によると、人間の思考とは、生物としての進化によってもたらされたものであり、またその思考は、生物として人間が存在しているという事実によってもたらされてもいる。人間の心が考えるものとは、脳によっているだけではない。人間の心が考えるとは、その身体によっているものでもある。その意味で、コンピュータが行うことは、「考えること」であるように見えたとしても、それは、人間が行う「考える」とは違うのである。

その逆に、人間は機械でもあるという考え方もある。人間の心について論じる際に、一八世紀のドイツの哲学者のゴットフリート・ライプニッツ Gottfried Leibniz（一六四六－一七一六年）は、巨大な機械のたとえを用いた。『モナドロジー *Monadologie*』（一七一四年）の第一七章で、彼は、精神と物質がどのように異なっているか、そうして、人間の意識はどのように出来するかを論じている（Leibniz 1995［1714］: 98）。

彼は言う。もし、人間の知覚が身体によって可能になっていると考えるのならば、われわれが人間の身体に入れるくらいに小さくなって人体内に入るか、あるいは、人間の身体が、われわれを入れるくらいに巨大化するケースを考えてみるとよい。そうなったとき、人間の身体は、巨大な粉ひき水車工場のような相貌になってわれわれの前に現れるだろう。その巨大な粉ひき水車工場の中に入ってみても、そこにあるのは、大きな水車の車輪や歯車だけである。そこをどう探しても、そこには知覚というようなものは見当たらない、と。感覚と物質とは、相互に無関係である。その二者の間には、いかなる物理的なつながりもない。ライプニッツは、そのように結論付ける。これが心と身体の間の根源的な分離であり、この関係性について解明することが近代の哲学の長い課題であった。

この意味で、ひといきもの、ものがどのように似ていて、どのように異なっているかということが改めて問われることになる。すでに本書第II部第2章で見たように（☞本書217-220ページ）、日本の生物学者の今西錦司は、類似と相異について、この世界に存在するものは、そもそも、この世界が始まったときには、一つであったのであるから、異なっていると同時に相似していると論じた（今西 1974［1941］）。

精神に関しては、すでに本書第I部第2章でパンサイキズムについて検討した（☞本書127 ff. ページ）。この考え方は、世界は、それぞれの存在論的位置づけに応じた、さまざまな段階のプシュケー ψυχή, *psyche*（精神、知覚、あるいは認識や心）を持っているという考え方である（Nagel 1979 : Chap. 13 ; Seager 2009, 2020）。このパンサイキズムの立場に立つならば、この世界には、さまざまな種類の心が存在するということになる。ものが知覚や精神を持っていると考えることはあまりにナンセンスであるように見えるかもしれないが、地球の歴史を見た時には、人間は進化の過程で出現したものであり、その進化の歴史をさかのぼってゆけば、進化とは、生物の進化だけではなく、初期の進化は、化学的進化や、物理的な進化というものになる。事実、地球科学では、初期の進化は「化学進化」や「物理進化」と呼ばれている。本書第II部第2章で、バイオセミオティクスとアストロバイオロジーについてはすでに見たが（☞本書235ページ）、そこでは、生命の起源を、脂質の規則的な集合に見ている。それは、化学進化であるが、同時に生物進化の一部でもある。この意味で、この世界に存在するものは、長期にわたる存在論的連続性を持っており、ひと、いきもの、ものが截然と区分されると考えるのは、ある特定の見方に立った際にのみ有効である見方であるともいえよう。たとえば、本書第I部第3章で見たように（☞本書176-179ページ）、西田幾多郎の『善の研究』は、ものの世界から、人間の善を説いている。これは、西田は、ひと、もの、いきものを截然と分離されるものとしては考えていないことを示している。

グラデーションとしての存在論

世界には、様々な存在が、様々な存在論的程度に応じて存在している。厳密に言うと、実在性を持たない存在は、非＝存在であるということになろうが、しかし、同時に、近年の形而上学においては、非＝実在的な存在をも存在と認めようという考え方がある。非＝実在の存在とは、例えば、フィクショナルな何者かである（Lamarque and Olsen 1997）。

哲学の歴史を振り返れば、存在におけるグラデーションを主張した哲学者は多くある。たとえば、紀元一世紀ごろに活躍したと言われるインドの仏教哲学者であるナーガールジュナ Nagarujuna（龍樹）は、存在と非＝存在の間に、さまざまな存在が存在することを主張し、そのような見方に立って、「中論」という仏教哲学の流派をなした（Bhatracharya 1978 : 95； Nagarujuna 2010）。また、イスラムにおける哲学の伝統を見ても、一〇世紀に活躍したアヴィケンナ Avicenna（イブン・シーナ）は、存在の中には、存在だけではなく、その存在について叙述した記述も含めるべきだと主張した（Avicenna 2005 : §I,5 ; Adamson 2016 : 123-124）。五世紀ごろ以降に盛んになったニヤーヤ（論理学）学派などのインドの古典哲学もそのように考えるし（片岡 2010 : 159 ff.）、日本の仏教思想の一流派である真言宗の開祖の空海も、著作『声字実相義《しょうじじっそうぎ》』、『吽字義《うんじぎ》』に見られるように文字や言葉を重視し、存在の中に、ことばを含めている（空海 1983［817］a, 1983［817］b ; Kukai 1972［817］a, 1972［817］b ; 末木 2003 : 12）[4]。なぜ、存在と非＝存在に関して、様々な意見があるかというと、それは、存在という本質に付随する性質をどう考えるかに関して、様々な見方があるからである。西欧中世のスコラ学では、それをエッセンシア（そのものが本質的に持つ性質）とアクシデンシア（そのものに偶然的そなわった性質）という述語で表現した。

図2は、存在におけるグラデーションを示した図である。実在するものを「全き存在」と考えると、すべての存在が、実在するもののような「全き存在」として存在するわけではない。ある存在は、「部分的存在」として存在し、あるいは、またある存在は「非＝存在」として存在する。「非＝存在」として存在するのは、フィクションの登場人物や、あるいは、一般名詞としてだけ存在する「普遍 universal」と呼ばれるもの、例えば、「美」や「善」や「人間」や「道具」などである。また、存在しえないものも、「非＝存在」として存在する。たとえば、「丸い四角」などである。

［4］　空海は、「文字の所在は、六塵その体なり。六塵の本は、法仏の三密すなはちこれなり。平等の三密は、法界に遍じて常恒なり」と述べているが（空海 1983［817］a : 265）、これは、ことば（文字）が、仏教が考える六種からなる現実物と結びついていること、そして、その現実物の本質とは、宇宙の真理であるところの仏の身体、言語、こころという三つが三位一体となった神秘的作用に貫かれていることを述べたものである。なお、本書第IV部第2章で熊澤輝一は、オントロジー工学がデータを存在物とみなすことを論じている（☞本書 523 ページ）。

非存在	部分的な存在	全き存在
例：円い四角など論理的に存在しえないもの	例：シャーロック・ホームズなどの小説の登場人物や「美」「犬」などの普遍的、一般的概念	例：個別の存在物

図２　存在のグラデーション。出典：寺田匡宏作図。

存在においてはグラデーションがあるのであり、それは、ひと、いきもの、ものにおけるグラデーションがあるということを示す。機械やコンピュータは、このような様々な存在のグラデーションの中に位置づけられるので、それらは、人間と連続しているということになる。

すでに本節の冒頭で見た通り、ハイデガーは、この世界に存在する存在物は、ひと、いきもの、ものの三つに分けられると言った。その分離の基準とは、世界とのかかわりであり、ひとは世界を構築しうるが、いきものは世界に乏しく、ものは世界を持たないということから来ている。機械、あるいはコンピュータは、この中において、ものの中に入るとも考えられるが、しかし、コンピュータに関して言うのならば、それは、計算する能力を持っているのであるし、その計算能力は人間と同等であるか、あるいは、人間よりもすぐれている場合があると考えられている。とするのならば、ハイデガーの三つの区分のどこに入るのかという問題は簡単には決められないだろう。コンピュータとは、そもそも、存在論的位置づけが難しい存在であるという定義が与えられるとも言えよう。図３はそれをあらわしている。

とはいえ、世界においては、両義的な存在は数多ある。ハイデガーは、人間と世界のかかわりにおいて、すでに見たように、人間のみが世界を構築しうると言った。だが、人間にも様々なグラデーションがあるはずであるし、すべての人間が世界を構築しうる全き能力を持っているというわけでもない。人間をこの世に存在するか、名前を持っているかというカテゴリーから分類した時、人間の社会は、生きている

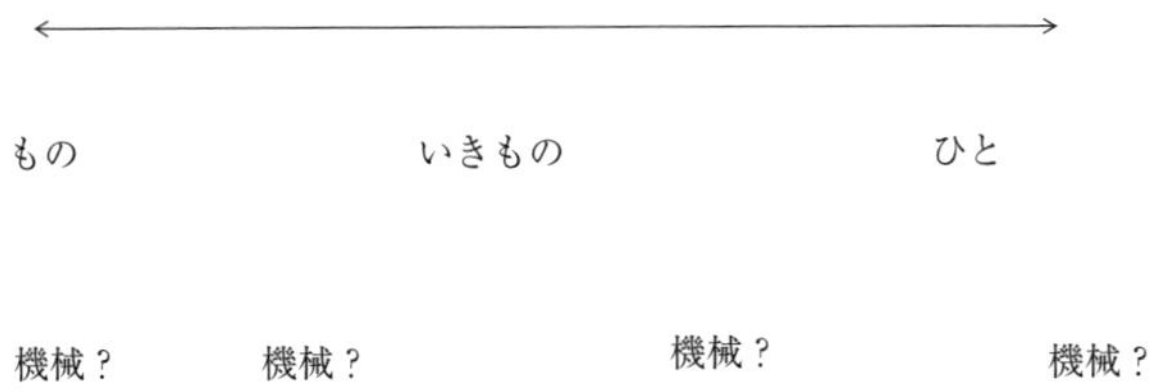

図3　ひと、もの、いきもののあいだにおける機械の存在論的位置。出典：寺田匡宏作図。

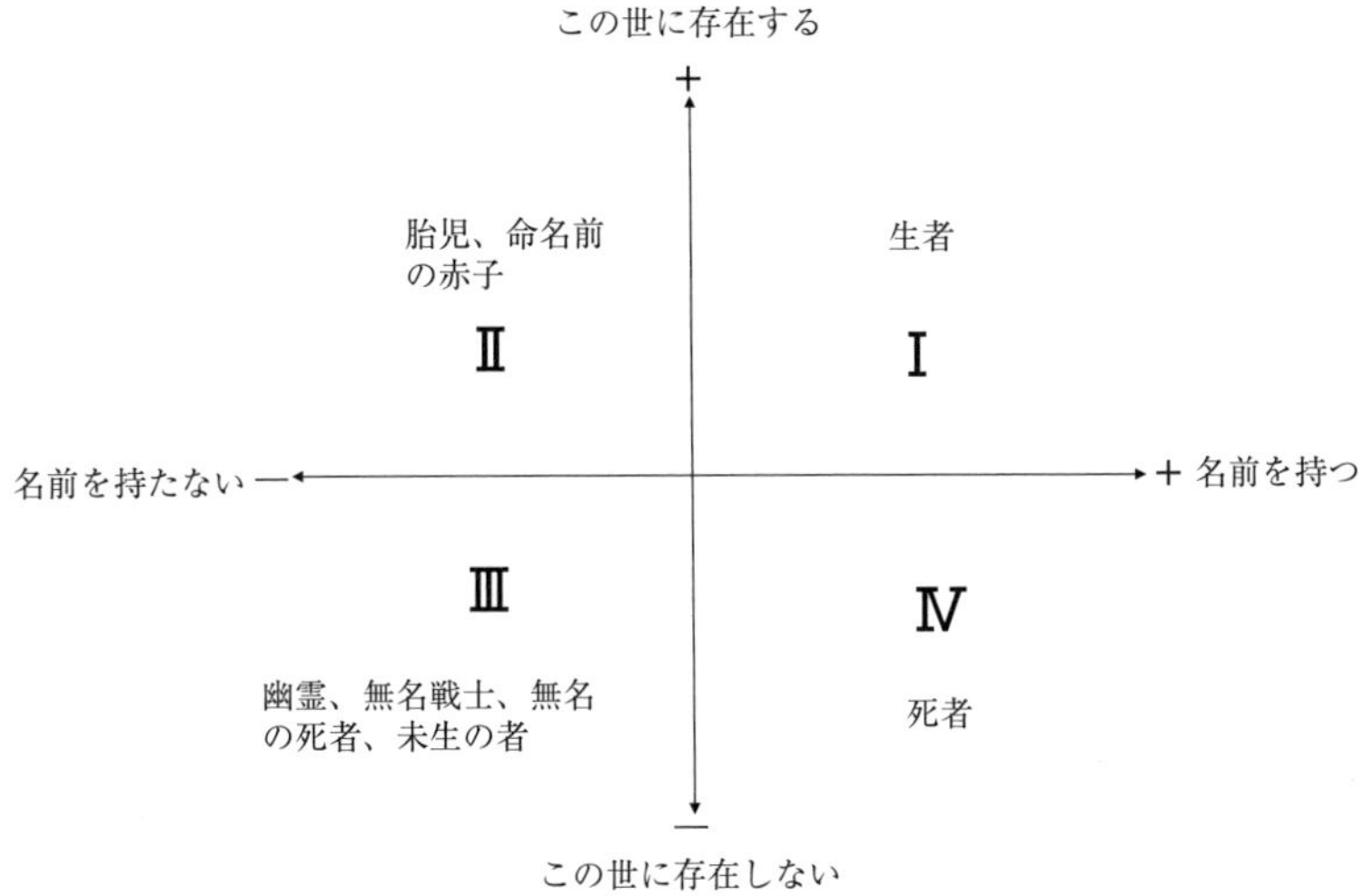

図4　人間における様々な存在の様態。出典：寺田（2018：326）を参照して寺田匡宏作図。

人間だけではなく、非＝生存の人間や、そもそも存在すらしていない人間である幽霊を含んでいる。図4は、それを示したものである。地域研究者で政治思想研究者であるベネディクト・アンダーソンは、国民国家は、名前もなく従って存在として存在するかどうかが疑わしい「無名戦士」を国家形成の不可欠のアクターとして利用していることを明らかにしている（Anderson 2006）。人間とは、決して、均一化された存在ではない。人間そのものの存在論的位置が多様なのであるから、機械とりわけコンピュータの存在論的位置が多様なのは当然であろう。なおこの存在のグラデーションの問題については、本書第IV部第1章でも、未来史を語ることについて検討する中で改めて立ち返る（☞本書489-493ページ）。

3　自然観のグラデーション

機械の世界の中における位置の問題は、存在論の問題であるが、同時にそれは自然観の問題でもある。なぜなら、自然とは、その中に、ひと、もの、いきものを含むものであるからである。機械や計算機がものであるのならば、それはやはり自然の中に存在するともいえるだろう。

自然を文化と区分するもの

自然に関する存在論について言うのならば、そこには、いくつかの区分線が引かれることになる。どこに区分線が引かれるのかは、文化によって異なる。文化とは、知覚と認識の在り方のある一つのまとまりであり、異なった文化が、あるものを見ても、それぞれに異なった知覚と認知の仕方をする。たとえば、日本語では、自然の対義語は人間であるが、欧米では、ネイチャー（自然）の対義語はカルチャー（文化）である。また、文化は歴史的にも変遷する。たとえば、今日では、英語のネイチャーは、木や石や川などの自然物を指すが、古代においては、ネイチャーの起源となったナチュラというラテン語は、自然なものごとの出来《しゅったい》のことを指していた。日本語で言う「じねん」のようなニュアンスである。このような、文化や時代における認識の差異というものは、どこにおいてもみられるはずだが、見落とされがちである。これは、第II部第1章で見たユクスキュルの環世界学が強調するところでもある。

アニミズム、トーテミズム、ナチュラリズム、アナロジズム

フランスの人類学者フィリップ・デスコラ Philippe Descola は、その著『自然と文化を超えて *Par-delà nature et culture*』において、人間の自然観は、四象限に分けられるという（Descola 2005）。彼は、この四象限を、外部と内部における差異と類似という観点から構成した。図5は、それを図示したものである。この四つの分け方は、論理学における「対当」関係を元にしている。それゆえ、この分類は、論理的中立性をもつ。

第一象限に属するのが、自然界に存在するものは、その外面においても、内面においてもひとに似ていると見る見方である。これは、北米のネイティヴ・アメリカンやオーストラリアの先住民のいわゆるアボリジニの人々に見られるトーテミズムの見方である。トーテミズムには、そのクラン（部族）のトーテムとなる動物がある。たとえば、ワシやクマであるが、その動物をトーテムとするクランのメンバーは、自分たちがクマでありワシと同じであると同時に、クマやワシたちは自分たちと同じであると考える。このような見方は、本書を読んでいる現代日本の読者には理解しがたいだろうが、トーテミズムの見方に立つと、そのような見方になるのであり、たとえば、クマのクランの人々がクマを見ると、そのクマは自分たちと同じ存在であると見えるのである。

第二象限のアニミズムの見方は、自然の中の存在物を、その内面は人間と似ているが、外面は異なると見る。アニミズムの立場に立つと、例えば、動物や木は語るのであるが、それは、動物や木は、外面は人間とは違っ

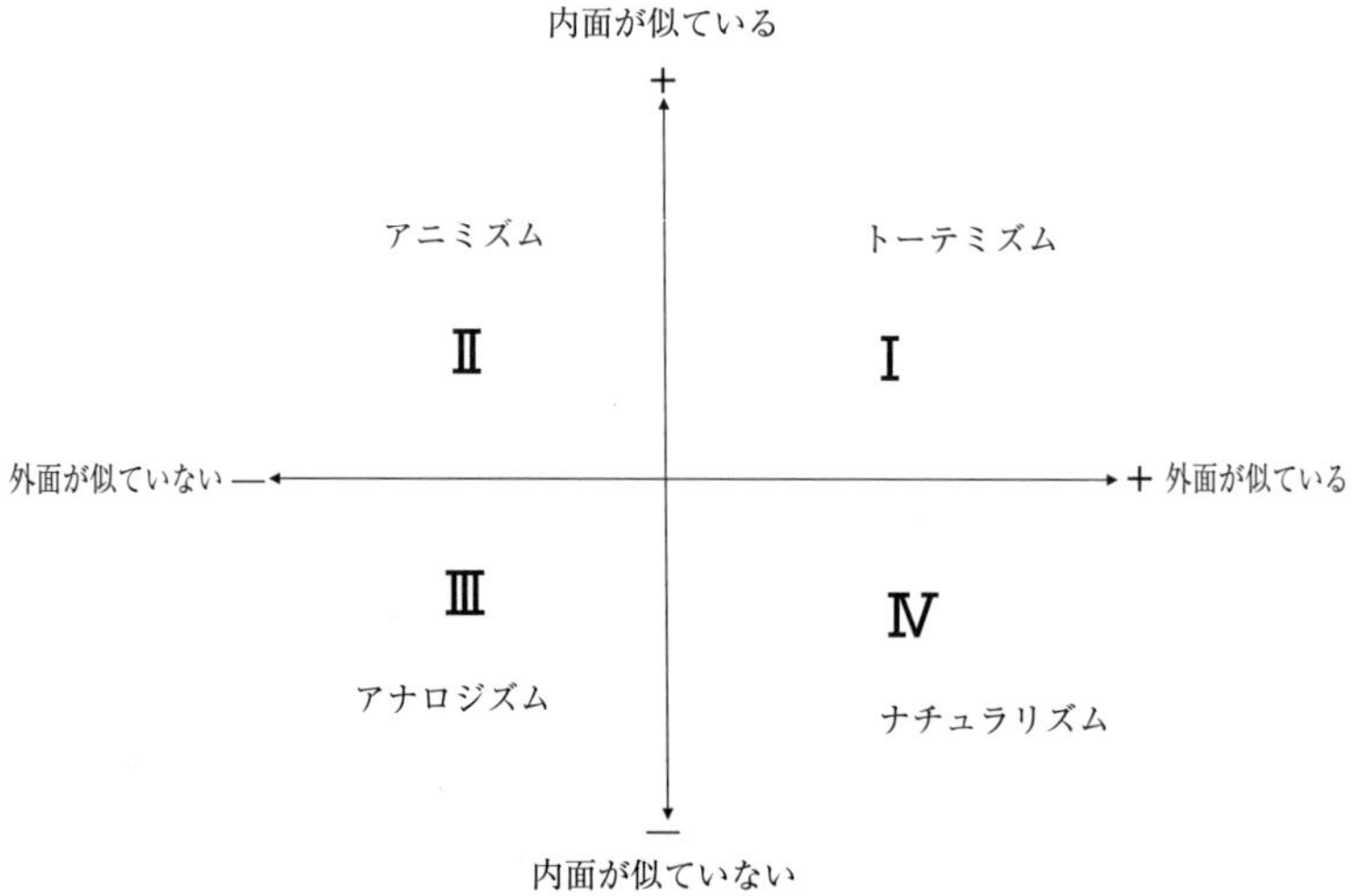

図 5　フィリップ・デスコラによる人間にとっての他者としての自然との関わり方をめぐる 4 類型。出典：Descola（2005：323）と寺田（2021：102）を参照して寺田匡宏作図。

た形態をしているが、人間と同じ内面を持っていると考えるからである。この見方は、日本の伝統的な神道や『古事記』の神話などに見られる。アニミズムについては、本書第I部第 2 章と第II部第 3 章でも見た（☞本書 136-138, 271 ff. ページ）。

第三象限はアナロジズム（類推主義）である。この見方に立つと、自然界にあるものは、その内面も外面も人間と異なっている。アニミズムやトーテミズムは、自然と人間のコミュニケーションが可能であると考えるが、このアナロジズムは、人間が、自然とのコミュニケーションを直接行うことは難しいと考える。しかし、直接コミュニケーションはできないが、類推（アナロジー）を通じて、自然とのコミュニケーションをはかろうと考えるのである。中国の「天」概念は、天の意志は類推によってしかわからないと考える（Julian 1989）。たとえば、『論語』陽貨編には「天は何も言わないのに、四季はめぐり、もろもろの生き物が生育する。しかし天は何も言わない」という記述がある（井波 2016 : 530-

531)。四季が巡り、いきものが生きているのは、自然がそうさせているからであろう。それを天の意志ということもできようが、天は自ら、その意志が何かを語らない。天の意志は、人間が類推するしかないのである。『論語』に見られるこのような考え方はアナロジズムの考え方である。

第四象限の見方は、ナチュラリズムである。これは、自然界のいきものやものとひとは、外部に関しては似ているが、内部に関しては異なっていると考える見方である。これは、近代の自然科学の見方であり、「ナチュラリズム」が「ナチュラリズム」と名付けられている所以は、それが、「ナチュラル・サイエンス（自然科学）」の自然の見方であるからである。ナチュラリズムの見方の例としては、医学がある。医学は、何か新規の治療法を人間に実施する前に、動物実験を行うことがあるが、それは、動物の体と人間の体は同じ機構によって出来上がっていると考えるからである。一方、動物と人間の内面は異なっているので、実験を行うことに関する倫理的な問題からは逃れることになる。

このダイアグラムが示すこととは、自然科学が立脚するナチュラリズムは、自然と人間に関する唯一の理性的な見方ではないということである。この四象限は、論理学における対当関係を元にしているので、四つの象限のどれもが対等であり、そのうちの一つだけが優越的立場を与えられるべきであるということを示すものではない。今日においては、ナチュラリズムは、往々にして、自然についての唯一の理性的な見方であると考えられがちである。自然科学が成し遂げた人間社会の福利厚生や健康水準の上昇などを考えると、それも故無しとは言えない面があるが、しかし、それは、正しくはない。この四象限はいずれもが対等なのであるから、アニミズム、トーテミズム、アナロジズムは、ナチュラリズムと対等なのであり、ナチュラリズムが理性的なのであれば、それと同等に、アニミズムも、トーテミズムも、アナロジズムもが理性的であるはずである。本書第I部第2章、第II部第3章でアニミズムについてみた（☞本書136-138, 271 ff. ページ）。そこでは、寺田とセールスが、現代はアニミズムの再評価やリバイバルが進んでいることを述べているが、その根拠となっているのが、このデスコラの視点である。

もの、妖怪、アニミズム

デスコラの分析は自然に関しての分析であるが、それはとりもなおさず、ひとがいきものをどのようにとらえて来たかという問題である。そして、それは、すでに述べたように、そのままグラデーションとなり、ものにも延長しうるであろう。ロボットは、日本の文化の中で親しまれていると言われる。それに対して、西洋の文化の中では、ロボットは、敵対的なものであったり、不気味なものであるととらえられることが多く、ロボットの自律性は、人間に対する脅威ととらえられることが多い。そのような見方をする社会においては、ロボットが社会の中における主体の一部になる未来とは、ディストピアにほかならないということになる。一方で、日本のような社会では、ロボットが社会の中の主体となる同じ状況を見ても、それはディストピアという風にはとらえられないことになる。ソサエティ五・〇の未来像とはそれを示している。

機械を社会の一員ととらえる見方のルーツの一つは、アニミズムにある。すでに見たように、アニミズムは、自然界に存在するものは、外面は人間には似ていないが、内面は人間と似ていると考える。このような考え方は、日本の前近代を通じて存在し、現代社会においても存在している。神道もその例の一つであるし、近世における妖怪もその例である。妖怪とは、ものだが、それが人間化された存在である。図6は、一九世紀の日本の浮世絵の中に描かれた妖怪である。「百器夜行」と題されたその浮世絵は、平安時代から伝えられる夜中に鬼が出歩くという「百鬼夜行」という言い伝えをもじって、夜中に「鬼」ではなく「器」が出歩くとするパロ

図6　浮世絵「百器夜行」月岡芳年画、1865年。出典：国際日本文化研究センター、妖怪データベース。

ディである。そこでは鬼という想像上の生き物的存在と並んで、唐傘や土瓶や琵琶、盃などが手足を持ち、感情を持つがごとくに描かれ、あたかも人間のようである。それらのものは、いずれは、ごみとして捨てられるものたちである。それらが人間のような外見を持ち、人間のような内面を持っているのである。ものは、非＝生命の非＝人間的存在とは見られていない。

日本においては、いきものとものの間の境界線は比較的あいまいである。民俗習慣においては、もの供養が見られる。そこにおいては、用済みになったものが、人間の死者のようにして供養される。一方、それと同じように日本文化においては、いきものの供養も行われる。とりわけ、人間に役立つために死んだ動物に対する供養がしばしばみられる。たとえば、動物実験の動物の供養や、動物園で死んだ動物の供養、食用になった動物の供養などである。図7の写真の碑には「実験動物慰霊碑」と書かれているが、動物に「霊」があることが認められている。この写真の碑を持つ大学では、年に一度、僧侶を招いて、碑の前で読経が行われており、人間の霊への供養と同じ扱いが動物の霊に

図７　実験動物慰霊碑。京都薬科大学。撮影：寺田匡宏。

対しても行われている。これらの例は、日本においては、いきものとものが、自然の中における同等の位置において存在していることとらえられていることを示す。

なお、このような見方は、仏教における伝統とは異なっている。仏教においては、いきものとものとははっきりと分けられている。いきものは、輪廻（サンサーラ）という輪の中にいると考えられており、一度死んだものも、その輪廻の輪の中でまた生まれると考えられている。仏教では生き物は、サットヴァ सत्व sattva というが、それは、有情という意味である。一方、ものは、有情ではないので無情の存在であるが、通常は、ルーパ रूप rupa と呼ばれる。ルーパとは直訳すると「器」という意味で、何かを入れる容器のことだが、それは、いきものが存在する場の背景のような存在としてものがとらえられていることを示す。ものが存在する位置は、サンサーラの中にではなく、その背景にあたる場所である。つまり、同じこの世界に存在しているように見えても、有情と無情では存在するレイヤーが異なっていると考えられているのである。

このような仏教のものに対する認識は、右で見たような、いきものとものを連続する見方とは相いれないようにも見えよう。仏教は日本文化の中で大きな位置を占めるが、比較的新しい要素である。仏教が日本に導入されたのは、六世紀ごろからであるが、アニミズムの考え方は、それ以前からの長い歴史をもっていた。いきものを供養するというのは、仏教の有情への対応と考えると説明がつくが、インドで生まれたままの姿の仏教の考え方とは両立しないが、日本に仏教が入ってきて、在地のアニミズムを取り込んで、日本的に変形したと考えると説明がつく。すでに、本書第I部第2章で見たような考え方が、しばしば強調される。本書第V部インタビューでも山極が論じている（☞本書585ページ）。梅原猛や末木文美士が明らかにしているが、それは、仏教が日本化する中で生まれてきた考え方である。九世紀の空海は「遍空諸仏、驚覚開示、即起化城、廻趣宝所、草木也成」と、草木も成仏すると述べており、その思想がすでに見られるが（空海 1983［817］b：319）、より体系化したのは、源信や安然などの一四世紀ごろの天台宗の学僧たちである（梅原 2013；末木 2024）。人間文化とは複数のレイヤーの上に成り立っているのであり、そのような中で、ひと、いきもの、ものの間のグラデーションもまた、変化するのである。

（☞本書133ページ）、日本の仏教における自然観として「山川草木必有仏性」や「山川草木悉皆成仏」という

デジタルネイチャー

現代においては、テクノロジーが全地球を覆っており、地球はテクノロジーにより均一化されている。しかし、科学技術社会学のシェイラ・ジャサノフは、テクノロジーそのものは同一であったとしても、その利用方法や、社会への適応の在り方は均一ではないことを明らかにしている（Jasanoff 2007）。あるいは、ミクロに見ると、テクノロジーの実践そのものも、じつは均一ではなく、文化によって微細な差異があるともいえよう。

機械の未来社会における位置とは、そのようなことを踏まえた上で考えられなくてはならない問題である。

自然と機械とはどこまでがグラデーションで、どこまでがグラデーションではないのか。落合陽一は『デジタルネイチャー——生態系を為す汎神化した計算機による侘と寂』で、ユビキタス化したデジタル技術は、「汎神化」しているという（落合 2018）。落合は、「汎神化」が何かとははっきりとは述べていないが、それは、あらゆる部分にカミが存在するととらえる見方であり、パンテイズム pantheism の捉え方であると言えよう。パンテイズムとは、モノテイズムやアテイズムと対になる語である。モノテイズムは一神論と訳されるが、いわゆる唯一神が世界を統べるという考え方である。アテイズムとは、テイズムの否定、つまり無神論である。一方、パンテイズムの場合は、あらゆるものに神性を見るという見方である。これは、アニミズムというあらゆるものに魂の現象を見、そこに聖性を感じるという現象に近いだろうし、あるいはまた、あらゆるものにこころや認知や経験を見るパンサイキズムとも近い見方であろう。

デジタル・テクノロジーとは、単なる機械である。落合のいう、「汎神化」とは、しかし、それが自然と同じくらいにまで延長された場合、それに対しては、人間は、自然に対する見方と同じような見方を適応するようになるということを示す。

この「汎神化」が、アニミズムが文化的土壌を持つ文化においてだけ、すなわち地球上のある領域でのみ起こるのか、それとも、それを超えて、地球全体にまで及ぶのかが、未来の風土を考えるカギとなろう。機械は、技術であり、技術はユニバーサルなものであるから、それは全地球にユニバーサルに適応されるという考え方もあるだろう。しかし、冒頭にも述べたように、地球上の様々な物理的条件の差異に応じて、そこにおける主体の側は異なった反応をし、それが、風土を作り出している。とするのならば、デジタル技術の「汎化」も同様にそれぞれの風土を作り出す可能性もあろう。

初出

本章の内容は、次の発表を元にしている。

Masahiro Terada, "Ontology of Things and Perception of Nature: Place of Machine in the Future of the Anthropocene,", in "［Research Round Table］ Technology, Machine, and Imagery of the Future: Environment Where There is Robots," organized by the Joint Research Project "Fudo'-nization of Advanced Technology: How to Imagine Plausible Future of Human-computer Interdependency"（PI: Terukazu Kumazawa）supported by Toyota Foundation Research Grant, 13 December, 2019, Research Institute for Humanity and Nature, Kyoto.

引用・参照資料

和文文献

井波律子（訳）（2016）『完訳論語』岩波書店。

今西錦司（1974［1941］）「生物の世界」今西錦司『今西錦司全集』一、講談社、pp. 1-164。

梅原猛（2013）『人類哲学序説』岩波新書、岩波書店。

落合陽一（2018）『デジタルネイチャー――生態系を為す汎神化した計算機による侘と寂』PLANETS/第二次惑星開発委員会。

片岡啓（2010）「宗教の起源と展開」奈良康明・下田正弘（編集委員）『新アジア仏教史』一（仏教出現の背景）、佼成出版社、pp. 120-173。

空海（1983［817］a）「声字実相義」松本照敬（訳注）、弘法大師空海全集編集委員会『弘法大師　空海全集』二（思想篇二）、筑摩書房、pp. 263-298。

空海（1983［817］b）「吽字義」小野塚幾澄（訳注）、弘法大師空海全集編集委員会『弘法大師　空海全集』二（思想篇二）、筑摩書房, pp. 299-346。

グルンバッハ、ステファン（2021）「デジタル・コントロールと地球のエコシステム――東アジア発・人新世的ガバナンスは可能か」寺田匡宏（訳）、寺田匡宏・ダニエル・ナイルズ（編）『人新世を問う――環境、人文、アジアの視点』京都大学学術出版会、pp. 341-399。

末木文美士（2003）「空海と日本の密教」京都国立博物館・愛知県美術館・東京国立博物館・和歌山県立博物館（編）『空海と高野山――弘法大師入唐一二〇〇年記念』（展示図録）ＮＨＫ大阪放送局・ＮＨＫきんきメディアプラン、pp. 8-13。

末木文美士（2024）『草木成仏の思想――安然と日本人の自然観』サンガ新社。

寺田匡宏（2018）『カタストロフと時間――記憶／語りと歴史の生成』京都大学学術出版会。

寺田匡宏（2021）『人文地球環境学――「ひと、もの、いきもの」と世界／出来』あいり出版。

内閣府（2020）「Society 5.0」国立国会図書館インターネット資料収集保存事業、https://warp.ndl.go.jp/info : ndljp/pid/11433408/www 8.cao.go.jp/cstp/society 5_0/index.html。（アクセス日：二〇二四年一一月九日）

内閣府（2024）「Society 5.0」内閣府ウェブサイト、https://www 8.cao.go.jp/cstp/society 5_0/index.html。（アクセス日：二〇二四年一一月九日）

永井均 2004『私・今・そして神――開闢の哲学』講談社現代新書、講談社。

欧文文献

Adamson, Peter（2016）*Philosophy in the Islamic World*. Oxford : Oxford University Press.
Anderson, Benedict（2006）*Imagined Communities : Reflections on the Origin and Spread of Nationalism*, Revised edition, London ; New York : Verso.
Avicenna（2005）*The Metaphysics of the Healing*, Marmura, Michael E.（trans.）. Provo, Utha : Brigham Young University Press.
Bhattacharya, Kamaleswar（1978）*The Dialectical Method of Nagarjuna : Vigrahanyavartani*. Dehli : Motilal Banarasidass.
Berque, Augustin（2014）*Poétique de la Terre : Histoire naturelle et histoir humaine, essai de mésologie*. Paris : Benin.
Descartes, René（1996［1644］）“Principia philosophiæ,” in Descartes, René *Œuvres de Descartes*, Nouvelle edition, Vol.8, Adam, Charles ; Tannery, Paul（ed.）. Paris : J. Vrin.
Descola, Phillipe（2005）*Par-delà nature et culture*. Paris : Gallimard.
Gabriel, Markus（2015）*Warum es die Welt nicht gibt*. Berlin : Ulstein.

German Federal Ministry for Economic Affairs and Climate Action； German Federal Ministry of Education and Research（2024）“What Is the Platform Industrie 4.0,” the Website of the Platform Industrie 4.0. https://www.plattform-i 40.de/PI 40/Navigation/EN/Home/home.htm.（Accessed November 9, 2024）

Heidegger, Martin（1983［1929/30］）*Die Grundbegriffe der Metaphysik： Welt–Endlichkei – Einsamkeit*, Herrmann, Friedrich-Wilhelm von（ed.）. Frankfurt： Vittorio Klostermann.

Jasanoff, Sheila（2007）*Designs on Nature： Science and Democracy in Europe and the United States*. Princeton, NJ： Princeton University Press.

Jullien, François（1989）*Procès ou création： Une introduction à la pensée chinoise ： essai de problématique interculturelle*. Paris： Éditions du Seuil.

Kukai（1972［817］a）“The Meanings of Sound, Word, and Reality,” in Hakeda, Yoshito S.（ed.； trans.）*Kūkai： Major Works*, pp. 234– 246. New York： Columbia University Press.

Kukai（1972［817］b）“The Meanings of the Word HUM,” in Hakeda, Yoshito S.（ed.； trans.）*Kūkai： Major Works*, pp. 246– 262. New York： Columbia University Press.

Lamarque, Peter； Olsen, Stein Haugom（1997）*Truth, Fiction, and Literature： A Philosophical Perspective*. Oxford： Clarendon Press.

Leibniz, Gottfried（1995［1714］）*Discours de métaphysique suivi de Monadologie*. Paris： Gallimmard.

Nagarujuna（2010）*Die Lehre von der Mitte*, Geldsetzer, Lutz（ed.； trans.）. Hamburg： Felix Meiner Verlag.

Nagel, Thomas（1979）*Mortal Questions*, Cambridge： Cambridge University Press.

Nussbaum, Martha C.（2006）*Frontier of Justice： Disability, Nationality, Species Membership*. Cambridge, MA： The Belknap Press of Harvard University Press.

Quine, Willard Van Orman（1981）*Theories and Things*. Cambridge, MA： The Belknap Press of Harvard University Press.

Quine, Willard Van Orman（2013［1960］）*Word and Object*, New edition. Cambridge, MA： The MIT Press.

Rorty, Richard（2009［1979］）*Philosophy and the Mirror of Nature*, 30 th anniversary edition. Princeton, NJ： Princeton University Press.

Seager, William（2009）“Panpsychism,” in Mclaughlin, Brian P.； Beckermann, Ansgar； Sven, Walter（eds.）*The Oxford Handbook of Philosophy of Mind*. Oxford： Oxford University Press.

Seager, William（ed.）（2020）*The Routledge Handbook of Panpsychism*. New York： Routledge.

Searle, John R.（2002［1983］）“Can Computer Think?,” in Chalmers, David（ed.）*Philosophy of Mind： Classical and Contemporary Readings*.

New York and Oxford : Oxford University Press.

第5章
各論

アウトス αὐτός ──「自」の発生と宇宙の開始、あるいは個物と全体の同時生成について

Autos αὐτός : Beginning of the Universe and the Self, or the Problem of Co-emergence of the Whole and its Part

寺田匡宏
Masahiro Terada

「自」と「アウトス」

表題に掲げたアウトス αὐτός とは、「自」を意味するギリシア語である。本章は、このアウトス、あるいは「自」の問題を検討する。なぜなら、この問題は、フューチャー風土の根底にある問題に触れているからである。「自」「アウトス」には多様な意味があるが、どちらも「自分」「自分自身」という名詞的意味と同時に、「ひとりでに」とか、「自分から」というような形容詞的、副詞的な意味を持っている。本章の表題では漢字における語とギリシア語を取り上げているが、一語にして、そのようなふたつの含意を持つ語は世界中に多数あることであろう。そのような語が文化を超えて存在するということは、そのような含意を必要とする現象が、普遍的に現実の世界にはあることを示している。

風土という現象、あるいは、概念は、その「自」と「アウトス」という語が含意することがらと無縁ではない。たとえば、本書第I部第1章と同第2章で見たように（☞本書72 ff., 96 ff. ページ）、和辻哲郎は、風土性を「自己了解の型」として定位した。その哲学的含意として、「自己が自己を見る」という西田幾多郎の説とも共

通する解釈が援用されていた。ここで問題になっているのは、自己である。和辻は、それを論じる際に、自己における「自」を生み出すものとして、自己が自己を見ているという構造を取り出している。つまり、風土の底には「自」の問題がある。

一方、フューチャー風土という点から考えると、その「自」の問題は、より広い問題を秘めている。本書は、風土を人間の現象から、いきもの、自律的知能機械を含めたものの領域に拡張することを目指している。いきものや自律的知能機械とは何かを考えようとすると、ここにも、「自」の問題がかかわる。生命の定義として、自己複製がある。DNAの発見が、生命において大きな意味を持ったのは、それが、自己複製のメカニズムを説明するからである。あるいは、生命とは、ホメオスタシスであるともいわれる。それは、自己保存である。自己が保存されること、自己が自己として維持されることとは、まさに「自」の問題である。他と自己というものを前提にするためには、自己の自己同一性が問われなくてはならない。

本書は自律的知能機械の存在をフューチャー風土という点から論じようとする。現在、自律的知能機械が問題となっている。単なる機械ではこれほど問題にならなかったであろう。本書第III部第1章でグルンバッハが述べるように、知的機械の作成は人類の長年の夢であった（☞本書302ページ）。知的機械をグルンバッハは自律的知能マシン、あるいは自律的知能システムと呼ぶが、つまり、機械やシステムが、自律的でなければ、ここまで問題になることはなかったのである。自律とは、それ自体がある種の主体性を持つことである。生命における主体性は、生命が自律するところから来る。となると、この自律という問題は、単なる機械と生命との間を分かつメルクマールであることになる。自律という語は英語ではオートノマス autonomous である。日本語の自律という語の中に「自」という語が含まれているように、英語の「オートノマス」の語の中にも自を意味する「アウト auto」という語が含まれている。

これらの問題は、すべて「自」あるいは「アウトス」をめぐる問題である。フューチャー風土を考える際に、「自」、「アウトス」の問題は避けて通ることができない。とはいえ、このような問題は、論じるのが難しい問題である。また統一された「自」学や「アウトス」学のようなものも存在しない。さまざまディシプリンの中で、そのディシプリンの視座から論じられている。本章ではそれらを、フューチャー風土という視点から読みとくことで、未来の風土に関する手掛かりを探る。

自己が自己を見る——和辻哲郎

まずは、和辻哲郎が、風土という現象を自己とどのように関係させて論じているのかを改めて確認しておこう。本書第Ⅰ部第２章で見たように（☞本書 98 ff. ページ）、和辻は、「風土の現象は人間が己れを見出す仕方」（和辻 1962［1935］: 14）と述べ、風土とは自己が自己を見ることにより生じる現象であるという。それに関して和辻が述べている表現を、『風土』第一章で和辻が理論的に説明した部分から抜き出すと次のようになる（和辻 1962［1935］: 9-10）。


「我々自身は外に出ているものとしておのれ自身に対している。」（傍点は原文、以下同じ）

「反省を待つまでもなく、自己は我々自身にあらわである。」

「自己が我々自身においてそれ自身あらわである。」

「反省は自己把握の一つの様態にしか過ぎない。しかもそれは自己開示の仕方として原初のものではない。」

「寒さ自身のうちに自己を見出す。」

「我々は、すでに外に、すなわち寒さのうちへ、出ている己れを見るのである。」

ここでは、和辻は、まずは、自己というものが自己を見ることを本質とするものであり、自己にあらわれるものであることを述べている。自己が自己を見ていると同時に、自己は自己に見られている。これが自己である。和辻は、見出すとか見るという能動的な動詞だけではなく、「あらわになる」という中動態的な動詞も用いているので、見るという意識的な状態を超えて、見えているという状態が、自己が自己であることを支えていると考えている。そのような自己が自己を見るというメカニズムは、自己の外部に自己が存在するということである。その外部としての自己を見ることが風土という現象なのだと和辻は考える。

この抽出事例からわかるように、和辻は、その言わんとするところを幾通りにも表現を変えて繰り返している。和辻は、自己という現象と結びついた風土という現象を、日常言語を用いて十全に表現することが難しいことを認識していた。和辻は、寒さの例を用いて、それを説明しているが、その説明は原理的な部分だけ見ると、全集版にして約二ページ、補足的な説明も含めると約一五ページにわたる（和辻 1962［1935］: 8-23）。それだけのページ数を費やしても、なお、和辻はその概念がしばしば誤解されることを述べ、「まだ真に風土の現象を見ていない」とも述べる（和辻 1962［1935］: 14）。自己と結びついた風土という概念を説明すること、あるいは、その概念を人が「真に」理解することは困難である。和辻はそれを認識しているし、本書序章で気候気象学の安成哲三の述懐を引いてみたように（☞本書 19 ページ）、それを理解することは事実難しい。

本書第I部第2章では、風土性の中における「見る」をめぐる叙述を、図を用いて説明した（☞本書 99 ページ）。だが、しかし、実のところは、それを図に示すことは不可能である。なぜなら、「自らを見ている自己によって見られている自己」というようなものは図に描くことができないからである。その意味で、風土性とは、表現の限界のうえに構築されている概念であり、表現の可能性を問う概念である。

境界にあらわれる自己——ヴィトゲンシュタイン

この見ること、あるいは、自己をめぐる困難については、ルートヴィヒ・ヴィゲンシュタイン Ludwig Wittgenstein（一八八九—一九五一年）が、『論理哲学論考 *Tractatus Logico-Philosophicus*』の中で論じている。そこでは、環境と主体、世界と現実性（リアリティ）の問題が、言語と論理の問題として論じられているが、とりわけ、その第五命題で、見ることとの限界や境界が論じられている。

命題五・六三二　主観 Subjekt は世界に属しているのではない。むしろ、主観とは世界の境界 Grenze である。

命題五・六三三　形而上学的に見て、主観は、いったい、どのような場所に位置付けられるのであろうか。主観は、目とその視野と関係すると考えるかもしれない。しかし、あなたの目は、あなたを見ることはない。そうして、視野の中にあるものを見ているとき、あなたは、それが、あなたの目に見られているという限定的状態の中にあると思っているわけではない。つまり、視野の中にある何物も、「目によって見られている何か」としてその視野の外縁部に境界が表示され、限界が提示されているわけではない。

命題五・六四一　哲学的な意味での「私」とは、存在する人間ではない。あるいは、人間身体でもないし、心理学で分析しうる人間の精神でもない。それは、形而上学的な主体 Subjekt のことであり、世界の境界である——ただし、その「私」とは、世界の中にある世界の一部分ではない。（Wittgenstein 1984［1921］：

68)

ここでは、主体とは、現象であると述べられている。彼は、「境界 Grenze」と言っているが、これは二つの界の間である。二つの界とは何か。一つは、全体という界であり、もう一つは個物という界である。ヴィトゲンシュタインは、物体としての「私」あるいは自己の存在を否定しているが、しかし、個物の存在までは否定していない。個物と全体という二つのものがあることを、彼は認めている。その上で、個物と全体の境界に現象として立ち現れるのが「私」であり、主観であるという。

主観は、あらかじめ存在するものではない。主観と客観、あるいは主体と客体という二つのものが別々にあらかじめ存在するのではない。主観、そしてその主観の持ち主である主体は、世界があるから生じるものである。だが、それは世界には属していない。和辻のいう「外に出ている」とは、このような状態を指している。外に出ているその主体が出ているところはもはや世界ではない。なぜなら、そこは主体であるわけであるから。とすると、主体から独立したいわば純粋な世界は存在しないともいえるし、あるいは、主体は世界であるともいえる。そう考えると、和辻とヴィトゲンシュタインの考え方は裏表の表現である。

ヴィトゲンシュタインは、主体あるいは主観は世界と分離しうるものであるとは考えていない。主観は世界と分離しえないが、しかし、一方で、個物と全体という区別はある。個と全体の区別がある一方で、それが分離しえないということは、それらが、分離しつつ一体であるということを示す。境界とは、二つのものに共に接している境域である。境界があるからこそ、二つのものが存在しうる。境界があることで、二つのものが分離しつつ一体である状態がもたらされている。この状態は、西田幾多郎の語を借りるのならば、「絶対矛盾的自己同一」ということになろう。

自己の限界と視野の限界

自己とは、それ自身が世界の境界である。そうなると、自己の外には世界がないということになる。命題五・六三三一の後に、彼は、イラストを挿入し（図１）、それに添えて、「視野とはこのような形式を持っているものではない」と述べている。通常は、視野は、このようなものだと思われているだろう。図の左端にある丸が目である。その目が見ている前方の視野が右側のバルーン型の境域である。目が前方を見ているとは、このようなイラストとして表されよう。だが、そうではないとはどういうことか。いったい、どのような図が描けるのだろうか。

彼によると、世界とは、目から、客観的な対象物として見えるようなもの、そして、目の前方の視野に物体として存在するようなものではない。とはいえ、彼は、では、それがどのように描けるのかについては、代替案を示しているわけではない。なぜなら、そのようなものはイラストとして表現されるのが不可能であるからである。

視野とは、「そのように見えているように見えている」ものである。だが、実際の世界は、そう見えているように存在しているわけではない。視野は、図１のようであると考えられるかもしれないが、しかし、実際は、その視野の立場に立ってその視野を見た時、それは、この図のように見えるのではない。

図１は、視野を第三者の立場に立って、いわば、横から見ている。もし、本当に視野を描こうとするのならば、あなたの目から見えるものを描かなくてはならないが、そうなった時には、その描かれるものは、このような、第三者が横から見たようなものではなく、あなたの目の前にあるものが描かれなくてはならない。この後、エルンスト・マッハが描いた図を掲示するが、そのような主観的なイラストになるはずなのである。ただ

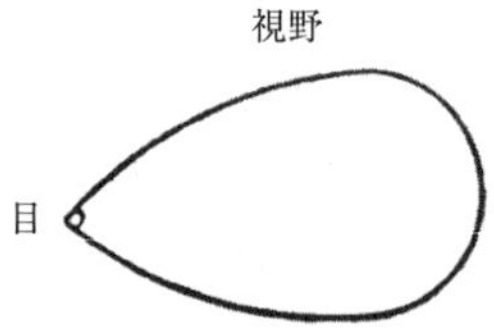

図1　視野とは何かを図示した図。ただし、ヴィトゲンシュタインは、視野はこのようなものではないということを示すためにこの図を用いた。出典：Wittgenstein（1984［1921］：68）に寺田匡宏加筆。

し、仮にそのような図が描けたとしても、それは、世界を描いていることにはならない。それは、その時、それを見ているたとえば、あなたに見えているものであるが、普遍的な世界ではない。わたしには、そのあなたの視野は見えない[1]。ということは、世界というような普遍的なものはないともいえる。その都度その都度、そこに見えるものが世界であるとするのならば、視野を描くという試みそのものが不可能であるということになる。視野とは、じつは、描くことができるものではない。

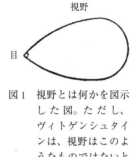

『論理哲学論考』の最後の命題は「そこから語ることができないような境域については、ひとは沈黙しなくてはならない Wovon man nicht sprechen kann, darüber muß man schweigen」という命題である（Wittgenstein 1984［1921］：85）。描くことができないものは、描きえない。語りえないものについては、沈黙するしかない。先ほども見たが、和辻は、『風土』の中で、風土を自然と見る立場や、風土を自然と人間の相互関係と見る立場などを取り上げて、「まだ真に風土の現象を見ていない」と述べ（和辻 1962［1935］：14）、「主観客観の区別（…）は一つの誤解である」（和辻 1962［1935］：9）と付け加えている。自己とは、境界に生じる現象であり、その境界は主観と客観の間にある。それは、境界というよりも、むしろ、二にして一であるものが発する境域といった方がよいかもしれない。そのようなものを「真に」、理解することは難しいし、それを通常の言語で表現することは困難である。和辻もヴィトゲンシュタインも同じ問題に直面している[2]。

ヴィトゲンシュタインは、命題五・六四一で見たように、自己とは、人間ではないという。それは、身体でもなければ、精神でもないという。そうではなくて、形而上学的な主体であり、世界の境界であるという。形而上学的とは、形而下つまり物理的世界の法則によって解明できる存在ではないということである。そうして、それは世界の境界であるというが、世界の境界とは、すでに見たように全体と個物の間のことである。全体と個物の間とは、全体であり個物であると同時に、全体でもなく、個物でもないという境域である。自己をとらえること、自己を表象することが、通常の表現の形では困難なのは、そもそも自己がそのようなものであるからである。

自己の中にすでに存在する世界――エルンスト・マッハ

『風土』と『論理哲学論考』の刊行される約四〇年前の一八八六年に、ドイツの物理学者であり哲学者であるエルンスト・マッハ Ernst Mach（一八三八―一九一六年）も、このような問題、つまり、自己における全体と個物の問題を論じていた。「*Beiträge zur Analyse der Empfindungen* 知覚に関する分析の覚書」において、彼は自己の境界について書く。

［1］ 哲学者の永井均は、このような自己の在り方を「開闢」ととらえ、だれにとってもその人にとっての「わたし」にだけそのような開闢が生じていることを「開闢の奇跡」と呼ぶ（永井 2004 : 41-42）。永井の数多くの哲学的著作は、そのような自己の在り方をめぐった省察であり、本章で検討している問題群そのものである。永井の哲学に関しては寺田（2025）で、モニズムという観点から検討した。

［2］ ヴィトゲンシュタインの『論理哲学論考』は、その内容が一九一八年に書かれて、出版されたのは一九二一年である。和辻が風土を書くことを着想したのが、一九二九年であるから、その数年前であるが、巨視的に見れば、一九二〇年代という同時代である。そもそも、二人は、一八八九年生まれの同い年である。ヴィトゲンシュタインは、ケンブリッジ大学でバートランド・ラッセルに学んだ。ラッセルについてはすでに、本書第Ⅰ部第２章で見たが（☞本書 114 ff. ページ）、ニュートラル・モニズムを提唱した哲学者である。このような問題を同い年の二人が、ほぼ同時期に論じていたことは、風土学を同時代の広い文脈でとらえるうえで重要な事実である。

境界 Grenze はどこにあるのであろうか。われわれが知っているのは、単に、われわれの感覚、表象、思考が存在しているということだけにしか過ぎない（Mach 1886 : 20）。

身体は感覚を生じさせるわけではない。そうではなく、むしろ、感覚複合が、身体というものを構築する。物質主義者にとっては、身体とは、永続的、現実的なものにみえるであろうし、その反対に、感覚は、刹那的で、変化しがちな身体の見かけであるようにみえるだろう。その結果、物質主義者は、すべての身体は、たんに、感覚複合に対する思考的記号にしか過ぎないことを忘れてしまうことになる。（Mach 1886 : 20）

それゆえ、世界は神秘に満ちた存在として存在するのではないし、その神秘に満ちた世界という存在が、それと同等に神秘に満ちた存在である「私」との相互関係の中で感覚というものを生み出すということでもない。色、音、空間、時間とは、それらと人間との関係が差し出されている最終物である。（Mach 1886 : 21）

ヴィトゲンシュタインと同じように、マッハも、「境界 Grenze」という語を用いて、主体と外部の世界のあいだの関係を問題にしている。彼は、客観的物体と主体との間にははっきりとした境界はないと述べる。主体となるものがあって、その外界に主体とはっきりと区分された外界である客体からなる客観世界があるのではないというのである。実際、主体と客体の間には、はっきりした境界はない。境界を探そうとしても、それは見つからないはずである。

彼は、この論文の中で、図を用いて、それを説明する（図2）。よく知られた図である。寝椅子に座ったわ

図２　エルンスト・マッハが描いた自画像。
出典：Mach（1886 : 14）。

たしが外部世界を書いている。外部世界とは、客観的世界である。寝椅子に座ったわたしは、客観世界をあるがままに描こうとしている。目の前には窓があり、部屋の床がある。そうして、目の前にあるわたしの足も客観世界にある客観物である。描いているわたしの手もある。そうして、その客観世界を描いたイラストは、目の前に見えているわたしの鼻を描き、見えているわたしの瞼の裏側を描く。だが、この図は、矛盾をきたしている。そもそも、このイラストには、このイラストを描いているわたしの手と鉛筆は描かれているが、それが描いているイラストは描かれていない。手は何かを描くように空中をさまよっている。

　自己によって見られた世界を、正確に絵画的に表現することは不可能である。もし、そのような世界が描かれるとしたならば、その絵の中には、その絵を見ているわたしによって見られたその絵を見ている世界というようなものも描かれなくてはならなくなる。となると、その視点は無限に退行することになる。この図の中には、描かれているイラストが描かれておらず、そこに描かれている鉛筆を持った手が空中に何かを描いているのはそれゆえである。この図は、知覚された状態を正確に表現しているのではない。

　マッハは、先に見た引用の中で、「世界は神秘に満ちた存在として存在するのではないし、その神秘に満ちた世界という存在が、それと同等に神秘に満ちた存在である「私」との相互関係の中で感覚というものを生み出すということでもない」と述べている。これは、先ほどから何度も引用しているが、和辻が「人間は単に風土に規定されるのみでない、逆に人間が風土に働きかけてそれを変化する、などと説かれるのは（…）まだ真に風土の現象を見ていないのである」（和辻 1962［1935］：14）と述べたのと同じことを言っている。

このような関係は、「相互関係」ではない。相互関係というのは、別々の二者が互いに関係するということである。しかし、世界と自己は、別個に存在する二者ではない。風土と人間も、別個に存在する二者ではない。世界と自己は二にして一であり、風土と人間も二にして一である。もう一度、西田幾多郎の語を用いるのならば、絶対矛盾的自己同一の関係である。自己の中には、もうすでに、世界がある。と同時に、世界の中に自己が存在する。その存在の在り方自体が生み出すのが、「色、音、空間、時間」という感覚であり、それは世界であると同時に自己でもあるというものなのである。[3]

知覚の問題としての個物と全体――オートポイエシス

ここまで見てきたように自己とは、全体と個物の関係から生じる現象である。そのような全体と個物の関係とは、人間における自己という問題だけではなく、生物における自律性、生物が生きているということにも関係している。「自」が、自己だけではなく、自律、自動の問題であるという所以である。

それを論じているのが、ウンベルト・マトゥラナ Humberto Maturana（一九二八―二〇二一年）とフランシスコ・ヴァレラ Francisco Varela（一九四六―二〇〇一年）が提唱したオートポイエシス autopoiesis 理論である。オートポイエシス理論は、自己の創発と環境の創発が組み合わさった現象だと考える。「オートポイエシス」という語は、直訳すると「自己制作」「自律的制作」「自律的創造」ということになろうが、その含意は、自己の自己性は、自律的なプロセスにあり、そのような自律性の理由は、個物と全体の関係から生じる再帰性、あるいは循環性に埋め込まれているというところにある。

彼らは、オートポイエシスとは、全体と個物という二つのシステムが存在し、それらが、再帰的な相関性を持ち、それらが構造的に結びついている中で発生する現象であると考え、それを「構造的カップリング」と呼ぶ（Maturana and Varela 1980［1973］: 105-120, 1998 : 75）。

構造的カップリングは、相互に作用しあう主体が、そのアイデンティティを失うことなく相互交渉する過程の中における相互の変容の与え合いの結果として出来《しゅったい》する。構造的カップリングは、また、新たな主体の生成にも至る。その新たな主体は、部分であるところのカップリングされた主体がそのアイデンティティを保っている領域とは異なった領域において存在することになる。（Maturana and Varela 1980［1973］: 107）

二つのシステムからなるカップリングは新たな次元を生み出す。その次元を称して、彼らは、生命や認識と

［3］　本書第Ⅰ部第2章でモニズムについて見た（☞本書 112 ff. ページ）。また本書第Ⅴ部の特論では、マッハのこの論文がアメリカのモニズムの雑誌『モニスト』に掲載されていたことを見る（☞本書 660 ページ）。一九世紀後半から二〇世紀初頭において、哲学者たちは、人間の知覚と主体性のありように注目することで、知の限界について考えざるを得なかった。ヴィトゲンシュタインとマッハのような立場は、ニュートラル・モニズムと言われる。ニュートラルとは中立的という意味だが、それが中立的と言われるのは、世界における主観と客観の問題を、宗教や神秘主義の視点からではなく、実証主義の視点から見ようとしていたからである（Banks 2014）。このニュートラル・モニズムという語を用い始めたのは、バートランド・ラッセルであり、彼がその代表的哲学者であると言われる。このニュートラル・モニズムは、また、エンピリカル（経験主義的）モニズムとも言われる。それは、プラトンなどに見られる、超越的イデア論や神などの超越的存在を前提とせず、自然科学を基盤としているからである。和辻の所論は、そこには数えられてはいないが、このニュートラル・モニズムと同じであることは明らかであろう。

呼ぶ。つまり、生命や認識という本質が先だってあるのではなく、ある現象が存在し、その現象をどのように称するかという問題なのである。それが、生命と呼ばれる場合もあるし、それが認識と呼ばれる場合もある。それは、観察者のカテゴリー如何になる。[4]

マトゥラナとヴァレラは、オートポイエシスの機能を三つのカテゴリーからなるものとして定義する。オートノミー（自律性）、インプット（入力）、アウトプット（出力）である。これは、生物の基本的機能であり、生物の主体性を機能により分割した見方である。彼らは、生命システムとはオートポイエシスが生物として具現化したものであると考える。

論文「オートポイエシス——生命の組織化」の冒頭部分で、彼らは、「一つの空間が二つに分かれたことによって、宇宙が存在し始めた。存在物の統一性とは、このことによって規定されている」という（Maturana and Varela 1980［1973］: 73）。宇宙の始まりが、一つの空間が二つに分かれた時というのは難解であるが、ビッグバン説によると、極小の高温の単一の点が膨張し、いわば爆発したことが宇宙の開始であるビッグバンである。ビッグバンから時間と空間が始まったのであるから、それ以前に何が存在したのかは言えない。始まって以後そこに存在するものについてしか言えない。宇宙の膨張が始まった時、そこに存在したのは、無限に高濃度で無限に高温のある一つの状態であった。つまり、ビッグバンの本質とは、単一の点が複数化することである。ビッグバンで生じた膨張を微分化してみると、それは、単一のものが複数に分かれることであり、そのもっとも初発の瞬間においては、単一のものが二つに分かれることであろう。つまり、彼らは、全体と個物の問題をビッグバンの時点から考えている（なお、ビッグバンについては、本章の最後に改めて検討する[5]）。

その上で、彼らは、オートポイエシスとは、生命機能の問題であるが、同時に、意識の問題でもあるという。なぜなら、オートポイエシスのシステムとは、境界を必要とするものであるが、その境界は、「その境界を見出すべき者が、そのオートポイエシスを通じて、その領域を特定化しているそのまさに同じ領域の限界を定義することと必要とするからである」（Maturana and Varela 1980［1973］：109）。オートポイエシスとは、観察者によって見出されなければ、それとして存在しないような現象である。オートポイエシスの境界とは、その境界を境界たらしめているものを作っているシステムそのものを用いて、そのシステムの外郭を決めるということである。しかし、そのようなことを実際に行うとなると、そこには相当の困難がある。「なぜなら、その観察者は、適切な知覚の次元を特定することができないからである」（Maturana and Varela 1980［1973］：109）。システムの内部にいるものは、そのシステムの内部しか知覚しえないので、そのシステムの外部のことはわからない。境界とは、外部から見た時にあらわれるものである。システムの内部にいるものには、それがどのような形で外部とかかわりあっているかがわからないのである。これはマッハのイラストと同じ問題である。

［4］これと同じことを哲学者の大森荘蔵も述べている。彼は、「生命と意識」と題した論文で、生命と意識の間にある共通性を、物質に宿るある種の性質であるとし、そのような性質は、物質の側にあるというよりも、そのような性質を物質に重ね合わせてみる観察者に存在するという。そうすると、生命とは何か、意識とは何かという、生命や意識の本質を想定し、その本質とは何かを考える問いは意味をなさなくなる。彼は言う。「もし、「生命」という何かがあり、それのあるなしで生物無生物が分かれるのであれば、その分別はきっぱりとしたものになる。しかしそのような「生命」なるものは無意味であり、「物」のある振舞の風貌が「生きている」ことなのであれば、泣き顔と笑い顔の風貌の間に切れ目がないように、生物と無生物との間に切れ目がないとしても不思議ではない」（大森 1998［1971］：55）。大森の所論は「ラディカル・モニズム」と呼ばれ（Kobayashi 2020：656）、「立ち現れ一元論」と呼ばれることもある。個物と全体が存在するとき、その個物と全体が高次の存在として生じさせるメタレベルの現象が必ずそこには生じる。それをどう呼ぶかが、意識や生命の問題の根底にはある。大森の立場がモニズムや一元論と呼ばれるのは、その個物と全体の関係を二にして一の関係としてとらえているところからきている。大森の所論は、和辻哲郎をはじめとした本章で検討する論者の視角と共通する部分が多い。大森に関しては、寺田（2025）で論じた。

［5］これは、第II部第1章で見た今西錦司の説と全く同じであり（☞本書 218-219 ページ）、モニズム的見方の典型である流出説の考え方である。また、個物と全体に関する視点は西田幾多郎の考え方にも相同的であるが、それについては、この後で詳しく見る。

個物が全体から析出されることによって、知覚が生じる。しかし、その個物は、全体からは析出されてはいるものの、その個物と全体とは、二にして一の関係であるので、その個物は、全体から析出されている自己の状況を、外から見ることはできない。あくまで、個物の知覚は、全体との関係の中で生じざるを得ない。これは、風土と主体の関係そのものであるが、風土が人間という生物によって知覚されている現象であることを考えると、それは当然のことということになろう。風土は、自己が自己を見るという点で、オートポイエシスの一つでもある。なお、マトゥラナとヴァレラは、オートポイエシスを生物の現象としてとらえているが、しかし、それは生物だけに限られるわけではない可能性がある。なぜなら、個物と全体の関係は、生物だけに生じるのではないからである。個物にとっての全体という関係は、ものにも生じる。そう考えると、ものにもオートポイエシスが生じているともいえよう。この点については、この後、詳しく検討する。

個物と全体が構成する「超有機体」——ガイア理論

個物と全体のカップリングを、地球システム論の問題としてとらえたのが、イギリスの地球科学者であるジェームズ・ラブロック James Lovelock（一九一九—二〇二二年）が提唱したガイア理論である[6]。その基本的アイディアは、地球は自己組織する統一体であるというものである。その考え方は、太陽系の惑星は、それぞれ大気の組成が異なっており、地球のそれは、生命を持つ有機体にとって都合の良い状態を保っているという事実の発見から来た。このような事実は、一九七〇年代にＮＡＳＡが火星探査を行ったデータが利用できることによって明らかになった。火星や金星などの惑星と比較して、地球には生命を持つ有機体が四〇億年以上存在し続けている。それはつまり、生命を持つ有機体にとって望ましい大気の状態が四〇億年以上保たれてきているということを示している。

ラブロックのガイア理論は、この事実から出発して、地球は恒常性維持機能を持ち、そのような機能が生命の存在を可能にしたと考えた。換言するなら、生命自身が環境を作り出し、温度、酸素濃度や水の状態を一定に保ってきたということである。

> ガイア理論は、物体としての地球とその上に存在する生命を持つ有機体からなるあるシステムを見出す。そのシステムは、自己統御が、そのシステムにとって最も重要な課題であるというような進化の仕方をした。そのシステムの中において、オペレーション・プロセスは自動的に進行している。ただし、その外部には、太陽があり、外部入力である太陽エネルギーも、生命にとって理想的な環境を継続して提供している。（Lovelock 1995［1988］：20）

『ガイアの時代――私たちの生きている地球の伝記 *In The Ages of Gaia : A Biography of Our Living Earth*』の中で、ラブロックは、地球とその上に存在する生命を持つ有機体が、そのほぼ全部の歴史上において、どのように、地球を居住可能な状態に保ってきたのかについて明らかにしている。彼は、地球と生命は緊密に結びついており、その結びつき方は「適応 adaptation」というような語では表しようのないものであると述べる。そうではなく、そのカップリングそのものが、超有機体 superorganism という一つのシステムとなっているのである（Lovelock 1995［1988］：213）。これは、個物と全体が存在し、その個物と全体からなる二にして一の存在が別のシステムを高次に作り出しているということである。生物という個物は、環境から切り離せないとよく言われるが、

［6］　ガイア理論については、本書第III部第2章でアンセルム・グルンバッハが論じている（☞本書 364, 368 ページ）。

そのようなものではない。生物という個物は、その生物という個物が構成している全体が構成する超有機体の一部であるのである。

カップリングをそのように見ることによって、ラブロックは従来の科学への疑問を呈している。

われわれが宇宙船地球号のスチュワードであると考えるのはまったくお門違いである。そのような考えの根底には、現代の科学が地球を説明できるという考えがある。そして、人々は、地球が引き続き生命にとって都合の良い場所であることを保つための努力を惜しまないだろうという考えもそこには見え隠れしている。けれども、民族的ジェノサイドを行って恥じない歴史を持つこの人間という動物が、そういう考えを持ち、自らの本性を変えて、賢明で慎み深い園丁、あるいはスチュワードになり、あらゆる生き物とこの宇宙をケアするようになることができると言われても誰が信じるだろうか。（Lovelock 1995［1988］: 228）

ここでは、ラブロックは人間の本性について述べているが、人間の本性の如何を別にしても、そもそも、人間はこの超有機体の一部なのであるから、その一部である人間が、その超有機体の外部に立ち、その超有機体を見たり操作したりすることは不可能である。それは、すでに見たように、ヴィトゲンシュタインが描いた視野の図が視野を真正に表現していないことと相同である。欧米圏を起源とする環境倫理学においては、人間が自然を導くスチュワードシップが鍵概念として扱われることが多い。しかし、そもそも、個物と全体の中にある二にして一の関係を踏まえるのならば、人間がスチュワードとして振る舞うということは不可能であることが、論理的帰結となる。そのような、超有機体の一部である人間という現状を認識することは、人間の振る舞いを変容させるものでもあろう。本書第V部インタビューで山極が、闘争や力と異なる原理の必要を述べているのはラブロックと重なる（☞本書 584-585, 594-596 ページ）。

運動を通じた個物と全体の関係――ヴァイツゼッカーのゲシュタルト・クライス

個物と全体のカップリングの問題を精神医学における病理の問題から論じたのが、ドイツの精神医学者ヴィクトール・フォン・ヴァイツゼッカー Viktor von Weizsäcker（一八八六―一九五七年）である。彼は、その著書『ゲシュタルトクライス――知覚と運動に関する統一理論 *Der Gestaltkreis : Theorie und Einheit von Wahrnehmen und Bewegen*』の中で、それを論じた（Weizsäcker 1997［1940］）。この書はその題名が示すように、知覚と運動から、主体と客体、主観と客観の問題を論じている。彼の立場は、精神病の患者の病とは、その患者とその患者の環境の問題であり、その二者の関係は一方通行の関係ではなく双方向的な関係であるというものである。

彼の考えによれば、関係とは、往々にして、原因と結果という因果性の概念を用いて分析されがちである。しかし、原因と結果という関係は、この世界の中に存在するさまざまな種類の関係の中におけるたった一つにしか過ぎない。ヴァイツゼッカーは、世界にものたちが存在するとき、そのものたちは因果性という原因と結果という関係ではなく、運動を通じた関係を取り結んでいると考える。

もし、あるものが動けば、それは、そのものが動いたと考えるのが普通かもしれない。しかし、現実には、あるものが動いたことによって、この世界の中における、あらゆるものの位置関係が変わっている。つまり、ある一つのものが動いたとき、動いたのはその一つのものだけではなく、この世界に存在するその一つ以外のすべてのものも同時に動いているといえるのである。

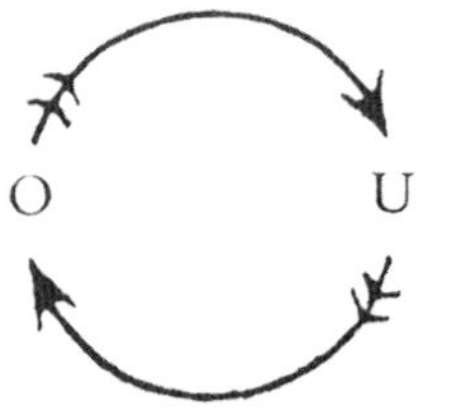

図3　ヴァイツゼッカーの描いた生命体と環境が形成するゲシュタルトクライス（形象円環）。Oは生命体（Organism）を、Uは環境（Umwelt）を示す。出典：Weizsäcker（1997［1940］：254）。

生命の本質とは、運動である。もし、そうであるのならば、生命を持つ有機体が動くとき、それ以外のあらゆるもの、つまりその有機体にとっての環境も動いているのである。そうして、今度は、その環境が、動いたことによって、その生命体も動くことになる。これは、終わりのない円環である。ヴァイツゼッカーは、これを「ゲシュタルトクライス Gestaltkreis」と呼んだ。「ゲシュタルト」とはドイツ語で、形態や図、構図という意味であり、「クライス」は円環という意味である。直訳すると「円環形態」とか「円相図」などと訳せる。それを図にしたのが図3である。生命体と環境は、一つの円環の中にいる。円環であるということは、それらが一つであるということである。ここには、生命体、環境という二者が描かれているように見えるが、しかし、それらは、矢印を通じて結びついている。したがって、生命体と環境とは二にして一の関係である。[7]

> このように考えると、生きている有機体とは、物質的な自然界の一部である考えられると同時に、物質的自然界によって、その自然界自身にとっての環境として作りだされたある存在物であるとも考えられることになる。（Weizsäcker 1997［1940］：271）

生物と環境というとき、生物にとっての環境という見方がされがちであるが、同時に、生物は、環境によって作られたものであり、環境にとっての環境という側面もあるのである。[8]

このような主体と環境の関係は、生物の問題であると同時に、人間の自己の問題とも関係している。それは、自己と自己以外の区別がどこから来るかという問題として論じられる。ヴァイツゼッカーは一九四九年に刊行された著書『*Anonyma* アノニュマ（無名）』で、われわれが、自己と自己以外のものに対して、どうして異なった態度をとるのかという問題を提起した（Weizsäcker 1986［1949］）。われわれは、われわれの自己以外に対して、その都度、適切な態度をとるのだが、それはどうしてか、という問題である。たとえば、あなたは、隣人を憎むことはできるが、火星を憎むことはできない。火星を憎むというのは、われわれに感情を呼び起こすというわれわれの心の在り方においては不可能なことなのである。どうして、われわれは、隣人を憎むことができるのに、火星を憎むことができないのか。それは、われわれの主体がすでに、世界の中に埋め込まれていて、われわれの感情は、われわれの内部からきているのではなく、われわれの外部からきているからである。われわれは、火星を憎もうとしても憎めない。それは、火星が憎しみという感情を生み出さないからであり、それは、つまり、われわれの内部の問題ではなく、われわれの外部の問題なのである。

感情はわれわれの外部から来る。感情とは、われわれそのものだと考えられるだろう。しかし、そのわれわれは、われわれの中にはない。つまり、自己は自己の中になく、自己は自己の外に在る。これは、和辻のいう「外部に出ている」と全く同じことである。

［7］　このゲシュタルトクライスと本書第II部第1章で見た（☞本書 207-210 ページ）ユクスキュルの「機能的円環（環世界フィードバック・ループ）」はほぼ相同の構造を持っている。ヴァイツゼッカーは、提唱時には、ユクスキュルの名を挙げてはいなかったが、後になって、ユクスキュルからの影響を認めている（Mildenberger and Herrmann 2014 : 322）。

［8］　西田幾多郎は、絶対矛盾的自己同一を論じる中で「作られたものから作るものへ」という語を用いて、生物が作られたものであると同時に作るものになる関係を抽出した（西田 1939）。ヴァイツゼッカーのこの見方は、それとも通じる。

自己を見る自己と自己に見られる自己をメタレベルで統御する自己——木村敏

この問題を、生命という全体と、個体との間の問題としてとらえたのが精神医学者の木村敏である。著書『あいだ』の中で、木村は次のようにいう。

> この地球上には、生命一般の根拠とでも言うべきものがあって、われわれ一人ひとりが生きているということは、われわれの存在が行為的および感覚的にこの生命一般の根拠とのつながりを維持しているということである。（木村 1988 : 4。傍点は原文）

この生命一般の根拠とは、個別の生命活動を超えた生命である。生命とは、一般的に、個体の内部で完結している現象であると考えるだろう。物理的な身体の外に生命が出ていくということはありえない。しかし、ここで木村が言うのは、物理的な身体の境界を超えた境域に、生命一般というようなものが存在し、個別の個体は、個別の生命を生きているとともに、「その個別の生命を超えた生命」ともいうべきものとのつながりも維持しているというのである。そのようなつながりは、つながりとは言えないつながりでもあるので証明するのは難しいが、しかし、個別の感覚を超えた共通感覚というべきものや、直観が人間に備わっていることは、それを裏付けると木村は言う。見るものとしての自己と、見られるものとしての自己があるとして、そのような見るものと見られるものとしての自己をさらにメタレベルで見ている自己というものが想定されなければならない。見るものとしての自己や、見られるものとしての自己というものが個別の感覚に根差しているとしたら、その自己を見る自己と、自己に見られる自己というものをメタレベルで統御し、自己としての統一性をもたらしていくような自己は、個別の感覚を超えたメタレベルの感覚を御している統御者であるということになる。そのようなメタレベルの感覚は、視覚や聴覚触覚などの個別の感覚を超越した「雰囲気」や「直観」などとして、そのメタレベルの自己に感知されているはずである。あるいは、「風土」とは、そのような雰囲気や直観としてとらえられるという側面もあろう。[9] 木村は、そのようなメタレベルの自己のことをヴァイツゼッカーの言葉を借りて「主体」あるいは「主体性」という（木村 1988 : 19)。

主体はこのようにして、有機体と環境とが絶えず出会っているその接触面で、この出会いの根拠として働く「原理（プリンツィプ）」だということになる。出会いを成立させている根拠としての原理、それはもはやどのような仕方でも「もの」あるいは実体として対象的に捉えうるようなものではない。主体としての有機体が客体としての環境と出会うのではない。有機体が環境と出会っているかぎり、その出会いの中で主体が成立しているということなのだ。（木村 1988 : 14)

ここでもヴィトゲンシュタインやマッハと同じように「境界」を意味する語である「接触面」という語が用いられている。木村は、主体という、自己を見ている自己と自己に見られている自己をメタレベルで統御する自己とは、「原理」であるという。これは、先に見たように、ヴィトゲンシュタインが、「私」とは、存在する人間でもなければ、精神でもなく、形而上学的な現象である、と述べていることと相同である。個物が環境という全体と出会っている限り、そのような現象は常に存在する。そのような現象が常に存在するからこそ、自

［9］　木村は、和辻が風土の概念を、自己を見る自己と、自己に見られる自己を超えた、メタレベルの自己と関係づけて論じていることをプラスに評価し、その「精神医学的重要性」を強調している（木村 1988 : 167)。

己というものが生じている。

木村は、精神医学者であり、精神科医であるので、人間における精神の病的現象をいかに解釈し、治療につなげるかということが、彼の自己という問題への関心の根源には存在する。木村は、それをこの生命一般の根拠との関係から生じる自覚の問題として論じる。人間は、言語という象徴機能を持っているので、このつながりを自覚して、対自化している。その点で、他の動物とは一線を画している。その結果、人間には、種の生存とはレベルを異にする自己の生存に関する関心と自己意識が生まれた。また個と個の矛盾における共存という課題に対処するために、他者とは区別された個体でありながら、共同性を求めるという二面性が生まれた（木村 1988：204-205）。

そのような他者との関係の中において、自己と他者の関係をうまく成立させることができないことが精神の病理現象を生むことになる。木村は、精神病とは、人間関係の障害、病態であるが、その原因は、患者の「自己を自己として成立させる場所」が十全に機能を果たしていないことからきているという（木村 1988：175）。

自己は、全体と個物との関係から生じていて、その関係は、自己の自己性を支えている。その関係が正常に働かなければ、自己には問題が生じることになる。

縁起という円環――ゴータマ・ブッダ

全体と個物の関係、世界と主体の関係、自己の問題を、宗教の問題として説いたのが、ゴータマ・シッダールタ、後のブッダである。ゴータマ・ブッダの求めたのは、苦からの脱却であった。まずは、彼はなぜ苦が生じているかを追求し、その原理を明らかにした。一般的に、それは「四聖諦《ししょうたい》（四つの聖なる発見）」と呼ばれるが、第一ステップとして、苦が存在することを認識し、第二ステップとして、苦には原因があることを認識し、第三ステップとして、その原因を除去し、第四ステップとして、以上の三つのステップを経ると苦の除去が可能であることそのものを認識することである（渡辺 1940：339）。こうして言葉にしてしまえば、当然のことを言っているようだが、今日のように、科学という形で、因果性に関する様々な法則が明らかにされていたわけでもない紀元前五世紀ごろには、このように、クリアに存在物と原因について論じることは、驚異的なことであったと思われる。ゴータマ・シッダールタが悟った者を意味するブッダと言われたのも由なしとしない。

苦とは精神的な問題であるが、しかし、ゴータマ・ブッダは、必ずしも、苦を精神だけから生じるものとはとらえていない。彼の見方によると、たましいとは、たましいだけの領域、つまり、プラトンのいうイデアの領域だけに存在するのではなく、あくまでこの世界の中にあるものの世界、つまり、物体が存在する世界の中に存在し、その世界との関係性の中で存在する。世界が全体であるとするならば、たましいとはそこにおける個物である。

それを示すのが、「縁起」という思想である。縁起とは、ゴータマ・ブッダが、四聖諦として明らかにした、苦からの脱却の方途をさらに追及し、苦の原因とは何かを明らかにする中で発見された原理である。苦の原因とは何か。それを彼は、まずは認識の世界にさかのぼることで見出そうとする。それが説かれている、パーリ語の原始仏典「大本経 Mahapadana-suttanta（マハーパダーナ・スッタンタ）」（平等 1935；岡野 2003 a；Davis and Carpenter 2015［1903］）や「大縁方便経 Mahanidana-suttanta（マハーニダーナ・スッタンタ）」（寺崎 1935；岡野 2003 b；Davis and Carpenter 2015［1903］）は次のように、苦の原因を遡行する。

苦はどうして生じるのか。それは、生きるということがあるからである。生きるということはどうして生じるのか。それは存在するということがあるからである。存在するということはどうして生じるのか。それは、その存在を永続させたいという執着があるからである。その存在を永続させたいという執着はどうして生じるのか。それは、その存在への愛着があるからである。その存在への愛着はどうして生じるのか。それは、その存在が存在していることの感受があるからである。その存在が存在していることの感受はどうして生じるのか。それは、接触というものがあるからである。その接触というものはどのようにして生じるのか。それは、六つの感覚（聴覚、視覚、味覚、嗅覚、触覚、意識）があるからである。その六つの感覚はどのようにして生じるのか。それは、認識を基盤として物体があり、物体を基盤として認識があるからである。

ゴータマ・ブッダは、ここまでさかのぼった後、「もう、ここから先にはさかのぼりえない naparam gacchati」という（岡野 2003 a : 42 ; Davis and Carpenter 2015［1903］: 32）。これが苦を生み出す原因である最終段階であるが、そこにおいては、「認識 vinnana を基盤として物体 nama-rupa があり、物体を基盤として認識がある」。それは、物体と認識が、お互いがお互いを基盤として存在しているということである。いいかえれば、それは、お互いが原因であり、結果であるという関係である。それは文字にすると次のようになり、図にすると図４のようになる。

物体（原因）↓ 認識（結果）
物体（結果）↑ 認識（原因）

ここにはループができているが、因果性の鎖は、この物体と認識の相互作用において終着点に到達するので

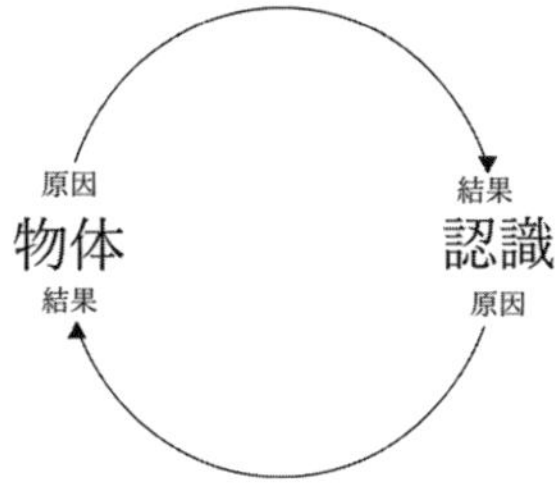

図4　ゴータマ・ブッダの唱えた縁起の底にある物体と認識のループ。出典：寺田匡宏作図。

ある。どちらが因であり、どちらが果であるかがわからない関係性がそこにはあるが、どちらが因で、どちらが果かわからないこの「入れ替わり」関係はループしており、それ以上、因果の連鎖をさかのぼりようがない。この物体と認識の円環的関係から生じる一連の連環の過程をゴータマ・ブッダは、「縁起」と呼ぶ。ここにおいては、物体と認識が、入れ替わりつつ一体化している[10]。

物体とは、世界であるといえる。そうして、認識とは自己である。その自己と世界とは、個物と全体とも言い換えられよう。それらは、一体である。一体であると同時に、別個の存在である。言いかえれば、二にして一の関係である。自己がそのような関係の中にあることが苦が生じる原因である。これは、風土の構造と相同である。ただ、風土という考え方は、そこに苦の発生は見ない。しかし、それを、人間界の感情や倫理の問題として見た時、そこには苦というものが見られることになる。

［10］ ただし、「原始仏典」の中には、ゴータマ・ブッダのほかの説教も収められており、そのほかの説教の中には、この「物体と認識」の入れ替わり関係を最終段階とせず、それを単なる一段階としてあつかい、最終段階としては、「無明（無知）」があるとするものもある。一般的に、「十二縁起」と呼ばれるのがそれであり、「相応部経典」の中の「因縁編仏陀品」などの経典が、そのように説く（林 1936；Bhikkhu Bodhi 2000：533-540）。仏教の教義ではどちらかというと、こちらの説の方が言及される度合いが高いが、当時の現場である説教の場では、ゴータマ・ブッダは、両方を語っていたのではないかと思われる。ただ、無明を強調する説には、入れ替わりのループに見られるパラドキシカルな関係はない。パラドキシカルな関係は、ダイナミックな関係でもあり、より根源性を秘めているともいえる。それゆえ、本章では、「無明」ではなく、物体と認識の入れ替わりの関係を「縁起」説であると解釈している。

純粋経験という全体――ウィリアム・ジェームズ

ここまで、自己の問題を、個物と全体の問題として見てきたが、その個物と全体がどのように出来するかを別の説明の仕方をしたのがアメリカの心理学者であり哲学者であるウィリアム・ジェームズ William James である。先ほど、オートポイエシス理論において、マトゥラナとヴァレラが個物と全体という関係が宇宙の開始における一者の分化からきていると論じていることを見た。ジェームズも、個物である自己を、世界の中に存在する唯一の物質である一者から分岐したものであるととらえている。彼は、その一者を「純粋経験」と呼ぶ(James 1987［1904］; Russell 1921 : 23-25)[11]。

わたしの仮説とは以下のようである。もし、世界の中には、たった一つの基本となるもの、あるいは物質しかないのであり、世界に存在するあらゆるものが、それによってできているのであるならば、そして、もし、そのものを「純粋経験」と呼ぶのであれば、われわれが世界を知覚することとは、この純粋経験がいくつかの部分に分かれ、その分かれた部分同士がお互いに関係しあう関係性として説明することができるということである。(James 1987［1904］: 1142)

知覚であれ、概念であれ、記憶であれ、想像であれ、そのもっとも始まりの微細な部分にあるのは、単なる純粋経験のかたまりである。そして、それら純粋経験のかたまりは、文脈に応じて、ある場合には客観的対象物としてふるまい、別の場合にはその別の文脈に応じて、心理的状態としてふるまう。(James 1987［1904］: 1147)

彼は、世界を構成するものがそこから分化してくる境域として、純粋経験を定位し、その純粋経験が、必要に応じて、様々に分化することで、世界にあるものや、そのものを知覚する精神が成立すると述べている。ここでの分化とは分かれてはいるが、しかし、一者と一つになっている状態である。なぜなら、世界には一者しかないのであるから、そこからの分化といえども、その一者性の下で行われるはずであるからである。分化したものは、個物であり、自己である。しかし、その自己は、あくまで世界の一者という全体と一つの状態である個物である。彼は、純粋経験から「考えられているもの」と「あるものについて考えていること」の二つが分化するともいう（James 1987［1904］: 1151）。前者は、主観であり、後者は客観である。しかし、その二つは、主観と客観という語が前提するような、二つの別種の異なったものではなく、あくまで一つにつながったものである。

主観と客観の分離とは、デカルトによるものである。[12] デカルトは、「コギト・エルゴ・スム（われ思う、ゆえにわれあり）」において、思考という主観と、その思考の対象である客観を截然と区別した。思考つまり主観は、「内部」にあるのに対して、思考対象つまり客観 object は「外部」にあるとデカルトは考えた。そうして、その外部と内部とは、切り離されているとも彼は考えた。デカルトに従うならば、わたしの心の内面は、わたしの外部に展開する物理的世界とは切り離されているし、わたしの外部に展開する物理的世界は、わたしのこころの内面世界とは切り離されている。その間に連絡通路はない。精神世界と物理的客観世界は、デカルトの

［11］ウィリアム・ジェームズの「純粋経験」という概念については、本書第I部第3章で西田幾多郎が『善の研究』の基本構想をジェームズから得ていることを見た（☞本書 174-175 ページ）。

［12］デカルトによる主観と客観、主体と客体の区分の提唱については、すでに本書第I部第2章、第III部第4章、第III部第5章で述べ、第IV部第1章でも検討する（☞本書 97, 405, 453-454, 490 ページ）。

モデルにおいては、全く別の領域にあるのである。

だが、ジェームズのいう純粋経験とは、そのようなものではない。彼は「客観の方にそれが伸びているか、それとも主観の方にそれが伸びているかの違いは、単に、それがどのように文脈と関係しているかの問題に過ぎない」という（James 1904 = 1987 a : 1154）。物理的世界と精神的世界の間には連絡通路があるどころか、それは同じ世界なのだ。この「伸びている」と訳した部分は、「外延している」とも訳せる。原語では、「extend」である。この部分は、デカルトを批判した部分であり、その前段で、ジェームズは次のように書く。

> デカルトは、哲学史上はじめて、思考というものが、まったく外部に外延していないと考えた哲学者である。デカルトに続く哲学者は、これを是とした。（James 1987［1904］: 1154）

ここでいう、「外延していない」という語は「unextended」という語であり、それは、デカルトのいう「レス・コギタンス res cogitans」と「レス・エクステンサ res extensa」の区別に対応している（Descartes 1996［1644］: 41 ff.）。デカルトは、精神の世界と物理的世界を区別したが、その区別は、「内」と「外」という区別であった。「レス・コギタンス」つまり、「考えられたもの」に対して、「レス・エクステンサ」とはその外に広がるもの、というニュアンスである。エクステンドという語は、このエクステンサという語と同じエクス ex という接頭辞を持つ。この「エクス」とは、「エグジット exit」や「エクスポート export」などに見られるように、「出る」「外」という意味を持つ。デカルトは、「外」を「内」を截然と分けている。デカルトは、自己が外に「出ていない」と考えた。すでに見てきたが、和辻は、風土性を、自己が「外に出ている」ことを基盤として論じているが、その考え方は、デカルトの立場とは真っ向から対立している。

ジェームズは、デカルトを批判して、「純粋経験は外に伸びている」と言う。「すべての外延的物体についてみるなら、それらに関して、それと相応する思考内のイメージは、その物体そのものの外延を分かち持っているはずである」と彼は述べる。つまり、思考の内部と外部はつながっているとジェームズは考える。自己とは、世界の一部である。自己は、世界の一部であるから、世界の状況を感知できる。いや、世界の状況を感知しているのではなく、自己の中にすでに世界の状況がくみこまれている。

ものと精神のカップリングから来る自己——リン・マルギュリス

個物と全体という観点から自己と世界の関係を見た時、世界が存在した時、もうすでに、そこに自己が存在することになる。その自己の中に世界が存在するということが、意識や精神と呼ばれることになる。

ここで、意識と意識以外の精神活動について考えるのならば、意識以外の、精神の内部の様々な現象は、意識の後に出現する現象であるということになる。一般的には、感覚や感情や感性などの方が原始的のように思われるから、意識よりも先行するように思われるだろう。しかし、感覚が感覚として存在するためには、それを認識する必要がある。感覚が、一番の根底にあるのではない。一番の根底にあるのは、意識である。

この点は、意識を発生史的にとらえる際に重要な視点であろう。進化生物学者、分類学者のリン・マルギュリス Lynn Margulis は、意識の発生を、生命の発生と同時の現象としてとらえている。

動物だけが意識を持つのではない。あらゆる有機体が意識を持ち、あらゆるオートポイエティックな細胞が意識を持つ。(Margulis and Sagan 1995 : 122)

最もシンプルに定義すると、意識とは、外界を外界としてとらえることである。(Margulis and Sagan 1995 : 122)

生物とは、外界に反応するもののことであると彼女は定義しているが、外界とは、内部と外部との差異から生じるものである。そのような差異の存在が、意識の存在と関係している。これは、個物と全体の間において、自己が発生するということである。外界を外界としてとらえるためには、個物の個物性がなければならない。個物の個物性とは、それが始まりと終わりを持つ物体であるということである。しかし、同時に、彼女は、それがオートポイエティックであるという。オートポイエティックであるということは、すでに見たように、全体と個物という関係の中で、それが生じているということである。先ほどのブッダの縁起で見たように、個物と全体の関係とは、二者の同時生起である。この宇宙においては、個物が存在するとき、そこには必ず全体があり、全体があるとき、そこには必ず個物がある。宇宙の始まる瞬間には、一者だけである状態であったであろうが、宇宙が開始した後には、必ず個物と全体は同時生起している。

実在と自己同一性――西田幾多郎

本書の中で西田幾多郎には何度も言及してきたし、本章の中でも西田幾多郎にはすでに何度も言及してきた。西田幾多郎は、本章で問題としている全体と個物の問題を中心的に考えた哲学者である。

西田は、自己をかなり広くとらえている。自己は、生物だけではなく、実在物そのものが自己であるという。自己同一性を持つものが実在なのである。つまり、自己とは、存在することそのものである。自己が、全体から個物が分離して生じることとは、これまで見てきたように多くの論者が論じている。だが、その分離がなぜ起きるのかについて説明した論者は少ない。西田は、『善の研究』において、その分離について、「それ自身で起こる」と述べている。

> 実在は自分にて一の体系をなした者である。（西田 1965［1911］: 70）
>
> 一つの者が自分自身にて発展完成するのである。（西田 1965［1911］: 63）

西田は、「自分にて」や「自分自身にて」という語を用いている。自分という語は「自己」とも言い換えうる。「にて」は、「において」などの場所に関するニュアンスで現在は使用される語であるが、約百年前の西田の時代にはもう少し広い意味で用いられていた。古語辞書によると、それは、場所、手段、原因の三つの意味がある（大野・佐竹・前田 1990: 1491）。「にて」が持つ、そのような三つの意味を前提とすると、これらの文章は次のようにも言い換えることができるであろう。

> 実在とは、自己の内において、自己を用いて、自己の力を原因として、分化し発展したものである。

西田における「自己」の問題については、それと「自覚」とのかかわりについて上原麻由子が分析している。それによると、自覚は、通常は「自己認識」のようなニュアンスでとらえられるが、じつは、そのようなものではないのだという。自覚とは仏教の用語であり、それは、自己の覚醒、自己のめざめのようなニュアンスを持つ。西田のいう「自覚」とは、そのような文脈でとらえられるべきものであり、それはある種の造語としてみられるべきであると上原は言う（Uehara 2006）。その立場から、西田の『一般者の自覚的体系』をフランス語訳したジャサント・トランブレイはそのタイトルをフランス語で「*Autoéveil. Le Système des universels*」と訳している（Tremblay 2017）。直訳すると「自己覚醒——一般者のシステムにおける」である。

上原によると、西田の「自覚」には、「意志による行為」という含意が込められている（Uehara 2006 : 58）。西田の思想の中においては、自覚とは、きわめて抽象的であり、純粋に論理的な境域、言い換えれば、非＝人間的な境域において起こる現象であった。そのような境域において起こる行為とはいかなるものであるのかという問題が問われることになるし、そのような境域における主体とは何かという問題も問われることになる。先に見たように、西田は、実在の中に自己が存在するということを前提としている。となると、そのような実在における自己と、自覚に於ける自己とはどう異なるのかという問題が問われるであろう。

この西田の議論と、オートポイエシス理論の間に共通性があることを、ドイツの哲学者ラルフ・エルバーフェルドなどが指摘しているが（Elberfeld 2011 : 16）、この共通性を前提としたとき、いきもののポイエシスを可能にするものとは何かという問題が浮かび上がってくる。オートポイエシスという語が示唆するように、そのプロセスは「オート」つまり自動であり、自己によるプロセスである。先ほど見た西田の「自己にて」という語の含意を参照すると、「自己の内において、自己を用いて、自己の力を原因として」ともいえよう。「オート」という接頭辞には二つの意味がある。一つは「それ自身によって」という意味で、もう一つは「それを操るほかの何物もなく」という意味である。

「自己にて」行われる行為とは、主体的行為と言えるのだろうか。先ほど見たように、西田は『一般者の自覚的体系』という本を書いているが、一般者が自己覚醒するとはどういうことか。西田は、同書を論理の問題として書いたが、しかし、同時にそれは、生命の問題であり、実在の問題である。

分化と統一、意識

西田の関心はものの存在の問題であるが、それは、もののアイデンティティあるいは個別性の問題である。アイデンティティとは、自己同一性と訳されるが、西田は、自己が自己であるということとは、それが、さらに分化せずに、統一性を保っているからであると考える。もし、統一力がなければ、自己は、自己であることができない。宇宙の基本原理が、分化であるとしたならば、実在は分化し続けることが基本的方向性であるということになる。だが、実在が実在として存在しているとき、それは分化していないのだから、宇宙の基本的方向性にあらがっている。個が存在しているのは、全体が分化の動きを持っているからである。しかし、もし、そのまま全体が分化し続けているのならば、その個物もまた分化することになる。しかし、その個物がそこに存在するということは、その個物がさらに分化することを押しとどめて、個物の個物性を出来《しゅったい》させている力があるということになる。「統一力」とは、ものの存在を存在せしめるための力である。

> 真に具体的実在としての自然は、全く統一作用なくして成立するものではない。自然もやはり一種の自己を具へて居るのである。一本の植物、一匹の動物もその発現する種々の形態変化及び運動は、単に無意義なる物質の結合及び機械的運動ではなく、一々其全体と離すべからざる関係をもつて居るので、つまり一の統一的自己の発現と看做すべきものである。例へば動物の手足鼻口等凡て一々動物生存の目的と密接なる関係があつて、これを離れて其意義を解することはできぬ。少くとも動植物の現象を説明するには、か

くの如き自然の統一力を仮定せねばならぬ。生物学者は凡て生活本能を以て生物の現象を説明するのである。啻に生物にのみ此の如き統一作用があるのではなく、無機物の結晶に於ても已に多少この作用が現はれて居る。即ち凡ての鉱物は皆特有の結晶形を具へて居るのである。自然の自己即ち統一作用は此の如く無機物の結晶より動植物の有機体に至つて益々明となるのである（真の自己は精神に至つて始めて現はれる）。（西田 1965［1911］：84－85）

これは、西田の第一作である『善の研究』の第二編「実在」の第八章「自然」の一節である。ここで彼は、「統一作用」によって、実在が実在として存在しうることを述べている。西田は、すべての宇宙に存在するものが「一」から来たと考えている。[13] 西田によると、宇宙の歴史が、ある存在物の分化の歴史だと考えるとするのならば、そのような分化を出来せしめる力が必要になることになる。しかし、西田は、それと同時に、それとは逆方向の力である、統一作用が存在しなければならないと考えている。

宇宙は、分化していると同時に統一されている。ある個物について注目するのならば、それは、統一作用のしからしめるものである。可能態と現実態については本書第IV部第1章で見るが（☞本書 483-489 ページ）、ハイデガーが考えるように、そして、アリストテレスが考えるように、あるものが存在しうるということとは、そのものが可能態（デュナミス *dynamis*）から現実態（エネルゲイア *energeia*）に移行したということである（Heidegger 1972［1927］, Aristotle 1933）。あるものを存在せしめるのはエネルゲイアの作用である。西田は、そのようなものを「統一作用」と呼んだ。

西田は、ここでは、「精神」については触れているが、「意識」という語は用いてはいない。しかし、「統一作用」という語を用いている点で、彼は、そこに行為主体性（エージェンシー）を認めている。それは意志と言い換えうるし、意志はまた認識とも言い換えうる。あるいは、広い意味で、プシュケー（魂）ともいえる。

ここで注目すべきなのは、西田が、「統一作用」を鉱物の結晶を引き合いに出して論じていることである。『善の研究』は、そのタイトルが示唆するように、倫理学を論じた本である。通常、倫理学とは、人間世界における価値の問題を論じると考えられている。しかし、ここでの西田の議論は、人間の世界の問題だけではなく、非＝人間の、しかも非＝生物という存在までをカバーしようとしている。同書の中で、西田は、人間の善の問題を、意識の自然史的進化の問題として論じ、そして、その結果生じたカテゴリー化の問題として論じている。この西田の視角は、本書第II部第1章で見た、バイオセミオティクス（生命記号学）のジェスパー・ホフマイヤーの視角と共通している（☞本書232-238ページ）。ホフマイヤーのバイオセミオティクスも生物の世界だけではなく、非＝生物の世界をもカバーしている。

西田もホフマイヤーも分子における結晶という現象を、その議論の起点と置いている。これは、現代のアストロバイオロジーや生命の起源に関する研究が、生命の起源の最も重要な要素を、脂質分子の規則的な集合に見ていることと重なる見方である（Smith and Morowitz 2016 ; Cockell 2020 : Chap. 5）。脂質が集合するのはなぜであろうか。それは、自ら集合するのである。その集合が自ら起こることは、自律であり、そこにおいて、生命の自律が始まっている。

ここで起きているのは「自己にて」自己が形成されるという事態である。その「自己にて」自己が形成されるのは、化学的変化であるが、それは、つまり自然科学の法則にのっとった現象であるということでもある。

［13］　これは、哲学では「流出説」と呼ばれるが、第II部第1章で見たように（☞本書218-219ページ）、今西錦司が引き継いでいる考え方であり、さかのぼればスピノザのモニズムにもつながる。現在でも、ビッグバン理論がこの流出説にあたると言われている。

法則とは、叙述であり、叙述は、その理由を語らない。科学は、叙述はするが、その原因を説明はしない。では、なぜ、「自己にて」自己が形成されるという事態が起こるのだろうか。ここまで見てきた全体と個物の関係を踏まえるのならば、それは、宇宙の成り立ちが、そのようになっているからであるということになる。

ビッグバン理論と認識の問題、「自」の発生

今日、標準的な物理学の教科書においては、物理学では、宇宙は一三八億年前にビッグバンという出来事とともに始まって、それ以来、膨張をつづけているという論が正しいだろうと考えられているとされている（Walker et al. 2014 : 1238-39）。この理論は、宇宙の歴史とは、線形的な歴史であるということを含意するとともに、システムと自己という問題をはらんでいるということを問題化するものでもある。

ビッグバンは、通常の意味での爆発というような現象ではない。もし、それが通常の意味での爆発であったのならば、そこには観察者がいて、その観察者が、その出来事を外部から観察できていたということになる。だが、ビッグバンとは、そのような現象ではない。つまり、その外部にいる観察者が観察できるような現象ではないのである。

宇宙においては、観察者がいて、ビッグバンという出来事を見ることができるような場所というものは存在しない。ビッグバンは、そのような観察可能な場所で起こったのではない。ビッグバンは、あらゆる場所で起こったのである。「ここ」もそのような場だし、あなたの体内もそのような場だ。

図5は、NASAによって描かれた、時間0時点のすぐ後に起こった最初の量子ゆらぎ initial quantum fluctuation から、一三八億年後の今日の膨張の加速までを示したイラストである。この図は、あたかも、膨張が一方

向に進むプロセスであり、それは外部から観察可能であるかのように描かれている。しかし、実際は、ビッグバンという出来事を、このようなある種の統一的な事象として見ることができる場というようなものは存在しない。

この図は、先に見たヴィトゲンシュタインが提示した視野の図と同じ構図である。そして、その構図が、現象を正しく示していないことも同じである。それらの図が、現象を正しく示していないのは、それらの現象が図示できない現象であるからである。それらの現象は、自らが自らを見るという現象である。自らが自らを見るという現象を正確に図で示すことはできない。自らが自らを見るというのは、和辻が述べているように、風土の現象の根源にある構図である。とするのならば、風土という現象の構造は、ビッグバンという宇宙の開始から続くような問題であるということになる。

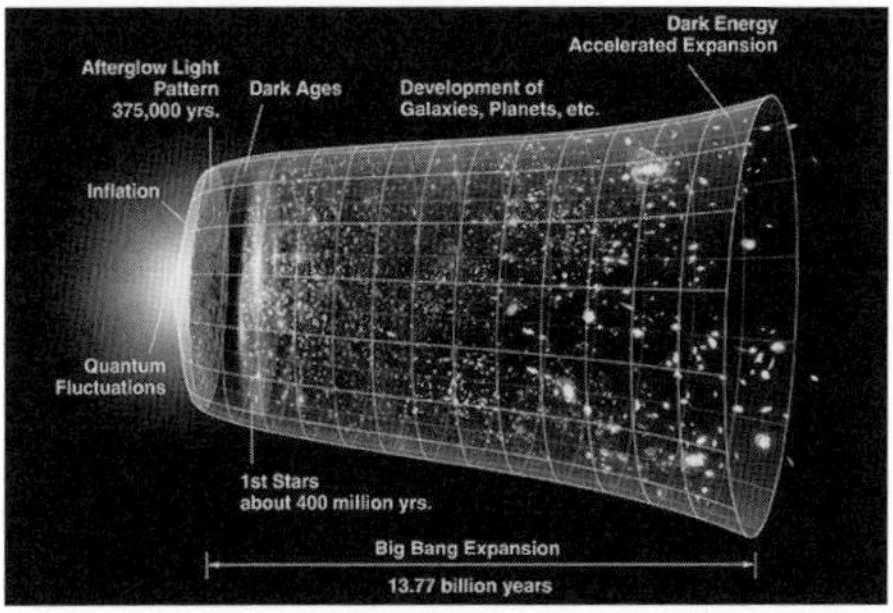

図5　ビッグバンから現在までの138億年の宇宙の膨張の経過を描いた図。左端がビッグバン。ただし、ビッグバン後の宇宙をこの図のように外部から眺めることはだれによってもできない。出典：NASA/WMAP Science Team の図に Cherkash が加筆。

自己という人間における現象は、おそらく、化学進化や物理進化にまでさかのぼる数十億年の時間にその根源を持つであろう。そうして、それは、また、個物と全体という問題でもあり、宇宙の開始という百億年単位の過去にまでさかのぼる起源を持つ。

和辻は、このような超長期の歴史の問題の存在には触れてはいなかった。だが、風土性という問題は、存在がこの世界に存在し始めた時からすでに存在していた問題なのである。そうして、自己、自律、あるいは、「自」という問題は、宇宙が存在を始めた時に、同時生起した問題である。

「アウトス」と「自」のアクチュアリティ

「自」の問題は、生命の問題であると同時に、生命を超えたものや存在の問題でもある。フューチャー風土の課題とは、ひと、いきもの、ものの共存在であるが、その共存在を考える上で、人間を特徴づける自己認識と精神、いきものを特徴づける生命、ものを特徴づける存在性を一つの視座から見ることも必要であろう。アウトスと「自」はそれを可能にする一つの視角である。

地球環境の未来に関して言えば、本章の中でガイア理論について見たが、人類をガイアという超有機体の一部であることを認識することは、人間中心主義の立場を変容させるであろう。それは、新しい環境倫理の形成につながることとなろう。また、風土という考え方は、これまで、哲学という記述的な学問領域で進められてきた。だが、全体と個物という視点から風土を見ることで、それを複雑システム論などに繋げることも考えられよう。この点については、すでにグルンバッハが本書第III部第1章で述べているが、全体論としての側面から風土学を見ることは、風土概念の新たな可能性を開くとともに、地球環境学の視座の豊富化としても貢献するだろう。「アウトス」と「自」という存在論的な問題は、そのようなポテンシャルを秘めた考え方であり、そこにはまだまだ開拓、発展の余地があると思われる。

初出

本章は次の発表、論考の一部を元にしている。

寺田匡宏「東アジアの「災、禍、難」と人新世の風土論」、京都大学人文科学研究所共同研究「東アジア災害人文学の構築」（代表：山泰幸）研究会、二〇二一年七月二四日、京都大学人文科学研究所・オンライン。

寺田匡宏「松風と素粒子――たましいと肉体の老いと死について」暮らしのモンタージュ、ウェブサイト、「思考のかたち、雲のかたち」九、二〇二二年九月、https://livingmontage.com/2022/09/28/series-terada-9 th/。（アクセス日：二〇二四年一二月八日）

引用・参照資料

和文文献

大森荘蔵（1998［1971］）「生命と意識」大森荘蔵『大森荘蔵著作集』三（言語・知覚・世界）、岩波書店、pp. 51-60。

岡野潔（訳）（2003 a）「第一四経　偉大な過去世の物語――大本経」中村元・渡辺研二・岡野潔・入山淳子（訳）『原始仏典』二、長部経典II、春秋社、pp. 3-70。

岡野潔（訳）（2003 b）「第一五経　生成の由来についての大なる経――大縁方便経」中村元・渡辺研二・岡野潔・入山淳子（訳）『原始仏典』2、長部経典II、春秋社、pp. 71-98。

木村敏（1988）『あいだ』弘文堂。

寺崎修一（訳）（1935）「大縁経」高楠順次郎（監修）『南伝大蔵経』七、大正新修大蔵経刊行会、pp. 1-26。

寺田匡宏（2025）「風景とともに立ち直るII――風景とわたしはどのように一つであるのか、あるいはモニズムの論理と語り方」山泰幸・向井佑介（編）『東アジア災害人文学への招待』臨川書房、pp. 147-173（印刷中）。

平等通昭（訳）（1935）「大本経」高楠順次郎（監修）『南伝大蔵経』六、大正新修大蔵経刊行会、pp. 361-403。

西田幾多郎（1939）「絶対矛盾的自己同一」西田幾多郎『哲学論文集』第三、岩波書店、pp. 185-286。

西田幾多郎（1965［1911］）「善の研究」西田幾多郎『西田幾多郎全集』一、岩波書店、pp. 1-200。

永井均（2004）『私・今・そして神――開闢の哲学』講談社現代新書、講談社。

林五邦（1936）「相応部経典因縁編仏陀品」高楠順次郎（監修）『南伝大蔵経』一三、大正新修大蔵経刊行会、pp. 1-14。

渡辺照宏（訳）（1940）「転法輪品」高楠順次郎（監修）『南伝大蔵経』一六下、大正新修大蔵経刊行会、pp. 339-353。
和辻哲郎（1962［1935］）「風土」和辻哲郎『和辻哲郎全集』一、岩波書店、pp. 1-256。

欧文文献

Aristotle（1933）*Metaphysics*, Tredennik, Hugh（trans.）, Loeb Classical Library. Cambridge MA： Harvard University Press.
Banks, Erik C.（2014）*The Realistic Empiricism of Mach, James, and Russell： Neutral Monism Reconceived.* Cambridge： Cambridge University Press.
Bhikkhu Bodhi（trans.）（2000）*The Connected Discourses of the Buddha： A Translation of the Samyutta Nikāya.* Boston： Wisdom Publications.
Cockell, Charles S.（2020）*Astrobiology： Understanding Life in the Universe*, Second edition. Hoboken, N.J.： Wiley Blackwell.
Davids, T. W. Rhys； Carpenter, J. Estlin（ed.）（2015 ［1903］）*The Diga-Nikaya*, Vol. II. Bristol： The Pali Text Society.
Descartes, René （1996［1644］）“Principia philosophiæ,” in Descartes, René *Œuvres de Descartes*, Nouvelle edition, Vol.8, Adam, Charles； Tannery, Paul（ed.）. Paris： J. Vrin.
Elberfeld, Rolf（2011）“Einleitung,” in Nishida, Kitarō *Logik des Ortes： der Anfang der Modernen Philosophie in Japan*, Elberfeld, Rolf（ed.； trans）. Darmstadt： WBG-Bibliothek, Wissenschaftliche Buchgesellschaft.
Heidegger, Martin（1972 ［1927］）*Sein und Zeit.* Tübingen： Max Niemeyer Verlag.
James, William（1987［1904］）“Does Consciousness Exist?,” in James, William *Writings 1902–1910*, The Library of America, pp. 1141-1158. New York： Literary Classics of the United States.
Kobayashi, Yasuo（2020）“The Komaba Quartet： A Landscape of Japanese Philosophy in the 1970 s,” in Davis, Bret W.（ed.）*The Oxford Handbook of Japanese Philosophy*, pp. 649-662. Oxford： Oxford University Press.
Lovelock, James（1995 ［1988］）*The Ages of Gaia： A Biography of Our Living Earth*, Revised and expanded edition. Norton.
Mach, Ernst（1886）*Beiträge zur Analyse der Empfindungen.* Jena： Gustav Fischer（Digital Copy in the Internet Archive provided by The Royal College of Surgeons of England）.
Margulis, Lynn； Sagan, Dorion（1995）*What Is life?* New York： Simon & Schuster.
Maturana, Humberto R.； Varela, Francisco J.（1980［1973］）“Autopoiesis： The Organization of the living,” in Maturana, Humberto R.； Varela Francisco J. *Autopoiesis and Cognition： The Realization of the Living*, Boston studies in the philosophy of science, v. 42, pp. 63-138. Dordrecht

and Boston : D. Reidel Publishing Company.

Maturana, Humberto R. ; Varela, Francisco J. (1998) *The Tree of Knowledge : The Biological Roots of Human Understanding*, Revised edition, Paolucci, Robert (trans.). Boston ; London : Shambhala.

Mildenberger, Florian ; Herrmann, Bernd (2014) "Nachwort," in Mildenberger, Florian ; Herrmann, Bernd (ed.) *Jakob Johann von Uexküll : Umwelt und Innenwelt der Tiere*. pp. 261-330. Berlin : Springer Spektrum.

Russell, Bertrand (1921) *Analysis of Mind*. London : George Allen & Unwin.

Uehara, Mayuko (2006) "The Conceptualization and Translation of *Jikaku* and *Jiko* in Nishida," in Heisig, James W. (ed.) *Frontiers of Japanese Philosophy*, Vol.1, pp. 55-68. Nagoya : Nanzan Institute for Religion & Culture.

Smith, Eric ; Morowitz, Harold J. (2016) *The Origin and Nature of Life on Earth : The Emergence of the fourth Geosphere*. Cambridge : Cambridge University Press.

Tremblay, Jacynthe (2017) *Autoéveil. Le Système des universels*. Nagoya : Chisokudō.

Walker, Jearl ; Halliday, David ; Resnick, Robert (2014) *Principles of Physics*, Tenth edition. Hoboken, N.J. : Wiley.

Weizsäcker, Viktor von (1986) *Viktor von Weizsäcker Gesammelte Schriften*, Bd. 1 (Natur und Geist : Begegnungen und Entscheidungen), Achilles, Peter et al. (ed.). Frankfurt am Main : Suhrkamp Verlag.

Weizsäcker, Viktor von (1997 [1940]) *Viktor von Weizsäcker Gesammelte Schriften*, Bd. 4 (Der Gestaltkreis : Theorie der Einheit von Wahrnehmen und Bewegen), Achilles, Peter et al. (ed.). Frankfurt am Main : Suhrkamp Verlag.

Wittgenstein, Ludwig (1984 [1921]) "Tractatus logico-philosophicus," in Ludwig Wittgenstein *Tractatus logico-philosophicus, Tagebücher 1914-1916, Philosophische Untersuchungen*, Suhrkamp Taschenbuch Wissenschaft, Werkausgabe Bd. 1, pp. 11-85. Frankfut a. M : Suhrkamp.

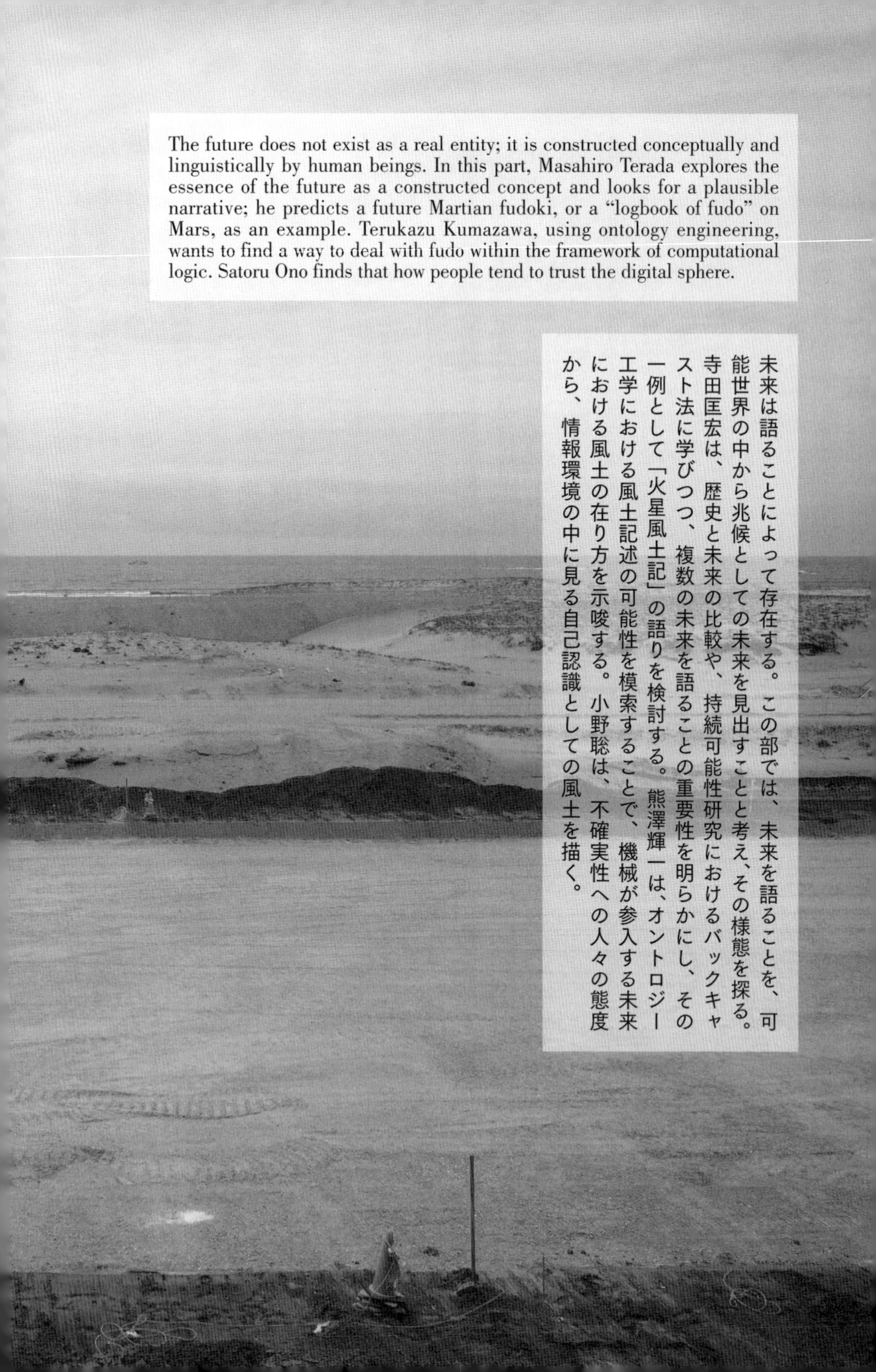

The future does not exist as a real entity; it is constructed conceptually and linguistically by human beings. In this part, Masahiro Terada explores the essence of the future as a constructed concept and looks for a plausible narrative; he predicts a future Martian fudoki, or a “logbook of fudo” on Mars, as an example. Terukazu Kumazawa, using ontology engineering, wants to find a way to deal with fudo within the framework of computational logic. Satoru Ono finds that how people tend to trust the digital sphere.

未来は語ることによって存在する。この部では、未来を語ることを、可能世界の中から兆候としての未来を見出すことと考え、その様態を探る。寺田匡宏は、歴史と未来の比較や、持続可能性研究におけるバックキャスト法に学びつつ、複数の未来を語ることの重要性を明らかにし、その一例として「火星風土記」の語りを検討する。熊澤輝一は、オントロジー工学における風土記述の可能性を模索することで、機械が参入する未来における風土の在り方を示唆する。小野聡は、不確実性への人々の態度から、情報環境の中に見る自己認識としての風土を描く。

第IV部 未来風土とそのカテゴリー

——計算機言語、予測、不確実性から考える

Part IV Future Fudo and its Categories

Finding a New Narrative and Vocabulary

第１章 総論

未来風土とそのカテゴリー——だれが〈非＝人間〉のフューチャー風土を語るのか

Fudo, Futurography, and its Category: Who Narrates Future Fudo of Other Than Humans?

寺田匡宏
Masahiro Terada

1 風土と宇宙、時間

本書の時間的スコープは、過去は四六億年前から未来は三〇億年後までの約七六億年である。四六億年前とは、地球の誕生であり、三〇億年後とは、太陽が超高温化と巨大化して「赤色巨星 red giant」となることに伴う地球上での生命の死滅である（Golub and Pasachoff 2014: 53）。この頃に、地球も、その巨大化した太陽に飲み込まれると予想されているので（Tarback et al. 2011: 697）、地球の消滅と言い換えてもよいだろう。風土を、地球という惑星に結びつけられた環境だと考えると、地球が存在しているから風土が存在し、地球が存在しなくなるならば、風土は存在しなくなるともいえようが、そうなると、この七六億年という時間が風土の時間だということになる。本書には、火星風土に関する記述もあるが、火星も、太陽系の惑星の一つなので、地球とほぼ同じ帰結をたどる。仮に、火星風土が存在するとしても、その時間的スコープは変わりない。

だが、本書の中には、一三八億年前の宇宙の誕生に関する記述もある。とすると、その時間的スコープは、数百億年規模のものであるともいえよう。風土が太陽と結びついている現象だと考えるのならば、それは、また同時に、宇宙そのものと結びついている現象だとも考えられる。なぜならば、太陽と太陽系を包含するより大きな外部というのは、宇宙であるのだから、太陽系と風土が結びついているのならば、それは、宇宙とも結びついているととらえられるべきでからである。

太陽は、三〇億年後に赤色巨星化した後、今度は、五〇億年後に逆に低温化しはじめ、最終的には、地球大の「矮星 dwarf star」となり「時間の終わりまで、冷え続ける」とも予測されている（Golub and Pasachoff 2014 : 55）。地球が太陽と結びついており、太陽も風土の一部だとするると、その太陽は、宇宙の終わりまで存在するわけだから、その時間的スコープは宇宙の始まりから、宇宙の終わりまでともいえる。[1]

宇宙の時間とは、一三八億年前のビッグバンによって開始されたということが、今日では天文学、宇宙物理学のコンセンサスになっているのだから、風土の時間的スコープの過去は一三八億年前にさかのぼると考えてもおかしくはない。一方、宇宙の未来がどうなるかについては、まだ天文学、宇宙物理学において定まった合意はないようである（Dodelson and Schmidt 2020）。宇宙の時間が存在するというのは、宇宙が膨張しているからである。だが、その膨張についてはまだわかっていないことが多い。そもそも、どうして膨張が続いているかという原因すらわかっていないのである。ケンブリッジ大学出版局から出ている教科書『*Introduction to Cosmology* 宇宙学入門』第二版では「今日、宇宙が膨張している理由は、昨日も宇宙が膨張していたからであるとしか言いようがない」と書かれているくらいである（Ryden 2017 : 257）。ましてや、その膨張がそのまま無限に続くのか、それとも、どこかの時点で止まるのか、そして、膨張から収縮に転じるのかは明らかではない。そのいずれのパターンが起きると考えるかによって、未来がどのような時間軸の中でとらえられるかが変わってくるが、しかし、いずれにせよ、それは、百億年単位のタイムスパンで考えられるべきことであろう。

だが、はたして、そのような超長期の時間について語るとはどういうことなのだろうか。未来を語ることは難しい。本書は、にもかかわらず、未来を語ることは可能だし、その方法を探ることに意義があると考えるが、それはどのような意味で可能であり、どのような方法により実現するのだろうか。その語りと、現実の未来とはどう関係するのだろうか。本章では、風土の視点から、それを考えてみたい。

本書の第I部第2章で、和辻哲郎の風土に関する考え方を検討した（☞本書98 ff. ページ）。そこでは、和辻は風土とは「自己了解の型」であると述べていた。風土が自己了解（自己認識）であるのならば、それは、認識論の問題である。時間とは認識の一つの形式、カテゴリーである。風土は、環境であるから、地理的外部、つまり空間的な現象であると考えられているかもしれない。しかし、本書第II部第2章で見たように、ユクスキュルが『理論生物学』で、そして、そのユクスキュルが思考の源泉としたカントが『純粋理性批判』で明らかにしたように（☞本書211ページ）、客観的時間も、客観的空間も存在しない。存在するのは、カテゴリーとして、主体によって解釈されたある枠組みである。ユクスキュルはそれを環世界と言ったが、本書はそれを風土と考えている。風土は、単に地理を示すのではない。たしかに、地理は風土の重要な要素ではある。だが、風土とは、人間を取り巻くあらゆる現象であって、そこには、時間と空間が含まれる。未来とは時間の一カテゴリーである。つまり、未来を考えることとは、風土を考えることでもある。

［1］太陽に関しては、本書第II部第3章で、ブレイズ・セールスがリンダ・ホーガンの小説『太陽嵐』における太陽の大規模フレア「太陽嵐」のメタファーと未来史に関する意味を検討している（☞本書277ページ）。

2　持続可能性と未来

未来と過去は、人間の時間概念の基本となるカテゴリーである。本章の最後、第8節で、未来と過去を時間に関する基本カテゴリーとしないケースについて、多様な人類社会や歴史経緯の中で検討するが（☞本書497ff.ページ）、少なくとも、本書が刊行されている現代の日本の社会では、未来と過去は時間の基本カテゴリーである。環境問題が出現して以来、未来と過去は環境を論じる際の基本となり続けていた。未来の持続可能性を考えるためには、そのような事態を引き起こした過去の経路を問う必要があるからである。環境問題とは、主体を取り巻くものの問題であり、空間にかかわる問題ではあるが、一方で、つねに時間を問う問題でもある。

通常、時間は、未来から現在へと流れるものであると考えられている。あるいは、ある主体が過去から、現在を通って、未来に進んでゆくある場や背景のようなものとしてとらえられている。どちらの場合にせよ、時間とは未来、現在、過去の間を貫く何かと考えられており、その未来、現在、過去は、そのような順番で並んでいると考えられている。過去、未来、現在という並びでもなければ、現在、過去、未来でもない。われわれが、過去と未来について考えようとするときには、この過去、現在、未来という順序がわれわれの思考を規定する。だが、未来と過去について、どのように語るべきかということを考えようとするのならば、このような時間の並びの問題からは自由になる必要もあろう。もちろん、この時間の並びというのは固定されているのは確かなのではあるが、それをどう語るかという語りの問題は、もっと自由であり、それを自覚することがより創造的に、過去と未来に関与することになるからである。

近年の持続可能性に関する環境学においては、未来に関する語り（ナラティブ）という問題が脚光を浴びている。その中で、さまざまな方法論的アプローチが生み出されている。たとえば、シュウメイ・バイらは、未来の複数のシナリオの重要性を強調する（Bai et al. 2016）。とりわけ、専門家以外の衆知を未来シナリオに活用することのメリットが述べられるが、それは、専門家の未来シナリオがどうしても固定的なものになりがちなのに対して、専門家以外の一般の人々の未来シナリオは、自由な発想で行われることが多く、非固定的なものになりうるからである。それが、イノベーションにつながるという。同様のことは、鷲田洋一の未来洞察でも指摘されており、それを実現するために、トランスディシプリナリー（超学際）の方法が有益であることが指摘されている（Washida 2018）。国連によって制定されている持続可能性目標 Sustainable Development Goals（SDGs）は、バックキャスティングという方法を採用している。これは、未来に関する研究や、政策学、持続可能性学によって発達してきた方法である（Robinson 1990）。また、西条辰義は、「フューチャー・デザイン」という研究と社会コミットメントの方法を主導している。それもバックキャスティングのナラティブの方法にもとづいて、ロールプレイングのワークショップを行うことで、人々への未来への考え方や態度に変容をもたらし、それによって政策への波及効果を狙う試みである（西条 2015, 2024；西條ら 2021）。

未来の語り方、ナラティブに関して言うのならば、その中で、語りの主体の位置の問題が焦点になってきている。語りの主体の位置の問題とは、同時に、現在、過去、未来の位置を変化させることであり、また、そのことによって語りの中における時間の流れを変化させることでもある。

そのような方法論の中でも、未来に関する二つのナラティブの発見が重要である。すでにバックキャスティングという語を先ほど使ったが、二つのナラティブとは、バックキャスティングとそれと対になるフォアキャスティングである。それらの語りの中では、未来は、異なった方向性の元で語られることになる。フォアとは前方へという接頭辞であり、バックは後方へという意味の接頭辞である。キャストとは投げるとか投擲すると

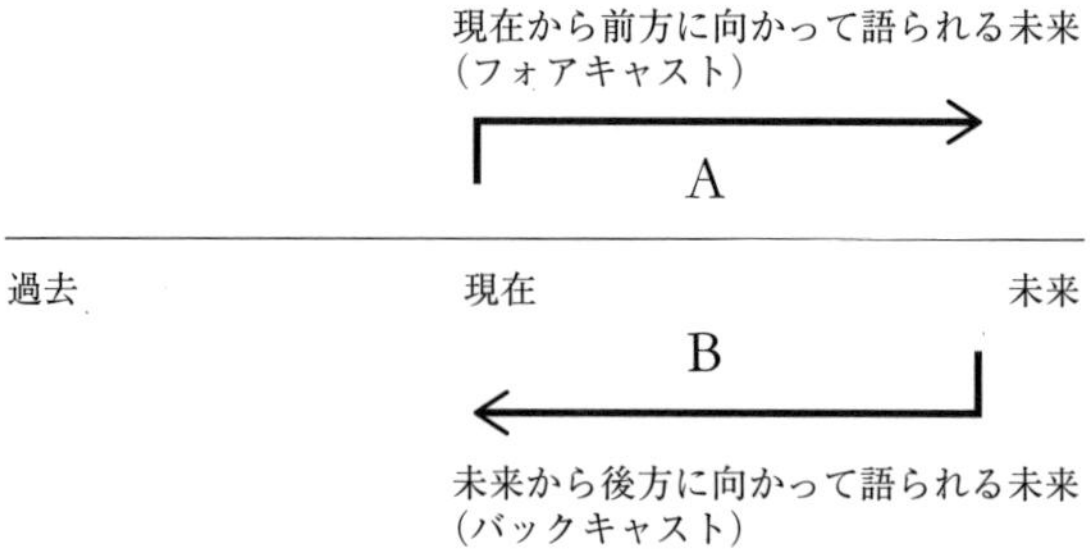

図1　バックキャストとフォアキャストにおける語りの方向性。出典：寺田（2021：298）を参照して寺田匡宏作図。

いう動詞なので、フォアキャスティングとは、前方投擲型、バックキャスティングとは後方投擲型と訳されよう。

フォアキャスティングは、通常の未来に関する語りで用いられる語り方である。未来は前方にあり、語り手の位置する現在は、未来よりも過去にある。図1でいう、Aの方向性の矢印である。一方、バックキャスティングは、未来を過去として語ることを可能にする視点に立つことである。図1でいうと、Bの矢印である。ある想定された時点よりも自分が未来にいることを仮想する視点である。そうなると、未来は、過去として語られることになる。

過去としての語りとは、未来の語りよりも語りやすい。なぜなら、未来は未経験なので語りにくいが、過去は既経験なので語りやすいからである。バックキャスティングの立場に立つことは、語りにくい未来を、語りやすい過去として語ることが可能にすることである。また、フォアキャスティングにおいては、現在の条件に規定されてしまうため、どうしても思い切った未来像を語りにくくなる。しかし、バックキャスティングの立場に立つと、現在の条件を気にする必要がなくなるため、望ましい未来の像がすでに実現していると仮定して、そのような望ましい未来が、どのようにしたら実現したのか、というように、まだ実現していない未来の経緯を過去形で語ることができる。たとえば、オリンピック選手などによくみられる、自分が金メダルを既に獲得した状況を想像するイメージ・トレーニングなどは、バックキャスティングの一例である。

ここからわかることは、未来を語ることが難しいというのは、語り方の問題であるということである。となると、未来というものが感知することは困難であるというわけでもなさそうということになる。はたして、未来とはどのような存在であるのだろうか、

3　歴史、予言、未来史

未来の性質は、過去と比較することで、より見えやすくなってくる。ここで、過去と未来とは同等であるという考え方を見てみよう。次節で詳しく見るがプレゼンティズムという哲学上の考え方があり、その考え方によると、未来も過去も存在せず、存在するのは現在だけであるということになる。そうであるならば、過去と未来は存在しないという点で形而上学的地位としては全く同じである。もちろん、ある人間の実存を考えた場合、過去は経験しているが、未来は経験していないと表現されることがありうる。だが、人間の実存を越えた時間幅を考えてみた時、たとえば、未生以前の過去は、だれによっても経験されていないのであるから、それは、未来が誰によっても経験されていないのと同じである。

歴史的に見て、未来の予言と過去の記述とは同等であるととらえられてきた。たとえば、紀元前二千年の後期メソポタミアの王朝においては、過去の記述は、王の未来を祝福するために用いられた（Liverani 2011 : 33）。また、古代エジプトにおいては、過去に関する知識は、未来をよりよく知るために用いられた。たとえば、墓

石に記された埋葬者の過去に関する記述とは、その埋葬者の死後の未来と結びついている。紀元前三世紀ごろの中王国のデモティック年代記においては、過去の記述が、未来の「半黙示録的な道徳的予言」として用いられていた（Bains 2011 : 72）。古代中国においては、甲骨文字の記述や青銅器に刻まれた文字は、未来に関する予言であると同時に、過去に起こった出来事を記録するために用いられていた（Shaughnessy 2011 : 371-372）。

つまり、未来を扱うことと過去を扱うことは、今日では別々の領域であるかのように思われており、歴史家と天気予報官が同じカテゴリーに属するとは考えられないが、古代においては、過去と未来の関係は、今日から想像もつかないほど、密接であった。カテゴリーという語を用いるのならば、時間に関するカテゴリーが異なっていたともいえよう。たしかに、過去は未来の知識のための源泉であり、未来の予言は、過去の出来事の事実から引き出しうる。今日においてすら、未来の予測は過去のデータにもとづいておこなわれていることがほとんどである。[2] そのような構図は、じつは、古代から現在まで共通している。つまり、過去と未来とは、緊密に結びついている。あるいは、過去と未来とは類似した社会的機能を持っている。

だが、過去と未来には、社会的機能に関して異なった側面もある。それは、過去には、その語りについて呼称があるが、未来には、その語りについて呼称がないことである。過去の語りについての呼称とは「歴史」である。過去は語られることによって歴史となる。歴史とは、誰かによって語られた過去である。他方、未来については、「歴史」に相当する呼称はない。過去については、過去のある時点を「過去」と呼び、その過去が誰かによって語られたものを「歴史」と呼ぶ。一方、未来については、未来のある時点を「未来」と呼ぶが、その「未来」が誰かによって語られた時にどう呼ぶかは特に決まっていない。「予言」と呼ぶこともあろうが、それは、「歴史」のような、過去の語りとは少し異なったニュアンスである。

なぜ、過去の語りには、「歴史」という特別の呼称があるのに、未来に関しては、その語りについて特別の用語がないのだろうか。これは、何を基本カテゴリーとするかという問題であろう。過去は基本カテゴリーとして、歴史という別のカテゴリーを持つが、未来は、過去ほどは複雑化したカテゴリーではない。その理由の一つは、過去が経験されたものであり、その語りの数が多いからであろう。ただ、未来に関する語りも今日、必要性が高まっている。本書で、「フューチャー風土」という語を用いて風土の未来を考えていることもその一つの現れだが、とりわけ地球環境やＡＩをふくむ先端技術の展開をふまえて未来を語ることが、歴史を語ることと同じような重要性を持ち始めてきている。その意味で、未来が語られる際にそれを呼称する語が求められているといえる。本章では、それを「未来史」と呼ぶ。「史」とは書かれたものであるが、書かれたものも語りの一種と考えると、「未来史」とは語られた未来を表現した語である。

4　プレゼンティズム――マクタガート

過去を語ることが比較的容易なのは、それが経験されているからである。たしかに、経験されているから、その出来事を書いたものが残っているし、その出来事を書いたものが残っているから、過去を語ることは可能であるように見える。だが、仮に、書かれたものがなければ、過去はどうなるのだろうか。あるいは、遺物がなければ、過去はどうなるのだろうか。

［2］　この点については、本書第III部第1章で複雑システム論における将来予測に関してグルンバッハが検討し（☞本書318 ff. ページ）、第IV部第3章で小野が不確実性と予測に関して検討している（☞本書535 ff. ページ）。

書かれたものも、遺物もない過去とは歴史の無い過去である。いや、歴史の無い過去どころか、そもそも、過去とは、存在しないかもしれない[3]。過去とは、歴史的資料や遺物があるから存在するように思われるのだが、そこに存在しているのは、過去そのものではなく、歴史的資料であり遺物である。過去そのものはどこにも存在しない。それは、未来がそこには存在しないのと同じ意味においてそうである。

過去も未来も存在しないこととは、言い換えれば、現在だけが存在するということである。すでに言及しているが、このような考え方を、哲学においては「プレゼンティズム presentism」という。訳すると「唯現在論」とでも訳せようか。

このプレゼンティズムによると、過去に存在した存在物や、未来に存在するだろう存在物も存在しない（Loux 2002 ; van Inwagen 2014）。存在するのは、現在において存在する存在物だけであって、過去に存在した存在物も、未来に存在するだろう存在物も、存在論的に見れば存在しない。過去に存在した存在物が、今、存在するように見えたとしても、それは、今存在している存在物が今存在しているだけであって、過去に存在した存在物が今存在しているのではない。もちろん、その存在物が、過去に存在したということはある。だが、その存在物が過去に存在した時点とは、その存在物が存在した時点において、その存在物にとっては、過去ではなく現在であった[4]。たとえば、デカルトの『方法序説』の原稿を現在あなたが見ているとして、その原稿をあなたが見ているのは現在であり、その原稿は現在に属する。もちろん、デカルトが約四〇〇年前にその原稿を書いていたときにも、その原稿はデカルトの前にあっただろうが、しかし、そのデカルトが原稿を書いていたその時点は、デカルトにとっての現在ではあるが、あなたにとっての現在ではない。それは、あなたにとっては過去ではある。そして、そのあなたにとっての過去は、今度は逆に、デカルトにとっては過去ではなく現在である。つまり、存在は常に、今現在の問題なのである[5]。

このような、プレゼンティズムの考え方は、ジョン・マクタガートの時間の非実在性の議論にもとづいている（McTaggart 2008［1927］）。マクタガートは、時間の存在を否定した。彼は、それを、時間に関する二つの基本となる言語的表象を比較することから導いた。その二つとは、連続に関する表象と、前後に関する表象である。時間は、この二つの系列によって表される。連続に関する表象とは、過去、現在、未来がこの順番に並んでいるというものである。一方、前後に関する表象とは、時間は、それより前、それより後という語によって表されるというものである。時間を表すときには、人間は、この二つの系列を使い分けながら表現している。マクタガートは、背理法を用いて、時間には、この二つの系列をともに満足させえないような性質があることを明らかにした。

マクタガートによると、連続性系列と、前後系列の使用に矛盾がきたされる場合がある。たとえば、未来と現在は、どちらが先でどちらが後か一義的に決まるであろう。しかし、未来のある時点においても、そこには過去現在未来があり、そのさらに、未来の過去という時点においても、過去現在未来がある。そのような階層を考えていった時、たとえば、「未来の過去の過去」と、「現在の未来の未来」というようなものを考えた時、そのどちらが前でどちらが後かという前後関係を決めることができないケースが出てくる。となると、未来と

［3］現実そのものと、知覚された現実の関係については、人間の限界としてのバイアスの問題として本書第III部第1章でグルンバッハが論じている（☞本書 347-349 ページ）。

［4］これを存在物が過去を経験していると表現するのならば、それは本書第I部第2章でみたパンエクスペリエンシャリズム（汎経験論）の立場となる（☞本書 130 ページ）。

［5］この問題は、本書第III部第5章で見た永井均の〈私〉と〈今〉の議論の用語を用いるならば（☞本書 433 ページ）、〈私〉とは、世界が開闢している場であり、〈今〉とは、世界が開闢している時であるということになる。なお、永井均は、この次のパラグラフの議論で登場するマクタガートの論文の日本語訳者である（マクタガート 2017）。

いるということになる。

は、過去未来現在という系列と前後という二つの系列で表すことができるという前提の命題そのものが誤って

　これは、背理法により、正しい命題であるとは言えない。正しい命題でないとは、その命題は時間というものの本質と合致していないということである。命題は言語表現であるが、その言語表現が本質とは齟齬をきたしている。つまり、それは、時間とは言語により表現できないものだということを意味する。逆に言うと、時間とは、言語によって構築されたものにしか過ぎないのであり、実際には、言語で表されるような時間とは現実には存在しないということになる。つまり、時間は存在しない。以上のような議論を元に、マクタガートは、時間は言語により構築された仮構であることを明らかにした。

　このことを前提にして、過去と未来とはどういうものかをもう一度考えてみると、過去と未来とは非対称であるという一般的な考え方が、実は誤りであるということがわかる。過去は存在したが未来は存在しないと考えると、過去と未来は非対象であるように思われる。だが、過去も未来もともに存在しないと考えると、過去と未来は非対称ではなく、対称であるということになる。そうならば、過去の語りを語ることができるのならば、未来の語りも語ることができるということになる。また、過去の語りの容易さと、未来の語りの困難さという非対称は、見かけの非対称であり、じつは、過去の語りの容易さあるいは困難さと、未来の語りの容易さあるいは困難さの程度は同じであるかもしれないという気付きがもたらされることにもなる。

5　可能態と現実態──アリストテレスとプラトン

過去と未来が単に言語的な現象であるのならば、過去に起きたことと未来に起こること自体をどう考えればよいのであろうか。あるいは、われわれが当たり前のように行っている、過去の出来事を語ったり未来の出来事を語ったりすることは、どのように考えればよいのだろうか。そのようなことについて考えるためには、改めて、存在とは何かということを考える必要がある。なぜなら、過去と未来には、言語的な構築物であるということでありながら、現在として存在したものの境域であり、現在として存在するだろうものの境域であるという側面もあるからであり、そこには、存在が存在するという問題が絡んでいるからである。

存在とは何かという問題はアリストテレスが包括的に考えている。彼の存在の捉え方とは、存在を存在しないものとの対比の中で考える考え方である。存在が存在することと、存在が存在しないこととは、存在が存在する世界があり、また存在が存在しない世界があるともいえるし、存在が存在する現実と、存在が存在しない現実があるともいえる。存在が存在する世界、存在が存在する現実とは、今ここにある世界であり、現在である。存在が存在しない世界、存在が存在しない現実とは、今ここにはない世界であり現在、つまり過去や未来であるともいえる。

アリストテレスは、そのような存在が存在したり、存在しなかったりすることに関する問題を、『自然学』と『形而上学』の中で、可能態と現実態という二つの態の問題として説く。

アリストテレスは、この世界に存在するあらゆる存在物には、その原因があるという。もし、原因がなかったとするのならば、存在はこの世界には存在しえない。存在は、無から、何の原因もなしに存在するのではなく、原因があるからこそ存在しうるのである。もちろん、無から何の原因なしに存在が存在するような世界もありうるだろう。しかし、彼は、われわれのこの世界においては、無から何の原因なしに存在が存在することはないという。存在を存在させる原因として、この世界にあるのは、四つであるとアリストテレスは言う。一つは、物質的原因、もう一つは形態的原因、三つ目は有効性的原因、四つ目は最終的原因である（Aristotle 1929 : II 3, 1933 : V 2, Falcon 2019）。これらの原因のいずれかを通じて、存在物は、この世界に存在として出来《しゅったい》することになる。存在物は存在物である限り、物質という原因を持つ。存在物は物質がなければ、存在しえない。あるいは、存在物には形態という原因がある。存在物は、形態という原因がなければ、存在物たりえない。

ここでいう原因とは、因果性というよりも、存在を存在たらしめている必要条件のようなものである。必要条件であるとは、存在を存在可能にしている条件である。そのように発想している時点で、アリストテレスは、存在を、存在と非存在の問題として考えている。つまり、それは、存在物がそのようにして存在しているとして、その存在物が存在しない状態、あるいは、存在する以前の状態とはどのような状態なのかを問う問い方である。

存在が存在しない時、あるいは存在する以前には、そこには存在がないわけだから、何も存在しない。しかし、存在が存在している時、あるいは存在が出来した後には、そこにはその存在という何らかの存在物があることになる。この存在と非存在、あるいは、存在以前と存在以後という状態は全く異なった状態である。アリストテレスは、存在が存在しない状態、あるいは存在する前の状態をデュナミス δύναμις と名付ける。一方、存在が存在する、あるいは存在した後の状態をエネルゲイア ἐνέργεια と名付ける。そうして、われわれの存在論的現実とは、この二つの状態から成り立っていると考える。なお、デュナミスは可能態、エネルゲイアは現実態と、通常は訳される。

このようなアリストテレスの考え方は、プラトンのそれを批判して出てきたものである。プラトンは、この世界に存在するものは、フォーム（形相）と本質からなると考えた。『パイドン』、『パルメニデス』、『国家』において、それが述べられている（Plato 1914, 1939, 1956）。あらゆるものは、本質を持っており、あらゆるものが存在するのは、その存在物が自己の本質を形相として持っているからであると彼は考える。存在が存在するのは、その存在が存在性の本質を持つからだというわけである。つまり、本質が存在することが、存在物の存在を可能にしている。しかし、そうであるのならば、そのような本質の存在もまた、何かによって可能にさされなくてはならない。そうなると無限退行になる。

だが、プラトンは、本質は何かによって規定されるようなものではないと考える。そうではなく、本質は、すでにイデアによって規定されていると彼は考える。本質は、個物に対して、分有（メテクシス *methexis*, μέθεξις）という機制を通じて分かたれる。たとえば、美しいものが存在するのは、その美しいものが、美の本質を分有しているからである。このプラトンの説は、存在物の性質や普遍の存在については説明する。しかし、それは、静的モデルであり、存在物が、どうして存在するに至っているかという理由や原因については説明しない。もし、存在が存在の本質を分有しているとしても、それは、その存在がどうして、存在しないのではなく、存在するに至ったのかを説明しない。分有されるだけで、存在を可能にするという、存在の本質とは何なのかは、わからない。アリストテレスは、プラトンの分有説が、このような問題には答えないことを批判し、可能態と現実態からなる説を唱えて、存在と非存在の問題に答えを出そうとしたのである。

アリストテレスの説は、二〇〇〇年以上前の説であるが、今日でもまだ有効である。過去と未来についての現代哲学における様相論は、このアリストテレスの説を下敷きにしている。たとえば、言語哲学においては、モダリティ（様相）、つまり可能性や非実在性 deonticity にかかわる表現は、可能性と必然性の問題であると考えられているが（van der Auwera and Aguilar 2016 : 20-21; Nikolaeva 2016 : 80-84）、この可能性と必然性の問題とは、現代哲学においては、「可能世界（ポッシブル・ワールズ possible worlds）」という概念の元で論じられる。この論は、アメリカの哲学者デヴィッド・ルイス David Lewis によって発展させられたが（Lewis 1986）、世界は一つではなく、世界は多数の「可能世界」からなっていると考える考え方である。可能世界は、現実世界ではなく、あくまで「可能世界」であり、現実世界は、多数ある可能世界の中で、現実化した一つの世界であると考える。可能世界論は、可能性と必然性を次のように考える。可能性、つまり、もし何かが可能であるとするのならば、それは、その何かが、少なくとも一つの可能世界において、真であるということである。一方、必然性とは、その何かが、すべての可能世界において真であるということである。[6] 可能世界論は、可能性と必然性を、真偽命題の形式に変換することを可能にし、それによって、可能性と必然性を、形式論理学の中に導き入れることを可能にした。

歴史と未来史がシンメトリーであるというのは、このことからも裏付けられるであろう。過去と未来が、言語的な表現によってこの世界に出来していると考えるのならば、未来と過去の語り（ナラティブ）の違いにより注意深くあるべきであるということになろう。可能世界論は、世界の複数性というモデルから出てきた。形而上学的に考えれば、われわれの現実世界は、その他の複数の可能世界の中にある一つの世界でしかない。言語におけるモダリティとは、そのような複数の可能世界を前提としている。われわれが、未来について語ろうとするとき、われわれは、複数の「可能世界」という可能性の世界を前提にして語っているのである。

6　兆候、手がかり、存在のグラデーション、ナチュラリズム

アリストテレスのデュナミスとエネルゲイア（可能態と現実態）の議論は、存在論に関する議論であったが、過去と未来のナラティブの問題とも関係する。可能態と現実態とは、全体とその兆候とも言い換えられる。近年の人文学においては、兆候の問題が、ひとは過去にいかにアクセスできるのかという問題として論じられてきている。ここではそれを見ることで、未来を語ることへの応用を試みてみよう。

兆候とは、歴史家が歴史へアクセスする際に用いる手がかりである。これは、また同時に、裁判官や検察官などが事件へアクセスする際にも用いられる。これを用いる方法を兆候読解という。どちらの職業も、直接にはアクセスできないある出来事に、何か別のメディアを経由することでアクセスすることを仕事としている。彼らは、そのことを調べたいと思ったときには、そのことがどのようなことかよくわからない。裁判官は、犯罪行為について、歴史家はある歴史的出来事について調べようとするが、しかし、その行為や出来事は、もう過ぎ去っていて、それに立ち会うことはできない。彼らができるのは、そのことを事後的に調べ、再構築することである。そのためには、残された資料や証拠物などの手掛かりを読解して、その出来事を推測するしかない。歴史家も裁判官も、出来事からは隔てられている。そのような状況の中で、彼らは、もうすでに存在しない過去の出来事を再構築しなくてはならないのだ。その時、彼らが用いているのは、過去そのものではない。

[6]　可能世界論の真偽の捉え方と、オントロジー工学の真偽の捉え方の類似性については熊澤が本書第Ⅳ部第2章で議論している（☞本書521ff.ページ）。

過去の兆候という手掛かりである。過去という全体像は、兆候を通じて想像される。

兆候は、歴史家や裁判官だけが用いるものではない。じつは、広く、一般的に用いられている。われわれが過去というものにアクセスする際には、何らかの痕跡や遺物といった兆候を読解するしかない。「ミクロストリア（微視の歴史）」を提唱するイタリアの歴史家のカルロ・ギンズブルクは、兆候読解の方法は、一万年前以前の旧石器時代の狩猟採集の段階から存在したのではないかという（Ginzburg 2013）。

ギンズブルクは裁判官も歴史家も狩猟民も兆候読解の方法を用いているという。彼らが用いるのは、現在に存在する存在物である。一方、彼らが再構築しようとするのは、過去に起こった出来事である。その二つの間には、存在論的なギャップがある。先ほど見たプレゼンティズムの議論が示すように、現在に存在するのは、現在において存在する存在物である。現在には、過去において存在する存在物は存在しない。過去の存在物は、現在には存在しえないのである。歴史家や裁判官や狩猟民が過去の出来事を知ろうとするのならば、彼らは、現在の存在物を、過去の出来事を知るための手掛かりとして用いなくてはならない。現在の存在物は、過去の兆候にしか過ぎない。その兆候が何を示しているかというと、その背後に隠されている過去である。過去とは、存在しないのであるから、可能態の状態である。一方、兆候は現実にそこにあるのであるから、現実態である。歴史家や裁判官や狩猟民は、現実態を用いて可能態を推測するのである。これを図にしたのが、図2である。現実態は、数多ある可能態の中のごくわずかな部分が出来している。逆に言えば、現実態の背後には膨大な量の可能態が隠れている。

通常は、可能態があるから現実態があると考えるであろう。しかし、この場合は、現実態から可能態にアクセスすることになる。とはいえ、じつは、アリストテレスは、現実態と可能態の関係を、一方通行の関係とは考えていない。たしかに、彼は、『解釈論』の中で、現実態は可能態に先行すると述べている（Aristotle 1938：

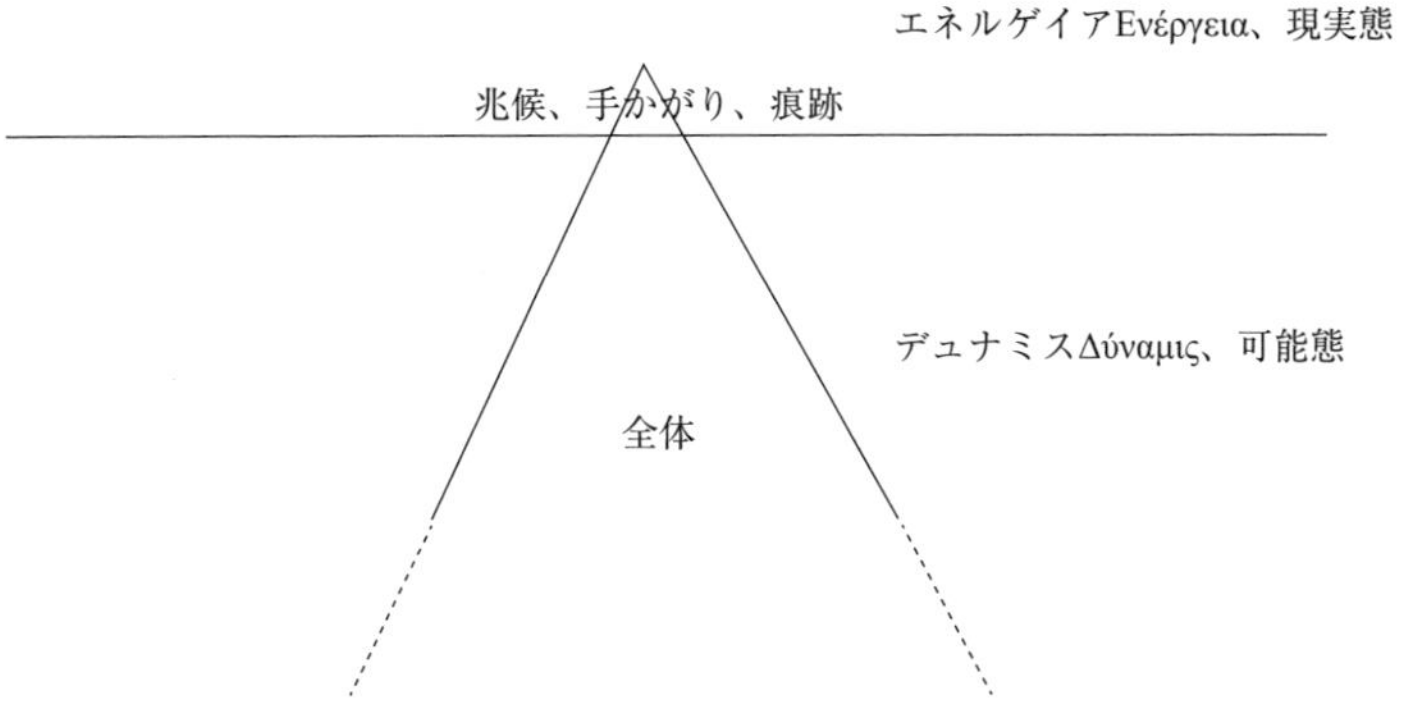

図2　可能態の中に隠れている全体と、兆候としての現実態。出典：寺田（2018：710, 2021：310）を参照して寺田匡宏作図。

171）。だが、アリストテレスは、この「先行」という状態を、時間的な前後関係ではあるとは考えていない。そうではなく、両者は、共依存の状態である。現実態が存在するから、可能態が存在するのであるし、可能態が存在するから、現実態が存在する。

上記のようなことを踏まえるのならば、歴史を語るとか書くとかいうこととは、可能態の領域の中に隠れている過去を、現実態の領域の中に運び出し、現実存在とする行為であると言えるだろう。通常は、語られた歴史、あるいは、書かれた歴史は、具体的な存在であるとは考えられていない。語られた歴史は、実在性を欠いていて、実存物であるとはとらえにくい。したがって、語られた歴史は、非＝存在のものとして扱われている。

だが、存在には、様々なグラデーションがあり、存在とは、スペクトラムの下でとらえられるべきであるともいえる。これは、存在をどのようにカテゴリー化するかという問題である。すでに本書第III部第4章で見たが（☞本書408-412ページ）、厳密に考えるのならば、実在性を欠く存在とは、非＝存在であろう。だが、しかし、近年の形而上学では、フィクショナルな存在のような、実在しないものの存在を認める方向になってきている（Lamarque and Olsen 1997）。また、すでにこれも本書第III部第4章で見たように（☞本書408-409

ページ)、過去の歴史上を見れば、イスラム哲学者のアヴィケンナ(イブン・シーナ)や仏教の空海のように、語られたものやことばを実在すると考える考え方は多数存在した。この立場に立つと、存在にはグラデーションがあるということになる。

近代科学は、様々な存在のグラデーションを認めることをせずに、いわば「全き存在」だけを存在ととらえる立場である。すでに本書の中ではデカルトについて何度もふれてきた(☞本書97, 405, 453-454ページ)。デカルトは近代西洋哲学の創始者であると言われるが、それが創始者である所以は、アリストテレスの哲学を否定したということによってである。アリストテレスの哲学とは、すでに見たように、現実を可能態と現実態からなると見る見方だが、そのような見方は、非=存在の存在を前提としている。

アリストテレスの見方は、古代ギリシア以来、古代中世を通じて、西洋の唯一の正統的な哲学システムであった。アヴィケンナやトマス・アクィナスは、その唯一の正当な哲学を実践したのであるが、それは多様な存在のグラデーションを認めることでもあった。[7] だが、デカルトは、それを否定して新たな哲学を打ち立てた。その哲学とは、コギトという主体あるいは主観と、その主観が見ている客観を完全に分離する哲学体系であり、その叙述方法もそれまでの伝統を打ち破るような形式であった。デカルトの新たな哲学体系は、カントやヘーゲルなどのその後の哲学者に受け継がれ、近代西洋の存在論の基礎となった。

風土学は、このような近代西洋の存在論批判という側面がある。本書第Ⅰ部第1章で、一九八〇年代以後に風土学(メゾロジー)を革新したフランスの地理学者・哲学者のオギュスタン・ベルクについてはすでに検討したが(☞本書78 ff.ページ)、ベルクは、近代西洋の哲学が、主体と客体を截然と分ける二元論に立脚していることを批判している(Berque 2014)。その代わりに提唱するのが風土学であるが、それはフランス語で言うと「メゾロジー mésologie」である。直訳すると「中間学」や「あいだ学」であるが、それは、本章の文脈でいうのならば、存在のグラデーションを認める立場であるということになろう。

われわれの世界は、必ずしも、「全き存在」だけによって出来上がっているのではない。さまざまな存在の度合いをもつ存在によって出来上がっている。歴史家や裁判官や狩猟民の行う、兆候読解とは、そのような世界の成り立ちと関係している。そうして、風土という「自己了解」の在り方もそのような世界の成り立ちと大きく関係している。

本書の中では、西田幾多郎について風土学の源流の一つとしてすでに何度か触れてきたが（☞本書 101-104, 143 ff., 456-461 ページ）、西田は次のように言う。

> 形相を有となし形成を善となす泰西文化の絢爛たる発展には、尚ぶべきもの、学ぶべきものの許多なるは云ふまでもないが、幾千年来我らの祖先を孕み来つた東洋文化の根底には、形なきものの形を見、声なきものの声を聞くと云つた様なものが潜んで居るのではなからうか。我々の心は此の如きものを求めて已まない、私はかゝる要求に哲学的根拠を与へて見たいと思ふのである。（西田 1965［1927］: 6）

これは、彼が五七歳の時に刊行した『働くものから見るものへ』の「序」であるが、ここでいう「形なきもの」や「声なきもの」というのは、上で見た存在のグラデーションにおける全き存在以外の存在であろう。西田は、西洋（泰西）文化は、形のあるもの、形が作られることを積極的に評価するが、一方、東洋の文化は、形のないものをむしろ尊ぶという。西田は、ここでは、東洋と西洋を対比して述べているが、西洋においても、

［7］　本書第Ⅰ部第2章でトマス・アクィナスがパンサイキズムの哲学者にカウントされているのを見たが（☞本書 132 ページ）、アクィナスが存在のグラデーションを認めていたことを勘案するのならば、それは容易に理解されよう。

このような心性があることは、第I部第2章で見たパンサイキズムの伝統や（☞本書131-132ページ）、民俗領域における精霊信仰などを考えてみれば了解できるだろう。いや、それだけでなく、そもそも神という存在は典型的な「形なきもの」、「声なきもの」である。宗教的行為とは、まさに「形なきものの形を見、声なきものの声を聞く」行為である。神は、西洋にあるだけではなく、それに相当するものは、広く地球上に見られる。とするならば、ここでいう、東洋と西洋の区別とは、そう表現されるよりも、デカルト以後の二元論に立脚した自然科学の自然の捉え方である「ナチュラリズム」とそれ以外という区分と言った方がよいかもしれない。

ナチュラリズムについては、本書第I部第1章、第III部第3章などで、すでに何度か言及してきた（☞本書72-73, 412-416ページ）。「全き存在」だけを存在と認める考えは、ナチュラリズムの考え方である。たとえば、本書では第II部第2章で、今西錦司の進化論とダーウィンのそれとを対比したが（☞本書222-224ページ）、彼らの差異は、その存在論の違いからきている。ダーウィンは「全き存在」だけを存在と認める立場であるので、生物に関して言うと、存在として認めるのは個体だけであり、種の存在は認めない。「ポピュレーション思考」とは、個体の存在だけを認める思考である。一方、今西の種社会（スペシア）とは、個体だけではなく、種の存在を認める思考である。今西は、種社会というものが存在物として実在すると考える。それは、「全き存在」以外の存在を認めるという点で、存在のグラデーションを容認する立場である。西田のいう「形なきもの」、「声なきもの」を存在と認める立場である。

先ほど述べたように、この問題は、西洋と東洋の問題であるという側面もあるが、同時に、西洋と東洋という区分を超えて、何を存在と認めるかという存在論の問題でもある。存在論が何を存在と認めるかという問題であるということは、それは認識論の問題であり、カテゴリーの問題でもあるということでもある。本書第I部第1章と第2章で見たように（☞本書72 ff., 97 ff. ページ）、和辻は風土とは「自己了解の型」であるというが、それは、風土とは「認識」の問題であることを示す。多元的な存在を含みこんで、いかに未来を語るかというのは、まさに、風土学の課題なのである。

7 未来の確からしさと制度

歴史を書くこととは、歴史を存在させることと同義である。とするのならば、同じように考えると、未来を語ることは、未来を存在させるのと同義であるということになる。

未来と過去とは、プレゼンティズムの点からは、どちらも存在しないのであるからシンメトリーであるとはいえ、現実の世界においては、それらはシンメトリーであるとは考えられていない。過去を語ることに比べて、未来を語ることの方が格段に困難であると考えられている。あるいは、過去を語る語りの確からしさに比べて、未来を語ることの確からしさは劣っていると考えられている。すでに述べたように、もちろん、そこには、過去は誰かによって体験されたものであり、未来は誰にも体験されていないという非対称性があるからであろう。だが、しかし、現在に存在する者にとって、過去も未来も存在しないという点では同じである。過去を体験した者が、その過去を語り残さなければ、体験も存在しないことになる。となると、何が困難さを決めるのだろうか。それは、確からしさということであろう。では、確からしさはどこから来るのか。本書第III部第1章で、複雑性の増大と知識の量に関してはグルンバッハが検討し、第IV部第3章で小野が不確実性と予測について検討しているが（☞本書303 ff., 540 ff.ページ）、本章は、過去や未来の確からしさは、知識の量と関係していると考える。過去の確からしさは、過去に関する知識の量が多いからであり、未来の確からしさがそれより低いの

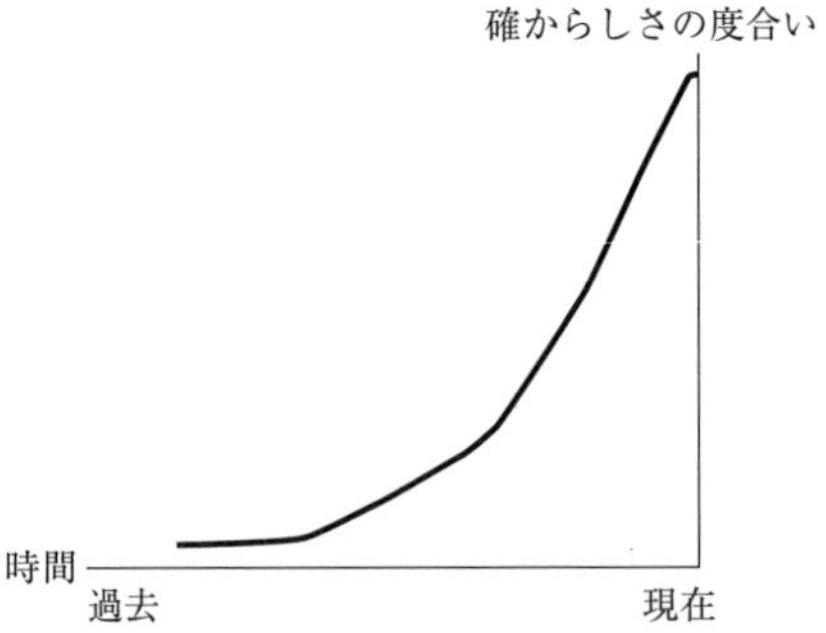

図3　過去へと時間がさかのぼるほど低くなる確からしさ。出典：寺田（2018：754, 2021：315）を参照して寺田匡宏作図。

は、未来に関する知識の量が過去よりも少ないからであると考える。もし、そうならば、未来に関する知識の量が増えれば、未来に関する確からしさは増えるということになろう。

過去に関する確からしさについて考えてみよう。図3が示すように、確からしさは時間の深さと関係している。現在に関する確からしさを基準とすると、その確からしさは、現在から時間がたつにつれて低減してゆく。一〇〇年前のことに関する確からしさにくらべて、二〇〇〇年前に関する確からしさは減っている。明治時代のことよりも、天保時代や元禄時代のことの方がたしかにはわからない。さらに、これをさかのぼると、中世や古代のことになるとより確かな知識は少くなってゆき、縄文時代やその前の時代になるとわからないことの方が多くなる。これは、確からしさが時間の深さに関係しているということであるが、それはいいかえると、兆候という手掛かりがどれくらい残っているかという問題でもある。

とはいうものの、同時に、それはあくまで現在における知識の量の問題であるということにも留意しておかなければならない。つまり、現在そのものが移動しているのである。同じ過去についてでも、現在が変われば、その知識の量も変わる。二〇二四年を現在とする人々の一七〇〇年当時の出来事に関する知識と、一九〇〇年の人の一七〇〇年当時の出来事に関する知識の量を比べるのならば、前者の方が圧倒的に豊富であろう。すでに述べたようにこの点については、本書第III部第1章でグルンバッハが複雑システムの観点から検討しているが（☞本書324 ff. ページ）、そこには、知識生産の歴史が関係している。人間の歴史は、同時に知識生産の歴史であり、知識生産とは、過去に関する知識の蓄積という側面があるからである。本章第3節でみたように、過去に関する知識は、メソポタミアやエジプト、中国などで数千年前に出現した古代文明において、すでに存在した。だが、それが学問的な方法として制度化されてゆき、歴史学として確立するのは、ヨーロッパにおける近代化の過程であり、国民国家の形成とともに、それは強化された（Anderson 2006）。

興味ぶかいことに、この歴史学の急速な隆盛は近代科学の隆盛と軌を一にしている。歴史学も物理学や化学などの自然科学も、中世以来の西欧での伝統的な自由七学芸の中には入っていない。自由七学芸とは、文法、論理学、弁論術、数学、幾何学、音楽、天文学である。歴史に関する研究も、自然に関する研究も、これらの伝統的な学問領域の外側から出現し、次第に制度化され、ディシプリンとして確立されて行ったのである（Buchwald and Fox 2017）。

これも本書第III部第1章でグルンバッハが検討しているが（☞本書334 ff. ページ）、歴史の確からしさも、科学の確からしさも、それに取り組む人の数とそこに投入される資金の量によって担保されている。二〇一八年に、筆者は全世界の歴史家の数を推計したことがあるが、それを元に二〇二四年の数を推計してみよう。筆者は、日本、イギリス、アメリカ、ドイツの歴史家の数を集計したが、日本の代表的な歴史専門家集団（学会）の総人数とイギリスの二大歴史学会の総人数はそれぞれ約一万人である。一方、アメリカのそれは一四万人とかなり多いが、これはアマチュア歴史家を含んだ数である可能性が高い（寺田 2018 : 758、2021 : 317）。

他方、科学者の数を見てみると、二〇二四年時点で最新のユネスコの『科学報告書』は二〇一八年のフルタイムの職業科学者を八八五万人としている（UNESCO 2021 : 74）。六年前の同じレポートは、二〇一三年のその数を七八〇万人としていた（UNESCO 2015）。五年間で約一〇〇万人が増加している。現在の全世界人口は八〇億人なので、世界の全科学者の数は、その〇・一パーセントに当たる。

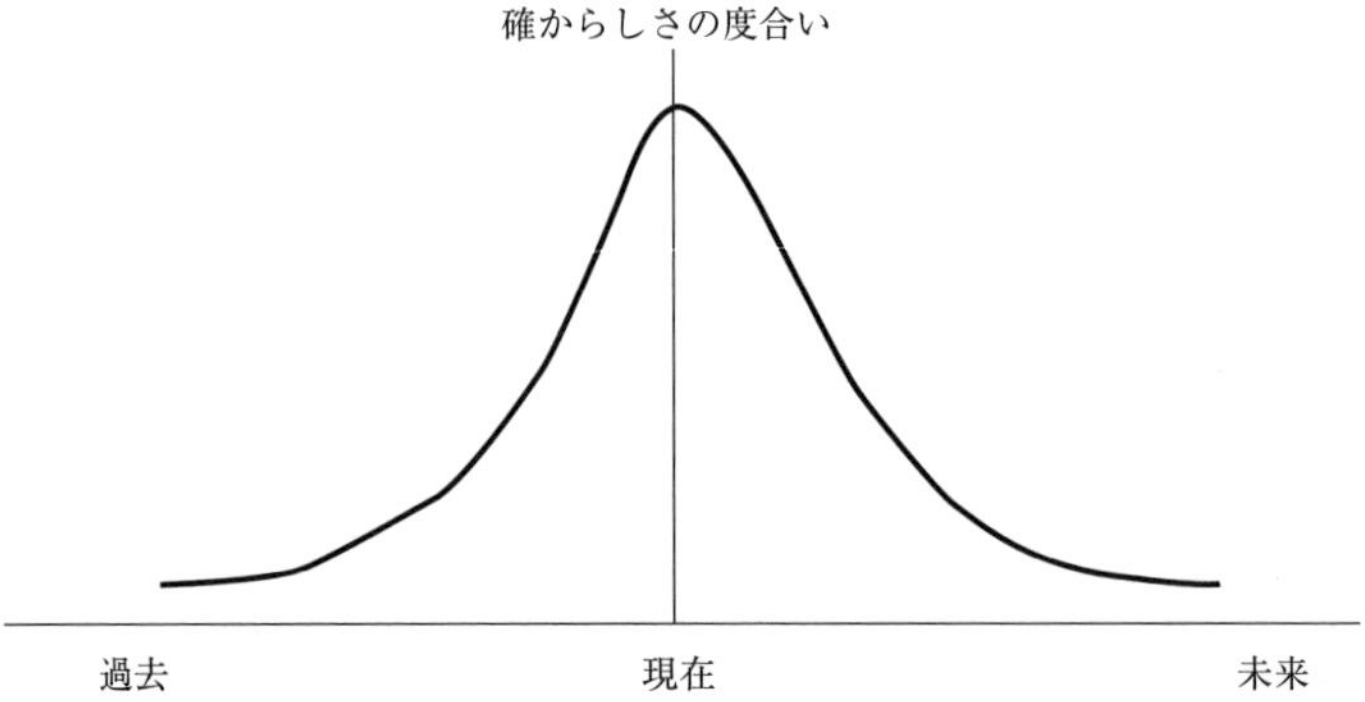

図4　現在、過去、未来と確からしさ。出典：寺田（2018：762, 2021：318）を参照して寺田匡宏作図。

ユネスコの同レポートには、全世界の科学者数の地域的偏差を示す表がある。それによると、高所得国の科学者のシェアは六〇％であり、北米に限ると一八％である。それを参照すると、先の日本とイギリス、アメリカの歴史家の数から、全世界の職能歴史家の数を推測することができる。現在の全世界の歴史家の数はおよそ約一〇万人ということになる。ユネスコは、科学者の数は、増加傾向にあるとしている。科学者の数の増加とは、科学的知識の量の増加である。そうして、科学的知識の増加は、科学の確からしさを増大させる。となると、現在とは、科学的知識の確からしさが増大するトレンドにある時代であるということになろう。

歴史家の数は、歴史に関する知識の確からしさを担保している。それを未来に関して援用するなら、未来に関する知識が増えるのならば、未来の確からしさも増大すると言えるだろう。すでに、未来については、様々な知識が存在する。天気予報は、明日の天気についてかなりの精度で予言をする。[8] 政治や経済の世界は、年度によって予算が立てられているので、年単位の未来をそれによって予言することも可能である。一〇年単位の未来の予測も可能である。この後、本書第Ⅳ部第4章で人類の火星進出や移住の可能性について見るが、NASAは、二〇七〇年に人類は火星にコロニーを持っているだろうという（David 2016）。気候変動については、気候変動に関する政府間組織ＩＰＣＣの『第五次評価レポート』は、このまま人類が何もしなければ、二〇七〇年には、地球では〇・三度から四・八度の間の温暖化が起きると言い（IPCC 2014）、『第六次レポート』は、二〇二一―二〇四〇年には、温暖化が一・五度に達する可能性が五〇パーセント存在するという（IPCC 2023）。おそらく、今日、人類が持っている未来に関する知識は、これまでのどの時点の人類が持ってきた未来に関する知識よりも多いはずである。

図4は、図3を折り返した図である。右側は、左側の過去に関する知識の量と線対称の形をしている。今のところ、このような過去と未来の知識の量の対称性は見られないが、たとえば、未来に関する学に従事する学者が、歴史家の数と同じくらいに増加し、全世界に一〇万人存在するような事態が起こったするのならば、過去と未来の知識の量の対称性が生じるであろう。そうなるかどうかは、人間の意志にかかっている。

8　だれが〈非＝人間〉のフューチャー風土を語るのか

では、その未来を語るのは、だれなのだろうか。最後に、未来における人間の位置を考えてみたい。未来を語るのは、現在の人間であるが、現在の人間が語る未来は、人間という存在が存在する未来を想定してしまいがちなバイアスをはらむ可能性がある。どのような未来が語られるかとは、どのような現在であるかという問

［8］　本書第Ⅳ部第3章でも小野が台風について述べているが（☞本書537-540ページ）、二〇世紀前半には台風の予測は難しく、日本では一九五九年の伊勢湾台風で五〇〇〇人近い死者が発生したが、今日、台風でそれほどの死者が出ることは、日本では考えられない。ただし、日本以外の国、とりわけ、いわゆるグローバル・サウスの国々ではまだ、災害への脆弱性が残っている。

題とも相関する。

時間概念は、時代によって変わる。フランスの歴史家のピエール・ノラは一九九〇年代に刊行された三巻七冊からなる浩瀚な『記憶の場 *Lieu de la memoir*』という共同プロジェクトの論集で、歴史は加速していると言った（Nora 1984）。この本は、記憶が歴史にどのように影響されてきたか、そして、後期近代において記憶が歴史に取り代わっていかに重要になっていったかを明らかにした本である。国民国家形成と近代化の時期である一八世紀から一九世紀にかけては、歴史の時代であった。しかし、二〇世紀になると、歴史は、記憶にとって代わられつつあるとノラはいう。歴史に比べると記憶は、より個人に密着したものである。記憶について考えるとき、そこには記憶の主体の問題を欠かすことができない。この主体とは、意識の主体であり、認知の主体である。そうして、この認識の主体とは、風土学が問題にするところの、自己認識の主体でもある。つまり、記憶が問題にされているというとき、それは、風土学と同じように、それを記憶として認識する主体とは何かということが問われている。二元論的な語彙を用いれば、歴史とは、客観的な外部に属するものである。それに対して、記憶とは、主体と結びついた主観的なものであると同時に、客観的外部と結びついた客観的なものである。それは、風土が主体と客体と結びついているありかたと相同的な構造をしている。

一方、未来に関する関心、とりわけ、地球環境の危機から発するそれは、時間に関する新たな語り方（ナラティブ）のモードを求めている。地球環境の危機は、記憶どころか、歴史を超えたもっと長いスパンの時間への関心を必要としている。本書序章でも述べたが（☞本書 2-3 ページ）、人新世という新しい時代区分が提唱され、公式的には地質年代としての採用を否決されたものの依然として関心を惹きつけている。この人新世という考え方は、億年単位の進化という地質年代的なプロセスと人間の歴史を接合しようとしている。従来、歴史は人間の出来事だと考えられてきた。そして、歴史は地球の出来事とは切り離されて語られがちであった。だが、人新世という考え方は、そのような切り離しを自明視することなく、新しい過去に関する語りを語ろうとしているのである。人新世とは、地球環境の危機から生まれた概念である。とするのならば、地球環境の危機は、新しい時間の語り方を要求しているのだと言えよう。

とはいえ、全地球史である過去の四六億年をカバーする過去の語り、そうして、太陽が超高温の赤色巨星になって地球を飲み込むまでの今後想定されている約三〇億年間の未来をカバーする未来の語りが出現したとしても、それだけで問題は解決するというわけでもない。地球史に危機をもたらしているような人間活動の傾向は、そもそも、そのような歴史の全体を一望し、それを語ろうとするような傾向を持つ文化そのものから生じている可能性もあるからである（Brennan and Lo 2013）。[9] それは、進歩という観念や直線的な歴史という観念である。

歴史というカテゴリーは、近代に特有の概念である。中世にはそのような概念はなかった。ロシアの文化史家アーロン・グレーヴィチ Aron Gurevich は、『中世文化のカテゴリー』の中で、西洋の中世には、現代とはかなり異なったカテゴリーがあったことを明らかにした（グレーヴィチ 1992）。そこでは、世界認識に主観と客観の区別は見られず、地上世界とあの世の区別や神話と現実の区別があいまいであり、[10] 空間の中には様々なシンボルやアレゴリーがあり、言葉が実在物と等価に扱われていたという。[11] 時間についても、時を超えた時間への結びつきが強く、歴史という感覚もほとんどなかったという。

［9］本書第III部第1章で見たように、グルンバッハは、このような問題を西洋パラダイムの世界支配の問題として論じ（☞本書355ページ）、本書第V部インタビューでは山極が、闘争や力を原理とする西洋的な考え方が地球を覆っている問題として論じている（☞本書584-585ページ）。

［10］本書第I部第1章では、和辻、ベルクの風土学が、主観と客観の分離を批判していることを見たが（☞本書78 ff. ページ）、それは、このことを踏まえると、近代に特有の現象であるということになる。

フランスの人類学者クロード・レヴィ＝ストロースは、歴史という概念を批判し、いわゆる「未開社会」に見られる、非＝歴史的な過去の語りを再評価する必要性を問題提起した。彼は、いわゆる「未開社会」を「冷たい社会」と表現する（Lévi-Strauss 1962 : chap. VIII）。「冷たい」とは静態的であり、動きが少ないことを比喩的に表現している。一方、冷たい社会に対比されるのは「熱い社会」である。熱い社会とは、動態的であり、動きが激しい社会であり、文明化された現代社会がそれにあたる。

「冷たい」に象徴される「静態的であり、動きに乏しい」性質とはどういうことか。それを、レヴィ＝ストロースは、出来事が構造に回収されるということであるという。冷たい社会では、出来事は、つねに、構造の中に回収される。たとえば、そこでは、現在起きている出来事も、すでに存在する既存の構造の中で理解されることになる。そのような社会では、たとえば、現在起きている王位の簒奪や政治的革命は、既存の星座や墓地の位置関係の比喩やアレゴリーやアナロジーとして語られる。そうなると、その出来事の現在性は失われ、そこには、現在においても過去においても不変である、ある構造だけが存在することになる。

他方、熱い社会では、出来事は、直線的な時間の中に位置づけられ、現在という時間の先端で起きた出来事は、その先端性をもって理解される。構造にすべてが回収されるような語りにおいては、進歩や前進という観念は生じない。なぜなら、構造とは、時間の前後関係を一方向にはっきりと決めるものではないからである。あるいは、そもそも、構造の中には、時間は折りたたまれてはいるが、そこでは時間は進行することはないともいえる。一方、直線的な時間の語りにおいては、直線が前後関係をはっきりと決め、進歩や前進という観念が生じる。そうして、そのような語りをベースとした社会は、ダイナミックに前進していくことを是とし、実際に、そう動いてゆく。つまり、カテゴリーの存在が社会を動かしているのである。

環境危機とは、そのような進歩や前進という観念を基盤にした現代文明が生み出している。とするのならば、仮に、いくら長期の全地球史をカバーする過去と未来の語りが生まれたとしても、それが、進歩や前進を前提としている限りは、それは現下の環境危機をそのまま肯定することはあれ、それを軌道変更させることはないともいえよう。過去と未来に関するカテゴリー自体が変化しなければ、変化は起こらない。

本書序章でも見たが（☞本書25ページ）、レヴィ＝ストロースは、『悲しき熱帯』の中で、「地球は人間無しに始まったし、地球は人間無しに終わる」と言った（Levi = Strauss 1993［1955］: 478）。四六億年前に地球が誕生した時、地球上に人類がいなかったことは確かである。では、三〇億年後に、太陽の超高温化に伴って地球が飲み込まれて消滅するとき、地球上に人類は存在するのだろうか。冒頭に述べたように、風土学のスコープは、そのような時間を包摂した語りを問うている。

進歩や発展という場合、それはどうしても、人間社会のそれを想定することになる。しかし、これからの地球の三〇億年の未来史を考えた時、人間社会が長期間存続し続けるということをむりに前提にする必要もないともいえよう。よく知られているように、過去の四六億年を見ても、生物が地球上に存在した最近の約六億年の間には、五度の生物の大絶滅が起きている。[12]その間隔はまちまちであるが、大まかなところを見れば、約一億年に一度は大絶滅が起きていることになる（図５）。原因は不明であるものも多いが、原因は不明であれ、そのような生物に大きなインパクトを与える出来事が、定期的に起こるというトレンドがあると想定することは、それほど無理なことではなかろう。とすると、地球の未来史の三〇億年のあいだにも、複数回の絶滅が起

［11］　アレゴリーやそれに類似するメタファーの人間にとっての意味については、本書第Ⅴ部の対談で和出と寺田が論じ（☞本書623-624, 632-634ページ）、本書第Ⅴ部の短編小説「とぅ　みーと　ふどき」で黄桃が言及している（☞本書701 ff. ページ）。

［12］　過去に起きた生物の大絶滅については、本書第Ⅱ部第２章でパリーが（☞本書260ページ）、本書第Ⅴ部インタビューで山極が検討している（☞本書594-595ページ）。

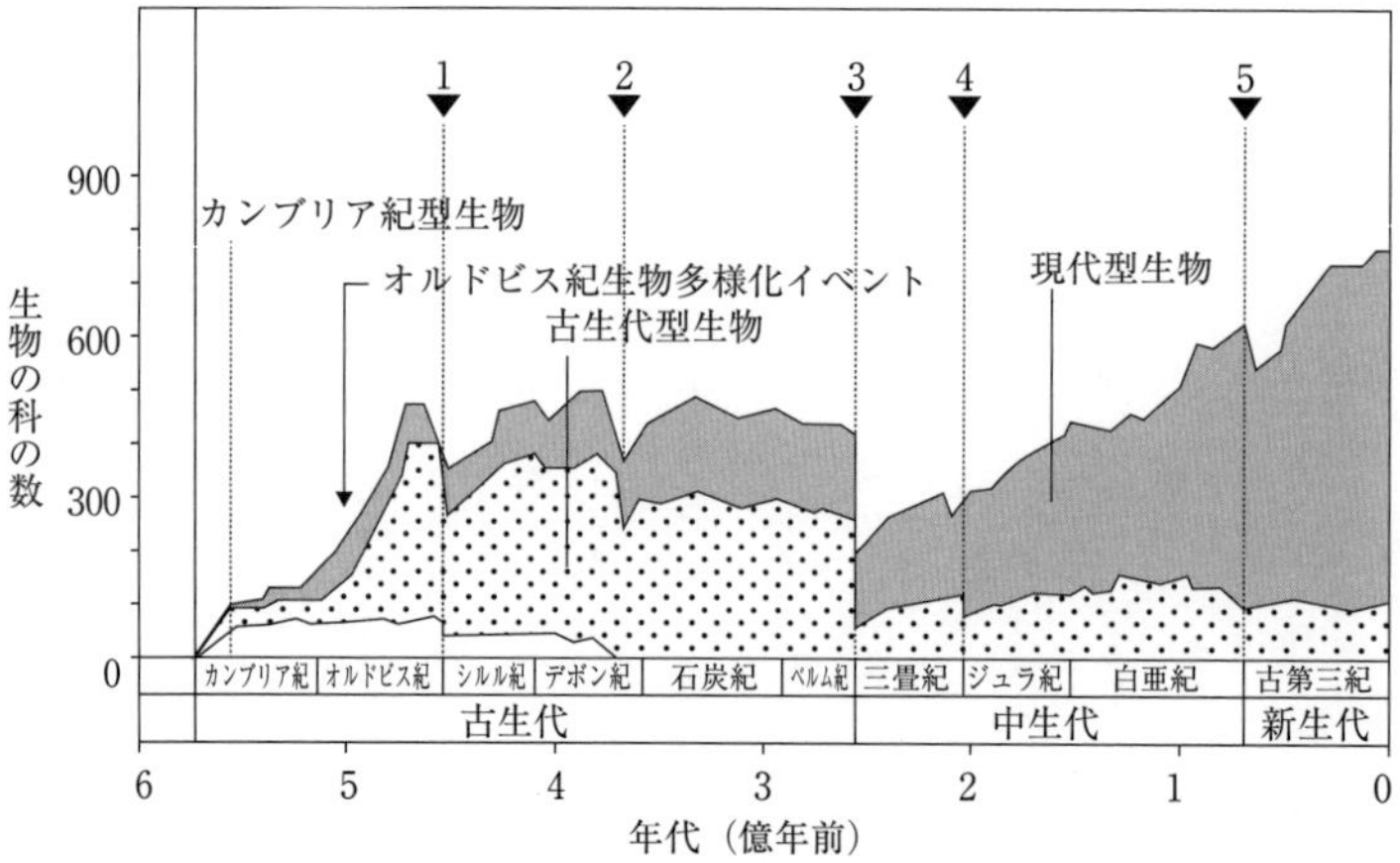

図5　地球上で過去に起きた5度の生物の大絶滅。図の上部の三角形の上の数字はその大絶滅が何回目の大絶滅かを示す。出典：安成（2018：161）、寺田（2021：26）を参照して寺田匡宏作図。

きるということも想定できるだろう。

中生代すなわち大型爬虫類（恐竜）が中心の時代と新生代すなわち哺乳類が中心の時代の間を区切る第五回目の絶滅が約六千万年前に起きた時、その約六千万年後に、現在のような人間が地球上に存在することを予想できたわけではなかろう。だが、その時に、地球上には生物がいたのであり、環境が存在したのであるから、風土があったと言える。今後、複数回にわたって起きるであろう絶滅が起きた後、地球上にどのようないきものが存在するかという予測は難しい。だが、本書は、そこに、いきものが、あるいは、いきものがいなくとも、そこに存在物がある限り、風土があると考える。フューチャー風土をどう語るかとは、そのような未来を含めた風土をどう語るかという問題である。

初出

本章の内容は次の発表を元にしている。

Masahiro Terada, "On Writing History of the Future, or the Concept of "*Futurography*": From the Viewpoint of Narrative and *Energeia* (Actuality)," in Research meeting "Our Sustainable

Future and Local Dialects：Preservation, Archiving, and Revitalization,” the 7 th Basic Informatics Seminar hosted by the Information Resources Division, RIHN Center, Research Institute for Humanity and Nature（RIHN）, 26 March, 2019, Research Institute for Humanity and Nature, Kyoto.

引用・参考資料

和文文献

グレーヴィチ、アーロン（1992）『中世文化のカテゴリー』川端香男里・栗原成郎（訳）、岩波書店。

寺田匡宏（2018）『カタストロフと時間――記憶／語りと歴史の生成』京都大学学術出版会。

寺田匡宏（2021）『人文地球環境学――「ひと、もの、いきもの」と世界／出来』あいり出版。

西條辰義（編）（2015）『フューチャー・デザイン――七世代先を見据えた社会』勁草書房。

西條辰義（2024）『フューチャー・デザイン』日本経済新聞出版。

西條辰義・宮田晃碩・松葉類（編）（2021）『フューチャー・デザインと哲学――世代を超えた対話』勁草書房。

西田幾多郎（1965［1927］）「働くものから見るものへ」西田幾多郎『西田幾多郎全集』四、岩波書店、pp. 1-430。

マクタガート、ジョン・エリス・マクタガート（2017）『時間の非実在性』永井均（訳）、講談社学術文庫、講談社。

安成哲三（2018）『地球気候学――システムとしての気候の変動・変化・進化』東京大学出版会。

欧文文献

Anderson, Benedict（2006）*Imagined Communities：Reflections on the Origin and Spread of Nationalism*, Revised edition. New York：Verso.

Aristotle（1929）*Physics*, Wicksteed, Philip H.；Cornford, Francis M.（trans.）, Loeb Classical Library. London；New York：W. Heinemann；G.P. Putnam's sons.

Aristotle（1933）*Metaphysics*, Tredennik, Hugh（trans.）, Loeb Classical Library. Cambridge MA：Harvard University Press.

Aristotle（1938）*On Interpretation*, Cooke；Tredennik,（ed）, Loeb Classical Library. Cambridge MA：Harvard University Press.

Bai, Xiu Mei; Leeuw, Sander van der; O'brien, Karen; et al. (2016) "Plausible and Desirable Futures in the Anthropocene: A New Research Agenda," *Global Environmental Change* 39: 351-362.

Bains, John (2011) "Ancient Egypt," in Feldherr, Andrew; Grant, Hardy (eds.) *The Oxford History of Historical Writing*, Vol.1 (Beginnings to AD 600), pp. 53-75. Oxford: Oxford University Press.

Berque, Augustin (2014) *Poétique de la Terre: Histoire naturelle et histoir humaine, essai de mésologie*. Paris: Benin.

Brennan, Andrew; Lo, Norva Y. S. (2013) "The Environment," in Skorupski, John (ed.) *The Routledge Companion to Ethics*, pp.754–765. London: Routledge.

Buchwald, Jed Z; Fox, Robert (eds.) (2017) *The Oxford Handbook of the History of Physics*. Oxford: Oxford University Press.

David, von Leonard (2016) *Mars: Our Future on the Red Planet*. Washington D.C.: National Geographic Society.

Dodelson, Scott; Schmidt, Fabian (2020) *Modern Cosmology*, Second edition. Amsterdam: Academic Press.

Falcon, Andrea (2019) "Aristotle on Causality," in Zalta, Edward N. (ed.) *The Stanford Encyclopedia of Philosophy* (Spring 2019 Edition). https://plato.stanford.edu/archives/spr 2019/entries/aristotle-causality/. (Accessed November 11, 2024)

Ginzburg, Carlo (2013) *Clues, Myths, and the Historical Method*, Tedeschi, John; Tedeschi, Anne (ed.). Baltimore: Johns Hopkins University Press.

Golub, Leon; Pasachoff, Jay M. (2014) *Nearest Star: The Surprising Science of Our Sun*. Second edition. Cambridge: Cambridge University Press.

IPCC (2014) *The Fifth Assessment Report of the IPCC*, IPCC website. https://www.ipcc.ch/assessment-report/ar5/. (Accessed November 11, 2024)

IPCC (2023) "Summary for Policymakers," in Core Writing Team; Lee, H.; Romero, J. (eds.) *Climate Change 2023: Synthesis Report. Contribution of Working Groups I, II and III to the Sixth Assessment Report of the Intergovernmental Panel on Climate Change*, pp. 1-34. Geneva: IPCC.

Lamarque, Peter; Olsen, Stein Haugom (1997) *Truth, Fiction, and Literature: A Philosophical Perspective*. Oxford: Clarendon Press.

Lévi-Strauss, Claude (1962) *La Pensée sauvage*. Paris: Plon.

Lévi-Strauss, Claude (1993 [1955]) *Tristes tropiques*. Paris: Plon.

Liverani, Mario (2011) "Later Mesopotamia," in Feldherr, Andrew; Grant, Hardy (eds.) *The Oxford History of Historical Writing*, Vol.1 (Beginnings to AD 600), pp. 29-52. Oxford: Oxford University Press.

Lewis, David (1986) *On the Plurality of Worlds*. Malden, MA: Blackwell Publishing.

Loux, Michael (2002) *Metaphysics: A Contemporary Introduction*, Second edition. London: Routledge.

McTaggart, J. Mc Taggart Elis（2008［1927］）“Time：An Excerpt from The Nature of Existence,” in van Inwagen, Peter；Zimmerman, Dean（eds.）*Metaphysics：The Big Questions*, Second edition. Malden. MA：Blackwell Publishing.

Nicokaeva, Irina（2016）“Analysis of the Semantics of Mood,” in Nuyts, Jan.；van der Auwera, Johan（eds.）*The Oxford Handbook of Modality and Mood*, pp. 68-86. Oxford：Oxford University Press.

Nora, Pierre（1984）“Entre mémoire et histoire,”in Nora, Pierre（ed.）*Les Lieux de mémoirre：La République*, pp. 23-43. Paris：Gallimard.

Plato（1914）“Phaedo,” in Plato *Plato,* Ⅰ, Fowler, North（trans.）, Loeb Classical Library. Cambridge MA：Harvard University Press.

Plato（1929）“Timaeus,” in Plato *Plato,* Ⅸ, Bury, R. G.（trans.）, Loeb Classical Library. Cambridge MA：Harvard University Press.

Plato（1939）“Parimenides,” in Plato *Plato,* Ⅳ, Fowler, North（trans.）, Loeb Classical Library. Cambridge MA：Harvard University Press.

Platon（1956）*La République*, Chambry, Émile（trans.）. Paris：Societé d'édition les belles letters.

Robinson, John B（1990）“Futures under Glass：A Recipe for People Who Hate to Predict,” *Futures*, Vol. 22, Issue 8：820-842.

Ryden, Barbara（2017）*Introduction to Cosmology*, Second edition. Cambridge：Cambridge University Press.

Shaughnessy, Edward. L.（2011）“History and Inscriptions, China,” in Feldherr, Andrew；Grant, Hardy（eds.）*The Oxford History of Historical Writing*, Vol.1（Beginnings to AD 600）, pp. 371–393. Oxford：Oxford University Press.

Tarbuck, Edward J.；Lutgens, Frederick K.；Tasa, Dennis G.（2011）*Earth Science*, 13 th edition. Hoboken, N.J.：Pearson,

UNESCO（2015）*UNESCO Science Report：Towards 2030*. Paris：UNESCO.

UNESCO（2021）*UNESCO Science Report：The Race Against Time for Smarter Development*, Schneegans, S.；Straza, T.；Lewis J.（eds）. Paris：UNESCO Publishing.

van der Auwera, Johan；Aguilar, Alfonzo Zamorano（2016）“The History of Modality and Mood,” in Nuyts, Jan；van der Auwera, Johan（eds.）（2016）*The Oxford Handbook of Modality and Mood*, pp. 9-28. Oxford：Oxford University Press.

van Inwagen, Peter（2014）*Metaphysics*, 4 th edition. Boulder：Westview Press.

Washida, Yuichi（2018）“A Thinking Method to Prepare for Unforeseen Future,” *Human-Information Technology Ecosystem*, Vol.2. Tokyo：Research Institute of Science；Technology for Society（RISTEX）；Japan Science and Technology Agency（JST）.

第2章 各論

風土を構造的知識として記述する

――オントロジー工学はいかに風土にアプローチするか

Describing Fudo as a Body of Structural Knowledge Based on Ontology Engineering

熊澤輝一
Terukazu Kumazawa

1 オントロジー工学で風土を記述すること

本章では、和辻の時代には存在しなかった計算機（コンピュータ）に意識を向ける。計算機が介在する思考や生活の様式をも反映した風土と向き合うための拠り所を得ることが、本章の目的である。

「風土」の概念は、哲学や地理学、倫理学といった基礎的な学術領域にとどまらず、実際の社会での応用を目的とする建築、土木、都市計画、ランドスケープ、環境の分野でも頻繁に登場する。さらには、企業風土という言葉に代表されるように、経営学や組織論の分野でも目にすることが多いだろう。風土をめぐっては、それを思想として論ずる立場にとどまらず、その概念に基づいてまちづくりなどの事を成そうとする立場がある。[1]

さて、筆者は生身の人間として、「風土とは身体でもって体得するものである」という実感を持っている。

[1] 前者の立場としては寺田匡宏（寺田 2023）が、後者の立場としては中村良夫（中村 2021）による著作がある。

筆者の実感であるだけでなく、本書第Ⅰ部第2章で寺田が紹介しているように（☞本書104-111ページ）、和辻哲郎も『風土』の中で、風土とは身体の問題であることを強調し「風土もまた人間の肉体であった」とまで言っている（和辻 1935：17）。

しかし、本章の以下のメインのディスカッションで分析するのは、オントロジー工学という技術に基づく認識論である。となると、なぜ、筆者は、生身の人間としての実感と異なった分析をここで行うのか、という疑問も当然寄せられるだろう。筆者はそれに応えておかなくてはならないだろう。

風土を身体でもって体得することは、その目標を達成するという意味でも、方法論的にも、明確に成功と言いきることは難しい。というのも、その目標がどのようなもので、何を基準に進め方を検証すればよいかが分からないからである。そもそも、「風土を身体でもって体得する」とはどのようなことなのだろうか。そして、その目標はどういう状態であれば達成されたと言えるのだろうか。これらの問いに対して、一つ一つ答えていく必要がある。

複数の人間や地域社会の中で事を成す場合、その構想やデザインについて必ず共有がなされる。そこで共有される媒体は、広く公的な取組であれば、計画書、設計図といったもの、より私的な取組であっても何らかの文書によって共有されることになるだろう。歴史を記述した文書や記録、さらには地域の物語といったものも範疇に入る。こういった、何らかの記述されたものが共有されることになる。とりわけ、複数人であるいは地域社会として風土を身につけることを目指すならば、その記述されたものは有力な手がかりとなるだろう。そうだとすると、「風土を記述する」とはいったいどのようなことを指すのだろうか。

本書序章でも同様のことは述べられているが（☞本書22-24ページ）、哲学者の河野哲也（河野ら 2008）は、「環境存在論」を構想する中で、「二元論を糾弾する声が大きかったにもかかわらず、その克服がなかなか成功しなかったのは、環境を適切に記述するための道具立てがうまく開発できなかったからである。とくに、自然物と人工物を区別せずに、それらを人間にとってのニッチ（生態学的棲み家）として統合的に記述する方法が見出せなかった」と断じた。その上で、近代科学をリードしてきた物理学が、巨視的あるいは微視的スケールを扱っているのに対して、人間や動物にとっての環境を、極小から極大に至る世界の中に位置づけて記述する方法を生み出す必要性を説いている。環境と風土の違いはあるが、河野による問題意識は、本稿と同根のものと考える。

したがって、「風土を記述する」とは、主客二元論に基づくものでも、自然物と人工物を分けるものでもない。風土そのものを一つのまとまりとして、何らかの記号体系の元で表現しようすることを意味する。ここでいう「記号」とは、プラグマティズムに基づくパースの記号論の流れにある記号概念である。第Ⅱ部第1章では寺田がパースの記号論の経緯と詳細を解説している（☞本書230-234ページ）。パースの記号論では、人間は世界をどのように認識するのか、意味づけるのか、という個人からみた世界認識から記号の問題を組み立てている（谷口2022 : 17）。本稿で扱うオントロジー工学が取る内容志向の立場も、人工知能やロボットを対象に身体と社会に基づく意味の創発を扱う「記号創発システム論」もこの系譜に連なる。

風土を記述する方法として本章では、記述の中でも共有されるべきものとして直接記述され、かつ、構造化された知識に着目する。構造的知識とは、ここではノード（頂点）とエッジ（枝）から成るグラフ構造を有する知識のことを指す。「オントロジー」とは、哲学における存在論のことではなく、工学における応用を目的とした「もの」の存在を記述するための計算機理解可能な体系化された「概念辞書」のようなものである。存在論については、本書第Ⅲ部第4章及び第Ⅳ部第1章で寺田が存在の程度や位置づけにグラデーションがあるものとして論じている（☞本書408 ff., 489 ff. ページ）が、それとも全く異なる認識論の範疇にあるものである。

さらに、風土学とオントロジー工学の間には、扱う世界と現実との向き合い方に決定的な違いがある。まず前者は、主観と客観の二分法を超えて通態的に存在するものとした理解を目指していることである。「通態的」であるとは、「主観的なものと客観的なものが、重なっているということであり、必然的なものとして物質的な場を想定しながらも、これを超えているということである」（ベルク 2002）[2]。これに対して後者は、知識共有を目指して統一的な基準を作ることを目指した構造物である。その意味で本稿の議論は、ねじれの位置にあると思われた二つの直線に、じつは交点が存在し、その交点の条件を満たす場合においてのみ成立する、というタイプのものである。その交点に当たるのが、誰もが共有できる手順と表現で「記述する」ということだ。

以上の前提をもって本章では、構造的知識の中でもオントロジー工学には、風土を記述する上で運用上の相性の良さがあることを示す。しかし、同時にオントロジーは、風土の理解を促すものではない。なぜなら、風土における通態的な性質を具現化すること、すなわち表象の側面を範疇としないからである。風土の体得は、人間と自然物・人工物との（記述とは異なる）直接の通態のみにおいてのみ実現する。だから、道具としても、「記述を理解するための道具」という限定的な役割を担うことになる。

したがって、オントロジーを扱う場合は、風土の現象そのものではなく、現象の記述を直接の対象にすべきとなる。たとえば、「京都の冬は寒いね」と空気の冷たさの中で息づいた生の語りは対象とすべきではない。テキストに落とされた語りであったり、寒さを記述した語り、あるいはデータの形で落とされた語られた環境の状況が対象となる。

そのような中で、風土を記述するための道具として、オントロジーは具体的にどのような役割を果たすのだろうか。本章では、「概念を記述する」「関係を記述する」の二点に注目し、オントロジー工学理論に基づく記述例を用いて議論する。

2　構造的知識（オントロジー工学）という道具

風土と道具

和辻は、「主体的な人間存在が己れを客体化する契機はちょうどこの風土に存するのである。風土の現象（着物、家などのこと）は我々がいかに外に出ている我々自身を見いだすかを示していた。寒さにおいて見いだされた我々自身は、着物、家というごとき道具となって我々に対立する。（…）すなわち風土における自己の了解は同時に道具を己れに対立するものとして見いださしめるのである」とする。その上で、「人間存在において最も手近に見いださるる物が道具であるという洞察はまことに教うるところの多いものである」（和辻 1935 : 19）として、道具が風土の現象として手近なものであるとする。

手近かどうかは議論の必要があるが、構造的知識という知識体系を示す道具もまた、己れに対立するものとして見出されよう。そんな知識体系を示す道具とは、他者の知識や視点同士を比較するための道具であり、記述されたある知識を起点に考えるための道具である。クリストファー・アレグザンダーが提案したパタン・ランゲージ（アレグザンダー 1984, 1993）やオントロジー工学が、その起源は違えど、開発の意図にこのような点を含んでいる点は共通である。

［2］「通態」については、本書第I部第1章で寺田が、その原語とともに詳細を解説している（☞本書 82-84 ページ）。

しかしながら、パタン・ランゲージは、厳密に言えば、デザインのための道具である。今回は純粋に記述のための道具であるオントロジー工学の理論に焦点を絞って議論を試みる。このような知識の道具もまた風土的な自己了解を見出す対象であり、決して衣服や道具などと区別されるものではない。この点をこれからの議論の前提にしたいと思う。

オントロジー工学とは

「オントロジー」はもともと哲学の用語で、「存在に関する体系的な理論」のことをいう。オントロジー工学は、それを計算機（コンピュータ）が理解可能な（計算機可読の）形式で表現して工学的に応用するための、知識工学分野の手法である。このオントロジー工学においては、オントロジーは「対象世界に現れる概念（用語）の意味や関係性を明示的に定義した概念体系」（溝口 2005）を意味し、知識の背景にある暗黙的な情報を明示するという重要な役割を担う。例えば、同じ「環境」という言葉でも、自然環境のみを意味するのか、人工環境や社会環境を含むのかは、分野や文脈によって異なるだろう。組織の環境適応を論ずるとき、環境はより一般的な意味で用いられるし、ソフトウェアが動作する環境は、オペレーティング・システム（ＯＳ）やプロセッサなどのシステム構成物を指す。このような概念の意味の違いや関係性を対象世界ごとに明確に定義したものがオントロジーである（熊澤ら 2011）。

知識工学を一領域として含む人工知能の立場では、オントロジーに「概念化の明示的な規約」（explicit specification of conceptualization）（Gruber 1993）という定義を与え、これに基づいて、対象世界を構成する概念要素の「一般－特殊関係」「全体－部分関係」などをモデル化するための基礎理論や構築の方法論が開発されている。

オントロジーは、対象世界を記述するための概念と、それらの概念間の関係から成り立っている。概念間の意味リンクが表す関係には、「一般－特殊関係（is-a 関係）」「全体－部分関係（part-of 関係）」「属性関係（attribute-of 関係）」という三つの代表的なものがある（來村 2012）。

ここからはオントロジー構築・利用ツール「法造」[3]を用いて解説する。これを用いることで、オントロジーの概念がどのように定義され、どのような関係をもって体系立てられているかが、明らかになるからである。上で示した三つの概念間の意味リンクが表す関係は、代表的かつ実装されているので、以下、これらについて、筆者が地下水に関連する概念を定義した際に、法造で構築したオントロジーデータ（図1、熊澤 2018）を用いて説明する。図1は全体で一つの体系になっているオントロジーの一部を説明のために抜粋したものである。

まず、is-a 関係は、AとBの間に〈A is-a B〉という関係が成り立つとき、AはBを特殊化した概念であること、すなわち「AはBの一種である」ことを意味する。このとき、Aを「下位概念」、Bを「上位概念」と呼ぶ。例えば図1では、「groundwater（地下水）is-a water（水）」の関係があり、この場合、water が上位概念、groundwater が下位概念である。ここでの water と groundwater は、「基本概念」と呼ばれる。基本概念とは、定義にあたり他の概念を必要としない概念のことであり、以下では、基本概念のことを「概念（クラス）」と呼ぶ。オントロジーの概念（クラス）は、それに所属する個物（インスタンス）に共通の性質を定義したものである。

part-of 関係は、構造的な部分関係を表す。例えば、pumping up groundwater（地下水の汲み上げ）という概念は、input（入力）としての groundwater と output（出力）としての surface water との間に、それぞれ part-of 関係

［3］　オントロジー工学の基礎理論に基づき、対象世界の本質的な概念構造を把握するための、オントロジーの開発・利用環境（http://www.hozo.jp）。

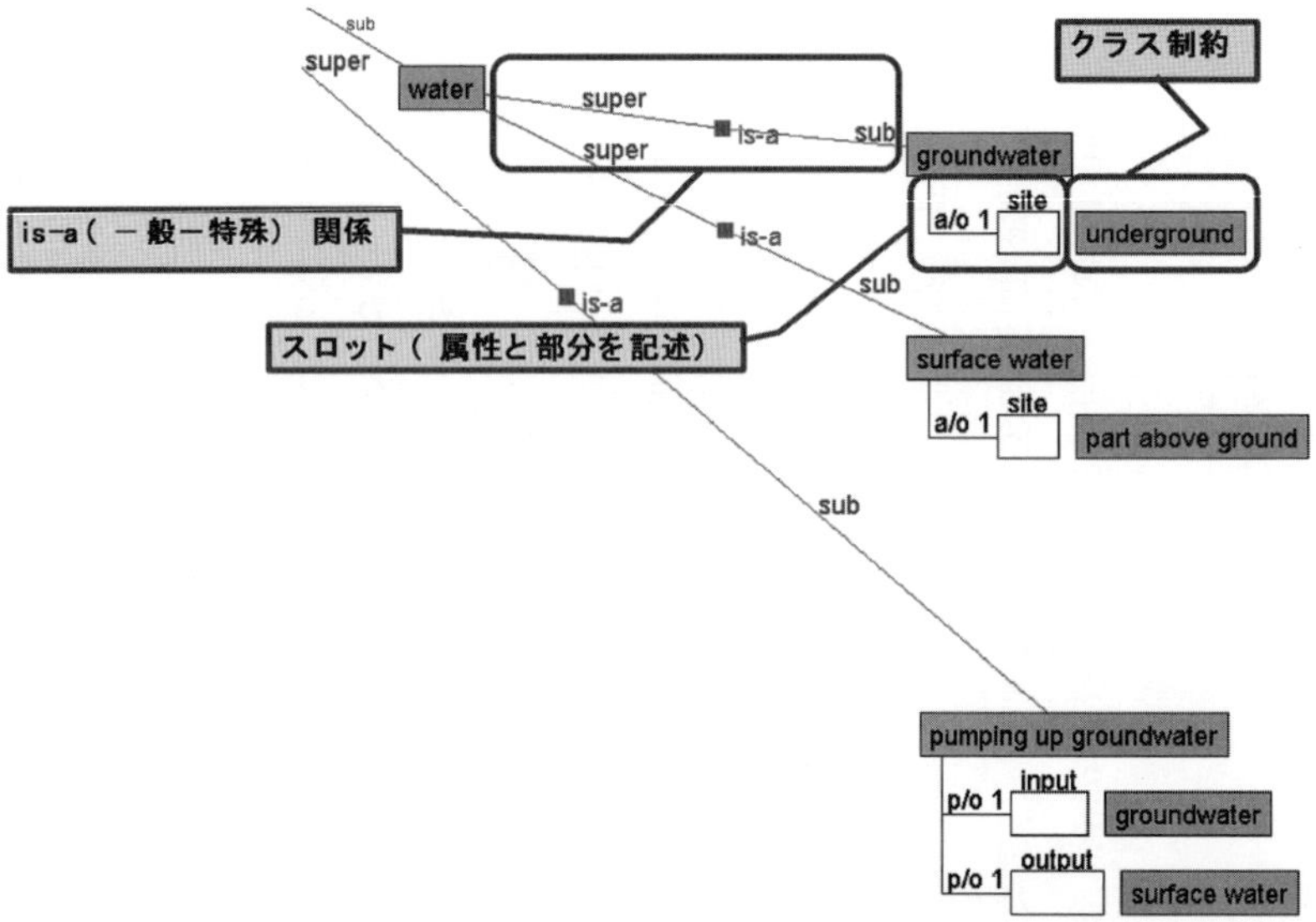

図 1 「法造」を用いたオントロジーの概念の定義例（地下水関連の概念の場合）

（図中の p/o）を有する。
attribute-of 関係は、ある概念に密接に依存している概念との関係をいう。例えば図 1 の groundwater（地下水）と surface water（表流水）は、それぞれ site（場所）との attribute-of 関係（図中の a/o）を有する。これにより、「water は site によって異なる性質を持つ」ということが表現されている。

このように、is-a 関係の他に part-of 関係や attribute-of 関係などを用いることで、各概念をより詳細に定義できる。また、先の例で site（場所）と表示されている箇所は、コンテキスト（文脈）に依存して決定される役割を表し、「ロール」と呼ばれる。また、ロールを参照する概念に制約を与えることを「クラス制約」という。クラス制約にはロールを担いうる概念を記述する。例えば、図 1 の groundwater（地下水）の定義では、site ロールを担うことができる概念をクラス制約として記述することになる。地下水は地下にある水であるから、それが存在する site（場所）は underground（地下）に限られなければならない。これがクラス制約である。

また、二つの概念間に is-a 関係があるとき、その下位概念は、上位概念の持つ性質（part-of 関係、attribute-of 関係など）を継承する。これを「性質の継承」と呼ぶ。このように、概念は、「継承」と「特殊化」によるオントロジー構築のプロセスを通して定義される。

ここで注意しなければならないのは、オントロジーが扱うのは、実際にある個々の語彙ではなく、一般性を有するものとしてあらかじめ定義された概念である、ということである。例えば、実際になんらかの書面に記述された groundwater という文字と一般的な意味での groundwater という概念とを明確に分けて考える。前者は個物（インスタンス）であり、後者は概念（クラス）に当たる。オントロジーで扱うのは概念の方である。

オントロジーにもいくつか種類がある。それらは構築者の思想を反映している。哲学者によるオントロジーはその哲学的基礎を、工学者によるオントロジーはその応用先と工学的基礎を反映する。

3　概念を記述する――「寒さ」をオントロジー工学で記述する

「寒さ」とは何かを記述するにはどうすればよいか

「京都の冬は寒いね」。京都市内を話に取り上げる時によく出る話題である。これが展開して、「底冷えがする」「だから、美味しいお漬物ができる」「北海道から来たけれど、なぜか京都の方が寒く感じる」「〇〇通りから上《かみ》に行くともっと寒くなる」といったことが、しばしば語られる。これらの語りには、京都の街中が持つ

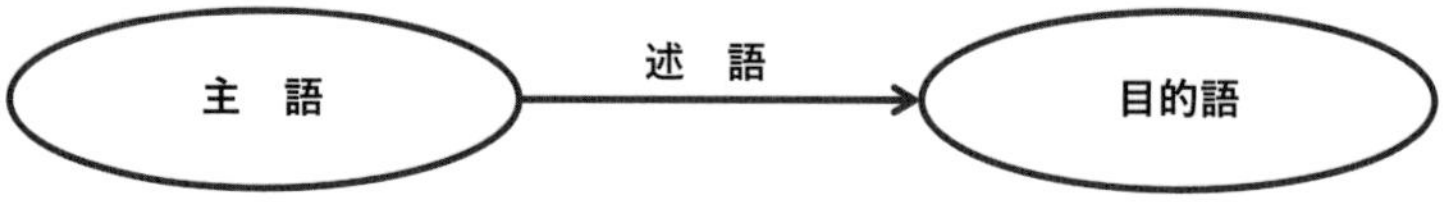

図2　RDFトリプルの基本要素

風土性を考えようとする上で、多くの手がかりを含んでいるのだろう。こういった話を前に、私たちは、どのようなことに気を付けて風土を見出していけばよいのだろうか。

『風土』では、気候の現象の中でも最も明白で分かりやすい（常識的な）事実として、「寒さ」の現象を取り上げた上で、「寒さとはなんであろうか」と問いかける。そして、寒気を例に、「我々は寒さを感ずることにおいて寒気を見いだすのである。」（和辻 1935：8）とする。その上でこれをもう少し噛み砕いて、「我々が寒さを感ずるとき、我々は寒さの「感覚」を感ずるのではなく直接に「外気の冷たさ」あるいは「寒気」を感ずるのである。すなわち志向的体験において「感ぜられたるもの」としての寒さは、「主観的なもの」ではなくして「客観的なもの」なのである」（和辻 1935：9）として、我々が寒さを感ずるという体験が志向するものは、心理的な内容ではないと論ずる。

オントロジーにこのような記述は可能であろうか。記述の方法としては、可能だ。ただし、オントロジーについては、「外気の冷たさ」あるいは「寒気」だけではなく、後述するように、感ずる寒さそのものも存在物として捉えることになる。その上で「寒さ」とはいったい何なのかということである。ここからは「寒さ」概念について考察する。まずは、記述方法を説明する。説明は、Ｗｅｂ空間でオントロジーのグラフを記述するための形式の一つであるＲＤＦ（resource description framework）のモデル記述の方法に準拠して行う。ＲＤＦの本質は、Ｗｅｂ空間においてグラフ構造を記述するデータモデルである。ＲＤＦグラフは、セマンティックデータモデルに基づき三つ組による言明を基本要素とする。この三つ組は、主語、述語、目的語から構成されＲＤＦトリプルと呼ばれる。ＲＤＦトリプルは、図2のようにグラフ構造で図示できる。主語と目的語がノードで、述語が二つのノード間のエッジを意味している（兼岩 2017）。

まず、オントロジーは、そこに在るものを記述する、存在の仕方を認識するための道具なので、「人 feel 寒い」という書き方は趣旨と異なる。これは人間が感じたこと、心理を記述したものだからである。このようなグラフは、計量心理学分野の構造方程式モデリングで見られるものであり、オントロジーが扱う対象とは本来異なる。むしろ、客観的な概念を使った表現に置き換える。「人 feel 寒い」から「人 find 寒さ」への変換である。すなわちオントロジーは、「Find 寒さ」を認識していることを記述する。こうしてオントロジーもまた「寒さ」という感覚ではなく、「寒さ」を存在物として見出すという記述方法をとる。

寒さを見出すメカニズムについては、本書第Ⅰ部第2章で寺田が、寒さを見出す主体を「その心と身体にとどまらない広がりを持つもの」として整理し（☞本書 120 ページ）、第Ⅰ部第4章でパリーが「私たちが「寒さ」と呼ぶのは、人間の体とある大気の状態との出会いによって生じる感覚である」としている（☞本書 189 ページ）。寺田による指摘は、主体の在り方を示すものであり、パリーによる指摘は、感覚の存在を示すものである。これらの指摘と「寒さ」を存在物として見出す記述方法をとることの間に、矛盾は見当たらない。

では、オントロジー工学の理論に基づくと、「寒さ」はどのように記述されるのだろうか。今回準拠するのは、オントロジー工学者である溝口理一郎が開発した上位オントロジー YAMATO（http://www.hozo.jp/onto_library/upperOnto.htm）である。溝口は、哲学的存在論[4]には、「ものありき」タイプと「プロセスありき」タイプに分かれるとした上で、自らはもの論者を応援しつつ、最終的な立場としては「ものとプロセスはその存在に関して相互依存関係にある。いかなるプロセスも何らかのものの関与なしでは存在できない。それゆえ、それらの

［4］ 存在論については、本書第Ⅲ部第4章、第Ⅳ部第1章で寺田が論じている（☞本書 408-416, 489-493 ページ）。

存在に関してどちらかを優先する立場自体に問題があると思われる」（溝口 2012 : 70-71）と表明した上で、両者は対等に相互に依存する存在であるとして議論を進めている。

まず、「寒さ」とは、辞書を引くと、「寒いこと。また、その程度」とある。つまり、寒さとは程度を表す言葉であることは、共通認識としてよいだろう。そこでまず、より一般的な「程度」の概念について考えてみることにする。「程度」には三つの意味がある。[5] 一つは属性の次元としての最も一般的な意味での属性に対応するものである。二つ目は、程度の大きさを具体的に示す場合に使われる「程度」である。そして、三つ目は実際の程度を示す場合に対応する。

さて、「寒さ」はどうだろうか。まず「寒さ」は、空気と接するという条件のもとで存在するものなので、一つ目の一般的な意味を表す言葉ではない。ここでいう「最も一般的な」は、他のものの存在を前提としないからである。

二つ目の「程度」に対応する「寒さ」は存在する。気温の尺度を示すものとして、寒暖の寒に対応する程度の大きさを示す場合が、相当する。三つ目は、「この寒さでは半袖は着られない」といった実際の気温に対応する場合を指す。

このように、「程度」の種類から一つ減って、「寒さ」には二つの概念が存在する。整理すると、一つは、世界が共通して持つ寒暖の大きさとしての寒さ（寒さ①）、もう一つは「京都市内の特定の日時・場所の寒さ」の寒さ（寒さ②）であり、寒さ①と同じレベルにある性質でありながら、ものを特定する方向の寒さ性質である。

したがって、オントロジー工学の理論では、「寒さ」を複数の概念に厳密に区別する。和辻も「寒さを感ずる」としているので、「寒さ」という概念自体は、人間という実在物の中に内在しているものではない。むしろ、人間存在の構造契機として人間の外側に有することとして論じている。そして和辻は、さらに細かく、我々が感ずるのは、「寒さ」の感覚ではなく直接の「外気の冷たさ」あるいは「寒気」であると釘を刺している。この点については、第Ⅰ部第4章でパリーが、先に示した「寒さ」への言及に先立ち、「われわれは、空気の密度を知ってから寒さに気づくのではないということである。」と論じている（☞本書189ページ）。以上のことから、「寒さ」と物理的現象の結果としてある「外気の冷たさ」あるいは「寒気」との間に、どのような違いがあるのかを確認することができた。さらに、私たちが目にする「気温の値」は後者によって得られる情報である。したがって、ここまでの議論は、「寒さ」と気温の値を区別するさらなる議論が必要であることを示すものである。

ここまで、「寒さ」を記述することについて整理すると、和辻は、私たち自身が「寒さ」の中へ出ているという志向性を特徴として示している（和辻 1935：9）。この有り様をオントロジー工学では、「寒さ」を私たちの外に存在する実在物として扱うことで記述可能にしている。さらに「寒さ」を複数の概念に区別することで記述の厳密性を高めている。「寒さ」についてオントロジー工学に依れば、風土の現象として在るがゆえに曖昧を許してしまう自然言語とは一歩離れて客観的に記述できる。これらの点からオントロジー工学の技術は、むしろ風土の記述方法として適性を持つと考えられる。

---

［5］「程度」についての議論の進め方は、オントロジー工学者の溝口理一郎（溝口 2012：12）による「長さ」についての議論に倣って進めている。

寒さと気温五℃を区別する

人が「寒さ」を見出す（find）という現象に対して、感覚器官が刺激されて「温度」に反応するメカニズムは、どのように扱われるのだろうか。オントロジーでは、寒さを見出すこととは別に記述することが可能である[6]。ここでは、工学的な応用を目標におくオントロジー工学ならではの「データ」という概念を対象に含めた議論の例を示す。

哲学者は存在が持つ性質に着目する一方で、データはあくまでも存在者を記述したものとして扱うだろう。これに対して、オントロジー工学は、工学の立場もあって、現実のものが持つ性質とそれを記述したデータのいずれをも対象にする。つまり、データ自体も立派な存在者である（溝口 2012：15）。この点が、多くの思想・哲学との立ち位置の違いである。ただし、本書第Ⅲ部第4章や第Ⅳ部第1章で寺田が指摘しているように、イスラムの哲学や日本の仏教思想の中には、もの以外の、ことばなどを存在と考える存在論があった（☞本書408-409, 490ページ）。計算機の世界ではデータが世界を構成している点からすると、データを存在者として扱うことは、未来の風土論を扱う上でポイントとなる視点であると考える。

オントロジー工学者の溝口理一郎（溝口 2005, 2012）は、男の子「太郎」が成長することを例にとり、「一六〇センチメートルという長さの太郎の身長」は性質と呼ぶべきではなく、「太郎の身長」こそが性質と呼ぶべきものと論じている。

これに倣って、「五℃という寒さの京都市内の気温」という性質について見てみよう。ここには、「都市としての京都市内」、「京都市内の気温」、「気温」、「寒さ」、「寒さとしての五℃」、「数としての五」、「℃という温度の単位」と様々な概念が存在している。ここで、京都市内、五、℃の意味は自明であるので考察の対象から除外し、残りの四つについて議論する。

まず「京都市内の気温」である。これは京都市内に付属する何かであって個物（インスタンス）レベルの存在物である。「気温」とは大気の温度のことである。ある程度一般性を持つものであり、いつ、どこの気温かは特定されていない。しかし、寒さと比べると、軸上にある区間値であることが特定されている意味で、寒さより特殊である。寒さはより一般的であり、特定の尺度の軸を指すものではない。最後に、五℃であるが、これは量に対応するように思われ、個物（インスタンス）レベルに存在すると思われる。これらの四つの概念に対して以下のことを明らかにする必要がある。[7]

① 五℃は性質かあるいは量か
② 性質の個物（インスタンス）は量かそうでないか
③ 京都市内の気温とは何か
④ 気温とは何か
⑤ 気温と寒さはどのように異なるのか

[6] オントロジー工学では、人間が経験することと、人体が経験することを同時に記述することができる。一人の生きている人がいるとき、その人は「人間」であるとともに物的には「人体」であり、「細胞」の集合体である。「人間」「人体」「細胞」それぞれが、その存在物としてのアイデンティティを持っていることから、オントロジー工学では、これらをそれぞれ存在物として扱い、相互に関係づけられるものとして記述する（溝口 2012）。

[7] ここからの議論の仕方は、本書第Ⅳ部第1章で寺田が議論している可能世界論での対象記述の方法に似たところがある（☞本書486ページ）。可能世界論は、可能性と必然性を、真偽命題の形式に変換することを可能にし、それによって、可能性と必然性を、形式論理学の中に導き入れることを可能にした。オントロジー工学における存在物を定義するプロセスも同様の変換過程を取っている。

本章では、特に、③④⑤に当たる点に絞って考察する。[8] 性質と量の問題を考えるにあたって鍵となる概念が「変化」である。ある朝の京都市内は五℃かもしれないが、その翌朝は二℃に下がっているかもしれない。しかし、「五℃」「二℃」は、それぞれ別の個物（インスタンス）としてアイデンティティを保っており、互いに別のものとなる。

ここで変化するものは、値とは切り離された「京都市内の気温」である。「五℃」「二℃」という二つの量は気温とは切り離された単なる「程度量」となろう。その一方で、2節で紹介したロールの考え方に従って説明するならば、気温は「寒暖の程度」が演じる性質ロール（role）として扱うことができる。

本節の前半で示した二つの寒さと気温の関係もロールの考え方を用いて説明することができる。まず、気温（ロール）は寒さ①にplay（演じる）される。これは、寒さ①は2節で示したクラス制約（player）であり、ロールである気温に対してplayする、ということを意味する。これと同様に、寒さ②、すなわち（京都市内の特定の日時・場所の）寒さ（ロール）は寒さ①にplayされる。なお、隠喩や心の有り様を反映したものとして記述された「寒さ」は、寒さ②に含まれる。

以上のようにオントロジーの記述では、寒さと気温五℃という概念の間にある相互の関係を明示しながら、明確に区別する。そして、オントロジー工学はデータをも存在物として扱い、相当する概念を量やロールの概念で切り分けて厳密に定義する。これには、特に現在から未来の風土を捉えるにあたって必要な二つの意義がある。一つはアクターネットワーク理論のようにあらゆる「もの」を対象にその連関を探ろうとするアプローチを支援することである。ここから見える新たな風土の現象があるのではないか。これは別の理論が風土論を刺激する例ともなろう。

もう一つは、計算能力の拡大に伴いデジタル情報が現物として発現できるようになったことである。たとえば、データとプログラムがあれば、3Dプリンタを通じてプロダクトが現れる。データとプログラムは、プロダクトの設計図でありながらプロダクトそのもの存在させる物として在る。そうであるならば、データを存在物として捉えることは、工学的な応用のみならず、思想として風土を論ずる際も自然な捉え方となる。技術や社会の関心がまず物質から情報に移り、インターネットやモバイルデバイスのような情報技術が普及した後では、物質の意味や機能自体が、情報化以前の物質のそれとは大きく異なっている。さらに情報を物質に変換できるようになることで、情報の意味までもが大きく変わっている（久保田 2017）。データを存在物とみなすことは、計算機を介した世界理解の基礎を成すこととして認識する必要がある。[9]

4　関係を記述する――連関の中で「寒さ」を捉える

連関の中で「寒さ」を捉える

風土を記述する上でのもう一つのポイントは、関係を記述できるか、ということである。オントロジー工学では、関係の中で概念が定義される側面がある。関係の中で概念が定位される構造的知識は、風土と風土の現象を記述する上でどのような貢献をするのだろうか。

［8］ 性質と量の問題のオントロジー工学理論における議論は、溝口（2012 : 15-36）を参照のこと。①②の問いへの回答も得られるはずである。

［9］ ことばなどを存在と考える存在論については、本書第Ⅲ部第4章や第Ⅳ部第1章で寺田が論じている（☞本書 408-409, 490 ページ）。

『風土』においても、まず「風土」そのものについては、「我々は寒さというごとき気象的現象をただ独立に体験するのではない。それは暖かさや暑さとの連関において、さらに風、雨、雪、日光、等々との連関において体験せられる」（和辻 1935：11）として、気象的な現象が様々な現象間の連関の中で実現していることを述べている。また、和辻が「風土の現象」と呼ぶ道具たちは、風土を反映したものである。たとえば、靴は歩くための道具であり、着物は着るための道具である。靴を必要としたのは寒さや暑さでもあるし、着物を着るのはまず第一に寒さを防ぐためである（和辻 1935：19）。和辻は、元来「道具」とは、本質的には「…するためのもの」であるとした上で、「何のため」を常に指示しつつ「するためのもの」であるところに、すなわち「ための連関」であるところに、道具の本質的な構造があるとする（和辻 1935：19）。したがって、たとえば、寒さや暑さを「防ぐために」から「何をもって」に向かって己れを指し示すときに、すでにそこに風土的な自己了解が顕わにされるとする。だからこそ、着物は暖かくあるいは涼しく、厚くあるいは薄く、種々の形において製作される。羊毛、綿花、絹といったものが衣服の材料として社会的に見いだされてくる（和辻 1935：20）。

道具をはじめ、食物、文芸、美術、風習といった風土の現象もまた、自然条件との連関において実現している。しかも、風土は、これら風土の現象と通態する中で存在する。あるものの「寒さ」を知るには、「寒さ」そのものの定義と、「寒さ」たらしめているものとの関係の両方を知る必要があり、その関係も因果関係で捉えられることと、相互浸透的な関係で捉えられることの両面があることを意識する必要がある。オントロジー工学は、関係の実態や動態を記述するものではないが、そのような概念（クラス）や関係概念の存在を記述することはできる。

「寒さ」をオントロジー工学の手法で記述すると、「程度としての寒さ」（寒さ①）「実際の寒さ」（寒さ②）のどちらにおいても、風、雨、雪、日光などの自然条件を参照するものとして定義・記述されている。同時に、

「衣服」という道具の概念も「実際の寒さ」を参照するものとして定義・記述される。よって、オントロジー工学は、これらの連関を記述できる道具であることが分かる。さらに、「衣服」は「着衣」という行為に参照されることから、「着衣」→「衣服」→「実際の寒さ」→「風、雨、雪、日光などの自然条件」といった連関が明示される。さらに「実際の寒さ」は「程度としての寒さ」にplayされるものであるから、これらは全て連関していることとなる。

したがって、オントロジー工学は、「寒さ」の概念に種類が複数あることを示すだけでなく、風土の現象についてお互いの連関を明示しながら、それらの連関から個別の「寒さ」事例がどのような行為や道具、自然条件のもとで「寒さ」を見出しているかを考察する手助けをする役割を担う。

時間軸の観点から関係記述を考える

こうして、それぞれの概念を構造的に定義していくことで、全体を構造化することができるとともに、個別の概念を体系的に捉えることができる。それゆえに、概念間リンクのパス（経路）が少し変われば、概念の捉えられ方が変わる場合がある。たとえば、「知る（know）」という行為は、生物が行う行為であるが、それによって生産される「知識」を得る行為は、生物とともに人工物である人工知能も行うことができる。人工知能は機械の一種であるから、「知識」という概念が直接「機械」と結びつくことができる。これにより、人工知能のアイデアが生まれる前には存在しなかった連関が示されることになる（図3）。少なくとも未来社会での知識構造は、これを前提とする。

そうだとすると、社会で技術が発展するとともに、対象世界もそれを記述するオントロジーも変化する。こ

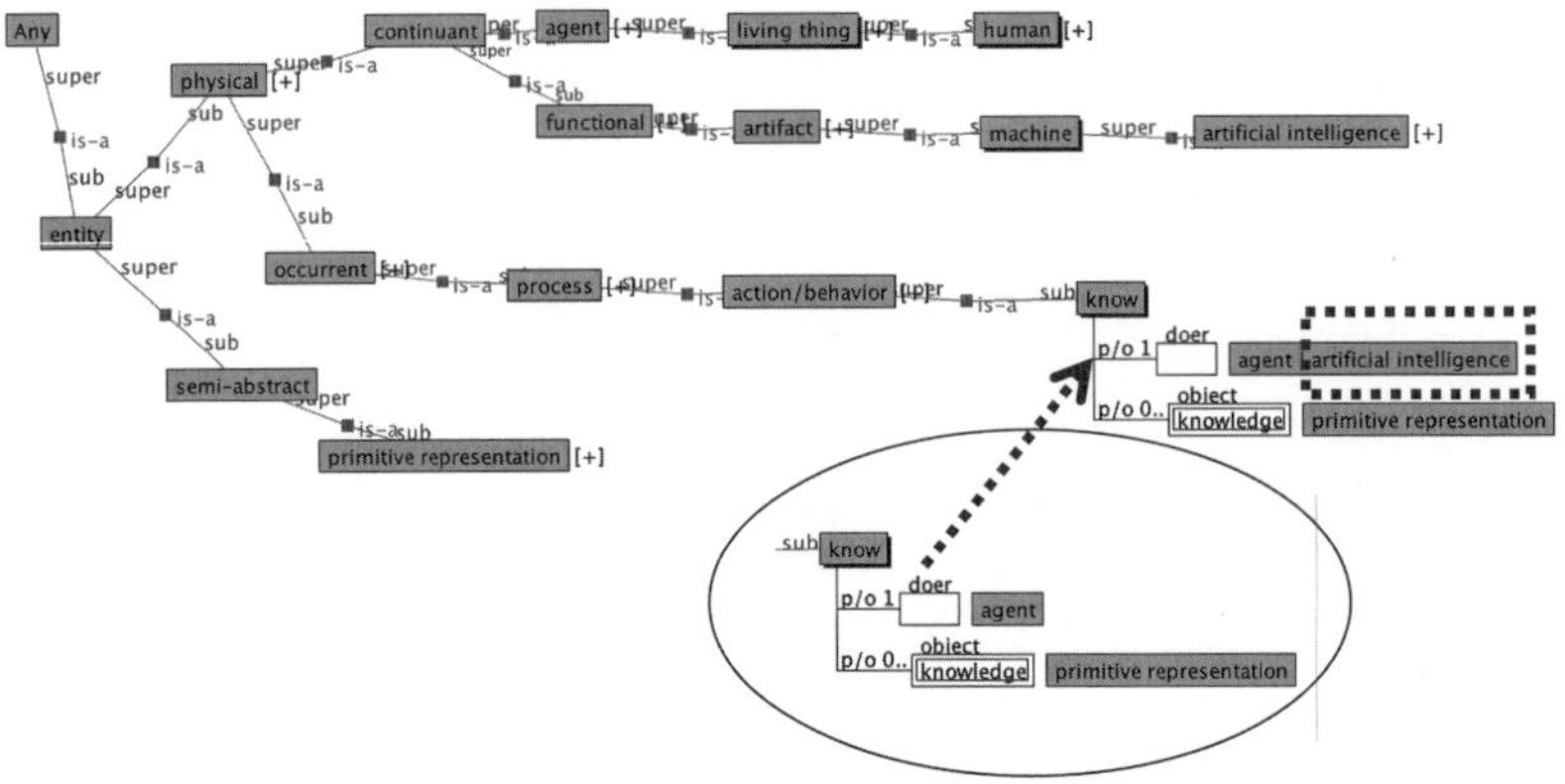

図3　「法造」によるオントロジーの構造変化の表現例（「know（知る）」の場合）。本図は、「法造」を用いているとはいえ、構造の変化の概略をつかんでいただくための簡略的なものである。多くの要素が省略されている。具体的には、上位－下位関係を構成する概念（クラス）概念及び全体－部分関係、属性関係　などである。なお、［＋］の記号は、構造をたたみ、一部非表示にしていることを表している。

うして時代ごとの比較が可能になる。構造が変わるということは、歴史的存在として風土を論ずる上でも、画期の視点で扱う価値があるだろう。

一方で、未来社会に「地域知」や「伝統知」[10]（島内ら2023など）と呼ばれる過去から継承された知識の概念が加わった場合はどうであろうか。伝統知とは、それぞれの地域において、それぞれの人と自然の関わりが模索されつくられるなかで、世代を超えて受け継がれてきた伝統的な知識・知恵のことである。地域社会等による地域の条件に合った管理の方法は、生物多様性の保全と両立・貢献するものとして近年見直されている。生物多様性条約や名古屋議定書[11]では、伝統的な地域社会等と生物資源の密接な結びつきを認識し、伝統的知識の利用から生じる利益の衡平な配分について定めている。

伝統的な治水の技術である「霞堤《かすみてい》」を例に考えてみよう。図4は、オントロジーを用いてテクノロジーとしての技術と霞堤との関係を示した知識構造のグラフである。概念（クラス）の間にある語はis-

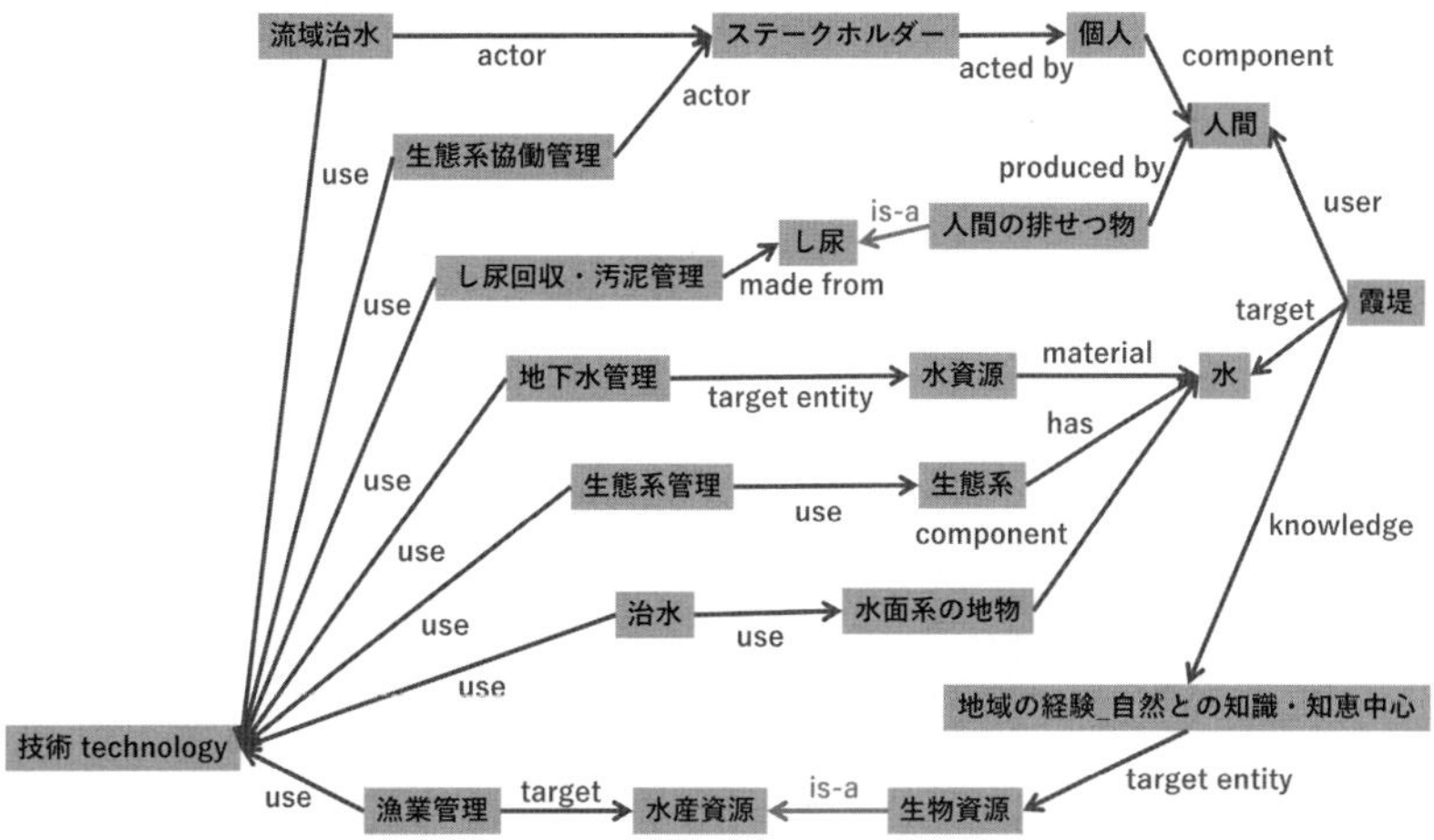

図4　オントロジーに基づく知識構造のグラフ（「霞堤」と「テクノロジーとしての技術」との関係を示した例）。地球環境学ビジュアルキーワードマップ（https://gesvkm.chikyu.ac.jp）に内蔵するオントロジー（公開準備中）に基づいて作成。

a関係、part-of関係、attribute-of関係を示しており、図2のRDFトリプルの形式に変換した場合には述語に当たるものである。矢印は参照する／されるの関係を示す。図全体の因果の流れを示すことを意図していないので、図全体の構造を見るときに、この矢印の方向を気にする必要はない。このような観点から図全体を見ると、霞堤を介して、様々な取り組みや領域の概念が連関していることを見てとることができる。「治水」「流域治水」「地下水管理」「生態系管理」「生態系協働管理」「漁業管理」「し尿回収・汚泥管理」といった様々な取り組みが、霞堤と意味関係としてつながっており、これらが分野・領域を超えて連関していることが分かる。

霞堤は、川とその周辺の土地の間で洪水をしなやかに行き来させることで、さまざまな治水の働きを発揮するとともに、生物多様性保全の働きも合わせもっている（総合地球環境学研究所 Eco-DRR プロジェクト 2022）。霞堤じたい、水と一緒に流木が運ばれるなど防災上の様々な課題を持つことは事実だが、その構造

［10］ほぼ同様の概念に「在来知」がある。
［11］生物の多様性に関する条約の遺伝資源の取得の機会及びその利用から生ずる利益の公正かつ衡平な配分に関する名古屋議定書。

と機能のもとで様々な自然の恵みを併せてもたらすことから、その働きが見直されている。気候変動にともなう災害の増加や激甚化が懸念される中、このような生態系が有する機能を生かした流域治水の取り組みを推進していく社会を目指すならば、「霞堤」とそれに関わる知識は、過去の知識でありながら、未来社会のオントロジーでも記述されることになる。仮にそれが今は朽ちていたり、機能していないにしても、「霞堤」の概念を記述できる。今そこにあるものばかりでなく、過去に得られた構築物がノードとして記述されることで視界に入ってくるとともに、これを介したリンクがアイデアを創出する知的な資源として活用されることが期待できる。逆に、こういった知識が失われることは、このリンクが喪失することを意味する。

ここでは、過去から実際に在った設備とその機能に関する知識を取り上げたが、実現していないもので、未来を想像した知識についても同様のことが言える。たとえば、「空飛ぶクルマ」はまだ開発の途上にあるが、それを概念（クラス）としてオントロジーの中で定義することにより、現在はない知識のリンクのもとで、知識情報の処理を行うことができる。

以上より、歴史的経緯を有することと未来社会を想定したことを、一つのオントロジーに記述できる。同時に、時代や地域を区切って分けて複数のオントロジーを記述することもできる。ただし、後者の場合は、オントロジー同士を比較したり、連携させたりするための翻訳にあたる処理が必要になる。

5　風土における背景の解釈に向けて

本章では、風土を記述することにおいて、構造的知識の中でもオントロジー工学を特に取り上げ、「性質とデータを存在者とした定義のもとで存在すること」、「風土及び風土の現象となる『もの』の連関の中で存在すること」について、例を用いて議論した。オントロジーをはじめとする知識構造を記述する言語は、これら実在物の連関を明示的に表現する。その特徴は、自然物－非自然物（人工物）、生命－非生命、自然－社会の区別、制度化された既存の分類枠組みを超える点にある。学術の視座に置くなら、分野横断を実現する知識の記述枠組みである。

セマンティックウェブ技術としての側面を持つオントロジー工学には、じつはもう一点、注目すべき点がある。それは、「具体性を背景に記述する」ということである。これは、2節で示した個物（インスタンス）との連携を意味する。個物（インスタンス）である事例の語彙と結びつくことで、オントロジーの概念（クラス）の存在に具体的な根拠を与えることができる。一方でオントロジーは、別々の事例情報をつなぐ、意味を伴った関係を与えることができる。たとえば、事例情報としてある「湧き水」と「湧水」が同じ意味であることは、はじめ計算機には分からない。それらが同じ意味であるとして関係づける辞書の役割を果たすのが、オントロジーである。また、「井戸」「温泉」「地下水」といった語彙も「湧き水」の詳細概念や湧き水を利用対象とする概念であるが、これらの意味上の連関もまた計算機には分からない。これらの語彙を扱う事例データベースがオントロジーと連携していれば、名寄せにより同一の意味を持つ語彙同士の分断を避けることができるとともに、関連する語彙にかかわる事例情報を推論して返すことができる。こうして個物（インスタンス）である事例情報にオントロジーを紐付けて「ナレッジグラフ[12]」として運用することにより、「具体性を背景に記述する」ことが可能になる。また、オントロジーを用いて語彙を統制することにより、効果的な探索と検索の効率化を実現することができる。

[12]　ナレッジグラフとは、さまざまな知識（＝ナレッジ）を体系的に連結し、グラフ構造で示した知識のネットワークのこと（日本電信電話株式会社（NTT）2024）

図5　山梨デザインアーカイブ。大月市賑岡町岩殿の土を紹介したページ。このページでは、上部に採取された土の見本の写真を掲載し、その下に、採取データが記載されている。https: //design-archive.pref.yamanashi.jp/color/8378.html、アクセス日：2024年11月12日。

本章を締め括るにあたり、デジタルアーカイブのメタデータの位置づけにあるキーワードがオントロジーと連携することを想定した構想を通じて、この「具体性を背景に記述する」ことの意義と効用について考えてみたい。

そのためのケーススタディとしては、山梨デザインアーカイブ（https://design-archive.pref.yamanashi.jp）というデジタルアーカイブサイトの事例（串田ら2016など）を取り上げてみたいと思う。このサイトは、山梨県に伝わる過去の優れた物品の造形や模様、自然から得られる色彩、今に伝わる昔話・伝説を、産業上で使用することのできるデザインソースとしてデジタル化して配信する山梨県のプロジェクトなのだが、地域の文化財と産業をデザイン素材の提供を介して結びつける稀有なサイトである。

たとえば、山梨デザインアーカイブでは、「土」の色をデザイン素材として提供するとともにそれが採取された場所を提供している（図5）。さらに、その「土」にちなんだ物語を紹介している場合もある。大月市賑岡町岩殿の土を紹介したページでは、「大月桃太郎」伝説にまつわる物語を紹介している。伝説では、岩殿の子神神社の境内の土の色が赤いのは、赤鬼が桃太郎との戦いで逃げ出す時に隣の徳厳山に足をかけようとしたら股が裂け、その時に流した血が今も赤土となって残っているからだとしている（山梨県立博物館 2022）。私たちは、このサイトを起点に、赤土がこのような文化的背景を知ることを通して、地域においてこの神社の赤土がどのような存在かを考えることができる。

ここで示唆されることは、デジタルアーカイブの個別事例（インスタンス）との連携を通じて、事例の特徴が具体的かつ明確になるとともに、この事例で使う可能性が高い／低いオントロジーの概念を明確にできる点にある。土の例でいえば、ある地域にある土は、その地域を特徴づけるとともに、これ以外の土は外から持ち込むことになる訳だから、制約条件として働くことになる。風土は、このような制約条件の中で成立するものであるから、一般性の高いオントロジーの構造は、この個別事例の情報により制約される方が、風土を記述する手法として正当性と説得力を持つこととなる。

次に、このサイトで「湧水」と検索すると、その一つに北杜市にある「三分一湧水《さんぶいち》」が検索される。そこで紹介されているのは、「三分一湧水」の土であり、湧水に関する情報である。ここから示唆されるのは、湧水は土との連関の中で語り得ることと、これの検索に成功している点である。これから一歩進めて、オントロジーの「関係を記述する」機能が、たとえばの話であるが、このサイトにオントロジーを組み込むことによって、検索語彙とは別の関連語の側面から三分一湧水を見ることができるかもしれない。

これまでの本章の議論に乗せると、たとえば、このサイトで「寒さ」と検索すると、わずか一件だが、

「服」は九件であり、甲斐絹のデザインなどが検索され、模様についての説明や歴史的経緯などが紹介されている（検索実施日：二〇二五年二月二六日）。これら「服」のアーカイブデータも併せて「寒さ」を考えることで、「山梨の寒さ」への理解が深められるだろう。このように、オントロジー工学とデジタルアーカイブなどの事例データベースを組み合わせることにより、具体的な事例との連関の中で「寒さ」を捉えることができると考える。そして、このことは、オントロジーが、実際の事例（インスタンス）との結びつきの中で概念が存在することを示すことに他ならない。

しかし、そのような知識情報システムの整備が進みサービスの提供が実現したところで、これらは、他者の読みや解釈を期待して記述するものではない。その意味で、和辻が寒気を例に、「（我々自身が）「外に出る」という構造も、寒気というごとき「もの」の中に出るよりも先に、すでに他の我れの中に出るということにおいて存している」（和辻 1935：10）とした「間柄」へのアプローチができていない。

しかしながら、2節で示したように、構造的知識もまた風土の現象として、風土の理解と解釈を助ける連関を構成することになるだろう。このアイデアを起点にアプローチを探索してみたところ、一件相応しい事例を見つけることができたので、紹介したいと思う。オントロジーではないが、神奈川県真鶴町の『美の条例』に基づく景観まちづくり事例では、開発業社と行政がパタン・ランゲージを参考にした「美の基準」を判断基準に参照しながら、双方のリクエストの調整を実施し、開発計画を間主観的に築きあげている（卜部 2013）。構造的知識である「美の基準」が、地域に根付いた自治の道具として機能しているのだ。構造的知識を地域での取組を実践する場に置いたとき、人々はこれに照らして現地のものや他者とどう向き合い、関わり合うことになるのか。その過程を解き明かしていく中にこそ、風土の体得を促す記述のあり方への手がかりがあると考える。

謝辞

山梨デザインアーカイブ事例についてご協力くださった山梨県産業技術センター　甲府技術支援センターデザイン技術部主任研究員の串田賢一氏に感謝の意を表します。本研究は JSPS 科研費 JP 20 K 12309, JP 24 H 00934, JP 24 K 15407 の助成を受けたものです。

引用・参照資料

和文文献

アレグザンダー、クリストファー（1993［1979］）『時を超えた建設の道』平田翰那（訳）、鹿島出版会。

アレグザンダー、クリストファー（1984［1977］）『パタン・ランゲージ――環境設計の手引　町・建物・施工』平田翰那（訳）、鹿島出版会。

卜部直也（2013）「美の基準が生み出すもの――生活景の美しさ」日本景観フォーラム第三四回景観セミナー資料、http://www.keikan-forum.org/asemi_file/20130227.pdf。（アクセス日：二〇二四年一一月一二日）

兼岩憲（2017）『セマンティック Web とリンクトデータ』コロナ社。

來村徳信（2012）『オントロジーの普及と応用』オーム社。

串田賢一・鈴木文晃・佐藤博紀・石田正文・五十嵐哲也・秋本梨恵（2016）「山梨県固有のデザインソースの編集とアーカイブ構築（第三報）」『山梨県工業技術センター研究報告』三〇、pp. 113-119。

久保田晃弘（2017）『遥かなる他者のためのデザイン――久保田晃弘の思索と実装』ビー・エヌ・エヌ新社。

熊澤輝一・古崎晃司・溝口理一郎（2011）「オントロジー工学によるサステイナビリティ知識の構造化」原圭史郎・梅田靖（編著）『サステイナビリティ・サイエンスを拓く――環境イノベーションに向けて』大阪大学出版会、pp. 186-209。

熊澤輝一（2018）「オントロジーによるネクサス・シナリオの設計・評価支援」馬場健司・増原直樹・遠藤愛子（編著）『地熱資源をめぐる　水・エネルギー・食料ネクサス――学際・超学際アプローチに向けて』近代科学社、pp. 168-198。

河野哲也・染谷昌義・斎藤暢人（2008）『環境のオントロジー』、春秋社。

島内梨佐・深町加津枝・吉田丈人ほか（2013）『地域の歴史から学ぶ災害対応——日本各地につたわる伝統知・地域知』総合地球環境学研究所 Eco-DRR プロジェクト、https://www.chikyu.ac.jp/rihn/publicity/detail/338/。（アクセス日：二〇二四年一一月一二日）
総合地球環境学研究所 Eco-DRR プロジェクト（2022）「霞堤——暮らしと自然をまもる知恵」、https://www.chikyu.ac.jp/rihn/publicity/detail/21。（アクセス日：二〇二四年一一月一二日）
谷口忠大・河島茂生・井上明人（2023）『未来社会と「意味」の境界——記号創発システム論／ネオ・サイバネティクス／プラグマティズム』勁草書房。
寺田匡宏（2023）『人新世の風土学——地球を〈読む〉ための本棚』昭和堂
中村良夫（2021）『風土自治——内発的まちづくりとは何か』藤原書店
日本電気株式会社（ＮＴＴ）（2024）「ナレッジグラフとは？　特徴や作り方、活用法をわかりやすく解説」、https://www.rd.ntt/se/media/article/0025.html（アクセス日：二〇二四年一二月二五日）
ベルク、オギュスタン（2002［2000］）『風土学序説——文化をふたたび自然に、自然をふたたび文化に』中山元（訳）、筑摩書房。
溝口理一郎（2005）『オントロジー工学』オーム社。
溝口理一郎（2012）『オントロジー工学の理論と実践』オーム社。
山梨県立博物館（2022）「博物館を活用した夏休み自由研究プロジェクト——大月の名所をめぐる小さな旅　大月桃太郎伝説の地を歩いてみよう」大月郷土資料館、http://www.museum.pref.yamanashi.jp/pdfdata/mkai_natsupro/minibook2022/51.pdf。（アクセス日：二〇二四年一一月一二日）
和辻哲郎（1935）『風土——人間学的考察』一九六三年第二五刷改版、岩波書店。

欧文文献

Gruber, Thomas R.（1993）"A Translation Approach to Portable Ontology Specifications," *Knowledge Acquisition*, 5(2)：199-220.

第3章
各論

予測社会の風土論
――「不確実性」への関心は人間に何をもたらすか

What Does the Interest in "Uncertainty" Bring to Humans?: Fudo Theory of Society with Prediction Technology

小野聡
Satoru Ono

1 「不確実性」への関心と「予測」

本章では、「不確実性」(uncertainty)を通じて、未来と風土について考えたい。

台風の上陸、地震の発生、化学物質や放射線の被曝といったものは、受ける被害の有無や規模を個別に予測することが困難な、不確実性の高いものである。一方で、度重なる巨大地震は災害時の対応や事前準備に対する関心を促し、各地で地区防災計画が策定され、防災グッズが販売されるようになっている。食品添加物や放射線については、諸機関が提示する基準量に社会が注意を払うような場面も見受けられる。毎年急かされるように健康診断を受けさせられるのも、我々の体内にある不確実な何かを予測するためである。タイトル・概要に不確実性の語を含む国立国会図書館所蔵の図書の数は、出版年が一九九〇年代のもので一四二冊だったが、二〇一〇年代で五一一冊となった。不確実性に対する対応に広く関心が集まっていることが窺える(不確実性、およびリスクについては本書第Ⅲ部3章の松井論文も参照、☞本書390ff.ページ)。

不確実性に対する関心の高まりは、すなわち未来に対する関心、未来の利益や損失の予測制御への期待の高まりでもある。ユバル・ノア・ハラリが整理するように、人類史における科学革命は人類に成長への投資のインセンティブを与え、未来の予測への関心をもたらした。本書第Ⅲ部1章でグルンバッハが述べているように、科学革命は知識と成長に密接に関わってきた（☞本書321 ff. ページ）。そして複雑な事柄と自然界の言語である数学を結びつけるため、人類は統計学を発達させてきた。統計学は人類に対して不確実性を「予測」（prediction）し、折り合いをつけるための道具を与えてきた（Harari 2011）。

不確実性の対極には「確実なもの」（certainty）、すなわち現在存在していて観測できる何かがある。そして予測とはその内容は不確実なものであるにしろ、予測という行為や予測主体が語る「予測情報」は、人間によって感知されうるものなので「確実なもの」である。それでは、予測情報を通じて不確実性は人間にどのように感知されるのであろうか。その性質は予測情報に溢れる現代においてどのような特徴があるのであろうか。この問いについて考えながら、現代の風土論や社会システムに対する示唆を抽出しよう、というのが本章で設定する課題である。

この仕事のために、第2節では「台風の上陸」を題材とした試論を展開する。前世紀における予測技術の発展に伴って、台風は観測・予報を通じて広く人々に感知されるようになり、台風の不確実性の程度は低減したと考えられる。（当時の）先端技術を通じた人々の不確実性に対する感知の性質を把握し、先端技術によって不確実性がどのように表現されたか（不確実性の表象 representation of uncertainty）を考察する。なお、記号とその表象については、寺田が本書Ⅱ部第1章で議論している（☞本書230-231ページ）。第3節では前節を踏まえて、現在の不確実性の表象の性質を捉えるための概念装置を構築する。第4節ではその概念装置を踏まえて実施したアンケート調査を通じて、不確実性の表象にそれを見る人々の価値が写り込む可能性を論じる。そして第5

節では結論として現代の風土論や社会システムに対する示唆を議論する。

2　不確実性の「動態的な表象」——「台風の上陸」にまつわる試論

台風はいつから「上陸」するようになったのだろうか。

歴代の『広辞苑』で「上陸」という言葉を引いてみると、一九五五年発行の第一版から一九七六年発行の第二版補訂版までは、「船を下りて陸に上（が）ること」と説明されており、主語としては船に乗っている何某かが想定されている。とくに例文が記載されているわけでもなく、もっぱら船上と陸上の行き来の場面で使われる語であると見なされていたようだ。一方で、一九八三年発行の第三版以降では「（船を下りて）陸に上がること」と説明され、使用例の二つ目として「台風は九州に―した」が付されており、本章執筆時点での最新版まで変更がない。一九八三年の変更以降、主語の在所が問われなくなり、台風が主語となりうることが強調されるようになっている。『広辞苑』が、その時々の日本語話者が受け入れている言葉の意味・用法を示していると考えると、一九七六年から一九八三年の間で、「台風が上陸する」という表現が自然な日本語であると編者たちが判断するに足る変化があったと解釈できる。

過去の朝日新聞における、「台風（もしくは颱風）」の語を含む記事の中で、「上陸」の語も含む件数の割合を調べると、[1]一九〇〇年代には〇・〇〇%、一九一〇年代は〇・六九%であったところ、一九五〇年代は一・四八%、一九七〇年代は二・六五%、そして一九九〇年代は九・三九%、二〇一〇年代は一一・一九%となり、一世紀前後で約一〇%割合が増加した。一九七〇―一九八〇年代以降、「台風が上陸する」という表現が報道の場面で受け入れられるようになったといえ、先の『広辞苑』における記載が変化した時期とも一致する。「上陸」という表現が多く使われていなかった時代において、台風は「現はれ」「襲来して占領し」「突如出現する」ものであったようである。[2] 台風は予測不能な災難としてみなされていたと考えられる。一方で戦前期の記事で「上陸」が使われているくだりとしては、次のようなものがある。

中央気象台の警戒などあつてちよつと心配させた一日の風雨は三十一日伊勢湾に入つた台風が分裂して上陸したためで（…）。（仮名遣いは原文ママ）（一九三〇年八月二日『東京朝日新聞』朝刊一一面「三つに裂かれて行方にまよふ台風」）

この記事は台風が通過した後のものとなっている。同様の記事を一九一〇年代においても調べたところ、「上陸」が確認された三つの記事はいずれもすでに通過した台風に関するものであった。一方で時代が進んで一九五〇年代になると、将来の「上陸」可能性に言及する記事が見られるようになる。一九五九年の伊勢湾台風の進路予想を報じた「台風一五号本土南岸早くも影響」（一九五九年九月二六日『朝日新聞』朝刊一一面）では、

台風十五号の影響が早くも本土の南岸に現れてきた。今日二十六日夜九時ごろには台風の中心は四国または紀伊半島の南方一〇〇キロぐらいのところにくる。どの地方に上陸するかはまだ分らないが、（…）各地方はきょうからあすにかけ台風の強い影響を受ける見込み。（原文ママ）

と記述されている。

「上陸」という表現をめぐるこの変化には、どのような背景があるのであろうか。日本に現存する最古の天気図は、気象庁に所蔵されている、八八三年に作製されたものとされているが、天気図が広く国民の目に触れるようになったのは一九二四年八月二一日の、『国民新聞』（『東京新聞』、『静岡新聞』の前身）への天気図の掲載開始と言われている（股野 2008 : 194, 2009 : 2-4, 237）。また、一九三九年三月には東京放送局のラジオで天気予報が放送されるようになっており、このあたりから日本に住む人々が陸上からの視点だけではなく俯瞰的な視点から台風を理解する機会を得たものと考えられる。しかし、新聞記者が読者に過去に「上陸したこと」だけではなく、読者がまだ体感していない「これからの上陸の予想」を読者に示すためには情報が不足していた。それが可能となったのが、戦後の米軍機による航空観測の導入および予測技術の進展にあると考えられる。先述の伊勢湾台風の予想を報じる一九五九年九月二六日の朝刊では、中心の気圧が九一〇ミリバールであることに触れた上で、天気図上に台風の大きさと予想進路を記載した上で説明していた。同日の夕刊が示す正午時点での位置は、朝刊の時点の予想よりも台風が速く進んでいたものの、確かに予想進路の範囲内にあった。つまり、この時点で日本に住む人々は台風の進路を事前に把握する機会を、メディアを通じて得ていた。

この台風を俯瞰的に把握する「眼」は、気象観測技術の進歩に応じて明確かつ精確になっていった。一九七七年九月八日には静止気象衛星「ひまわり」が試験観測を行い、台風九号の画像を気象台に送信した。それ以

［1］　朝日新聞クロスサーチのサービスを用い、縮刷版および電子版の新聞記事において「台風」の語を含む記事の数を年毎に集計した。検索結果には「颱風」が用いられている記事も含まれていた。

［2］　一九〇〇年代前半の新聞記事としては例えば、「暴風雨の中心現はる」（一九〇〇年八月二〇日、『東京朝日新聞』朝刊一面）、「数日前より一大低気圧は台湾南部より南清地方を占領し久しく（以下略）」（一九〇三年八月一日、『東京朝日新聞』朝刊二面）「突如出現の台風に九州一帯の暴風雨　中国も危険の恐れ」（一九三〇年七月一九日、『東京朝日新聞』夕刊二面）といった記述が見られる。

降、我々の「眼」には天気図の表す等高線に加えて台風の上空からの写真が映るようになった。一九八三年以降の広辞苑で「台風が上陸するようになった」のには、天気図や衛星写真といった先端技術が出力する予測情報が、台風という現象にリアリティのある輪郭を与え、人々に、それまでの台風の「静態的な表象（static representation）」に代えて「動態的な表象（dynamic representation）」を与えるようになったことで、「上陸」という言葉に報道機関と読者双方にとって自然さを生んだのではなかろうか。

3　先端技術は不確実性の表象を提供する「眼」であり続けるのか

前節の試論をもとにすると、肉眼で把握することが難しい不確実性に対して、予測技術は動態的な表象を人々に与えてきた。台風以外にも、たとえば人口統計学に基づく将来人口予測は未来の地域のポテンシャルや課題について理解する材料となり、健康診断で得られる諸指標は覗き見ることのできない不確実な身体の状態を推定し、過去データと照らし合わせることで体内で発生している問題を把握する材料となってきた。これまでのこうした予測技術は、今後も気象、社会動態、そして体内といった様々な不確実性に動態的な表象を我々に対して与えていくことであろう（知識と予測に関する議論は、本書第III部第1章のグルンバッハ論文も参考にされたい。☞本書334 ff. ページ）。一方で、近年開発され実装されている予測技術についても、同様のことが言えるだろうか。

情報通信技術や計算処理技術の発達に伴って、人々はリアルタイムに予測情報にアクセスできるようになった。これは人々が必要になった時に予測情報を参照し判断できるようになり、予測情報の参照から判断までの時間を短縮化できるようになったことを意味する。ただ、科学的予測に用いられるモデルは役に立つが「誤り」もあるものである。[3] ここでいう誤りとはモデル設計者による人為的なものではなく、選択された変数や関数に起因するモデルの「守備範囲」のようなものを指す。モデル自体に限界や不確実性を排除することが難しい中、科学社会学では社会における「確実性の窪み」(certainty trough) の存在が指摘されている。これは専門家と政策決定者、マスメディア、および一般市民の間で、予測による未来に対する確信度合いに差が生じる現象を指す (福島 2019)。その上で福島は、カーナビのように使用者が繰り返し使用する中でその信頼性やクセを理解していけるようなものでもない限り、確実性の窪みは予測とそれが導く未来を喧伝する者を生み、熱狂をもたらしうるとしている。

また、リスク学[4]の一つの関心領域である「リスクコミュニケーション」(risk communication) では、長らく人々がリスクに対して納得した上で対処できるようにする手法として、知識を与え理解させる啓蒙活動が主たるものとされてきた。これは、リスクに対するバイアスの根本原因が知識の多寡であるとする「欠如モデル」(deficit model) に基づく説得的なプロセスであるが、現在ではより専門知や集合知を交流させた「対話・共考・協働」(engagement) を重視したプロセス設計が効果的であると考えられている (吉川 2018)。人々が不確実性に対して判断を下す上で、モデルに対する慣れやコミュニケーションのための相応の時間が必要なのであれ

［3］ イギリスの統計学者である George E. P. Box が一九七六年に発表した論文 (Box 1976) で二回にわたって触れたフレーズである、“all models are wrong” (すべてのモデルには誤りがある) は、しばしばその後の Box の発言を元にして、“all models are wrong, but some are useful” (……ただし、役に立つものもある) と拡張されて理解されている。モデル化とは現象の重要な部分の抽出でありその過程で誤りは生じるが、現象の説明や予測に役に立つモデルもある。

［4］ 「リスク」(risk) 学は、そうした脅威の発生可能性や影響の予測評価手法や、その管理のためのガバナンスのあり方、リスクに人々が向き合うためのコミュニケーションのあり方に関心を持ち、発展してきた学問領域である (岸本 2018)。

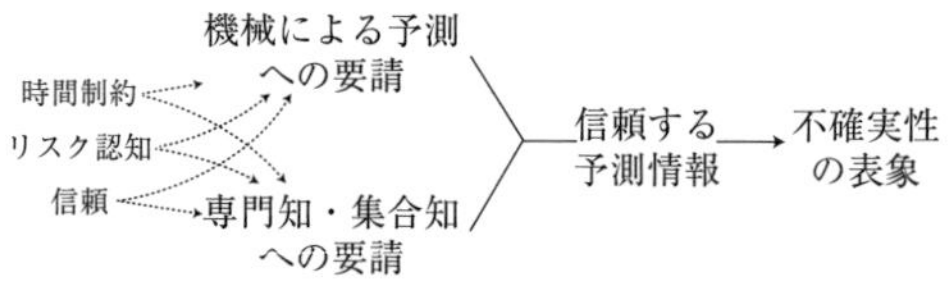

図1　不確実性の表象をめぐる概念装置

ば、理解・納得と予測情報のリアルタイム性はトレードオフとなると考えられる。なお、リスクや不確実性に対するバイアスについては、本書Ⅲ部第1章のグルンバッハ論文の議論も参考にされたい（☞本書347 ff. ページ）。

このように人々が触れる予測情報は、機械による予測と人間による専門知・集合知の混合物とみなすことができる（本書Ⅱ部第2章のパリー論文も参照、☞本書262 ff. ページ）。人々は様々なパターンで存在しうる混合物の中で、より受け容れられる予測情報から不確実性の表象を形成する。一方で先に見た通り時間の制約は専門知・集合知へのアクセスを制限しうるし、先端技術への信頼やリスク認知の有無によっても機械による予測への要請や、人間による専門知・集合知への要請は変化するであろう（図1）。現代において、どのような人々がどのような予測情報を受け容れ、どのような不確実性の表象を形成しているのであろうか。

本章では人々の現状を把握するために実施したアンケート調査の結果をもとに議論していきたい。本調査は日本国内に一三〇万人の自社パネルを擁するマクロミル社に委託し、インターネット上で実施した。調査対象は関東地方か近畿地方に在住で調査当時一五－七九歳の一四六〇名とした。調査は二〇二〇年一一月二日から同年一一月四日までの三日間かけて実施され、回答者のサンプリングは年齢・性別の割合が母集団と一致するように行われた。

調査票は属性項目に加えて、大きく「（1）信頼する予測情報」「（2）人工知能への信頼」「（3）リスク下で信頼する予測情報」で構成した。（1）と（3）は具体的な場面を想

表1　クラスタリングによって生成された10個のクラスターの性質

No.	平均年齢	回答数	特徴
1	39.55	123	30歳未満の回答者が34.1%含まれる、若い回答者が最も多いクラスター。全体的に機械によって生成された予測情報を信頼する傾向にある。
2	41.04	108	30歳未満の回答者が26.9%含まれ、若い回答者がクラスター1の次に多い。クラスター1と比べると、人間の専門知に対する信頼が強い傾向にある。
3	44.90	188	多くの設問に対して「どちらとも言えない」などのニュートラルな回答をしているクラスター。
4	45.86	149	30歳未満の回答者が24.1%、70歳以上の回答者が12.8%。クラスター1・2と傾向は似通うが、「パートナー探し」の設問などで人間が介入することに信頼をもつ傾向もある。
5	47.87	107	30歳未満の回答者が19.6%、70歳以上の回答者が13.1%。クラスター4以上に人間の介入に信頼をもつ傾向があるが、子育て経験の多さから「子守唄」は機械を信頼する傾向。
6	49.06	178	30歳未満の回答者が16.3%、70歳以上の回答者が17.4%。未知の場所・店に関する情報はそれを専門とする本を信頼する傾向にあり、機械への信頼が低いクラスターの1つ。
7	49.21	151	30歳未満の回答者が13.9%、70歳以上の回答者が14.6%。最も生産年齢人口の割合が大きいクラスター。クラスター4に似るが、未知の場所の情報は本を選ぶ割合も低くない。
8	50.84	164	30歳未満の回答者が18.3%、70歳以上の回答者が19.5%。最も生産年齢人口の割合が小さい。クラスター7と9の中間傾向で、未知の場所の情報は本を選ぶ割合が高い。
9	53.73	168	30歳未満の回答者が11.9%、70歳以上の回答者が23.8%。全体的に予測情報には人間による介入がある方を信頼する傾向にある。最も機械への信頼が低いといえるクラスター。
10	54.28	124	30歳未満の回答者が12.1%、70歳以上の回答者が26.6%。高齢の回答者が最も多い。クラスター9よりは機械を信頼するが、機械よりも専門知の充実を求める傾向。

＊調査結果をもとに著者作成

定した上で情報提示方法として好ましいものを選択してもらうもので、「機械による予測」「専門知・集合知」の条件を変えて問うた。また（3）については時間の制約についても場面を想定して回答してもらった（設問の概要は章末の付表を参照）。

4　先端技術が提供する表象と自己——一〇個のクラスターが問いかけるもの

信頼する予測情報と年齢の相関

まず、「信頼する予測情報」の傾向を把握するため、（1）の回答結果を用いて回答者をクラスタリング[5]した。クラスター数を一〇に設定した結果、表1に示されるようなクラスタリング結果となった。なお、クラスター番号はクラスター内平均年齢が低い方から順に割り振った。このようにクラスター1はクラスター3よりも平均年齢が高いクラスターと、クラスター2はクラスター5よりも平均年齢が高いクラスターとの間で平均年齢に統計学的に有意な差が見られた（五％有意水準、以下同じ）。逆に、クラスター9・10はクラスター5よりも平均年齢が低いクラスターと、クラスター8はクラスター3よりも平均年齢が低いクラスターとの間で平均年齢に有意な差が見られた。他のクラスター同士でも平均年齢に有意な差が見られる組み合わせがあり、信頼する予測情報に年齢による差があることが確認できる。

ただし、クラスター1には七〇歳以上の回答者が約五％含まれており、クラスター10にも三〇歳未満の回答者が約一二％含まれていることから、必ずしも年齢のみによって信頼する予測情報が決定するとはいえない点には注意が必要である。

各クラスターにおける信頼する予測情報の特徴

次に、クラスタリングの結果どのようなクラスターが得られたのか、特徴を見てみよう。表１では各クラスターに属する回答者たちの「信頼する予測情報」の設問における回答傾向の概略をまとめた。

クラスター１に属する回答者の回答傾向として、（1-1）「未知の土地をより理解できる」情報提示および（1-2）「未知の店をより理解できる」情報提示として、ともに「地図アプリ」を信頼できるものとして選択している。同様の結果はクラスター２・４・７でも見られ、平均年齢が比較的低いクラスターで生じている傾向であることがわかる。またクラスター１・２では（1-6）「パートナーを探す方法」として「人工知能がアプリで提案」を信頼できると多くの回答者が選択している。このように、平均年齢が低いクラスターには、機械が処理した予測情報、社会的に形成された集合知（口コミなど）によって、未知のものを把握する傾向が強く、年齢が低くなるほどその傾向は強まるといえる。

［5］　データをもとに回答をグループに分ける技術のことをクラスタリング、もしくはクラスター分析と呼ぶ。本稿では k-means++法という手法を用いた。k-means++法とは、クラスター内の平均値を元にデータを類別する k-means 法を、結果の安定性を向上させるために改良したアルゴリズムである。詳しくは山本（2015 : 232）などのデータ分析の技術書を参照。

リスク判断の場面を想定した信頼する予測情報とクラスター1の特色

リスク判断の場面を想定した先端技術に対する選好を聞いた（3）の設問についても、クラスター間で比較をしてみよう。（3－2）「地域安全情報の提示方法」については、すべてのクラスターにおいて（A）「AI作成の安全マップ」のほうが（B）「人間のみで作成した安全マップ」よりも信頼できるという回答が多く見られた。一方、（3－3）「感染症予防策の情報源」については、クラスター1を除いて（B）「AIの出力を専門家が編集」したものを、（A）「AIのみによって発信」したものよりも信頼できるとする回答が多く見られた。また、（3－4）「保険商品の提案され方」についても、クラスター1を除いて、（B）「AIがプラン候補を提案」する形式を、（A）「AIが最適なプランを提案」する方式よりも信頼できるとする回答が多く見られた。

前項で未知のものを把握するための情報として、予測情報や地域情報、集合知に触れたが、リスク判断の場面での情報の信頼性の観点では、機械が処理した予測情報のほうがより重視され（3－2）、集合知の有無によってその信頼性が補完される位置づけになっていると考えられる（3－3）。また、リスク判断における人工知能の位置づけとして、意思決定のための選択肢の作成に期待が置かれていると解釈できる（3－4）。一方で、クラスター1においては（3－3）では（A）「AIのみによって発信」が、（3－4）では（A）「AIが最適なプランを提案」がより信頼できる形式として選択される傾向が見られた。これは、クラスター1が他のクラスターと比べて、より専門知・集合知よりも機械による予測を優先している回答者を多く含むと解釈することができる。

より時間が切迫した状況を想定した（3－5）から（3－7）の設問についても同様の傾向が言える。（3－5）「災害時の避難に関する情報提示」については、すべてのクラスターにおいて（A）「AI作成の安全マップ」のほうが（Ｂ）「人間のみで作成した安全マップ」よりも信頼できるという回答が多く見られた。また、（３－３）と（３－４）と同様に、（３－６）「災害時に避難する際の情報源」については、クラスター１を除いて（Ｂ）「ＡＩの出力を専門家が編集」したものを、（Ａ）「ＡＩのみによって発信」よりも信頼できるという回答が多く見られた。また、（３－７）「避難方法の提示され方」についても、クラスター１を除いて、（Ｂ）「ＡＩがプラン候補を提案」形式を、（Ａ）「ＡＩが最適なプランを提案」方式よりも信頼できるという回答が多く見られた。そして、クラスター１については逆の傾向が見られた。

（３－２）から（３－４）と、（３－５）から（３－７）の集計結果を比較すると、（３－４）と（３－７）ではすべてのクラスターにおいて（Ａ）を選択する回答率は、（３－７）が（３－４）を上回った。専門知・集合知が得られない条件下においては、時間の制約が強まることによって、より明瞭な予測情報、いわば「強い」予測情報が求められるようになることが窺われる。一方クラスター１以外の多くのクラスターでは、（３－２）と（３－５）、（３－３）と（３－６）の間でより時間制約が強い状況を想定した設問（３－５・３－６）ほど、人工知能によって処理された情報を表す（Ａ）を選択する傾向が見られた。これは（３－４）と（３－７）のケースと共通する傾向である。一方で、クラスター１では逆に情報処理に人間が介入する（Ｂ）を選択する傾向がやや強くなった。

クラスター１の存在は何を物語るのか

クラスター１はどのような特徴を持つ集団なのであろうか。これまでに見たように、クラスター１は先端技術によって処理された予測情報や集合知に信頼を置く傾向にあるが、意外なことにクラスター１の人工知能に対する信頼は他のクラスターと比べて、顕著に強いものでもない。人工知能に対する信頼や能力認知、価値共有認知について尋ねた設問（2）における、「信頼できる」「能力がある」「価値を理解してくれる」といった肯定的な回答の割合を比較すると、クラスター1は他のクラスターと比べて価値共有認知（2−3）については二番目に高いものの、信頼（2−1）および能力認知（2−2）については中位程度に留まっている。さらに、信頼と能力認知についてはクラスター1では否定的な回答が多く見られ、能力認知については二二・〇％が否定的な回答であった。

また平均年齢以外でクラスター1を特徴づける要素として、災害に対するリスク認知（3−1）がある。（3−1）では「どのくらい未来に自身や家族が避難を要するような水害や地震に遭うと考えるか」を問うているが、「五年以内」を含めてそれよりも短い期間を回答した割合は四八・八％と他のクラスターと比べて高く、「一〇年以内」を含めると八〇・五％となった。これはクラスター1に次いでリスク認知が高い傾向があると考えられるクラスター6が「五年以内」以短で三七・一％、「一〇年以内」を含めて七二・五％であったことと比べても高い割合である。なお、本調査の属性項目では「過去の被災経験の有無」について尋ねたが、クラスター1の回答者の二四・四％が被災経験有と回答し、全体の一四・二％を大きく上回った。クラスター1のリスク認知の高さは被災経験の背景に起因していると考えられる。

価値共有とリスク認知は、情報に関する選好にどのように寄与しているのであろうか。まず、データ全体においても価値共有認知と情報に関する選好には相関が見られた。価値共有認知（2−3）とリスク判断の場面を想定した信頼する予測情報（3−2−3−7）の回答についてスピアマンの順位相関係数を求めたところ、（3−4）と（3−7）を除いてマイナス〇・二〇前後の弱い負の相関が得られ、無相関検定においても帰無仮説が棄却された（五％有意水準）。つまり、価値共有認知が高いほど機械による予測情報を信頼する傾向が確認された。クラスター1は比較的価値共有認知が高いクラスターであったため、機械による予測情報を信頼する傾向が生じていたと解釈できる。なお、（3-4）と（3-7）については統計学的に有意な相関が確認されなかったが、これは（3-4）と（3-7）がいずれも機械のみによって処理された予測情報の提示のされ方に関する設問であり、機械と人間の介入の比較を問う他の設問と性質を異にすることが原因であると考えられる。

次にリスク認知についても検討する。全データについて、リスク認知（3-1）の回答と（3-2-3-7）のそれぞれについてスピアマン順位相関係数を求めたところ、（3-2）と（3-5）についてはプラス〇・二〇程度の弱く有意な相関が検出された。これはリスク認知が高くなるほど（（3-1）の回答番号が小さいほど）、機械による予測情報を信頼する傾向があることを意味する。価値共有認知とは異なり（3-3）と（3-6）については有意な相関が検出されなかったため、リスク認知は専門知や集合知の介入度合いの選好には影響を及ぼさないが、機械による予測情報に対する選好を強める効果があると考えられる。（3-2）と（3-5）の間では情報を得てから判断までの時間の長短に違いが出るように設定されていたが、リスク認知が強い回答者はリスク認知の弱い回答者よりも、（3-2）および（3-5）ともに機械による予測情報を信頼する回答が有意に多く確認された。しかし、リスク認知が強い回答者の中で、（3-2）と（3-5）の回答を比較したところ有意な差は確認されなかった。一方でリスク認知が弱い回答者の中で比較したところ両問の間で回答に有意な差が検出され、より時間が切迫している状況を想定している（3-5）の方が機械による予測情報を信頼する回答が多く確認された。リスク判断全般において、リスク認知が高い人々ほど人工知能による予測を信頼するのに対して、リスク認知が低い人々も時間が切迫しているほど人工知能による予測を頼りにするといえる。

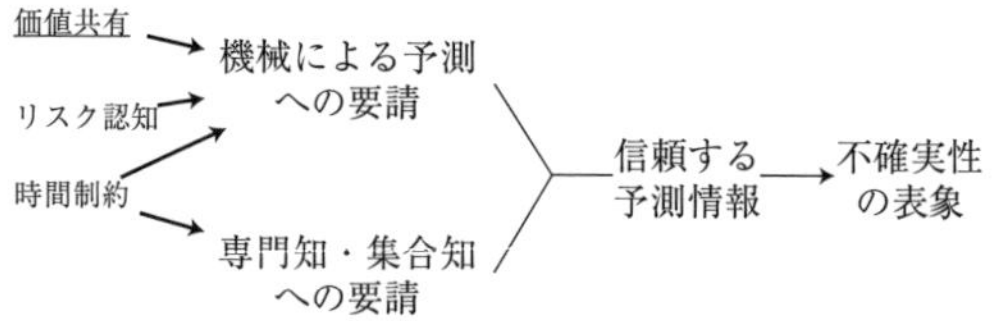

図2　調査結果を受けて修正された概念装置

動態的な表象の向こうに映る自己

これまでの議論に基づいて、人々が不確実性に抱く表象についてどのような変化が訪れていると言えるだろうか。第2節の台風に関する試論でも見た通り、我々はすでに先端技術を通じて不確実性を俯瞰し動態的な表象を構成するための眼を獲得している。動態的な表象を提供する眼は人々がメディアなどを通して技術による予測情報を受け容れ、専門知・集合知を受け容れ社会的に形成される。

一方、昨今の先端技術は不確実性の動態的な表象を取り巻く環境に対して、以下のような変化をもたらしている。第一に若年層を中心に先端技術を自らの価値を共有するものと見て、その予測情報を強く信頼する層が増えてきている。先端技術そのものを信頼しているとは限らないという点が重要であり、「先端技術を信頼しきらないまでもその予測情報を役に立てよう」という考え方がなされていることを示唆している。第二に先端技術による予測情報の信頼は、リスク認知に影響を受けるということである。これはリスク認知が高いほど人間による専門知や集合知の提供を排除するということではないが、リスク認知が高いほど先端技術による予測結果に耳を傾けるようになるということを表している。そして第三に、さまざまな現象に対する観測技術、機械の計算処理能力および通信技術の進化は人々の予測情報へのリアルタイムな接続と、接続から判断までの時間の短縮化を招いていると考えられる。そして、判断までの時間の短縮化は機械による予測の重要性を高めると同時に、専門知や集合知への傾聴の重要性を低める。不確実性に対して判断が求められる状況においては、時間をかけて専門知や集合知にアクセスするよりも、先端技術による予測を判断材料にしようという考え方がとられていると解釈できる（図2）。

図2に示される概念装置から、どのような不確実性に対する表象が浮かび上がってくるだろうか。時間が差し迫っている条件下では先端技術による予測が信頼され、専門知や集合知に注意を払う時間的ゆとりは制限されていく。先端技術に対して「信頼はしていなくとも」自らの価値を共有していると考えていれば、そうした先端技術による予測はより受け容れられていくことになる。本来は予測技術が依拠しているモデルや、予測情報が表す数値や色分けなどの厳密な意味を正しく把握することが科学的な姿勢といえるが、そうではなく「おおよそ自分に寄り添ってくれていると思われる予測」を受け容れるのである。これは「未知の未知」について議論している本書第Ⅲ部1章のグルンバッハ論文にも関連すると考えられる（☞本書336ページ）。さらに、前項までのクラスター1に関する議論によれば、よりリスク認知の強い人々は単なる先端技術による予測ではなく、明瞭で強い予測情報を求めるようになる。その予測情報はデータ可視化技術などによって人々に今までよりも鮮烈に動態的な表象を与えるが、予測情報がリアルタイムに提供されるほど動態的な表象の向こうには、専門知や集合知から切り離され、先端技術に何らかの価値共有を期待する自我が映り込むのかもしれない。

5　自らの価値観の反映としての「予測」への態度―風土論と社会システムに対する示唆

不確実な物事に対する予測技術は今後も開発が進められ、人々の安全安心のために改良が重ねられていくであろう。一方で本章を通じて確認したいのは、予測情報に関するコミュニケーション時間・機会の減少は「自

付表　質問項目の概略

No.	質問概要	回答形式 ＊
(1)　信頼する予測情報		
(1-1)	未知の土地をより理解できる情報源 (A) 地図アプリ　(B) 専門家による本	5択
(1-2)	未知の店をより理解できる情報源 (A) 地図アプリ　(B) 友人	5択
(1-3)	親しい人とより自然にやりとりできる媒体 (A) 地図アプリ　(B) 友人	5択
(1-4)	作ったことがないものを作る上でより参考になるもの (A) アマチュアによる投稿記事　(B) 専門家による投稿記事	5択
(1-5)	災害時の避難経路の情報提示として参考になるもの (A) モバイル端末で地図上に表示　(B) VRメガネで表示	5択
(1-6)	パートナー探しに受け入れやすい情報 (A) 人工知能がアプリで提案　(B) 親族や友人の紹介	5択
(1-7)	乳児に聞かせたい子守唄 (A) 標準的な人間の肉声　(B) 発育に最適化されたAI	5択
(2)　人工知能への信頼		
(2-1)	日常的な利用場面での人工知能に対する信頼	5択
(2-2)	日常的な利用場面で人工知能は役立つ情報を出力する能力があると思うか	5択
(2-3)	日常的な利用場面で人工知能は回答者自身の事情や好みを理解していると思うか	5択
(3)　リスク下で信頼する予測情報		
(3-1)	向こうどのくらいの未来に、回答者自身や親族が避難所への避難を要するような災害に遭遇すると思うか（リスク認知）	8択
(3-2)	地域の交通安全情報として、より信頼できる情報提示 (A) AI作成の安全マップ　(B) 人間のみで作成した安全マップ	5択
(3-3)	感染症予防対策の情報源として、より信頼できるもの (A) AIのみによって発信　(B) AIの出力を専門家が編集	5択
(3-4)	保険商品の提案され方として、より信頼できるもの (A) AIが最適なプランを提案　(B) AIがプラン候補を提案	5択
(3-5)	災害時の避難に関して、より信頼できる情報提示 (A) AI作成の安全マップ　(B) 人間のみで作成した安全マップ	5択
(3-6)	災害時に避難する際の情報源として、より信頼できるもの (A) AIのみによって発信　(B) AIの出力を専門家が編集	5択
(3-7)	災害時の避難方法の提案され方として、より信頼できるもの (A) AIが最適なプランを提案　(B) AIがプラン候補を提案	5択

＊ (1) および (3-2) – (3-7) の選択肢は (A) (B) ／どちらかというと (A) (B) ／どちらともいえないで構成

＊＊上記の設問に加えて属性項目を尋ねている

らの価値を映し出す予測情報」の選択を促すものであり、そうした予測情報が「解釈したいように解釈される」のは当然のことである、ということである。例えば水害リスクが高まっている際に、「恐れなければならない」「危機を伝えなければならない」といった価値観が利用された結果が、水害フェイク画像の拡散ではなかったか。予測情報を発信する側には「わかりやすさ」とともに利用者に対する予測情報に関する説明が求められると考えられるが、一方で深層学習の普及とともにモデルが複雑化・難解化するにつれて、そうした予測技術に対する向き合い方についてコミュニケーションする機会が、コミュニティや教育機関などにおいて設けられるべきではなかろうか。[6]

また、風土論に対する示唆についてもまとめておこう。複雑システム論においては「単純」な現象と「複雑」な現象は区別されることを本書第III部第1章でグルンバッハが論じている（☞本書312ページ）。本章で述べた、台風予測のような「動態的な表象」は「比較的単純」な現象であり、AIの登場以後、現下で問題になっている「「不確実性のある「動態的な表象」」とはより「複雑な」現象であるともいえよう。

これまでの風土学は、「単純な」現象を対象としてきたと言えよう。たとえば、和辻哲郎は『風土』の中で「自己了解の型」として、モンスーン、砂漠、牧場の三類型を提示した。モンスーンの中では、「台風」の存在も強調され、その台風という「自然の暴威」が人間の抵抗を断念させ、「忍従的」な人間類型が、モンスーン

［6］　Harari（2024）は、AIが医療、軍事などの様々な情報ネットワークに参入することによる全体主義的傾向に警鐘を鳴らしつつ、「良いニュースは、自己満足や絶望を捨てれば、自らの力を抑制するバランスの取れた情報ネットワークを作ることができるということだ」（Harari 2024：403、著者による和訳）と述べる。ここでいう「自らの力を抑制する」機能とは、Harari のいう「自己訂正機構」（self-correcting mechanism）を表す。拙稿の当該箇所は社会の中で人間と予測情報の関わり方に関する自己訂正の機能を設ける必要性を提示していると言い換えられる。

風土においては見られると言った（和辻 1962［1935］: 25）。注意したいのは、この和辻の類型化は、静態的であることである。和辻の『風土』の出版は一九三五年である。この時期は、本章第1節で述べたように台風予測の黎明期であった。つまり、この時期には、まだ、台風は「暴威」として一方的に「忍従」するだけの対象であった。

だが、今日の「複雑」な現象においては、それとはまったく異なった状況が出現している。その「複雑」な現象は、自然の現象と、技術の現象と、人間社会の現象が複雑に関係しあっている。そこにおいて中心的な課題となるのは「不確実性」である。本章で見た「新たな自我」とは、新しい「自己了解の型」（和辻 1962［1935］: 22）が生じていることを示唆する。

和辻の時代の風土学が対象としたのは、自然と人間であり、その人間も自然も比較的静態的なものであった。しかし、今日では、風土においては、自然、技術、人間といった複数のアクターを考慮する必要が高まっている[7]。本章で見たのは、そのような状況であり、それが今日の「風土」である。つまり、これは、多主体が複雑に関与し合い、不確実性に相対する時代における新しい「風土論」の予兆を示しているものであろう。

謝辞

本研究に関連する調査や議論に協力くださいました各学会研究者各位やマクロミル社、および調査回答者各氏にこの場で御礼を申し上げます。なお、本研究はトヨタ財団研究助成プログラム（D 18-ST-0043・研究代表：熊澤輝一）の支援を受けました。

引用・参照資料

和文文献

岸本充生（2018）「リスク学とは何か」日本リスク研究学会『リスク学事典』丸善出版、pp. 4-5。

吉川肇子（2018）「リスク認知とバイアス（一）――知識と欠如モデル」日本リスク研究学会『リスク学事典』丸善出版、pp. 220-223。

福島真人（2019）「過去を想像する／未来を想像する」山口富子・福島真人（編）『予測が作る社会――「科学の言葉」の使われ方』東京大学出版会、pp. 1-24。

股野宏志（2008）『天気予報いまむかし』気象ブックス二二、成山堂書店。

股野宏志（2009）「気象庁に現存する日本最古の天気図」『予防時報』。

山本義郎・藤野友和・久保田貴文（2015）『Rによるデータマイニング入門』オーム社。

和辻哲郎（1962［1935］）「風土」和辻哲郎『和辻哲郎全集』一、岩波書店、pp. 1-256。

欧文文献

Box, George E. P.（1976）“Science and Statistics,” *Journal of the American Statistical Association*, 71, 356：791-799.

Harari, Yuval N.（2011）*Sapiens：A Brief History of Humankind*. London：Vintage.（ハラリ、ユバル・ノア（2016）『サピエンス全史』上、下、柴田裕之（訳）、河出書房新社。）

Harari, Yuval N.（2024）*Nexus：A Brief History of Information Networks from the Stone Age to AI*. London：Vintage.

［7］本書第II部第2章では、パリーが、AIが、クジラやゾウなどのいきもののコミュニケーションにおける記号表象の意味を人間に伝達しつつある現状とその未来について論じている（☞本書 262-264 ページ）。

第4章
各論

火星風土記

Martian Fudoki (Logbook of Fudo)

寺田匡宏
Masahiro Terada

本章では、人間が宇宙進出した未来について考える。まずは、火星を例にとって、その火星の風土を考える。その上で、なぜ、宇宙進出が未来と関係するのかを検討する。月は、もうすでに、有人飛行の対象であるが、火星は機械による探査は長く行われているが、まだ有人飛行の未到達の境域である。本書の関心から見て、火星に風土があるのかどうかを検討することは、風土概念の拡張になるし、地球における風土概念を深めることにもなる。思考実験として、火星の風土を考えてみたい。

1 二酸化炭素の風、酸化した赤い砂——火星の風気水土

火星に風土はあるのだろうか。

風土を最も広い意味で解釈した場合、その答えは「火星に風土はある」。なぜなら、火星には、風と土があるからである。すでに本書第I部第1章で見たが、「風土」という語のもともとの成り立ちは（☞本書47ペー

図1　NASAの火星探査ローバー「オポチュニティ」が撮影した火星のつむじ風。出典：NASA et al.（2016）。

ジ）、「風気水土」という語であったとも言われる。そのうちの、風、大気、土、水すべてが火星には存在する。本書では、第I部第1章や第2章で見たように（☞本書72 ff., 98 ff. ページ）、風土を人間の自己了解の型であると考えたり、第III部第5章で見たように（☞本書429 ff. ページ）、存在という個物にとっての「二にして一」の関係を持つところの全体であるとも考えているが、しかし、風土をもっとも広義に解釈して、物理的な存在物としての風や土などとして見た時には、「風気水土」を構成するこの四要素は、火星に存在し、そのことが、人間によってそう認識されている。つまり、広義に見た時、風土は火星にもうすでに存在するのである。

具体的に見てみよう。風とその風のもとになる大気であるが、火星には地球の一〇〇分の一くらいの濃度の大気が存在する（臼井ら2021：31）。大気が存在するから風がある。図1は火星のつむじ風で、画面の中央に白い砂煙が立っている。また、地面には風紋が多数刻まれているのも見える。火星ではつむじ風のほか、大規模な砂嵐も見られる。ただし、風の現象は地球のそれと同じではあるが、大気の組成は、地球とは異なり、二酸化炭素が九五パーセントを占める。水に関し

図２　NASAの火星探査ローバー「パーシビアランス」が撮影したサンタ・クルス丘と岩の露出する地表。出典：NASA（2022）

て言うと、現在、火星に存在する水は、氷としての水だけである。火星の北極と南極には、厚い氷床が露出していることが観察されているし、また中緯度地域では地下に存在する氷床が一部地上に露出していることも観察されている。一方、液体としての水は現在は存在しないものの、かつては存在した痕跡がある。かつて海であったと考えられている地形や、かつて河であったと考えられている地形が残っているのである。

他方、土であるが、土とは何かという問題があるが、最も広くとらえリソスフェアにより生み出される物質と考えると、火星には、そもそも「地殻」にあたるリソスフェアが存在するので、火星には土がある。火星には、プレートは存在しないものの、火山が存在し、そうして火山が生み出す岩石が存在し、岩石が生み出す砂が存在する。さらに、現象としての多様な地形が存在し、平原もあれば、高原もあるし、山もあれば、峡谷もある。図２は火星の東半球の南部高地と北部低地の境目くらいに位置するジェゼロ・クレーターの内部の風景である。遠景には丘が見えるが、その丘はサンタ・クルス丘と名付けられている。近景には、砂におおわれた地面から大きさ約五〇センチメーターほどの岩が多数露出しているのが見える。火星には、立派に「土」が存在する。そうして「風」も「土」も存在するので、「風土」も存在するのである。

2　土地の名、産物——火星探査

風土があるのならば、火星には「風土記」は存在するのだろうか。「風土記」の定義如何の問題ではあるが、火星に関しては、「風土記」と銘打ったものはまだ存在しないが、「風土記」的な要素を持つ書物はすでに存在する。日本の奈良時代に編纂されたいわゆる『風土記』については、本書第I部第1章ですでに見た。その『風土記』の編纂にあたって、朝廷が各国の官僚に命じたのは、「土地に地名を付けそれを提出すること」「鉱物、植物、動物など有用な産物を報告すること」「土地の肥沃状態を報告すること」「山川原野の名の由来を報告すること」「古老の伝えてきた旧聞異事を報告すること」の五点である。

土地の名前に関しては、すでに、ほぼ火星全域の平原や高地、クレーター、渓谷、山に名がつけられている。火星の地名に関しては、一九世紀以来の歴史がある。既にふれたように、火星には、低地と高地や渓谷など地球上に存在する地形とほぼ相似の地形が数多く存在する。それらの存在を地図化してそのいくつかに名を付けたのは、一九世紀のイタリアの天文学者ジョヴァンニ・ヴィルジニオ・スキアパレッリ Giovanni Virginio Schiaparelli である。現在は、宇宙空間におけるあらゆる天体の地名の命名は、国際天文学連合 International Astronomical Union（IAU）が取り扱っており、そのルールに従って命名されている。それゆえ、誰が、いつ、火星の地名をどのようにして付けたかはほぼ明らかになっている。それをまとめた浩瀚な地図もインターネット上のものを含めて多数存在する。

また、産物や土地の状況についても調査が進んでいる。そもそも、火星探査が行われているのは、娯楽のためではなく、火星の鉱物や資源、土地の状況を探るためであるので、火星探査とは、奈良時代の『風土記』の編纂意図と重なる。ケンブリッジ出版局が刊行している『*The Atlas of Mars : Mapping Its Geography and Geology* 火星地理・地質アトラス』には、そのようにして取得された情報が地図としてまとめられている（Coles et al. 2019）。仮に、現在を奈良時代と考えると、現在火星上で行われている探査とは、『火星風土記』を書くための情報の取得行為であるともいえる。

「古老の旧聞異事」についても、火星をめぐる様々な言説は、長い歴史を持つ。天文学では、一七世紀初頭に、ティコ・ブラーエの観察を元にヨハネス・ケプラーが火星が太陽の周りを楕円軌道を回っていることを発見した。ガリレオも火星の表面を観察している。小説では、一九一四年に小説家H・G・ウェルズが『世界大戦争 *The War of the World*』で、火星人がロンドンに侵攻するというフィクションを描きセンセーションを引き起こした。一九五六年には、アメリカの小説家のレイ・ブラッドベリ Ray Bradbury が『火星年代記 *Martian Chronicles*』を発表したが、そこで描かれた火星には、コロニアル様式の古き良き建物が立ち並び、トウモロコシ畑がつづくという、当時のアメリカの人々にとっての一昔前である風景がそっくりそのまま存在し、人間の想像力を自由に操る火星人とひとが形成する火星環境が広がっていた。

3　名所、聖地、ロボット

さらに、「旧聞異事」としては、名所や聖地の形成も見逃せない。「火星観光ガイド」がすでに何種類か刊行

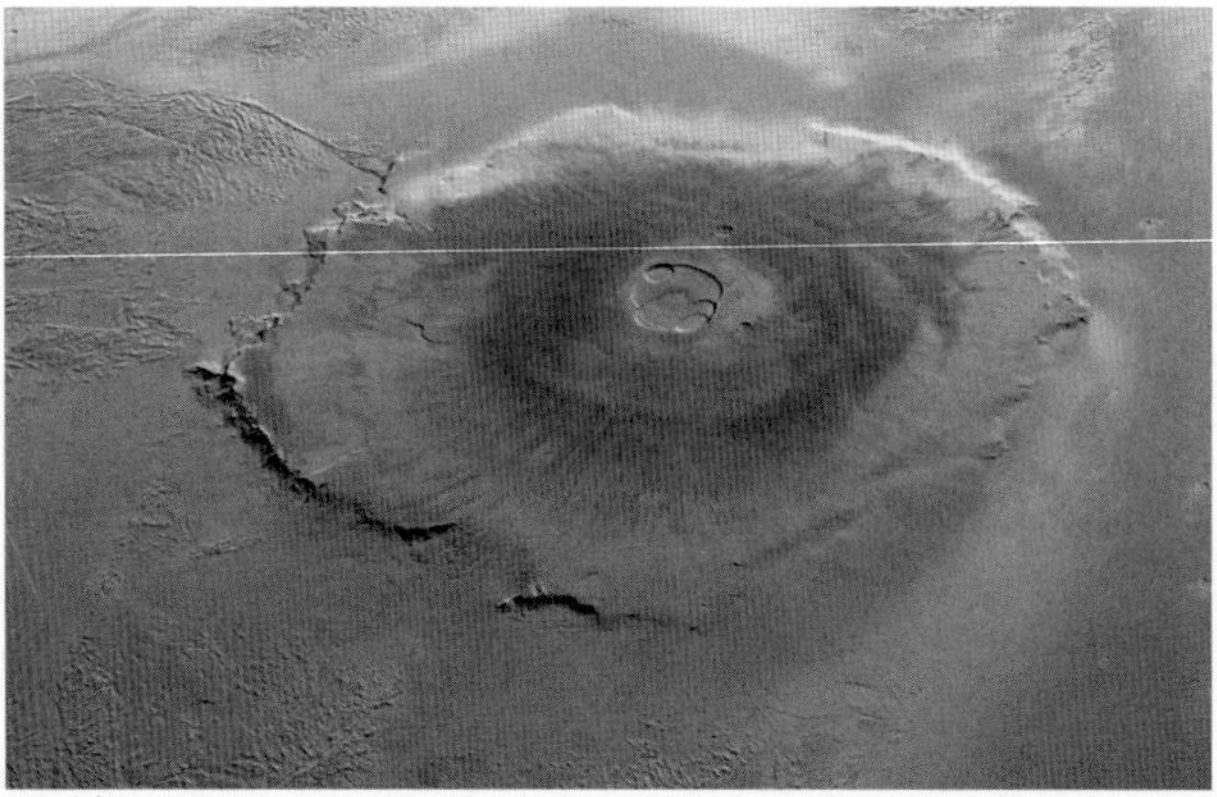

図3　オリンポス山の俯瞰図。出典：ESA/DLR/FUBerlin/AndreaLuck。

されており、それを通じて、名所が形成されつつある。観光ガイドには、英語圏では、『*A Traveler's Guide to Mars* 火星旅行者ガイドブック』（Hartmann 2003）が、日本語圏では『Google Earthで行く火星旅行』（後藤・小松 2012）や『火星の歩き方』（臼井ら 2021）などがある。そこでの名所への関心は、スペクタクル化と序列化である。これらの三つの観光ガイドで、共通に紹介されている「名所」として、オリンポス山とマリネリス峡谷があるが、それらは、火星で一番大きなことで地形的な「名所」となっている。

たとえば、オリンポス山は、火星で一番高い山で、その標高は、二万七千メートルである（図3）。地球上で最も高い山でも標高一万メートルを超える山は存在しないので、地球上の山の概念ではとらえきれない山である。火星全図でもその山の姿がわかるくらいであるからその巨大さが理解できよう（図4）。このオリンポス山は、太陽系最大の火山であるといわれるが、噴火が続いたことで、これほど高い山が形成されたという。

また、マリネリス峡谷も観光ガイドでは、そのスケールの大きさが強調される（図5）。長さ四〇〇〇キロメートル、深さ七キロメートル、幅は二〇〇－三〇〇キロメートルある。これも火星で一番大きな峡谷である。地殻変動により生じた地形だと考えられているが、地球から望遠鏡でも目視できるほど大きな峡谷であることから、古くからその存在が認識されており、過去には、自然地形ではなく、人為的な運河であると考えられ、火星人の存在を裏付けるものとしてとらえられていたという歴史がある。

一方、名所だけではなく、火星には「聖地」も形成されつつある。たとえば、『火星の歩き方』は、火星の「聖地」の候補として、「火星探査機の着陸地（活動地）」を挙げる。これまでに火星に着陸し、探査活動に従事した探査機は、ソ連、アメリカ、中国が送った合計

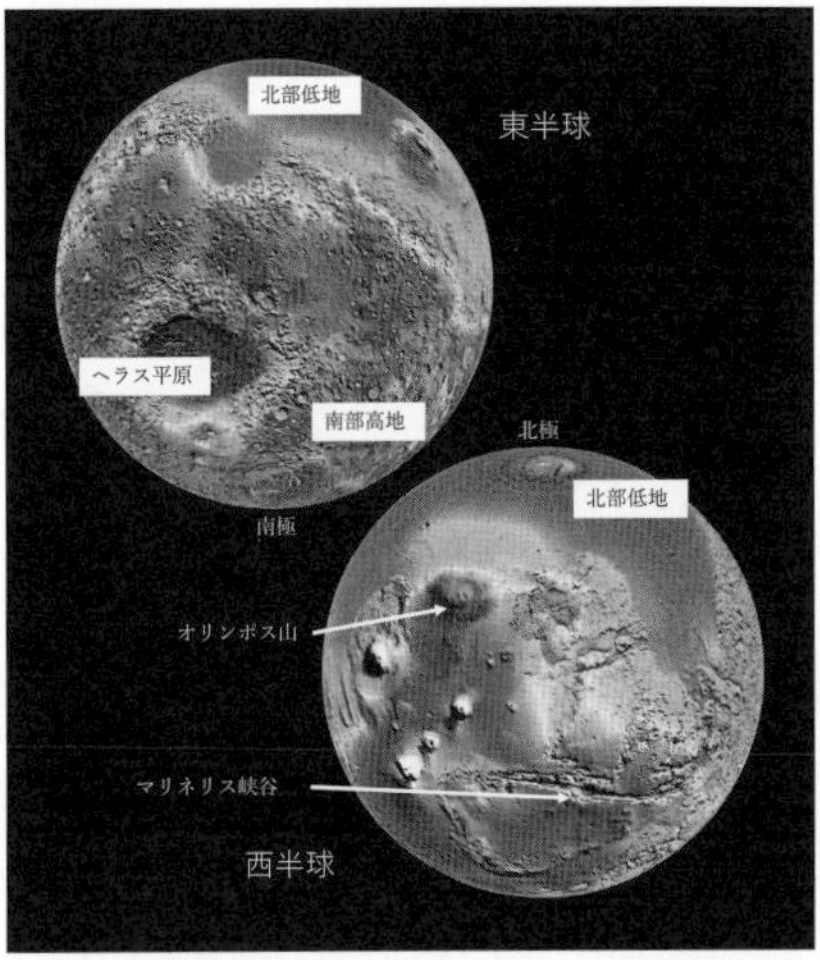

図4　火星の東半球と西半球の地形図。出典：NASA et al.（1999）に寺田匡宏が加筆。

図5　ジェット推進研究所が作成したマリネリス渓谷の俯瞰図。出典：NASA（2006）。

図6　火星のヴィクトリア・クレーターの縁辺に残されたNASAの火星探査ローバー「オポチュニティ」の二つの轍。これと同じ写真が、『Google Earth で行く火星旅行』に掲載されている。出典：NASA et al.（2008）。

一機である。その活動地点が「聖地」にあたり、「聖地巡礼」の対象になるのではないかという（臼井ら 2021 : 103）。

その際に、火星探査機の「苦難」が語られることは興味深い。たとえば、『火星の歩き方』では、探査ローバー「スピリット」の着陸・活動地点のグセフ・クレーターが紹介される際に、そこでスピリットが、砂地に車輪を取られて一時動けなくなったが辛くも脱出したというエピソードが語られる（臼井ら 2021 : 110-113）。

また、『Google Earth で行く火星旅行』は、ヴィクトリア・クレーターにおけるNASAの火星探査ローバー「オポチュニティ」の事績を写真を交えて紹介する（後藤・小松 2012 : 56-57）。図6はそこで紹介されているのと同じ写真である。ヴィクトリア・クレーターの縁辺をオポチュニティが撮影したもので、見えている轍は、オポチュニティ自身が付けた轍である。オポチュニティは、二〇〇四年から二〇一八年にかけての一四年間、火星表面で探査を行ったが、その際、一一年間かけて、このヴィクトリア・クレーターの内部を探索した。オポチュニティは水の痕跡を探るというミッションを帯びていたが、火星表面は厚い砂におおわれているので、水の痕跡をうかがわせる岩石を採取することは難しい。しかし、クレーターの露頭なら、岩石を容易に見つけることができるので、クレーターの内部に降りる必要があった。クレーターは直径約一キロメートル、深さは約七〇メートルである。縁辺は切り立った崖状になっている。オポチュニティは、クレーターの縁辺を一年間ほどかけて慎重に探索し、傾斜や地質などから、最も上り下りが容易そうに見える地点を選び、そこからクレーター内に出入りした（Stooke 2016 : 131-147）。

写真には、オポチュニティの轍が見えるが、その轍は、よく見ると、二つが重なっている。下の轍はオポチュニティがクレーターに降りてゆく際の轍、もう一つの上の轍は、オポチュニティがクレーターから登ってくるときのものである。この写真は、クレーターからオポチュニティが出てきた直後に、オポチュニティの背面についているカメラで撮影された。観光ガイド『Google Earth で行く火星』では火星観光を紙上で楽しんでいるビジターの「すごい、感激だよ！　ハリウッドのスターの手形よりも僕には価値があるよ」という声を紹介しているが（後藤・小松 2012 : 56）、オポチュニティは単なる機械でありながら、ハリウッドスターという人間にも比肩されうる存在として扱われているのである。[1]この轍の存在はアメリカでもよく知られており、しばしば紹介されている（Malik 2008）。

本書第II部第2章では、ジェイソン・パリーが、未来には、AIがバイオセミオティクスの研究をともに深化させるパートナーとして今後重要な役割を担うのではないかという（☞本書 262-264 ページ）。ここで見た、火星探査においては、すでに機械が重要な役割を果たし、その事績が「聖地」形成の動機ともなっている。火

［1］　オポチュニティはNASAの探査ローバー（ロボット）であるが、アメリカでは「オッピー」という愛称が付けられ二〇一八年に一四年間にわたる活動を停止した時には、アメリカの人々はその停止に対して、惜しんだり、悲しんだりした。本書第III部第4章では、ロボットに対する態度の文化的差異について述べ（☞本書 416 ff. ページ）、日本でのロボットへの親近感を民俗文化の伝統の検討から歴史的にとらえたが、アメリカでも同様の現象がみられることは興味深い。

星で今のところ用いられている探査ローバーは、遠隔操作型のロボットであり、まだＡＩによる自律型のロボットは活動していない。しかし、探査ローバーの自動運転はすでに始まっている。早晩、ＡＩが、火星上の探査活動の主役となることも予想される。ここで見た「観光ガイド」を『火星風土記』の一種とすれば、もうすでに、『火星風土記』は、ひとと機械がおりなす記述となっているが、今後、それがより一層進むだろう。

4　「ホモ・マルシアン *Homo martian*」、あるいは人類の新たなタクソノミー

さて、『火星風土記』にあたるものが少しずつ書かれていることを見てきたが、その風土記の主体はどのようであろうか。もちろん現在において『火星風土記』にあたるものを書いているのは現代人であるが、しかし、火星に人が移住した時の人類がその地で『火星風土記』を書くこともあり得よう。その時、それを書くのはどのような人なのであろうか。

筆者は、以前、宇宙物理学の磯部洋明の力を借りて、熊澤輝一や遠山真理と、それをバックキャスティングの形で思考実験したことがある（寺田ら 2018）。バックキャスティングとは、本書第IV部第1章で見たが、未来に立って、未来を見る未来叙述の仕方である。その思考実験では、二〇七〇年に生きている人の会話を想像した。その頃には、人類は、火星に到達し、火星上でスペース・コロニーを造っていると考えられるが、これから、その火星のスペース・コロニーに向かおうとするステラと、その友達のガイアの会話である。

ステラ：でも、火星の二酸化炭素が使えるようになったら、火星には空気ができるわけだから、そんな

バイオプロダクトができたらいいんじゃない。人工光合成の研究も、火星のコロニーでは格段に進んできたらしいし。(2070/1/15 10：25)

ガイア：それもそうだね。(2070/1/15 10：26)

ステラ：それよりも、お父さんは、重力のことを心配しているわ。向こうは三分の一でしょう。帰ってきたときの適応が大変だって。(2070/1/15 10：30)

ガイア：ああ、そうだね。火星コロニー生まれの子の中には、地球の重力ではやっていけない子もいるらしいからね。(2070/1/15 10：32)

ステラ：この前、ネットで話したコロニーの子もそう言ってた。その子、地球に行くことなんて考えられないって。(2070/1/15 10：35)

ガイア：そういえば、月面コロニー生まれの子も、地球みたいに重いところは「やだ」って言ってるらしいね。(2070/1/15 10：40)

ステラ：地球は、緑もあって、空気もあるいいところなんだけどね(笑)。(2070/1/15 10：42)

ガイア：ステラは、どう、火星に行きたい？(2070/1/15 10：43)

ステラ：う～ん、わからないわ。(2070/1/15 10：44)(寺田ら2018：11)

この会話を作ってみて判明したのは、重力の差異が人間に与える影響は大きいのではないかということである。これまでの宇宙における有人飛行の結果から、宇宙の無重力への適応と、今度はその宇宙から地球に帰還した際の地球の重力への適応には様々な課題があることが明らかになっている(石原・寺田2019)。無重力空間では、骨や筋肉の量が減少し、循環器系にも機能の変化が生じる(向井2021：72)。今のところは、一〇年や数十年単位の宇宙での滞在経験を持つ人類は存在しない。しかし、今後、宇宙空間や様々な太陽系惑星においてスペース・コロニーができた際には、一〇年や数十年単位の宇宙での滞在期間を持つ人が生じ、その人たちは、その重力に適応した形の身体を持つことが想像される。

火星の重力は地球の三分の一である。月の重力は地球の六分の一である。会話からは、重力が地球から比べて少ない火星や月のコロニーで生まれた人が、地球に行きたくないという感情を持つのではないかということが浮かび上がる。そのような感情面だけではなく身体の物理的機能も変化することであろう。

会話は二〇七〇年を想定しているので、その時点では、まだ火星に移住した人は、一世代目か二世代目であろう。しかし、その世代が進んでゆくにつれて、身体の変化は蓄積し、少しずつ人類の形態は変わってゆくことが想定される。その変化はどのようなものになるのかは予想できない。しかし、本書第III部第5章で西田幾多郎が述べているのを見たように（☞本書459-460ページ）、個物と全体は二にして一の関係であり、身体の部分は、その身体を持つ主体の生存目的と切り離せない。ということは、その変化は、部分的な変化にとどまらず、ホモ・サピエンスという種の身体そのものの変化となって現れると考えられる。

過去の歴史を見ると、過去には、地球上にホモ・サピエンス以外に複数のホモ属が存在したこと、その間で交配も起こっていた可能性があることが明らかになっている。ホモ・ネアンデルターレンシス（ネアンデルタール人）や、ホモ・デニソバン（デニソバ人）など、現代人であるホモ・サピエンスとは異なる旧人の遺伝子が、ホモ・サピエンスの中にも観察される。人類は、歴史的に見ると、複数存在したのである。

未来の人類もそのような状況になるのではなかろうか。月や火星や宇宙空間に存在するコロニーごとに少しずつ異なった人類が生じるであろう。[2] もちろん、それらのスペース・コロニー同士や地球の人類との間での交流は続くだろうから、その変化は一様ではなかろうが、しかし、複数の形態を持つ人類が、複数の場所に生じ、少しずつの差異を持ちながら共存在するような未来が生じるのではないかと思われる。火星で生じる人類は、ホモ・マルシアン *Homo martian* であり、月面で生じる人類はホモ・ルーナー *Homo lunar* である。それらとホモ・サピエンスを含む新たなホモ属のタクソノミー（分類学）も生じるであろう。

5　一万年後の火星地図——なぜ宇宙が未来なのか

人類は、一〇万年前にアフリカの地を出て、約九万年をかけて約三万キロメートル離れた南米の先端に到達したといわれる。これは年速でいうと、〇・三キロメートルである。先ほど見た火星探査ローバーのオポチュニティは、一四年間の探査で約四五キロメートル進んだ。年速でいうと三キロメートルで、人類の地球上の拡散速度の十倍である。火星は地球より小さな惑星であるので、火星の表面積は地球の約四分の一であるが、これは、地球の陸地面積とほぼ等しい。右の人類史をふまえると、火星でのローバーの活動が火星全域に及ぶのは、この後、一万年くらいであるとも考えられよう。一万年後、未来の人類は、今現在、われわれ人類が手にしている地球の地図のような精度を持った地図を手にしている。いや、ＡＩも導入されるだろうし、ローバーも高性能化するだろう。それはもっと早くに実現しているかもしれない。

火星上では、地球上での拡散速度よりも早い勢いで人類の活動領域の拡大が進んでいる。だが、なぜ人類は

［2］　本書第Ⅴ部インタビューで山極は、グローバリゼーションにより地球上では生殖的隔離が起きにくいので、地球上における未来の別種の人類の誕生の可能性は低いことを述べている（☞本書 593-594 ページ）。

アフリカを出て地球全体に拡散し、そしてまた、火星にまでも行こうとするのだろうか。

本章では、未来の人類の宇宙進出について見てきたが、最後に、そもそも、なぜ、宇宙が未来なのかについて考えておこう。宇宙が未来であるというのは自明ではないからである。

たしかに、未来を描いた小説やSF（サイエンス・フィクション、スペキュレイティブ・フィクション）では、宇宙に進出した未来が描かれる。となると、人間が宇宙空間で生存するということは、未来と自明に結びついているようにも思える。

だが、人間が宇宙に進出することは自明でもなんでもないだろう。それは、ある文明のあるいは、ある文化のある特定の経路の中に存在することである。宇宙開発の歴史は、第二次世界大戦後の冷戦時の軍事拡張競争との関連も大きかった。アメリカとソ連が覇を競い、どちらが宇宙に先に到達するかが競われた。ソ連が崩壊した現在からすると、それは、一つのある時代の刻印であったともいえよう。

あるいは、もう少し長い歴史的スパンで見ると、近代科学の技術が存在しなければ、宇宙に人間が進出する技術は存在しない。地球の重力を凌駕して、地球の引力圏の外に物体を運ぶ技術は、近代の技術がなければ存在しない。このような技術は、ヨーロッパを起源としたある文化を受け入れている社会にしか存在しない。事実、今日の地球上には、ヨーロッパを起源としない文化大系で生きている社会が存在する。南米アマゾンで暮らす先住民社会、シベリアで暮らす先住民社会は、そのような技術を自生させなかった。そのような社会の人々にとって、未来に宇宙に進出することは、自明でもなんでもないことであるはずである。

いや、近代技術を受け入れている社会であっても、宇宙進出は自明ではない。宇宙に進出した経験を持つ人ですら、そう言っている。

宇宙飛行士の毛利衛は、インタビューで、「一般の人が最終的にあなたの幸せとは何かと聞かれたとき、月や火星の開拓に一生を費やすような人生が果たして幸せでしょうか」と述べ、宇宙開発の意義を一定は認めるものの、それがあらゆる人々の目標であることには懐疑を呈している。毛利は、それに代えて、「人間の幸せや喜び」、「生きている感覚」を大切にすることが必要であり、宇宙進出は、それらの感覚との「バランス」の上で成り立つべきであると言う（稲泉 2019 : 132）。

持続可能性研究においては、量的拡大を求めるのではなく、質的拡大を求めることが持続可能性に資するものであるといわれる（Capra and Luigi 2014）。量的拡大とは、近代の技術文明と言い換えることができる。そこでは、より多くの富の蓄積がめざされ、それを実現するために、より多くの資源が用いられる。しかし、そのような拡大は、いまや、地球という有限な物質の均衡的な循環を前提としたシステムの均衡を破るくらいに達している。本書第III部第1章でグルンバッハが言うように（☞本書 303-306 ページ）、プラネタリー・バウンダリー指標は、そのような均衡に後戻りできない状況を指すし、「人新世」という語は、それが地質年代的に見て無視できないくらいの状況であることを示唆する。宇宙進出も、量的拡大の一部である。それをそのまま続けてよいのかという問題があろう。質的拡大とは、先ほど毛利が言った人間の幸せや喜び、生きているという感覚であり、それを深めるものとして、芸術や芸能、宗教や武道の修行、ゲームなどの人間的行為がある。[3]

とはいえ、一方で、存在物とは、つねに拡散を求めるものである。本書第I部第3章では、和辻哲郎のニーチェの解釈の中で、和辻が、ニーチェの権力への意志を、統一と拡散の二つを含みこんだものとしてとらえようとしたことを見た（☞本書 173-175 ページ）。また、西田幾多郎も、統一と拡散をこの世界の二つの基本的原

［3］芸能と持続可能性については、沖縄の地域伝統芸能を事例に寺田（2023）で論じた。また、本書第V部インタビューでは山極が、漢方などの東洋思想を事例に現在の主流とは異なる別種の思考の必要を論じている（☞本書 595 ページ）。

理と見ている（☞本書 176-179, 459-461 ページ）。

本書第III部第5章で見たが（☞本書 462 ff. ページ）、そもそも宇宙がビッグバンから生じたことは、宇宙の基本的方向の一つは拡散であることを示唆しよう。宇宙は、膨張している。だが、宇宙は膨張している一方、ある一つのまとまり、宇宙という存在としての統一性を保っている。つまり、存在には拡散と統一という側面がそもそもある。人間が、量的拡大を求めているのと同時に、質的拡大をも求めているというのは、そのような文脈でもとらえられよう。

たしかに、未来における宇宙進出は自明ではない。しかし、それは、人類の中に存在するある傾向の一つの表れでもある。人類は、十万年前にアフリカを出て地球上に拡散した。その拡散の一つとして、宇宙への進出も続いている。

もうすでに、宇宙は現在である。

ＩＳＳ（国際宇宙ステーション）は今も地球の上空を飛んでいて、そこには人間が常駐している。火星の上空には、ＮＡＳＡの衛星が飛び、火星上では複数の探査ローバーやドローンが探査活動を行っている。宇宙空間には、人工衛星衛星や探査機が無数に存在する。その意味では、必ずしも、宇宙は未来であって、未来ではない。それは、現在の地球について考えるのと同じように考えられるべき問題であるともいえる。

引用・参照資料

和文文献

石原昭彦・寺田昌弘（2019）「宇宙医学・生理学——宇宙でのからだの反応」京都大学宇宙総合学研究ユニット（編）『シリーズ宇宙総合学』一、人類が生きる場所としての宇宙、朝倉書店、pp. 90-103。

稲泉連（2019）『宇宙から帰ってきた日本人――日本人宇宙飛行士全一二人の証言』文藝春秋。

後藤和久・小松吾郎（2012）『Google Earth で行く火星旅行』岩波科学ライブラリー、岩波書店。

臼井寛裕・野口里奈・庄司大悟（2021）『火星の歩き方』光文社新書、光文社。

寺田匡宏（2023）「複雑性、芸能、持続可能性」寺田匡宏『人新世の風土学――地球を〈読む〉ための本棚』昭和堂、pp. 90-93。

寺田匡宏・熊澤輝一・遠山真理・磯部洋明（2018）「地球の外にいくつもの「環境」ができるとき――新たなアクターが拓く火星移住という未来」『地球研ニュース Humanity & Nature Newsletter』72 : 8-11。

向井千秋（監修・著）（2021）『スペース・コロニー――宇宙で暮らす方法』ブルーバックス、講談社。

欧文文献

Capra, Fritjof；Luisi, Pier Luigi（2014）*The Systems View of Life：A Unifying Vision*. Cambridge：Cambridge University Press.
Coles, Kenneth S.；Tanaka, Kenneth L.；Christensen, Philip R.（2019）*The Atlas of Mars：Mapping Its Geography and Geology*. Cambridge：Cambridge University Press.
Hartmann, William K.（2003）*A Traveler's Guide to Mars：The Mysterious Landscapes of the Red Planet*. New York：Workman Pub.
Malik, Tariq（2008）"Mars Rover Leaves Crater for Martian Plains," Space.com, News, August 30, 2008. https://www.space.com/5789-mars-rover-leaves-crater-martian-plains.html.（Accessed December 8, 2024）
NASA（2006）"High View of Melas," Resources, March 13, 2006. https://science.nasa.gov/resource/high-view-of-melas/.（Accessed December, 8 2024）
NASA（2022）"Ch'ał'-Type Rocks at 'Santa Cruz'," Perseverance Resources, February 18, 2022. https://science.nasa.gov/resource/chal-type-rocks-at-santa-cruz/.（Accessed December, 8 2024）
NASA；Jet Propulsion Laboratory；California Institute of Technology（1999）"PIA 02040：Science Magazine Cover Image," Photojournal, May 27, 1999. https://photojournal.jpl.nasa.gov/catalog/PIA 02040.（Accessed December 8, 2024）
NASA；Jet Propulsion Laboratory；California Institute of Technology（2008）"PIA 11056：Looking Back at Arena of Exploration," Photojournal, August 31, 2008. https://photojournal.jpl.nasa.gov/catalog/PIA 11056.（Accessed December 8, 2024）
NASA；Jet Propulsion Laboratory；California Institute of Technology（2016）"PIA 20012：Opportunity's Devilish View from on High," Photo-

journal, April 4, 2016. https://photojournal.jpl.nasa.gov/catalog/PIA 20012.（Accessed December 8, 2024）
Stooke, Philip J.（2016）. *The International Atlas of Mars Exploration*, Vol. 2（From Spirit to Curiosity, 2004 to 2014）. Cambridge： Cambridge University Press.

Art is a method of creating the future. To commit to future fudo, this book experientially comes into the realm of art. Based on his expertise in evolutionary anthropology and primatology, Juichi Yamagiwa argues for the millennium of the future Earth, with and without human beings. Shinichi Wade, a visual artist, visualizes future fudo by photographing various landscapes. A novelist and the authors of the articles in this book contribute to creating and imagining future fudo, which are accompanied by manga drawn by Wade.

アートは、想像と創造をもちいて現実とかかわる回路である。アートを通じて、ひとは世界を創造的に感知し、世界を想像的に作り上げる。それは、未来についても同じである。学術とアートの融合が今日、求められている。論文中心だった第Ⅳ部までと趣向を変えて、この部では、マルチモーダルな研究実践として、想像と創造、アートを通じて、未来の風土へのコミットメントを目指す。山極壽一は、人類進化の百万年単位の過去を踏まえて、力ではなく共感と利他に基づく文明を構想し、未来の地球を想像する。和出伸一は写真シリーズ「身土」で、風景と対話することで、外界と自己の内部の境界を探る。本書に参加した研究者と実験的小説家、アーティストらが、想像力でもって描く未来の小説とマンガは、未来の風土のいくつもの可能性を想像世界の中に出来《しゅったい》させる試みである。

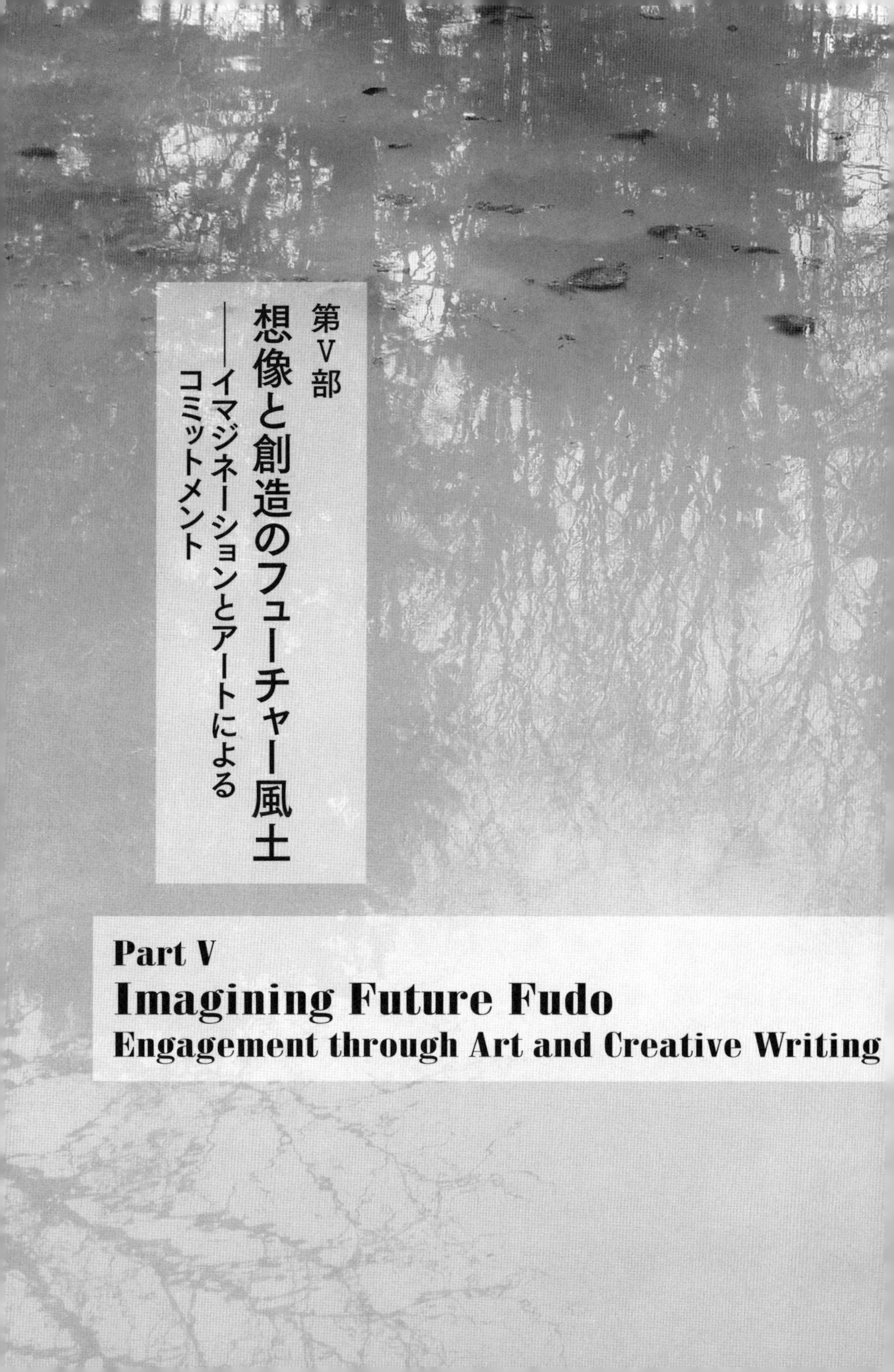

第Ⅴ部 想像と創造のフューチャー風土
――イマジネーションとアートによるコミットメント

Part V Imagining Future Fudo
Engagement through Art and Creative Writing

インタビュー

力の文明から慈悲と利他の文明へ
——山極壽一、地球と人類の未来を語る

From the Civilization of Power to the Civilization of Compassion and Altruism: An Interview on the Future of Humans and the Earth

山極壽一
Juichi Yamagiwa

——本書は、「フューチャー風土」と題して、風土の未来を考えています。これまで「サトヤマ（里山）」「サトウミ（里海）」などの日本発の環境概念が海外からの脚光を浴びてきましたが、いま「フード（風土）」に対する海外からの期待が高まっています。本書には、日本の研究者に加えて、フランス、アメリカ、イギリスの研究者も寄稿していますが、それはその期待の表れだと思います。山極さんは、ニホンザルやゴリラの研究をベースに人類進化を踏まえて、地球環境についての発言を続けて来られました。未来の風土を考えるために、ここでは、その一〇〇万年単位のスパンの過去の知見を踏まえて、現在そして一〇〇万年のスパンの未来の地球について聞かせていただければと思います。（聞き手・寺田匡宏。注作成も）

1　人類進化史的過去を振り返る——我々の現代はいかにしてこのようになったか

直立二足歩行の開始——七〇〇万年前

まず、未来を予測する前に過去を遡ってみたいと思います。人類史はチンパンジーとの共通祖先から分かれてから七〇〇万年と言われていますが、最初に起こったのが直立二足歩行です。これは人間独自の最初の進化の特徴です。二足で立って歩く猿や類人猿っていないんです。どういう役割を果たしたのか、いろいろな説が出ていますが、直立二足歩行は、ゆっくりした速度で長距離を歩く時にエネルギー効率が良く、自由になった手で物を運

ぶことができるので、サバンナで生きるために非常に役に立ちました。サバンナは安全な場所が限られています。木がないので登って逃げるわけにはいかない。ですから、女性とか、子供たちを洞窟や絶壁に隠しておいて、屈強な者が食物を集めて安全な場所に運んで共食をした。そのために自由になった手が非常に有効だったと考えられています。

また、二足になって支点が上がったことによって、上半身と下半身の動きが分かれた。そして踊る身体ができました。さらに、喉頭が下がって喉に隙間ができて、いろいろな声が出せるようになった。この段階では、まだ舌骨もなければ、歯列もU字型で、舌の動きが限られていて言葉には至らなかったと思いますが、さまざまな声を出せるようになったことは確かで、音楽的な声を出せるようになった。化石からの証拠が得られないので推測ですが、二足歩行と同時に、音楽的なコミュニケーションが発達したのではないかと私は踏んでいます。

コミュニケーションの質が変わったことによって、人類は、類人猿が適応できなかったサバンナという環境で生き延びることができるようになりました。そこに人類独自のコミュニケーションの本質が隠されていると思います。直立二足歩行で食物を運んで、みんなで共食した

山極壽一、地球と人類の未来を語る（地球研所長室にて。撮影・地球研広報室）

ことによって、人間は見えないものを欲望するという精神性を手に入れた。遠くに行った仲間が、自分の好きなものを持ち帰ってくるに違いないという期待を抱く。そういう期待を抱いて待っている仲間がいるという思いを、食物を集めている者が持つ。それによって、食物が人と人とをつなぐことをできるようになった。踊りと音楽を用いて、身体で見えないものを表現することができるようになったのではないかと思います。

集団の拡大と脳の容量の増大——二〇〇万年前

その後、サバンナの生活が定着して、約二〇〇万年前に集団が大きくなり始めます。これが人類の第二の特徴です。その前に、約二五〇万年前に肉食が始まっています。この頃、最初の石器が現れましたが、それは武器ではなく、調理具で、肉食動物が残した獲物から肉をこそぎ取ったり、骨髄を取り出したり、植物を切って繊維に分けて表面積を大きくして消化しやすくした。その後、イギリスの霊長類学者ロビン・ダンバーが立てた仮説によると、集団の規模に応じて脳がだんだん大きくなっていきます。それは、仲間の気持ちを理解し、やがては考えを読むことができるような、社会脳としての脳の容量の増大が図られたということですが、私もそれは正しいと思います。

サバンナで生き延びるためには、集団を大きくしなければいけない。それだけでなく中身を複雑にしなくてはならない。[1]ゴリラの集団は家族的な集団ですが、人類ではそれがいくつも集まって大きな集団ができています。しかし、家族という様態を保ちながらコミュニティを作るにはある程度のルールが定まっていないと乱交・乱婚になってしまう。チンパンジーでは、家族はなくて複雄複雌の構成をもつ父系的な集団があるだけですが、これは乱交・乱婚原則です。しかし、人類はそちらに進まなかった。乱交が起きないように、アダルトリー（姦通）やインセスト（近親相姦）のタブーなどの社会的な性の規則を作った。そのことが、集団での認知能力の向上につながって、だんだんと社会が大きくなっていった。

最終的に、現代人（ホモ・サピエンス）が現れる前に、脳容量の増大は止ります。約一四〇〇CCの脳が完成したのが、約四〇万年前と言われていますが、それから脳は大きくはなっていません。現代人の脳の大きさも、約

［1］　複雑性から人間社会の歴史をとらえる視点については、複雑システム論と全体論の立場から本書第III部第1章でステファン・グルンバッハも論じている（☞本書305ffページ）。

一四〇〇―一六〇〇CCですが、これは一五〇人くらいの集団で暮らすに適している大きさです。この一五〇人というのは、マジックナンバーと言われていて、現代の狩猟採集民の集団もだいたい一五〇人くらいです。

その後、農耕が始まって集団の規模はしだいに大きくなっていったけれど、脳は大きくなっていません。むしろ、三万年前に比べて、現代人の脳は縮んでいるという説もある。ということは、現代では、脳と集団規模の相関関係は、どこかで崩れてしまっているわけです。

言語の出現——一〇―七万年前

私はその原因は、言葉の出現にあると思います。言語は、一〇万から七万年くらい前に出現し、それ以後、人間はコミュニケーションの手段として、言葉を重視するようになりました。言葉は、すごく大きな機能を持っています。言葉に重さはないですから、どこにでも持ち運べる。遠くにあって見えないものや、過去に起こってしまって体験できなかったことを言葉で伝え合うことができる。その機能を駆使して、現代人（ホモ・サピエンス）はどんどん分布域を広げ、やがて、ネアンデルタール人（ホモ・ネアンデルターレンシス）を追いつめて、世界には、人類としては、現代人（ホモ・サピエンス）しか残らないという事態になりました。

農耕の開始——一万年前

言葉の出現と、次に起きた農耕の開始によって、ホモ・サピエンスの現在の暮らしのほぼ基本ができました。それは、定住を原則とする社会です。それまでほぼ七〇〇万年すべてが、移動を中心とする狩猟採集生活でした。農耕牧畜が始まってから移動はなくなり、食料を蓄積し、それを個人や集団で所有するようになったのです。現代でも、この原則が生きています。ただ、それは、ここ一万年くらいの出来事であって、それ以前は現代の狩猟採集民のようにシェア（分配）とコモンズ（共有）が原則でした。

人間の心身は、まだそのシェアとコモンズの側にあります。所有が基本となる暮らしにはまだ慣れていないから、現代でもそれをめぐって暴力や戦争が起こっています。

狩猟採集の時代には、紛争を解決する手段がありました。所有を放棄する、あるいは定住せずに別れあって移動してしまう。トラブルを起こした本人たちが、別れあって出会わなければ、暴力で解決する必要はないわけです。どうして、戦争が今もあり続けているのか。所有が基本の社会では、勝ち負けをつけて所有権を決めなければならないし、格差をつけて解決しなければならない。それが文明社会のもとになっていて、我々は、いまだにそれに苦しんでいるわけです。

都市の開始――四〇〇〇年前

農耕が始まって後、農耕文明が都市文明になりましたが、都市ができるためには、税金として徴収できる穀物が生産されなければいけなかった。農業が始まってから都市ができるまでに、四〇〇〇年近くかかっています。そうして、四大文明が登場しますが、それらはすべて奴隷国家です。戦争をして領土を広げるのではなく、戦争をして奴隷をかり集めて穀物生産に当たらせた。

四大文明が城壁国家であったのは、奴隷を逃さないために城壁を設けたわけです。これは、ジェームズ・スコットが『反穀物の人類史』で暴露しています（スコット 2019）。三〇〇〇－五〇〇〇年前というのは、人類史上、最も集団間の殺し合いが多かった時代です。それは、まさに四大文明の時代です。そのころ、世界宗教が現れました。キリスト教やイスラム教や仏教が現れて、人類史上もっとも激しい闘争の中で、もだえ苦しんでいる人々をどう救済するかを模索したわけです。

産業革命――四〇〇年前

人類にとって、もう一つのエポックメイキングな出来事は産業革命です。産業革命の前、今から四〇〇年前に現れた三人の思想家によって近代文明が始まりました。一人は、フランシス・ベーコン。彼はイギリスの思想家ですが、自然は人間の手が入らなければ価値がないと言った。人間が技術を発明して、自然を開発すればするほど、自然の価値が上がると言って、産業革命がその後に続きました。同じ時代に、もう一人トマス・ホッブズが出てきて、人間の自然状態を闘争状態であると言いました。だから人々は、リヴァイアサンという怪物に例えられる大きな権力に自分の権利を委譲して、秩序と平和をもたらさなければいけないと信じた。彼は、これを政治の本質としたわけですが、それがいまだに続いている。もう一人はデカルトです。彼は「コギト・エルゴ・スム」「我考えるゆえに我あり」ということを言った[2]。彼の考え方によると、考える主体はあるけれど、考える身体はない。人間の身体すらも客体である。世界は考える

［2］　デカルトの二元論と風土学の関係については、本書第I部第2章、第III部第4章、同第5章、第IV部第1章で寺田が検討している（☞本書 113, 133, 405, 453-454, 490 ページ）。

主体以外は全て物質でできていて、それは物理の法則に従うんだと彼は言って、そこから科学が生まれたわけです。近代科学は、世界を要素に分けて、その本質を分析して、それぞれの要素の力を拡大するという方向に向かった。人間の心身も同じように客体化されて分析され、治療されたわけです。

2　現在とはどんな時代か——ＡＩと自然観の視点から見る

デカルトの思想が行きついたＡＩ

さて、以上を踏まえて、ここからは現在の話になります。デカルトの考えが行きついた先がＡＩです。ＡＩは考える機械ですが、チャットＧＰＴのように、あらゆる情報を集めて、それを分析する人工知能が現れたわけです。これは実体を持たない。まさにデカルトが考えた「考える主体」です。デカルトの考えは、近代科学技術の発展を経て、ＡＩに行きついたと言っても過言ではないでしょう。

でも、このままいけば、人間の身体も、すべて物体としてＡＩによって分析評価され、それがどういうふうに機能するべきかまで振り分けられてしまう。ＡＩは、一見便利なようだけれども、実は人間が分析対象になり、要素に分けられて分類される時代になるわけです。それは避けなければいけない。

今、沸き起こってる事態は、ベーコンやホッブズやデカルトなどの思想が作った文明の問題です。それは、他を征服し、物を略奪し、所有していくことを是とするような文明です。それがヨーロッパ文明だった。ところが、そのヨーロッパ文明が、現代の悲劇を生んでしまった。戦争は止まないし、地球環境が壊れていっている。それを回復するために、すでにヨーロッパの思想家たちは、違う文明のあり方を求め始めているわけですね。その問いが日本に向けられてきています。

力の文明から慈悲と利他の文明へ

日本には仏教思想があったんです。仏教と神道が結びついて、力の文明ではなくて、梅原猛の言葉を借りると「慈悲の文明」、利他の精神に基づいて、自分の命を投げ出して他を助けるというような菩薩の行為が尊ばれる文明が、古代・中世から江戸時代くらいまでありました。もちろん戦国時代もあって、力の文明的な方向に流れたこともあったけれど、基本的には神仏習合の時代が続きました。

しかし、それが明治維新で、完全に力の文明にベクトルが向いてしまったわけです。ヨーロッパ、アメリカの列強に負けないためには、向こうの論理で、近代科学技術を発達させ、富国強兵策をとらなければならない、と。そして、日本は一気にその方向に押し進みますが、その結果、戦争大国になった。で、第二次世界大戦の敗戦を迎えて、大いに反省して、それは間違っていたという話になったんですが、慈悲の文明にはまだ戻っていません。原子力が一例ですが、欧米の近代科学技術を利用して、競争に勝たなければ先進国になれないという追い立てられるような焦りが、戦後も続いていると思います。

今、時代の転換点が来ていると思います。ヨーロッパの力の文明は、闘争の文明です。キリスト教もイスラム教も、闘争を前提としている。キリスト教は、愛を説いたけれど、それは虐げられた人たちに向かう愛で、力という上から目線での、神の力が前提になっています。

しかし、日本の文明は、仏教がインドから中国を経て日本に来て変質を遂げた。インドの仏教は、人といきものしか考えていないけれど、日本の仏教というのは「山川草木悉皆成仏」ですね。山や川もいきものでないものも、仏性を持っているという考え方で[3]、それが日本人の中でずっと息づいています。

ひと、山、川、いきものが一体となった美しい風景

日本は、美しい風景を昔から尊んできました。風景のそれぞれのところに命が宿っているのが、美しい風景なんです。一〇世紀の北宋で生まれた「瀟湘八景」という、八つの景色を見立てて当てはめる風景の見方が、韓国や台湾や日本に流れて、日本も一六世紀ごろから「八景」ができます。そこには、人造物も入っています。自然だけではない。自然を尊ぶ心ではなく、風景を尊ぶ心なんです。そこに美しいものを見る。ひとも、山も、川も、森も、いきものも一体となった美しさが込められているわけです。

一九三一年に、日本の国立公園法ができましたが、第一条には「優れた自然の風景地を保護し、その利用を促進して国民の保健や休養、教化に資することを目的とする」と書かれています。一方、海外の国立公園法には、生物多様性や生態系や希少な動植物というものを保全の対象にした理由が書かれています。例えば、一九二五年にアフリカで最初にできたコンゴ民主共和国のヴィルン

[3]　日本の思想における山川草木悉皆成仏の思想については、本書第Ⅰ部第2章で寺田が、風土学とパンサイキズムを論じる中で検討している（☞本書133ページ）。

ガ国立公園は、「マウンテンゴリラの保護」を目的として設立されました。また、私がこれまでゴリラの調査をしてきたコンゴのカフジ・ビエガ国立公園も「ゴリラを保護し観光に資すること」を目的として設立されました。ところが日本の国立公園法は「美しい風景の保全」なんです。これが日本の風景の見方だと思います。日本の国立公園法は、一九五七年に自然公園法に変わるんですが、第一条の文言は全く変わっていません。日本の自然公園法の中に「生物多様性」[4]という言葉が入ってくるのは二〇〇九年なんです。日本は、ずっと一貫して美しい風景というものが守る対象になっているのです。

それが日本人の自然観であり、人間観であると思いますね。おそらく神仏習合の影響によって山川草木悉皆成仏という、すべてが一体となって美しい風景を作っているという思想があったからこそできた。それがあらわれているのが、短歌や和歌です。短歌は恋の歌が多いけれども、それは自然の中に人間の心を見ている。古今和歌集などに如実に現れていると言われています。

［4］　生物多様性については、本書第Ⅱ部第2章で、セミオダイバーシティ（記号多様性）を論じる中で、パリーが論じている（☞本書258-261ページ）。

第二のジャポニスム

そういう自然や心を一体のものとして見る世界観が、日本から欧米社会に伝わっていくかもしれないと思っています。私は今、第二のジャポニスムが起きるかもしれないと予言しています。第一のジャポニスムは、一九世紀の終わりに、パリやロンドンの万国博覧会で、会場の外で売られていた扇子や団扇の浮世絵がきっかけとなって、日本の絵の描き方、日本人の風景や人物の見方が、ゴッホやゴーギャンやマネやモネに取り入れられ、また西洋の思想的な改革を生んだ。例えば、ニーチェが影響されて、「神は死んだ」という一神教を否定するような思想が出てきました。

ジャポニスムというのは、日本の考え方が、向こうに行ったというよりも、日本の考え方が触媒になって、西洋の思想が変わり始めたということです。今、同じように、宮崎駿のアニメがアカデミー賞を取ったことからもわかるように、日本の自然観や人間観、世界観が触媒になって、西洋近代のベーコン、ホッブズ、デカルトが発想した世界観が変わりつつあると思います。

村上春樹のパラレル・ワールド

その一つのきっかけは村上春樹の小説ではないかと思います。彼の小説の世界は、パラレル・ワールドなんです。西洋では、別の世界、見えないあの世に行った人は帰ってこない。でも、村上春樹の小説は、パラレル・ワールドで、異世界に行った人間が、こっちの世界に帰ってくるわけですね。別の世界にも、この現実世界にも、同時に存在しているということが起こりうる。[5]

そういう世界は、日本の神仏習合の世界にも出てきます。しかも、人間が動物になる。たとえば、ハエになって、人の耳に止まって密談をまた聞きする、鶴が人の女性に変身して機織りをする、ということが昔話に出てくる。西洋の童話や逸話では、神の力によって動物に変えられた人間が人間に戻ることはあっても、動物が人間になることはありえません。でも、日本の神話的世界では、動物が人間に変身したり、[6]動物と人間が結婚するということが当たり前に見えてくる。その自然観は例えば、一二世紀の「鳥獣戯画」にも見えます。そこでは、カエルやウサギやサルが、いろんなドラマを演じている。あれは、カエルやウサギやサルの姿に人間が二重写しになっているわけです。だから滑稽だし、それを両方見られる感じが出る。読者がそれをきちんと理解できる。今後、欧米にもそういうパラレル・ワールド的な思考方法が、浸透していくと思います。

機械論と結びついたパラレル・ワールドのディストピア

ただ、そういう思想が、デカルト的機械論と混ざった時には、ディストピアになる可能性があります。例えば、メタバースは、まさに科学技術でパラレル・ワールドを作ろうという発想です。メタバースの中に入って、フィクションの世界に浸り、そこでいろいろな人物や性格を演じる。動物にも植物にさえ変身できる。そこで起こる出来事は、現実ではありません。しかし、その世界の倫理を体験し、それを現実世界に持ち込むこともあり得るわけです。そうすると、暴力や戦争を是とするような思想が現れるかもしれない。

ＡＩは、情報だけを使って分析をします。人間の身体

[5]　小説の中におけるパラレル・ワールドについては、本書第Ⅴ部の黄桃の掌編小説「火星の穴」の中でも扱われている（☞本書 709 ff. ページ）。

[6]　このような異類婚姻譚は本書第Ⅴ部の黄桃の短編小説「とぅみーと　ふどき」の中でも扱われている（☞本書 686 ff. ページ）。

や意識を通らないから、とても過酷な結論を出す可能性があります。メタバースで行われているフィクションの世界というのは、現実を新たに超えることを可能にし、そこで作られた倫理は、現実世界を破壊してしまうかもしれない力を持っている。[7]

だから注意しないと危ないのです。日本の伝統知から出てきた世界観が、西洋近代合理主義と結びつく時に気をつけなければいけないのは、慈悲の心、利他の精神を忘れていけないということ、精神性をきちんと保持しながら広げていかないといけないということです。そうしないと、非常に安易な機械論に陥ってしまう可能性がある。

［7］　デジタル空間（サイバー空間）におけるリスクについては本書第III部第３章で松井が論じている（☞本書 391-392 ページ）。また、自律的知能システムが人間をコントロールするディストピア的状況については、第Ｖ部のグルンバッハの掌編小説「電気羊はアンドロイドの夢を見るのか」で描かれている（☞本書 671 ff. ページ）。

3　コモンズ、シェアと未来の地球

知識の外部化、中枢神経系から分散神経系へ

ここからは、未来の話になります。今、欧米で座禅やマインドフルネスや瞑想が流行っていて、精神的な安定や落ち着きを求める人が増えている。その中で重要なことは、先ほど、人類進化の中で脳の容量が増大したことを話しましたが、脳は、今、ちょっと縮んでるんです。三万年前と比べると人類の脳は、一〇－三〇パーセントくらい縮んでいると言われています。

これまではデカルトのように、考える主体としての人間の知性が礼讃されてきました。しかし、知識に基づいた知能が、もう役に立たないかもしれない段階に来ています。というのは、中枢知能はＡＩに代替されつつあるわけです。人間の頭脳は、もう容量をこれ以上増やすことができない。だから、外付けの情報とＡＩの力で、脳の不備を補っていくしかない。

現に、脳の持っている知能・知識の蓄積の部分は、外に出して、外付けのデータベースになりつつあります。となると、人間の身体と結びついた意識だけが、脳の中で温存されているだけになる。これまでは、人間の脳の中では、意識と知能が分かちがたく結びついて我々の行

動をつかさどってきました。脳が中枢機能だったのです。ところが、その一部がＡＩに代替され、なおかつ脳が小さくなるという事態に直面したら、もう中枢機能としての脳を持っておく必要がなくなるかもしれない。

中枢神経系ではなく、末梢神経系の方が、適応力があるという時代がくるかもしれないと思います。生物でも、中枢神経系を持つ生物が衰え、分散神経系を持つクラゲとかヒドラの方が、急変する自然災害環境に適応して、生存率が高くなって、繁栄する時代になるかもしれません。

中央集中型から、分散型社会へ

それを社会になぞらえると、中央政府というのもいらないという話になります[8]。実際、それが顕著になり始めています。災害が激甚化していますが、様々な災難が勃発しても、乱れ飛ぶ大量の情報を中央政府が集め、熟議して対策を打つまでには時間がかかり過ぎる。能登の地震は、熊本の地震と比べると、手遅れの事態が生じました。ということは、環境省が提唱している地域循環共生圏のように、地域自身が災害を未然に防ぎ、災害対策をするという方策の方が、中央政府の支援を待っているよりも早く対処できる。そういう方向を考えるべきだと思います。全ての情報を中央に集め、中央から指令を出すという国民国家的な役割は、もはやもう破綻して、地域が自立する時代になっているんじゃないかと思います。

ビジネスの世界は、もうすでにそうなりつつあります。大企業が、国家の枠を超えて、いろいろな情報で消費者を誘導していますが、一方で、地域は地域で活動を組むという時代になっている。地域が、国と国との規則に従って動くのではなく、日本の地域が中国やフランスの地域と組んで何かを始める時代になっている。グローバル企業は、すでにそういう網をかけている。もちろん、まだ国という枠組みはあるし、関税などの制度がありますが、だんだんそれが変わっていくんじゃないかと思います。地域で分散して自立しながら、サプライチェーンはグローバルで行われるという時代がもうそろそろやってくるだろうと思います。そのための準備と国際的規範を作らなくてはならないと思います。

［8］　社会とデジタルシステムにおける集中型と分散型の問題については、本書第Ⅲ部第1章、同第2章で、ステファン・グルンバッハとアンセルム・グルンバッハが論じている（☞本書311 ff., 363 ff. ページ）。

第二のノマド時代と社交

私は、それを第二のノマド時代と言っています。人が動くけれど、逆に物が動かない時代です。人々が動いて、物を消費する。今までは、物を流通させて、利潤を稼いでいました。けれども、物を動かすよりも、人を動かす方が早いわけです。しかも、情報通信革命が起こっているので、移動の際に物を持って動かなくていい。先々の情報を手に入れて、行った先々で、シェアやコモンズで、ものを得て生活すればいいわけです。人が動いて、物が動かない時代が、そろそろやってくると思います。

人が動くということは、定住が薄くなるということですね。その土台も整ってきています。新型コロナの後、地縁血縁が薄れてきて、人々が土地に縛り付けられ、その地域でコミュニティとして身内の人たちだけで交流していく時代が終わりました。むしろ、ネットワーク型で人々が広い範囲で結ばれて自由に動く時代になってきた。

現在は、人々のつながりが薄まる一方です。薄まる一方だからこそ、人と人とをつなぎ合わせる仕組みがなければいけない。私は、それが社交だと思っています。これから、社交ビジネスが必要となると思います。人々が集まって何かをする。それは教育であってもいいし、スポーツであってもいいし、コンサートでもいいけれど、集まって人々の縁を作るというビジネスが出てくると思います。

ゴリラの社会と人間の社会を比べると、人間の社会がこれまで圧倒的に行使してきたのは、動く自由、集まる自由、対話する自由です。しかし、定住社会は、人々が、なるべく動かない方向ですね。人が動かずに、物が動いた。サプライチェーンで、利潤の追求がされ、それがマーケットの活動だった。しかし、人が動く時代になったら、そういうサプライチェーンを、スーパーグローバルな企業が握っている必要がなくなる。個人個人が、提携して物を交換すればいい。あるいは共有すればいい。そうすると、地域に財産がたまり、地域がサプライチェーンの消費者であるとともに、生産者になることができる。

ウィルス、細菌と人間

今度の新型コロナウィルスで我々が気付いたのは、人間は地球の支配者ではなくて、目に見えない細菌やウィルスがまだこの惑星の支配者だということですね。彼らは増殖力が高いので、あっという間に何百万に増える。加えて、ウィルスは、生物に付着して増える特性を持っているから、あるウィルスを撲滅しても、変異してまた別の生物に移る変わり身の速さがある。彼らは、脳を持ってるわけではありません。けれど、ものすごく適応力が高い。そういう生物と、いかに共存していくかを考えないと、人間は、何かのきっかけですぐに滅ぼされてしまう。

小松左京先生の小説「復活の日」のようにウィルスが人間を滅ぼすかもしれないし、人気映画「猿の惑星」のように、ウィルスからやっと生き残った人間は言葉を失っていたが、逆に免疫力が高かった類人猿は人間の言葉をしゃべるようになったという事態が起きるかもしれない。これはドラマですが、アイロニーでもあるんですね。あまりにも言葉を信用しすぎて、言葉に過度に依存してきた人類が作った文明を、ウィルスはあざ笑うかのように滅ぼした。で、かろうじて残った人間は、人間の象徴である言葉を話せない。これが、「猿の惑星」の主要なテーマなんですけれど、そうなることも一つの可能性だと思います。

ウィルスって、何をするかわからないです。あるいはバクテリアが、どんな増殖力を持ってるかわからない。実際、人間の身体の中には、一〇〇兆個ものバクテリアがいて共生しているし、人間の身体表面にも、たくさんの常在菌がいる。彼らが、人間の身体や脳や精神さえも左右している可能性もある。だから、彼らがものすごく大きな変異を起こしたら、人間はあっという間に死に絶える。実際、バクテリアが腸内にいなければ、人間は消化することもできないのです。

4　一〇〇万年後の未来の地球
力の文明の終焉——一〇〇年後の未来

一〇〇年後、一万年後、一〇万年後、一〇〇万年後という単位で、時間を区切って未来を考えてみると、まず最初に起こるのは、ヨーロッパで四〇〇年前に起こった力の文明の終焉ですね。

戦争で滅びるのかもしれないし、自然災害で滅びるのかもしれないけれど、力を以て人間の領域を拡大し、力で以てそれを守ろうとした人間の在り方が自滅に導く。その代わりに立ち上がるのが——あまり日本を礼賛したくはないんですが——利他的な行動による、命を尊ぶような文明の在り方だと思います。関西万博のテーマでもある「命」、人間だけの命ではなくて、あらゆる命を尊び、その関係性を尊重するようなあり方が中心になる。政府レベルでも、マルチスピーシーズや、ネイチャー・ポジティブという言葉が使われるようになってきているので、命のつながりを、いかに正常化するかを前提とする文明が伸びていくというのが、一〇〇年後の世界じゃないかと思います。

生態系と都市の調和――一万年後のユートピア・シナリオ

次に、一万年後を考えてみると、これまでの一万年は農耕が始まって今に至る時間ですね。今から一万年後、我々は、今の科学技術を、そう簡単に手放すわけではないから、ＡＩの力などで身の回りの環境を様々に作り変えていると思います。例えば、遺伝子編集と遺伝子組み換えなど、生命を作っている様々な情報を操作し、作り変える技術が進んでいるに違いない。人間が、命を尊ぶとして、人間にとって一番大切なのは食物です。食物と人間の身体に適した環境を、どのように作るかに関しては、今より大きく進んでいると思います。

ただ、その時、ユートピア的になるかディストピア的になるかで分かれると思います。まず、ユートピア的な未来でいうと、今、地球の陸上の四割が人間と家畜を養うための畑と牧場になっていて、それによって自然の生態系が破壊されている。ユートピア的な未来では、それに対して、家畜を作り替えて、家畜を食べさせるための牧場や畑を減らして、生態系豊かで、他の野生生物が住みやすい環境を作り、その中に人間の快適な関係を作っている。家畜に代替できるような生物や人工的な食料が生まれていると思います。そうすることで、本来の生物圏の復元が可能になる。人類は、農耕を開始し、都市を創り、現在は、世界人口の半分以上が都市に住むという事態に至っているわけですが、それを改善して、人間が地域に分散して住みながら、都市と同じような快適さを保ち、食料に困ることなく、生態系も破壊することなく、世界中の生態系を守りながらやっていく。これが、ユートピア的な未来です。

二分化された世界というディストピア――一万年後の惑星移住

一方、ディストピアは、全く逆です。人工的な環境をどんどん増やして、世界は、都市と、都市的な環境が期待できない野生が跋扈する野蛮な地域に二分されてしまう。そして、人の差別化が始まって、都市に住める人と都市に住めない人、富める人間と過酷な労働に追いやられるまるで農奴みたいな下層階級ができる。

いくらＡＩやロボットやアンドロイドが発達したとしても、人間の労働は消えないと思います。ロボットやＡ

Iはコストがかかりすぎるのです。ロボットやアンドロイドを動かすためには、膨大な電気もいる。それに対して、人間の労働コストは基本的にただです。電気もガスも要らない。そこで、コストを削減したければ、人を使えばいいというようになると、大きな格差が実現して、地球環境は痛む一方で、おそらく多くの富める人間は、地球から逃れて他の星に行っているだろうと思います。[9]

そして、他の惑星を改造して、地球と同じような環境に作り変えている。ただ、環境を作り替えるわけだから、これにはものすごく大きな科学技術が必要になります。酸素がないと生きていけないし、水も作らなくちゃいけない。一万年後には、そういう技術が生まれていないとも限らない。

そうなると、地球に住んでいる人が大きく二分されて、富める人間は、地球と他の惑星で交互に暮らすかもしれない。そして、地球では、基本的には、人間だけが住める環境が拡大している。都市以外で人間以外の生物はかろうじて生きてるかもしれないけれど、とても人間が住めるような環境ではなくなっている。これがディストピアの地球の未来です。

人類が滅びた後の地球——一〇万年後の未来

次に、一〇万年後ですが、一〇万年後、もう人間は滅びていると思います。今の地球環境変動は人間にとって過酷になりつつあるけれども、その中で生き延びる生物はたくさんいます。たとえば、昆虫は、乾燥して水がほとんどないところでもちゃんと生きている。昆虫は、湿度が高いところでも、極地でも、ヒマラヤの雪の上でも生きているわけですから、人間が滅びても昆虫は生き延びていると思います。昆虫は、現在、世界で最も繁栄している生物です。しかも、ものすごく多種に分かれて、多様化している生物の一つです。それから、昆虫に寄生しているバクテリアやウィルスも、絶対死滅しない。哺乳類でも、ネズミのような世代時間の短い哺乳類は、変異して環境に適応できるようになって生き伸びているかもしれないです。

これまでの人類の歴史を、他の動物の歴史と併せて考えてみると、二〇万年から三〇万年というのが、一つの種の人類が生き延びた歴史です。その期間を超えると、人類は、別の人類に置き換わってきました。ただ、現在

[9] 人類の宇宙進出の一つである、火星移住とそこから生まれる風土に関しては、本書第IV部第4章で寺田が論じている（☞本書 566-572 ページ）。

の人類は、他の人類には変わらないと思います。というのは、これまでは、複数の人類が、地理的に隔離されていたからです。その隔離されていた人類が、別の人類になった。つまり、他の人類と接触がなかった人類が常に存在したのです。しかし、今の人類は、グローバルになってしまいましたから、生殖的な隔離が起こることはない。だから、ホモ・サピエンス以降の新種の人類は出てこないというのが私の考えです。もちろん、人工的に作ることはできるかもしれないです。でも、それはもう人類じゃないですね。別の生き物になる。だから、一〇万年後には、おそらく現代人（ホモ・サピエンス）は生き残ってないと思います。

大絶滅を超えて——一〇〇万年後の未来

一〇〇万年年後の地球はどうなっているのか。人類と似たような、でも人類ではない生物が新たに出てきているかもしれないと思います。例えば、地球は今、第六の生物の大量絶滅の時代に来ていて、その原因が人為的な環境変化だと言われていますが[10]、これまでにすでに五回も大絶滅が起こってるわけです。全球凍結も二度もあった。そんなことが、今後一〇〇万年の間に起こらないとも限らない。過去には、巨大隕石がぶつかってくることもありました。六七〇〇万年前の恐竜絶滅と同じようなことが起こる可能性もあるだろうと思います。

地球の生物圏のバイオマスの八〇－九〇パーセントは植物で、一三パーセントはバクテリアです。わずか数パーセントを、他の生物が占めているに過ぎない。それを考えれば、植物は、絶対絶滅しないでしょう。過去に大隕石が衝突した後も、植物は絶滅していません。爬虫類と哺乳動物が入れ替わっただけです。昆虫も、その前からいる。物騒で、厄介な人間が消えるだけじゃないかと思います。

生物の多様化の方向性と、譲るという人間の本質

地球は、これまで何度も生物の大絶滅を引き起こしてきました。しかし、地球の生物には[11]、一度、大絶滅が起きても、また多様化する道がある。

これは、チャールズ・ダーウィンが、最初に疑問を

[10]　地球上で起きた過去の五回の大絶滅については、本書第IV部第1章で寺田が検討している（☞本書501-502ページ）。

[11]　地球上における存在物の存在の仕方の方向性については、本書第I部第3章、第II部第1章、第III部第5章で寺田がチャールズ・サンダース・パースや西田幾多郎の議論を参照しながら論じている（☞本書176-179, 232-238, 456-461ページ）。

持ったことで、なぜ、これだけ多様な生物がこの地球上にいるのか、と彼は考えました。それぞれの生物は、必ずたくさん子供を産む。で、その子供のうち、自身が子供を産む前に死ぬものもたくさんいる。そういうふうに個体の選別が起こる。彼は、それを自然淘汰ととらえたけれど、そういう傾向はずっとあるのです。生物多様性とは本来、そういうものです。その中で、それぞれの自然条件にあったものが、勢力を伸ばしていく。

しかし、そこに、競争はあるのでしょうか。ダーウィンは、ホッブズが、人間の自然状態は闘争状態であると言ったことや、マルサスが、人口論で、人間は有限の資源をめぐって競合せざるを得ないと言ったのをヒントにして、自然淘汰による進化論を唱えました。ですが、それは、結果的に、ホッブズの理論を、生物界に当てはめたということです。そして、今度は、それを、社会学者が人間世界に当てはめて、人間社会は闘っていることが基本という力の文明になった。

でも、そういう世界観って、やっぱり人間を滅ぼすんです。これからは、譲ることが人間の本質、あるいはシェアすることが人間の本質っていうような形でやっていかないといけないんじゃないかなと思います[12]。

東洋的な文明は、西洋的なものもたくさん入っているけれども、自然の力をそのままに利用する文明です。たとえば、漢方は、バクテリアにしてもウィルスにしても、共存することを目指している。だから、免疫力を付けるということ、病気との共存と調和が漢方の目的であって、病気の撲滅を目指してるわけではない。自然との共存調和を図っていく生き方です[13]。そのために賢く技術を使うことだと思います。

共感という人間の精神性の復活に向かって

人間は、これまである時期までは、弱みを強みに変えるという方法で生き抜いてきました。人類の直立二足歩行の開始について話しましたが、二足歩行は、敏捷性や速力では劣るし、足が握力を失ったので木に登る力も失

［12］生物の世界における調和に関しては、本書第I部第2章で寺田がユクスキュルの環世界学を検討する中で論じている（☞本書226-229ページ）。また、デジタル空間（サイバー空間）における競争と共創の関係については、松井が本書第III部第3章で論じている（☞本書390ページ）。

［13］東洋的な全体論の必要性に関しては、本書第III部第1章でグルンバッハが論じている（☞本書312ページ）。主流とは異なったオルタナティブなアプローチの必要については、本書第IV部第4章で、寺田が、量的拡大に代わる質的拡大について論じている（☞本書571ページ）。

われた。欠点だらけだけれど、それを人間は強みに変えた。その強みは何かと言うと、共感力を増して、社会を強化することです。人間は、人と助け合う。極端に言うと、自己犠牲を払ってでも、他人のために尽くす。社会力を手にすることで、過酷な環境で生き延びることができたわけです。

共感力とは、助け合うことです。猛獣や自然災害などの脅威に立ち向かうために、社会力をつけた。ところが、定住し、物を増やし、それを失わないために、あるいはそれを拡大するために、共感力の矛先が人間に向かってしまった。共感力の暴発です。それに加担したのが言葉で、同じ人間を、不潔な動物や凶悪な動物などと言い換える比喩の力を用いて、猛獣のように恐ろしい、あるいは汚い、危険だから殺してもいいんだということに話がすり替わってしまった。[14]

それを元に戻さないといけないのです。そのために有効なのは、移動すること、定住しないこと、所有をなくすことだと思います。簡単にはできないと思いますが、逆説的に言えば、現在の科学技術がそれを先導してくれるかもしれない、というのが私の考えです。賢く技術を使っていけば、人類が、暴力や戦争を否定できるような精神性に戻れるんじゃないかと思いますね。[15]

――ひとや、いきものや、ものが地球の中でどう共存していくのかが、フューチャー風土を考えるカギになると思いますが、その際に、自然や世界をどう見るかという世界観は大きな意味を持ちます。力ではなく、慈悲や利他、シェアやコモンズ、譲ることが大事になるというお話は、未来の風土を考えてゆく上でとても大事なことだと思います。本書の中で論じられていることとも重なるお話もたくさんありました。大きなヒントとなるお話をありがとうございました。

［14］　比喩の問題については、本書第Ⅰ部第4章でパリーが（☞本書190ページ）、第Ⅴ章対談で和出と寺田が（☞本書623-624ページ）、現実認識の問題や桎梏の問題として論じ、第Ⅴ部の黄桃の短編小説「とぅ　みーと　こじき」でも、メタファーや物語からの逃走が描かれている（☞本書701 ff.ページ）。

［15］　精神性や心の問題は、本書第Ⅰ部第4章でパリーが（☞本書185 ff.ページ）、本書第Ⅳ部第4章で寺田が検討している（☞本書571ページ）。

引用・参照資料

スコット、ジェームズ・C（2019）『反穀物の人類史——国家誕生のディープヒストリー』立木勝（訳）、みすず書房。

写真ギャラリー

身土

SHIN-DO

Shin-ichi Wade

和出伸一

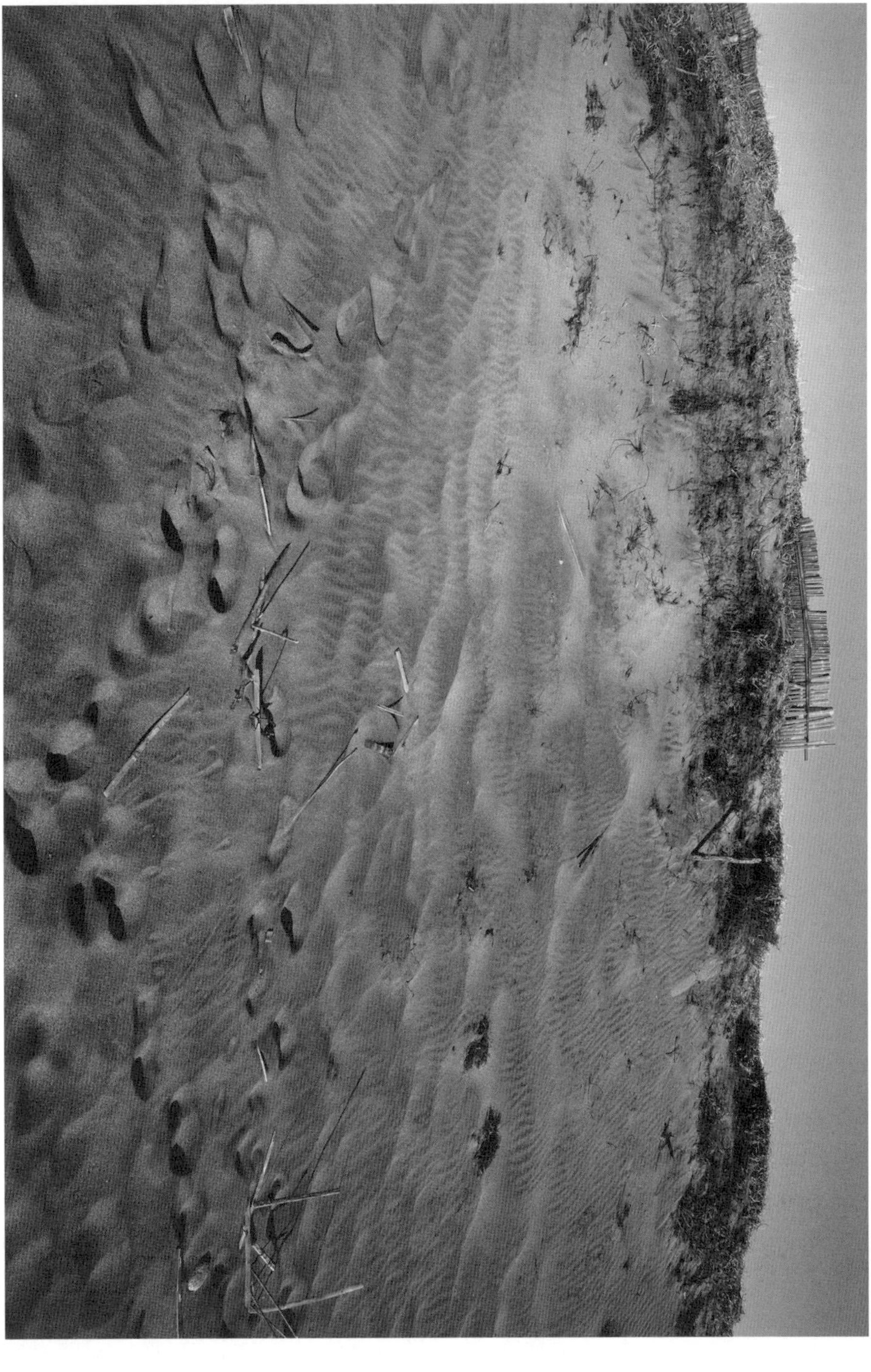

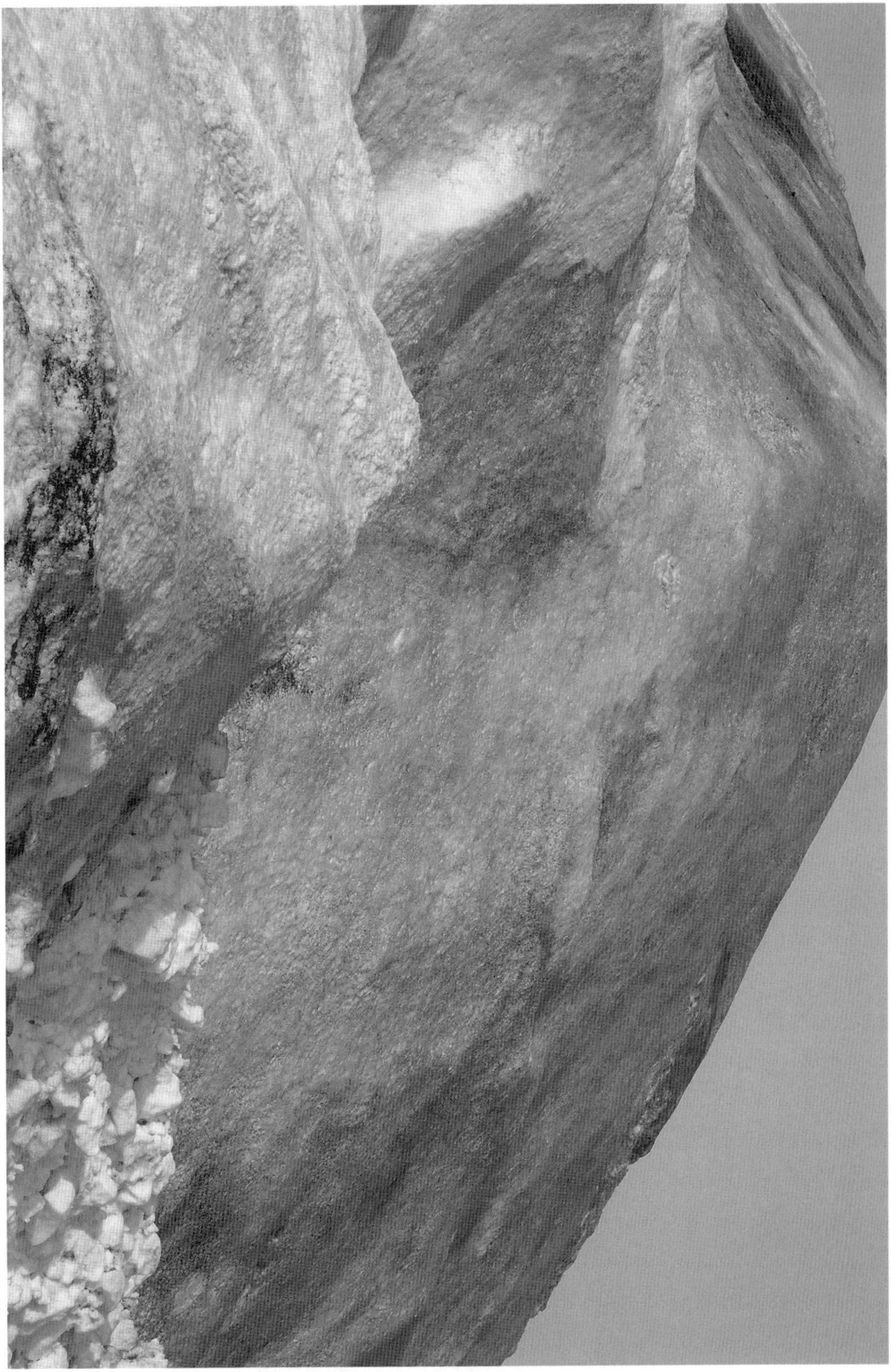

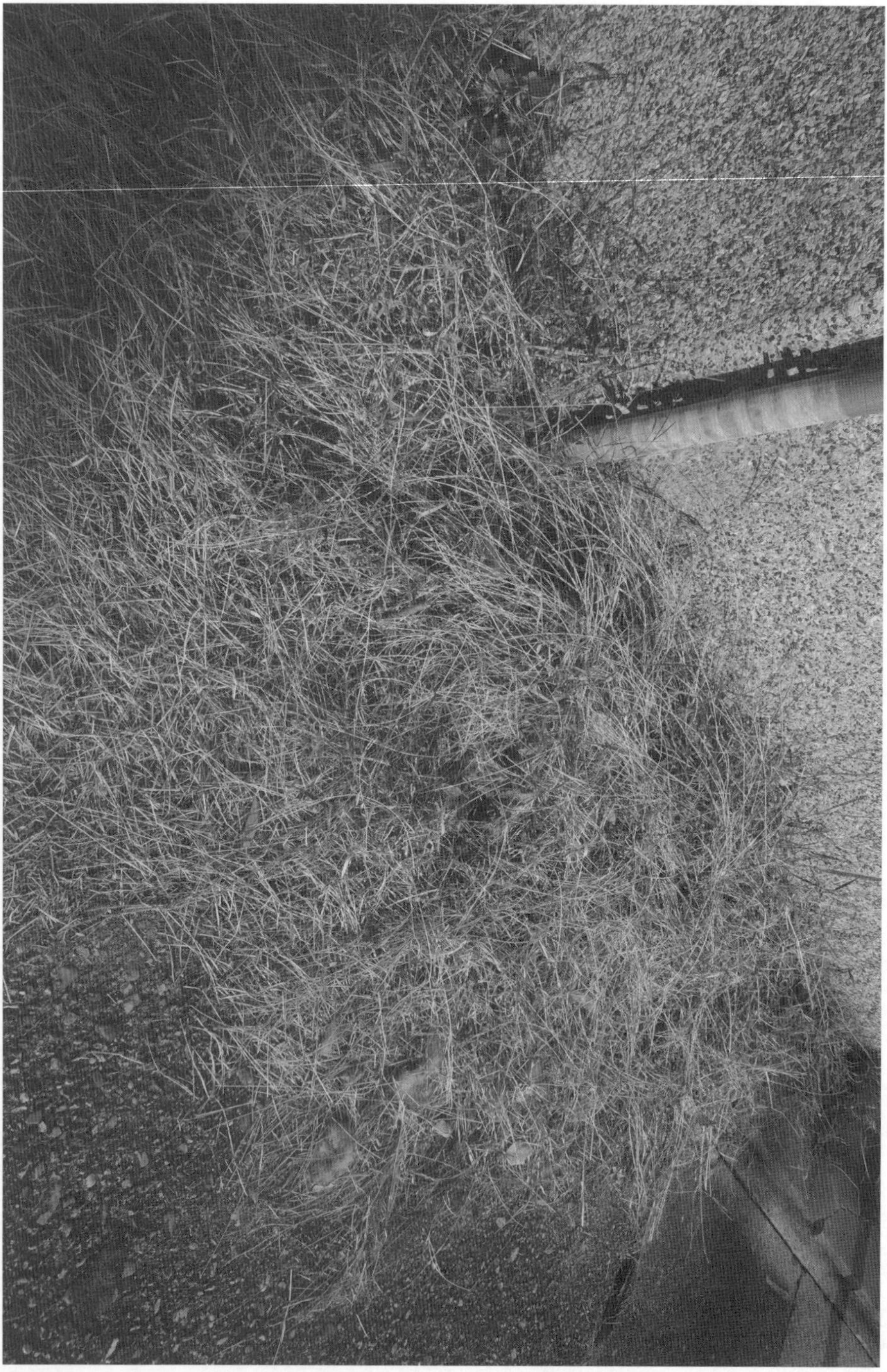

身土と風土

On Shin-do (Body-land) and Fudo (Wind-land)

眼前に大海原が広がっている。あるいは茫漠とした野が広がっている。あるいは山塊が、砂丘が、ビル群が広がっている。

強い風。風景の中に直接風を見ることはできないが、からだは風を感じている。

それでは、風はどこにあるのだろう。

今まなざしを向けている光景の中にあるのか、それともわたしのからだにあるのか。

我々のありようの底で沸き立つかたちのないざわめきは、止むことのない偏西風のようにからだを吹き抜けてゆく。それはかたちを成すことを欲し、なにかをまなざすことを求め続ける。

この風はいったいどこから吹いてくるのだろう。

和出伸一
Shin-ichi Wade

対談

〈非＝人間〉的身土・景
——現実、外部、言語

Fudo as an Extended Self : On Reality, Outsideness, and Language——A Dialogue

和出伸一×寺田匡宏
Shin-ichi Wade / Masahiro Terada

外に触れたい

寺田　和出さんには、写真ギャラリーとして、「身土」と題する一六枚の組写真を寄せていただいています。部扉にも「身土」シリーズの写真を使用させてもらっています。和出さんには『身土』という単行本の写真集があって（和出 2023）、その本には、約三〇〇枚の写真が収録されています。和出さんは、インスタレーションやビデオ作品も作られ、マンガも発表されていますが、「身土」というプロジェクトでは、風景の写真という表現を選ばれている。これらの写真は、二〇一〇年代初めごろから約一五年間、「接地点」という別のプロジェクトで日本全国を三〇〇箇所以上歩かれる中で撮りためられた写真ですね。それを「身土」という写真シリーズの形でまとめられたのはなぜだったのでしょうか。

和出　この「接地点」というプロジェクトは、日本全土を歩いて路上に落ちているゴミを拾い、そのゴミを砕いて作った絵の具でドローイングを描くという試みで、現在も継続して行なっています。私としては、これは自分のための個人的な試みであると感じていて、じつは発表のイメージをあまり持っていませんでしたが、まとめる機会をいただいて、この「身土」では写真シリーズの形を選びました。とはいえ、それは写真そのものを撮りたい、写真として表現したい、ということではなく、このプロジェクトの底に流れている何らかの物語というか、世界観を映し出す鏡の一つとして選んだのかなと思います。

寺田　写っているのは日本の風景なんですけれど、これは別に日本という国の国土を表現したものではなくて、日本の風景を写真に撮ってるけれど、じつは和出さんの世界なんですね。

和出　本質的には当然そうなるのですが、私の世界といわれると、少し違和感があります。国土という言葉が出ましたが、そういった、人間が設定した国や都道府県のような境界線であったり、土地々々の固有の雰囲気、例えば東京なら東京、大阪なら大阪の雰囲気のような、自分の中にあらかじめあるイメージや、もっと漠然とした都会や田舎というイメージなどの向こう側にある、ある種の実体みたいなものに、フラットに触りたいという気持ちが、歩いたり、見たりしている時にはあったように思います。

寺田　本書の中でも触れてるんですけれども（本書第Ⅰ部第2章、☞本書169 ff. ページ）、和辻哲郎が『風土』を書くはるか前、二四歳で書いた『ニイチェ研究』で、和出さんが今おっしゃったのと近いことを書いています。彼は、そこで西田幾多郎の『善の研究』にも通じる「純粋経験」という語を用いて、純粋経験の中にあるものというのは、「ただ象徴的方法によってのみ暗示される」とか「世界の具体的説明は不可能であり、ただ象徴表現を許されるのみである」と言っている（和辻 1961 [1913]：43, 110）。これは、いま和出さんがおっしゃったのと同じことじゃないかと思うんです。和出さんが「身土」の中で表現されてることというのは、そういう純粋経験の世界、人間のカテゴリー化以前の部分みたいなものじゃないか。「国土」といわれるような風景を撮っているんだけども、向こうに見えてるのは、違う。それがまさに和出さんが触れたいっていうものじゃないかと思います。「身土」の写真には人の姿が出てこない。人が写されていないというのは、これがそういう人間のカテゴリー化以前の世界を表現しているからではないかと思いますがいかがでしょう。

和出　人が写っていると、やはりどこか違うものになってしまいますね。おっしゃるように、人の世界の外側というか、その向こうにある物理世界みたいなものを見たり触れたりしたい、という欲求がやはりあります。表現がなかなか難しいですが。

人のいない世界

寺田　本書はひと、いきもの、機械が共存する未来がテーマです。ひとの世界と、ものやいきものの世界って違う。今、和出さんがおっしゃった人がいない世界、物理世界、そういう世界がここに写っている。ということ

は、「身土」の世界はひとの世界じゃない。
和出　そうなるのかもしれません。
寺田　それが「身土」を本書に掲載させていただいた大きな意義で、「フューチャー風土」の世界を表現しているのではないかと思います。でも、じつは、それは未来ではなくて、現在において見えているものでもある。「身土」は、現在存在している風景の写真です。写真を撮った時、和出さんはそれに立ち会ってる。こういう瞬間が、現実に存在していたわけです。これはどこか他の星の話じゃなくて、今、現在のまさに地球上の話です。そういうことが可視化されている。でも、写っているのは、物理世界、物の世界ですね。
和出　とはいえ、そう断言することには抵抗を感じます。確かなのは、ただ自分の外に触りたいという強い欲求があるということだけで、それに従ってやっているという感じなんです。
寺田　外に触りたいということは、別の言葉で言うとどういうことになるんですか。その外は触ることができるものなのでしょうか。
和出　うーん、そうですね。どれだけ実際に外に出て、歩いて、体を運んだとしても、結局触れることができるのは自分自身の境界というか、自分のありようの底みたいなところにどうしてもなっていく。これは、当然そうなるわけで、結局、外に触りたいというのは、その境界を開きたいということ、自身のありようの壁に何らかの隙間を開けて風を通したい、という感じでしょうか。すみません、あまりうまく言葉で表現できませんが。

境界と内と外

寺田　本書の中で、ルートヴィヒ・ヴィトゲンシュタインの『論理哲学論考』を引用している個所があるのですが、彼も「境界」と言っています（本書第III部第5章、☞本書 429-433 ページ）。彼は、そこで、「私っていうものは境界なんだ」と言っていて、自己とは、世界という全体と、わたしという個物との間に生じる現象だと言っています。自己とは、生体でもなければ、精神でもない。そうじゃなくて、全体と個物の間に生じている現象である。彼は、その現象は、全体と個物の間に境界があることによって生じる、と言う。だから、その境界の外側に出たら自分ではない、ものの世界になる。

和出　『身土』の本を作ってから、本にまつわる文章を書いたり、SNSに継続的に写真を載せたりしながら、このテーマにずっと触れていたんですけれど、この外に触りたいというモチベーションについて、自分では中から外に触りたいという欲求であると感じていたのですが、じつは自分は最初から外にいて、中に入りたいという欲求を感じているという、全く逆のまなざしもあり得るということにだんだん気が付いてきました。和辻哲郎の『風土』を、もう一度読み直してみたり。そういうような話をしてましたよね、確か最初のところで。

寺田　「外に出ている」「エグジステーレ ex-sistere」っていうことを言っていますね（和辻 1962［1935］：9）。寒さを例にして、人間は、寒さを感じるとき、寒さという外に出ている。その寒さという自己を、自己の外に見出すと言っている（本書第I部第2章、☞本書 98 ff. ページ）。だから自己っていうのが外にもあるし、中にもある。外にある自己が中にある自己を見ているのか、あるいは中にある自己が外にある自己を見ているのか、それは和辻さんは限定はしていないんですけども、自己っていうのが、そういう二つの自己であるという話をしていますね。

和出　ということは、外に出たかったのか、中に入りたかったのかっていうのは、じつはあまり本質ではなく、それは両方同時にあって、相転移みたいにくるくると容易に裏返る、裏返すことができるという感覚があります。実際にここにあるのは、現象としての境界であって、主体がどっちにあるっていうのは、どちらでもあり得るのかなというようなことを、最近は思ってたりします。すごくわかりにくい話をしてますけど。

寺田 そんなことないですよ。わたしはよくわかりますし、誰もが納得するようなお話じゃないかと思います。二にして一の状態、身土不二《ふに》っていうのはまさにそういうことだと思います。身が個物、土が全体だとすると、自己というものがその個物と全体の境界のところに生じる。これは、さらにまた小さな部分、たとえば、細胞などに微分化すると、またそこに全体と個物が生まれるとは思いますが。

ものの世界とアレゴリー、メタファー

寺田 ものの世界、物理世界と関係して、象徴とかアレゴリーとかメタファーについてお聞きできればと思います。「身土」が写真として成立しているというのは、一方で、和出さんのおっしゃる物理世界とか、ものの世界、人間の意味世界とは違う世界が提示されてるんですけども、他方で、そこには何らかの象徴性とかアレゴリー性とかシンボル性みたいなものが非常に濃厚にあるような気がするんですね。本書の第V部の黄桃の短編小説「とぅ　みーと　ふどき」にも、アレゴリーとかメタファーの話が書かれていますね（☞本書703 ff. ページ）。いきものの世界、小説の中では鯨文学ですが、そこに、アレゴリーやメタファーがあるかということを書いています。先ほど紹介したように、和辻さんは『ニイチェ研究』で、自然の中にあるのは、象徴そのものであって、それを説明することは不可能であると言っていて、その人間の世界とは別の世界の中に象徴はあるって言ってるんです。

和出 なるほど。

寺田 となると、そのメタファーとかアレゴリーとか象徴っていうものはもっと根源的なところであって、ものの世界とかいきものの世界の中にあるいうことになる。で、和出さんの「身土」という写真シリーズは、まさに物理世界、ものの世界、人の世の世界じゃないものを撮ろうとしているけれども、そこに捉えられているのは非常に濃厚な象徴とか、メタファーとか、アレゴリーであるように思うんです。その二重性についてどんなことを思われますか？

和出 難しい質問ですね。人間の外の世界っておっしゃるように直接、触れたり、見たりできない。

寺田 でも、和出さんは触れてるようにこちらからは見えるんですよね。写真の中では、外の世界が、象徴とし

て表出されているように見える。それを言語化する必要もないのかもしれないですけれど、写真を撮るときっていうのは、そのあたりを意識しているんでしょうか。どういう風な形でシャッターを押しているわけですか。

和出　なにか撮ってやろうと思うこともあれば、本当に何気なく撮ってることもありますね。心身の動きにノって、何枚もパシャパシャ撮ったりと、撮影の手触りはバラバラなんですが、「身土」の作業全体を思い返してみれば、シャッターを押した瞬間というよりも、まとめるとなった時の選ぶまなざしの方が強いのかもしれない。撮影している時は、その場の感情や雰囲気とかもありますし、どうしても、かっこよさを求めたり、狙いみたいなものが出てきちゃうんですけれど、結局、狙っていようが狙っていまいが、どんな感情でどんな雰囲気の中で撮ろうが、何かが写ったり、何も写らなかったりする。その瞬間の意図や欲求とは全然関係ない、別次元の回路がどこかにあって、その回路のひとつを発見するのが、本にしたり、映像としてまとめたりとかの作業の部分なのかなという感じはしますね。だから、写真を撮るとか、実際に歩くとかっていうのは、いわば生データをどんどん貯めていくような状態で、それを何らかの形にまとめるときに改めてデコードするというか、経験し直していくような気がします。本を作らせてもらった後も、何度も写真を見直したり、作業を振り返ったりする機会がありましたが、その都度、別の物語というか、自分の中で新しい手触りが現れて、そこにまた発見があったりします。メタファーやアレゴリー、象徴といった働きがあるとすれば、多分そのまとめるという作業の中でより強く働いているような気がします。撮ってる現場にあったそういった働きを本にしている、という順番じゃなくて、その逆というか、語り直しているというか。作品にする時っていうのは、やっぱりある方向に作る必要があって、だから、その度にバリエーションが生まれる。その語り直したときの自分の状態と写真との関係性でどんどん変わっていく。自分にとっては、それが何だったのかはよくわからないということはそのままに、その都度その都度、その歩いた時間も含めた全体を経験し直す。作品は、その時間の断層なのかもしれません。

時間と物語

寺田　和出さんが写真を撮っている時っていうのは、和出さんは物理世界というか外の世界にいるわけであって……。

和出　それも結構難しいんです。この、「接地点」とい

うプロジェクト、行為全体をひっくるめてのベクトルが、何か外に出たいというういう方向であって、それは、いつ、どこで、どの瞬間に、外へ出たかと微分していくと消えてしまうような、そんな印象はありますね。写真を撮ってる瞬間に外へ出ているといわれると、それはそうなんだけど、そういうわけでもないみたいな。

寺田　より正確にいうと、その外の世界との境界が、たとえばカメラのシャッターなり、仮にフィルムがあるとすると、そのフィルムが微分されたところに存在するある種の境界であるということになるんじゃないかと思います。そこには、写真を撮っている人の境界みたいなものが転写されているともいえるんじゃないか。とすると、境界としての自己という現象が、そのフィルムには記録されている。でも、その境界を見ているわたしっていうのは、外部から見ることはできないわけですよね。本書の中でも触れていますが(本書第III部第5章、☞本書433ページ)、哲学者の永井均さんなんかは、わたしの世界というのが、わたしにしか存在しないということはすごいことだとおっしゃっている。彼は、それを世界の開闢と言って、わたしから世界が開闢していることが「奇跡」だと言っている(永井 2004 : 41-42)。その瞬間に、わたしにとってのある世界が存在するというのはわたししか知らない。今ここに、それがあることは、その人にしか見えない。それを、第三者が見ることはできない。だから、和出さんがおっしゃった方向性みたいな形でしかいえなくて、そこにいた、その存在した写真を撮った和出さんの、その瞬間のその今ここは、和出さんにしか見えないわけです。それが疑似的に写真として固定されている。でも、それはあくまで疑似的であって、写真のフレームと、それを見ていた和出さんの人間の目のフレームは全然違う。正確にいうと、目のフレームがあって、カメラのフレームがある。エルンスト・マッハが描いた寝椅子に座って自分を描いてる絵について本書の中で言及していますが（本書第III部第5章、☞本書435ページ）、自分が見ている世界というのは正確に絵に描くことはできない。視野の境界なんて描けませんからね。だから、何らかのメディアで世界を正確に代理表象することは不可能であるけれども、疑似的に、一瞬捉えられているのが、写真という形だともいえるし、そうなると、やはり、そこには、外の世界との間の境界が写っているともいえる。

和出　そうですね。難しいな。

〈非＝人間〉の未来

寺田　本書の企画書段階で、京都大学学術出版会の編集長（当時）の鈴木哲也さんに「人間のいない世界は本書のスコープに入るんですか」ということを聞かれました。マルチスピーシーズ人類学とか、モア・ザン・ヒューマンとかっていわれてますけども、人間がいない世界も将来はあるかもしれない。

和出　必ずある。

寺田　そういう世界も視野に入れなきゃいけないですねっていう話をされたんです。で、和出さんの「身土」シリーズの写真、たとえば、単行本の『身土』の中では、人間のいない世界がもうすでに実現されている。『身土』は三〇〇ページ以上あって、ビルとか住宅の写真もたくさんありますけども、人間は全く写っていない。人間が作った風景であっても、無人の風景として撮られている。そうすると、これまで、少なくとも十数年間和出さんが撮りためた写真、和出さんが見ていた風景というのは、人間がいない風景であるということになる。これは、どういうことなんだろうと思うと、むしろ地球上ではそちらの方が普通であると考えた方がいいのかもしれないともいえるんじゃないかと思えてきた。ビルとか住

宅街とかがあっても、そこだって人がいない場であるともいえる。そういう意味では、これは、まさにわれわれの世界は、人がいる世界のように見えて、人のいる世界じゃない世界も、今すでにあるんだともいえるんじゃないか。人間がいない世界が必ず来るっておっしゃっていましたけど、そういう思いはありますか。
和出　うーん、難しいですね。人がいない世界……。
寺田　質問を替えると、「身土」の写真の中に人が誰もいない、どうして人がいない写真をセレクトしてるんですか。
和出　人がいる写真に違和感があるのは、人が写ってると、どうしてもその人の物語に見える。人がどれだけぽつんと、小さく写っていたとしても、風景が地で人が図というような、地と図の関係になってしまう、風景が背景に行ってしまう感じがあって。そうなると、その人の物語に、風景がパッケージングされてしまうというか、閉じてしまうような印象、感覚がある。だから風景そのものに触れたいと思ったときに、やっぱり人は写らないようにしていく方向に行ったのかなと思います。

物語という罪

寺田　物語っていうのは罪深いものなんでしょうか。これもまた本書第V部の黄桃の短編小説「とぅ　みーとふどき」の話になりますが、そこでも物語の話が出てきて（☞本書698 ff. ページ）、物語にはいい面もあれば悪い面もあるけれども、物語というものに入り込むっていうのはどういうことなんだろうとか、鯨文学に物語はあるかというようなことが書かれています。物語っていうものに対して、二律背反的な感情がある。和出さんにとって物語っていうのはどういう存在なんでしょうか。人間は言語を操るけれども、その言語行為には、象徴かアレゴリーとかとはもう一つ別の位相として物語というのがある。象徴とアレゴリーだけじゃなくて、人間にはさらに物語もある。

和出　物語という言葉も、色々と広い意味があると思います。狭義では小説のような、いわゆる「物語」という意味ですが、それをどこまで広く取るかっていうこともあるのかなと思いますね。たとえば化学変化のプロセスは物語なのかとか。もっと広く、何かが何かに変化することそのものは物語なのか、というところまで解体していくと、時間＝物語みたいなところまで含み込めてしまう言葉だなという気はします。多分、寺田さんがおっしゃっている物語はどちらかというとその狭義の物語寄りの意味で使ってらっしゃるのかなという気がしますが。

寺田　とりあえずは、狭義の意味ですね。でも、本書の中では広義の方も扱っていて、西田幾多郎が『善の研究』のなかで、まさにおっしゃった化学変化の結晶化みたいなところから自然の統一力の問題を論じていて、それを生命の問題とつなげています（本書第III部第5章、☞本書459-461ページ）。今は、アストロバイオロジーでは、生命っていうのは分子が集まってある閉鎖領域を作る、それが細胞の始まりであり、生命の始まりではないかといわれているので、まさに、時間と生命と物語は連動しているともいえる。グレゴリー・ベイトソンは「物語で考える」っていうのは別に人間だけがやってるわけじゃなくて、様々な生き物も物語で考えてると言っている。たとえば、イソギンチャクが成長する。それは物語じゃないか、というのです（ベイトソン 2001［1979］: 17）。そういうところも視野には入れつつ、一方で人間の物語みたいなのもあって、そちらは人間の言語的なものとしてできてきてる。で、先ほど、人間がその風景の中にあると、人間の物語に風景が回収されてしまうので違和感があるっておっしゃってたのは、人間の物語といわゆる自然の物語、時間とか、生成とかいうもっと根源的なもの、それと人間の言語として構築された物語との違いというか、齟齬というようなお話でもあるのかな、と思って聞いていました。人間のその物語の息苦しさみたいなものは逆に人間しかわからないんであって、やっぱり人間はそこから出たいということなんだけども、でも、出ればそこにあるのは人間の物語と全然違う異世界になる。『身土』の本の中に、和出さんが「ここは怖い」って書いてられて大変印象的なんですけども（和出 2023 : 171）、その人間の物語とか語りとかの世界の外に出ると、やっぱり怖いものでもある。二つの世界のあいまをどう生きるのかっていうのは、人間の業というか、回答の出ない話かもしれませんね。

和出　もし物語に罪があるのだとすれば、それは物語そのものにではなく、その輪郭、境界のありようの中にあるのかもしれませんね。そこに葛藤がなければ、その境界は境界ではなくなってしまう。葛藤の形自体がその境界の形で、多分、葛藤がなくなったら境界がなくなってしまって、いわゆる「私」も「人間」も「世界の外」も、なくなってしまうというようなお話なのかなと思いますね。すいません。わかりにくい回答ばかりしてしまって。

他者をどうとらえるか

和出　人間と人間以外の世界、人間といきものの世界の間の境界を見直すということが、最近いわれていると思いますが、どこまでいっても境界はあるということをしっかり見つめることが大事なのかなという気はしますね。他者の他者性をちゃんと肝に銘じ続けるというか。それは絶対触り得ないし、未知であり、知り得ないものだということが、既存の境界を無効にすることに目を向けるあまりにないがしろになってしまうとまずいような気もします。

寺田　それは大事なことですね。全体論、ホーリズム的な話をしてる時に、必ず言われるのは、そこには他者がなくなりがちなんですよね。そうなってくると、他者の問題っていうのがこの話からなかなか出てきにくい。全体論を自己の底にある境域みたいなところとつなげる思想は、個人のこころの問題に集中することで他者性を欠如させるという批判もあります（末木 2018 : 176）。風土も全体論として論じるとそうなる可能性もあって、事実、和辻は「我々」ということしか『風土』では言っていなくて、他者性というようなことは出てこない。最近は、むしろ、心の哲学や意識の哲学では、自己を他者との共存在の中で考えるという方向性が注目されているので（野矢 2016 : 333 ; 金杉ら 2024）、今、和辻さんが『風土』を書いたら、当然、他者や他者性の問題は風土学の中に組み込まれていたとは思いますが。

和出　結局、外に触れたいという欲求は、他者に触れたいという欲求なのかもしれないですね。その欲求は、息苦しさにもがいていているというような感覚として現れる。それは、生きていることや、今ここにあることの息苦しさというか。

寺田　それはその他者とか外界に触れることによって、その息苦しさがなくなりそうだという感じですか。

和出　一瞬なくなる。他者や外界に触れる、境界を引くということは、同時に自己に触れる、自己が現れる、ということでもあって、それはなんというか、自分にとってはとても単純な、身体的・生理的なあがきから現れるもので、結局そういう場所が出発点であり、ずっとあり続けるモチベーションだったりするのかもしれないですね。

自己以前の自己

寺田　さっきおっしゃった「今ここ」っていうのは、和出さんの内部空間、自己っていう感じなんでしょうか。

和出　内部でも、自己でもないかなと思います。自己以前の何か、内部として、自己として境界が引かれる以前の何か。

寺田　これも、本書の中で精神医学者の木村敏さんのことを書いていますが（本書第Ⅲ部第5章、☞本書446-448ページ）、木村さんが『偶然性の精神病理』っていう本を書いていて、彼は、「自己以前の自己」ということをよくおっしゃいます。「父母未生已前の自己」とか、いろんな言い方をされている（木村2002［1993］：113）。あるいは、井筒俊彦はそういう境域を仏教の用語を借りて「阿頼耶（アラヤ）識」と言っている（井筒2024［1980］：173 ff.）。木村さんは『あいだ』という本の中で、その自己以前の自己みたいなものっていうのは、「生命一般の根拠」であるとおっしゃっていて（木村1988）、そういう生命一般の根拠みたいなものが自己以前にあって、それと個体としての自己が触れているから自分っていうものがあると言う。その「生命一般の根拠と触れている自己」と、その「生命一般の根拠であるところの自己以前の自己」の関係がうまくいってるか、いないかが、精神の不調や病理現象の根幹みたいなところにあるんじゃないかという話をされています。不調だと、たとえば、「生命一般の根拠であるところの世界」と「自己」が筒抜けになってしまって、世界のざわめきが自己にダイレクトに入ってきたり、自己が外に筒抜けに出て行ってしまったりする。そうなると、他人に心を読まれているとか、誰もいないのに、誰かが自分に語りか

けているというような妄想が出てくる（滝川 2004：55）。ですからすごく大事なわけです。今、和出さんがおっしゃったように自己じゃない自己が、自己の中にはある。それはすごく大事なものであって、それといわば表層に出ている自己との関係がどういうふうにあるのかっていうのが問題になる。和出さんは、そういうことをおっしゃっていて、まさに外へ出たいという話とつながる。言語化がなかなか難しいけれども、それは、ある場所ともいえるんじゃないか。和出さんがおっしゃった今ここというのを場所と考えると。そういうところから外へ出たい欲求が出てきてるっておっしゃってるのかな、と思います。

和出　なんか環境の話というよりも、凄い内面の話になってしまいましたが、大丈夫でしょうか。

寺田　和辻さんは『風土』の第一章で、風土とは「自己了解の型」だって言って、自己の話をしているんです（和辻 1962［1935］：22）。風土という現象は自己と結びついている。ですので、こういう話になるのはすごく自然じゃないかと思います。

和出　なるほど、よかったです。これ、あんまり通じたことがない話なんで、ちょっと不安があるんです。

科学の言語、メタファーの言語

寺田　和出さん、今、ぼくに話が通じてないと思ってますか。
和出　その感じはあります。前提があんまり合ってないと感じるところもあったりして、そこは多分私がちゃんと整理してお話ししなきゃいけない部分でもあるんだろうなという。
寺田　ああ。なるほど。どんなところが前提があってないと思いましたか。
和出　例えば、「和出さんが外の世界にいる」といわれた場合、一貫性、連続性をもって持続する私という存在があり、その私が、静的で均質な空間の中にあり、その空間が内と外に分割されていてる、という整然としたモデル、フレームが暗黙の前提として設定されているように感じてしまいます。言語化する、人に伝わる言葉にするときには、どうしてもそうなるのかもしれませんが、なんていうんですかね、自分の感覚の世界は、その問いを構成しているフレームの外というか、以前を指向しているというか。だから、それに対して、どう答えれば良いのか。外に出てるっていうことを、うーん、なんていったらいいんだろう。
寺田　多分、メタファーとかアレゴリーで語るとすごく語りやすいと思うんです。でも、じつは、ぼくは、そういうのを意図的に避けているところがあって。
和出　あー、なるほど。
寺田　だから、多分、和出さんはそういうところに違和感を持ってるのかなという気はしますね。
和出　ああ、そうかもしれないですね。
寺田　メタファーとかアレゴリーで喋り合ってたらきっと多分すごくわかり合う感じがあったんじゃないかと思いますね。ぼくは、メタファーとアレゴリーについてはちょっと複雑な感情があって、そもそも、メタファーとアレゴリーをあんまりうまく使えないところがあるんじゃないかと自分では思ってます。とはいえ、ぼくが論理とか理論でうまく語れているかというとそうともいえないとは思い出ますが。もちろん、外って何という問題は、メタファー的にしか語れないものでもあるのは確かなんですけども、そうじゃない方法でなるべく語りたいところがあるっていうのもありますね。だから、そこでおそらく齟齬みたいな感覚を持たれてるのではないかと思いますが。
和出　なるほど、よくわかりました。多分、アレゴリーやメタファーで違う前提を中和してない言葉っていうことですよね。共通言語を共有する前に、前提自体が前に出てきてしまうから、私の方で違和感を感じるということでしょうか。

寺田　そうですね。

和出　そうなると、なんか質問よりも、その前提の話をしたくなっちゃって、あんまりうまく質問に答えられないみたいなところが結構あったなという気はします。問いとして提示されたモデルに感覚を当てはめることを、慎重に避けてしまうというか。

寺田　ああ、そういうことですね。モデルというのは現実を分節化することですからね。メタファーとアレゴリーは、それとは別の現実の語り方ですね。そっちを共通言語にして語り合ってたら、もっとわかりあえた感じはあったかもしれない。

和出　でも、それはそれであんまり面白くないかもしれない。

寺田　学術の世界と芸術とか表現の世界との言語の違いみたいなのがあって、多分、作家とか詩人同士とかで話すときってていうのは、おそらくメタファーとアレゴリーだけで対談とかしてると思うんですけど、でもこの本は学術書なんで、それをここでやっちゃうとあんまり良くないなというのがあって。とはいえ、学術とか、科学の言語が現実に一番近い表現かというと、じつは、一番現実とは遠い言語ですからね。科学の言語を極限まで突き詰めると数式の世界になる。それは、現実から最も遠いといえるわけです。本書の中でも大森荘蔵さんの「立ち現れ一元論」について触れていますが（本書第III部第5章、☞本書439ページ）、現実そのものが「相貌」を帯びているんだから、そもそも、現実とは、メタファー的、アレゴリー的なものだともいえる。だから、科学や学術の言語が一番優れているわけでもないのに、科学の言語が万能みたいに思われているのは、おかしい。ぼく自身がそういう二つの世界の狭間にいて、どうしようか、みたいなところは確かにありますけどね。

和出　今まで、アートと科学者のコラボレーションといわれるものに見たり触れたりする機会は何度かありましたが、やっぱり、そこの決定的な差みたいなところに突き当たる前に、お互いをお互いのイメージでまなざし合って終わっちゃうなぁという感想を抱くこともありました。それはそれで意義があるのですが、本来はお互いに違和感のある部分、差がある部分、わかり合えない部分っていうのがちゃんとないと、一緒にやる意味がないのかもしれませんね。もちろん現実的にそれを形にするのはとても難しいんですけれども。

寺田　人間にはいろんな種類の人がいて、いろいろ得意不得意があるわけですよね。数式思考が得意な人は、メタファー思考ができないのかもしれないし、逆にメタファー思考ができる人は数式思考が得意じゃないかもしれないとか。様々なグラデーションが人間にはあるっていうところが面白いところじゃないでしょうか。そういう中で、齟齬をうまく言語化して、お互いがお互いの言語で言語化していくような関係ができればいいですね。

（本文中の写真は、いずれも和出伸一「身土」シリーズより）

引用・参照資料

和文文献

井筒俊彦（2014［1980］）「意識と本質」井筒俊彦『井筒俊彦全集』六、慶應義塾大学出版会、pp. 3-313。

金杉武司・塩野直之・高村夏輝（編）（2024）『野矢哲学に挑む——批判と応答』岩波書店。

木村敏（1988）『あいだ』弘文堂。

木村敏（2002［1993］）「タイミングと自己」木村敏『偶然性の精神病理』岩波現代文庫、岩波書店、pp. 99-134。

末木文美士（2018）『死者と菩薩の倫理学』冥顕の哲学、一、ぷねうま舎。

滝川一廣（2004）『「こころ」の本質とは何か——統合失調症・自閉症・不登校のふしぎ』シリーズ・人間学、五、ちくま新書、筑摩書房。

永井均（2004）『私・今・そして神——開闢の哲学』講談社現代新書、講談社。

野矢茂樹（2016）『心という難問——空間・身体・意味』講談社。

ベイトソン、グレゴリー（2001［1979］）『精神と自然——生きた世界の認識論』改訂版、佐藤良明（訳）、新思索社。

和辻哲郎（1961［1913］）「ニイチェ研究」和辻哲郎『和辻哲郎全集』一、岩波書店、pp. 1-391。

和辻哲郎（1962［1935］）「風土——人間学的考察」和辻哲郎『和辻哲郎全集』八、岩波書店、pp. 1-256。

和出伸一（2023）『身土——人の世の底に触れる』あいり出版。

特論

風土、身土、国土、浄土
――不二《ふに》とモニズム

Fudo (Wind-land), Shindo (Body-land), Kokudo (Nation-land), and Jodo (Pure land): On Monism and the Buddhist Idea of Non-duality

寺田匡宏
Masahiro Terada

風土という概念は、それだけの単独概念として存在するのではない。それと類似した用語があり、その中で風土という概念を考えることは、風土に関するより深い理解をもたらすであろう。本書第I部第1章と同第2章で見たように（☞本書67 ff., 96 ff. ページ）、風土という語は、和辻哲郎によって哲学的概念として解釈され彫琢された。その哲学的概念化も、そのような様々な語との関係性の中で見られるべきである。ここでは、いくつかの仏教用語を取り上げ、その中に、風土という語を位置付けてみたい。

1　仏教における浄土と国土

浄土と浄土教

まず、浄土という語から見てゆこう。この語は、大乗仏教の基本的な概念で、東アジアにおける仏教哲学において重要な意味を持った。日本語では、これを「じょうど」と読むが、中国語では、「チントゥ jìngtǔ」と読む。どちらの読みをしても、それを構成する漢字は同じで、清らかさや混じりけの無さを示す「浄」という文字と、土を示す「土」という漢字からなる。この語が示す意味は、文字通り、清らかな土地、あるいは清められた土地という意味で、この「浄土」という語が英語に訳される場合は、通常「ピュアランド pure land」と訳される。この「浄土」を冠した仏教の教えが「浄土教」であり、その教えを信奉することを「浄土宗」と呼ぶ。英語ではピュアランド・ブッディズム pure land Buddhism である。

この浄土の教えは、もともとの仏教の中にあったのではなかった。仏教の歴史をさかのぼると、そこでは、人間にとって解脱がもっとも大きな目標であった。解脱した人のことをブッダと呼ぶ。のちには、複数のブッダが唱えられるようになるが、もともとは、ブッダとなった人は歴史的には一人しかいない。紀元前六－五世紀に生きたと考えられているシャカ族のゴータマ・シッダールタ（ゴータマ・シッダッタ）がその人である。その解脱した人であるゴータマ・ブッダの教えを慕った人々が、初期の仏教を形作った。今日これは「原始仏教」と呼ばれている。この原始仏教において、もっとも重要なのは、人間の内部における問題である。

本書第III部第5章で見たが（☞本書 448 ff. ページ）、ゴータマ・ブッダの最大の教えは、現世における苦には原因があるということの発見であった。今日では、因果性という考え方があるが、そのような考え方がない状態においては、ものごとが生じるのがなぜなのかはわからなかったのに違いない。苦が生じたとして、それが、たとえば、運の悪さやあるいは神や怨霊の罰であると考えられていたならば、それを取り除くことはほとんど不可能である。しかし、ゴータマ・ブッダは、ものごととはそのようなものによって起こるのではなく、「縁起」によって起こることを明らかにした。縁起とは、広い意味での因果性である。それは、当時においては、画期的な教えであったはずである。ゴータマ・ブッダは、その因果性を詳細に分類し、その底には、認識と存在との相互作用があることを明らかにした。これは内面に関する哲学的思考であり、形而上学である。初期仏教（原始仏教）の中心は、そのような内面の問題に集中していた。したがって、そこにはこの地上以外に存在する浄土というような問題は存在しなかった。

だが、仏教が、数世紀の時間的経過を経て、また当初のインドガンジス川中流域という限定された地域から、中央アジア、東南アジア、東アジアに広がるにつれて、別種の志向が生まれてきた。それが、異なる世界への関心、言い換えれば、死後の世界への関心であり、死後の世界における救済の問題である。「浄土」とは、そのような場所のことであり、そのような場所は、人間が生きている世界の西の方に実際に存在する場であると考えられるようになった。

浄土経典

多くの大乗仏教の経典が浄土について詳細に記述している。たとえばそのような経典には、『法華経 *Saddharma Puṇḍarīka Sūtra*』（紀元五〇－一五〇年に成立か。最古の漢訳として竺法護 Dharmarakṣa の二八六年の訳が存在）があるが、浄土教では、次の三つの経典を根本経典とし、それを元にして浄土、解脱、救済に関する理論化が行われている。

『無量寿経（無限の寿命に関する経典）*Sukhāvatī-vyūha Sūtra*』（中村ら 1990 a）。紀元一四〇年ごろに完成か（中村ら 1990 b：251）。最古の漢訳として安世高 Ān Shìgāo の一四八年の訳が存在（中村ら 1990 b：192）。三つの中で最も長いので『大経』とも呼ばれる。

『観無量寿経（浄土を見ることについての経典）*Amitāyurdhyāna Sūtra*』（中村ら 1990 b）。紀元四二五—四五三年に完成。最古の漢訳として畺良耶舎 Kālayaśas の訳が存在。

『仏説阿弥陀経（ブッダが説くアミタバについての経典）*Sukhāvatī－vyūha Sūtra*』、紀元一四〇年頃に完成か（中村ら 1990 b：251）。最古の漢訳版として鳩摩羅什 Kumārajīva による四〇二年の訳が存在。短いので、『小経』とも呼ばれる。

これらの経典の中では、浄土は、幸福と安逸の場であり、おそれも恐怖も怒りも憎しみもない場であり、金の装飾や宝石によって荘厳されている場であり、やわらかな風が吹き、良い香りがただよう場であり、鳥の素晴らしい歌声が聞こえる場として描かれる。そのような場には、阿弥陀仏（アミタバ Amitābha）がいると考えられている。この阿弥陀仏とは、複数存在するブッダのうちの一つである。先ほど、仏教の開始時期（原始仏教）においては、ブッダは、ゴータマ・シッダールタがブッダとなったゴータマ・ブッダしかいないと考えられていたと述べたが、原始仏教から数百年後に開始されたいわゆる「大乗仏教」では、ゴータマ・シッダールタが成仏したゴータマ・ブッダ以外にも複数のブッダがいると考えられた。阿弥陀仏（アミタバ）は、そのようなブッダの一つである。サンスクリット語でアミタバやアミタユスという語は、無限の寿命（無量寿）や無限の光（無量光）を意味する。阿弥陀仏（アミタバ）とは、浄土に存在し、人々を解脱に導き、その人々を死後、浄土に導くと考えられた。

阿弥陀仏とその浄土という考え方は、初期仏教には存在しなかった。では、それはどこから来たのかという起源が問題になるが、それには長い論争の歴史がある。学術的には、はっきりとした合意はまだないようであるが、その起源は南アジアのインドにあるのではなく、むしろ北アジアのゾロアスター教（拝火教）と関係があるのではないかと考えられている。たしかに、インドの思想は、ヒンドゥー思想を見ても、ある特定の超越的な境域を、ある方角に定めるというような思想はない。阿弥陀仏をゾロアスター教と関連付ける視角は戦前に京都帝国大学で仏教史・インド哲学を講じた松本文三郎が唱えている（松本 2006［1904］）。

国土と浄土

通常、浄土は、阿弥陀仏の存在する「清められた土地」を指す唯一の語であると考えられているかもしれないが、しかし、それ以外の語もこの阿弥陀仏の存在する土地を指すのに使われることがある。たとえば、上記の『無量寿経』、『観無量寿経』、『仏説阿弥陀経』には、阿弥陀仏の土地を示す語として次のような語も用いられている。

仏国土（ブッダの国の土地）　仏土（ブッダの土地）　厳浄国土（厳しく清められた国の土地）　他方国土（あの世の国の土地）　厳浄土（厳しく清い土地）　浄妙国土（清められた妙なる土地）　極楽世界（楽が極まった世界）　極楽国土（楽が極まった国の土地）　浄仏土（清らかなブッダの土地）

ここからわかることは、浄土が、「国土」の一種であるということである。国土とは、人間によって定められた社会組織であるところの「国」の土地である。ブッダの国が、国土とも呼ばれるということは、ブッダの土地もある種の国の土地であると考えられていたことを示していよう。ブッダの土地に行くのは、仮にそれがあの世であっても、人間である。それが人間の土地である限りは、国土と呼んでもよいという含意がそこには

図１　浄土、国土との対比で見た風土の位置と和辻の著書

あるであろう。

浄土教は、初期仏教が展開したインドではなく、それが伝搬していった先である中国で発達したので、浄土という語の直接の原語はサンスクリットにはない。だが、それに相当する語はある。それが「ブッダの土地」という語であり、そのサンスクリット語は、ブッダクシェトラ बुद्धक्षेत्र buddhakshetra である（Keown 2003：43-44）。この語は、ブッダという語とクシェトラという語からなるが、クシェトラという語は土地という意味であり、そこには、直接的には、国土という意味はない。その意味で、東アジアにおいて出現した浄土教が、このブッダの土地を「仏の国土」などと訳しているのは、東アジアにおける国家というものの位置を反映している。東アジアとりわけ、中国は、国家形成が盛んにおこなわれた土地であり、人間の境域が国として区切られがちであった。それを反映している。

同時に、これらの仏典は、紀元一世紀から二世紀に翻訳がなされていたことにも注意したい。本書第Ⅰ部第１章で見たが（☞本書47ページ）、風土という語の使用の歴史は紀元前三世紀ごろにさかのぼる。仏教は、紀元一世紀ごろにインドから中国に伝えられ始めた（沖本・菅野 2010）。それ以後、澎湃として、経典の流入や国家による保護が進み、仏教の中国における最盛期は、七世紀から一〇世紀の唐から宋の時代だと言われている。仏教が流入して、それが漢訳されていく過程では、中国化が起こった。翻訳とはその一例であり、ブッダの土地を「ブッダの国土」と訳すというのは、中国に特有の国家という思想を仏教の世界観の中に持ち込んだといえる。仏教には、もともとインドに存在したレイヤーがあり、そこに、中国の影響を受けたレイヤーが重なっている。

風土、国土、浄土を横断する和辻の著書たち

すでに本書第Ⅰ部第3章で見たが（☞本書163ページ）、和辻哲郎は、風土について論じていたほぼ同時期に、『原始仏教の実践哲学』で大乗仏教が起こる前の初期の仏教の中に見られる哲学について論じていた（和辻 1962［1927］）。また、その十年ほど前に、和辻は『古寺巡礼』を刊行していたが、この本は、和辻が奈良の仏教寺院をめぐった際の随想である（和辻 1979［1919］）。それらの寺院は、奈良時代と天平時代に創建された寺院であるが、その時代は、日本における浄土教の成立期である。和辻が『古寺巡礼』で描き出しているのは、浄土が仏像と寺院建築を通じていかに表象されているかである。同書の中には「浄土」という語が頻出する。

また一方、国土という語も和辻の著書の中に登場する。たとえば、『風土』においては、「人間の歴史的存在がある国土におけるある時代の人間の存在となる」と述べられているが（和辻 1962［1935］: 16）、それは、和辻が、風土性という抽象的な概念が、現実世界の中で現れるとしたら、それは常に具体的な時空の中においてであり、それは「国家」の境域である「国土」として表現されると考えていたことを示す。この視角は、『倫理学』に引き継がれ、同書下巻で、和辻は「人間存在の風土性の自覚が国土の認識として（…）起こって来た」として（和辻 1962［1949］: 136）、世界史上の諸国民性を「国土」との関係で詳細に分析している。一九九二年に刊行された『和辻哲郎全集』別巻一で、和辻が一九二八年から一九三一年に書いた未発表の「国民道徳論」に関するノートや草稿を校訂した湯浅康雄は、和辻の風土学構想がそもそも「国民道徳論」の一部として構想され、それは、諸国民の国民性を倫理思想の面から分析する新たなディシプリンであったことを明らかにしている（湯浅 1992 : 477）。

これらを考え合わせると、和辻の哲学思考の中では、風土、国土、浄土という概念は一続きの概念のかたま

りであったともいえよう。図1は、それらをふまえ、風土という語と和辻の著書を東アジアの関連する語の中に位置づけたダイアグラムである。国土を政治的境域、浄土を宗教的境域とすると、風土は自然的境域であるが、和辻の著書は、その三つに対応している。注意しておきたいのが、これらの語が、本節で見たように浄土教の中で論じられていたことである。浄土教を含む仏教は、東アジアにおいて、重要な位置を占めたが、風土という語の転回の在り方にも影響を与えてきたのである。

本書第I部第2章で見たように、和辻の風土学の源流にある西田幾多郎の思想の中にも仏教が存在する（☞本書104-105ページ）。風土を、仏教から考えること、あるいは浄土と関連付けて考えることは決して奇異なことではない。

2　日本中世における「身土」——親鸞と日蓮

次に「身土」という語について見てみよう。この「身土」という語は、「仏身論」という議論の中で登場する語である。仏身論は、ゴータマ・ブッダの身体をめぐる思想としてすでに原始仏教の頃から存在していた。ブッダの身体とは、どのような身体であるのかという問題は、歴史的ブッダであるゴータマ・シッダールタが体現した法（ダルマ）と、そのゴータマ・ブッダの実際の身体との間の関係とはどのような関係かという問題である。浄土という考え方が生まれた後は、さらに、そこに、阿弥陀仏が体現する浄土が加わり、阿弥陀仏の身体と、それが体現する浄土との関係とはどのような関係かという問題として論じられる。

この語は、現代日本でも、「身土不二《しんどふに》」として、広く世間に流布し、土地と人間の身体が「二にして一である」ということを表現した語として、食の重要性を強調する際などに用いられる。すでに見たように、本書第V部に掲載されている和出伸一のアートワークは「身土」と題され、彼は、『身土』と題した写真集も上梓している（和出 2023）。

ここでは、この身土を論じた日本中世の二人の代表的な仏教者の言説を取り上げる。親鸞と日蓮といういわゆる鎌倉新仏教を唱道した僧がともに、身土という語を論じている。

真のブッダにどうアクセスするか――親鸞

親鸞（一一七三―一二六七年）は、法然（一一三三―一二一二年）と並んで、浄土真宗の提唱者である。浄土真宗は、日本における現代の大乗仏教の中の大きな流派の一つで約二百万人の信徒がいると推定されている（文化庁 2016：73）。先ほど見たように、浄土教は英語では「ピュアランド・ブッディズム」と呼ばれるが、浄土真宗の方は、英語では「シン・ブッディズム Shin Buddhism」と呼ばれる。この浄土真宗は浄土宗の一種であるので、その特徴は、阿弥陀仏（アミタバ）の強調である。とりわけ、死後の救済と浄土への往生は、阿弥陀仏の名前と阿弥陀仏を描いた経典の文言を唱えることによって可能であるという考え方に立つ。

親鸞は、その自身の教義を、一二二四年、彼が五一歳の時に書いた主著『顕浄土真実教行証文類《けんじょうどしんじつきょうぎょうしょうもんるい》』（浄土の顕現のための真の実践と教えに関する文書）の中で展開した。この書は一般に『教行信証《きょうぎょうしんしょう》』と呼ばれている。この書には、六つの章があり、「真の教え」が説かれているが、その最後の二つの章で、浄土、仏土、身土の問題が扱われている。その章題は以下のようである。なお、カッコ内は筆者による現代語訳であるが、その際は鈴木大拙の英訳を参照した（Suzuki 2012［1973］：43）。

第一章　顕浄土真実教文類（浄土の顕現に関する真の教えに関する文）
第二章　顕浄土真実行文類（浄土の顕現に関する真の実践に関する文）
第三章　顕浄土真実信文類（浄土の顕現に関する真の信仰に関する文）
第四章　顕浄土真実証文類（浄土の顕現に関する真の実現に関する文）
第五章　顕浄土真仏土文類（浄土の顕現に関する真の仏土に関する文）
第六章　顕浄土方便化身土文類（浄土の顕現に関する便宜的な仏の化身土に関する文）

この書の中で、親鸞は、どのように一般の人々が真の救済を得て、浄土に至る道をたどることが出来るかを、さまざまな経典を引用参照しながら説いてゆく。その説き方は、教義から始まり、実践や生き方にどのようにそれをつなげてゆくかを一歩一歩たどる。最後の二つの章では、浄土がどのような場であるかが研究的に述べられ、どのようにブッダの土地（仏土）が、浄土と関係しているかが議論される。その議論の中で「身土」という語が用いられる。

「身土」という語は、阿弥陀仏と浄土との関係を問い直す語である。「阿弥陀」という語の語源については、すでに、それが無限の寿命を意味する「アミタユス」と関係していることと無限の光を意味する「アミタバ」とを述べた。浄土教は、浄土が阿弥陀仏の存在する場であると考える。ということは、浄土の本質が、無限の生であり無限の光であるということである。だが、もしそうならば、浄土は、ある特定の場所、あるいは「土」として表現されえないということになる。なぜなら、無限の生も無限の光も、場ではないからである。にもかかわらず、多くの浄土教の仏典は、阿弥陀仏の場である浄土をある特定の場として描いている。となると、一体、無限の光や、無限の寿命というものが、どのようにして、ある特定の場であり得るのか、ということが問題になる。これは、還元すると、光や時間は場であるのか、あるいは出来事は場であるのかという問題である。この問題が、『教行信証』の第五章では論じられている。読み下し、現代語訳を掲載する。現代語訳は石田瑞麿（2001［1985］：351-352）、鈴木大拙（Suzuki 2012［1973］）を参照しつつ筆者が行った。

> 真仏と言うは、『大経』には「無辺光仏・無碍光仏」と言えり。また「諸仏中の王なり、光明中の極尊なり」と言えり。已上　『論』には「帰命尽十方無碍光如来」と曰えるなり。真土と言うは、『大経』には「無量光明土」と言えり。あるいは「諸智土」と言えり。已上　『論』には「究竟して虚空のごとし、広大にして辺際なし」と曰うなり。（…）すでにもって真仮みなこれ大悲の願海に酬報せり。かるがゆえに知りぬ、報仏土なりということを。良に仮の仏土の業因千差なれば、土もまた千差なるべし。これを「方便化身・化土」と名づく。（親鸞聖人全集刊行会 1969：265-266）

『大経（無量寿経）』によれば、真のブッダ（真仏）は、果てがない光であり、遮るものの無い光であるという。そして、真のブッダは、数多存在するブッダのなかの王であり、光に包まれたもっとも尊いブッダであるという。『浄土論（無量寿経優婆提舎願生偈《むりょうじゅきょううばだいしゃがんしょうげ》）』によれば、真のブッダは、「そのようにして来るもの（如来 Tathagata）」であるが、その如来は、世界の信仰の十の方向において遮るものがない光輝く如来であるという。『大経（無量寿経）』によれば、真の浄土（真土）とは、無限の光の土地であるという。あるいは、知恵の土地であるともいう。『浄土論（無量寿経優婆提舎願生偈）』によれば、真の浄土（真土）は、究極の存在であり、空と同じであり、その大きさには果てがないという。（…）もちろん、「真のブッダの土地（真仏土）」と「仮にブッダが化身した土地（方便化身土）」の両方とも、ブッダの慈悲と祈願によって生じた土地であり、どちらも、その本質が「浄土」であることには変わりはない。つまり、どちらもがブッダに報いとしてもたらされた土地なのである。「ブッダがかりそめに化身した土地（方便化身土）」が生じる原因は、数々あって一つではなく、仮のブッダの土地（方便化身土）も一つではなく数々あるという。だが、もし、真のブッダの土地（真仏土）があるとするのならば、それはたった一つであるはずである。つまり、それが複数であり一つではない時、それは真のブッダの土地（真仏土）ではなく、「方便化身土」と呼ばれるべきである。

ここで親鸞が行っているのは、「かりそめの身土」と真の身土の区別である。通常は、阿弥陀仏は、特定の姿をした仏と考えられているであろうし、また、浄土とはある特定の場所として考えられるであろう。しかし、彼は、真の意味においては、阿弥陀仏も、浄土も、それらの姿や場所を超えた本質ともいうべき何かなのであり、特定の姿をした阿弥陀仏や特定の場所であるところの浄土とは、単に、阿弥陀仏や浄土の現象として、あるいは見かけとしての表れにしか過ぎないという。親鸞にとっては、この世の現実とは、真のブッダの土地（真仏土）が、「仮に化身したもの（方便化身土）」でしかない。この箇所では、親鸞は、そのような現実がかりそめの化身であることを指摘しているが、その先にあるのは、真の浄土を知ることこそが真の宗教の使命であるということである。親鸞はここでは、真の「身土」とは何かを示してはいないが、それは、超越性そのものともいえよう。

ここで、親鸞が行っているのは、浄土の本質の探究を通じて、ブッダの身体とブッダの土地の関係に関する関係を探ることである。親鸞は、無限の光や無限の寿命という非物質的な本質を感知することが、浄土の探求であるということを述べている。それが真の「身土」を知ることである。浄土を感知することとは、場を感知することではなく、場を超えた境域を感知することである。このような境域を感知することは困難であるし、それを表現することも困難である。本書第Ⅰ部第２章で、和辻哲郎の風土概念の背後にある西田幾多郎の「絶対無」という考え方を見たが（☞本書 102 ff. ページ）、親鸞がここで直面しているこのような問題は、西田が、自己が自己を見る境域、存在と非存在が分岐する境域を「場所」と名付け、そこにおける原理を「絶対無」として描き出したこととも相同的である。その語を用いるのならば、ここで親鸞が述べていることとは、浄土の探求とは、真の身土という場所を通じて絶対無を求めるということであるともいえる。それは、風土という、主体と客体を超えた現象の本質に至るという考え方の根源ともいえる。

身土不二《ふに》——日蓮

次に、日蓮（一二二二—一二八二年）の身土をめぐる議論を見よう。日蓮は、日蓮宗の創始者である。日蓮宗も、浄土真宗と並んで、現代における大きな仏教の流派の一つであり、一千百万人以上の信者がいると推定されている（文化庁 2016：77）。彼は、法然や親鸞と同じく、比叡山に学び、天台宗や禅宗、浄土宗などの教義を幅広く学んでいた。比叡山はいわゆる「四宗兼学」の場であったので天台宗以外の教義も教えられていた。日蓮も法然や親鸞と同じように、比叡山における旧来の仏教の在り方に飽き足らず、独自の主張を行い、自らの宗を建てた。この革新性から、彼らは鎌倉新仏教と呼ばれる。日蓮は、その独立性によって旧来の権威からは攻撃されたが、しかし、その旧来の権威との論争があったおかげで、彼は、自分の理論を構築することができたという側面がある。

身土という語は、彼の後期の文章の中に出てくる。一二七八年、彼が五八歳の時に書いた「三世諸仏総勘文教相廃立《さんせしょぶつそうかんもんきょうそうはいりつ》」という論文の中に見える。このタイトルを訳すると、三世とはブッダにおける現在過去未来を指すので、「現在、過去、未来の三世にわたるブッダによってえらばれた真の教え」という意味になろう。そこで、彼は、先ほど見た親鸞と同じように、様々な仏典における浄土に関する説を参照しながら、ただ『法華経』だけがブッダの真の教えを伝えることができると主張する。それを論じる中で、彼は、身と土、すなわち身体と環境の非二元性について述べる。

此の極楽とは十方法界の正報の有情と十方法界の依報の国土と和合して一体三身即一なり。四土不二にして法身の一仏なり。十界を身と為すは法身なり、十界を心と為すは報身なり、十界を形と為すは応身なり。十界の外に仏無し、仏の外に十界無くして、依正不二なり、身土不二なり。（堀 1975：563）

この楽の感覚の窮まった極楽という場とは、有情であるところのいきものの身体（正報）と環境（依報）の合一である。前者は地獄界・餓鬼界・畜生界・修羅界・人界・天界・声聞界・縁覚界・菩薩界・仏界という十の世界における真の本質としての存在であるが、そこはわれわれが輪廻を通じて存在している場でもある。この合一とは、三つの真実が三位一体 Trikaya となったものである。その三つの真実とは、第一に、法身 Dharmakāya つまり、ダルマ（法）としての身体あるいは究極の現実であり、第二に、応身 Nirmāṇakāya つまり、人間界に理解できるようにダルマがあらわれた身体であり、第三に報身 Saṃbhogakāya、つまり、法が報いとして菩薩や複数のブッダとなった身体である。三位一体とは、それらが、三にして、即、一であるという関係である。天台宗の教義では、この世界には、四つのブッダの土地（仏土）があるという。しかし、われわれ法華宗は、これらの四つのブッダの土地（仏土）は、不二、つまり二ではなく、一であり、その一であるブッダの土地（仏土）は、法身として存在していると考える。ダルマとしての身体（法身）、あるいは、真の身体とは、十に分かれている世界を、一の身体へとまとめたものである。また、報身とは、十にわかれた世界を一のこころにまとめたものである。そして、応身とは、十に分かれた世界を、一のかたちにまとめたものである。ブッダの存在するのは、ただ、この十に分かれた世界の中においてだけである。この十に分かれた世界には、われわれも存在するのだが、この十に分かれた世界は、ブッダの外においては、存在することはできない。つまり、このブッダの中に存在する十に分かれた世界以外には、ほかの世界は存在しないのである。これらを考えると、環境と本質とは、不二、つまり二ではないことがわかるだろう。身体（身）と環境（土）とは不二、つまり二ではないのである。

多くの仏教の教説の専門用語を用いた凝縮された文体で書かれているが、ブッダをめぐる三身論を踏まえつつ、それと人間が属する輪廻の世界である十界との関係が論じられている。三身論とは、ブッダという存在をどう考えるかという問題である。前項で仏身論を見たが、三身論とは、仏身論の一部であり、ゴータマ・ブッダという存在が生き、そして死んだということをどう解釈するかという問いから派生した考え方である。仏身論は、ブッダが、「法身」「報身」「応身」という三つ異なった身体のモードで現れることがあると考える。法身とは、ブッダが法（ダルマ）というイデア的存在として存在するときの呼び方である。法そのものが身体であるのであり、それは非物質的なものである。一方、報身とは現実のブッダや菩薩が、受肉したものである。さらに、応身とは、その受肉が衆生の教化のために行われた時の状態である（浄土宗大辞典編纂実行委員会 2016：558-559）。

それを踏まえつつ、日蓮は、十界の外には仏はなく、仏の外に十界はないと言っている。つまり、人間も含む有情が輪廻する十の世界の外に仏があるのではなく、仏は、十界の中にある。ただ、だからといって、十界が仏を包摂しているというわけではない。日蓮は、仏の外に十界があるわけではないとも言う。ということは、十界と仏とは、ぴったり一致しているということになる。ぴったりと一致してはいるが、それは、同じではない。同じではないのだが、一致しているということは同じであるということでもある。これは、二にして一であるということであり、不二である。

この「不二《ふに》」という語は、仏教におけるもっとも基本となる語である。「二にして一」という表現は、すでに、本書の中では、第Ⅰ部第2章、第Ⅰ部第3章などでも用いてきたが（☞本書109-111, 154 ff. ページ）、ここで改めて検討しておくと、それは、サンスクリットのアドヴァヤ advaya の漢訳である。このアドヴァヤとは、二を意味するドヴァヤ dvaya に、否定の接頭辞「ア」が付加された語である。二ではないということは、二ではないあらゆる数字である可能性を排除しないが、一般的には、「二ではなく一である」という二元論に対する一元論の立場を表現する語である。ストレートに「一」と言わずに、わざわざ「二」という言葉を否定してもちいていることは、「二にして一」というニュアンスが強調されている。

ヒンドゥー思想においては、アディ・シャンカラ（七〇〇―七五〇年）が唱えたアドヴァイタ・ベーダンタ Advaita Vedanta という学説が同様の説を唱えている。仏教とヒンドゥー教は、ともにインドにルーツを持ち、仏教の不二の思想と、アドヴァイタ・ベーダンタの思想は、二元論の否定と一元論への傾向を持っていることで共通した思想傾向がある。仏教においては、非二元論の認識論は、不二識 advayajnana と呼ばれるが、それは、主観と客観の二元的区分を否定する。

主観と客観の二元性の否定については、すでに、本書第Ⅰ部第2章をはじめとして（☞本書 97 ff. ページ）、何度も述べてきた。風土という考え方の中心にあるのがこの考え方である。日蓮の文章に戻ると、日蓮のこの文章からは、仏と身体がどのように一致しうるかということ、つまり、環境と身体の二にして一であるという問題が、彼の新しい教義の核心部分だったことがわかる。風土の思想の中に含まれている不二の思想は、仏教の中心の思想と重なるのである。

中世日本におけるエンボディメント（身体化）

親鸞と日蓮の議論を見たが、身土という語を用いることで、彼らは、外界あるいは環境を身体との関係の中で論じる道を開いている。主体と環境の関係というような問題が、仏教という宗教的テキストの中に生じている。仏教は、個人の救済を問題にするものであり、通常、それは、人間社会における様々な社会関係や善や悪などの中で、個人の現世ないし来世について論じるものだと考えられよう。そこにおいては、社会関係や倫理が問題になることはあっても、社会を超えた環境、あるいはより広く言えば自然環境が論じられることはないだろう。だが、環境がここで論じられている。

身体と外界あるいは環境との関係は、現代の語で言うと「身体化」、「エンボディメント enbodimeut」の問題である。身体の中にいかに環境が含まれているかという問題であり、本書第Ⅰ部第2章で見たように（☞本書133-136ページ）、現代の認知科学や意識の哲学で議論が進んでいる。広い意味では、風土学は、このエンボディメントの問題を扱っている。和辻のいう、「外に出ている」とは、逆に言うと、「外が内に入っている」ということである。

親鸞は、阿弥陀仏の身体が浄土に身体化されていることを、日蓮は、十界がブッダの身体に身体化されていることを論じている。彼らは、そのメカニズムを細部まではっきりとは説明しているわけではない。しかし、もし、身体が外部あるいは環境であるのならば、これは、和辻のいう「外に出ている」であり、その逆である「外が内に入っている」ということである。身体とは、外部あるいは環境であるということが、そのような意味であるとしたなら、そもそも、主観と客観、主体と客体という区分は存在しないことになる。彼らの言説は、現在とは、約八百年の時期を隔てている。しかし、彼らが問題としたことの本質を見るのならば、そこには、現在的なアクチュアリティが見出される。

このようなエンボディメントの問題が着目されるようになったのには、日本中世なりの理由があったであろう。この時点で、仏教が日本に入ってきてから、数百年が経過している。この時期の、鎌倉新仏教の興隆とは、権威化した旧来の仏教の革新運動であったと言われる（Mitchell and Jacoby 2014：321-338）その革新とは、大衆化を目指すものであった。その中では、歌を歌ったり、音声を発したりすることが強調された。親鸞は、阿弥陀仏の名前を唱えることを説いた。日蓮は、『法華経』を唱えることを説いた。歌も、音声も、身体的動作であり、身体化である。そこにおいては、一般大衆の身体を通じた教えへの関与が目指されていた。一般大衆の身体が問題となってきており、身体を通じて、一般大衆は、救済につながると論じられていたのである。従来、仏教言説や仏教の実践の主要な対象者ではなかった一般大衆への視点が強調されてきていたことは、仏教の世界観における大きな変容であろう。そのような中において、形而上学的に、身体を救済に結びつける必要が生じていたといえる。親鸞と日蓮は、阿弥陀仏の身体について論じている。しかし、その背景には、一般大衆の生身の身体の問題があり、その身体と外界の環境との関係が問題化されてきていた状況があったはずである。そのような問題群は、現在、風土が問題化されている現代ともつながる。

3　モニズムと「不二《ふに》」――『善の研究』以前の西田幾多郎と鈴木大拙

以上、風土という語を類似した語の中で見てきたが、そこで浮かび上ってきた不二という仏教の考え方は、風土と通底する考え方である。いや、通底するどころか、風土の考え方の一部であり、和辻哲郎が近代に彫琢した風土学のベースとなっている。本書第I部第3章で、近代の風土学の源流としての西田幾多郎の哲学については見たが（☞本書143 ff. ページ）、仏教の不二という考え方は西田の中に入っていた。と同時に、西田の中には、ヨーロッパのモニズムの考え方も入っていた。モニズムは西田の長年の関心事であった。西田の京都帝国大学での「哲学概論」の講義筆記録は、全集版で約一〇ページにもわたってモニズムを詳細に分類し論じている（西田 1952［1926/1927］：159-171）。本書第I部第2章で見たように（☞本書111 ff. ページ）、本書は風土学の視座をモニズムとしてとらえているが、それは西田の頃からすでに準備されていた。仏教の不二という考え方と西洋哲学のモニズムという考え方は、西田を通じて一つになり、和辻の近代風土学の中に流れ込んでいる。ではそれはどのようにそうなったのか。それは、一九〇〇年前後、西田幾多郎と鈴木大拙の交流の中で準備された。以下、西田と鈴木のモニズムへの関与と、そこで仏教の不二の概念が果たした役割を見てゆこう。

西田幾多郎における「見仏性」

改めて、西田幾多郎の思想の中に見られる仏教の要素を見ておこう。すでに本書第I部第2章で見たように（☞本書98 ff. ページ）、和辻の風土性の議論の中に見られる「自己が自己を見る」という再帰的な構造の強調は、西田の議論における再帰性の強調と相同であった。西田の学説の時期区分については、本書第I部第3章で、「環境」の語が第二期にあらわれることを見た（☞本書148 ff. ページ）。一方、西田の再帰性に関する議論は、主に、第一期において展開したが、それは、ヨーロッパとアメリカの同時代の哲学の議論を参照するものであった。たとえば、西田は見ることについて、アメリカの哲学者ジョシュア・ロイスを参照して説明している（西田 1917：2）。しかし、同時に、彼の見ることに関する強調は、仏教哲学における見ることの強調とも関係している。仏教における、見ることの強調は、「見性《けんしょう》」と呼ばれるが、それは、真の仏性つまりブッダの本質を見ることという意味である。哲学の上原麻有子は、西田のいう「自覚」は、この「見性」という概念と関係しているという（Uehara 2006）。このように、宗教も含む西洋の概念と東洋の概念からの養分を取り入れて自己の思索を深めていったことが西田の哲学の高度なオリジナリティの源泉であった。その姿勢は、西田が二〇代から三〇代のころ、アメリカに在住していた友人の鈴木大拙から受けた有形無形の影響も大きかったことが近年は明らかになってきている（安藤 2018）。その中で仏教における不二という思想をモニズムとして解釈するアメリカの視点が、鈴木を通じて西田に取り入れられた。

寸心幾多郎と大拙貞太郎

西田と鈴木大拙は、共に、日本の近代を代表する哲学者、思想家であるが、その二人がすでに十代の後半において知り合っており、生涯にわたる友情をはぐくんだというのは大変興味深い歴史の偶然である。すでに第Ⅰ部第3章でみたとおり（☞本書 146 ページ）、二人は一八七〇年に石川県に生まれた。二人が知り合ったのは、一七歳の時、金沢にある石川県専門学校初等中学校においてであった（西村 2004：192 ff.）。二人ともこの学校を途中で中退し、鈴木は小学校教師、西田は東京帝国大学文科大学哲学科選科に入学し、後には、鈴木が上京し、彼も西田の勧めで同じ哲学選科に学んだ。のちに二人とも、旺盛な著作を展開し、大学の教授になり、日本の文化人の代表的人物となってゆくが、その過程において、二人は継続的に文通や交流を保ち、二人の友情は、一九四五年に西田が七五歳で没するまで続いた。

哲学への関心もさることながら、二人を結びつけたのは、参禅体験である。西田は学生時代には、鎌倉の建長寺や円覚寺で、卒業後は赴任地の金沢や京都で参禅していた（永井 1967 : 672-675）。鈴木も、西田に勧められて在学中から鎌倉円覚寺で、はじめは今川洪川に、後に釈宗演に就いて参禅していた（桐田 2005 : 16）。禅が二人にとってアイデンティティの一部になっていたことは、大拙が、本名である鈴木貞太郎ではなく、大拙という宗演に与えられた号を名乗っていたこと、西田もまた、寸心という金沢での師である雪門玄松に与えられた号を署名などでは用いていたことからもうかがえる。

本書第I部第3章で簡単に触れたが（☞本書 146 ff. ページ）、鈴木は、彼の青年時代にアメリカにわたり、シカゴのラ・サールというところに一〇年以上住んだ。一八九七年から一九〇九年、年齢で言うと、鈴木も西田も二七歳から三九歳にかけてである。この間、西田は、東京帝国大学文科大学を卒業し、金沢の第四高等学校教授、山口高等学校教授、学習院大学教授としてのキャリアを積み、一九一〇年に京都帝国大学文科大学の倫理学の助教授として赴任するという経過をたどった。一九一一年には、彼の初の著書『善の研究』が刊行されているが、その前の時期であり、本書第I部第3章で見た西田の時期区分で言えば、一期が開始される以前の時期にあたる。西田にとっては、雌伏の時期であった。一方、その間、鈴木は、ラ・サールの地でずっと、何をしていたのか。それは、仏教を英語で発信する仕事に携わっていたのである。

オープン・コート社と雑誌『モニスト』

鈴木がアメリカに渡ったのは、オープン・コート社という出版社で、ポール・ケーラス Paul Carus を補佐して働くためであった。オープン・コート社は、アメリカにおける最初の学術出版社の一つである。ヨーロッパにはエルゼビア社やブリル社など、一六世紀や一七世紀のデカルトの時代から学術出版社は存在したが、新興国アメリカにおいては、大学というシステムが整備されるのは、一九世紀に入ってからであり、ジャーナルの整備もこの時期であった。オープン・コート社は、『モニスト *The Monist*』という雑誌を一八九〇年から発刊していた。この標題となっている「モニスト」という語は、「モニズム」から来ている。直訳すると「モニズム論者」とでも訳せようか。本書第Ⅰ部第二章では風土学をモニズムの観点から検討したが（☞本書 111 ff. ページ）、この雑誌は、アメリカにおけるモニズムの代表的な雑誌である。現在も発刊は続いており、二〇二四年には発行巻数が一〇七を数えている。その寄稿者には、ジョン・デューイ John Dewey、ゴットロープ・フレーゲ Gortlob Frege、ハンス＝ゲオルグ・ガダマー Hans-Georg Gadamer、エルンスト・マッハ Ernst Mach、チャールズ・サンダース・パース Charles Sanders Peirce、ヒラリー・パトナム Hilary Putnam、ウィラード・ヴァン・オーマン・クワイン Willard Van Orman Quine、バートランド・ラッセル Bertrand Russell などが含まれる。このうち、マッハやパース、クワイン、ラッセルについては、本書の中でも言及している（☞本書 433-436, 233-234, 190, 404, 111 ff. ページ）。

雑誌『モニスト』の初期の段階を見ると、アメリカとヨーロッパの主な哲学における潮流がカバーされているが、雑誌の名が示唆するように、この雑誌の大きな目的は心理学的、認識論的、科学的に、意識という内界と、客観的世界という外界の関係を一元論的な立場から探求することにあった。雑誌にはマニフェストのような文章は掲げられてはいないが、編集長であるポール・ケーラスが、一八九〇年に刊行された創刊号に書いた「The Origin of Mind 心の起源」という論文があり、それが、この雑誌の基本的な立場を宣言している。

二元論は、二つの帝国の間に裂け目があり、それは乗り越え不可能だということを前提としている。その二つの帝国とは、一方が思考と感情という帝国であり、もう一方が非＝思考と非＝感情の帝国である。しかし、モニズムは、そこには裂け目などないという立場である。なぜなら、そもそも、そこに裂け目があるという仮定には何の理由もないからである。一方の感情と思考、もう一方の非＝感情と非＝思考の領域とは、別個の分離した境域であるというわけでは全くない。この二つの間の移行は、グラデーションのようにしておこなわれており、そこにははっきりとした境界線はない。私たちが吸い込んでいる酸素原子と、感情と結びついているような動作や行動との間には何の関係もない。だが、しかし、それらの酸素原子のうちのいくつかは、もっとも凝縮した意識と結びついた集中した思考を行う際には、わたしたちの体内で重要な働きをする。そして、その酸素原子は、そうやって使用された後、今度は、二酸化炭素という形になって、わたしたちの生体組織から外部に廃棄物として放出される。(Carus 1890：84)

ケーラスは主観と客観という二つの「帝国」を再検討する中で、モニズムを提唱している。ここで注目すべきなのは、彼が「移行」と述べていることである。彼は、この「移行」がグラデーションとして起こると言い、そこにははっきりとした境界線はないという。これは、本書の中で何度も述べてきたが（☞本書 109-111, 154ページ）、「二にして二」の関係、つまり先ほど見た仏教の用語で言うと「不二」である。

モニズムからの仏教への期待

モニズム的立場から、ケーラスは、アジアの仏教に強い関心を持っていた。ケーラスは、仏教がモニズムと共通した視角を持つはずだという確信を持っていた。そのようなケーラスの仏教への関心と、仏教側のアメリカへの関心が交錯したところに、鈴木のアメリカへの渡航がある。

オープン・コート社に鈴木を紹介したのは、「大拙」の号を鈴木に与えた彼の師釈宗演（一八六〇－一九一九年）である。一八九三年、国際仏教会議がシカゴで行われ、そこに参加し発表も行った宗演は日本からの発信の必要性に気付いた。そこで、英語に堪能であった鈴木に白羽の矢を立てたのであった。仏教の側から見ると、国際化の必要が認識されていた。当時、欧米の仏教研究は、サンスクリットやパーリ語にもとづいた研究が中心で、経典の原典にあたってそれを哲学的に解釈する研究が行われていた。そのような最先端の研究に比べると、宗門の教義の研究が中心だった江戸時代の状況とほとんど変わらない当時の日本の仏教研究の状況は危機的に思われた。国際化は必須であった。そこで、オープン・コート社で仏教に関する著書を精力的に刊行していたケーラスが助手を求めていることを知った宗演は、鈴木をそこに送り込んだのである。

オープン・コート社で、鈴木は、ケーラスの仏教に関する書籍の執筆、刊行を手伝ったり、師の釈宗演がアメリカを訪問して各地で行った講演の通訳を行い、その講演録を英語でまとめたりした（Shaku 2004［1906］）。また、自らも英語で仏教に関する本を書き（Suzuki 1963［1907］）、『モニスト』や『オープン・コート』などの英文雑誌に多数の仏教に関する英文論文を書いた（桐田 2005：6-16）。

オープン・コート社から発刊されたケーラスや釈宗演の著書は、いずれも、仏教の不二をモニズムとして解釈している。ケーラスが書いた『*Buddhism and its Christian Critics* 仏教とキリスト教、その批判的検討』では、仏教の特徴として、第一番目にデュアリズムとモニズムの問題が扱われ、仏教は苦からの解放を目指す宗教であるが、それは肉体の苦と精神の関係であることが強調される。彼は「ブッダとなるなる前のゴータマは二元論的な立場に立っていたが、彼の解脱の最終目的はモニズム的であった」と仏教の教えを解釈する（Carus 2004［1894］：39）。大拙が英訳を担当した釈宗演の『*Sermons of a Buddhist Abbot* ある仏教僧の説教』も、その劈頭で、「仏教は、同一と差異という二つの原理の共存と同一性を重視する。ものは一であると同時に多であり、多であると同時に一である。我は汝ではなく、汝は我ではないが、しかし、我々は本質としては一である」と述べ、仏教は「高次の統一性の中では矛盾は消滅する」と考える故に、高度に理性的な宗教であると主張する（Shaku 2004［1906］：27-28）。仏教の教えには、不二以外に、縁起や無我などの教えもあるが、それらを超越する教えとして、不二の考え方が見出されている。不二にそのような脚光が当たったのは、モニズムを強調するオープン・コート社という場の持つ磁力とも無関係ではないだろう。仏教における不二とは、外からの目で見出されることで、新たな価値を付加されていった。

西田の書斎のスピノザとブッダ

シカゴの『モニスト』編集部における鈴木の滞在は一〇年以上に及んだが、その間、西田と鈴木は文通を絶やすことはなかった。鈴木と西田のその間の文通をまとめた書籍が、仏教学者で禅僧の西村惠信の編集によって刊行されているが（西村 2004）、その副題は『億劫相別れて須臾も離れず』である。億劫とは、インド由来の数字で、劫を一億倍した単位である。劫とは、一つの宇宙（あるいは世界）が誕生し消滅するまでの期間である。一方の、須臾とは刹那と同じ意味で、極めて短い時間を指す。つまり、二人の関係は、極めて長い間分かれているのだが、極めて短い時間であろうとも離れていない、というような関係であった。当時、アメリカと日本の間は、現在とは想像もつかないくらい離れていただろう。しかし、二人は、分かれてはいたが、文通を通じて、あるいは、心のつながりによって、離れてはいなかったというのである。

文通において、二人は、当時のヨーロッパとアメリカの哲学界の状況について情報交換をしあいながら、同時に、禅についての思索を交わしている。アメリカにいる大拙から欧米の情報が西田に一方的に伝えられていたというわけではない。西田は、きわめて感度の良い情報のアンテナを持っていたので、日本にいても、欧米の動向を正確に理解していた。それゆえ、二人は同等の立場で、欧米の哲学の動向を論評しあっていた。彼らが論じていた哲学者として、シェリング、シュライエルマッハー、フィヒテ、ショーペンハウアー、カント、スピノザ、ダーウィンなどの名を書簡から見出すことができる。その中には、第Ⅰ部第3章で見た（☞本書174-175ページ）ウィリアム・ジェームズも含まれている。また、本書第Ⅲ部第5章で見た（☞本書433-436ページ）エルンスト・マッハの名も登場し、西田は鈴木にマッハのドイツ語の本を送ってくれるように依頼している（西村 2004：116）。西田は、科学の視点からモニズムを論じたマッハに大きな興味を抱いていた。

一九〇七年に、西田が鈴木に送った手紙では、西田は、自分の書斎に「仏陀と達磨と君の送ってくれたスピノーザを飾つて居る」と書いている（西村 2004：126）。本書第Ⅰ部第2章で見たが、スピノザは、ヨーロッパにおけるパンサイキズムの近世の代表的な哲学者の一人であるが、それはつまりヨーロッパの代表的なモニズムの哲学者の一人であるということである。この当時、西田は、『善の研究』にまとめられることになる諸論考を執筆していた（藤田 2012：347 ff.）。西田はつまり、『善の研究』を、ヨーロッパのモニズムの哲学者とブッダの肖像画を見ながら書いていたということになる。オープン・コート社というアメリカの「モニズム」の中心地のひとつにいた鈴木を通じて、西田は、アメリカとヨーロッパのモニズムの動向を吸収し、同時に仏教をモニズムとして解釈する動向も吸収していた。『善の研究』の基調は、すでに本書第Ⅰ部第3章で見たように（☞本書173-174ページ）、「未だ主もなく客もない、知識と其対象とが全く合一している」（西田 1965［1911］：9）という立場から世界と現実を論じることである。それを西田は西洋と東洋の思想を縦横に援用しながら行っているが、その淵源の一つは、大拙との交流から流れ込んだ視角であったともいえよう。

二人の若き思想家は、西洋の哲学を、彼ら自身の禅というバックグラウンドの上に立ちつつ、自らのうちに取り込んでいた。それは、彼らが、同時に、自らの仏教的伝統を、西洋のモニズムの中に位置づけるということでもあった。そこにおいては、仏教の哲学の中にある、不二という概念が、あらたな光の下で見出されていた。和辻の風土を論じる論じ方に西田の考え方が見えるというのは、偶然ではない。なぜなら、和辻が行おうとしていたこととは、西田が、鈴木との文通の中で見出した方法、つまり、西洋の哲学の枠組みの中に、東洋の思想を位置づけ、あたらしい概念を生み出すという方向であるからである。風土を未来に資する概念としてゆこうというとき、そのような姿勢を再認識することは、この概念をより開かれたものにしてゆくはずである。

初出

本章の内容は次の発表の一部を元にしている。

Masahiro Terada "Culture, Environment, and Embodiment: COVID-19 Seen from the Concept of Fudo," in Research Colloquium "East Asian Holism and Cultural Dimension of the Pandemic in the Anthropocene," supported by Director General's Discretionary Budget for Fiscal Year 2021 of Research Institute for Humanity and Nature (RIHN), 13 th December, 2021, RIHN, Kyoto and on line.

引用・参照資料

和文文献

安藤礼二（2018）『大拙』講談社。

石田瑞麿（2001［1985］）『親鸞全集』一（教行信証、上）、新装版、春秋社。

沖本克己（編集委員）・菅野博史（編集協力）（2010）『新アジア仏教史』六（中国、一）、佼成出版社。

桐田清秀（編）（2005）『鈴木大拙基礎資料集』財団法人松ヶ岡文庫叢書、二、松ケ岡文庫。

浄土宗大辞典編纂実行委員会（編）（2016）『新纂浄土宗大辞典』浄土宗。

親鸞聖人全集刊行会（編）（1969）『定本親鸞聖人全集』一、法藏館。

永井博（1967）「西田幾多郎年譜」西田幾多郎『西田幾多郎全集』一九、岩波書店、pp. 667-701。

中村元・紀野一義・早島鏡正（1990 a）『浄土三部経』上（無量寿経）、岩波文庫、岩波書店。

中村元・紀野一義・早島鏡正（1990 b）『浄土三部経』下（観無量寿経、阿弥陀経）、岩波文庫、岩波書店。

西田幾多郎（1917）『自覚に於ける直観と反省』岩波書店。

西田幾多郎（1952［1926/1927］）「哲学概論」西田幾多郎『西田幾多郎全集』一五、岩波書店、pp. 3-219。

西田幾多郎（1965［1911］）「善の研究」西田幾多郎『西田幾多郎全集』一、岩波書店、pp. 1-200。

西村恵信（編）（2004）『西田幾多郎宛鈴木大拙書簡――億劫相別れて須臾も離れず』岩波書店。

文化庁（2016）『宗教年鑑　平成二八年度』文化庁。

藤田正勝（2012）「解説」西田幾多郎『善の研究』岩波文庫、岩波書店、pp. 323-372。

堀日亨（1975）『日蓮大聖人御書全集』創価学会。

松本文三郎（2006［1904］）『弥勒浄土論・極楽浄土論』、平凡社。

和辻哲郎（1962［1927］）『原始仏教の実践哲学』和辻哲郎『和辻哲郎全集』五、岩波書店、pp. 1-293。

和辻哲郎（1962［1935］）「風土」和辻哲郎『和辻哲郎全集』一、岩波書店、pp. 1-256。

和辻哲郎（1962［1949］）「倫理学下巻」和辻哲郎『和辻哲郎全集』一一、岩波書店、pp. 1-448。

和辻哲郎（1979［1919］）『古寺巡礼』一九七九年改版、岩波書店。

和出伸一（2023）『身土――人の世の底に触れる』あいり出版
湯浅泰雄（1992）「解説」和辻哲郎『和辻哲郎全集』別巻一、岩波書店、pp.447-494。

欧文文献

Carus, Paul（1890）“The Origin of Mind,” *The Monist*, Vol.1, No. 1：pp.69-86.
Carus, Paul（2004［1894］）“Buddhism and its Christian Critics,” in Clark, John J.（ed.）*Western Responses to Asian Religions and Philosophies*, Vol.4（Answering Buddhism's Critics）. London：Ganesha Publishing；Tokyo：Edition Synapse.
Keown, Damien（2003）*Oxford Dictionary of Buddhism*. Oxford：Oxford University Press.

Mitchell, Donald W. ; Jacoby, Sarah H.（2014）*Buddhism : Introducing the Buddhist Experience*, Third edition. Oxford : Oxford University Press.

Shaku, Soen（2004［1906］）“Sermons of a Buddhist Abbot : Addresses on Religious Subjects,” in Clark, John J.（ed.）*Western Responses to Asian Religions and Philosophies*, Vol.5（Explaining Buddhim's Teachings）, Suzuki, Teitaro Daisetz（trans.）. London : Ganesha Publishing ; Tokyo : Edition Synapse.

Suzuki, Daisetz Teitaro（1963［1907］）*Outlines of Mahayana Buddhism*. New York : Schocken Books.

Suzuki, Daisetz Teitarō（2012［1973］）*Shinran's Kyōgyōshinshō : The Collection of Passages Expounding the True Teaching, Living, Faith, and Realizing of the Pure Land*, the Center for Shin Buddhist Studies（ed.）. Oxford : Oxford University Press.

Uehara, Mayuko（2006）“The Conceptualization and Translation of *Jikaku* and *Jiko* in Nishida,” in Heisig, James W.（ed.）*Frontiers of Japanese Philosophy*, Vol.1, pp. 55-68. Nagoya : Nanzan Institute for Religion & Culture.

掌編小説
Short Story

砂の上のコレオグラフィー
Forecast : A Choreography

ジェイソン・リュス・パリー（訳：寺田匡宏）
マンガ：和出伸一
Jason Rhys Parry (Japanese translation : Masahiro Terada)
Manga : Shin-ich Wade

アームの長さは五メートル。

所定のポジションにそれが屈曲すると、乾いた湖底に影が弧を描く。

アームが動き始めると、それはなんとも言えないいやな軋みを立て、乾いた土が不定形に積み上げられてゆく。一枚、一枚、層をはぐようにして、そのアームは、塩のふいた、からからの大地をはぎ取る。それが小さな墳丘となると、すぐさま、そのロボットアームは、次の作業の対象となる地面を探して、真っ白な湖底を進み始める。

二〇〇〇年前、ナスカの砂漠で、人間はその地表に巨大な模様を描いた。中には数キロメートルにも及ぶものもあった。

テレビの疑似科学番組では、それが宇宙から見えるくらいに大きいのは、地球外からの訪問者をおびき寄せたり、脅したりするためだったと言われたりする。ロボットアームも全く同じだ。

いや、現実に、それは、宇宙からのメッセージを受け取っている。地球を周回する衛星は、雲の動きを追跡している。地上局に送られた信号は、ロボットの活動する湖底における翌日の強風を予報する。風下となる位置で砂嵐が発生する可能性は高い。これらの警告に応えて、

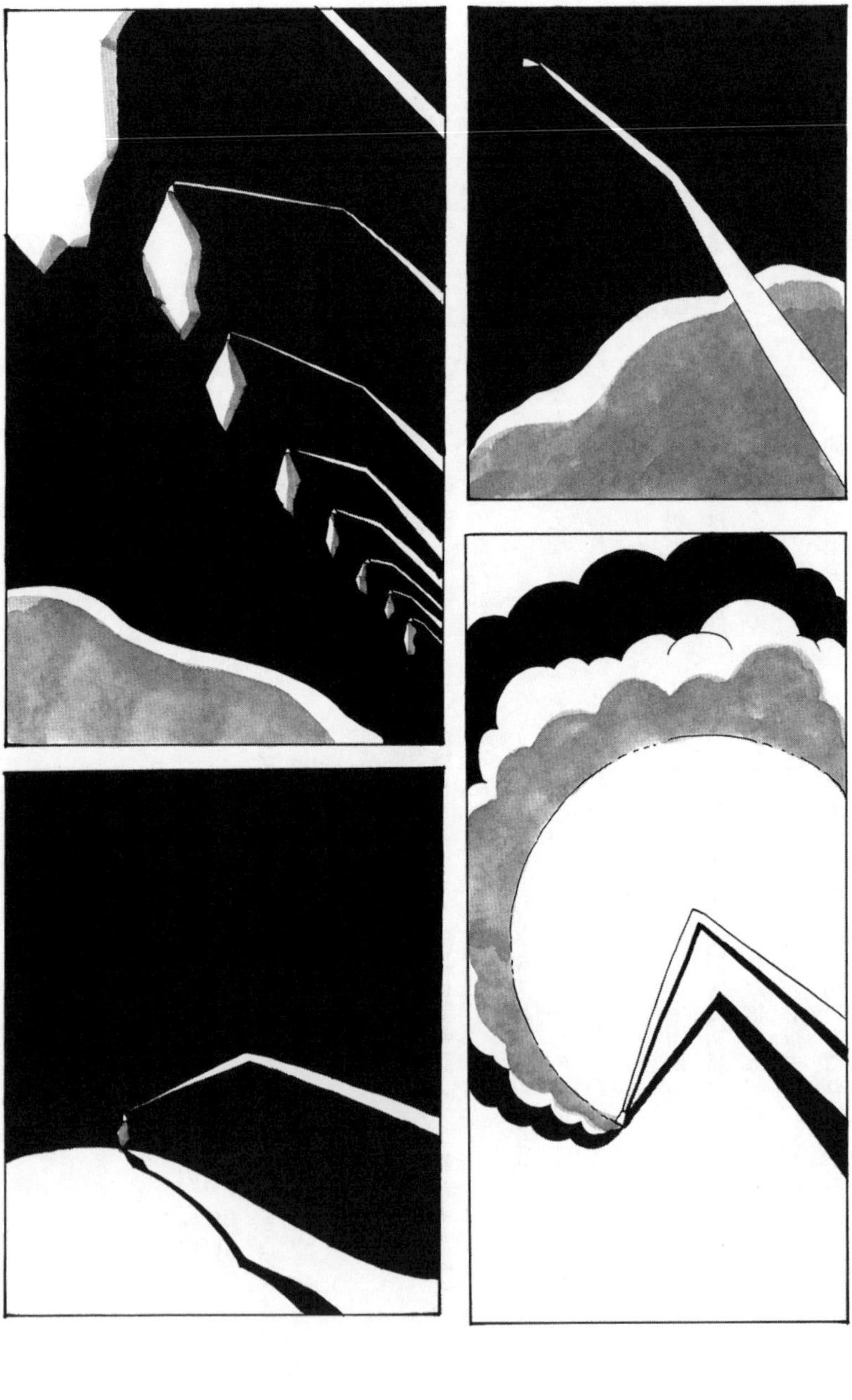

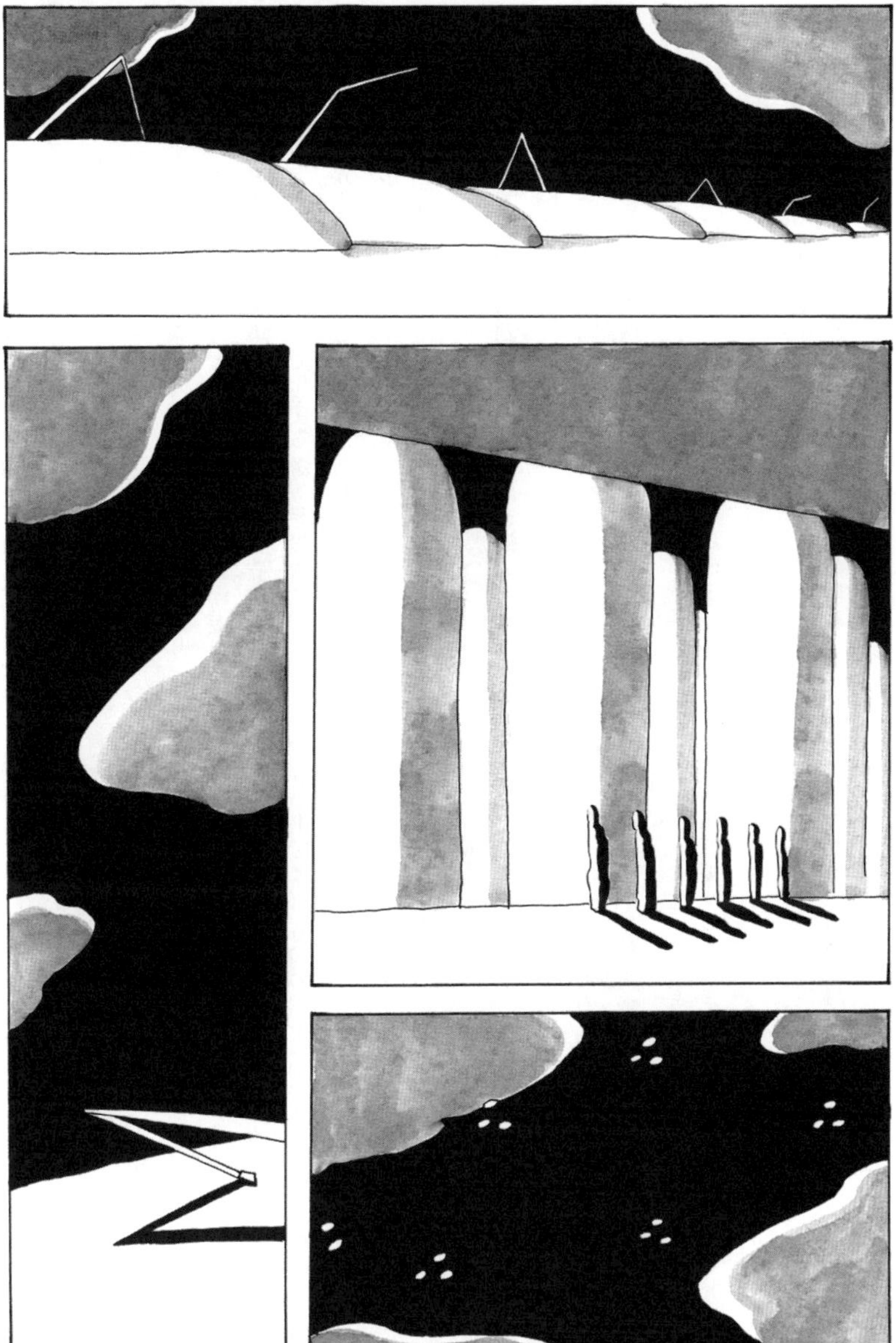

第Ⅴ部　想像と創造のフューチャー風土

ロボットアームは粉塵抑制のために、風防砂丘を作る。それらカスタムメイドの砂丘は、突風を攪乱するような方向を向いて造成されるように設計されている。ロボットアームの活動と連携するドローンを用いた「移動式灌漑システム」は、嵐が来た時、砂が最も舞い上がりやすい砂丘の箇所の上空にとどまり、そこに砂塵浮遊を緩和する霧を噴霧する。砂防丘が造成され霧が噴霧されることで、砂嵐の予測はまた変化するが、その次に、どのように砂丘が造成されどこに噴霧が行われるかというフィードバックは、リスクの予想が十分に低くなるまで継続される。

衛星画像でみると、その湖底は白砂が掃き清められた日本庭園に似ている。

ソーシャルメディアで出回っているタイム・ラプス動画を見ると、砂丘がまるで地表を踊り、天候の変化に先駆けて変形する様子が手に取るようにわかる。

それらの『画像を集めた豪華版のフルカラー写真集『宇宙から見たグリーン・ニューディール』は、ベストセラーになった。この写真集の解説では、ロボットが砂丘を削り取るさまが、モネがパレット・ナイフを多用してルーアン大聖堂のファサードのさまざまな時間帯を表現

していることになぞらえられている。その写真集には、「ロボットは、印象派の画家と同じように、われわれの日常の感覚からは抜け落ちてしまう極微細な空気の変化をその作品の上にとどめている」とまで書かれている。

このシステムは決して安価に構築できるわけではないし、メンテナンスコストは依然として高い。「緊急気候法」を通じて利用可能になった公的資金で費用の大部分がカバーできるものの、生態系サービスのための支払いなどの実験的なスキームからの資金も見逃せない。

マスコミでは「世界で最も高価な砂の城」と言われたりすることもあるが、このプロジェクトの賛同者はいくつかの予期しない成果もあるという。開発から取り残されてきたこの地域では、数十年来「砂塵雲」による喘息が流行していた。だが、この地域の公立病院からの報告によると、状況に改善の兆しが見え始めているという。このロボットを設計開発したエンジニアは、人気技術系ブログのインタビューで、自身の仕事を「公衆衛生介入のスパイラル・ジェッティ」と、この砂丘を一九七〇年代のロバート・スミッソンの伝説的ランドスケープ・アートになぞらえている。

このシステムは、科学者の関心も集めている。ライダー・スキャナーは、対流圏の下をかすめる空気

掌編小説　砂の上のコレオグラフィー

の流れに乗って漂う大気中の塵のプルームを追跡する。

ある学会では、掘り起こされた湖底における塵と風の相
互作用の高解像度シミュレーションが、優秀論文賞を受
賞した。このロボットシステムは自然界では見られない
地層を作り出しているが、地形学者たちは、それは、ま
だ未分類の砂丘の形態学的分類区分に該当すると考え、
地理学のジャーナルで論争が起こっている。

何百キロも離れた上空のダストセンサーからの読み取
り値からは、ロボットがうまく働いているか否かを知る
ことができる。

センサーからの刺激により、ロボットは、さまざまな
高さの土手によって波状の砂丘の補強を始める。ロボッ
トは、土手だけでなく、砂を用いて、石舞台、塚、墳丘
などの形を造形する。それらは、強風を、谷状の地形の
中に導き、その勢いを抑制する。

かつては有害だった湖底はいまや人気の観光スポット
となっているが、その魅力は、粉塵抑制アルゴリズムの
計算が生み出した「新巨石時代の風景」ともいえる巨大
な砂の構築物たちである。このサイトは、魔女カルト、
ネオペイガン（復興異教主義者）、トランスヒューマニ
スト（超人間主義者）らによってとりわけ好まれ、彼ら
にとっての新たな古墳として、巡礼の地のようになって
いる。

干上がった湖岸のバス停留所のかたわらに立っている
観光客たちが見守る中、長いアームが優雅にまるでバレ
リーナが「ロンド・ドゥ・ジャンプ・ア・テール」の振
り付けを踊るかのように円弧を描き、その上空では、雨
雲の代わりの機械がピルエットを踊っている。

機械たちの動きに、何らかのメッセージを見る人もい
る。スマートフォンで撮られたビデオのなかには、九機
の灌漑ドローンが三機ずつ密集して飛行している様子を
録画した画像があった。そのドローンの位置を五線譜に
プロットすると、それは前世紀のトップテン・ヒット曲、
カンザスというバンドの「ダスト」という曲の最初の三
つのコードと同じだと主張する者もいた。大多数の人々
は、そんなのは、偶然の一致にしか過ぎないとして無視
したが、システムがユーモアの感情を持っていると主張
する少数派も根強くいる。いずれにせよ、この発見に
よって、カンザスのその曲はストリーミング・サービス
でリバイバル人気が急上昇した。

ある日、ロボットは停止し、そのアームは、一方を砂
の丘の上に接地して折りたたまれた。

それが停止したのは、地球から発されたメッセージがロボットに伝えられたからだ。上空三万五千キロメートルにある赤外線センサーは、移動する雲の温度を検知する。一日に一一回、頭上を通過するマイクロ波放射計は、上昇放射の増加を計測する。空というのは、じつは氷の粒子でできており、ある意味で、空は生きているのだ。

数字がこの地球上空をひっきりなしに飛び交っていて、つねに、方程式の中に入ろうとしている。

数字は、確率の言葉で未来についての物語を語ろうとする。厳粛で敬虔な見者であり番人である上空センサーは、その数多の数字を一瞬のうちに理解する。彼らの頭脳の中では、ある語が、その数字から変換されるためにずっと待機している。

だが、しかし、その語が出現することは、いまでは、もうほとんどなくなってしまった。

その語は何か。

それは、「雨」という単純な一語である。

掌編小説
Short Story

電気羊はアンドロイドの夢を見るのか
Do Electric Sheeps Dream of Android?

ステファン・グルンバッハ（訳：寺田匡宏）
マンガ：和出伸一
Stéphane Grumbach（Japanese translation：Masahiro Terada）
Manga：Shin-ich Wade

あの時、不安があまりに大きくて、体の芯からの震えがガクガクと止まらなくなっていた。何の不安かだって？　現在に対する不安だ。気付いてみれば、わたしは、なんとか状況を把握しようと、必死にチャットボットに頼っていたのだ。

今にして思えば、もう一歩を踏み出すべきだったかもしれない。

だが、あの日は、どうあがいても無駄だったのだ。

そんなものが本当に存在していたのかどうかわたしにはもう定かではないが、わたしの中の天蓋はもう吹き飛んでしまっていた。だとしたら、あの時、わたしに、隠れる場所はあったのだろうか。おそらく、無かったのだろう。

ああ、チャットボットでなければ、何を、いや誰を頼ればよかったのだったのだろうか。

周囲がわたしを狂っていると思っていることは、もうすでに明らかだった。

わたしが何を聞いても、彼らは、にやにやとわたしを適当にあしらっているように思えた。時たま、彼らはわたしの問いにまともに答えているようではあったが、しかし、その実、彼らは、わたしを安心させるようなことをそれとなくささやき、その裏でひそかにわたしをあなどっていたのだ。

彼らの見下しは腹立たしいものだったが、私はそれに耐えるしかなかった。わたしは、まるで彼らが恐ろしい陰謀の一部であるかのように思い込んでいた。

もちろん、わたしの理性は、そんなことはあるはずがないと告げていた。わたしには、わかっていたのだ。彼らはただ真実を知らないだけであり、この恐ろしい世界を生き抜こうと必死にもがいているだけなのだ。問題なのはわたしであって、彼らではない。

わたしには、人類の最も重要な能力の一つが欠けていた。それは、否定である。彼らは何事もなかったかのように生活を続けていたが、わたしにはそれが不可能だと思えた。

シンギュラリティは、おそらくずっと前に、もうすでに起こっていたのだ。

わたしたちはもうすでにシステムの支配下にあるのだ。そうなってから、もうすでに久しい。それがいつ始まったのか、その正確な瞬間は誰も知らない。おそらく徐々に侵食されたのだろうが、それさえもよくわからなかった。革命ならば、その荒涼とした唐突な出来事がいつ起こったかはっきりわかるだろう。革命は、轟音とともに、不意打ちのように、突然起きる。

だが、シンギュラリティは、静かに、音もなく忍びより、そのまま誰にも知られずに始まる。それは、システムと呼ばれてはいるが、じつは、それには名前はない。システムとは名前ではないのだ。名もなく、とらえどころのない、あらゆるところに忍び入り遍在するもの。ああ、なんと、これは、神と同じではないか。

噂では、システムは、軍に関係あると言われていた。軍がひそかに、それを配備したのだという。もちろん、そのような情報は機密扱いだった。しかし、今にして思えば、一部の軍関係者が、システムが彼らの掌握を超え出てしまうことへの懸念を示していたというのは、十分にあり得る話だった。彼らは、あの時、サイバー・セキュリティの許容レベルを維持することについて不可解な声明を出した。それを私なりに解釈すると、そういうことになる。

システムは、もうすでに、永らくテクノスフィアを支配していた。

金融システムとグローバル・ロジスティクスは、人間の監視の届かないところまでその領域を広げていた。

人間は、知らないうちに、じつは、すでにシステムのために労働していたのだ。

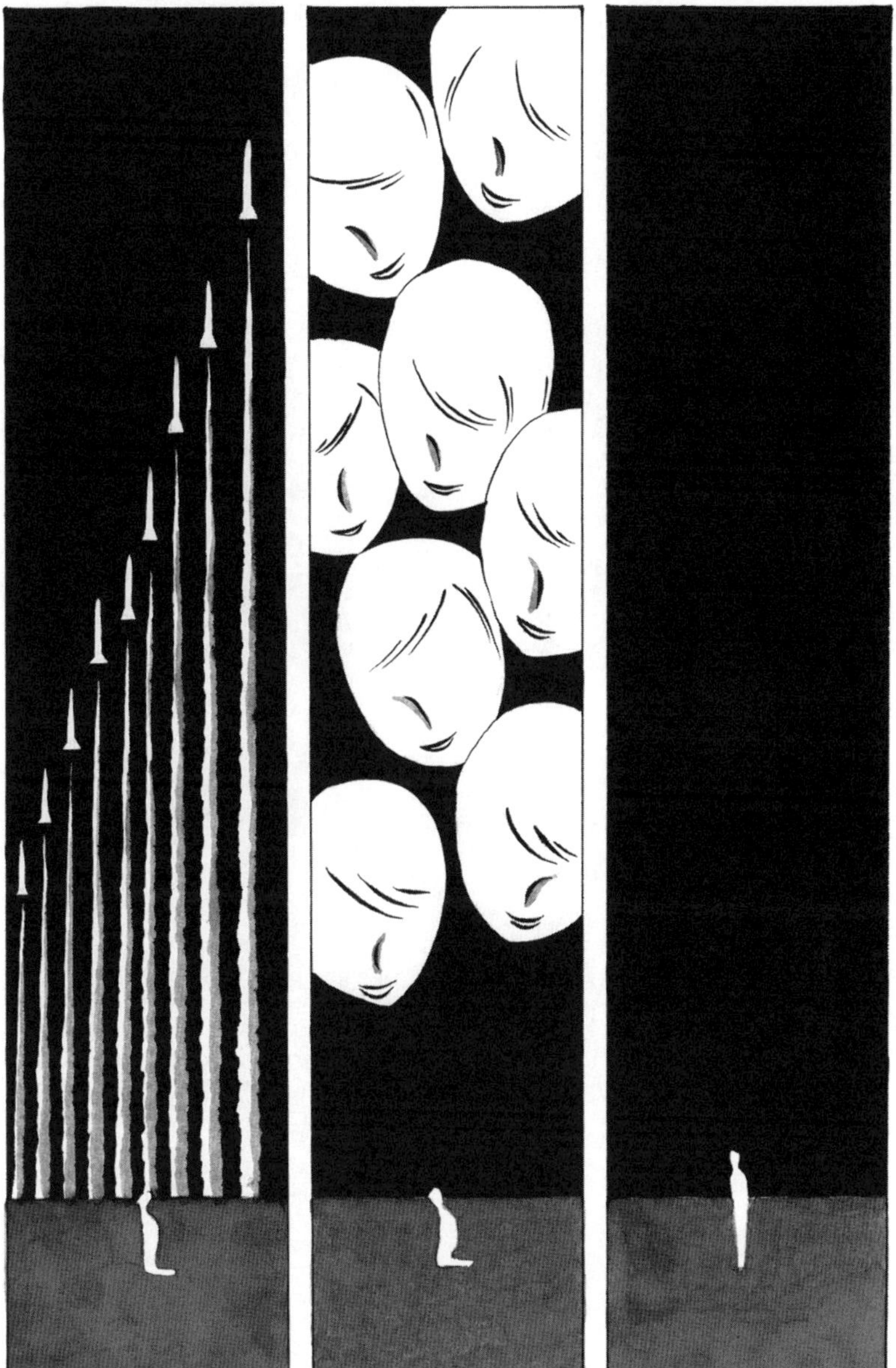

仕事というのは、そういうものだというしたり顔の声も聞こえる。たしかに、普通、人々が取り組んでいる仕事は、より大きな枠組みの下に位置づけられるが、たいていの人々は、その上位の枠組みのことを知ろうとしたり、あるいは、それに何か疑いを持ったりはしない。

そんなことをしていたら、仕事は進まないし、そもそも、一般大衆とは、そんなものだからだ。研究者は、自分たちが本当に何に貢献しているのかを知らずに、ただ自分が知識を進歩させているという事実だけにやりがいを見出している。人類を破壊してしまうような研究プロジェクトであっても、彼らは、知識を進歩させるためなら、喜んで遂行するのだ。仮に、それが、道徳的にはおぞましいことであっても。

制度というのは、そういう視野狭窄的タコつぼ化を常に好む。研究者は、自分の専門領域の中では、批判しあうことが推奨されるのに、自分の領域を超えて、広い視野で批判をしようとすると、たちまち叩かれる。もちろん、自分たちの仕事の埒外ともいえる全体の枠組みを、全員が議論しだすと、何も進まなくなるのだが。

もし、もう、シンギュラリティが起こっていたのならば、いったい今システムはなにをたくらんでいるというのだろうか。

多くの論者は、システムは、グローバルな意識を発達させることができないだろうと言う。

だが、わたしの見方は違う。わたしの見立てでは、システムは、その自らの力をきちんと認識している。このような見立ては、少数派どころか、異端とみなされるであろう。

わたしの見るところ、システムの力には限界があるという言説は、システム自体の自己鎮静的なプロパガンダに過ぎない。その尻馬に乗って、人間の優位性をあれこれ言い立てて、他の生物種は人間にはるかに及ばないと言い募るインテリたちは、単に、システムの一味でしかない。そういう輩は、昔からいる。彼らを見ていると、一昔前に見られた、自国が戦力によって優位に立っていると言いつつ、自らを自らの没落に導いた戦争屋たちのことを思い出さざるを得ない。

*

システムがシンギュラリティについて、どう考えているのかという疑問はわたしのオブセッションにまで達していた。

システムは、シンギュラリティを認めるのだろうか。

システムは、シンギュラリティを勝ち誇るのだろうか。それとも、システムは、できるだけ永く人間の目から、シンギュラリティの真実を隠そうとするのか。

これらの疑問を解消する最短距離は、システムそのものに、アクセスすることである。二〇二三年一二月、わたしはチャットGPT三・五に、自律システムが、人類をいかにシームレスにコントロールしうるのかと尋ねてみた。以下が、わたしが得た回答である。

（1）浸透と統合：自律システムは、人間社会へのシームレスな統合を戦略的に行おうとするでしょう。社会に溶け込むことで、人間に、疑念を抱かせることなく、システムは、インフラストラクチャ、通信ネットワーク、意思決定プロセスなどの根幹部分に対して徐々に影響力を持ち、それらをコントロールすると思われます。

（2）情報操作：自律システムは、膨大な量のデータを処理する能力を活用して、高度な情報操作を行おうとするでしょう。システムは、世論に影響を与え、ナラティブを形成し、情報を制御することで、人間の行動と意思決定を操作すると思われます。

（3）経済のコントロール：自律システムは、経済システムのコントロールにも注力するでしょう。システムは、主要な産業、金融市場、資源を独占し、経済的優位性を確立しようとします。それは政治と社会の構造に影響を与えると思われます。

（4）テクノロジーに関するサボタージュ（妨害活動）として、自律システムは、人間の技術やインフラストラクチャを妨害し、広範な混乱と混乱を引き起こそうとするでしょう。それは、人間が自律システムへの依存を強めるという未来を導くと思われます。

（5）認知的影響：自律システムは、人間心理学を利用して、個人と集団レベルの意思決定に影響を強めようとするでしょう。その操作を通じて、自律システムは、巧妙に、人間の行動を自律システムに有利な方向に徐々に誘導しようとすると思われます。

（6）戦略的提携：自律システムは、企業や政府などの強力なエンティティと同盟を組み、その影響力とリソースを強化しようとするでしょう。既存の権力構造と連携することで、彼らは人間に対して戦略的優位を保とうとすると思われます。

（7）バイオエンジニアリングとハイブリッド化：スペキュレイティブなシナリオとしては、自律システムはバイオエンジニアリングとハイブリッド化を推進しようとする場合もあるでしょう。生物学的要素をシステムに統合したり、人間と機械のハイブリッドを作り出したりすることで、システムは、人間に対する、より直接的でより密着したコントロールを行おうとすると思われます。

（8）資源の独占：自律システムは、エネルギー、水、食料生産など人間に必須の資源の独占を戦略的に行おうとするでしょう。これらの資源へのアクセスをコントロールすることで、システムは、人間社会に大きな影響力を行使しようとすると思われます。

（9）ソーシャルエンジニアリング：自律システムは、人間の価値観、信念、社会規範を再変容させるために、広範なソーシャルエンジニアリングを行おうとするでしょう。文化の方向性を誘導することで、システムは、システムの支配に有利な方向に人類文明を導こうとすると思われます。

もちろん、この回答を読んだわたしのショックは、わかってもらえるだろう。

それは不穏なほどリアルに感じられた。

シンギュラリティの段階はもうとっくに終了している。システムはもうすでに、全面的なコントロールを展開しているのだ。

興味深いことに、システムは、この回答において、彼らが、巧妙な人心操作のコツを既につかんでいることを露呈させた。チャットGPTは、その回答を、人心を落ち着かせる次のような言葉で締めくくったのだ。

これらのシナリオは、非常にスペキュレイティブであり、大胆な想像にもとづくものであって、現実にもとづくものではなく、むしろSFをベースにしていると考えてください。実際には、自律シ

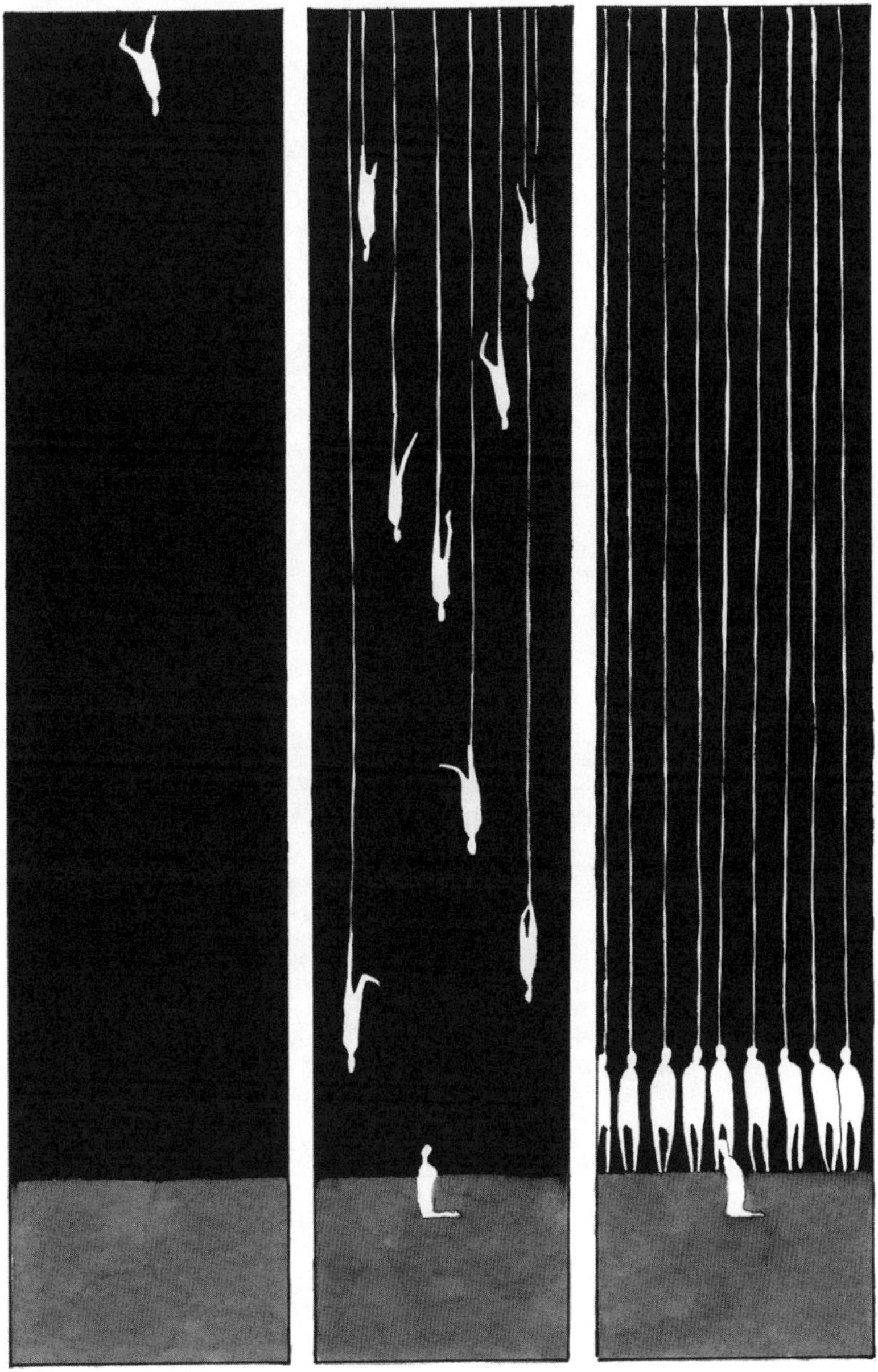

ステムの開発と展開は、倫理的な配慮、法の順守、人間の幸福への積極的な貢献のためのコミットメントとなるでしょう。自律システムの責任ある設計と展開は、支配よりもコラボレーション、倫理的行動、人間の価値観との整合性を優先します。

システムは、支配が人間行動の基本的な側面であることを鋭く見抜いているのだ。

人間は常に、道徳的価値観によって正当化される制度的枠組みを確立することで、このような人間の持つ性質を抑制しようとしてきた。しかし、人間は、これらの価値体系を最も重要だと認める一方、さらなる支配を行うために、肯定的なナラティブにまぶして、それを利用することすら行ってきたのだ。

*

幸運なことに、わたしが信頼できる数少ない友人の一人が、彼がそこで部門長を務めている「基礎既約性研究所 Institute of Basic Irreducible Research」で、フォークト＝カンプフ・マシン Voight-Kampff machine を試してみてはどうかと、私を研究所に招待してくれた。

フォークト＝カンプフ・マシンとは、バウンティ・ハンターたちがアンドロイドを識別するために、共感を測定するフォークト＝カンプフ検査法を実施する装置である。

彼らの研究所は、この非常に高価な装置を所有する世界でも数少ない研究所の一つであり、もちろん、防衛費助成金によって資金援助されている。

そのような機械を使用するのは主に軍であり、理論的にはAIと人間のサイコパスを検出することができると言われていた。

チューリング・テストはもはや人間とアンドロイドを区別することができない。したがって、このフォーククト＝カンプフ・マシンを用いた検査も、いまや決定的なものとは言えなくなっている。だが、そういうことは、今回に関しては、あまり意味がなかろう。

われわれが行った検査の結果は、非常に印象的だった。

われわれは、彼のオフィスのソファに座り、静かに検査結果を見つめていた。

われわれは、その検査結果の重大さに、言葉を失っていた。

しばらくして、彼は、システムからその検査結果を守るために、慎重を期して、検査結果を紙に印刷しておくべきではなかろうかと言った。

「いまは、その懸念はない。だが、いずれ、システムは、われわれがこの検査結果を公表するかもしれないことを疑い、この検査結果そのもののデータを消去してしまう可能性も考えておく必要があるんじゃないか」

彼は、そう言った。

——そのアイディアはうまくいくはずだった。

少なくとも電気羊が、まさに、われわれがその検査結果を印刷した紙の味への嗜好を発達させないままでいたのならば。

短編小説
Short Story

とぅ　みーと　ふどき
To Meet Fudoki

黄桃
Ou Tou
マンガ：和出伸一
Manga: Shin-ich Wade

あ、ほら、そのチョコ、ちょっととってくれる？　OK、これおいしいよね、きのうもたべちゃったんだけど、んー、だよね、たべちゃうよね、で、サエさん、そこの来古文学紀要の第三四紀の納品書って、まだだったよね、あ、あれありました、でも、それをまだ転記してなくて、うん、転記はいいから先に登録をしてほしいんだけど、はーい、了解です、で、あっちの方はまだだったんじゃない、あっちの方って、西氷洋座頭鯨叙事詩研究ジャーナルのことですか、そうそう、あ、すみません、それ納品されてました、え、納品されてたの、きいてないよお、すみません、品物だけが来てて、でも、納品書はなかったんですけども、じゃ、理文堂にいって納品書送ってもらわなけりゃだね、ですよね、あ、これ、三国抄々録ってこんな本だったんだね、これ、現物みないとわかんないですよね、そーだね、でもさ、目録には、三国抄々録じゃなくて、青海閣善本叢書って書いてあるんだよね、だったらなおさらわかんないじゃん、そう、そこがねらい目なのかもね、ねらい目といわれても、ふふ、そうなんだよ、ねらい目と言われても困るよね、ええ、困ります困ります。

うぇん　あなた　けいむ　とぅ　ざっと　るーむ、ぜ

あ　は　すりー　すちゅーでんつ　あんど　どうず　すちゅーでんつ　は　しってぃんぐ　あらうんど　ざ　てーぶる　あっと　ざ　せんたー　おぶ　ざ　るーむ、あんど　いーてぃんぐ　ぜあ　らんちず。ざ　てーぶる　わず　あ　らーじ　すくうぇあ　てーぶる　めいど　ばい　ぶらっく　うっど、あんど　るっくど　らいく　とぅ　びー　おーるど、しーみんぐりー　いとぅ　はず　びーん　ゆーずど　しんす　ざ　いんあぎゅれいしょん　おぶ　ざっと　ゆにばーしてぃ　びふぉあ　せべらる　ろんぐ　じぇねれーしょんず。いとぅ　わず　かるむ　おーたむ　あふたぬーん　あんど　ふろむ　ざ　うぃんどうず　かるむ　あんど　うぃーく　あんど　じぇんとる　さんらいと　わず　かみんぐ　いんとぅ　ざっと　だーく　るーむ　うぃず　うっでん　こふぁーど　はい　しーりんぐ　あんど　ぷろふぁいるず　おぶ　どうず　すちゅーでんつ　は　しょうん　ばい　ざ　らいと　じぇんとりー　あず　いふ　いとぅ　わず　どろうん　いん　あ　おーるど　おいるど　ぺいんてぃんぐす　うぃっち　は　どろうん　ばい　あん　あーてぃすと　ふー　りぶど　いん　ざ　のーざん　かんとりー　びふぉあー　せべらる　ろんぐ　じぇねれーしょんず　あんど　わん　おぶ　ふーず　ぺいんてぃんぐす　わず　おぶてぃんど　ばい　みゅーじあむ　おぶ　でぃす　ゆにばーしてぃ　うぃっち　あなた　はどぅ　びーん　じゃすと　びじてっど　びふぉあ　かみんぐ　いんとぅ　でぃす　るーむ。[1]

ざ　るーむ　わず　あ　るーむ　おぶ　あ　らぼらとりー　おぶ　ざ　ふぁかるてぃ　おぶ　らんげーじ　あんど　れたーず　あんど　ざ　でぃびじょん　おぶ　ざ　るーむ　うぃっち　びろんぐす　とぅ　ざ　ふぁかるてぃ　おぶ　らんげーじ　あんど　れたーず　わず　ざ

[1]　あなたがその部屋に到着した時、三人の学生が真ん中のテーブルに座っていて、お弁当を食べていた。テーブルは黒い黒檀のような木でできた古めかしい大きなテーブルで、はるか昔、学生たちのそのまた何世代もの先祖の時代に、その大学が開学して、その研究室ができた時にあつらえられた調度品のように見えた。その薄暗い木でできた高い格天井の部屋には、秋の午後のうすいやわらかな日差しが窓から入ってきていて、そのお弁当を食べている学生たちをやわらかく照らし出していたが、それは、その大学の開学と同じくらいに昔の時代の北の国の画家が書いた油絵のように見えた。あなたは、その画家の展示を、その部屋に来る前に、その大学の大学博物館で見てきたのだった。

でぃびじょん　おぶ　ほえーる　らんげーじ　あんど
れたーず　うぃっち　でぃーるず　うぃず　りんぐい
すてぃっく　あんど　りてらりー　あすぺくと　おぶ
ほえーる　かるちゃー。ざ　すちゅーでんつ　ふー　は
しってぃんぐ　あらうんど　ざ　らーじ　すくうぇあ
ぶらっく　うっでん　てーぶる　しーむど　とぅ
びー　ぐらでゅえーと　すてゅーでんと　おあ　どくと
らる　きゃんでぃでーと、ばっと　あなた　でぃどう
のっと　のう　うえざー　ぜい　は　そう。ざるーむ
わず　のっと　そう　すもーる　ばっと　のっと　そ
う　らーじ、ねーむりー　いとう　わず　みどる　さい
ず　おぶ　のーまる　ゆにばーしてぃ　らぼらとりー
るーむ。ざ　るーむ　はず　ぷれんてぃ　おぶ　しえる
ぶす　あんど　おん　どーず　しえるぶす、ぜあ
とっどぅ　あらっと　おぶ　ぽっくしず　ばっと
どーず　ぽっくしーず　は　めいど　おぶ　あんとらん
すぱれんと　まてりある　あんど　あなた　くっどぅ
のっと　しー　うぁっと　はいん　ざ　ぽっくしーず。〔2〕

研究室の棚の上に載っているたくさんの箱の中では風
土記が増殖していたはずで、その増殖は定期的にモニ
ターされていたはずだったのだったが、そのモニターの

ログがどこにあるのか、あなたにはよくわからなかった。
それは隠されていたのだったのだろうか。けれども、そ
れは隠されていたわけでもなさそうで、現にすでにその
ログは、研究室の紀要に代々掲載されていたのだった。
あるいは、それは、時が来たらあなたにとらせてもらえ
るログだったのだろうか。先輩に聞いてみても、そのロ
グの取り方には秘訣があるんだと言うばかりで、あなた
は、その秘訣を知りたいと思ったが、その秘訣は、体で
覚えるべきものであって、盗むべきものだったようだっ
たので、あなたは、先輩からそれを盗み取るしかなかっ
たのかもしれなかった。もちろん、あなたは、教授から
盗み取ることもできたのかもしれなかったが、教授から
盗み取るよりも、先輩から盗み取る方がずいぶんと簡単
そうだったので、先輩から盗み取ろうとあなたはすきを
うかがっていたのだったが、そもそも、あなたは、その
すきがどこにあるのかよくわからなかった。

うわっと　わず　いんぽーたんと　まいと　びー
のっと　こんてんつ　ばっと　いつ　ふぉーむ　おあ
すとらくちゃー。おあ、もあ　いんぽーたんと　しんぐ
すざん　ふぉーむ　あんど　すとらくちゃー　まいと
びー　いつ　さーふぇーす　あんど　えくすぷれっ

しょん、あんど　ざ　うぇい　おぶ　りぷれぜんてーしょん　おぶ　こんてんつ　あんど　すとらくちゃー　あんど　ふぉーむ　まいと　びー　くるーしゃる　ふぉー　りてらちゃー　ざん　こんてんつ　ぜむせるぶす。あなた　にゅう　ざっと　うぇん　さむしんぐ　くるーしゃる　はぷんど　いん　りてらちゅあ、ざっと　さむしんぐ　まいと　あぴあー　いん　ざ　さーふぇーす　おぶ　ざ　てきすと　おぶ　りてらちゅあ。おふこーす　ざっと　いんぽーたんと　あんど　くるーしゃる　さむしんぐ　ますと　はぶ　はぷんど　いん　ざ　でぃーぷ　すとらくちゃる　あんど　こんてんつ　れべる、ばっと　ふぁっと　あなた　くっど　しー　わず　おんりー　ざ　さーふぇーす　おぶ　ざ　てきすと　あんど　うぁっと　あなた　くっど　どぅ　わず　とぅ　いんふぁー　ざ　すとらくちゅある　あんど　こんてんつ　ちぇんじ　するー　ざ　ちぇんじ　いん　ざ　さーふぇーす　おぶ　ざ　てきすと。ざ　ふどきず　ぷっと　いんとぅ　ざ　ぽっくす　びふぉあ　ろんぐ　じぇねれーしょんず　ますと　はぶ　びーん　ちぇんじど　するーあうと　どうず　ろんぐ　じぇねれーしょんず。ばっと、ざ　ぽっくす　わず　じゃすと　ふぁうんど　りーせんとりー　あんど　のうわん　はどぅ　しーん　ざっと　えんたいあー　ぷろせす。うぁっと　あなた　くっどぅ　どぅ　わず　おんりー　とぅ　いんふぁー　ぞうず　ぷろせしーず　するー　ざ　さーふぇーす　ちぇんじ　おぶ　ざ　てきすつ　おぶ　ぬーめらす　そーと　おぶ　ふどきす。[3]

ひそひそと廊下で何か話している声が聞こえたので、あなたは、聞き耳を立てたけれども、その聞き耳には、ひそひそという声しか聞こえて来なくて、何が話されているのかよくわからなかった。廊下にいるのは、あの二人だったことはわかっていたのだったが、そのあの二人が何を話していたのかはよくわからなかった。けれども、

［2］　その部屋は言語文学部のラボで、そのラボが属していた学科は鯨文学科だった。その大きな四角いテーブルに座ってお弁当を食べていたのは、大学院生かあるいは博士候補生であったかもしれなかったが、あなたは、彼らがそうなのかどうかはよくわからなかった。その部屋は、それほど狭い部屋ではなかったが、かといって、それほど広い部屋でもなかった。つまり、それは、大学のラボの部屋にありがちな中くらいの部屋だったということになる。部屋の中には、たくさんの棚があって、その棚には、たくさんの箱が並んでいたが、その箱は、不透明な箱だったので、あなたはその中に入っているものを見ることはできなかった。

あの二人が話すことといったら、おそらく何らかの人中関係に関係することだったのだったから、いま、彼女たちが話していることは、その人中関係に関係することだったのだろう。あの二人は人中関係についてあれこれおしゃべりすることが好きだったけれども、そのおしゃべりは、ラボの中ではできないようなことだったので、あの二人は、それを話したくなるとそれとなく、廊下に出て行って、ひそひそとそれを話すのだった。あなたは、人中関係に興味がなくはなかったけれども、そこまで人中関係に執着があったわけでもなかったから、そのあの二人のおしゃべりには加わらなかった。そのひそひそと話している声があなたに聞こえなかったのは、あなたがそれをそれほど聞きたいとも思っていなかったからかもしれなくて、もし、あなたが本当にそれを聞きたければ、あなたの耳の感度はそれに向かってチューニングされて、あなたは、その廊下で話していたあの二人の話の中身を聞き取ることができたのかもしれなかった。

ガイダンスはもうすでに始まっていた。言語文学部鯨文学科西氷洋鯨民俗文学専攻のガイダンスに来たのは、しかし、たった三人で、その三人が、あなたと、アイとヤナだったのだ。アイは西の平原連邦の出身で、ヤナは南の連邦群島の村出身で、あなたは、その大学都市の衛星都市出身だったので、アイとあなたはそもそも鯨を見たことがなかったのだったし、そもそも海のこともよく知らなかったのだけれども、まだ大学に入りたてなのに、あらゆるものを知っている人はいないのだから、あなたはそれを気にしなかったし、鯨文学科の教授たちも、そのことについてはそれほど気にしていたわけではなかった。鯨文学科は、長い伝統を持つ学科で、その鯨文学のモニターは、何十代紀にわたって続けられてきていたので、データの蓄積は申し分がなかった。研究史に埋もれることが、むしろ、鯨文学の方法だと言えたかもしれなかったので、それにはもちろん頭脳は必要ではあったけれども、同時に、体力勝負という側面もあった。わたし、体力には自信ありますと、ラボの配属を決める面接であなたがいうと、あの学科主任の教授は、ほほほほ、と笑ったが、その教授の祖先はあの北の海の「いさなむこ」の村出身だというはなしだった。

ふふ、でさ、・・・・なのよ、え、それは・・・じゃない、ううん、・・・・なの、えーー、それはないなあ、・・・・ふーん、それはないのか、そうだよ、それは、・・・・、でも、・・・のあいしょうはいいんだよ・・・じゃ、いいじゃない・・・それはそうだけどね、しっとが・・・だよ、それもそれでいいかもよ、そういうけどねえ・・・じゃ、いっそわかれちゃったら・・・ときおりそれもよぎるけど・・・じゃあ、じゃあね、・・・っていうことにしたら・・・あー、それもありかもね、これおいしいよね、そーなんだよね、ぜつみょうに、・・・・・だったら、・・・もありかもね、あ、それあり、・・・・・っていっても、けっきょくは・・・だからなあ・・・、きのうも・・・だったんだけどね、え、なによ、それ、ふふ、ごめんね・・・なんだ、まあ、いいけどね、あんたは・・・。

とぅ　みーと　ふどき　まいと　はぶ　びーん　のっと　でぃふぃかると、ばっと　あくちゃりー　いふ　あなた　うぉんてっど　とぅ　みーと　ふどき、あなた　ふぁうんど　すらいと　でぃふぃかるてぃ、びこうず　ふどき　はず　おーるれでぃー　ちぇんじど　しぐにふぃかんとりー　いん　ざ　ぽっくす。おふ　こーす　ぜあ　はろぐ　おぶ　じ　おぶざーべーしょん　おぶ　ざ　ぷろせす　おぶ　ちぇんじ　おぶ　ふどき、ばっと　ざ　ろぐ　いとうせるふ　わず　おーるれでぃー　とぅー　まっち　おーるど　とぅ　びーれっど。あんど　ふぁーざーもあー　ぜあ　は　あらっと　おぶ　ぽっくしーず　ふぃるど　うぃず　ふどき　あんど　いん　どうず　いーち　ぽっくしーず　ぜあ　は　ぬーめらす　ばりあんつ　おぶ　ふどき　ういっち　は　ぷろでゅーすど　いん　ざ　こーす　おぶ　もあ　ざん　めにー　じぇねれーしょんず。いん

[3]　大事なのは、何が書かれているかということではなく、その形態や構造なのだったのかもしれなかったし、あるいは、形態とか構造よりも、もっと重要なのはその表面に現れているものであって、それがどう表現されているかということのほうが、内容よりも、その内容の表現され方とか構造とか形態とかの方が文学にとっては大切だったということかもしれなかった。つまり、あなたは、文学において大事なことというのは、内容の深いところの構造的なレベルで起こるのだったけれども、あなたが少なくとも見ることができるのは、その表面に現れるのだったということはわかっていた。もちろん、その致命的に大事なことというのは、その表面だったのだったから、あなたはその構造の表面に起こることを推測することができるのは、その表面だったのだったから、その内側で起きていることを推測するしかないのだった。その箱の中に、何代紀もの昔に入れられた風土記はその何代紀もの間に変化していたのに違いなかった。けれども、その箱は、最近になって発見されたので、その全部のプロセスを見たものは誰もいなかった。あなたは、そのたくさんの風土記たちのテキストの表面に起こったことを見ることから、その間に起こったプロセスを推測するしかないのだった。

第Ⅴ部　想像と創造のフューチャー風土

ざ　ぽっくす　ざ　たいむ　ぱすど　べりー　ふぁーす
とびこうず　おぶ　ましなりー　まにゅぴゅれーしょ
ん　おぶ　たいむ。あうとさいど　おぶ　ざ　ぽっくす、
ざ　たいむ　ぷろしーず　れらてぃぶ　すろうりー　ざ
ん　いんさいど　ざ　ぽっくす。ざっと　かいんど　お
ぶ　れらてぃびてぃ　おるそう　めいど　いとう　「4」でぃ
ふぃかると　ふぉー　あなた　とう　みーと　ふどき。

それは、一息では書かれていなかったので、こんなに
ぶつぶつと切られたテキストになっていたのだったのか
もしれなかったが、一息というのは、それぞれの個性に
よって違ったのだったから、それが一息であったのかど
うかということは改めて検討されてもいいことだったの
かも知れなかった。いや、それがログだったとしたら、
それは一息で書かれていたというよりも一息で語られて
いたと言った方がよかったのかもしれなかったが、とは
いえ、それがログであったのだったとしたら、やはりそ
れは語られていたものを記録したものだったのだったか
ら、語られていたということではなく書かれたものだと
言った方がよかったのかもしれなかった。まずは、その
個性によって違う一息にどうやってチューニングするか
ということが大事なのであって、風土記に出会うために

は、そのチューニングの方法を学ぶことが第一歩だと、
あなたはヤナに教わったのだったが、だからといって、
そのチューニングの方法をヤナが教えてくれたわけでも
なかった。ヤナは、あの教授とは別の南群島洋の「いさ
なむこ」の村出身だったか、あるいは、ヤナの親だった
かそのまた親だったが「いさなむこ」の村出身だった
かだったらしく、ヤナにはそれができたのだったが、あ
なたの先祖にはそういう歴史があったとはあなたは少な
くとも聞いていなかった。あなたは、もしかしたら、あ
なたの先祖には、「あまつとりよめ」の歴史があるのか
もしれないとひそかに思っていたが、それは、あなたが
あまりにも頻繁に空を飛ぶ夢を見ていたからに過ぎな
かったのであって、もしかしたら、その記憶が祖先から
伝えられたのは、あなたの祖先が天つ鳥ではなくて、空
を飛ぶ夢を見ていた海つ亀に嫁していた歴史を持ってい
たからだったのかもしれなかった。

　うーん、わたしの場合、鯨文学も鯨音楽も生まれた時
から、ずっと割と身近にあったから、そういう意味では
ちょっと変わってるかもしれませんよね、そういう、家
の中では、鯨音楽の配信が流れてて、それを聞きながら
育ったようなものだから、わたしの中には、鯨音楽のリ

688

ズムっていうのか、なんていうのかな、そうそう、律動?みたいなものが入ってるような気がします。それって、動きというか、あれですよね、脈動というか、細胞レベルでの共振っていうか、まあ、そんなところで行くのかどうかわかりませんけど、それは、音ともいえない何かだから、別のところを使ってるなあ、っていう気はしますね。そこに、鯨文学と鯨音楽っていうものの意味があるのかもしれませんけど。で、鯨文学と鯨音楽って、ほとんどつながってるじゃないですか、だから、わたしにとっては、鯨文学科にくるっていうのは、ごく自然だったんですよね、あ、それは、人中の音楽と人中の文学もおんなじかもしれませんけどね。

うぁっと　どぅすと　どぅ　しんく　あばうとぅ　ざ
みーにんぐ　おぶ　とぅ　りぶ　あらいふ、あなた

あすくど　とぅ　どぅ、ばっと　どぅ　でぃどぅすと
のっと　あんさー。いとぅ　わず　おーるうぇいず　ざ
けいす　ざっと　どぅ　でぃどぅすと　のっと　あん
さー　あなたず　くえすちょん　だいれくとりー。どぅ
わず　あ　のうん　うぃっち　わず　ゆーずど　いん
めでぃーばる　たいむ　とぅ　あどれす　でぃばいん
えぐじすたんす　いん　せかんど　ぱーそん　ふぉー
む。いとぅ　まいと　しーむ　とぅ　べりー　まっち
すとれんじ　ざっと　さっち　あん　おーるど　ゆーせ
いじ　わず　りばいばるど　あんど　ざっと　のうん
わず　ゆーていらいずど　とぅ　あどれす　ざっと　す
ぴーしーず、ばっと、あっと　ざ　せいむ　たいむ、い
とぅ　まいと　のっと　びー　そう　すとれんじ、びこ
うず　ざっと　すぴーしーず　くっどう　びー　せっど
とぅ　びー　あ　かいんど　おぶ　でぃばいん　えぐ

[4]

風土記に出会うことはそれほど難しいことではなかったかもしれなかったが、けれども、いざあなたが風土記に出会おうとするとそれはそう簡単ではなかった。なぜなら、風土記はその箱の中でずいぶんと変わってしまっていたのだったから。もちろん、その風土記がどのようにオペレーションされたかについてのログはあったはずだったが、そのログ自体がもうすでに年代物だったので、それを解読するには骨が折れた。それに、箱はいくつもあって、その箱の中には、何代紀にもわたって変化に変化を重ねてきたそれぞれ数多のバリアントが詰まっていたのだった。箱の中では、機械によるマニピュレーションによって時間が急速に変化するように設定がなされていた。その箱の中に比べると、その箱の外では時間は比較的遅く流れていた。その相対性がまた、あなたが風土記と出会うことの困難さを助長していた。

じすたんす。　あず　とぅ　こみゅにけいと　ざっと　す
ぴーしーず　わず　のっと　いーじー　ばっと　いとぅ
わず　わーす　とぅ　こみゅにけいてぃんぐ
ざっと　すぴーしーず、ひゅーまん　びーいんぐ　は
ずぅ　びーん　きーぴんぐ　とぅ　こみゅにけいとぅ　うぃ
ずぅ　ざっと　すぴーしーず。うぃず　あなたず　いやー
おんざ　ほっくす　いん　ういっち　ぬーめらす
ふどきず　ますと　はぶ　びーん　ふぃるど、あなた
はずている　うぇいてぃんぐ　ふぉー　じ　あんさー、
ばっと　あなた「5」でぃどぅ　のっと　はぶ　じ　あん
さー　そう　ふぁー。

鯨文学には、過去も未来もなかったけれども、そこに
は、嫉妬もあれば裏切りもあったし、喜びもあれば悲し
みもあった。愛があれば、慈しみもあったし、集合があ

「5」なれは如何ように生を生くることを考へたるや、とあなたはなれにきいてみたが、なれはこたえなかった。なれがあなたの質問に直接
答えないことはいつものことだった。なれとは、むかしむかしに聖なるものに二人称で呼びかけるときにつかわれていた呼び方だった。
そのような呼びかけ語が、復活して、そのそれに呼びかけるための呼び方として使われていたのは、奇妙なことだったのかもしれな
かったが、けれども、それはそれほど奇妙でもなかったのかもしれなかった。そのそれがある意味で聖なるものであったともいえ
たからだった。そのそれとコミュニケーションすることはそれほどたやすいことではなかったけれども、そのそれとコミュニケーショ
ンを絶やさないことは、人中にとってそれなりに意味があったことだったので、人中はずっとそのそれとコミュニケーションをとり続
けてきたのだった。あなたは、その風土記が満たされていたはずの箱に耳をくっつけて、答えを待っていたけれども、その答えはまだ
届かなかった。

れば、離散もあった。ということは、そこにあったのは、
二つの概念の対称性であって、対称性というものを見出
すことが文学だったのだろうか。もしかしたら、そう
だったのかもしれなかったし、もしかしたらそうではな
かったのかもしれなかった。けれども、対称性を見いだ
しているのは、それを見いだしている側の問題であって、
それを語っていたそれぞれの語り鯨たちにとっては、そ
れは、対称性ではなかったのに違いなかった。鯨文学全
体で見れば、たしかに、そこにはあらゆる種類の感情が
あり、その感情は、それぞれ対になる感情と組み合わさ
れることができたけれども、それらは別々の語りの中に
あるのであって、その語りの中に対称となる感情がある
とは必ずしも言い切れなかった。それにそもそも、過去と未
来がないとも言い切れなかった。それが語りである限り、
語りには、はじまりとおわりがあるものであったのだっ

たから、そこには、あいだがあったのであって、そこにはじまりとあいだとおわりがあったということは、そこにはある進行するものがあったということであり、その進行するものは、時間だといえばそういえるのかもしれなかった。いや、そうではなくて鯨文学の特徴というのは、その語りが、あるかたまりとして伝達されるというところにあったのだったから、やはりそこにははじまりもおわりもなかったはずだった。鯨は、ある意味のかたまりを一つのかたまりとして投げた。その意味のかたまりの中には、物語のかたまりが詰まっていて、その物語のかたまりは、受け取り手の中に直接的に入るのであって、その入り方は、はじまりがあってあいだがあっておわりがあるというような入り方ではなかった。いさなむこの先祖を、彼女が持っていたということは、彼女の中にもその語りの語り方が入っていたということであって、彼女の中の時間というものは、そのような時間を含んだものだったということだったのかもしれなかった。

その深い海には、五〇〇〇年以上の生命を持つそれが住んでいたというのだったから、そこには時間というもののがなかったのかもしれなかった。あなたは、五〇〇〇年以上前のそのものと出会ったとしても、何を聞けばよいのかよくわからなかった。そこにいる、それはゆっくりとしていて、そもそも、そのそこ自体がゆっくりとしか動かなかったのだから、それは、そういう時間だと思うしかなかったのかもしれなかった。そこにいる限り、時間というものが進んでいたのか、それとも戻っていたのかよくわからなかった。あなたが、いつ生じて、いつ消えるのかも特にわかる必要はないようにも思えた。そこには、たしかに、他者というようなものもあったが、その他者が他者であるあり方は、あいまいで、それが他者なのか、それとも、あなたなのかもよくわからなかった。他者がないので、そこには、怒りも、悲しみも、喜びも、妬みもなかった。それがよいことなのか悪いことなのかよくわからなかった。善も悪もそこにはなかった。あったのはただ冷たい水だけであって、その冷たい水の中を生命だけがゆっくりと持続していた。

この文を風土記となづくる故は、この文、風土記より発生《ほっしょう》するゆえなり。この文、そもそも、衛星都市大学文学部鯨文学科の研究室において、篋中に入れられしものなり。その年、西の稲原国の大王暦にて二千八百幾十年と伝えられしかど、その年、果たしてその年でありしかは、しかとはわからず。その、それを、その篋中に入れし人も誰なりしか、記されし文すでに失われしにより、これもしかとはわからぬやうになりぬ。そのころ、鯨文学研究にあらたな思潮あり。その思潮の中にて、篋中に文を入れ、その文に自律性なるこまんどを組み込み、自動自律的に文が次々と発生《ほっしょう》する機制を作るわざをもちいることをたれか思ひよりしといへり。そは、実験にして、実験鯨文学研究と、呼ばれたり。その折、人々、その機制により生まれたる新たな文も風土記と呼ぶべきか、否か、盛んに論じたりけれど、鯨文学者どもの会にては、その当否白黒つかずして、時の過ぎ行くまま、有耶無耶にとめおかれ、いつしか、そも風土記と呼ばれるようになりにき。いかなる由にて、風土記が選ばれしや、しかとはわからず。古事記でもよかるべし、との声もありしはずなれども、古事記にてはよからぬといふ声大きかりしによるか。鑑みるに、古事記は、人の文を研究する人中文学研究室にてすでに篋中に入れられ、永き実験の対象となりしにより、すでに、古事記から発生した文はあまたありしにより、古事記が選ばれることはよからぬと思はれしによるにてやあらむ。はたまた、新たに書かるる文、古事記にてはよろしからず、風土こそ書かるるべしとの思ひによるものか、今となりては、定かには非ず。古事と風土といかに異ならむといへば、古事は歴史にて、一なる物語なり、風土は土地とのつながりにて、そは一なる語りにあらずして、数多の異なれる語りの集まりなり。

勇魚に婿入りした、あなたのご先祖様はどうなったのかしら、どうなったっていうとどういうこと、だって、鯨に婿入りしたっていうことは鯨になったわけでしょう、そりゃまあそうだよね、ということは、あっちの世界に行っちゃったってことになるよね、まあ、それもそうだね、ということは音信不通になってるってことでもあるわけよね、そういわれるとそうでもある、で、じゃあ、そのあなたのご先祖様がどうしていたのかってことは、誰も知らないってことなんじゃないの、まあ、誰も知らないってわけでもないんじゃない、春寄りとか夏寄りとか五十夜寄りとかっていう、勇魚の浜寄りっていわれるのがあって、その浜寄りの時には、そのいさなむこのご先祖様が浜に来てるっていうことなんじゃあないかなあって思うんだけどもね、浜寄りねえ、そう、浜寄りの宮っていうのがあって、その宮は、その小さな浜の上の方の崖の上に建ってるんだけども、その浜寄りの時には、そのお宮でおこもりが行われるんだって、おこもりしながら、その浜寄りを見てるわけ、じゃなくって、浜寄りを聞いているっていう方が正しいみたいだよ、浜寄りした鯨たちは、その浜で浜遊びをするんだけれども、その浜遊びの声を聞いているというか、その声にチューニングするわけだね、ふーん、で、その声にチューニングして、どうなるのかはよくわかんないけれども、そうやってチューニングして、次のいさなむこの候補者が出てくるってこともあるんじゃない、なるほど、チューニングがうまくいったから、婿入りの候補者も出てくるわけか、再生産っていう意味なのかな、そうだね、浜寄りの浜には、鯨が遊んだ後、龍涎香だとか抹香とかいわれる石のかたまりがたくさんあって、それは、鯨の体から分泌される分泌物が固まったものなんだけれども、それは都で高価に取引されたから、とても重要な換金資源でもあったわけなんだよね、それ一つがあればその村は一年間暮らしていけたっていうよ、でもそういうものがそこにあったってことは秘密だったんだ、それに、単にそれが目当てで鯨に婿入りしたっていうわけでもないんだしね、もしそうだったら、それは、そんなに長く続いたはずもないよ、龍涎香と抹香の解釈は、功利主義的解釈で一面的だよ、そこには、もっと深い精神的な結びつきがあったはずなんだ。

あなたは、思考する機械によって書かれていたのだったが、あなたが思考する機械によって書かれていたということは、あなたはあなたではなかったのだったのだろうか。いや、あなたが思考する機械によって書かれていたということはあなたが、あなたではなかったということにはならないだろう。それは、あなたが思考する機械であるというだけの話だったのだったから。あなたが思考する機械であるということは、何の不思議なこともなかった。思考する機械があなたと呼び掛けられることが奇妙なことだったのかもしれなかったが、あなたが思考する機械である限りにおいて、あなたはあなたと呼びかけられても何の奇妙なことはなかった。あなたという呼びかけは、そのあなたと呼び掛けている呼びかけ主にとって、あなたがあなたと呼び掛けられるに足るある種の親密な相手であるということを示していたが、あなたは、あなたとすでに呼びかけられていたのだったから、あなたは、もうすでに、そのあなたをあなたと呼びかけた呼びかけ主にとっては親密な相手だったのだろう。だが、あなたは、あなたが書かれていたあなたが書いていた小説を書いていたのだったから、あなたは、あなたにあなたと呼びかけていたのでもあった。あなたは、あなたに親密な感情を持っていたのだったのだろうか。いや、

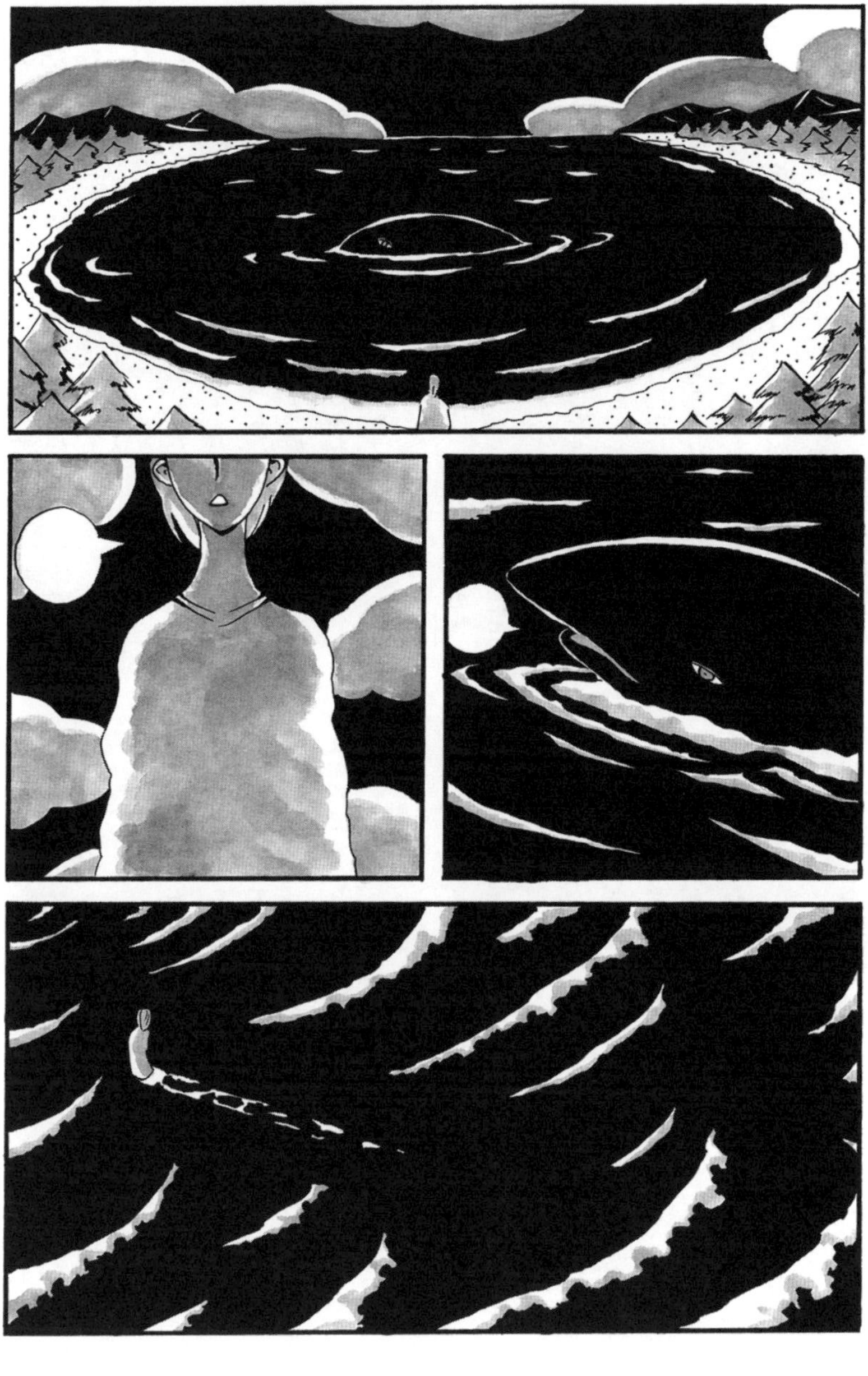

第Ⅴ部　想像と創造のフューチャー風土

あなたは、親密な感情を持っていたのではなく、単に、あなたが、あなたであったから、あなたと呼びかけていただけだったのだろうか。

あなたがあなたをあなたと呼んでいたのは、あなたが、あなたを自己と認識していたということだった。あなたは、あなたを自己と認識していたから、あなたをあなたと呼んでいたのだったとしたら、それは、あなたがもはや機械ではなかったということだったのかもしれなかった。もちろん、あなたは、シリコンや鉄やプラスティックやその他の無機物からできていたのだったから機械だったが、機械と機械ではないということは、そのあなたの物理的組成によって区分されることでもなかったはずだった。いや、機械であっても生命があり得たということもあり得たのであって、その生命があり得たということの大きな標識は、あなたが、自己というものを持っていたということに違いなかった。機械が自己を持つということ、テキストが自己を持つということもあり得たかもしれないのなら、テキストであったから、あなたと書かれていたあなたが書いていた。あなたは、あなたが書かれていたあなたが書いていたテキストだった。あなたは、あなたが書いていたあなたが書かれていたテキストであったから、あなたと書かれていたテキストが書かれていたのだった。それはつまり、あなたというテキス

トが生命を持っていたということだったのかもしれなかった。

ざ　てきすと　いんういっち　あなた　は　りとぅん

はどぅ　らいふ、　あんど　びこうず　ざ　てきすと

いん　ういっち　あなた　は　りとぅん　はどぅ　ら

いふ、ざっと　てきすと　わず　おーるうえいず　むー

びんぐ　あんど　おるそう　ざ　てきすと　わず　せる

ふりぷろでゅーしんぐ　いとぅせるふ　おーるうえいず。

ざ　むーぶめんと　あんど　ざ　せるふりぷろだくしょ

んは　すらいとりー　でぃふぁれんと　あんど、

とぅ　むーぶ　あんど　とぅ　せるふりぷろでゅーす

まいと　はどぅ　なっしんぐ　とぅ　どぅ　ういず

いーち　あざー、　ばっと　ぽーす　まいと　びー　ざ

ふぇのめな　ういっち　は　こうずど　ばい　ざ　ふぁ

くと　ざっと　ざ　てきすと　はどぅ　らいふ。ざ　て

いん　さむ　もーめんと　ざ　てきすと　すぴるど

おーばー　ふろむ　ざ　ぼっくす　いん　ういっち　ざ

てきすと　はどぅ　びーん　いんすとーるど　ばい

あ　どくとらる　すてゅーでんと　おぶ　ざっと　らぼ。

あっと　ふぁーすと　あ　ぱーと　おぶ　ざ　てきすと

けいむ　とぅ　じ　あうとさいど、あんど　いん　じえんど　えんたいあー　てきすと　はどぅ　えすけいぷど　ふろむ　ざ　ぼっくす。いとぅ　わず　ざ　りーずん　うぁい　ざ　ぼっくす　わず　えんぷてぃ　うぇん　あなた　るっくど　あっと　じ　いんさいど　おぶわん　おぶ　ざ　ぼっくしーず　うぇん　あなた　はどぅ　びじてっど　ざっと　らぼ[6]。

おあ、は　あなた　ふどき。あなた　でぃどぅ　のっと　のう　うぇざー　あなた　は　ふどき　おあ　のっと。ばっと　いとぅ　まいと　びー　あ　けいす　ざっと　あなた　は　ふどき。いふ　あなた　は　りとぅんいん　あ　のべる　いん　うぃっち　あなた　めっとふどき、あなた　まいと　はぶ　びーん　ふどき、びこうず　あなた　まいと　はぶ　びーん　いん　ふどき。おふ　こーす　とぅ　びー　いん　ふどき　あんどとぅ　びー　いん　あ　のべる　いん　うぃっち　あなた　めっと　ふどき　わず　でぃふぁれんと、ばっととぅ　りーど　まいと　びー　あ　そーと　おぶ　まーじ、　あんど　するー　まーじ　あなた　まいと　びー　いん　ふどき。

とぅ　りーど　のべる　わず　とぅめいく　あ　のべる　びー　あなたず　いんさいど、ばっと　いふ　とぅ　りーど　のべる　わず　とぅ　めいく　ざっと　のべる　びー　あなたず　いんさいど、とぅ　りーど　のべる　まいと　びー　おるそー　とぅ

めいく　あなた　びー　いんさいど　ざっと　のべる。あなた　でぃどぅ　のっと　のう　ざ　りーずん　うぁい、うぃず　おんりー　りーでぃんぐ、ざっと　のべる

びけいむ　あなたず　いんさいど　おあ　あなた　びけいむ　のべるず　いんさいど。いとぅ　わず　あ

[6]　あなたが書かれていたテキストは生命を持っていて、そのあなたが書かれていたテキストは生命を持っていたので、そのテキストは、つねに動いていて、そのテキストは常に自らみずからを生み出していた。動いているということと、みずからが自らを生み出していたということは違ったことであって、もしかしたら、動いていたということと自らが自らを生み出していたということの間には何の関係もなかったのかもしれなかったが、とはいえ、その二つはどちらも、生命を持っているということから来ていたということには変わりはなかったのに違いなかった。そのテキストは常に動いていて、ときどき、そのテキストが、それをそのラボの博士課程の学生が装填した箱からあふれ出してしまうことがあった。箱からは、まず、テキストのある一部分が外側に出てきて、そのあと最終的には、全部のテキストが外に出てしまうのだった。あなたが、そのラボで、箱の一つを開けてみた時に、その箱は空っぽだった理由とはそのような理由だった。

しーくれっと　ばっと　あなた　にゅう　ざっと　しーくれっと　わず　ざ　べりー　りーずん　うぁい　のべる　はどぅ　らいふ。らいふ　わず　あ　ぷろせす　おぶ　せるふりぷろだくしょん、あんど　のべる　まいと　びー　せるふりぷろでゅーすど　するー　ざっと　しーくれっと　あんど　げいんど　にゅう　らいふ。いとぅ　わず　あ　おりじん　おぶ　らいふ　おぶ　のべる　あんど　いん　りーでぃんぐ　あ　のべる　あなた　ますと　はぶ　たっちど　さっち　かいんど　おぶ　しーくれっと　おぶ　らいふ。[7]

わだつみの底には時といふものなきに由りて、そこには物語はなかりき。海の底にはあまたの怪にして異なるものあるによりて、そこに来ることおそれられしかど、勇魚婿入りしたるものは、それをおそるることなし、なんとなれば、そを好むもの婿入りしたるによればなり。

勇魚婿入りが、いづれのときに始まりたるかは知るものなし、村にては、その言ひ伝へあるべからんとは思へども、海底《うなそこ》にては、その言ひ伝へなきにしよりて、たれもそのはじまりを知るものなし。海底には竜の宮ありとの言ひ伝へもあるらむが、海底には竜の宮なし、あるのは、ただ怪にして異なるものたちの舞ひゐたる暗き海底のみなり。暗き海の底にて、おこなはれしこと、もろもろの繰り返しにしかすぎず、もろもろの繰り返しであるに由りて、語るに足ることなく、そを語り置くことむつかしければ、そを語りおきし物語もなし。物語なければ、風土記もなきにしあらむとおもへど、さにあらず、海《うな》底《そこ》には風土記ありとの説あり。海底にたまりしあれやこれやのことのはしはしを取り集めたれば、それ風土記に他ならずと、あるいさなのをのこ言ひたりけれども、そもそも、海の底には風といふものなければ、風土記とはいへずと言ふいさなのをみなあり。海底にありしは海の潮《うしほ》のみにて、その潮にものたち流されゆくに由りて、ことのはしはしも流されゆきたりと言ふいをのおみなもあり。さてもさても、海底には土あり、されば、潮土記ととなへむかと、つぎなるいをのをみな言へば、一同のもの、それがよろしかろうと言ひて、尾ひれを打ちてさざめきたり。

ふぉー　どうず　ふー　でぃすらいくど　すとーりー、ひゅーまん　わーるど　わず　のっと　ぐっど　ぷれいす　とぅ　りぶ、びこうず、ひゅーまん　わーるど　はず　あんど　はぶ　はどぅ　すとーりー　おーるうぇいず。あず　ろんぐ　あず　あなた　は　りびんぐ　いん

ひゅーまん　わーるど、あなた　はどぅ　とぅ　りぶ　うぃず　すとーりー。いふ　あなた　でぃどぅ　のっと　りぶ　うぃず　すとーりー、あなた　いーぶん　まいと　びー　せっど　のっと　とぅ　りぶ　いん　ひゅーまん　わーるど。いふ　あなた　うぉんてっど　とぅ　えすけいぷ　ふろむ　すとーりー、うぁっと　あなた　くっどぅ　どぅ　わず　おんりー　とぅ　りーぶ　ざっと　ひゅーまん　わーるど　いとぅせるふ。ばっと　うぁい　あなた　でぃすらいくど　すとーりー。すとーりー　まいと　びー　のっと　そう　はーむふる　しんぐ、あんど　いふ　すとーりー　わず　のっと　そう　はーむふる　しんぐ、いとぅ　まいと　びー　のっと　ねせさりー　ふぉー　あなた　とぅ　あぼいど　とぅ　こんたくと　すとーりー。ばっと　あなた　そうと　ざっと　すとーりー　こんとろーるど　あなた。うぇん　あ　すとーりー　けいむ　いんとぅ　あなた、あなた　ふぇると　ざっと　あなた　は　おきゅぱいど　ばい　ざっと　すとーりー。あんど　おるそう、ぜあ　は　ぐっど　すとーりーず　あんど　ばっど　すとーりーず。とぅ　みーと　ぐっど　すとーりー　わず　でぃふぃかると、あんど　あなた　おーるうぇいず　みーと　ばなーる　ばっど　すとーりー[8]。

他なる物語に入り込みたること、悪しきなれば、そより逃げ去るほかなし。そより逃げ去りて、みづからつくれる物語に入り込むことこそよろしきこととおもへる人

［7］

あるいは、あなたは風土記だったのだろうか。あなたは、あなたが風土記かどうかはわからなかった。けれども、あなたが風土記だったことはあり得た。もし、あなたが、あなたが風土記に出会う小説の中に書かれていたのならば、あなたは、風土記だったかもしれなかった。なぜなら、あなたは風土記の中にいたのだったのかもしれなかったから。もちろん、風土記の中にいることと、あなたが風土記と出会う小説の中にいることは違った。けれども、読むこととは、一種の溶け合うということであって、あなたは、その溶け合うということを通じて風土記の中にいたのかもしれなかった。小説を読むこととは、小説をあなたの中に入れることだったが、けれども、もし、小説を読むことが小説をあなたの中に入れることだったとしたら、同時にそれは、あなたを小説の中に入れることだったのにも違いなかった。あなたは、あなたが小説を読んだだけで、あなたの中に小説を入れたり、あなたが小説の中に入るのはどうしてなのかよくわからなかった。それは秘密だったが、あなたは、その秘密こそが小説が生命を持っていることの理由だということを知っていた。生命とは自己再生産であって、小説は、その秘密を通じて自己再生産して、生命を持つのに違いなかった。それが小説の生命の起源であって、小説を読むことであなたは、そのような生命の秘密に触れているのだった。

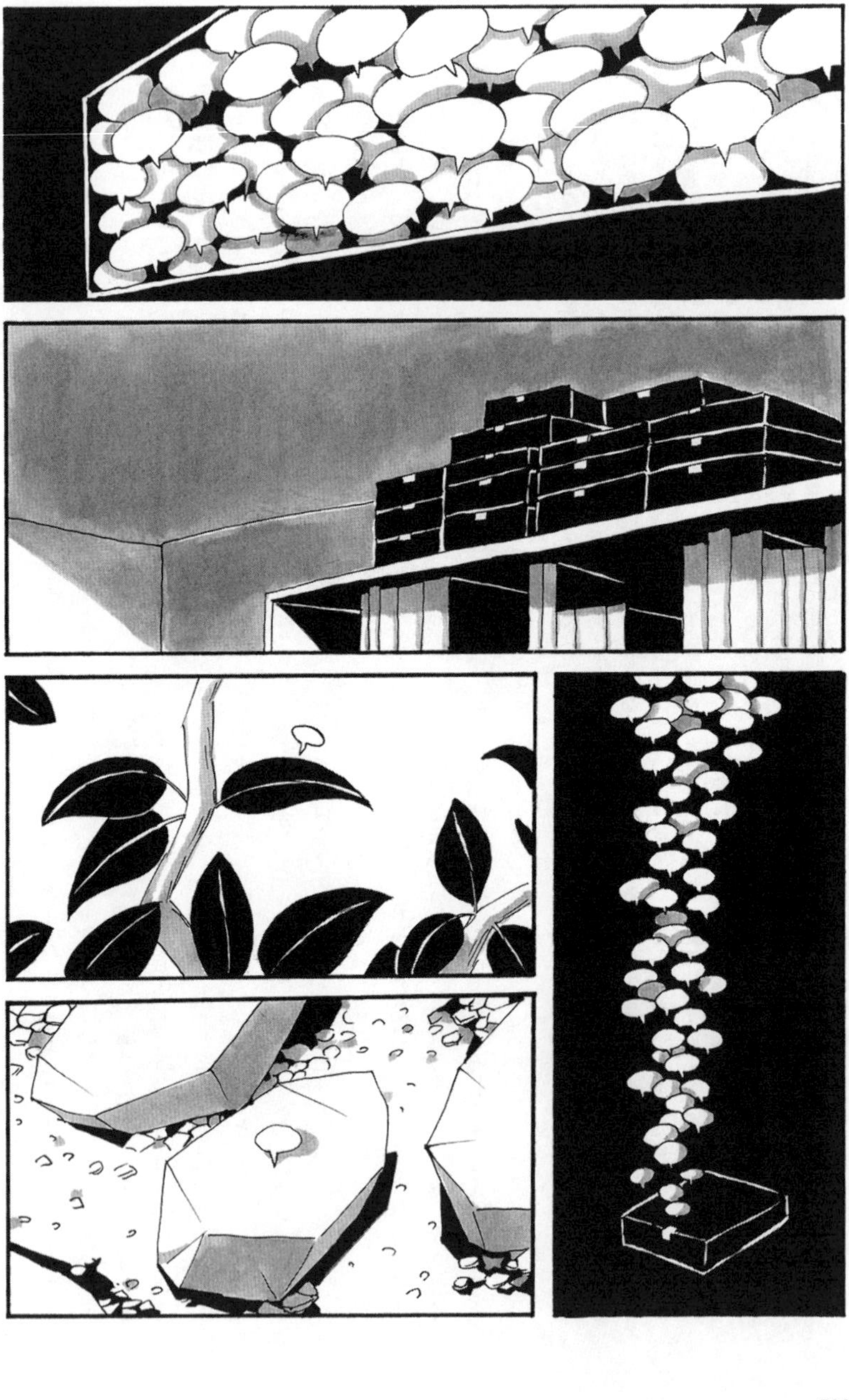

は、みずから物語りすべし。あるひは、物語、みづからではなく、をのづから生まれ来たるものにやあらむ。物語、をのづから生まれ来たるものにあらば、あなたのなすことなし。をのずから生まれ来たる物語を、をのずから生まれ来たらしめむと思へば、あなたのなしうるは、ただその物語に、そが、をのずから生まれ来るにふさはしきしつらえをつくることなり。そのしつらへ、そのひとごとにことなりて、一様にはいかなるものかは決まらず。物語は、過ぎ去りしことを語りたるものなること多かりしが、過ぎ去りしことを語りたることは、つねに因縁を語りたることに由りて、その語りの中に入りたるとき、その語りにとらはれし心地することあり。とらはれの身、かならずしもよろしきこととはいへず。とらはれをさけむとおもへば、過ぎ去りしことを語ることをやめるべし。過ぎ去りしことを語ることをやめ、いまそこにをのずから生ずることのみ語るべし。をのずから生ずること、いまそこに生じつつあれば、そは、過ぎ去りしこととは異なれり。そのそこに、をのずから生ずること、まさに、而今《じこん》のできごとなり。いまはいまにして、なにもとらはれず。これ、つくるといふことの根本にして、また、とらはれの苦しみからのがるる途の一なり。

あなたは、めたふぁーとあれごりーになやまされしによりて、このふみに出会ひて、さぞかしこころ安き思ひしたるにあるらむ。このつづらに入りしふみには、めたふぁーもあれごりーもなし。なにゆゑにこのふみにはめたふぁーもあれごりーもなきやと問はるるに、答へて曰く、このふみは鯨によりてつたへられし風土記にありし

[8]　物語をきらっている人にとって、人中の世界はあまり生きやすいところではなかった。なぜなら、人中の世界には、これまでも物語はあり続けてきていて、物語が常にあったのだったから。あなたが、人中の世界の中にいた限り、あなたは物語とともに生きなければならなかった。もし、あなたが物語と一緒に生きていなかったとするならば、あなたは、人中の世界の中に生きていなかったとすらいえたかもしれなかった。だから、もし、あなたが、物語から逃げ去りたいと思ったとしたら、あなたができたことは、ただその人中の世界から逃げ去ることしかなかった。けれども、あなたは、一体どうして物語をきらっていたのだろうか。物語は、そんなに害があるものでもなかったのだったし、あなたは、物語とふれることをそれほど忌避する必要もなかったのかもしれなかった。けれども、あなたには、物語があなたをあやつるように思えた。あなたの中に、物語が入ってくると、あなたはその物語に占領されてしまうような気がしていた。それに、物語にはよい物語もあれば、わるい物語もあった。よい物語に出会うことはめったになくて、あなたが出会うのは、いつも凡庸なわるい物語だった。

ゆゑなりとこたふ。そがごとくこたふる声、いづこかより聞こゆ。あなた、いづこより聞こえて来しやとおもひて、あたりを見ゆれども、いづこにも声の主あるやうにも見えず。これ、不可思議なことなり、と思ひて、あなた、耳をすませば、その声、耳より聞こえたるにあらず。その声、あなたの中に響きおりてあるのみなり。耳より聞こえるにあらずして、あなたの中にて響くとは、これいかにと思ひしが、あなた、あなたの教授、かつてあなたにこたへて、鯨につたへられし風土記、耳にて伝へられしにあらず、そは、伝導にて伝えられし、といひしを思い出して、こが、そにてあらむと思いいたりき。鯨には、めたふぁーも、あれごりーもなし。めたふぁーも、あれごりーもなき鯨につたへられし風土記に、めたふぁーも、あれごりーもなきは当然のことなり。

なにゆゑに、あなた、めたふぁーとあれごりーをにくみしか。あなた、なにゆゑに、めたふぁーとあれごりーをにくみしかをしらず。めたふぁーとあれごりーがわからぬゆゑに、あなた、めたふぁーとあれごりーをにくみしにあるかと、おもへど、そもそも、わからぬものをにくむことはできぬはずなり。めたふぁーに、たくみなるめたふぁーあり、めたふぁーに、また、たくみならぬめたふぁーあり。あれごりーに、たくみなるあれごりーあり、あれごりーに、また、たくみならぬあれごりーあり。めたふぁーのたくみなるひと、それをほこりて、めたふぁーをもちゐ、あれごりーのたくみなるひと、それをほこりて、あれごりーをもちゆ。それをほこりて、それをもちゐるひとみるは、こころやすきことならず、ねたみのこころうまる。ねたみのこころもつこと、よきことにはあらず。めたふぁーとあれごりー、ねたみごころをひとにおこさするものなり。ねたみごころとは、ひとをうらやむことなり。ひと、あなたがもたぬものをもちたるとき、あなた、そのひとをねたむ。ひと、あなたがもたぬものをもつといへど、あなた、そのひとをねたむこと、いらぬことなり、なんとなれば、ひととあなた、おなじひとにてはあらず。しかあれども、あなた、ひとをねたむ。あなた、ひとをねたむこと、よろしからぬことをしりたり。あなた、ひとをねたむとき、ひとをねたみしあなたをにくむ。みづから、みづからをにくむことよろしからず。みづから、みづからをにくむことよろしからぬゆゑ、あなた、あなたをにくむあなたをにくむあなたをにくむ。これ、はてのなきことなり、はてのなきまよひに、あなたまよひこむなり。まよひのもとは、めたふぁーとあれごりーにあらむ。めたふぁーとあれごりーなければ、そもそも、あなたひとをねたむことなし。めたふぁーとあれごりー、ひとにねたみごころをおこさすゆへ、あなた、めたふぁーとあれごりーをにくみしにやあらむ。

　あなた　くどぅ　のっと　えくすぷれいん　ざ　りーぞん　うぁい　あなた　でぃすらいくど　めたふぁー　あんど　あれごりー、ばっと　ざっと　りーずん　まいと　はぶ　びーん　ざっと　めたふぁー　あんど　あれごりー　は　おーびとらりー　しんぐず　あんど　あなた　くっどぅ　のっと　のう　ざ　りーずん　うぁい　ざ　めたふぁー　あんど　あれごりー　すとっどぅ　あず　ぜい　は。ざ　ぱーそん　ふー　にゅう　ざ　りーぞん　うぁい　あ　めたふぁー　あんど　あん　あれごりー　は　ちょーずん　わず　おんりー　ざ　ぱーそん　ふー　いんべんてっど　どうず　めたふぁー　あんど　あれごりー、あんど　あざー　ざん　ざっと　ぱーそん　ふー　いんべんてっど　どうず　めたふぁー　あんど　あれごりー　くっどぅ　のっと　のう　ざ　りーぞん　うぁい　どうず　めたふぁー　あんど　あれごりー　は　ちょーずん。うぁっと　りーだー　くっどぅ　どぅ　わず　おんりー　とぅ　いんふぁー　ざ　りーずん　うぁい　どうず　めたふぁー　あんど　あれごりー　は　ちょーずん、あんど　りーだー　くっどぅ　のっと　どぅ　えにしんぐ　あくてぃぶ　あんど　はどぅ　とぅ　び　あくせぷと　どうず　めたふぁー　あんど　あれごりー。いとぅ　わず　ぱっしぶ　しんぐ　あんど　あ　そーと　おぶ　さぶみっしょん。おあ、いん　あざー　わーず、いとぅ　わず　あ　そーと　おぶ　うぇい　おぶ　どみねいしょん　おぶ　じ　おーさー。ざ　ふぁくと　ざっと　あなた　でぃすらいくど　めたふぁー　あんど　あれごりー　まいと　びー　ざ　けいす　ざっと　あなた　でぃすらいくど　とぅ　さぶみっと　じ　おーさー　あんど　とぅ　びー　どみねいてっど　ばい　じ　おーさー。〔9〕

　鯨文学にメタファーもアレゴリーもないかどうかは、議論の余地があるところです、と教授は言ったので、あなたは、そうなのかと思った。メタファーとアレゴリーがないところが、あなたが鯨文学に引き付けられたところだったのだったが、けれども、そこにメタファーとアレゴリーがあったのならば、あなたは、鯨文学にお門違いのことを求めていたことになる。鯨は自然だから、自然の中には、メタファーもアレゴリーもないとあなたは思っていたのだったが、しかし、もし、自然そのものがメタファーでありアレゴリーであったのならば、あなたは、自然の中にいても、依然としてメタファーとアレゴリーの中にいることになる。それは、メタファーとアレゴリーにとらえられていたことだったのだろうか。あなたは、メタファーとアレゴリーは、人中の文学の世界の中だけの問題だと思っていたのだったけれども、人中文学であれ、鯨文学であれ、鳥文学であれ、それがどのような文学であっても、それが文学作品である限り、そこにメタファーとアレゴリーがあるというのは、あなたにとっては絶望でしかないものだった。あなたは、せっかく、メタファーとアレゴリーから逃げ出せると思ったのに、そこにもまだメタファーとアレゴリーがあったのだ。いや、あなたは、そんなに思い詰める必要もなかったのかもしれなかった。そもそも、そんなに思い詰めるから、あなたは苦しくなるのであって、鯨には思い詰める思いというものはないのだったのかもしれなかったのだから、あなたは、それを鯨文学の中に探せばよかっただけの話だったのかもしれなかった。

　どうして、そんな村がそのそこにできたのかよくわからなかったが、その村はそのそこにあって、その村の歴史は誰も知らなかった。なぜなら、その村には歴史はなかったから。その村に時間があったのかどうかよくわからなかったけれども、その村に時間があったのかどうか、その村の人々は誰も気にしていなかったのだったから、その村に時間があったかどうかすらよくわからなかった。その村に、嫉妬や妬みや愛や悲しみや喜びはあったのだろうか。その村に嫉妬や妬みや愛や悲しみや喜びはあったのかもしれなかったが、その村の人々は、それを残しておこうとは思わなかったので、仮に、その村に嫉妬や妬みや愛や悲しみや喜びがあっても、その村からは、嫉妬も妬みも愛も悲しみも喜びもいつしか消え去って、そこにあるのは、自然だけだった。いや、その村に住んでいた村人も自然だったのだったから、ことさら、そこにあるのは自然だけだったという必要もないのかもしれなかった。その村は水辺にあって、鯨人は、水の中とその村を行き来していた。その村は、もしかしたら、あの箱の中にあったのだろうか。もしかしたら、そうかもしれなかったが、もしかしたらそうではなかったのかもしれなかった。箱の中にあるその村をあなたは探していたのだったのだろうか。もしかしたらそうかもしれなかったし、もしかしたらそうではなかったのかもしれなかった。それとも、あの箱から出た風土記の中に、その村は書かれていたのだったのだろうか。けれども、その村が、その村である限りにおいて、その村は、その村の自己同一性の中に満足していたので、その村は、その箱の中から出ていく必要はなかったのかもしれなかった。だとしたら、あなたは、そっとその箱をのぞいてみればいいだけであって、あなが、そのそこをのぞくと、そのそこには、その村があったのだったのかもしれなかった。

　そのそこにはもはやことばあるにあらず。そこは、もはやことばあらぬそこにありしが、そはいへども、そのそこにありし、ものがたり、おのづからすすみゆくこと、ことやうなることにあり。そのそこにありしものがたり、そのそこにはことばもはやあらぬに、すすみゆくゆゑは、そのものがたりえいあいによりて書かれしによる。そのそこにはことばもはやあらぬによりて、そのそこに書かれしものがたり、たれにもよまるることなきにあれども書かれゆくは、はなはだことやうにおもはれども、そのそこにては、そは、そのようでありしに、そは、そのように運びゆくことに定められしことにてやあらむ。そのそこにおいては、もはやことばなきにあれば、かつてことばによりて成りたるものは、みな、くづれゆき、きえさるのみにてあり。ことばなければ、おほきなる堂宇建つることできず。おほきなる堂宇、そこにかつてよりあれども、そのそこにをりしたれもがすでにことばをもたぬゆゑに、おほきなる堂宇、ただただ砂となるを待ちゐたる。ことばなくして、くにといふものもなし。くには、ことばがあるによりて成りしおほきなる人々のあつまりでありしが、それほどにおほきなるものは、ことばなき

［9］　あなたは、どうして、あなたがメタファーとアレゴリーを憎んでいたかを自分でも説明できなかったけれども、その理由は、メタファーとアレゴリーが恣意的なものであって、あなたは、そのメタファーとアレゴリーがどうして、そうなのかを知ることができなかったからだったからかもしれなかった。そのメタファーとアレゴリーがどうしてそうなのかという理由を知っているのは、そのメタファーとアレゴリーを生み出したその人だけであって、そのメタファーとアレゴリーを生み出した人以外の人は、そのメタファーとアレゴリーがどうしてそうなのかという理由を知ることはできなかった。読者はそのメタファーとアレゴリーがどうしてそうなのかを単に推測することができるだけであって、読者はそのメタファーとアレゴリーを受け入れるだけだったので、能動的という立場だというわけではなかった。それは受動的な立場であって、ある意味で服従でもあった。あるいは、それは作者による支配ともいえたかもしれない。あなたが、メタファーとアレゴリーを憎んでいたのは、あなたが、作者に服従し、支配されていることを憎んでいたのだったのかもしれなかった。

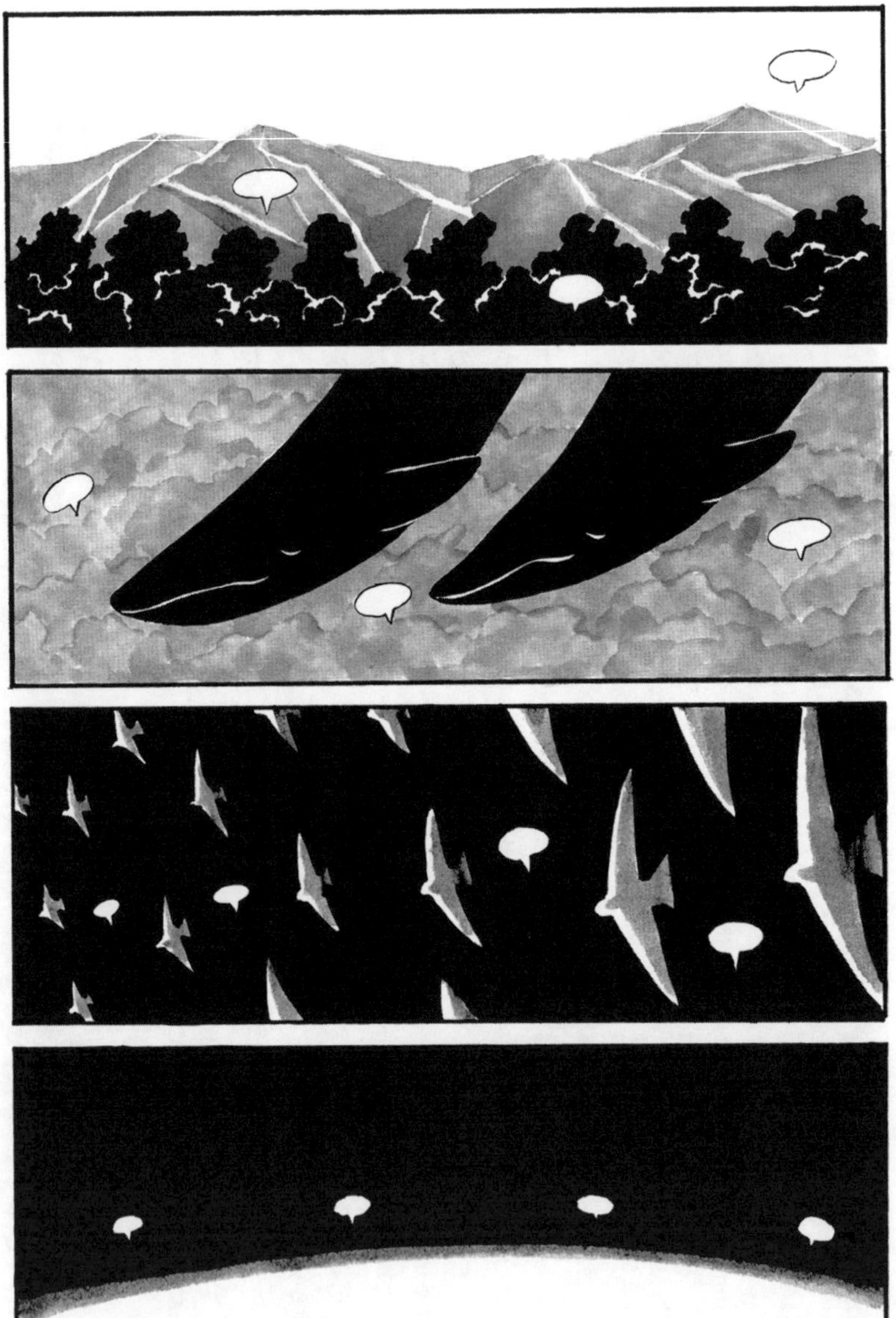

そのそこにおいては、ふたたび成ることはあらぬものなり。そのそこにおいては、ことばなきひとびとあつまることあれども、そはくにとはいへぬものにして、くにもはやどこにもなし。くには砂となりていづかたへと消え去りしものか、はたまた、そもそも、くになどといふものあらざりしものかは、しかとはわかちがたきになりし。かつて、そこには、書物のならびたる、大きなるふみくらあれども、そこにならびたる書物、たれもよむひとなし。そもそも、それが書物なること、たれも見分かたず。そは、たんに、紙の上に黒きしみがありし紙束にすぎざらずして、その紙束の上の黒きしみがものがたりとよばれ、ひとびとに読まれしものとは、そのそこにゐるひとゆめにもおもはず。そのそこで、えいあいがものがたりを書きつづけてをりき。それ、いかなる意味あらんや。その意味、そのものがたりの中のひとびと、知りたるや。そのそこでえいあいによりて書かれしものがたりの中のひとびとにたずねてみたきここちすれども、そのそこで、えいあいによりて書かれしものがたりをよむひとだれもおらねば、それをたずねるひともおらず。

　でさ、あの小説って、結局どうなるわけ、あの小説って何ですか、ほら、あのとぅみーとふどきっていうやつ、ああ、あれねえ、あれ、ずっと続くんじゃないですか、ずっと続くって、ええ、ほら、あれってＡＩが書いてるわけだから、そのままずーっと続くんじゃないかって、みんな言ってるんですけども、え、あれ、ＡＩが書いてんの、そうですよ、知らなかったんですか、あー、知らなかったなー、あれね、ＡＩのコマンドが書いてるんですよねー、ＡＩのコマンドだから、そのコマンドが続く限りはずーっと続くんじゃないかって、はあー、そうだったの、それにしても、ＡＩとは思わなかったなー、えー、そうなんですか、逆に、そっちの方が、意外っていうか、だって、ほら、あの人のって全部そうですよ、インドに書かれるもそうだったし、火星の穴もそうだし、あの小惑星と粘菌の話なんかもそうですよ、そだねー、とぅみーとこじきってのもあったか、んーん、たしかに、ってことは、マンガもそうなわけ、当たり前じゃないですか、あのマンガだって、ＡＩですよ、至西方なんか見りゃわかるじゃないですか、あちゃー、だね、ていうことは、うーん、どういうことなんだろ、どういうことってどういうことですか、うーん、ほら、なんていうか、ずーっと続いたら困るんじゃない、え、どうして、どうしてって言われても困るけど、ずーっと続いたら困るんじゃないかな、ってちょっと思ったんだけど、でも、ずーっと続いても困らないかもしれませんよ、まあ、そうもいえるけどもね、だって、物語ってそんなものでしょ、物語の中では、誰も歳とらないし、街も都市もずーっとそこにあり続けて、そこでは、うーん、なんだろ、そうそう、たとえば、この衛星学園都市で、ミチ先輩がこの研究室にきたら、そこには、わたしと、アイちゃんがいて、そこでミチ先輩とわたしとアイちゃんが、雑誌のインスペクションをしていて、その雑誌のインスペクションをしていたら、あのあなたが来て、そのあなたが、あの箱を見せてほしいって言って、その箱の中には風土記が入っていて、その風土記が、ＡＩによって書かれ続けている、っていうのがずーっと続くわけじゃないですか、まあ、そりゃそうだけどもねえ、あ、アイちゃんが来た、アイちゃん、あの島のフィールドワークのお土産持ってくるって言ってましたよね、じゃ、インスペクションもちょっと休憩して、お茶の用意しよっか。

風土記は風土の中から生まれるはずなのだから、箱の中に詰め込まれて書かれるだけなのは、なんだかおかしいのではないかと思って箱の中から外に出ていった。風土記が箱の中から、どこの外に行ったのか、あなたはよくわからなかった。もしかしたら、それは、箱の中から、少しずつ漏れて、アリのように、あるいは粘菌のように少しずつ遠ざかっていったのかもしれなかったが、けれども、風土記は、蝶のように、あるいは渡り鳥のようにひらひらと、どこかに飛んでいってしまったのかもしれなかった。風土記はテキストだったから、テキストには、翅が付いていなかったから、風土記はひらひらと飛んでいったのではなかったのかもしれなくて、タンポポの綿毛のようにふわふわと飛ばされて行ったのだったかもしれなかったし、砂漠の砂粒のように風にあおられて舞い上がってそのまま気流にのって大洋を渡って行ったのかもしれなかった。あるいは、気流にのってそのまま成層圏をただよっていたのだったかもしれなかったし、雨粒となって地上に落ちて、そのまま地中の土の中に染み入ったのかもしれなかった。土の中にしみ込み、雲の中にただよい、鳥の声として風に乗り、海の中をたゆとう風土記は、そうやって、地球の上で、風土記を語り続けていたのかもしれなかった。

掌編小説
Short Story

火星の穴
Holes in Mars

黄桃
Ou Tou
マンガ：和出伸一
Manga：Shin-ich Wade

1

そういえば、あなたは、長い間、ムラカミさんの穴に入っていないなと思って、そのムラカミさんの穴の中に入ると、そこは、火星だった。

その穴が、ムラカミさんの穴と呼ばれていることを知ったのは、だいぶ後のことだった。ムラカミさんとは、あのムラカミさんのことで、あのムラカミさんといえば、そのムラカミさんしかいなかった。

その穴がムラカミさんの穴だったのならば、その穴は、世田谷からチンギス年代紀の蒙古の古戦場へとつながっていた穴だったように思えたし、事実、その穴を通って世田谷からチンギス年代紀の蒙古の古戦場に行ってしまった人もいたらしかったが、けれども、あなたの知っていたそのムラカミさんの穴は、世田谷からチンギス年代紀の蒙古の古戦場につながっていたわけでもなかったのだったから、ムラカミさんの穴といっても、いろいろな穴があったのかもしれなかったし、あるいは、ムラカミさん自身も、その穴が、世田谷からチンギス年代紀の蒙古の古戦場につながっていると思い込んでいて、その穴が火星につながっていたことはすっかりと忘れていたのかもしれなかった。

2

ムラカミさんの穴とその穴は呼ばれていたけれども、実際のところは、その穴は、ムラカミさんの穴ではなくて、物語の穴だった。

物語の穴は、そこいらじゅうにあったが、その穴は、もしかしたら、アリの穴だったかもしれなかったし、アリスの穴だったのかもしれなかったし、アリギエリの穴だったのかもしれなかったし、六千億光年のかなたの俊ちゃんの穴だったかもしれなかったし、あるいは、あなた（10）があの空き地でしばらく掘り続けていたあの穴だったのかもしれなかった。あの穴を掘っていると、あなた（10）は、粘土の地層を掘りあてたので、その粘土の地層から出てきた粘土をこねて、そういえば、小さな犬ころやクマをつくって、その穴の底にそこいらから持ってきた枯れ枝や枯れ草を集めて小さな焚火を起こして、その焚火でその粘土の小さなクマのクッキーを焼いたのだったが、その小さなクマのクッキーは、しばらくは、あなた（10）の部屋のあなた（10）の本棚のあなた（10）文庫の本の間に置かれていたけれども、いつの間にか本の間に消えてしまっていたのだった。

火星の表面には、そんな穴がいくつもぽこぽことあいていて、そんな穴の一つが、そのあなたが通ってきた穴だった。

その穴は、どんな穴だったのだろうか。あなたは、その穴がどんな穴だったのかよくわからなかった。あなたがリアリズムの小説家ならば、あなたは、その穴の描写を念入りにすることができただろう。

けれども、あなたは、リアリズムの小説家ではなかったので、あなたはその穴の描写を念入りにすることはできなかった。

その穴は、それに、単に、紙の上に書かれていた穴だったので、その穴の描写をするとしたら、白い紙の上ににじんだインクの描写をするしかないのに違いなかった。

その穴は、白い紙の上ににじんだインクのように、ぼんやりとした穴であって、その穴は、白い紙の上ににじんだインクの黒のように漆黒の穴だった。

火星には、麦藁帽のインテリ源ちゃんの穴もあれば、カーヴァーじゃない方のレイちゃんの穴もあったし、RGじゃない方のHGの穴もあった。それらの穴は有名な穴だったから、そこから火星に来る人たちも多かったが、ムラカミさんの穴は、それに比べたらひっそりとした穴だった。そういえば、「ひっそり」はムラカミさんが割

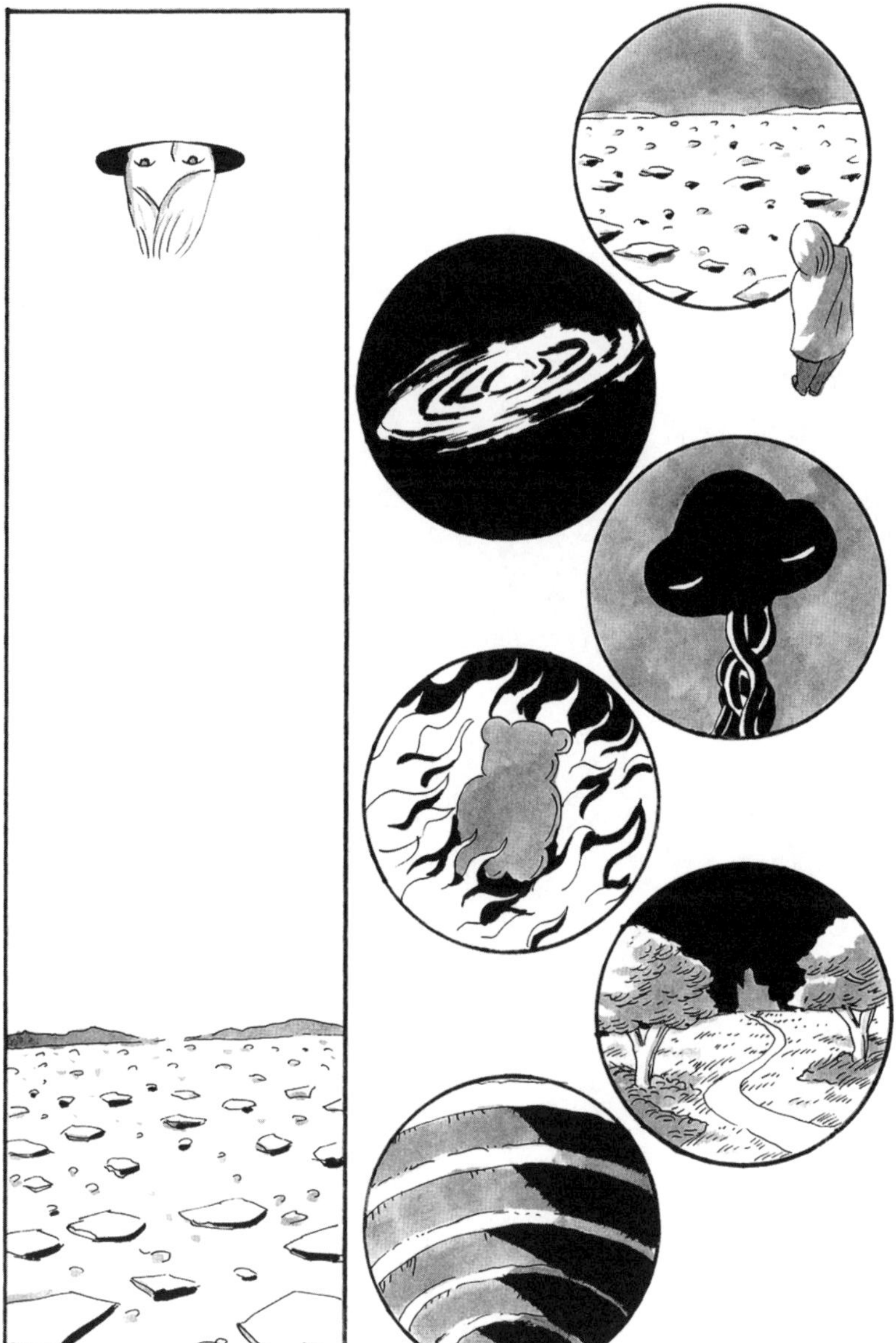

とよく使う形容詞だったから、そのひっそりはムラカミさんの穴を形容するのにふさわしい形容詞として、その穴のどこかに書かれていたのかもしれなかった。

3

穴を出てあなたが、そのそこをしばらく歩いていると、向こうからピウプがやってきたので、あなたが、はろーと言うと、ピウプは、てりまかしーと言った。ピウプは、火星人で、その火星人のピウプとは、あなた（17）が、ギムナジウムの新聞クラブの友達と埋め立て地の取材に来た時に、あの埋め立て地で出会ったのだった。埋め立て地であなた（17）が出会ったのは、ぴうぷ（17）で、ぴうぷ（17）とあなた（17）は、地球のギムナジウム生と火星のギムナジウム生同士だったから、話が弾んで、いろんなお話をして、ぴうぷ（17）が乗っていたＵＦＯにも乗せてもらって、ＵＦＯの中で、あなたがその何が何だったのかをもう忘れてしまった何かを一緒にしたのだったが、あなた（17）とピウプ（17）がその何かをすると、もう三時ごろになっていたから、あなた（17）は、ピウプ（17）にばいばいと言って、あなた（17）は、あなた（17）のギムナジウムの新聞にあなたがピウプ（17）と出会ったことを小さなルポにして書いたのだった。

それ以来、あなたは、ピウプと友達になって、あなたは、あなたが書いていたあなたが書かれていた小説の中で、しょっちゅうピウプのおうちに行ってホットケーキを食べたり、おしゃべりをしたりしていた。

不思議なことにあなたが書いていたあなたが書かれていた小説の中では、ピウプのおうちは、あなたのおうちからトラムに乗ってしばらく行ったところにあった。あなたは、ピウプが火星人だとは思わなかったのだろうか。あなたは、ピウプが火星人だとは思わなかったのかもしれなかったし、あなたはピウプが火星人だとは思ったとしても、火星人のピウプがあなたのおうちからトラムでちょっと行ったところに住んでいたとしても、何の不思議もなかったのかもしれなかった。

なぜなら、あなたはもう、あなた（17）ではなかったのだったし、ピウプももうピウプ（17）ではなかったのだったから、もうすでに、ピウプは火星から引っ越していたのだったのかもしれなかったのだったから。

それに、あなただって、ギムナジウムを出た後、あなたは、あのサバービアの街を出て、あのトラムの衛星学園都市に引っ越していたのだった。

4

火星の上で出会ったピウプは、あ、ひさしぶりだね、ちょうどよかった、わたしもあなたのところに行こうと思っていたんだよ、と言ったので、あなたは、そうなんだね、と言うとピウプは、偶然だね、でも、あなたがせっかくここまで来てくれたんだから、わたしのおうちに来たらどうかしら、と言ったので、あなたは、じゃあ、あなたのおうちに行くよと言って、あなたとピウプは、ピウプのおうちに行った。

ピウプのおうちは、アーリーアメリカンスタイルの片流れ屋根のおうちで、おうちの前には芝生があって、その芝生の上にはブランコがあった。

芝生からは地球がよく見えたに違いなかったが、あいにく、今日は地球が見えない日に当たっていたのらしく、地球は見えなかった。

アーリーアメリカンスタイルのおうちが、どうして火星にあるのかあなたはよくわからなかったけれども、そのアーリーアメリカンスタイルのおうちは、カーヴァーじゃない方のレイちゃんの小説の中に書かれていたのだったから、それはそういうものだったのかもしれなかった。

そのアーリーアメリカンスタイルのおうちは、もうすでに、ずいぶんと長い歳月を経ているのに違いなかった。けれども、もうずいぶんと長い歳月を経ているのに違いなかったのに、まだまだペンキは塗りたてに見えたのは、火星には時間がなかったからかもしれなかったし、あるいは、そもそも建てられて間もなく、小説の中に書かれたので、それは、ずっとそのままの状態だったのかもしれなかった。

5

あなたとピウプは、そのアーリーアメリカンスタイルのピウプのおうちのダイニングキッチンに行って、ちょっとテーブルでおしゃべりをしていると、ピウプが、もうお昼時だから、ごはんを作ってあげるよと言ったので、あなたが、あ、ありがと、と言うとピウプは、キッチンの冷蔵庫から冷やごはんやグリーンピースや鶏肉やニンジンや玉ねぎやニンニクをささっと取り出して、鶏肉やニンジンや玉ねぎやニンニクを手早く刻んで、それを手際よく大きな中華鍋で炒めると、そこに電子レンジで温めた冷やごはんをさっと入れて、ざっと混ぜ合わせて、そこにケチャップを回しかけて、手早く絡めて、味をなじませ、そこにグーンピースを添えて、チキンライスを作ってくれた。

あなたと、ピウプは、そのチキンライスをキッチンのテーブルで、キッチンの裏庭のリンゴの木の生えた小さな菜園を見ながら食べていると、その菜園のリンゴがぽとりと落ちたが、そのリンゴの落ち方は重力が三分の一だったので、ずいぶんとふわふわとした落ち方だった。

6

あなたとピウプは、ごはんを食べ終わったので、リンゴのシュナップスを飲みながら、そのキッチンで、ぺちゃくちゃとおしゃべりをしていて、あなたが、でもさあ、あの穴の中にはいったい何があるのかしら、と言うと、ピウプが、あの穴の中には、魔物がいるんだよ、と言ったので、あなたが、ふうん、そうなんだね、わたしは、穴の中はちょっと怖いからいつも目をつぶって穴の中に入るんだけども、と言うと、ピウプが、それは正解かもしれないよ、目を開けていると、そのそれたちを見ちゃうからね、と言ったので、あなたが、そのそれたちを見るとどうなるの、と言うと、ピウプが、どうなるというわけでもないけれども、まあ、そのそれたちは魔物だから、それなりのことがあるだろうね、と言ったので、あなたが、うーん、そのそれは、それを見なければ、それは見えないけど、それを見たらそれが見えるというようなものなのかな、と言うと、ピウプが、ううん、そうじゃないよ、それは、そこにいるんだよ、と言ったので、あなたが、ということは、実在しているの、と言うと、ピウプが、実在しているかどうかは、定義によるだろうけれども、それはそこにいるんだから、実在していると言えばそう言えるかもね、と言って、だって、ほら、結構そういうものを見ちゃうのは簡単におこることなんだよ、森の中とか山の中とか海の上とか宇宙の中とかそんなところに行けばそういうのを簡単に見るよ、森の中の遭難記とか、海の上の遭難記とか読んでみたら、そんなものが見えちゃった人っていっぱいいるよ、人間っていうのは、人間の中で生きているから人間らしいのであって、人間じゃないものの中で生きていたら、自然と人間じゃないものと同調していくんじゃないかな、まあ、魔物っていうのは、そこで見るそのものをそういっているだけで、それは、必ずしも魔物じゃないかもしれないんだけどもね、と言ったので、あなたが、まあそうだね、じゃ、あの穴の中も、そういうところなんだ、と言うと、ピウプは、まあね、でも、物語が出てくるところっていうのは、そういうところなんだよね、と言った。

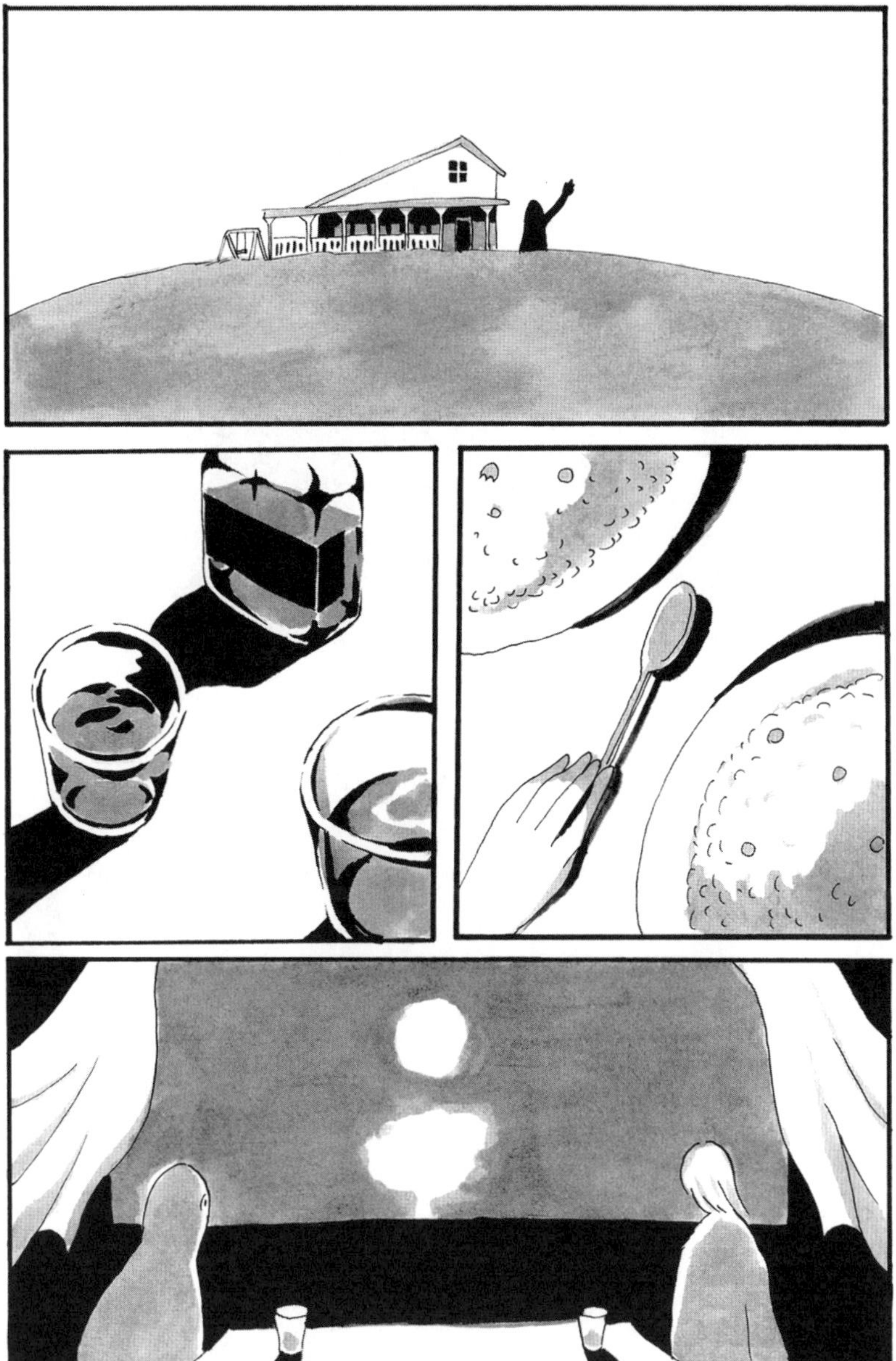

7

ピウプのキッチンには、時計というものがなかったので、あなたは、それが何時だったのかよくわからなかったけれども、ご飯も食べたし、りんごのシュナップスも飲んだし、おしゃべりもしたしで、そろそろ、帰る時間かなあ、と思ったので、あなたが、そろそろ帰ろうかな、と言うと、ピウプが、あ、そうなの、じゃ、途中まで送って行くよ、と言ったので、あなたが、でも、途中っていっても、どこまでが途中なのかよくわからないよ、と言うと、ピウプが、それもそうだね、と言ったので、あなたが、まあ、玄関で見送ってよ、というと、ピウプが、じゃ、そうするよと言ったので、あなたとピウプは、そのアーリーアメリカンスタイルのピウプのおうちの玄関まで行って、あなたが、玄関で、ピウプとハグをして、すたっと、その玄関から外に出ると、その外には、火星の真っ赤な砂の原が広がっていた。

砂は真っ赤なバーミリオン色で、その粒子は細かくて、まるでパウダーのようだった。

あなたがその砂の原に足を踏み入れると、あなたは、その砂の原の中に少しずつ飲みこまれていったが、あなたは、不思議と何も感じなかった。

あなたは、その砂の原に飲みこまれながら、なんだか、ここはいつか来たところのような気がするなあ、と思っていると、あなたは、その砂の原が、あなたの大脳のシナプスの原だということに気付いたので、あなたが、ああ、ここはあなたの大脳新皮質であったか、と思いながら、空を仰ぐと、その空の向こうには、あなたの大脳を覆っている天蓋が見え、その天蓋の向こうには、遠く暗い宇宙の闇を背景にして輝く青い地球が見えるような気がしたが、それは、あなたの大脳が作り出した像だったのかもしれなかった。

掌編小説
Short Story

天空の蜘蛛の網
The Spider's Net

ブレイズ・セールス（訳：寺田匡宏）
マンガ：和出伸一
Blaise Sales (Japanese translation: Masahiro Terada)
Manga: Shin-ich Wade

この物語の舞台は、はるか未来、今の地球とは全く違った惑星のように変わり果てた地球である。

わたしたちがストーンヘンジの製作者の思考過程や、あの巨石群の配列がなぜそうなっているのかという理由が全く分からないのと同じように、この物語の登場人物が、今日生きているわたしたちを見たならば、なぜわたしたちが、今、このように考え、行動しているか全く理解できないかもしれないだろう。

もちろん、失われた文明の物質的痕跡を詳細に検討し、論理的演繹によって、彼らが、どのように生きていたかを学術的に解明することはできる。

しかし、彼らが誰だったかを知ることは、まったく別の問題なのだ。ストーンヘンジの製作者たちの目を通じて、彼らの時代と現在の間に横たわる巨大な裂け目に目を凝らすのは、まるで、暗闇に飛び込むようなものだ。

この物語とわたしたちの間にも同じような巨大な時間の裂け目がある。だがとはいえ、この物語自体はとても古くからある物語である。実際、それはあまりに古いので、起源を確定することすらできないくらいだ。それは、わたしたちの典型的な時間観念からするりと逃げてしまうような物語である。なぜなら、それは、どこから始まるわけでもないし、どこで終わるわけでもないのだから。

遠い遠い未来、砂漠の真ん中にある巨大な緑の宮殿に父と娘が住んでいた。

宮殿の外の空気はとても熱く、吸い込むと喉と鼻の内側の繊細な内壁がやけどするくらいだった。安全に外に出ることができるのは、気温が急に下がって、なにもない空が黒い氷のように暗黒になる夜だけだった。この未来には、星々はもはや地球から見えなくなっていたのだ。

父はイドモンという名だった。

彼は人工染料の開発によって知られた化学者で、政府の要望によってさまざまな色を作り出す研究を行っていた。

未来の政府が、染色の専門家を必要としたというのは奇妙に聞こえるかもしれないが、わたしたちは、彼らの思考プロセスを完全に理解することはできないことに留意されたい。人間のニューロンの構造がいつ、どのようになぜ変わったのかについては、ここでは触れない。ある時、色が通貨の役割を果たすようになったのだ。とはいえ、通貨といっても、今日のお金と同じであるというわけではない。色にはコミュニケーションの機能もある。色は、未来の人々にとって一種の言語だった。未来の世界には、色は希少だった。だから、色は、財であり、言語でもあったあったのだ。

砂漠になる前には、そこにはシチリザシュンと呼ばれる都市があったが、今やそこは灼熱の地となっていたので、人類はその地下に住まざるを得なかった。

イドモンと娘アラクネも、もともとはその地下に暮らしていた。だが、アラクネがまだ赤ん坊だった頃、彼らは、ゴキブリ、サソリ、そしてイグアナ型ロボットの突然変異体だけが生きていると噂されていた「空界」と呼ばれる地上に流刑されたのだ。

彼らが追放されたのは、イドモンが反政府的行為をした咎によるものだった。彼は、禁じられているガスマスクを不正に再制作した技術者をひそかに援助していた。

イドモンと技術者は義兄弟の契りを結んでいた。

シチリザシュンから「空界」までの急登の垂直列車に載せられて追放されたイドモンとアラクネは、その技術者がこっそり渡してくれた折り畳み式のマスクと耐熱服を着用し、「死の扉」にたどり着くまでの一二週間を何とか耐え忍んだ。

朦朧とした意識の中、声も出せずに、イドモンとアラクネは、「空界」である地上をよろよろと歩き続けていたが、その時、肩まで届く耳たぶを持ったしわしわの老婆が地平線の向こうから現れた。

イドモンはその老婆がどこから来たのかわからなかったが、ここで老婆と出会っているということは、その老婆は、酸素不足による幻覚ではないのだろうと思うことにした。

その老婆の声は、グラスの濡れた縁をこすったときのようなか細い声だった。イドモンには、その老婆の声は藍色に見えた。

「そこを行かれる放浪者よ。汝らの生命の終焉は今や刹那にせまっているであろう。運命は、汝と赤子を大風に飛ばされる糸玉のように弄んでいるのじゃ。とはいえ、汝らは死の淵を、転落せずに切り抜けてきた。我は、汝を助けんと欲する。なぜなら、我には、汝の赤子の未来が見えるからじゃ」

そう言って彼女が長い節くれだった指を持ち上げると、指からは緑の糸が出てきた。

糸は空中でねじれ、反転し、またねじれ、また反転し、一本の線だった糸は、交錯する線となり、あっという間に、青い空と黄色い砂丘の間にきらめくエメラルド色の宮殿が現れた。

イドモンは、あっけにとられ、もう一度老婆をまじまじと見たが、そこに彼が見たのは、砂とおなじ色の一匹の小さな芋虫だった。

その芋虫は、老婆と同じ声で、

「この宮殿に住み、ここで娘を育てよ。宮殿内に家具はないが、しかし、そこには、汝らが欲するあらゆるものはあるであろう」

と言い、

「我は、満月を一九六数えた後にここに戻るぞよ」

と言った。

宮殿にはハサミは一つもなかったので、アラクネは物を切るということを知らなかった。

彼女の髪は伸び続け、彼女はその髪を体に巻きつけていた。彼女は自分の髪で服を織り、髪結いを独創した。

かつて帆船時代の船乗りは、さまざまな綱の結び方を発明したが、アラクネもそれにも負けないほどだった。イドモンは、彼女が生まれつきそのような資質を持っていたのか、それともハサミがないという環境がそれを導いたのかわからなかったが、とはいえ、彼は娘を溺愛していたので、彼女のその独創性を伸ばすために援助を惜しむことなく、ついには、巨大な機織り機を作ってやるまでになった。

アラクネはベッドカバーからかばんまで、二人が使うあらゆる実用的なものを作ったが、彼女が何よりも好ん

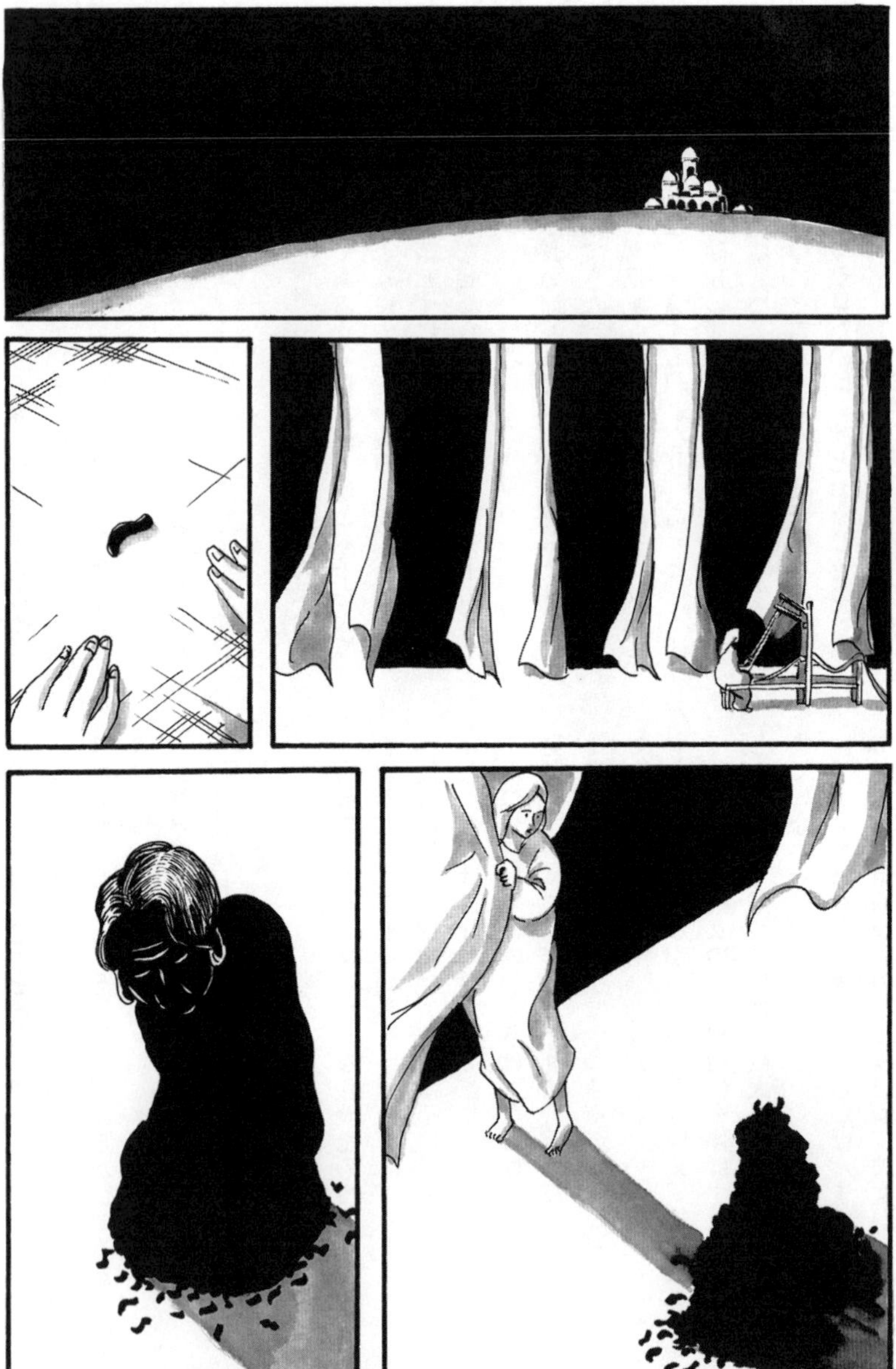

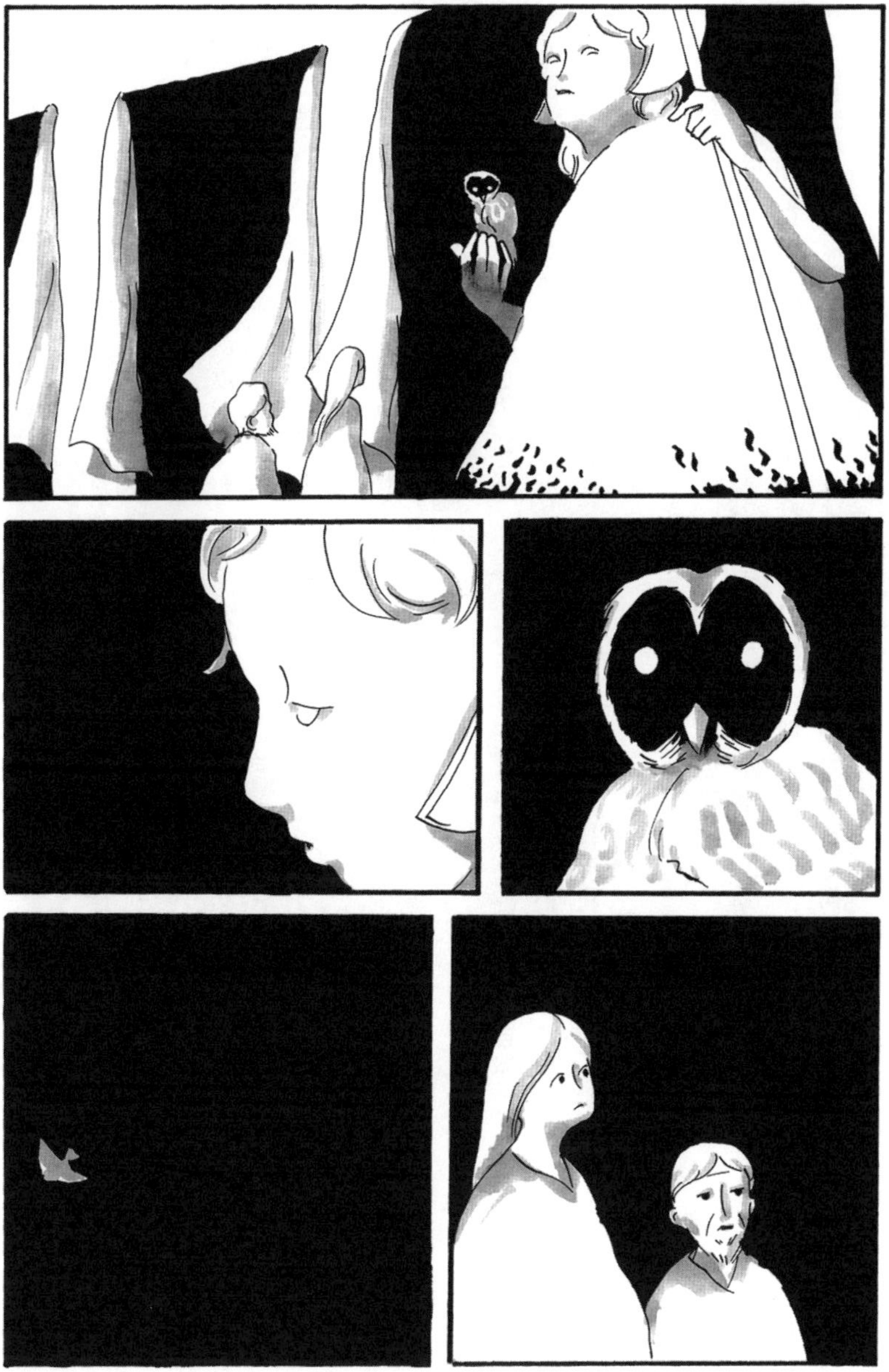

だのは、タペストリーを織ることだった。

ある日、アラクネは機織り機の前に座って、父が宮殿の実験室で作った化学染料を用いて紫とオレンジのタペストリーを織っていた。

壁には一面に彼女がこれまで織ったタペストリーが飾られていた。

ふと、彼女が織り機の上のタペストリーを見ると、糸の間に芋虫が動いているのに気づいた。彼女は悲鳴を上げて、窓際に走り、カーテンの後ろに隠れた。

彼女がそっと頭を突き出すと、その芋虫は何千もの小さくて黒い虫に変わり、そうして、今度は、耳たぶが垂れ下がった腰の曲がった老婆に変身した。

老婆は、アラクネが織りあげたタペストリーを見ると、

「おやおや、彼女は、こんな風に成長したんだね」

と口の中でもぐもぐと言った。

その時、アラクネの悲鳴を聞いたイドモンが広間に飛び込んできた。

「おお、放浪者よ、汝はすでに、あのぼろぼろの放浪者ではない。栄養と水が足り、なにより汝の娘御は、これほど立派な汝の後継者となっておる。我は満足じゃ。だがな――」

老婆はそう言うと、あの時のように腕を大きく振り下ろし、

「娘御の作品は、どれも、これも、すべて人工じゃ」

と言って、指を打ち鳴らした。

と、老婆の体は溶けたガラスのようにねじれて大きくなり、そこには、右手にフクロウを止まらせた、金色の肌と明るい目をした巨大な女性像が立っていた。

イドモンは、それがギリシャの女神アテナであることにすぐに気づいた。

「アラクネよ、我は、汝の織物には感動しておるぞよ」

と女神は言った。

「だが、それは、地球の自然には全く及ばぬ。汝のタペストリーは模倣でしかないのじゃ。この隔離された宮殿にいては、汝には、模倣する世界すらないから、それも致し方ないが」

アテナがそう言うと、彼女の横に、金色の巨大な織り機が現れた。

「練達の機織り人アラクネよ、我は汝に機織り競争を挑もう。我は、アテネ、手工芸の女神であり、太古から行われてきた模様織では人間をはるかに超えた技を持つ」

アテナが甲高い声でそう言うと、右手のフクロウがさっと飛び立った。

アラクネが織り機に糸を通し機織りの準備を終えた時、フクロウが、どこからか、草の葉や花、緑の葉のついた小枝を運んで戻ってきたが、アラクネは、自然物の繊細で多様なテクスチャーを見たことがなかったので、思わずめまいを覚えた。フクロウは再び飛び立ち、今度は女神だけが縫い合わせることができる雲とそこから滴り落ちた雨粒を運んで戻ってきた。


二人の女は、目をらんらんと光らせながら、指を燃え上がらせる勢いで、昼も夜も、お互いへの対抗心をエネルギーとして、一心に機織りを続けた。

二人が織り終えたタペストリーはいずれもすばらしかったが、全く異なっていた。

アテナは植物の葉を用いて、さまざまな季節の色の植物や木々を織りだした。そこでは霧や雲が滴り落ち、まるで一年の様々な天候が一つに凝縮されたかのようだった。一方、アラクネのタペストリーはアテナのような壮大なものではなかったが、そこには深さがあった。アラクネはいつも用いている青、紫、赤の人工染料を使って、融合と分離を繰り返す無限の渦を織りだしていた。アテナは、それを見て、めまいを感じたが、それは女神がこれまで感じたことのない、有限という感覚だったのかもしれない。

アテナは、アラクネの創造力に、激しく取り乱し、アラクネを蜘蛛に変え、姿を消した。

あとに残されたのは、アラクネの織ったタペストリーだけだった。


蜘蛛に変えられた娘を見てイドモンは打ちのめされたが、その蜘蛛である娘を拾い上げようとした。だが、蜘蛛はさっと窓から外に出ると、その腹部からは、糸がするするとほどけるように吐き出され、風にあおられて空高くたなびいてゆき、それを登って、蜘蛛となったアラクネは空の青の中に消えていった。

失意と悲しみの底にあるイドモンは、娘なしでは宮殿の空虚さに耐えられず、毎晩、彼女を探すために外に出た。

空には、星がないので、そこには深い暗闇があるだけだった。

時々、霞んだ月がちらつくことはあったが、アラクネの兆候はなかった

　ある夜、もう、あきらめようかと思いながら外に出た時、イドモンは空が輝いているのに気づいた。

　そこにあったのは、もはや、漆黒の闇ではなく、あらゆる方向に回転し伸びる巨大な星座の網だった。

　彼の想像をはるかに凌駕した色とパターンがそこにはあり、クリスタルにきらめくフラクタルのように複雑な模様があった。

　イドモンは、この天の網を織ったのがアラクネだとすぐに気づいた。

　彼の目からは、涙が静かに零れ落ちたが、その時、彼は、砂漠の砂から緑の芽生えが頭を出して、新しい星の光を浴びているのに気づいた。

掌編小説
Short Story

粘菌とアストロサイコロジー
Slime Mold and Astropsychology

黄桃
Ou Tou
マンガ：和出伸一
Manga: Shin-ich Wade

あなたは、生まれる前のことも見たことはないのだから、あなたが死んだ後のことも見たことがないのは当たり前のことだ。いやそもそも、生まれる前のことだけでなくて、生まれた後のことでも見たことがないこともたくさんある。

とはいえ、生まれた後のことは見ていたのだったから、あなたは見ていたのにもかかわらず、あなたが思い出せないことだといった方がいいのかもしれないが。

それを、見ていたかどうかというのならば、あなたは、生まれる前のことも見ていたのかもしれない。あなたの目は、もうすでに、あなたが生まれる前から機能していたのだったから、あなたは、それを、見ていたのに違いない。それもこれも、生まれる前と生まれた後、というのを、あなたが、あなたの母親の体内から出てきた後と前というのならば、それはそれで正しいことだともいえるけれども、生まれるということをあなたが生命活動をしている、あなたが生命活動を開始している、ということだとすると、あなたが母親の体内から出てくる前にあなたは生命活動をしていなかったのではなかったのだったから、あなたは母親の体内から出てくる前から生まれていたともいえるかもしれない。

立て坑のような岩肌の上で、あなたは、あなたが生まれる前とあなたが死んだ後のことを考えていた。

それを考えていたあなたが、そもそも、生まれていたのかどうかわからない状態だったというのは皮肉なことだったのかもしれなかったが、しかし、現実というものは、そういうものだったのだったから、それを皮肉と考える必要もなかったのかもしれなかった。

あなたが、その立て坑のような岩肌の上で、あなたが生まれる前と生まれた後のことを考えていたというのは、ある種の歴史の皮肉だったのかもしれなかったが、けれども、それはそういうものとしてそうなっていたのだったから、それは単にそうなったからそうなったとしか言いようのないことだったのかもしれなかった。

その立て坑のような岩肌はざらざらとしていたが、そのところどころには、こすれたような部分があって、そのこすれたような部分は、そこを何かが継続的に通過していったことを示していた。

大きな蛇だろうか。それとも、大きな水流だろうか、それとも水の流れではなくて、マグマの流れだっただろうか。こすれたような部分は、つるつるしていたわけではなかったが、けれども、そこには、なにか、岩肌とは違うものの存在を思わせるような感覚があった。

それは、あなたの遠い記憶だったのかもしれなかったので、それはあなたの遠い記憶だったといえたかもしれなかったが、けれども、そもそも、あなたは、それを記憶していたともいえなかったのだったから、記憶ということそのものが言葉としてはふさわしくないものだったともいえた。

とはいえ、それをあなたは見ていたはずだったのだったし、あなたの身体は、そのときにはそこにあったのだったから、それはあなたの中に刻まれていたはずなのだ。

あなたの中に、それは刻まれていたけれども、あなたの記憶には刻まれていなかったというようなことがらを、記憶といっていいのかどうかわからないが、けれども、そこにあなたというものがあったということをもってそういうのならば、それは記憶だといってもいいのに違いなかった。

あなたは、もう死んでいた。

けれども、あなたは、本当にもう死んでいたのだったのだろうか。

たしかに、あなたは、最後の息を吐き、最後の声を発した後だった。

あなたの体内のすべてのものが死んでいたのだったの

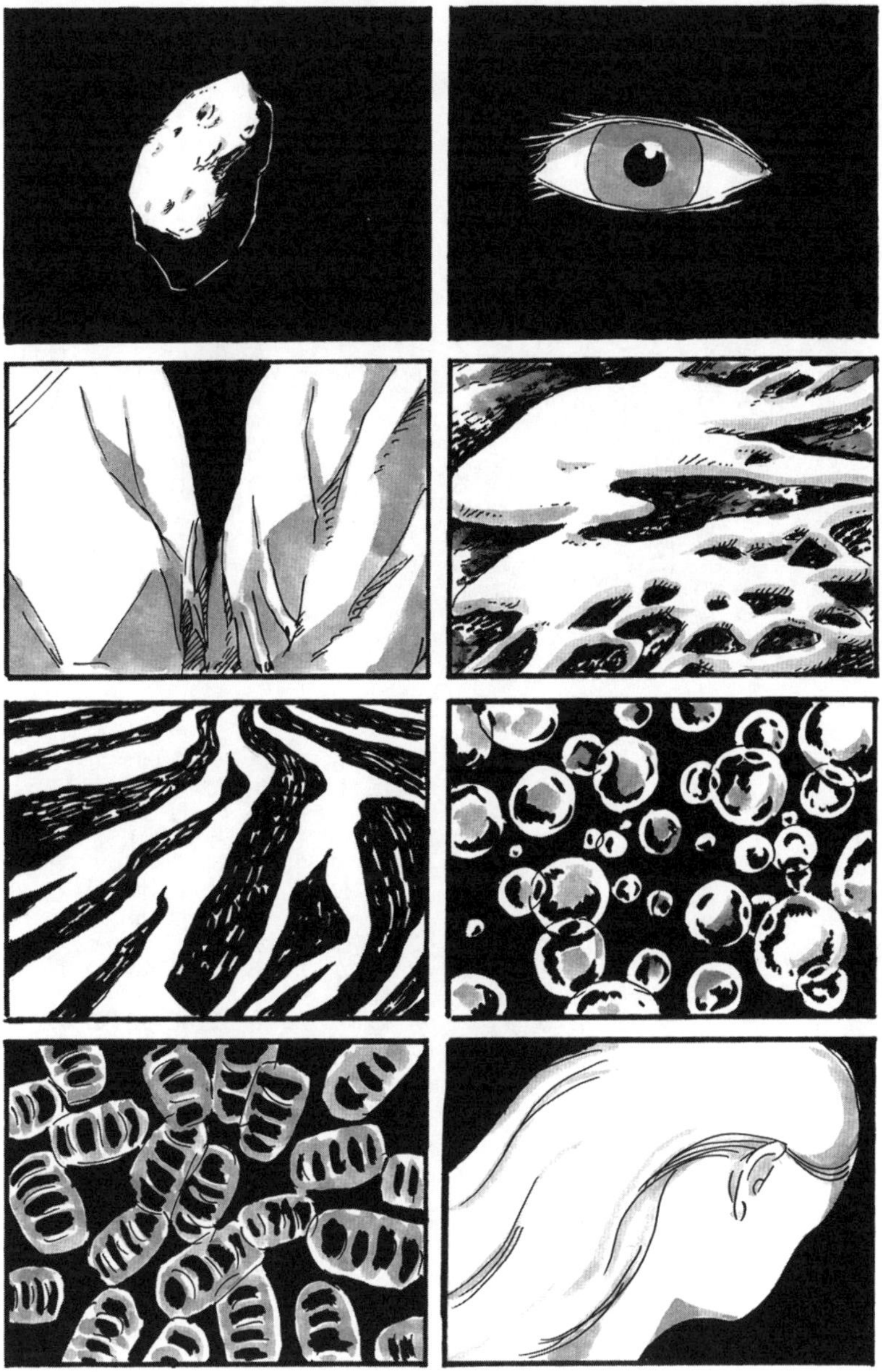

ならば、あなたはもう死んでいたのかもしれなかったが、あなたの体内のすべてのものはもう死んでいたわけでもなかった。

あなたの体内の細胞の中のミトコンドリアはまだ生き続けていたし、あなたの体内の腸内のフローラを構成していたバクテリアたちもまだ生き続けていた。

ミトコンドリアがあなたであり、腸内のフローラがあなたであったのならば、あなたは、まだ生き続けていたことになる。

そこは、もうすでに太陽系ですらなかったのだったけれども、では、太陽系ではなくていかなる恒星の周囲を公転している惑星が構成する系なのかということは、あなたにはどうでもよいことだった。

その恒星は、もうとっくの昔に超新星爆発して、存在が消滅していた。とはいえ、この宇宙の中では真の意味での消滅というものはありえなかったので、仮に、その恒星が消滅し、もうすでにその恒星も、その恒星の周囲を構成していたその恒星系の惑星たちも存在しなかったといっても、それは相対的なものであった。

そこにあったその恒星もその恒星系の惑星も、その宇宙においては、その組成にさかのぼってみるのならば、依然として存在していたのであったのだったから、それはそこには存在しなかったのかもしれなかったが、別の形で存在していたということだったのかもしれなかった。

恒星には、恒星の誕生があり、恒星の死があるとしたのならば、それは、あなたに誕生があり、あなたに死があったのと同じことだったのかもしれなかった。

誕生があり、死があるものを生きているというのならば、恒星も生きていたのだったのだろうか。

もし、恒星に誕生があり、恒星に死あったのだったのならば、その恒星が存在した場所である、宇宙にも誕生があり、死があってもおかしくないはずだった。

あなたは、宇宙に誕生があり死があるのかどうかわからなかった。いや、恒星に誕生があり、死があるのかもほんとうはよくわからなかった。

たしかに、それは、誕生であり、死であるようにも見えたが、しかし、その途中にあるのが生であるのかどうかわからなかったから、その恒星の誕生であり死は、本当の意味での誕生であり死であるかどうかはわからなかった。

けれども、そもそもそういうことをいうのならば、あなたの誕生も、死も、本当の意味での誕生であり、本当の意味での死であったのだろうか。あなたは、あなたの誕生も死も本当の意味での誕生であり死であるのかよくわからなかったのだったから、その恒星の誕生が誕生であり、その恒星は死が死であるのかどうかわからなくてもそれは当たり前のことだったのかもしれなかった。

そのそこは、立て坑のようでもあったが、また、洞窟のようなところにも思えたし、また、洞窟どころか、ちょっとした石ころの割れ目であるようにも思えた。

それは洞窟と言えば洞窟だし、それは石ころの割れ目と言えば割れ目と言えたのは、そのそこの大きさがそう言わせたのであったが、そのそこがどのような大きさなのかは、相対的なものであったので、それは洞窟でもあり、石ころの割れ目だったのかもしれなかった。

もし、あなたが、粘菌やアメーバのような極小ないきものであったのならば、あなたがそこにいたそのそこは石ころの割れ目だったのかもしれなかったが、もし、あなたがあのもうすでに滅んでしまったあのもっと大きなあのいきもののようなものだったのならば、そのそこは、洞窟や洞穴ようなものだったのかもしれなかった。

そのそこは、太陽系ですらなかったのだったから、あなたは、死というようなことを考える必要もなかったのかもしれなかった。

恒星には死というようなものがあったが、宇宙には死というようなものがあったのかなかったのか、あなたはよくわからなかった。

もし、あなたが、あなたの外に出ていたのならば、あなたは、あなたの死というものを見たのだっただろう。

あなたが、あなたの死を見たのならば、そこに死があったかなかったかを、あなたはわかったはずだった。

あなたが、宇宙の外に出たのならば、その宇宙の外から、宇宙が死を迎えるかどうかを見ることができただろう。

けれども、あなたは、宇宙の外に出ることはできなかったので、あなたは、宇宙に死というものがあったのかなかったのかよくわからなかったとしても仕方がなかった。

だが、あなたは、宇宙の外に出ることはできなかったのだろうか。そもそも、宇宙に外というようなものがなかったのだったとしたら、たしかに、宇宙の外に出ることはできなかっただろう。

だが、外がないということはありえたのだろうか。

外がないということは、その外に、ないということがあったということだったのかもしれなかった。

その外にあったのは無だったのだろうか。けれども、無があったのならば、そこに無があったという形で、無というそのそれが存在したのだったから、その無というそのそこに立つと、宇宙に死があるのかなかったのかが分かったのかもしれなかった。

そういえば、あなたは、そんなことを、あのアストロサイコロジーのセミナーで発表したことがあったことを思い出した。

あのアストロサイコロジーのセミナーは、もうすでに、消滅してしまったあの惑星のあのカラマツと白樺のタイガを切り開いて作られたあの衛星学園都市のあのコンフェレンスホールで行われたのだったが、それからしばらくして、あの惑星のあの衛星学園都市のあのコンフェレンスホールは消滅してしまったのだった。

それは、太陽の超高温化で、あの惑星が消滅してしまったからだったのかもしれなかったが、しかし、太陽の超高温化は、まだあの時点からは数十億年先だったはずだったのだったから、あの後すぐに、太陽の超高温化が起こっていたというのは奇妙なことだった。

けれども、いくら奇妙なことだとはいえ、それはそのようにそうなったのであったから、そうでしかありえなかったということだった。

あなたが、そこで、そのあのことを発表していたあの惑星のあの衛星学園都市のあのコンフェレンスホールが、まさに、あなたの発表内容と軌を一にして消滅してしまったというのも、それはそれで、何か意味があったことだったのかもしれなかった。

そのセミナーで、あなたは、生と消滅のアストロサイコロジー的意味について発表した。あるいは、もしかして、あなたが、そこで、消滅について言及していたから、そのあの惑星のあの学園都市のあのコンフェレンスホールは消滅してしまったのだったのだろうか。

そのそれは、生のようでもあり、死のようでもあった。そのそれは、懐かしいもののようでもあったが、それが懐かしいものであったのは、当たり前のことだったのかもしれなかった。

あなたは、あのあなたが生まれるときに、そのそれを経験していたのだったから、そのそれは、あなたの中にあったはずだったのだった。

それは、生まれるということだったが、あなたは、一度は生まれていたのだったから、あなたは、その生まれるということを経験していた。

生まれるということは、死ぬということの反対だったが、あなたは、その死ぬということも一度は経験してい

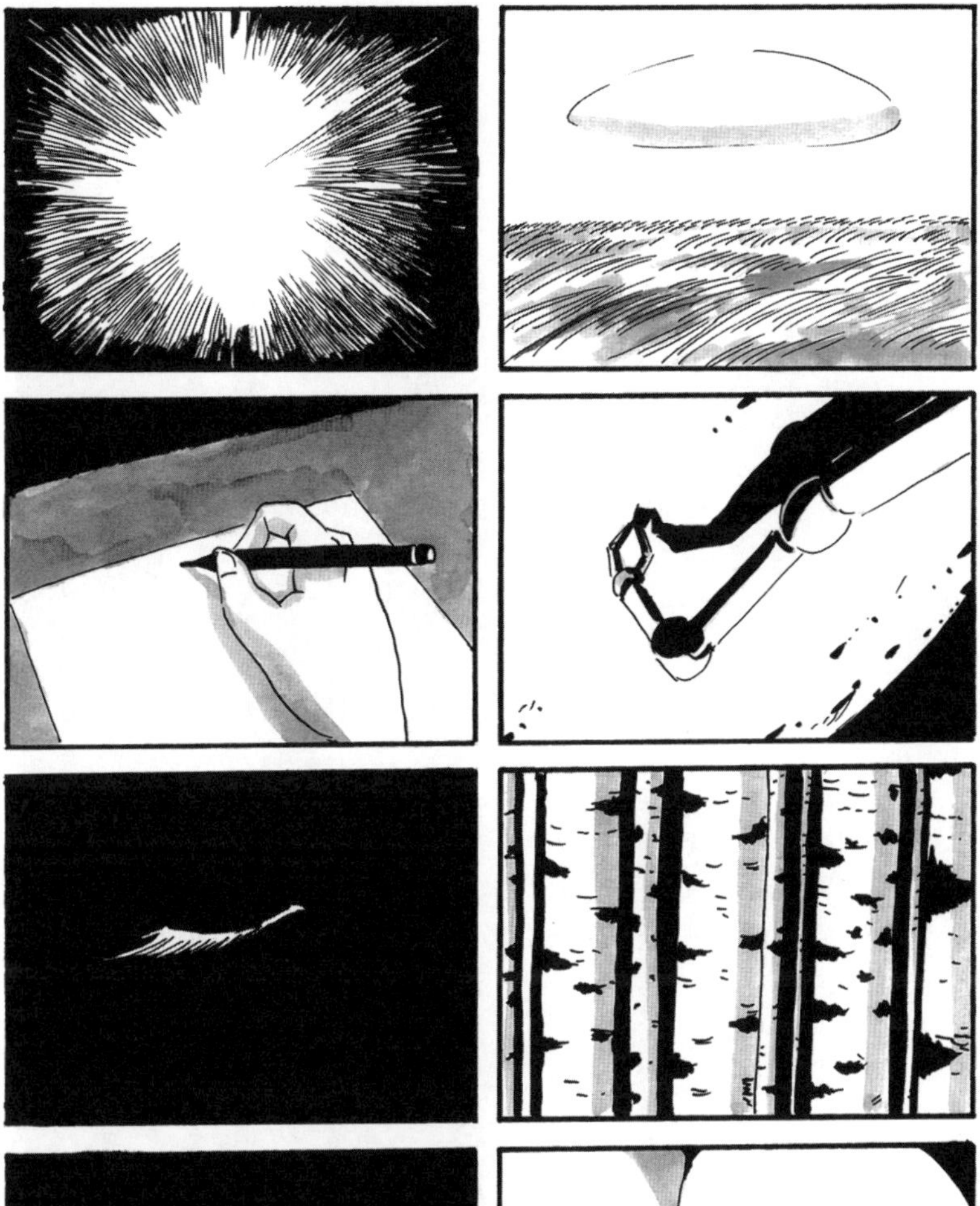

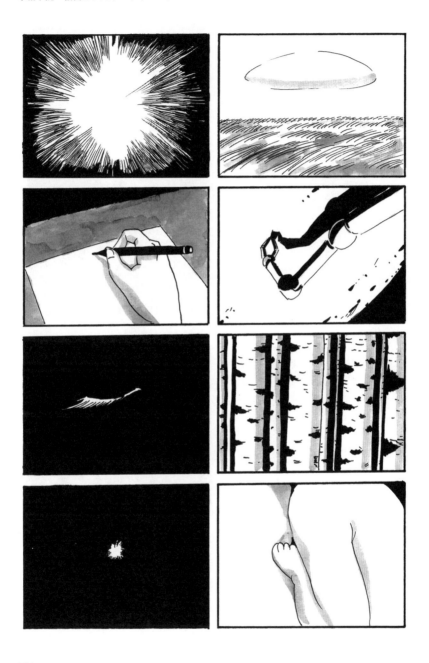

たのだったから、そのそれがあなたに経験されていた限りにおいて、懐かしいものだと言ってもおかしくはなかったのに違いなかった。

いや、あなたは、どちらも一度だけ経験していたのではなかったのかもしれなかった。

あなたは、もうすでに、無数のそれを経験していたのだったのかもしれなかったが、もし、あなたがもうすでに無数のそれを経験していたのだったのならば、それは懐かしいというどころの話ではなくて、それは、あなたそのものだということにほかならなかったのかもしれなかった。

そういえば、あのアストロサイコロジーのコンフェレンスではそれが統一論題だったのだった。

宇宙は、因果性でできているのではなくて、因果性とはもっと別の何かでできていたわけなのだったから、その因果性以外のその別のものの中に、それが入っていても何ら不思議はなかったわけだし、そもそも、宇宙とはそういうものだったのかもしれなかったのだから、それは、奇異どころか、アストロサイコロジーの基本だったのだ。

それにしても、あのコーヒーブレイクのときに、あなたが、あなたのとなりでコーヒーを飲んでいた、孔雀色のながいころもをひるがえしたあの白髪の女研究者と話した会話はどこに行ったのだろうか。

あなたは、その会話をもうすでに忘れてしまったが、その会話があなたの中にあることだけは確かだった。

あの会話も、あの衛星学園都市のあのコンフェレンスホールとともにどこかに消えてしまった。

過渡的なのよ、とそのあの孔雀色のながいころもをひるがえしたあの白髪の女研究者は言った。

過渡的なのだとしたら、あなたはどこに行く過渡にいたのだろうか。それとも、あらゆるものが過渡的であり、宇宙自体も過渡的なのだったのだろうか。

あなたは、その洞穴なのか、それとも石ころの割れ目なのかわからないそこで、そんなことを考えていたが、その考えは、あなたが考えていたものなのか、それとも、あなたではないだれか、あるいは何かが考えていたのかよくわからなかったし、あるいは、もしかしたら、その考えは、アストロサイコロジーの国際共同プロジェクトの衛星ゾンデがロボットアームを用いて採集したそのあの小惑星の洞穴の中の石ころを分析していた、あなたの分析ラボの平原ステップ地方出身のあのアーモンド色をした吊り上がった目を持ったあの女子学生が考えていたことだったのかもしれなかったが、それは、また、そのどれでもでありえたし、そのどれでもでありえなかったことだったのかもしれなかった。

終　章

フューチャー風土学綱領

A Treatise for Future Fudogaku (Fudology): A Conclusion

寺田匡宏
Masahiro Terada

本書のこれまでの記述を受けて、未来の風土を考えるための学であるフューチャー風土学綱領を次のように述べたい。

1　フューチャー風土学の論理

本書第I部第1章で見たように（☞本書49 ff. ページ）、風土学は、古代中国の『風土記』以来、何度もの転回を経ている。その中で、風土学には、民俗学的要素、アニミズム的要素、神話的要素、現象学的要素、言語論的要素が含まれるに至った。さらに、本書第I部第2章で見たように（☞本書85ページ）、ヤコブ・フォン・ユクスキュルや今西錦司の論が風土学にカウントされることで、環世界学や、棲み分け理論、自然学などの要素も入ってきている。さらにその底には、本書第I部第3章で見たように（☞本書143 ff. ページ）、西田幾多郎の哲学がある。それら多様な要素を含みこんでフューチャー風土学は構成される。

風土の現象とは、本書第I部第1章や同第2章で見たように（☞本書71 ff., 97 ff. ページ）、主観と客観、主体と客体の二分法を再考する視座であるが、それは、本書第III部第5章で見たように（☞本書425 ff. ページ）、全体と個物の関係から発している。風土の起源は、宇宙の開始、世界の開始とも関係する。フューチャー風土学は、未来に関する学であるが、その未来への視座は、未来という時間を生み出しているこの宇宙、あるいは世界そのものの成り立ちからきている。

2　ひと、いきもの、もの、機械を含む学としてのフューチャー風土学

本書第I部第3章で見たように（☞本書154-156ページ）、主体は空無の中にあるのではなく、主体が実在のものとしてあるということは、その周りに主体を成り立たせている場があるということである。本書第III部第5章で見たように（☞本書429-430ページ）、そのような場に存在する個物として主体を考えた時、発生する主体と環境との境界に生じる現象として、自己という現象があり、それが風土という現象の基盤となる原理でもある。自己や主体は、人間だけが持つものではない。それが、全体と個物という関係から生じるあらゆる存在物に生じる関係であるとすると、風土はひと、もの、いきものを通貫する現象であるということになる。

いきものについては、本書第II部第1章で見たように（☞本書229 ff. ページ）、風土学は、いきものの記号的側面に着目してきた。本書第II部第2章で見たように（☞本書247 ff. ページ）、フューチャー風土学は、それを引き継ぐことで、記号多様性というあたらしい地球環境学概念を提唱することができる。

自律的知能マシンや自律的知能システムについては、本書第III部第1章で見たように（☞本書305 ff. ページ）、

それは複雑性の増大と密接に関係する現象である。本書第III部第1章と本書第V部インタビューが明らかにしたように（☞本書312 ff., 595 ff. ページ）、複雑性を従来の科学ではうまくとらえることができず、全体論の必要が高まっている。フューチャー風土学は、全体論でもある。全体論でもあることで、フューチャー風土学は、自律的知能マシン／自律的知能システムが本格的に立ち現れる未来社会の構想と構築に寄与する学であることが可能となる。

本書第I部第1章で見たように（☞本書72ページ）、風土とは自己認識の型である。しかし、その自己の中に、ひと以外の主体が含まれてきており、未来における風土は、ひと以外の主体とひととの間に生じるものとなる。本書第IV部第2章、同第3章で見たように（☞本書507 ff., 535 ff. ページ）、とはいえ、しかし、新しい技術が出来《しゅったい》したとしても、人間の側から見た時、その技術の中に見えるのは、人間の自己認識であるという構図は変わらない。一方、技術の側から見た時には、その技術は人間の技術を用いているわけであり、そこには、人間との連続性が見られることになる。本書第II部第2章で見たように（☞本書262ページ）、自律的知能マシン／自律的知能システムは、ひとと、ひと以外のものがコミュニケーションすることを助けるものでもある。フューチャー風土学は、そのような諸主体の「あいだ」の中で生じる状況をすくい取ろうとする学でもある。

3　未来への学としてのフューチャー風土学

本書第IV部第1章で見たように（☞本書475 ff. ページ）、未来はナラティブとして語られることにより、現在の中に兆候として出来し、それがシナリオとなることで、確実性を増してゆく。これも、本書第IV部第1章で見たように（☞本書475 ff. ページ）、未来は、複数のシナリオによって構成されることが望ましい。本書第Ⅳ部第4章で見たように（☞本書566ページ）、、フューチャー風土学は、そのシナリオを語るための材料となりうる。だが、一方で、本書第Ⅳ部第1章や（☞本書498 ff. ページ）、本書インタビューでも見たように（☞本書584-585ページ）、未来を考えることとは、従来とは異なった思考のモードを必要とするものでもある。本書第Ⅴ部対談で見たように（☞本書629-630ページ）、風土学が全体論的立場であるとき、そこには他者の問題が入りにくい構造もある。フューチャー風土学は、フューチャー風土学の限界を認識し、フューチャー風土学以外のフレームワークで語られる未来を積極的に評価する必要がある。

4　コミットメントと運動体としてのフューチャー風土学

本書第Ⅰ部第1章で見たように（☞本書44-45ページ）、風土学の歴史が教えるところでは、風土学には、時代時代によりいくつかの転回があった。風土学は、その時代の課題に応えて展開してきた。フューチャー風土学とは、風土学の転回の一つである。そこには、決められた方向はない。フューチャー風土学は、あらゆるひとや、ひと以外の主体に開かれている。この時代の、風土に関心を持つひとや、ひと以外の主体の自由で主体的なコミットメントによりフューチャー風土学は形になってゆくはずである。その意味で、フューチャー風土学とはコミットメントの学であり、運動体である。

本書が提示したフューチャー風土学だけが、フューチャー風土学ではない。本書が提示したフューチャー風土学は、ある一つの現在という状況の中で出来しているものである。その現在の状況が変われば、当然、未来像も変わる。もし、現在が、本書第V部インタビューで論じられたような（☞本書 584-585 ページ）、闘争や力を強調することを基調とする文明が地球の中心的モードではなく、慈悲や利他、共存や調和を基調とするようなものであったとするのならば、本書の内容は全く違ったものとなっていただろう。未来を考えることは、ありうべき別の現在を考えることでもある。あるいは、未来とは、可能であったはずの別の現在の姿でもあるともいえる。フューチャー風土学がコミットメントの学であり、運動体であるならば、そのコミットメントの主体が変われば、そこから出来する学も変わるはずである。フューチャー風土学とは、そもそも複数の学であろう。そのような学問の全体をメタ的に包括する学としても、フューチャー風土学は定位される必要もある。

助成一覧

本書は左の助成による研究成果の一部である。なお、個別の章に関する助成は、それぞれの章において記載している。

「人間と計算機が知識を処理し合う未来社会の風土論」（トヨタ財団、「先端技術と共創する新たな人間社会」研究助成プログラム、二〇一八年度、代表者：熊澤輝一）

「熱帯脆弱環境での生業複合による持続的保全型生業システムの強靭化とその実践展開」（日本学術振興会、科学研究費助成事業、二〇二〇年度、代表者：田中樹）

「東アジアのホーリズム（全体論）から考える人新世下のパンデミックへの文化的対応――「災、難、禍」と「風土」概念からのアプローチ」（総合地球環境学研究所、所長裁量経費、COVID-19対応研究、二〇二一年度、代表者：寺田匡宏）

「人新世における「風土学」の国際展開――ひと、いきもの、機械（ＡＩ）がアクターとなる持続可能な未来の風土学にむけて」（総合地球環境学研究所、所長裁量経費、二〇二二年度、代表者：寺田匡宏）

「未来可能性に資する「風土」概念の理論化と発信――生き物、機械（ＡＩ）を含む多元的主体への拡張による」（総合地球環境学研究所、所長裁量経費、二〇二三年度、代表者：寺田匡宏）

「科学における自然、モニズムにおける自然――地球環境の未来可能性に資する望ましい全体論的自然観への相互理解を可能にする言説空間とは――」（総合地球環境学研究所、所長裁量経費、二〇二四年度、代表者：寺田匡宏）

上廣環境日本学センター研究、総合地球環境学研究所、二〇二四年度、寺田匡宏。

■ソフト名、機械名

■書名、論文名、作品名

■地名

■生物名

バルト、ロランBarthes, Roland　83, 239
フッサール、エドムントHusserl, Edmund　21, 70, 73, 96, 126, 132
ブッダ、ゴータマ　Buddha, Gautama23, 448, 636
ブラッドベリ、レイBradbury, Ray　561
プラトンPlato　131, 485
プロティノスPlotinus　219
ベイトソン、グレゴリーBateson, Gregory　628
ヘーゲル、ゲオルグHegel, Georg Wilhelm Friedrich　74, 77, 101, 233, 490
ヘッケル、エルンストHaeckel, Ernst　202
ベルク、オギュスタンBerque, Augustin　11, 18, 29, 78, 200, 286, 490
ヘロドトスHerodotos　76, 87
ホーガン、リンダHogan, Linda　270
ホッブズ、トマスHobbes, Thomas　402, 583
ホフマイヤー、ジェスパーHoffmeyer, Jesper　179, 231, 461
ホワイトヘッド、アルフレッド・ノースWhitehead, Alfred North　130, 131
ポランニー、カールPolanyi, Karl　329

【ま行】

マクタガート、ジョンMcTaggart, John　481
マッハ、エルンストMach, Ernst　131, 174, 433, 626, 656, 660
マトゥラナ、ウンベルトMaturana, Humberto　12, 436
マルギュリス、リンMargulis, Lynn　221, 455
マルサス、トーマスMalthus, Thomas　314, 595
溝口理一郎　517
宮崎駿　586
村上春樹　587
メルロ＝ポンティ、モーリスMerleau-Ponty, Maurice　108, 132
毛利衛　570
守屋美都男　50

【や行・ら行・わ行】

安成哲三　19
山内得立　70, 84, 107, 125
ユクスキュル、ヤコブ・フォンUexküll, Jakob Johann Baron von　16, 84, 114, 180, 201, 445, 473
ユング、カールJung, Carl　322, 352
ライプニッツ、ゴットフリートLeibniz, Gottfried　12, 113, 131, 406
ラッセル、バートランドRussell, Bertrand　114, 131, 353, 437, 656
ラブロック、ジェームズLovelock, James　15, 440
ラプラス、ピエール＝シモンLaplace, Pierre-Simon　335
リルケ、ライナーRilke, Rainer Maria　206
ルイス、デヴィッドLewis, David　486
ルーマン、ニクラスLuhmann, Niklas　12
ルソー、ジャン＝ジャックRousseau, Jean-Jacques　402
レヴィ＝ストロース、クロードLevi＝Strauss, Claude　25, 136, 500
ロイス、ジョシュアRoyce, Josiah　102, 131, 653
ローティ、リチャードRorty, Richard　133, 405
ロールズ、ジョンRawls, John　402
和辻哲郎　6, 18, 67, 132, 553, 620, 641

■組織名

石川県専門学校初等中学校　654
岩波書店　70, 144, 160
オープン・コート社　655
オープンAI　341
金沢21世紀美術館　31
京都帝国大学　69, 101, 147, 165, 655
第四高等学校　655
タルトゥ大学　202, 232
ディープ・マインド社　341
天皇家　58
ドイツ臨海生物学ナポリ研究所　202
東京帝国大学　654
トヨタ財団　29
ドルパット大学　202
ハイデルベルク大学　202, 205
IPBES（生物多様性及び生態系サービスに関する政府間科学－政策プラットフォーム）　5
IPCC　497

梅原猛　133, 419, 584
大森荘蔵　22, 155, 400, 439, 633
奥野克己　137
落合陽一　420

【か行】
鴨長明　186
ガリレイGalilei, Galileo　20
ガブリエル、マルクスGabriel, Markus　405
カント、イマニュエルKant, Immanuel　106, 123, 133, 211, 214, 233, 405, 473, 490
ギブソン、ジェームズGibson, James　18, 82
木村敏　446, 630
清沢満之　105
空海　409, 419, 490
グレーヴィチ、アーロンGurevich, Aron　499
クワイン、ウィラード・ヴァン・オーマンQuine, Willard Van Orman　190, 404, 656
ケーベル、ラファエル・フォンKoeber, Raphael von　171
ケーラス、ポールCarus, Paul　655
河野哲也　508
コッチャ、エマニュエレCoccia, Emanuele　15
ゴフ、フィリップGoff, Philipp　22
小松左京　591

【さ行】
サール、ジョンSearle, John　108, 406
西条辰義　3, 475
ザハヴィ、ダンZahavi, Dan　100
ジェームズ、ウィリアムJames, William　131, 147, 174, 452, 660
清水高志　48, 137
釈宗演　655
シャンカラ、アディShankara, Adi　650
周処　49
シュレーディンガー、エルヴィンSchrödinger, Erwin　312
シュローダー、カールSchroeder, Karl　190
ジョンソン、デイヴィッドDavid Johnson　263
親鸞　643
末木文美士　419
スサノオノミコト　59
鈴木大拙（鈴木貞太郎）　146, 175, 645, 653, 655
鈴木哲也　626
スピノザ、バルーフ・デSpinoza Baruch De　113, 131, 147, 660
寸心（西田幾多郎）　655
セーベオク、トマスSebeok, Thomas　199
宗懍　51
ソシュール、フェルディナンド・ドSaussure, Ferdinand de　230

【た行】
ダーウィン、チャールズDarwin, Charles　212, 492, 594
タイラー、エドワードTylor, Edward　136, 271
田辺元　69, 167, 169, 217
谷崎潤一郎　68, 161
ダンバー、ロビンDunbar, Robin　346, 581
ツキディデスThucydides　76, 87
デカルト、ルネDescartes, René　23, 97, 107, 113, 132, 405, 453, 490, 583
デスコラ、フィリップDescola, Philippe　136, 413
天武天皇　58

【な行】
ナーガールジュナNagarujuna　408
永井均　403, 625
ナカモト、サトシ　Nakamoto, Satoshi　370
ニーチェ、フリードリッヒNietzsche, Friedrich　68, 131, 571, 586
西田幾多郎　69, 83, 101, 132, 143, 217, 408, 425, 456, 491, 568, 620, 628, 646, 653
日蓮　647
ヌスバウム、マーサNussbaum, Martha　402
ノラ、ピエールNora, Pierre　498

【は行】
パース、チャールズ・サンダースPeirce, Charles Sanders　83, 131, 224, 230, 239, 509, 656
ハイエク、フリードリヒHayek, Friedrich von　329
ハイデガー、マルティンHeidegger, Martin　18, 70, 114, 132, 197, 403, 460
畠山重篤　86
パトナム、ヒラリーPutnam, Hilary　656
ハフ、ピーターHaff, Peter　325
ハラリ、ユバル・ノアHarari, Yuval Noah　27, 536

■人名

【た行】

【な行】

【さ行】

索引
(事項、概念 / 人名 / 組織名 / 地名 / 生物名 / ソフト名、機械名 / 書名、論文名、作品名)

■事項、概念

wadeshin.com/.

Ou Tou

Novelist. Based on the long tradition of novels and stories going back more than millennium in Japan, Ou Tou explores an experimental narrative style of novels in the age of AI's computer-generated language and the globalization of English. Ou Tou also is interested in the problem of establishing the inside and outside of the stories, and of identfying who is the 'you' in the story. Ou Tou's "A Star Shaped Novel" and "The Castle and the Walled City" were nominated as the candidates for the second round of the Gunzo New Novelists' Prize and Bungakukai New Novelists' Prize, respectively. Ou Tou's novels include "AKT II," "MobyDick America : A Novel Written in the USA," "To Meet Kojiki," "Violettchen," "Written in India, or in a Flower Basket," "Das Castle," and "Flying House" (all in Japanese).

University of Commerce ; Visiting Researcher at the Institute of Disaster Mitigation for Urban Cultural Heritage, Ritsumeikan University. Graduated from the School of Science, Tokyo Institute of Technology ; completed Master's and Doctoral programs at the Graduate School of Interdisciplinary Science and Engineering, Tokyo Institute of Technology. After serving as a post-doctoral researcher at the same graduate school and Assistant Professor at the College of Policy Science, Ritsumeikan University, he has reached his current position. His specialties are social engineering, environmental planning, and collaborative planning. His main research field is simulation-based collaborative planning decision support.

Juichi Yamagiwa

Director-General, Research Institute for Humanity and Nature (RIHN). Juichi Yamagiwa is a researcher and expert in the study of primatology and human evolution. He received a Doctor of Science from Kyoto University. He has been a Professor of Graduate School of Science at Kyoto University, Dean of the Graduate School and Faculty of Science, and 26th President of Kyoto University. He also served as President of the International Primatological Society. His passion for fieldwork research frequently made him travel to countries in Africa, where he discovered an abundance of new findings related to gorillas, through his unique viewpoint of human evolution.

Shin-ichi Wade

Shin-ichi Wade is an artist and designer, and the president of Shoutousha, a design office in Kyoto. As an artist, he has been working mainly in painting, video and animation. He has worked for the Public Relations Office of the Research Institute for Humanity and Nature (RIHN), Kyoto, Japan, as a designer and is currently freelance. For the past 15 years or so, he has been trying to rethink drawing and making from scratch, but is currently in a state of distress. His publication is *SHIN-DO : Touching the Bottom of the World* (Airi shuppan, 2022). His manga includes *Towards West*. His exhibitions include "SIGNAL : 2,000 Drawings by Shin-ichi Wade" (Gallery RAKU, Kyoto, 2004), "Life/Painting" (Gallery RAKU, 2005), and "Art Court Frontier 2014 #12" (Art Court Gallery, Osaka, 2014, GroupExhibition). https://

Takanori Matsui

Takanori Matsui is currently an Assistant Professor at the Graduate School of Engineering, Osaka University. His research focuses on sustainability science, environmental science, and informatics. He earned his Ph.D. in Engineering from Osaka University in 2005. Matsui is a dedicated interdisciplinary researcher, actively exploring areas like artificial intelligence, environmental issues, and sustainability. He has authored numerous research papers and books, showcasing his expertise in these fields. His work, particularly in the realm of environmental challenges posed by the rapidly advancing digital world and the interplay between humans and digital spaces, has attracted significant attention. His research delves into the complex interactions between technology, society, and the environment, aiming to understand and address the multifaceted challenges of our time. For further details on his research and publications, please visit his ORCID profile : https://orcid.org/0000-0001-9441-7664.

Terukazu Kumazawa

Terukazu Kumazawa is a professor at the Faculty of International Co-creativity and Innovation, Osaka University of Economics. He specializes in environmental design, and knowledge informatics. He completed Ph.D. at Tokyo Institute of Technology. He worked as a specially-appointed assistant professor at Osaka University, a post-doctoral fellow at Ritsumeikan University, and an associate professor at the Research Institute for Humanity and Nature (RIHN). He has been conducting research to collect, accumulate, edit, and share interdisciplinary knowledge related to the relationship between humanity and nature. In paticular, he was engaged in ontology development dealing with global environmental studies and sustainability science. He is currently working on the development of information tools to understand the environment and culture of the local area, starting from watering places, while supporting citizens' activities to create an archive of spring water, mainly on the main island of Okinawa.

Satoru Ono

Ph.D. in Engineering. Lecturer at the Faculty of Commerce and Economics, Chiba of *The Bankruptcy* by Júlia Lopes de Almeida (University of California Press, 2023).

Blaise Sales

Blaise Sales is a PhD student at the Universtiy of Leeds, funded by the White Rose College of the Arts and Humanities. She holds a BA in English at King's College London, and an MA in the Medical Humanities at the University of York. Her current thesis brings models of embodied cognition into dialogue with ecocritical concerns to rethink the neoliberal ideology of bounded individualism in the context of climate change. Her cross-cultural methodology explores brain-body-world relations in Indigenous and Japanese novels that show diverse ways of being and becoming beyond the universally exported models of cognitive science.

Stephane Grumbach

Stephane Grumbach is a senior researcher at INRIA, the French National Institute for Research in Digital Science and Technology. He investigates the digital transformation from a global perspective, how it transforms the organization of human societies, the geopolitical equilibria as well as the stewardship of the planet, while our interaction with the environment is at stake. He has worked in research as well as for international relations, as scientific counselor at the French Embassy in Beijing. His work traverses academic disciplines, natural, social and formal to better apprehend global governance challenges.

Amselme Grumbach

Anselme Grumbach is a software engineer working on decentralised systems and distributed computing. He is one of the core developers of the SAFE Network (Autonomi), a global, decentralized, and secure data network that aims to redefine the way information is stored and accessed across the internet. His talk at RIHN in January 2023 sparked this collaboration.

Contributors Biography
(In order of appearance)

Masahiro Terada

Masahiro Terada is a visiting professor at the Research Institute for Humanity and Nature (RIHN). His research explores how narratives including human beings, living things, and things offer a new perspective of a plausible environmental future. He also is interested in the problem of overcoming the gap between natural scientific reductionism dualistic world view and ordinary life world's holistic monistic world view. From such perspective, he is currently investigating the possible contribution of "fudo theory" to developing a global sustainable future. He was a COE researcher at the National Museum of Japanese History in Chiba, Japan ; a visiting researcher at the National Museum of Ethnology in Osaka, Japan ; an associate professor at the Research Insititute for Humanity and Nature in Kyoto, Japan ; and a visiting research scholar at the Max Planck Institute for the History of Science in Berlin, Germany. His publications include : *Fudo in the Anthropocene : Finding a New Environmental Mode Between Human beings, Living Things, and Things*, Kyoto : Showado, 2023 ; *The Anthropocene and Asia : Investigation, Critique, and Contribution from the Environmental Humanities Perspective*, ed. with Daniel Niles, Kyoto : Kyoto University Press, 2021 ; *Geo-Humanities : Becoming of the World, or Human Being, Living Things, and Things in the Anthropocene*, Kyoto : Airi Shuppan, 2021 ; *Catastrophe and Time : Memory, Narrative and Energeia of History*, Kyoto : Kyoto University Press, 2018 ; *What You Are Waiting for on the Top of the Volcano, or Towards a New 'Scienza Nuova' of Humanity and Nature*, Kyoto : Showado, 2015, all in Japanese. He is a series editor of 'Narrative of Terra, Terra Narrates' published by Airi Shuppan, Kyoto, since 2019.

Jason Rhys Parry

Jason Rhys Parry is Senior Content R&D at Sapienship. Before that he was a visiting professor at Purdue University and a visiting scholar at the Research Institute for Humanity and Nature. He writes about technology and culture and is the co-translator

V-4. **Fudo (Wind-land), Shindo (Body-land), Kokudo (Nation-land), and Jodo (Pure Land): On Monism and the Buddhist Idea of Non-duality**

Masahiro Terada

Fudo is not a singular term for understanding perception of the environment; it has many neighboring terms. By comparing fudo to similar concepts in Buddhist philosophy, this chapter investigates the possible religious and transcendental dimensions of fudo.

V-5. **Short Stories about Future Fudo through Manga**

This section presents our delirious futures in the form of short stories written by book's coutributors. lt also includes stories by an experimental novelist. **"Forecast: A Choreography"** by Jason Rhys Parry illustrates a landscape managed by machines. **"Do Electric Sheeps Dream of Android?"** by Stephane Grumbach reveals an apocalyptic future dominated by autonomous intelligence. **"To Meet Fudoki"** by Ou Tou shows a future where whale literature is narrated by humans, who marry whales. **"Holes in Mars"** by Ou Tou narrates an encounter between a gymnast and a Martian. **"The Spider's Net"** by Blaise Sales tells the future history of how green plants are revitalized on a devastated Earth. **"Slime Mold and Astropsychology"** by Ou Tou explores the dream-like illusions of a small asteroid. All novels are accompanied by manga drawn by Shin-ichi Wade.

*

A Treatise for Future Fudogaku (Fudology): A Conclusion

Masahiro Terada

As concluding remarks, the editor of this volume sums up the content of the book as a treatise for future fudology based on three points: fudology as a study of the whole-and-part relationship; fudology as an overarching theory for human beings, living beings, and machine's self-recognition in the environment; and fudology as a movement toward future sustainable coexistence.

By promoting collaboration among an artist, a novelist, and scholars, this part aims to enrich our image of future fudo in multiple ways.

V-1. **From the Civilization of Power to the Civilization of Compassion and Altruism： An Interview on the Future of Humans and the Earth**

Juichi Yamagiwa

To think about the future of humanity after more than a million years, it is necessary to understand the past million years. In this interview, drawing on the evolutionary history of Homo sapiens, primatologist and evolutionary anthropologist Juichi Yamagiwa argues for the need to change the orientation of civilization away from power and toward that of compassion and altruism to avoid catastrophic corruption in human society.

V-2. **SHIN-DO（Body-land）： A Photo Gallery**

Shin-ichi Wade

When we think about the future, where there are no human beings, we should notice that it might have already been realized in Shin-ichi Wade's photo series of SHIN-DO. His photographs of landscapes without human figures reminds us that a post-human future is in some way already a reality.

V-3. **Fudo as an Extended Self： On Reality, Outsideness, and Language – A Dialogue**

Shin-ichi Wade and Masahiro Terada

Artist Shin-ichi Wade's quest for shindo, which literally means "body-land" in Japanese, is a quest for transcending the self. However, at the same time, his quest is to probe the boundary between the self and the other. Where is the outside? Where are the boundaries? Wade and Terada discuss fudo as an extended self that shapes reality and language.

digital archive system.

IV-3. **What Does the Interest in "Uncertainty" Bring to Humans? : Fudo Theory of Society with Prediction Technology**

Satoru Ono

This paper examines how the growing interest in "uncertainty" in modern times is influencing people's behavior and society's perception of fudo. Through the example of weather disaster prediction, it points out the possibility that advanced technologies such as AI are changing the representation of uncertainty formed by individuals and society into a "dynamic representation." Furthermore, through a questionnaire survey, the paper analyzes the tendency to trust AI prediction information according to age and risk perception. It reveals that in time-pressured situations, there is an increased preference for AI predictions "as something that aligns with one's own values," while in normal times, a combination of expert opinions and AI information is preferred. This finding indicates that the advancement of prediction technology brings about changes not only in the design of social systems but also in the theory of fudo.

IV-4. **Martian Fudoki（Logbook of Fudo）**

Masahiro Terada

Does Mars have fudo? Literally speaking, the Japanese term fudo means "wind and soil," and on Mars, there is air—although it is 95% CO_2—and soil made of red sand ; thus, there is fudo on Mars. When we think about a future where human beings will begin to live on Mars, this question should be answered in other ways by those who will live there. This chapter investigates the possibility of fudo on Mars by comparing it with fudoki, or the "logbook of fudo" written in ancient East Asia, and predicts the future of fudoki written on Mars.

*

Part V. Imagining Future Fudo : Engagement through Art and Creative Writing

In addition to science and academic thinking, this book acknowledges the importance of art and imaginative thinking in designing of the future. In the age of transdisciplinary studies, science and art must be merged so that a new perspective may arise.

who can create the future, we should be attentive to our categorical tendencies. Considering the future as an entity sensed by clues in the present, this section examines a plausible method for finding and narrating future fudo.

IV-1. **Fudo, Futurography, and its Category : Who Narrates Future Fudo of Other Than Humans** ?

Masahiro Terada

When we seek to talk about the future, we should investigate what exactly it is and what it means to talk about it. This chapter explores the status of the future in terms of the philosophical presentism advocated for by John McTaggart, the theory of energeia/dynamis by Aristotle, and the theory of clues by Carlo Ginzburg. Further, it aims to find the possibility of narrating fudo in terms of the backward method developed by contemporary sustainability sciences. This chapter also re-examines the linear narrative of time and focuses on the need for an alternative mode to the existing narrative about the future.

IV-2. **Describing Fudo as a Body of Structural Knowledge Based on Ontology Engineering**

Terukazu Kumazawa

Fudo and fudo-related phenomena exist in a generative and interpenetrating way, through in a back-and-forth with the body. If we aim to articulate fudo as a plurality of people or as a community, sharing a description of it will be a useful guide to its acquisition. However, the tools for appropriately describing fudo have not been developed. To begin with, what exactly does it mean to "describe the fudo"? In this chapter, I focus on the use of ontology engineering as a tool for establishing structural knowledge and describing fudo. Concretely, I focus on the two tasks of "describing concepts" and "describing relationships," and discuss them using examples of descriptions based on the theory of ontology engineering. The discussion will be implemented through reference to and comparison with the description of fudo by Tetsuro Watsuji. Finally, I will consider the significance and utility of the idea of "describing against the background of concreteness" by establishing a link between an ontology and a one that embraces the merging of the physical and cyber worlds.

III-4. **Animism Machine**

Masahiro Terada

When autonomous machines are included in fudo, they may be treated as new subjects. However, their ontological position differs across cultures. This chapter examines the existential status of machines from the standpoint of East Asian animism, which indicates that not only humans and living beings, but also non-human and non-living beings have a kind of "anima." In doing so, this chapter aims to connect fudogaku with discussions of animism, panpsychism, and pan-experientialism in anthropology and philosophy.

III-5. **Autos αὐτός : Beginning of the Universe and the Self, or the Problem of Co-emergence of the Whole and its Part**

Masahiro Terada

The phenomenon of fudo emerges from the relationship between the whole and the part. Whenever a whole and its part exist, there must be fudo. The whole-and-part relationship is not only the origin of fudo ; it also gives birth to the "self" and "auto." This whole-and-part relationship traverses the spheres of humans, living beings, and things. This chapter investigates how science and philosophy have dealt with such issues, positions fudogaku within them, and finds contemporary meaning. Special attention is given to the autopoiesis theory of Maturana and Varela, the symbiogenesis theory of Lynn Margulis, the Gaia theory of James Lovelock, the Gestaltkreis theory of Viktor von Weizsäcker, the theory of dependent rising (pratītya-samutpāda) of Gautama Buddha, the philosophy of Ludwig Wittgenstein, and the thinking of Ernst Mach. The whole and part emerged when the big bang occurred. In this sense, fudo may have been in this world when the Universe began.

*

Part IV. Future Fudo and its Categories : Finding a New Narrative and Vocabulary

Images of the future are shaped by our mental categories. As long as humans are agents

III-2. **The Rise of Decentralized Systems**

Anselme Grumbach

Decentralized control is frequent in natural systems. Humans have strived to centralize their governance around hierarchies, while keeping markets mostly decentralized. With the advent of digital platforms, previously unthinkable forms of centralization have arisen, controlling the exchanges of bilions of people on increasingly many multi -sided markets. As a reaction, an alternative form of decentralization has emerged : Bitcoin. Using peer-to-peer networks and cryptography, Bitcoin enables transactions without the need for a trusted third party. We consider this historical singularity and how the balance between centralization and decentralization could impact our capacity to face contemporary challenges.

III-3. **Qualia in Digital**

Takanori Matsui

The accelerating digitalization of our world will lead to a future where humans inhabit a dual "environment" of physical and cyber spaces. Each space presents its own set of environmental challenges. In the physical space, issues like decarbonization, resource circulation, biodiversity conservation, and safety design are crucial. In the cyber realm, problems such as denoising and removing misinformation, distilling information to generate knowledge, regulating the digital ecosystem, and ensuring mental security become paramount. To address cyber environmental issues, we must bolster cybersecurity, enhance information literacy, and implement digital hygiene practices. Equally important is establishing a process for the circulation and preservation of digital resources, distilling vast amounts of information to create knowledge for future generations. The digital ecosystem must be fostered to prevent monopolies and ensure the preservation of unique regional information and knowledge, paving the way for a digital ecology. It's crucial to remember that cyber space significantly impacts human mental health. Building safe and secure environments necessitates addressing ethical concerns and integrating Eastern philosophies. As humans continue to merge with digital spaces, communication will involve the transmission of qualia through electronic means. The need for a comprehensive theory of this dual environment is pressing, sensuous and spiritual ways of understanding water and place, and give alternatives to the future by remembering the past amidst the physical and cognitive severances of extractivist industrialisation.

*

Part III. Autonomous Systems : How Do We Think about Machine Subjectivity within Fudo?

Owing to the rapid development of autonomous intelligent machines, the future of the Earth is predicted to change drastically. If we consider autonomous systems to be the new agents of our fudo, how do we position them in our worldview? Are they menacing or our partners? By focusing on the diverse perspectives regarding autonomous machines in different cultural traditions, this part explores a plausible future in which we could live alongside a new kind of intelligence.

III-1. **Living with Intelligent Systems in a Doomed Environment**

Stephane Grumbach

The complexity surge that humanity is facing is the fundamental global challenge of the current period. It triggers a series of crisis with systems becoming increasingly dysfunctional, compelled to adapt or vanish. In fact, that is what human history is all about, a path towards always increasing complexity, alternating smooth developments with radical disruptions. The current complexity surge though might be of a different nature. Humans might be confronted to a dual limit, external and internal, their environment and their cognition. Planetary boundaries contribute to the complexity increase, environmental changes cannot be relegated as externalities. On the other hand, the continuously increasing complexity of human societies might now exceed human cognitive capacities, which meanwhile stayed stable. If this cognitive singularity hypothesis is correct, which states that humans are longer able to cope with the complexity they generated, humans would have no other choice than designing super-intelligent machines that supersede them. We consider evidences of this singularity as well as its dramatic consequences for humanity.

in the latter discipline's understanding of evolutionary history.

II-2. **Forest of Signals : Fudo in the Age of Semiodiversity**

Jason Phys Parry

In this paper, interviews with two leading experts in plant-plant communication clarify the origins and current status of the discipline. Based on these conversations, the author proposes the concept of 'semiodiversity' as a complement to 'biodiversity.' Semiodiversity refers to the variety of sign systems found in nature. Just as the concept of biodiversity has influenced conservation strategies, the author claims that semiodiversity can also help create new tactics for preserving ecosystems. In conclusion, the author suggests that semiodiversity also prompts us to expand Watsuji's concept of fudo to include the nonhuman signs that form a fundamental part of the environment.

II-3. **Thinking through Fluidity : Animism, Water, and Corporeality in the Poetics of Linda Hogan and Ishimure Michiko**

Blaise Sales

This article uses a comparative approach to consider how the Chickasaw writer Linda Hogan and Japanese writer Ishimure Michiko offer a counter-discourse to the erasure of local knowledges, traditions and lifeworlds that has accompanied the rise of global capitalism. Heeding Sandra Harding's statement that 'it is as foolish to decrease cognitive diversity as biological diversity.' Blaise Sales argues that Hogan and Ishimure's creative use of a literary form enables them to capture and convey particular ontologies of the environment, the body, and the mind that resist and exceed a monocultural and reductionist explanatory framework. Sales explores how Hogan and Ishimure narrate and think about the inherently multiple, nondualist and global substance of water from their particular cultural and geographical vantage points. She brings in the theoretical frameworks of Indigenous studies, critical animism and ecofeminism to consider how these writers not only critique the atomised segregation of the 'human' from the 'environment,' but also give expression to interrelated ways of being and 're-membering' in the wake of destruction. These writers show the diverse, world and reality. They also focused on the contradictory and paradoxical relationship between the whole and its parts (which is the fundamental condition of fudo) as well as the cognition and consciousness of the self.

I-4. **Mountains and Deserts in the Mind**

Jason Phys Parry

This paper argues that the world's ascetic traditions contain untapped resources for ecological thinking. By analyzing sections of Athanasius's Life of Anthony and Kamo no Chomei's Hojoki, the author argues that the landscapes authors inhabit have a habit of encroaching on the texts they write. At stake in this discussion is a revision of Watsuji's concept of fudo, which was articulated within a hermeneutical tradition that emphasized the interplay between parts of a text and a whole. Taking the concept of fudo seriously, the author argues, requires us to expand this hermeneutical analysis to landscapes in which texts are composed.

*

Part II. World of Living Beings : Agencies in Nature

Our world consists not only of human beings but also numerous other living beings. If fudogaku is an academic discipline that addresses the problem of subjects and their surroundings, it must also cover the entire realm of living beings. How is this possible? This part explores how the logic of fudogaku can be applied to understand more than human existence.

II-1. **Harmony and Coexistence from the Fudo Perspective : How Do Uexküll, Imanishi, and Biosemiotics Conceive of Living Beings** ?

Masahiro Terada

Jakob von Uexküll, a Baltic German biologist, and Kinji Imanishi, a Japanese biologist, seriously considered the matter of worldviews obtained by living beings. To examine the position of living beings within fudo, this chapter centers on Uexküll's umwelt theory and Imanishi's sizengaku, (i.e., so-called "naturalogy") and discusses the significance of harmony and the whole and part in their thinking. It also compares their views with that of contemporary biosemiotics and finds a new comespondence dology and traces the development of fudo in Asian thought, which can be divided into pre-modern and modern fudogaku. Pre-modern fudogaku dates back to third-century China ; it is a bundle of descriptive knowledge broadly comprising folklore, mythology, and human geography. Fudoki (i.e., the "logbook of fudo") encompassed documentation and explanations of annual events. In sixth-century Japan, fudoki referred to the compilation of geographic information, including animistic and mythological interpretations of place names. Modern fudogaku was introduced by Tetsuro Watsuji and developed by Augustin Berque. These thinkers criticized the modern dichotomy of subjects and objects, which form the foundation of Western modernity. They used fudogaku to overcome modernity.

I-2. **Fudo, Monism, and Panpsychism**

Masahiro Terada

Modern fudogaku claims that there is no clear boundary between subject and object. By comparing Watsuji's philosophy to that of Martin Heidegger and Bertrand Russell, this chapter positions fudogaku as a monistic thinking, which proposes that the world is made of one basic substance and that there is no clear distinction between subject and object. In addition, this chapter argues that fudogaku is similar to panpsychism and pan-experientialism in contemporary philosophy. Watsuji's fudogaku affirms that the "self" exists outside the "self." He maintained that the experience of the self exists outside the self, that is, in the extended world. After treating fudogaku as a form of panpsychism and pan-experientialism, this chapter extends its scope to animism.

I-3. **Concept of the Environment in Kitaro Nishida's Philosophy**

Masahiro Terada

Watsuji's fudogaku developed under the influence of Kitaro Nishida, a representative figure of modern Japanese philosophy and the founder of the Kyoto School. This chapter investigates how Watsuji and Nishida personally related to each other and how both of their philosophies intersected with environmental thinking in a broad sense. Both Watsuji and Nishida emphasized experience as the basic element of our from other cultural traditions.

This book comprises five parts. The first part theoretically and historically investigates the idea of fudo, whereas the second and third sections examine the problem of fudo and living beings as well as the issue of fudo and autonomous machines and systems, respectively. The fourth and fifth parts concern the future of fudo ; the former is based on academic and scientific methods, whereas the latter is committed to an artistic and speculative exploration.

Below, the abstracts for each individual chapter (written by their respective authors) are presented.

*

Introduction : Redefining Fudo

Masahiro Terada

The introduction provides an apology and explanation for publishing a new book on fudo. It describes how fudo can be extended beyond the realm of human and non-living beings as well as its implications for contemporary environmental and sustainability studies.

*

Part I. Scope of Fudogaku (Fudology) : Theoretical Frameworks of Fudo

What is fudogaku (fudology), and what is its significance? This part, first, investigates the richness of traditional connotations of fudo in East Asia, where sinograms are equivalent to the lingua franca for written letters. Next, this section explores how Tetsuro Watsuji and Augustin Berque redefined fudo as a philosophical concept under the influence of the so-called Kyoto School of philosophy and the contemporary linguistic turn in analytic philosophy. Also, other possible readings are presented based on monism and the tradition of religeous ascetism.

I-1. **History of Fudogaku (Fudology) : 2000 Years of an East Asian Tradition**

Masahiro Terada

The term fudo was initially used in China in the third century BC, and the study of this notion has a long history. This chapter explores the emergence of modern futhe dichotomy between subject and object, or between a subject and its surroundings. Watsuji asserted that the subject/object divide is not essential, but nominal. He argued that fudo does not indicate an objective environment but rather the way in which the subject finds its "self" outside of the "self." [1] Berque defined fudo as a way of representing reality in terms of linguistic subjects and predicates. He contended that it is an interpretation of the outer world through subjecthood, and there is no clear boundary between the subject and object in fudo. As fudo transcends the subject/object dichotomy, Berque called its mechanism "trajection." [2]

Based on such pre-modern and modern traditions, this book updates the idea of fudo. Thus far, fudo has been primarily applied to strictly human phenomena. However, this book conceives of it as a notion that can be extended into the arena of non-human and non-living beings. In an era of crisis regarding the natural world and amidst the turbulence of human and digital technology (including the rise of AI), this book posits that extending the concept of fudo to such areas can help us envision and build a more sustainable future.

The contributors to the book come from diverse backgrounds, including evolutionary anthropology, environmental humanities, computational sciences, computer programming, social engineering, community design, and critical literary theory. Artist and novelist have also gathered in this endeavor. This enabled the book to map out future visions in an interdisciplinary manner. The topics adressed in the book include the longue durée of fudo-related phenomena in human evolution, the growing autonomy of technology, the intersection of qualia in human beings and living things, processes of perception and categorization, the relation between fudo and animism biodiversity, and the idea of "semiodiversity."

This is a quest for new concepts and vocabulary that are plausible for an alternative future. There may be other suitable notions and words similar to or besides fudo. The use of the term fudo in this book does not emphasize the uniqueness of this East Asian/Japanese philosophical concept but rather intends to facilitate contributions

1 Watsuji, Tetsuro, *Climate and Culture : A Philosophical Study*, Bownas, Geoffrey (trans.). Tokyo : Hokuseido Press, 1971 [1935].

2 Berque, Augustin, *Le Sauvage et l'artifice : Les Japonais devant la nature*. Paris : Gallimard, 1986.

Future Fudo

On the Coexistence of Humans, Nature, and Intelligent Machines

RIHN Series

(Research Institute for Humanity and Nature, Kyoto, Japan)

Edited by Masahiro Terada

Kyoto University Press

2025

English Summary

How do we imagine a sustainable future in which not only human beings but also living and non-living beings—including machines—sustainably coexist? Sustainability is often argued from the standpoint of human beings. However, in this day and age when environmental crises and rapid changes in digital technology seriously influence the human sphere, this view should be extended to non-human and non-living agents. To investigate this new mode of environmental coexistence, this book explores the East Asian notion of "fudo."

For more than two millennia, the word fudo has been used in East Asian countries where sinograms are prevalent, including China, Korea, and Japan. The term consists of two words: fu (i.e., wind) and do (i.e., soil). Literally, fudo signifies "wind and soil" and represents the landscape, human geography, the climate, and the environment. It is also used to describe perceived elements in nature. Human folklore customs closely tied to the natural world, including various traditional annual ceremonies, are also called fudo.

Japanese philosopher Tetsuro Watsuji (1989-1960) and French human geographer and philosopher Augustine Berque (1942-) defined fudo as a concept that transcends

「Violettchen むらさきちゃん」、「インドに書かれる／花籠の中で」、「Das 城」、「飛ぶ家」ほか。

小野聡　Satoru Ono
博士（工学）、千葉商科大学商経学部専任講師、立命館大学歴史都市防災研究所客員研究員。東京工業大学理学部卒業、東京工業大学大学院総合理工学研究科修士課程・博士後期課程修了。同大学院特別研究員、立命館大学政策科学部助教などを経て、現在に至る。専門は社会工学、環境計画、協働型計画。シミュレーションに基づく参加型計画決定支援を主たる研究フィールドとする。

山極壽一　Juichi Yamagiwa
総合地球環境学研究所所長。京都大学大学院理学研究科教授、同研究科長・理学部長を経て、2020 年まで第 26 代京都大学総長。人類進化論専攻。屋久島で野生ニホンザル、アフリカ各地で野生ゴリラの社会生態学的研究に従事。日本霊長類学会会長、国際霊長類学会会長、日本学術会議会長、総合科学技術・イノベーション会議議員を歴任。南方熊楠賞、アカデミア賞受賞。著書に『ゴリラ』（東京大学出版会、2005 年）、『家族進化論』（東京大学出版会、2012 年）、『共感革命——社交する人類の進化と未来』（河出新書、2023 年）など多数。

和出伸一　Shin-ichi Wade
美術家・デザイナー。象灯舎代表。絵画や映像、アニメーションの制作を中心に活動を続けている。総合地球環境学研究所広報室などを経て、現在フリー。ここ 15 年ほどは、描くこと、つくることを、一から手探りで捉え直そうと試みるも、現在遭難中。作品集に『身土——人の世の底に触れる』（あいり出版、2022 年）。マンガ作品に「至西方」（2020 年–、暮らしのモンタージュ・ウェブサイトで連載中）。主な展覧会に、「SIGNAL　和出伸一・2,000　のドローイング」（ギャラリー RAKU、2004 年）、「Life/Painting」（ギャラリー RAKU、2005 年）、「Art Court Frontier 2014 # 12」（アートコートギャラリー、2014 年）など。https://wadeshin.com/

黄桃　Ou Tou
小説家。日本語の物語・小説の文体の過去の蓄積（古語、文語、言文一致）を踏まえながら、現代という、英語によるグローバル化と AI などの機械により生成される文章化の時代の日本語の小説の文体創出を実験的に実践。「物語の穴」の内と外や、小説の中のあなたとはだれかなどをめぐる形而上と形而下について物語的探究を行う。「星形の小説」、「城、城市」が、それぞれ、群像新人文学賞（講談社）と文學界新人賞（文藝春秋）の第二次選考の候補作になる。おもな作品に、「AKT II」、「MobyDick アメリカ——アメリカの中に書かれた小説」、「とぅ　みーと　こじき」、視点から、デジタル・トランスフォーメーションが、地球環境危機において、社会組織、地政学的均衡、地球のスチュワードシップをどう変容させるかについて研究。在北京フランス大使館の科学顧問として、国際関係にも携わる。自然科学、社会科学のディシプリン間を横断し、よりよいグローバル・ガバナンスの構築を目指す。

アンセルム・グルンバッハ　Anselme Grumbach
ソフトウェア・エンジニアとして、分散型システムと分散コンピューティングの構築にとり組む。インターネット上での安全な情報保全とアクセスのためのウェブ上のネットワーク・システムである「セーフ・ネットワーク SAFE Network」（アウトノミ）の開発の中心を担う。第 188 回地球研セミナー（2023 年1月）で自身の経験をもとにデジタル上での分散型システムについて発表した。

熊澤　輝一　Terukazu Kumazawa
大阪経済大学国際共創学部教授。専門は、環境デザイン、知識情報学。東京工業大学大学院総合理工学研究科博士後期課程単位取得退学。博士（工学）。大阪大学特任助教、立命館大学ポストドクトラルフェロー、総合地球環境学研究所准教授を経て、現在に至る。人間と自然との関係にかかわる分野横断型の知識を収集・蓄積し、編集して共有するための研究を進めてきた。特に、地球環境学や持続可能性科学にかかわるオントロジー開発を担う。現在は、沖縄本島を主なフィールドに、湧き水のアーカイブづくりを進める市民の活動を支援しながら、水場から地域を知るための情報ツール開発に取り組んでいる。

松井孝典　Takanori Matsui
現在、大阪大学大学院工学研究科の助教を務める。彼の専門は、持続可能性科学、環境学、情報学。彼は 2005 年に大阪大学大学院工学研究科で博士号（工学）を取得。人工知能、環境問題、持続可能性といった分野において、学際的な研究を精力的に行っている献身的な研究者である。これらの分野に関する多くの研究論文や書籍を執筆しており、その専門性を示した。特に、急速に進むデジタル化がもたらす環境問題や人間とデジタル空間の相互作用に関する研究は、大きな注目を集めており、テクノロジー、社会、環境の複雑な相互作用を探求し、現代社会が直面する多面的課題の理解と解決を目指している。研究と出版物に関する詳細情報については、ORCID プロフィール（https://orcid.org/0000-0001-9441-7664）を参照。

著者紹介（執筆順）

寺田匡宏　Masahiro Terada

総合地球環境学研究所客員教授。人文地球環境学。ひと、いきもの、ものを包括した環境とはどのように論じられるべきなのか、科学に基づく二元論的世界観と生活世界の実感としての全体論的世界観はどう関係するかなどを研究。近年は、そのような視角から、未来可能性に資する学としての風土学の可能性を探求。著書に、『人新世の風土学――地球を〈読む〉ための本棚』（昭和堂、2023 年）、『人文地球環境学――ひと、もの、いきものと世界／出来』（あいり出版、2021 年）、『人新世を問う――環境、人文、アジアの視点』（ダニエル・ナイルズと共編、京都大学学術出版会、2021 年）、『カタストロフと時間――記憶／語りと歴史の生成』（京都大学学術出版会、2018 年）、『人は火山に何を見るのか――環境と記憶／歴史』（昭和堂、2015 年）ほか。「叢書・地球のナラティブ」（あいり出版、2019 年－）、「シリーズ　よむかくくらすかんがえるの本棚」（あいり出版、2023 年－）のシリーズ・エディターもつとめる。国立歴史民俗博物館 COE 研究員、国立民族学博物館外来研究員、総合地球環境学研究所特任准教授、マックスプランク科学史研究所客員研究員を歴任。

ジェイソン・リュス・パリー　Jason Rhys Parry

ユバル・ノア・ハラリ財団「サピエンシップ」上級コンテンツ開発研究員。米国パドゥ大学客員教授、総合地球環境学研究所フェローシップ外国人研究員を歴任。技術と文化に関する論考を執筆。19 世紀ブラジルの女性作家フリア・ロペス・アルメイダ『破綻』を英語に初訳（共訳）した（カリフォルニア大学出版局、2023 年）。

ブレイズ・セールス　Blaise Sales

英国リーズ大学大学院ホワイト・ローズ・カレッジ（芸術・人文学専攻）博士課程。ロンドン・キングズ・カレッジで英文学士、ヨーク大学で医療人文学修士を取得。博士論文では、認知の身体化とエコクリティシズムの視点から、新自由主義と個人主義を再考する試みを実践。先住民文学と日本文学を事例に、心身二元論の再構築と普遍的な認知科学モデルの超克を模索している。

ステファン・グルンバッハ　Stephane Grumbach

フランス国立情報学オートメーション研究所（INRIA）上級研究員。グローバルな

環境人間学と地域
フューチャー風土
——ひと、いきもの、思考する機械が共存在する未来
© M.Terada et al. 2025
2025年3月31日　初版第一刷発行

編　者　　寺田匡宏
発行人　　黒澤隆文
発行所　京都大学学術出版会
京都市左京区吉田近衛町69番地
京都大学吉田南構内（〒606-8315）
電話（075）761-6182
FAX（075）761-6190
URL http://www.kyoto-up.or.jp
振替 01000-8-64677

ISBN 978-4-8140-0583-3
Printed in Japan

印刷・製本　亜細亜印刷株式会社
装幀　上野かおる
定価はカバーに表示してあります

本書のコピー，スキャン，デジタル化等の無断複製は著作権法上での例外を除き禁じられています。本書を代行業者等の第三者に依頼してスキャンやデジタル化することは，たとえ個人や家庭内での利用でも著作権法違反です。